呂思勉全集

13

本 册 總 目

中國近代史講義

前　　言

　　《中國近代史講義》是呂思勉先生在上海光華大學为講授中國近代史所編寫的講義之一,現存手稿數册,上面有呂先生不止一次的改筆、補充和訂正。上世紀八十年代中期,《中國近代史講義》由楊寬、呂翼仁先生做過一遍校訂,但一直未刊印。

　　《中國近代史講義》最初收入華東師範大學出版社出版的《呂著中國近代史》(一九九七年九月出版,有删改),后又收入上海古籍出版社出版的"呂思勉文集"《中國近代史八種》(二〇〇八年八月出版)、①武漢出版社"歷史看得見系列"的《呂著中國近代史》②(二〇一二年七月出版,删改未恢復)、北京金城出版社的《中國近代史》③(二〇一三年三月出版)、吉林人民出版社"中國學術文化名著文庫"的《呂思勉 中國近代史》④(二〇一四年一月出版,删改未恢復)等。⑤此次將《中國近代史講義》收入《呂思勉全集》重印,我們依據呂先生的手稿重新做了校對,并參考了楊寬、呂翼仁先生的校訂,除改正錯字外,行文遣句、概念術語等,均未作改動;各版的一些删改,也照原文恢復補全。唯原稿的雙行夾註現全部改爲單行注,編者的按語則注於頁下,原文中的年號紀年和民國紀年仍沿用不改,僅在弧中標出公元年份,以方便讀者的閱讀。

李永圻　張耕華

二〇一四年七月

---

　　①　即呂先生的《中國近代史講義》、《中國近世史前編》、《中國近百年史概說》、《中國近百年史補編》、《中國近代文化史補編》、《日俄戰争》、《國恥小史》和《中國近代史表解》八種著述的合刊。

　　②　即呂先生的《中國近代史講義》、《中國近世史前編》、《中國近百年史概說》、《中國近代文化史補編》和《日俄戰争》的合刊。

　　③　即呂先生的《中國近代史講義》、《中國近世史前編》、《中國近百年史概說》、《中國近百年史補編》、《中國近代文化史補編》、《日俄戰争》、《國恥小史》和《中國近代史表解》的合刊。

　　④　即呂先生的《中國近代史講義》、《中國近世史前編》、《中國近百年史概說》、《中國近代文化史補編》和《日俄戰争》的合刊。

　　⑤　有關《中國近代史講義》的再版、重印情況,詳見《呂思勉全集》之《呂思勉先生編年事輯》附錄二《呂思勉先生著述繫年》的記錄。

目　　録

第一章　緒　論

《史記·六國表》曰："《傳》曰'法後王'，何也？以其近己而俗變相類，議卑而易行也。"此爲研究歷史當略古詳今之注脚。蓋事易見而理難明，自謂能明原理者，往往所執仍係實事，事已過去而猶欲强而行之，則泥古之禍作矣。世之侈談皇古以及理想太高者，其不可用即由於此。然則歷史知識信莫貴於現世矣。

史事前後相因，又彼此皆有關係，欲强分之，正如抽刀斷流，不可得斷一事也。欲求其原因，非謂全宇宙皆其因不真，欲求其結果，亦非謂全宇宙皆其果不確也。然事之真相難窮，而人之知識有限，就凡人識力所及，原因結果，要不能無親疏之分，然則舉吾儕認爲與現在有直接關係之事，搜集而研究之，夫固未爲不可也。所謂近世史者，其義如此。然則近世史當自何時始邪？

中國歷史可劃分三大時期。羲、農、巢、燧利物前民，文化由來，邈哉尚矣，雖書闕有間，傳說要非盡虛誣，此爲自草昧入文明之世，一也。孔子删《書》，斷自唐虞，史公作《記》，始於黄帝，惇史留詒，蓋自兹始。斯時部落林立，異族錯居，以累代之盡力經營，而林立者始漸合併，錯居者始漸同化，至於嬴秦，遂胥宇内而爲郡縣，此自分裂入統一之世，二也。自秦迄今二千餘年，就大體言之，疆域實無甚變更，政治亦無甚根本變動，四方異族程度皆較我爲低，雖亦有時憑恃武力，薦居上國，至於聲明文物，終不得不舍其故有者而從我。一再傳後，其族且與我同化，泯然無跡焉。文化足以裨益者，惟一印度，亦僅及神教哲學而止耳，此爲閉關獨立之世，三也。自歐人東來，而局面乃一變，其文化既與我大異，政治兵力亦迥非前此異族之比，我國受其影響，遂至凡事皆起變化，此爲現在所處之時期，就此時期之事而講述之，此則所謂近世史者也。其中又可分爲二期：一自歐人東來，至清末各國競劃勢力範圍止，此爲中國受外力壓迫之時代；一自戊戌變政起，迄於現在，此則中國受外力壓迫而起反應之時代也。

第二章　中西交通之始

自中國通歐洲陸道凡四：北經西伯利亞逾烏拉嶺入歐俄，一也；自蒙古經天山北路出兩海間，<small>鹹海、裏海。</small>二也；自天山南路逾葱嶺，三也；南經前後兩印度西北行，四也。四道中，北道最荒涼，直至俄人據西伯利亞築鐵路而後大開。自蒙古迄兩海間爲游牧人種薦居之地，匈奴、蒙古侵略歐洲實自此道，兩洲之聲教文物由此相接者，希焉。葱嶺以西、印度固斯以南，自古多城郭繁華之國，然天山北路，既阻之以大沙漠，川邊海藏又爲世界第一高原，越此相通，實云艱阻。安南雖爲中國郡縣，而暹羅、緬甸，開化皆晚，且中國文化古來亦迄在北方，至南方漸即開明，而安南已離去矣。故中歐雖陸地相接，然其關係反至海洋交通之世而後密也。

海道自地中海、黑海出波斯灣，或自埃及出紅海，爲自古賈舶所由，然是時航海之業尚未大盛，至近世此道沿岸悉爲土耳其所據，而西人航海之業轉於此時勃興，遂不得不舍舊有之道，而別覓新路，其究也，海路之新通者有二，一繞非洲南端入印度洋，一則經西半球東來也。此時歐洲文化亦驟進，其與我相異而足以相資之形大著，於是東西交往有如一家，而世界風雲影響且及於亞東之古國矣。

西人近世之東航，實始明代。憲宗成化二十二年（一四八六），葡萄牙人始抵好望角。武宗正德十一年（一五一六），遂來廣東。世宗嘉靖十四年（一五三五），乃得澳門爲根據地。<small>見《中西紀事》。</small>自葡人抵好望角後七年（明孝宗弘治六年，一四九三），而哥倫布發見美洲；其抵廣東後三年（正德十四年，一五一九），則麥哲倫環繞地球。嘉靖四十四年（一五六五），西班牙縣菲律賓，建馬尼剌；神宗萬曆三年（一五七五）、八年（一五八〇），再至福建求通商，爲葡所阻，而中國賈舶往來於馬尼剌者甚多。荷蘭故西屬也，以萬曆九年（一五八一）叛西班牙自立時，西班牙王兼王葡萄牙，惡之，禁其出入里斯本，荷人乃自設東印度公司，謀東航，先後據蘇門答臘、爪哇、馬六甲。萬曆四十八年（一六二〇），攻澳門不克，轉據澎湖，旋略臺灣，明熹宗天啓四年（一六二四）。至清順治十七年（一六六〇），乃爲鄭成功所奪。先四年（順治十三年，一六五六），荷人使至清廷求通商，清人許其八歲一至，舶數以四爲限。康熙三年（一六六四），又求改立商約，清人不許。然荷人於好望角、麥哲倫海峽皆築塞駐兵。自萬曆三十七年（一六〇九），已得日人允許通商長崎。島原亂後，事在明思宗崇禎十年（一六三七）。日人悉禁他國不得通，惟荷人不傳教獨免。當時東方之商業實以荷人爲獨盛也。英立東印度公司事在萬曆二十七年（一五九九），與葡人爭印度，葡人累敗，其卧亞總督乃與英和，許其出入澳門。思宗崇禎十年（一六三七），英人遂以艦至，而葡人之守澳門者拒之。英人乃自謁中國官，至虎門，爲守兵所砲擊，英人還擊，陷其砲臺，詳見《華英通商事略》。後還所掠，中國亦許其通商。未幾，兵事起，復絕。鄭經嘗許英人通商廈門及安平，然臺灣初開，安平實無甚貿易，惟廈門時一至而已。明清之間中歐海路之交通如此。

其自陸路東來者，則爲俄羅斯。俄蓋《唐書》之遏羅支也。《元史譯文證補·地理志西北地附錄釋地》上阿羅思云："今官私文書定稱爲俄羅斯，詳審西音似云遏而羅斯。遏而二字滾於舌尖一氣噴薄而出，幾於有聲無詞，自來章奏紀載曰斡羅思、鄂羅斯、厄羅斯、兀魯斯，直無定字。又曰羅刹、羅察、羅車、羅沙，則没其啓口之音，促讀斯字，變爲刹察，岐異百出，有由來也。其族類曰司拉弗哀（斯拉夫），既非烏孫，亦非羌種。佛書羅刹尤爲不擬於倫。其國名最晚著而族類之名則早見西書。俄史釋司拉弗哀，義謂榮耀，歐洲他國，則釋爲傭奴。《瀛寰志略》謂唐以前爲西北散部，受役屬於匈奴，最爲近似。元人所謂林木中百姓是也。唐季此種人居於俄，今都森彼德普爾（聖彼得堡）之南，舊都莫斯科之北，其北鄰於瑞典、挪威國。國人有柳利哥者，兄弟三人，夙號雄武，侵陵他族，收撫此種人立爲部落。柳利哥故居地有遏而羅斯之名，遂以是名部。他西國人釋之曰遏而羅爲搖櫓聲，古時瑞典、挪威國人專事鈔掠，駕舟四出，柳利哥亦盜魁，故其地有是稱。是説也，俄人所不樂聞。"愚案《唐書·回鶻傳》："駮馬或曰弊剌曰遏羅支，直突厥之北，距京師一萬四千里，人貌多似結骨，而語不相通。"遏羅支即遏而羅斯異譯。結骨人皆長大赤髮，晳面緑瞳，亦見《唐書》，正是白種形狀。司拉弗哀蓋先爲遏羅支所征服，而後柳利哥君之，故猶蒙其舊稱，釋爲櫓聲，語涉附會。俄人之不樂聞，未必盡由自大也。

唐懿宗咸通三年（八六二），有柳利哥者始建諾佛哥羅特，後嗣漸拓而南遷於計披甫，居黑海之濱，行封建之制。蒙古興而俄爲所征服，地屬成吉思汗長子拙赤。拙赤死後，其長子拔都實爲之共主，西史稱爲欽察汗國。明英宗天順中，俄人叛蒙古，時欽察汗正統已絕，支庶紛爭，遂爲俄人所乘，次第破滅，時當憲宗成化中，約與葡人之繞好望角而至印度洋同時也。俄人既復西疆，復思東略，收撫可薩克族以爲己用，遂東侵西伯利亞，於是托波兒斯克、萬曆十五年（一五八七）。托穆斯克、萬曆三十二年（一六〇四）。葉尼塞斯克、萬曆四十七年（一六一九）。雅庫次克、崇禎五年（一六三二）。鄂霍次克崇禎十一年（一六三八）。相次建立。至崇禎十二年（一六三九），遂抵鄂霍次克海，又欲南下黑龍江，而清俄之交涉起矣。

第三章　傳教之始

近世東西交通關係之大，在於文化，而西方文化之輸入，實始基督教士，此不可誣也。基督教之入中華，不自近世始，當唐太宗時，教徒阿羅本已賷經典來長安，太宗許其建寺曰波斯。是爲基督教之乃斯脱利安宗，中國名曰景教。乃斯脱利安者，當南北朝之初，基督教中有基督爲神抑兼爲人之争，乃斯脱利安主兼爲人，後其説見擯，其徒因謀爲亂，事泄見逐，皆居波斯，凡三萬人，故阿羅本自波斯來也。玄宗以其教本出大秦，改寺名曰大秦。德宗時寺僧景净立《景教流行中國碑》，明末出土，可以考見當時景教流行之情形焉。武宗禁佛教，諸異教皆遭波及，景教亦絶。元世兵力抵歐洲，歐人苦其侵擾，欲以神教懷柔之，於是若望高未諸奉教皇之命，以世祖至元二十七年（一二九〇）至大都，世祖許立教堂四，皈仰者逾六千，然多蒙古人，故元亡後絶。元時基督教徒稱也里可温，近人陳垣有考。

明世東西航路通後，舊教教士入中國者，當以利瑪竇爲始。利瑪竇之至澳門，事在萬曆九年（一五八一），先傳教於肇慶，後至南京，交其士大夫。萬曆二十八年（一六〇〇）始至北京，表獻方物。明年又至，神宗賜之宅，並許其建立教堂。利瑪竇知中國士大夫不易崇信教理，又知形下之學，爲中國所乏，乃先以是牖道之。士大夫多重其人，故其傳教無阻。萬曆三十八年（一六一〇），利瑪竇卒。未幾南京禮部侍郎沈㴶奏攻其教，四十四（一六一六）年遂遭禁斷，教士之居北京者，皆勒歸澳門。熹宗立，滿洲戰事急，召其人造大砲，乃得解，時天啓二年也（一六二二）。會《大統曆》疏舛，而深通天文之湯若望亦來華，遂於首善書院設曆局，命造儀器，且譯曆書。思宗崇禎十四年（一六四一）新曆成。十六年（一六四三）命以代舊曆，事未行而明亡。清人入關，湯若望上書自陳所學，詔名其所造曆曰時憲。湯若望及南懷仁並官欽天監，時順治二年（一六四五）。世祖没，楊光先疏攻之，湯若望等皆論死，以前勞僅免，各省教士亦多見禁錮。聖祖康熙六年（一六六七），以推閏失實，乃復黜光先而用南懷仁,在京教堂,仍許設立,然各省之禁止如故也。初波蘭人卜彌格以教皇命傳教廣東,嘗於永曆四年(清順治七年,一六五〇),賫桂王母王、馬兩太后及教士龐天壽書,致教皇請其代祈天主,保祐中興。當時兩太后及皇后王氏,太子慈烜,大臣瞿式耜、丁魁楚等咸受洗禮。逮清聖祖興,好尚西學,用西教士益多。聖祖最眷南懷仁,南懷仁又引進徐日昇、張誠、安多等進講西學,外交、製造、測繪等事,亦咸使襄理,各省教堂,雖未解禁,然私設者亦不問。當時廣東省有教堂七,江南百餘,在他省者亦二三十,信者至數十萬人焉。初利瑪竇等之傳教於中國也,不禁拜孔子,亦不禁拜天祀祖,其說曰,中國人之拜孔子,乃崇敬其人,其拜天,則敬萬物之本,祀祖出孝愛之誠,皆非拜偶像求福也。教士咸習華語,通華文,衣食居處,一如華人,其人皆無家室,行堅卓而邃於學,故易起人敬仰之忱,不萌異教畏惡之念,然別派教士有不以爲然者,訐之教皇,謂其賣教求榮。康熙四十三年(一七〇四),教皇命鐸羅賫密令至中國禁之。鐸羅以明年至燕京,知其令與中國不相中,遲至四十六年乃以己意布其大要,而命教士不從令者皆去中國。聖祖大怒,執鐸羅致之澳門,命葡人錮之,後以幽憤死。康熙五十六年(一七一七),碣石總兵陳昂以天主教在各省開堂聚衆,廣州城內外尤多,洋船所匯,同類勾引,恐滋事端,乞依舊例嚴禁。許之。世宗雍正元年(一七二三),閩浙總督滿保請除送京效力人員外,概行安置澳門。各省天主堂皆改爲公廨。明年,兩廣總督孔毓珣以澳門地窄難容,請令暫居廣州城內天主堂,而禁其出外行走。乾隆五十年(一七八五),西人巴亞央等因私行傳教,刑部審擬監禁,奉旨以情實可憫釋之。又明年,毓珣奏言香山西人丁數已逾三千,乞著爲定額,餘額者悉令歸國,皆從之。先是一七一八年(康熙五十七年)教皇嘗發令,處不從一七〇四年之令者以破門之罪,使嘉禄至中國行焉。嘉禄知其不可,別以己意加八條於令後以調和之,教皇不謂然。一七二一年(康熙六十年)及一七二四年(雍正二年)再發令申明一七一八年令意,於是在華教士不得復順中國之俗,華人畏惡愈深,川楚教亂後,尤視異教如蛇蝎。仁宗嘉慶十年(一八〇五),御史蔡惟珏疏請嚴禁西洋人刻書傳教,適廣東人陳若望爲西人德天賜送書函地圖至山西,事覺下刑部嚴訊,德天賜監禁熱河營房,陳若望及餘任職教會之華人皆遣戍伊犁,教會所刻漢文經三十一種悉銷毀,教禁益嚴矣。

第四章　康雍乾三朝與俄國交涉

　　西、葡、英、荷等國之東來，其志皆在通商而已，而俄與中國之交涉，則自爭界始。俄人於明穆宗隆慶元年（一五六七），神宗萬曆四十七年（一六一九）兩次遣使至中國求通商，以無貢物，未得朝見。清之興也，兵鋒直至黑龍江下流，而俄略地之兵亦於是時東下。順治六年（一六四九），俄哈巴羅甫始築雅克薩城。十五年，葉尼塞斯克守將帕斯可夫復築尼布楚。是時俄東征之軍，皆無賴子，日事剽掠，清人稱之曰羅剎。哈巴羅甫西歸，斯特巴諾代統其眾，爲寧古塔章京沙爾瑚達所殺，帕斯可夫亦爲寧古塔將軍巴海所敗，棄尼布楚。先是，順治十年（一六五三），什勒喀河外土酋罕帖木兒以俄人侵掠來降，有司遇之薄，復奔俄。十一年（一六五四）、十二年（一六五五）、十八年（一六六一）、聖祖康熙六年（一六六七），俄人屢遣使來求通商，其使或以商人充之，或與商人偕行，而以商人爲副，皆以爭朝見跪拜等禮節多所糾葛，惟所攜貨物，均許其發賣而已。雅克薩之陷，清軍毀其城，俄人旋復築之，尼布楚亦復爲俄據。康熙九年（一六七〇），聖祖諭尼布楚守將，命交還罕帖木兒，約束邊人，毋抄掠，守將許之而不果行。十四年（一六七五），俄使尼果來來，請劃界通商，聖祖要以交還罕帖木兒，否則均無庸議，議又不就。罕帖木兒後徙莫斯科，入希臘教。尼布楚之會，索額圖知其不可得，未以爲言。三藩既平，聖祖乃爲用兵計。二十一年（一六八二），命戶部尚書伊桑阿赴寧古塔造大船，築墨爾根、今嫩江縣。齊齊哈爾今龍江縣。二城，置十驛以通餉道，以薩布素爲黑龍江將軍，駐璦琿，後移駐墨爾根。命喀爾喀絕俄貿易並遣戍兵割俄田禾以困之。二十四年（一六八五），都統彭春以陸軍一萬、水軍五千圍雅克薩，俄將阿爾巴青以四百五十人守，已知不敵，約降，奔尼布楚。彭春毀其城而還。阿爾巴青既去，俄將皮爾頓以兵六百人來援，復偕還，據雅克薩。明年，薩布素以八千人復圍之，阿爾巴青戰死，守兵七百三十六人存者六十而已。城旦夕下而和議起，朝命止攻圍乃解。

　　時俄大彼得初立，內難未靖，又外與土耳其、波蘭構釁，未遑東略。清亦未知俄情，當時稱俄人曰羅刹，聖祖致書俄皇，則以蒙語稱爲鄂羅斯察罕汗。聖祖因尼果來致書俄皇，俄人莫能解，又遣降俘至蒙、俄境上宣諭，亦不得報。二十五年（一六八六），乃因荷蘭使致書俄皇，俄皇復書，許約束邊人，續遣使議界約，而請先釋雅克薩之圍，聖祖許之。二十六年（一六八七），俄使費耀多羅東來，二十七年（一六八八），清内大臣索額圖等與議於尼布楚。費耀多羅之東也，彼得命以黑龍江爲兩國之界，索額圖受命，亦請尼布楚以東黑龍江兩岸之地皆歸我國，否則勿與和，聖祖許之。是時俄東方兵力未充，費耀多羅之來，從卒一千五百人，而清使者從卒萬餘，都統郎坦又以精卒萬人自璦琿水陸並進。議既不諧，從行之天主教士徐日昇、張誠調停亦不就，清兵將圍尼布楚，俄人不得已，悉如中國意以和。定約六條，西以額爾古納河，東自格爾必齊河以東，以外興安嶺爲界，嶺南諸川入黑龍江者，皆屬中國，其北屬俄，立碑於兩國界上，一在格爾必齊河東岸，見《清一統志・盛京通志》；一在額爾古納河南岸，見《清通典》。楊賓《柳邊紀略》謂東北威伊克阿林大山尚有一界碑。再毀雅克薩城而還。

　　尼布楚約既立，劃界之議已決，而通商之議仍未定。康熙三十二年（一六九三），俄使伊德斯來，聖祖許俄商三年一至京師，以二百人爲限，居於京師之俄羅斯館，以八十日爲限而免其税。俄人請遣學生習中國語言文字，又爲設俄羅斯教習館焉。尼布楚定約前三年，準噶爾噶爾丹攻喀爾喀，喀爾喀三汗車臣、土謝圖、札薩克圖三汗。皆走漠南。聖祖出兵擊破噶爾丹，至三十六年（一六九七）而噶爾丹自殺。三汗還治漠北。土謝圖與俄本有貿易，於是蒙、俄劃界通商之交涉復起。時俄人至京通商者以官吏多所誅求苦之，其在邊境者亦時見停罷，乃於五十八年（一七一九）遣伊斯邁羅夫來議，不得要領。伊斯邁羅夫留參贊蘭給待命而歸。未幾，土謝圖汗以俄人通商者任意濫入，不受彈壓，蒙人又逃亡入俄，請停俄人互市，許之，遂並遣蘭給。世宗雍正三年（一七二五），大彼得殂後葉卡捷琳娜一世立。五年（一七二七），俄使烏拉的斯拉維赤復來，清不欲與在京議約，使返恰克圖，乃命郡王策凌、内大臣四格、侍郎圖爾琛往議，定約十一條，自額爾古納河以西至齊克達奇蘭以楚庫河爲界，自此以西，以博木沙奈嶺爲界，烏帶河地方烏帶河在外興安嶺之北，入烏帶灣。仍爲甌脱。在京貿易與舊例同。俄蒙邊界則以恰克圖、尼布楚爲互市之地。高宗乾隆二年（一七三七）停北京互市，命專在恰克圖。時貿易以皮毛爲大宗，爲俄官營，於財政頗有關係，故每遇交涉棘手，輒停互市以挾制之。乾隆三十年（一七六五）、三十三年（一七六八）、四十四年（一七七九）、五十年（一七八五）皆曾停市，而五十年一次停閉最久，至五十七年（一七九二）乃復開焉。

　　以上爲清乾隆以前與俄交涉，看似占勝，然其失策有二：一則尼布楚條約得地雖多，而不能守，仍視爲邊荒棄置之，遂啓俄人覬覦之心；二則陸路許俄無稅通商，當時以此爲懷柔之策，亦啓後日要索之端也。

第五章　清代之盛衰

　　西力東漸，開數千年未有之局，此即以中國所謂盛世者當之，亦終不克於敗績失據，何者？中國政治疏闊，武備廢弛，但求與天下安，實只可處閉關獨立之時，而不宜於列國競爭之世也。惟是西力東來，若值朝政清明之日，則所以應付之者必較得宜，不至如清末喪敗之甚耳。外力深入，蓋自道、咸以來，適值清代中衰之候，客強主弱，鄭昭宋聾，喪敗之端，遂至層見疊出，此亦我國民之不幸也。今先敘述五口通商以前清代盛衰之大略如下。

　　中國立國亞東，以内地十八省爲根本，而東三省、蒙、新、海、藏以及東北之朝鮮、南方之後印度半島等，實爲之屏蔽。歷代盛時，此諸地方或爲兵威所及，或則聲教所通，在當時僅等諸羈縻，然及西力東漸，則剝妝及膚，情形與前此大異矣。明清間之蒙古，以科爾沁、察哈爾、土默特、喀爾喀爲大宗。元順帝之北走也，五傳而大汗之統絕。有阿魯臺者，成吉思汗弟哈布圖哈薩爾之後也，迎立元裔本雅失里。阿魯臺後爲瓦剌部長馬哈木所殺，其眾走嫩江，依兀良哈，是爲嫩江科爾沁部。瓦剌者，元世之斡亦剌，清時之衛拉特也。馬哈木孫也先始替元裔自立，雄據漠南北，於是有土木之變。也先死，瓦剌復衰。轄輵諸部相紛爭。至明憲宗成化六年，即一四七〇年，成吉思汗之後巴圖蒙克即汗位，乃復統一漠南北，是爲達延汗。達延汗有四子，長子圖魯早死，次子烏魯斯，三子巴爾蘇，四子格埒森札賚爾。達延汗留第四子守漠北，是爲喀爾喀部。車臣、土謝圖、札薩克圖三汗其後也。自與圖魯之子卜赤徙牧近長城，稱插漢兒。插，蒙語近也，清人改譯爲察哈爾。烏魯斯攻套部蒙古，爲所殺，巴爾蘇定之。巴爾蘇二子，長曰袞必里克圖，其後爲鄂爾多斯；次曰阿勒坦汗，即明史之俺答，其後爲土默特。袞必里克圖早死，其眾亦歸俺答，故世宗時俺答最強，屢犯中國，又使其子賓兔、丙兔據青海。時黃教已行於青海，二子信之，遂由之化及漠南北。俺答曾躬迎三世達賴至漠南布教。後準部強，道阻，乃自奉黃教始祖喀巴第三弟子哲卜尊丹巴，即後來庫倫之活佛也。俺答即信喇嘛教，不復爲邊患而察哈爾獨強。而天山北路爲衛拉特凡四部，曰和碩特，居烏魯木齊，哈布圖哈薩爾之後長之；曰準噶爾，居伊犁，曰杜爾伯特，居額爾齊斯河，皆也先之後長之；曰土爾扈特，居塔爾巴哈臺，元臣翁罕之後長之。所據，南路則自唐以來，爲回紇種人所據，青海川邊，自古爲羌族所據，而後藏高原則爲藏族棲息之地，有一婦數夫之俗者，屬此族，如喇嗟、女國等是。唐初吐蕃王室來自印度，見《蒙古源流考》。始舉海藏川邊盡臣

14

之。及喇嘛教盛行，政權亦漸入其手。明初喇嘛新派黃教起，舊派紅教又漸失勢。世宗時，蒙古襲據青海，黃教因之化及漠南北，於是蒙、新、海、藏皆爲黃教盛行之區，而天山南路之回族，仍篤信伊斯蘭教，此當時諸地方部族及神教之情形也。清之興也，科爾沁首先歸附，旋漠南諸部以苦察哈爾林丹汗之凌轢，亦來降。明思宗崇禎七年（清太宗天聰八年，一六三四），清太宗征諸部兵伐察哈爾，林丹汗走死漠南，蒙古皆平，漠北亦通貢，然未大定也。時衛拉特分四部，而和碩特、準噶爾二部爲强。崇禎十六年（清太宗崇德八年，一六四三），西藏第巴官名。桑結召和碩特固始汗襲殺紅教護法拉藏汗，而奉班禪居札什倫布，達賴、班禪分主前後藏始此。和碩特遂徙牧青海，遙制西藏，桑結又惡之。清聖祖康熙十六年（一六七七）召準噶爾噶爾丹擊殺固始汗之子達顏汗。準噶爾先已逐土爾扈特，服杜爾伯特，及是遂併四部爲一。時天山南路之伊斯蘭教分白山、黑山兩宗，互相軋轢。白山爲索尼宗，黑山爲什葉宗，中伊思馬哀耳一派，即元時之木剌夷也，可參看《元史譯文證補·報達木刺夷補傳》。白山酋亞巴克爲黑山所敗，輾轉奔拉薩，噶爾丹既殺達顏汗，奉達賴命納之。康熙十七年（一六七八）。遂盡拘元裔之長諸城者致諸伊犁，天山南路本成吉思汗三子察合臺分地。清初葉爾羌汗阿布都拉伊木，成吉思汗十九世孫也，嘗命諸弟分長吐魯番、哈密、阿克蘇、庫車、喀喇沙爾、和闐、烏什、喀什喀爾八城。別遣將督南路收其賦稅，勢益張。康熙二十七年（一六八八），噶爾丹攻喀爾喀，三汗潰走漠南。聖祖命科爾沁假以牧地，親征擊破噶爾丹，噶爾丹舊地又爲兄子策妄阿布坦所據。三十六年（一六九七），噶爾丹自殺。三汗還治漠北，外蒙自此爲清不侵不叛之臣矣。額駙策凌，成吉思汗十八世孫圖蒙肯之後，憤喀爾喀之衰，自練精兵。雍正時，準噶爾來犯，大破之，世宗嘉之，使獨立爲三音諾顏部，不復隸土謝圖。喀爾喀始有四部。噶爾丹之侵擾，桑結實指使之。康熙四十四年（一七〇五），固始汗曾孫拉藏汗殺桑結，詔封爲翊法恭順汗。五十五年（一七一六），復爲策妄所襲殺，清發兵擊却之。聖祖崩，固始汗孫羅卜藏丹津煽青海喇嘛以叛，亦爲清所討平。世宗雍正元年（一七二三）。高宗時，策妄阿布坦死，準部内亂，高宗乘機平之。乾隆二十年（一七五五）。先是策妄替白山宗羈其酋瑪罕木特，及是其二子布羅尼特、大和卓木。霍集占小和卓木。歸南路自立，清又討平之，乾隆二十五年（一七六〇）。聲威所播葱嶺以西。若浩罕、亦作敖罕，所屬有八城，而安集延之人來經商者最多，故清人又稱其人爲安集延。若哈薩克、分三部：左曰鄂爾圖玉斯，俄人稱爲大吉爾吉思，中曰齊齊玉斯，俄人稱爲中吉爾吉思，西曰烏拉玉斯，俄人稱爲小吉爾吉思。若布魯特、分二部，俄人稱爲喀剌吉爾吉思。若乾竺特、亦作坎巨提，又作喀楚特。若博羅爾、即帕米爾。若巴達克山、若克什米爾、若布哈爾、若阿富汗皆通貢市。西藏南之廓爾喀於乾隆五十五年(一七九〇)、五十六年(一七九一)再犯西藏。高宗遣兵擊破之,亦定五年一貢之制。東北邊自《尼布楚條約》定後,全包有黑龍江,朝鮮自太宗以來久臣服。幅員之廣,邁於漢唐矣。惟南方疆域則尚未逮明世。安南當明成祖時,曾隸中國,爲布政司,後雖叛去,然黎莫二氏,仍爲中國內臣。明宣宗棄安南,黎利有之。世宗初爲莫氏所篡,明以爲討,莫氏請爲內臣,乃削國號,立都統司,以莫氏爲都統使。黎氏遺臣阮氏立黎氏之後於西京,萬曆時滅莫氏。明以莫氏爲內臣,又來討,且立其後於高平。黎氏亦如莫氏爲都統使之職,乃許其並立。暹羅亦受封中國,緬甸尚爲土司,其北平緬、麓川兩司最強大。明太祖初,命平緬酋思氏兼長麓川,後又分其地置孟養、木邦、孟定、潞江、干崖、大候、灣甸諸司,思氏欲復故地,屢叛。英宗時,嘗三發大兵討之,卒不能克,僅定麓川而歸,自此中國實力,西不越騰衝,南不逾普洱,明初西南疆域實包今伊洛瓦諦江流域及薩爾溫、湄公兩江上游。閱《明史·土司傳》可知。而思氏亦破壞,緬甸遂坐大。清乾隆時,緬甸莽氏爲木梳土司雍籍牙所併,犯邊,遣兵擊之,不利。乾隆三十三年(一七六八)。安南黎氏爲阮氏所篡,遣兵征討亦無功。乾隆五十三年,即一七八八年,安南阮氏又有新舊之分。黎氏之復國也,以阮氏之力,既得國,任外戚鄭氏,阮氏遂據順化儼同獨立,是爲舊阮。阮氏自以子弟守西貢,是爲新阮。乾隆時,新阮酋文惠與其兄文岳、弟文慮皆驍勇知兵,遂滅舊阮,又入東京滅鄭氏,廢其主黎維祁。黎氏遺臣來告難,高宗使兩廣總督孫士毅出師敗新阮於富良江,後立維祁,已而不設備,爲新阮所襲破。新阮亦請和,高宗許之,而編維祁入旗籍。然二國懼中國再討,皆請和。暹羅事中國尤恭順,雖實力不及,亦滇、黔、兩粵之屏藩也。清代盛時,武功之略如此。

清代內治可分數期:(一)自順治入關至康熙平三藩、滅鄭氏爲戡定之期;(二)聖祖、世宗整頓內治,至高宗遂臻極盛;(三)高宗秉性夸大,文治武功,皆近文飾,末年更用一黷貨無厭之和珅,吏治大壞,民生日蹙;(四)遂至內憂外患紛至沓來,嘉、道以後,日入於艱難之世矣。今就五口通商以前政治、財政、軍備情形略論之,以見木腐蟲生,其來有自,雖曰西力東漸,爲數千年未有之變局,然今日所以國蹙民貧至於此極者,其患實有所受之也。

滿洲部落,本極貧窶,太宗時稍有窺伺中原之志,仍歲興師,加以賞賜中國降人,安置歸附及掠取部落,財用尤見竭蹶。入關之後,以不逮三分有二之地,支持東南、西南兩面之軍費,更屬捉襟見肘矣。然當時宮中用度,確較明代爲節儉。聖祖曾言:“本朝入關以來,外廷軍國之需與明略相等,至宮中服用,則以各宮計之,尚不及當時妃嬪一宮之數,以三十六年計之,尚不及當時一年之數。”政治亦較清明,故能廢除三餉,又定賦役全書,一以明萬曆以前爲準。是時海宇未寧,用兵不息,苛派騷擾,自不能免,然聖祖勵精圖治，一以實事求是爲歸，度支漸見寬裕，屢免天下錢糧，蠲除災欠。末年庫儲已有二千餘萬。世宗政尚嚴肅，財政尤所注意，鹽課關稅，則增加收數，陋規火耗，則化私爲公，故雖承西北用兵之餘，庫儲仍有二千七百萬。高宗時繼長增高，遂至七千八百萬。歷朝畜積，除隋文帝之世，蓋無足與清比倫。然庫藏之有餘，未必即爲財力之雄厚。高宗內多欲而外施仁義，在位時南征北討，軍費所耗逾一億，河工所耗又數千萬，此尚出諸府庫，至於南巡之供賑，和珅之貪求，和珅家產清單見薛福成《庸庵筆記》，估計其值在八億兩左右。近世論者謂甲午、庚子兩次償款，和珅一人之產償之而有餘云。則皆計簿無征，而所費實遠較國家經費爲巨。於是上官誅求州縣，州縣剝削小民，吏治壞而民生戚，國家之元氣隱受斲傷，內亂遂接踵而起矣。

　　滿洲兵力本極強悍，用能以一隅之衆抗天下之兵，然其衰敝亦極速。太宗崇德元年（一六三六）諭王大臣即謂“太祖時八旗子弟一聞行師出獵，莫不踴躍爭先，今則或託妻子有疾，或以家事爲辭”，可見清人尚未入關，其部落勇武之風，已非初興時比矣。入關以後，江南川陝之戡定，皆恃降將偕行，西南之併吞，尤盡出降將之力，三藩之尾大不掉以此。吳三桂既叛，滿洲兵頓荊州不能進者八年，且有謀舉襄陽降敵者。見《嘯亭雜錄》。三藩之終於覆亡，仍漢人之自相屠戮耳。川楚白蓮教起，清兵以鄉勇居前，綠營次之，旗兵居後。論者謂經三藩之變，而知旗兵之不足用，經川楚白蓮教之變，而知綠營之不足用。其實清代兵力，入關以後，即不可以遇大敵，其戡定中國，開拓疆土，非適值天幸，則掩耳盜鈴耳。西南之平，純由漢將效力。永曆本不能自振，吳三桂亦暮氣已深也。準部適值內亂，回疆殘破之餘，皆非大敵。其征安南、緬甸、廓爾喀，則皆情見勢絀也。金川地不逾千里，人不盈五萬，而用兵至五年，縻餉至七千萬，尤爲自古所未有。高宗顧以十全武功自誇，可謂顏之厚矣。清以異族入主，鎮壓本專恃兵力，兵力衰則外若蒙業而安，而其基礎實已動搖矣。

　　歷代北族入主中國，無不以驕奢淫佚致敗。清室初興時，程度已較金、元爲高，頗能預以爲戒。太宗崇德元年，即集諸王貝勒大臣命弘文院官讀《金史·世宗本紀》，諭以保守舊俗，爲子孫萬世之計。歷朝遵守此旨，未嘗或渝。如乾隆時因胡中藻之獄戒滿人毋得好吟詠，重漢文、荒騎射，忘滿語。又定滿人應試必先試弓馬及格，然後許入場。然其人之柔靡竟如此，而其不能勤事生業亦與金代之女真人同。清既不能泯除滿漢之見，則恃爲捍城者，厥惟滿族，漢族兵力即強，亦不可終恃，況乎綠營、旗兵，其積弱又如出一轍邪。

　　然兵力之不振，財用之不足，尚皆不爲大憂，政治苟善，未始無挽回之策

17

也。而清代又不能然。清代政治，蓋誤於滿漢之見，始終未能化除。又懲明代橫議及門户水火之弊，遂專以大權獨攬，挫折士氣，猜防臣下爲治法，一人爲剛，萬夫爲柔，當其盛時，亦有言莫予違之樂，一朝變起，則環視皆巧言令色，全軀保妻子之徒，求一與之共患難者而不可得矣。明太祖以雄猜廢宰相，然中葉以後閣權未嘗不重，六部亦各有其權，而吏兵二部，權力尤大，其人不賢，詒誤固巨，然得賢君良相，則亦足以有爲。清代則内閣軍機，皆不過書寫諭旨，朋黨如張廷玉、鄂爾泰，僅以營私，即炙手可熱如和珅，亦不過黷貨，而能把持朝政者無有也。故雖聲勢赫赫而去之易於振槁。六部本已見壓，且尚侍皆滿漢并置，吏、户、兵三部又有管部大臣，内官遷轉極難，非六七十不能至尚侍，管部又爲兼差，坐嘯畫諾，一切聽命司員而已。故其中樞之地，先已不振，外官則督撫司道，層層抑壓，州縣不能有爲，督撫亦無大權，不能繫一方之重也。康雍乾三朝，皆以明察自矜於臣下，動輒嚴加申飭，摘發隱微，使臣以禮之風，蕩焉以盡，故多得脂韋巧媚之士，上焉者亦不過供奔走使令，骨鯁者且絶跡，況以安社稷爲悦者乎？自順治入關即禁士子結社，後來文字之獄，摧挫士氣尤甚，士皆屏息不敢出氣，高者遁於考據辭章，中材則沉溺帖括，下焉者則苟求温飽，寡廉鮮恥，無所不爲已。嘉、道而降，時局日趨荆棘，然官方敝，而草野之士亦未有結纓攬轡，慨然以功業自期者。職是故也，善夫管同之言之也，曰："明之時，大臣專權，今則閣部督撫，率不過奉行詔命；明之時，言官爭競，今則給事御史皆不得大有論列；明之時，士多講學，今則聚徒結社者渺焉無聞；明之時，士持清議，今則一使事科舉，而場屋策士之文及時政者皆不録。大抵明之爲俗，官橫而士驕，國家知其敝而一切矯之，是以百數十年，天下紛紛亦多事矣。顧其難皆起於田野之間閭巷之俠，而朝廷學校之間安且靜也。然臣以爲明俗敝矣，其初意則主於養士氣，畜人材。今夫鑒前代者，鑒其末流而要必觀其初意，是以三代聖王相繼，其於前世皆有革有因，不力舉而盡變之也，力舉而盡變之，則於理不得其平，而更起他禍。"《擬言風俗書》。其於清代官方之壞，士習之敝，及其所以致此之由，可謂言之了如指掌，以此承西力東漸數千年未有之變局，夫安得而不敝乎？

第六章　道光以前中外通商情形

中國初與西人交涉，不過通商、傳教兩端。通商本兩利之事，傳教亦無害於我，我非生番野蠻，豈慮其藉傳教以潛奪吾民，而教士之科學且足爲吾效力，則廓然大公而許其來，於我實有益無損也。然當時於西洋情形，全無所知，見通商則慮其將爲海盜，見傳教則疑爲黃巾、白蓮之流，且從古未見此船堅砲利之外夷，亦從古未見此長於科學之教士，遂疑其別有所圖，而不能已於畏忌。而西人於中國情形，亦全然隔膜，徒覺其龐然自大，冥頑不靈而已。隔閡既深，釁端遂終不可免。道光以後之變局，夫固非一朝一夕之故也。

明室初興，沿海已有倭寇，中葉受禍之烈，尤爲曠古未聞，故於泛海來之外國，疑忌最深，然疑忌之而又假之以地，令其得有根據，則官吏之好賄爲之也。明代廣州本設有市舶司，暹羅、占城、爪哇、琉球、浡尼皆來互市。海舟恒泊香山縣南虎跳門外之浪白洋，就船貿易。正德時移於高州之電白。世宗嘉靖十四年（一五三五），指揮使黃慶納賄請於上官，移之濠鏡，即今之澳門也。是爲西人在陸地得有根據之始，遂有築城置戍者。中國頗忌之，踞者亦旋去，惟葡人於穆宗隆慶初請納租銀五百兩租空地建屋。總督林富爲請於朝，許之，葡人遂得公然經營市步，據爲己有矣。神宗萬曆三十五年（一六〇七），番禺舉人盧廷龍入京會試，上書，請盡逐澳中諸番出居浪白，當事不能用。後何士晉督粵，毀其城。熹宗天啓初，葡人藉口防倭，復築署，海道副使徐如珂又毀之。時倭寇初平，或言澳中諸番實爲倭鄉道，請移之浪白。粵督張鳴岡謂香山內地，官軍環海而守，彼日食所需，咸仰於我，一懷異志，立可制其死命，移泊外洋，則大海茫茫，轉難制馭，如故便。部議從之。鳴岡之説，在當時未爲非計，後來屢以斷絕接濟，脅制英人，其策蓋原於此，然清代交涉之失，固別有在，不能爲斷絕接濟咎也。清世祖順治四年（一六四七），佟養甲督粵，奏言佛郎機人寓居濠鏡澳門，與粵商互市，已有歷年，後因深入省會，遂飭禁止，請仍准通市，惟仍禁入省會。此爲清人禁西人入廣州城之始，亦沿明之舊也。世宗雍正二年(一七二四)，以安插西洋人，命粤督孔毓珣籌議。毓珣奏言澳門西洋人與行教之西洋人不同，居住二百餘年，日久人衆，無地可驅，守法納稅，亦稱良善，惟恐呼引族類，人數益衆，請以現在三千餘丁爲額，現有船二十五隻亦編列字號，作爲定數，不許添造。自是葡人貿易之船以二十五隻爲限。先是康熙二十五年(一六八六)，葡人言澳門係專給彼國居住，他國船隻，不應停泊。粤海關監督宜爾格圖爲之題請，部復許各國船隻移泊黃埔。及是毓珣飭船到日只許正商數人與行客公平交易，其餘水手人等，均在船上等候，不許登岸行走，並不許內地人等擅入夷船。定十一、十二月風信便利，將銀貨交清，即令回國。雍正九年(一七三一)，因總兵李維揚言，仍令各國船停泊澳門。葡人獨擅澳門之志，至是一挫。然時各國皆船貨並稅，惟葡船二十五止納船鈔，貨許入棧，賣去然後輸稅。乾隆時，閉浙海關貿易，並於粤海，各國船舶，在澳住冬，皆向葡人賃屋而居。葡人獨擅東道之勢，其權利猶獨優也。

　　清開海禁事在康熙二十四年(一六八五)，臺灣鄭氏亡後兩歲時，仍嚴南洋諸國之禁。至雍正七年(一七二九)乃弛。安南、廣南港口等，乃相率借來。其華人出洋者，康熙五十六年(一七一七)，以安南爲限，西南洋皆不許往。雍正五年(一七二七)，閩督高其倬奏福建地狹人稠，宜廣開其謀生之路，許其入海，富者爲船主商人，貧者爲舵工水手，一船幾及百人。今廣東船許出外國，何獨於閩而靳之？廷議許之。世宗嘗諭閩督，聞小呂宋有中國奸民二萬人，宜留心察訪。是年又諭廷臣，康熙未許噶羅巴小呂宋華民附洋船回內地，而回者甚少。今後出國宜定限期，逾期即不許回國，庶幾不敢稽遲。當時不獨畏忌外人，即華人留外國者，亦未嘗不畏忌之，實緣不知海面情形，故於海盜恐怖殊深也。設権關四：曰粤海，在澳門；曰閩海，在漳州；曰浙海，在寧波；曰江海，在雲臺山。二十七年(一六八八)，以舟山爲定海縣，改舊定海縣曰鎮海。浙海關移設焉。特建紅毛夷館一區，明時稱荷蘭曰紅毛，後英人至，亦以是稱之。爲西人住居之所。時英、法、瑞典、西班牙、比利時等在廣東均已立有商館，俗稱洋行，唯荷蘭商館至乾隆二十七年(一七六二)始設立。而浙海稅則較粤海爲輕，於是諸國靡至。乾隆二十年(一七五五)，英總商喀喇生、通事洪任輝請收泊定海而運貨至寧波，亦許之。乃越二年，忽有停止浙海之議，於是中英交涉起矣。

　　當時廣東商館勢力以英人爲最大，然不能逕與人民交易，必經所謂官商者之手，買賣皆然。其事約起於康熙四十年頃，後因官商資力不足，且利爲一人所專，亦爲衆情所不服，乃許多人爲官商，於是有所謂公行者。公行始於康熙五十九年(一七二○)，入行者約十餘家，每家出款至二三十萬，故其取諸外商者不得不厚，外人屢以爲言，然中國官吏委以收稅，管束外人之事亦以責之，故雖暫廢，亦必旋復。當時外貨估價之權全在公行，公行之估價也，合稅項、規費、禮物等并計之。價既定，乃抽取若干以爲行用。初，銀每兩抽三分，後軍需出其中，貢項出其中，各商攤還洋債亦出其中，於是有內用、外用之名，有十倍、二十倍於其初者，而官吏額外之需索，尚不在內。公行壟斷亦出意外，如當時輸出以茶葉爲大宗，茶商售茶於外國者，恒先與公行接洽，其貨萃於江西之河口，溯贛江，過庾嶺，非一二月不能至。嘉慶時，英商自以海船至福州運茶至廣東，不過十三日，而公行言於當道禁之。英商雖銜之，無如何也。康熙時英商屢以粵關費重，糾洋商爭之不得。雍正初，又議增收禮物銀兩。七年（一七二九），外商合詞控於大府，得稍裁減，未幾又增出口稅。於是外商趨浙者漸多。乾隆二十二年（一七五七），閩督喀爾吉善、粵督楊應琚請將浙海稅則較粵海加重一倍以困之。奉諭粵東地窄人稠，沿海居民大半籍洋船爲生，而虎門、黃埔，在在設有官兵，較之寧波之可以揚帆直至者，形勢亦異，自以驅歸粵海爲宜。明年應專令在粵。二十四年（一七五九），洪任輝赴寧波陳請，浙中已將夷館拆毀，見其至則逐之。洪任輝憤甚，自海道經赴天津陳請，且訐粵關積弊。朝廷怒其擅至天津，命由岸道押赴廣東，圈禁於澳門者三年，而命福州將軍赴粵查辦，得監督李永標家人苛勒狀，革其職。朝廷自謂足示外商以大公矣。二十九年（一七六四），又以閩浙總督歲收廈門洋船陋規銀一萬兩，巡撫八千兩，革總督楊廷璋職。而外人亦未嘗不怨朝廷之不通下情也。而粵督李侍堯又奏定防範外夷五事。一禁夷商在省住冬；二夷人到粵，令住洋行，以便管束；三禁借外夷資本及夷人雇請漢人役使；四禁外夷雇人傳遞消息；五夷船收泊黃埔，撥營員彈壓。案此後管束外人之苛例甚多，如外人必須居住商館，不許泛舟江中，並不許隨意出入，惟每月初八、十八、二十八三日得攜翻譯游覽花園。外人不准乘輿，住商館者不准挈眷，外人陳請必由公行轉遞。公行隱匿，亦只許具稟由城門守兵代遞，不得擅行入城，均極無謂。道光八年（一八二八），一大班挈洋婦居商館，其時十三洋行中，有東裕行司事謝某爲置肩輿，出入乘坐，久之反不許行中人乘轎入館。大吏廉得之，立拿謝某究治，瘐死獄中。大班聞其事，架大砲館外，設兵自衛。大府慮激變，遣通事蔡剛以理曉諭，令撤去兵砲，並速遣夷婦回國。於是洋行具稟，託以大班患病，需人乳爲引，俟稍愈當即遣之。大府據稟完案，不復根追。夷婦卒逗留不返。數年後，義律來粵，竟以挈婦爲援例之常。見《中西紀事》。英人以中英之間種種隔礙，乃於一七九二年遣馬甘尼斯當東來，時值高宗八旬萬壽，賜宴賜物，頒給英王敕諭兩道，於所請之事，一概駁斥不准。敕文見《熙朝紀政》及《國朝柔遠記》。又疑英使至澳門將勾結他夷爲患，令松筠以兵護送，所過提鎮，陳兵迎接以威之。抵杭州乃召松筠還，而命粵督百齡督帶過嶺，其疑忌外人如此。嘉慶初，中國方困於海寇，英亦與拿破侖構釁，拿破侖發布大陸條例以困之。葡萄牙不聽，爲法所破。英慮法侵及東洋，七年（一八〇二）以六艘泊雞頭洋，聲言防法。粵督飭洋商中國與外洋貿易之商人當時稱爲洋商，外商則稱爲夷商。諭之，乃退去。十年（一八〇五），英人遣商舶賚表，亦以法爲言，且言願助中國剿海盜，政府疑其有他志，諭粵督那彥成飭兵備。十三年（一八〇八），英將度路利又以保護中英葡三國貿易，助剿海寇爲辭，以九艘至澳，遣三百人登岸據砲臺。時英人以澳門屬葡，但得葡人允許，即可代守，而中國視澳門爲領土，特借給葡人居住，於是軒然大波起。時總督爲吳熊光，巡撫爲孫玉庭，命洋行挾大班往諭，不去，乃禁貿易，斷接濟以困之。度路利遂以兵船三闖入虎門，進泊黃埔，又乘舢板入會城，居商館，謂中國禁採辦，將入運其積也。又以中國斷貿易，請還茶葉而索其值，又索償商欠。碣石總兵黃飛鵬砲擊其繼至之船，斃英兵一，傷其三，乃退。然其先至者居商館自若也。時海盜甫平，兵力疲弊，故督撫皆務持重避啓釁，而仁宗以英兵闖入我境，且以保護中葡貿易爲辭，以天朝與小夷相提並論，又請代剿海盜，有藐視我水師意，疑其謀襲澳門，怒吳熊光畏葸，諭令嚴飭英人退兵，抗延即行剿辦。又派永保赴粵查辦。適英大班自印度至，以封艙懟度路利，葡人亦以銀六十萬兩犒英師，吳熊光又許其兵退即行開艙，乃退兵，貿易而去。仁宗以開艙雖在退兵後，而許之在先，益怒，革熊光、玉庭職，熊光旋遣戍伊犁。以百齡爲總督，韓崶爲巡撫。於是增澳門防務，定各國護貨兵船均不准駛入內港，禁人民爲夷人服役，洋行不得搭蓋夷式房屋，鋪戶不得用夷字爲店號，清查商欠，勒令分年歸還，停利歸本。選殷實者爲洋商。十五年（一八一〇），大班喇佛以行用過重訴於崶，崶與督臣司道籌議，僉以洋人無利，或可阻其遠來，不許減。十九年（一八一四）英艦捕美商船一，押至澳門，又追獲一艘於黃埔。中國以責大班，大班無能爲，遂欲停止貿易。於是英派羅爾美都來使，而使加拉威禮至粵。故事貢使見制府，免冠俯伏，制府坐，堂皇受之，加拉威禮不可。時總督蔣攸銛入都，巡撫董教增攝督事，許以免冠爲禮，教增亦起立受之。英使入都，仁宗命戶部尚書和世泰、工部尚書蘇楞額赴津迎迓，命在通州演禮。英使既不肯跪拜，和世泰又挾之一晝夜自通州駛至圓明園，勞頓不堪，國書衣裝皆落後。明日，仁宗御殿召見，正副使遂皆以疾辭。仁宗以爲傲慢，大怒，絕其貢，命廣惠伴押赴粵。已知咎在伴迎者，乃譴和世泰等，命粵督慰諭英使，致收貢品，仍賜英王敕諭，賜以物品，然英人之所要求，則一未得逞也。英人在廣東之貿易，自乾隆四十六年（一七八一）以後爲東印度公司所專，至道光十四年（一八三四）乃廢。公司之代理人，中國謂之大班。十三洋行言散商統馭無人，不便，請令再派大班來，粵督盧坤奏請，從之。於是英以律勞卑近譯亦作拿皮爾。爲監督，蒲羅登副之，帶威爲第二監督，魯賓遜爲第三監督，以十四年六月至黃埔，請晤總督。盧坤以爲大班也，怒其書用平行體，且不經公行轉達，飭令回澳。律勞卑不可，坤遂絕英貿易。律勞卑乘兵艦突入虎門，坤以英人既無照會，律勞卑又不舉出憑證，堅不信爲英官，調兵圍商館以困之。會律勞卑有疾,乃退去,未幾,卒於澳門。帶威繼爲監督。帶威去,魯賓遜繼之,議於珠江口占一小島爲根據,不復與中國交涉。十六年(一八三六),英廢監督,以義律爲領事。鄧廷楨爲總督,乃許其至廣州,然交涉仍多隔礙。義律上書本國,詔欲得中國允許平等,必須用兵,而戰機潛伏矣。

第七章　道光以前烟禁

　　鸦片輸入由來已久,惟以爲烟而吸之,則始於明清之間。鸦片本作藥用,其後與烟同吸,久乃去烟而獨吸鸦片。説見日本稻葉君山《清朝全史》。案雍正硃批諭旨,七年福建巡撫劉世明奏,漳州府知府李國治拿得行户陳遠私販鸦片三十四斤,業經擬以軍罪,及臣提案親訊,則據陳遠供稱鸦片原係藥材,與害人之鸦片烟並非同物。當傳藥商認驗,僉稱此係藥材,爲治痢必須之品,並不能害人,惟加入烟草同熬,始成鸦片烟。李國治妄以鸦片爲鸦片烟,甚屬乖繆,應照故入人罪例,具本題參云云。其初本作藥用,故亦以藥材納税。擔税銀三兩,又每包加税二兩四分五厘。雍正七年(一七二九)始定販者枷杖,再犯邊遠充軍之例,然其時輸入歲不過二百箱耳。販運者皆葡萄牙人也。乾隆四十六年(一七八一),英吉利東印度公司得壟斷中國貿易特權,而印度爲鸦片産地,輸入遂日多。道光以前歷年輸入之數,詳見蕭一山《清代通史》。出孟加拉者曰公班,亦稱大土,出孟買者曰白皮,亦稱小土,總名波畢。乾隆末年粤督奏禁入口。嘉慶初,又奉詔申禁,裁其税額,自此入口遂成私運。二十年(一八一五),粤督蔣攸銛奏定查禁章程,奉諭自後西洋人至澳門,均須按船查驗。道光元年(一八二一)因查出葉恒澍夾帶鸦片案,奉旨重申前禁。凡洋艘至粤,先由行商出具所進黄埔貨船並無鸦片甘結,方准開艙驗貨,其行商容隱,事後查出者加等治罪。自此鸦片蠆船盡徙之零丁洋。其地水路四達,福建、江浙、天津之泛外海者,就地交兑,銷數之暢如故也。二年(一八二二),復奉廷寄交粤督阮元密查,奏請暫事羈縻,徐圖禁絕。而其時鸦片蠆船已改泊急水門、金星門等處,勾結内地奸民往來傳送,包買則有窑口,説合則有行商,私受土規則有關汛爲之奥援,包攬運載則有快蟹資其護送。於是蠆船之來,每歲驟增至數萬箱。六年(一八二六),總督李鴻賓專設水師巡緝,而巡船受私規銀日且逾萬,私放入口。其年突增至蠆船二十五隻,烟土二萬箱。十二年(一八三二),盧坤督粤裁之。十七年(一八三七),總督鄧廷楨復設,而巡船仍沿舊規,且與之約,每萬箱別餽數百箱。甚至代運進口。副將韓肇慶顧以此擢總兵,賞孔雀翎,而鸦片且歲至五六萬箱矣。

道光十六年(一八三六)，太常寺卿許乃濟上言："近日鴉片之禁愈嚴，而食者愈多，蓋胥役棍徒藉法令以爲利，法愈峻胥役之賄賂愈豐，棍徒之計謀愈巧。逞其鬼蜮伎倆，法令亦有時而窮。究之食鴉片者，率皆浮惰無志、不足輕重之輩，亦有逾耆艾而食之者，不盡促人壽命。海内生齒日繁，斷無減耗户口之虞，而歲竭中國之脂膏，則不可不早爲之計。閉關不可，徒法不行，計惟仍用舊制，照藥材納税，但只准以貨易貨，不得用銀購買。又官員、士子、兵丁不得漫無區別，犯者應請立加斥革，免其罪名"云云。

乃濟之言既上，奉旨交疆臣會議，而一時九卿臺諫，咸謂其有傷政體。上以言者不一，必須體察情形，通盤籌劃，令鄧廷楨議奏。是時疆臣奏覆，率請嚴定販賣吸食罪名。十八年(一八三八)，鴻臚寺卿黄爵滋又奏請嚴禁。此疏至今尚爲人所傳誦，然於法之何以能行，似亦未曾籌及，蓋皆不免徒知烟之當禁，而未一察當時政治情形，至於因此而動干戈，終至敗績失據，則自非當時之人所及料，不能以此爲議者咎也。奏上，奉旨交督撫會議，並飭部臣重定新例，開設窑口烟館、栽種興販及員弁兵丁受賄故縱者，均處斬絞；吸烟者予限一年六個月，限滿不悛擬絞監候，時十九年(一八三九)五月間也。而燒烟之事已先三月行之廣東矣。鴉片輸入，當時朝野上下所最慮者爲漏銀，其實以貨易烟，與以銀易烟受損等耳。然當時以此爲大憂，則亦幣制之不善有以致之也。黄爵滋之奏曰："各省州縣地丁錢糧征錢爲多，及辦奏銷以錢易銀。前此多有盈餘，今則無不賠墊。各省鹽商賣鹽具係錢文，交課盡歸銀兩。昔之爭爲利藪者，今則視爲畏途。若再三數年間，銀價愈貴，奏銷如何能辦，課如何能清。"蓋幣制不立，銀錢比價一生變動，財政即受其影響也。

第八章　燒烟及中英戰事

　　方宣宗之以烟禁交疆臣議奏也，一時議者多主禁絕，而湖廣總督林則徐言之尤激，有不禁則國日貧民日弱，十餘年後豈惟無可籌之餉，亦且無可用之兵等語，宣宗以爲深識遠慮，召入京面授方略，以兵部尚書頒欽差大臣關防赴廣東查辦。時道光十八年（一八三八）十一月也。明年則徐馳至廣東停英貿易，絕其接濟，迫英商繳出鴉片二萬有二百八十三箱，一箱百二十斤。凡二百三十七萬六千二百四十五斤，焚之。時四月中也。則徐請定例，洋人運鴉片入口，分別首從，處以斬絞。又布告各國商船入口，須具"夾帶鴉片，船貨充公，人即正法"具結。葡、美皆願遵命，而義律不可，請許英商船泊澳門，派員會議禁烟辦法。則徐謂許英商船泊澳門，則粵關遂成虛設，不可。會英水手在尖沙嘴與華民交哄，殺華民林維喜，則徐令義律交出凶手，義律亦不聽。中外相水火益深。七月，則徐遂令沿海州縣，絕英接濟。

　　時義律居澳門，屢請本國政府强硬對華，其政府未之許，而印度總督遣軍艦二至澳門。義律大喜，以索食爲名，攻九龍。水師參將賴恩爵擊之，沉其雙桅船一，舢板二。義律不得逞，又未得政府許開戰之命。八月，復介葡人轉圜，惟請删"人即正法"一語，餘悉如命。時中朝方主嚴屬，則徐奏報"夷船之遵法者保護之，桀驁者懲拒之"，奉批"同是一國之人，辦理兩岐，未免自相矛盾"，大理寺卿曾望顏至奏請閉海關，盡絕各國貿易，則徐持之乃止。時又奉諭"不患卿等孟浪，但患過於畏葸"，則徐遂堅持不許。九、十月間英船屢擾尖沙嘴附近，至十一月八日，中朝遂發停英貿易之諭。

　　時英議會中亦多不主用兵，且有以行銷鴉片爲不義者，然卒以九票之多通過"對中國前此之侵害，要求賠償，英人在華之安全，要求保證"，時一八四〇年四月，道光二十年二月也。英政府乃調印度、好望角兵萬五千，使喬治·懿律統海。率之而東，五月至澳門。則徐已嚴備沿海，焚其杉板二。伯麥統陸。率之而東，五月至澳門。則徐已嚴備沿海，焚其杉板二。伯麥乃遣二十六艘趨定海，以五艘攻廈門。時鄧廷楨督閩，敗其兵，而定海以六月八日失陷。伯麥投巴里滿致中國首相書，書要求六事，一償貨價，二開廣州、廈門、福州、定海、上海通商，三中英官交際禮用平行，四償軍費，五不以英船夾帶鴉片累及岸商，六盡裁洋商即經手華商浮費。浙撫烏爾恭額不受，乃赴天津投之直督，琦善受之以聞。時諸大吏惡生事，多不悅則徐，相與造蜚語，謂去歲燒烟本許價買，而後負約，致激英變，又謂廈門奏報戰事不實。浸聞於上，廷意遂中變，命江督伊里布赴浙訪致寇之由，以烏爾恭額却伯麥書，致其北上，革其職。諭沿海督撫，洋船投書許即收受馳奏。時津海道陸建瀛以英人據定海要我，請録其船，羈其酋，命還定海，然後議之。又謂宜先決禁烟事，然後以免稅代償貨價，以開澳門代五口，而令海關監督與其官吏平行，餘仍令回廣東與則徐商議。當道不許。則徐已署粵督，革其職，令留粵聽勘，命怡良署總督，琦善以欽差大臣赴粵查辦，並革鄧廷楨職，代以顏伯燾。舊史或云，伯麥以甘言餌琦善，謂中堂赴粵，予等即可永遠和好。琦善爲所中，故力以自任。其入都面陳，多造膝語祕，世莫得聞云。此則近莫須有矣。朝廷既許查辦，義律遂返舟山與伊里布定停戰之約，時九月也。

琦善至廣州，盡撤則徐所設守備。時喬治·懿律有疾，甲必丹·義律代之交涉。琦善許償烟價二百萬，義律易之，又求割讓香港，琦善不敢許。十二月十五日（一八四一年一月七日），義律發兵陷沙角、大角兩砲臺，副將陳連陞死之。連陞驍將也。琦善懼，許開廣州，讓香港，義律乃還兩砲臺，並許還定海。事聞，朝廷大怒，下諭有烟價一毫不許，土地一寸不給之語，以奕山爲靖逆將軍，隆文、楊芳爲參贊赴粵，飭伊里布回本任，命江督裕謙赴浙。旋以英人在香港出示，指其地爲英屬，並求駐港營汛撤回。怡良奏聞，革琦善職，籍其家。二月五日，英人陷橫檔、虎門各砲臺。提督關天培死之。時楊芳自甘肅先至，楊芳本任固原提督。而英印度總督命卧烏古率陸軍亦至，險要盡爲敵據，芳亦束手無策。二十六日，美、法商人介行商伍怡和調停，言義律但欲得通商，無他求。芳與怡良據以入奏，欲姑撫之，圖收回險要。朝旨不許。三月二十三日，奕山及新督祁𡑷至，問計於則徐，則徐言宜使人誘敵退出，仍於要隘設防，乃可徐圖戰守。奕山亦然之。已又惑於人言，以四月朔夜襲英軍不克，明日英人進攻，城外砲臺皆陷，全城形勢已落敵人掌中，不得已，令廣州知府余葆純縋城出，許償軍費六百萬元，盡五日交付，將軍率兵退至距會城六十里之處，香港則俟將來再議，英兵乃退出虎門。奕山遂奏稱初八日進剿，大挫凶鋒，義律窮蹙乞撫，求准照舊通商，永遠不敢售賣鴉片，而將六百萬改爲商欠。英兵既撤，大行淫掠。初十日，將赴佛山，過三元里，人民樹平英團之幟禦之，各鄉團勇集者數萬。義律被圍。奕山慮敗撫義,遣余葆純慰諭,衆乃散。十二日英兵去廣州。十六日,奕山、隆文退屯小金山。隆文旋卒,楊芳留城彈壓,尋亦以病罷去。時朝廷得奕山奏,信以爲真,但飭與督撫妥議章程。而英先得琦善與義律所定草約,以爲償金太少,又英人後此之安全並無保證,撤回義律代以璞鼎查,命巴爾克率海軍從之。六月至七月十日臥烏古、巴爾克陷廈門棄之。八月攻舟山,總兵王錫朋、鄭國鴻、葛雲飛力戰七晝夜,十七日同日敗死。舟山遂陷。時裕謙自守鎮海,以提督余步雲爲宿將,命守招寶山,總兵謝朝恩守金鷄嶺。二十六日英兵登陸,步雲先逃,朝恩兵望見亦潰,裕謙自殺。英人遂陷鎮海。步雲走寧波,英兵進迫之,又棄城走上虞。浙撫劉韻珂遣兵劃曹娥江而守,朝廷聞之,以奕經爲揚威將軍,進兵浙江,命粵撫怡良以欽差駐福建,旋罷顏伯燾,以怡良代之。移豫撫牛鑒督兩江。奕經用知泗州張應雲議,約寧波、鎮海漢奸爲内應,以二十二年(一八四二)正月分三路進攻。事泄敗績。先是伊里布以遣家人張喜往來洋船革職,逮入都,遣戍。及是,劉韻珂請令赴浙效力,乃以耆英爲杭州將軍,給伊里布七品頂戴隨往,旋以爲乍浦副都統。三月,英撤寧波、鎮海軍。四月,陷乍浦,五月攻吳淞,提督陳化成死之,英兵遂陷寶山、上海。攻松江不克,將圖蘇州,遣船測量水道,膠於水草而止。乃撤兵入江。六月陷鎮江,焚瓜洲至儀徵,鹽船估舶揚州,官紳賂以銀三十萬元乃免。七月,英兵進薄江寧,於是戰守俱窮,而和議起矣。

第九章　江　寧　和　議

　　道光二十二年(一八四二),英兵既逼江寧,清廷戰守俱窮,乃以耆英、伊里布爲全權大臣,與英使璞鼎查訂立條約十三款,是爲中國與外國訂約之始。此約中國割香港與英,開廣州、廈門、福州、寧波、上海五口,許英人攜眷居住,英國派領事駐扎,英商得任意與華人貿易,無庸拘定額設行商,進出口稅則訂明秉公議定,由部頒發曉示,並訂明英商按例納稅後,其貨物得由中國商人遍運天下,除照估價則例加收若干分外,所過稅關不得加重稅則。英國駐中國之總管大員與京內外大臣文書往來稱照會,屬員稱申陳,大臣批覆曰札行,兩國屬員往來亦用照會,惟商賈上達官憲,仍稱稟。凡以破前此口岸任意開閉,英人在陸上無根據地,稅額繁苛,及不許英官平行之局也。又償英軍費千二百萬元,商欠三百萬元,烟價六百萬元,限四年分期交清。第一期六百萬元交清後,英兵退出長江,惟仍占舟山、鼓浪嶼兩處,俟償款全清,五口均行開放,然後撤兵。此約條款殆全出英意,清廷以福州係省會,欲以泉州代之,又不願鈐用御寶,欲代以欽差大臣關防,以英人不可,卒未能得。約定於是年七月二十四日,即一八四二年八月二十九日也。

　　當英人侵擾沿海時,閩粵江浙均不能抗,而獨未能得志於臺灣。是時臺灣總兵爲達洪阿,兵備道爲姚瑩。英人於道光二十一年(一八四一)八月犯基隆,因中國砲擊却退,觸礁而沉。中國獲"黑夷"百餘及刀仗衣甲圖書等。九月,再犯基隆,遣兵登陸,又爲中國伏兵擊退。明年犯大安港時中國募漁船防敵船。有粵人僞通英船所攜粵中漢奸,誘之入土地港,英船遂觸礁,官兵鄉勇奮擊,獲白夷十八、紅夷一、黑夷三十、粵東漢奸五。事聞,詔加達洪阿太子太保銜,賞姚瑩二品頂戴。臺灣本屬福建,以在海外特加兵備道三品銜,與總兵皆得專摺奏事。基隆之捷陳明事屬隔海,恐督臣轉奏稽滯,由驛遞逕行呈奏。奉朱諭嗣後攻剿夷匪摺件,由五百里奏報,如大獲勝仗,即由六百里奏報。大安之役,乃由五百里奏聞。自是驛遞相望,督臣怡良頗甚之,又慮英人報復。

時俘獲監禁臺灣者百六十餘人，鎮道謂解省既不可，久羈亦非計，奏明倘夷船大幫猝至，惟有先行正法，以除内患。報可。閩督怡良聞之懼，亟令泉州守函止之。鎮道不聽，除英酋顛林等九人及漢奸黄某、張某奉旨禁錮外，餘悉殺之。時英人尚據鼓浪嶼，聞之大怒，遍張僞示，謂中華之辱莫甚於此。見姚瑩致劉韻珂書。及和議成，訂明被禁英人及因英事被禁之華人，一律釋放。於是顛林等九人及散夷二十五人均送廈門省釋，而英人謂兩次俘獲均遭風難，夷脅江浙閩粤四省大吏入奏，詔怡良渡海查辦。甫至，兵民即諸行營爲鎮道訴冤，全臺士民，陸續奔訴者甚衆。怡良慮激變，受其詞而迫鎮道自認冒功，奉旨革職，逮入都交刑部審訊，旋以業徑革職，免其治罪結案焉。此事措置蓋迫於勢不得不然，論者以此咎怡良，未爲平允。然謂鎮道冒功則實誣。當時兵勇確曾協力戰鬥，革鎮道之職，已足以全和局，乃並因此議叙之官紳概行撤銷，則亦稍過矣。達洪阿、姚瑩多殺英俘，自今日觀之，誠不免於野蠻，然今昔思想不同，不能執此以議昔人。瑩致劉韻珂書謂鎮道天朝大臣，不能與夷對質辱國。諸文武即不以爲功，豈可更使獲咎，失忠義之心，惟有鎮道引咎而已。頗有大臣之風概也。

　　英人用兵實緣種種積釁，鴉片之利或其所歆，然必挾兵力以求讎，則究爲義所不許。故當時雖許以通商，仍可要以禁烟，而諸臣不明外情，置諸不論不議之列，烟禁遂暗中解除。咸豐五、六年間（一八五五、一八五六），各省競行抽厘以充軍餉。八年（一八五八），乃以洋藥爲名，收百斤三十兩之稅，除官員、兵丁、太監外，人民概許買用焉。

第十章　五口通商之役評論

五口通商爲中國見弱於外人之始，此乃積數千年之因，以成此一時代之果，斷非一人一事之咎，然即就事論事，當時事勢之危險，亦有可見者，今試舉其犖犖大端，亦可見道、咸以來清室之所以終不復振也。

一曰朝政之非。此役之主和，論者皆以爲穆彰阿、耆英等數人，罪幾詆爲宋之秦檜。秦檜之爲是爲非姑措勿論，即以檜爲誤國，要不失爲始終一貫之人。此役則忽而主和，忽而主戰，和戰既無定見，任使亦復不專，試問宋時有之乎？此可見宣宗之漫無成見，而中央亦無能主持大局之臣矣。清朝之不足爲全國重心，已見於此。

二曰兵力之不振。外洋之船砲誠非我所能敵，然客主之形概不相如，衆寡之數又復懸絕。果能盡力戰守，斷無敗壞至此之理。當時所誇者林則徐廣東之守，姚瑩臺灣之捷，然亦幸而英人未曾盡力猛攻耳。否則廣東之防，未必可恃，況臺灣乎？王廷蘭致曾望顏書述當時各處調到之兵“紛擾喧呶，毫無紀律，互鬥殺人，教場中死尸不知凡幾，城中逃匪難之百姓，或指爲漢奸，或劫其財帛，內外洶洶，幾至激變”，甚至“夷兵搶奪十三洋行，官兵雜入其中，肩挑擔負，千百成羣，竟行遁去，點兵册中，從不聞清查一二。及至沿途討要口糧，城外各處又將逃兵數千應付，回省以追逐洋鬼迷路爲詞”。見《中西紀事》卷六。有兵如此，恃以應敵能無寒心乎？

三曰士大夫之虛驕，不能知己知彼、勤求敵情，又不能實事求是、盡其在我，而徒放言高論，輕挑強敵。此爲自宋以來士大夫之積習，道、咸之時，亦復如此。當時於外國情形，可謂暗昧至極。當時諸臣，唯林則徐能求通外情，日譯外國報紙讀之。然當英人向索煙價時，則徐覆文有曰：“本大臣威震三江五湖，計取九州四海，兵精糧足，如爾小國，不守臣節，定即申奏天朝，請提神兵猛將，殺盡爾國，片甲無存。”抑何可笑！臺灣獲英俘後，上論該逆夷中必有洞悉夷情之人，究竟該國地方周圍幾許？所屬國共有若干？其最爲強大、不受該國統束者共有若干人？英吉利至回疆各部有無旱路可通？平素有無往來？俄羅斯是否接壤？有無貿易相通？

此次遣來各偽官是否授自國王？抑由帶兵之人派調？著達洪阿等逐層密訊，譯取明確供詞，據實具奏云云。則更堪發笑矣。按世界情形，當明末艾儒略等即已著有《職方外紀》等書，而當時中國之人漫不留意，紀昀修《四庫書目》，且疑其書爲妄說。闇昧如此，安得不敗續失據耶？而一切情勢之妄論，則彌漫一時。穆彰阿等固非賢臣，然當時攻擊之談，則大都不切情實，且多誣罔之辭。如詆耆英、伊里布、牛鑒至英艦拜謁英國主像。又疑爲天主像之類，見《中西紀事》卷八。且如余葆純不過一知府，而能弭釁端於衆怒難犯之時，三元里之衆圍義律時，葆純親出慰解，義律乃免。粵人指爲通夷賣國，葆純告病去。見《中西紀事》卷六。江壽民不過一游士，而能挺身説諭洋將，保全一郡生靈，英臨鎮江後，訛傳將因糧於揚州，淮商懼，將盡室行。壽民請身至英營詗之，乃成納賂之議。其後在第一期賠款中扣去。兵不能禦敵，不能責人民以不保全也。後太平軍下鎮江，壽民亦欲略令過揚不入，以身質其營中。太平軍以數百人入城，果秋毫無犯。而清兵有續至者，太平軍疑壽民陷之，鞭之，貫其耳，驅登城令退官兵。壽民乘間自殺，亦可哀矣。而《中西紀事》反詆爲乘危邀利之市儈，寸磔焉曾不足比死者一洒。即至鮑鵬、廣東人，識義律，爲英商館買辦，粵督以查辦私梟入之訪案。鵬匿迹山東。琦善赴粵，沿途訪通英語之人，知濰縣招子庸以鵬薦，挈之至粵，於交涉事，數往來其間。見《中西紀事》卷六。案鵬非必端人，然當時通知外情者太少，用之亦不得已也。張喜，伊里布家人。伊里布在浙時，曾使犒英師海上，坐此革職，及再起議和，喜仍往來其間。《中西紀事》卷七記其聞英人索賠款，喜拂衣而起，則亦非小人也。以市儈僕役，而能盡力國事，皆有其難能可貴者。而論者一切加以醜詆，掣當局之肘，灰任事之心，此等議論既多，往往國是因之動搖，以道謀而敗大計。曾國藩辦天津教案時，奏言“道光庚子以後，辦理洋務，失在朝和夕戰，無一定之至計，遂使外患漸深，不可收拾”。此固由君主之昏庸，輔臣之選耎，然此等高談激論之士，亦不容不分任其責也。

　　四則民心之不靖。王廷蘭致曾望顏書云：“粵省自少翁查辦烟案以來，禁興販，杜走私，未免操之過刻。故兵怨之，夷怨之，私販之莠民亦怨之。當積重之餘，以爲絶我衣食之源也。故當逆夷蠢動之時，羣相附和，反恐逆夷不勝，鴉片不行，則前轍不能復蹈，而該逆又四布流言，以爲與官爲仇，絶不向民加害。於是奸民貪其利，頑民受其愚，雖督撫曉諭，示以能擒逆夷者，賞有差，數月以來，絶無成效。及至賊破四方砲臺，復淫掠不堪，始悟其姦，操戈相向。設使當時被圍不解，遲之數月，必有内應而開門迎賊者。食毛踐土，乃良者少而莠者多，此可爲痛哭者矣。”《中西紀事》謂“關吏水師，無非漢奸，皆不利於烟土之禁，必欲破其局而後已。聞虎門失守時，水勇奉提督命開砲，無不雜以沙土”。此或傳聞之辭，未必得實，然劉韻珂與金陵三帥書謂“除尋常受雇持刀放火各犯外，其爲逆主謀，以及荷戈相從者何止萬人”。證以各種紀事，前後各役，無不有漢奸爲外人效力，則其言不盡誣矣。國民性喪失至此，能不懼乎？

此役之敗績，尚有一遠因，歷代與外國通商，多在南海，其地距中央遠，爲政府監察所不及。南方開闢晚，或以處左遷貶謫之人，或則用孤立無援之士，志氣頹唐，能奮發有爲者少，甚或不矜惜名節。而多見異物，足以起人貪欲之心，故嶺南官吏貪黷者多，因此激變之事，歷代有之，特其詒患皆不甚巨耳。中西啓釁，名由燒烟，實因商務，今錄《中西紀事》議論兩節於後，此書見解誠稍偏激，然此論則皆情實也。

《中西紀事》節錄

蓋自康熙開海禁以來三百年，互市之消長變遷，令人不可思議。於是論者皆謂中西之釁，自燒烟啓之，今載考前後，乃知釁端之原於互市，而非起于鴉片也。夫互市者，實中西交爭之利，而關胥牙儈，必欲專之；外洋因利而得害，乃思以害貽中國，而陰收其利。善夫！范蔚宗之言曰：匈奴貪尚關市，嗜漢財物，漢亦通關市不絕以中之。此盛世柔遠之術，知者知務之言也。中之云者，中其求利之欲耳。梯航萬里，遠涉風濤，得利則欣，失利則戚，人之常情，何足爲怪。一自貪吏漁侵，奸商掊克，彼以求利而來，終於失利而返，能無怨謗之沸騰邪？明之倭禍，始於中官，繼之以商儈，終於豪貴，於是外番之怨日深，而中國亦官民交困矣。

國初海禁既開，設關有四，江浙閩粵，無不可通。乃未幾而粵東海關專其利藪，未幾而十三行操其利權。稅有定則，未幾而益以規費支銷名目，未幾而益以歸公充餉名目。始則取之在吏，繼則取之在官。如據《澳門月報》：言洋行抽用定例，不得過三分。今據嘉慶年間大班稟控之詞，言棉花一石，價值八兩，向例行用二錢四分，連稅銀不過四錢，據此則初定稅則，每兩不過二分，爲百中取二。其後每石行用，加至二兩，幾十倍之矣。又言茶葉稅餉，二兩五錢之外，洋行會館，每石抽費六元至九元不等。計茶葉出口之價，不過三四倍於八兩一石之棉花，而稅用兩行，已虧折其十之三，則增設名目之漸也。洋商不堪其悉索，則控於地方官，地方官不能平其訟，則越控於大府，大府不欲窮其獄，乃回訴於本國，於是帶兵船講論，而干戈之釁以起。《書》曰：若顛本之有由蘖。語曰：物必自腐也，而後蟲生焉。由是言之，即使鴉片不入中國，亦未能保外洋之終於安靖而隱忍也。且鴉片之來，亦爲貨物之虧折起見耳。貨物不得其利，乃思取違禁之物以補償之。若使稅用不增，逋欠可得，彼又何樂乎以違禁之烟土，而予關吏以把持，啖水師之賄賂哉？竊謂當日欲與之申明烟禁，必先取中西互市之全局,通盤打算,平其百貨之稅則行用,更擇其胥儈之尤者而懲之,必使番人憬然於生計之贏絀,不在鴉片之有無。但使關稅行用之積蠹漸除,則湖絲茶葉之轉輸自便,此爲中外一體,威福並行,制吏撫夷之策,似無踰於此者。不清其源,而圖害其流,一旦決隄潰防,而莫之遏。雖藉十七省商民廢著之貲,不足以填其無厭之壑。有識者觀於鴉片之流毒中土,未嘗不扼腕長嘆,以爲戎首興於關市,其屬階梗於封疆,則甚矣。漏巵之失輕,而養癰之患大也。以上録自《中西紀事》卷三,十九頁下半八行至廿一頁下半七行。

　　英人自聞燒烟之信,舉國皇皇,皆以爲此非正經貿易,其曲在我,因請其國主先禁栽種。若乘之機會,照會該國,詢其關稅行用如何擾累,爲之酌量裁減,則義律先入之言,未易得而中之。林制使查辦此案,計其到粤未及十日,發令太早,蕆事過速,轉令善後事宜,益形竭蹶。漢晁錯之勸孝景削七國也,曰削之則反速而禍小,不削則反遲而禍大。制使當日燒烟之舉,毋乃類是,故其請罪奏中,謂發之於此時,與發之於異日,其輕重當必有辨。然夷人惟利是趨,度非有不軌之逞。而以今日承平既久,水師廢弛,彼强我弱,苟非迫於其勢之不可遏,毋寧沈幾觀變,以徐視吾力之所能爲,甚無取乎持之急而發之暴也。且法令必先於内而後及於外。今使發令之始,擬斬則必斬,擬絞則必絞,吸者先嚴於官幕,販者先治其牙窑,内地之禁既嚴,則外來之烟自滯。然後仿鹽法之減價敵私,平其百貨之稅則行用,以示通商之利,在此而不在彼。如是數年,然後與之申明烟禁,有不覊首繫頸而就銜紲乎?即使其不便於大利之坐失,而別尋他釁,則其事亦必在數年之後,各省防範,皆如粤東,則反遲者又安見其禍大? 今昔之形,固未可同日語也。以上録自《中西紀事》卷四,廿頁上半四行至完。

第十一章　五口通商後廣東中英交涉

五口通商以前，中西隔閡極深，是役雖以劫於兵力，允許西人通商，然實非本意所欲，其終不能免於衝突者，勢也。果也不久而後有咸豐戊午、庚申兩役。

《江寧條約》定後，伊里布以欽差大臣赴廣東辦理通商事宜，適廣東人民有與英工人鬥毆受傷者。輿情憤激，毀英商館。時璞鼎查爲香港總督，調兵艦至廣州。伊里布亟懲肇事之人以謝，乃已。道光二十三年（一八四三），伊里布卒，耆英管理五口通商事宜。五月與英換約，九月又與璞鼎查訂《五口通商章程》十五條。於是諸國屬至，法、美且遣公使，皆求訂約通商。清朝仍命耆英主之。二十四年五月十八日（一八四四年七月三日）《中美條約》成，九月十三日（十月二十四日）《中法條約》成。惟俄國於二十八年（一八四八）附英、美船來滬，仍由大府駁回。俄船二於嘉慶十一年（一八〇六）到粵，請互市，總督那彥成不許。監督延豐不俟札覆，遂准一船進口，議降七品筆帖式。後任阿克唐阿仍准俄船進口。總督吳熊光、巡撫孫玉庭未經查明，率准三船回國。詔熊光、玉庭、阿克唐阿均交部議，處延豐革職。嗣後該國商船來粵貿易，仍當嚴行駁回。

五口通商以後，四口領事均已入城，與中國官員相見，惟粵人仍援乾隆五十八年（一七九三）西洋各國商人不得擅入省城之諭，合詞訴於大府，欲申舊禁。大府知其不可，不許之。於是南海、番禺之紳士耆老，傳布義民公檄，令富者助餉，貧者出力，按戶抽丁，以辦團練，衆議洶洶，寖與官爲仇矣。道光二十三、二十五兩年（一八四三、一八四五），英人欲入城見制府，皆爲粵民所阻。二十五年（一八四五）英人之來也，耆英使廣州知府劉潯登其船，告以將曉諭軍民，約期相見。粵人偵知之，於城廂內外遍張揭帖，約以夷人入城之日閉城起事。會潯自英船歸，擔油者犯其前道，隸執而笞之。市人嘩曰，官清道以迎洋鬼，其以吾民爲魚肉也！劫府署，出潯朝服焚之庭，曰彼將事夷，不復爲大清官矣。督撫懼激變，出示安撫之。英人聞之遂去。粵人益自得，外人登岸，輒多方窘辱之。外人數詣書讓大吏。大吏謀於紳士，紳士則曰，此衆怒，不可以説動也。大吏無如何。二十六年（一八四六）賠款既清，耆英會英大衛於虎門，請撤舟山、鼓浪嶼駐兵。大衛求舟山不割讓他國，又以入城爲言，於是訂約五條，首申入城之旨，第三條申明中國不得以舟山羣島給與他國，第四條言他國犯舟山，英必出而保護，毋須中國給與兵費。光緒十一年（一八八五），中國以越南事與法開釁，法艦游弋舟山時，薛福成任寧紹台道兼理防務，乃於西報申明此約，且云今法日强，英日弱，舟山恐將爲法所占矣。英議院聞之以詰政府，其政府遂宣稱舟山爲英保護地，不許他國侵占，法人之謀乃戢。舟山得免淪陷，然亦辱矣。而入城一事，且引起無窮枝節。

　　道光二十七年（一八四七），耆英内召。英人以其管理五口通商，因要其實行入城之約而後去。耆英以粵人風氣强悍，請紓其期二年。英人許之，而要耆英入告，耆英亦許之。於是徐廣縉爲總督，葉名琛爲巡撫。二十九年（一八四九），英人以二年期屆，請入城，廣縉登其舟見之，不許其入城，而密與巡撫籌戰守。各鄉團練先後至。港督文翰乘舟闖入省河，廣縉再登其舟。文翰謀劫廣縉以要入城，兩岸義勇呼聲震天，文翰懼乃去，不復言入城事。事聞，錫廣縉爵子，名琛男，皆世襲；餘官照軍功例從優議叙，並盛獎粵民。好事者遂布流言，欲乘勢沮通商之局。文翰聞之，詣書廣縉請定粵東通商之約。廣縉採紳士議，要其將不入城列入約中，並出示曉諭英商，將約文刊載於其新聞紙，文翰亦許之。事聞，奉旨將約文載入檔案，所謂《廣東通商專約》者也。明年，宣宗崩，子奕詝立，是爲文宗。咸豐二年（一八五二），廣縉移督湖廣，名琛代爲總督，頗易外人。外人投文書輒略批數字答之，或逕置不答，外人銜之，然無如何也。時沿海華船頗有藉英旗爲護符者。咸豐八年，桂良等在滬議商約，曾照會英、法、美三使云，查上海近有中國船户由各國領事發給旗號，計船三十餘隻，日漸增添，殊多不便。此等船户向係不安本分，然無外國旗號，猶不敢玩法爲匪，今持旗號爲護符，地方官欲加之罪，躊躇不決，遂至無所不爲，犯案累累，流弊無窮。上海如此，各口諒均不免，尤慮煽成巨禍，致啓中外争端，萬不能不立法禁絶。擬請貴大臣即飭各口領事官，嗣後永不准以貴國旗號，發給中國船户，如有從前已給者，一概撤銷。本大臣一面出示曉諭，如有人擅領外國旗號張挂駕駛者，應行查拿，從嚴究辦，俾知警戒。觀此則當時粵中不免有恃外國旗號爲護符者，從可想矣。咸豐六年（一八五六）九月十日，有船來自外洋，張英旗泊粵河。水師千總梁國定以所載皆華人，欲治其通番之罪，執十三人，械繫入省，並拔英旗。英領事巴夏禮據約照會葉名琛，謂武弁應移取，不應擅執，且明舟子無罪，請釋之。名琛不許，因在粵之包公使以請，乃許之。使送十三人於領事廨，而英水師提督某欲藉此行入城之約，巴夏禮遂托事關水師弗受。於是英執《江寧條約》欲入城,我執文翰所定《廣東通商專約》不許。英兵遂窺省會,十月朔,陷之,然無朝命,兵少,亦不能久踞也,後退去。粵民怒焚城外商館。巴夏禮遂馳書本國請戰。下院否決。英相巴米頓解散下院,重召集,遂通過,迫中國改約,賠償損失,否則戰。英政府告俄、法、美請俱,俄、美僅遣使從之,而法王拿破侖三世發兵與偕,於是戰端復起矣。

第十二章　咸豐戊午、庚申之役

　　咸豐七年(一八五七)九月，英使額爾金、法使噶羅、美使利特、俄使普提雅廷至粵。額爾金致書葉名琛，請約期議立約及賠償損失事，名琛不答。法、美領事亦求償損失，且言英已決攻城，願任調停，名琛謂彼皆協以謀我，又不許，亦不爲備。十二日英、法兵攻省城，陷之，執名琛。葉名琛於咸豐九年三月卒於加爾各答。事聞，革名琛職，以巡撫柏貴署理，旋代以黃宗漢。四使各遣屬官賚致首相裕誠書，求派全權至上海議善後，詣江蘇求見兩江總督何桂清。桂清時駐常州，爲之轉奏裕誠，覆英、法、美書，言黃宗漢已赴粵，令其回粵聽候查辦，另照會俄使，申明不得在海口通商，令速赴黑龍江與該處辦事大臣妥議。四使不聽，英以艦十餘，法六俄一美三，同時北上。八年(一八五八)三月至天津，使赴大沽投文直督譚廷襄。奏聞，命戶部侍郎崇綸、內閣學士兼禮部侍郎烏爾棍泰赴津，與廷襄商辦，四使以非全權拒之。四月八日，英、法兵入大沽，陷砲臺。朝命罷廷襄，以托明阿爲直督，命僧格林沁駐防天津，旋以俄、美居間，和議復啓，以大學士桂良、吏部尚書花沙納爲全權大臣赴津，又賞耆英侍郎銜，令其赴津。耆英往見英使，英使不見。或傳耆英與英使有隙，桂良慮敗和議請召回，奉旨仍留天津。耆英遂還通州，肅順劾其違命，賜死。桂良等與四國各定新約，英五十六條，法四十二條、補遺六條，俄十二條，美三十條。又以其中稅則必須在上海籌議，乃派桂良、花沙納及工部右侍郎基溥、武備院卿明善旋以殷承實代之。至滬，會同何桂清共議。是歲，南海、番禺之民，設團練局於佛山，侍郎羅惇衍、翰林院編修龍元禧、給事中蘇廷魁主其事。惇衍等親赴各鄉團練，得數萬人，令耆老通飭民間，凡受雇於外人者限一月內辭歸，否則收其家屬，無家屬者，繫其親屬，於是辭歸者二萬餘人。揚言將攻廣州，司道皆潛出，英人防守巡撫，而收駐防兵軍械。巴夏禮自出示，言中外已和好，其至新安，張帖者見殺，遂發兵陷新安。團練襲廣州不克。和議既成，羅惇衍托巡緝土匪，請緩撤團練，而粵人有僞造廷寄者，謂英、法心懷叵測，已密飭羅惇衍相機剿辦云云。桂良等至滬，英人以粤事爲言，必欲撤黃宗漢，懲悍衍、元禧、廷魁。於是發上諭，嚴拿僞造廷寄之人，奪黃宗漢欽差大臣關防，以授何桂清。是時粤中民氣頗盛，然不能成節制之師，故《中西紀事》亦惜其築室多謀，攻城鮮效，又謂撫事既定，有去而爲盜者，能以衆整，古今所難，君子觀於此，而知利用民氣之不易也。十月，議定通商章程十條，英、法、美相同。先是和議之成，其諫部寺連銜諫止。侍講殷兆鏞一疏言之尤激，其所尤甚者，則京師駐使、長江通商、内地游歷、傳教諸端。朝廷於此猶思挽回，又謂牛莊究近京畿，又爲東三省貨物總匯，欲罷之，並欲先期收回廣州，屢飭桂良等設法，而不知正約已定，斷不能於此時更張也。九年（一八五九）二月，授何桂清五口通商大臣，桂良留駐上海，辦理善後。陳奏敵情叵測，得旨允其進京換約，仍不准久駐，其餘三事，猶命乘勢開導，不能全行挽回，亦當予以限制，而四使亦不更議他事，但請入都，遂有庚申之警。

時朝廷最忌外人至京，而外人則欲力破此局。九年（一八五九），英使普魯斯、_{額爾金之弟}法使布爾布隆來換約，英相飭其必至北京，使何伯率艦衛之。時僧格林沁方在大沽設防，命改由北塘，不聽，而照會守將請除河中之柵，守將亦不答。何伯破柵而入。五月二十四日，攻砲臺，爲守兵所敗。英艦十三，逃出者一而已矣。我直隸提督、大沽協副將亦死焉。英、法使皆走上海，美使華若翰後至，遵照會由北塘入清，乃許其遞國書，即在北塘換約而去，欲以風示英、法也。時英人議論亦多以航行白河爲非，而英相仍主戰，以額爾金爲使，發本國及印度、好望角兵萬三千，益以香港戍卒五千，使克靈頓率陸，何伯率海。法仍以噶羅爲使，蒙他板率陸軍七千二百，謝爾尼率海軍從之。先照會何桂清，謂若守天津原約，仍可罷兵。桂清奏聞，奉上諭，普魯斯輒帶兵船，毀我海口防具，首先背約，損兵折將，實由自取。所有八年議和條款，概作罷論，若彼自知悔悟，必於前議條款内，擇道光年間曾有之事，無礙大體者，通融辦理，仍在上海定議，不得率行北來。再有兵船駛入攔江沙者，必痛加攻剿，毋詒後悔。於是釁端之起，無可挽回矣。

咸豐十年（一八六〇）二月，英、法兵北犯，過舟山，見其無備，陷之，以儲軍需，於是克靈頓還香港，何伯率兵而北。時朝廷亦憚用兵，命留北塘，爲款使議和之地。僧格林沁亦聽人言，欲縱洋兵登陸，以馬隊蹙而殲之，遂撤防赴大沽，而埋地雷於北塘。漢奸偵得以告英人，英人發之，遂陷北塘，時六月二十六日也。進陷新河，占唐兒沽。時僧格林沁守南砲臺，直隸提督樂善守北砲臺，大學士瑞麟以京兵萬駐通州。七月五日，英兵攻北砲臺，樂善敗死。詔僧格林沁退守通州。僧次張家灣。七日，英兵陷天津，朝命侍郎文俊、粵海關監督恒祺至津議和，爲英、法所拒，改命桂良及恒福。英人欲增兵費、開天津、入京換約，朝命嚴拒之。時副都統勝保自河南召回，命與貝子綿勛率旗兵萬人，助瑞麟、僧格林沁守通州。時文宗駐海淀，謀幸熱河，盡括京城車馬，人心大震，官民皆徒行避難。六部九卿臺諫侍從力請還宮，勝保亦以爲言，乃命發還車馬，人心少定。命怡親王載垣赴通州議和。或告載垣，巴夏禮衷甲將襲我，載垣懼，以告僧格林沁，僧執巴夏禮送京師。英、法兵攻張家灣，僧格林沁敗績，瑞麟、勝保之兵亦皆敗。八月四日，英、法兵入通州，長驅而北。八日，文宗走熱河，留恭親王奕訢守，明日以爲全權大臣。二十一日法軍至海淀，據圓明園，二十三日，英兵亦至焉。中國乃還巴夏禮。二十六日英人脅開安定門，以三日爲限，中國不得已許之。二十九日，遂入城，時與巴夏禮同拘者死十餘人，額爾金怒，焚圓明園（九月五日），欲替清室代以洪秀全。俄使伊格那提也夫止之，且勸奕訢出議和，奕訢不敢，俄使願以身任之，乃出。七日，革僧格林沁、瑞麟職，恤英人監斃者銀五十萬兩，和議乃成。英約於十一日，法約於十二日簽字。

　　時清人方與太平軍劇戰，八月十一日嘗詔曾國藩、袁甲三各選川楚勇二三千入衛，謂其能俯身猱進，可避槍砲。曾國藩、胡林翼奏請於二人中簡一人北上。山西巡撫請西巡，官文請駕陝代，俟敵兵退出大沽返蹕，以和議旋就，皆未果行。其英、法占廣州之兵，則於十一年（一八六一）三月退出。是時賠款尚未交清，其能早退者，則法使哥士耆調停之力也。見諭旨。

第十三章　戊午、庚申和約大要

咸豐八年、十年(一八五八、一八六○)兩條約，其受虧遠較《江寧條約》爲巨，今擷其大要：

英約第二條，規定彼此得互派公使，法約同英約。第三條規定英使拜中國皇帝之禮，與拜泰西各國君主同，此項禮節，直至《辛丑條約》附件方行更改。

英約第七條，訂明領事與道臺同品，副領事、翻譯官與知府同品。其後桂良等在上海復照會英、法、美三國使臣，定總領事與藩、臬同品，惟美國覆文言該國從無此制，可無庸議。其法約第四條規定，彼此大臣行文，皆用照會，二等官用申陳，中國大憲用札行，商賈仍用禀，則英《江寧條約》之舊也。

英約第八條，許傳天主、耶穌教。法約十三條但言天主教，又規定得持執照入内地。美約二十九條，則言耶穌基督聖教，即天主教傳教習教之人，當一體保護。

英約第九條，許英人持照往内地游歷、通商。照由領事發給，地方官蓋印。《通商章程善後條約》規定，京都不許通商。法約第七條，商人持執照可在各口往來，而不得在沿海沿江各埠，私買私賣，否則船貨入官。

英約第十條，沿江自漢口以下，開放三口；後開漢口、九江、鎮江。第十一條，開牛莊、登州、臺灣、潮州、瓊州五口。法第六條多淡水、江寧而無牛莊，然既均有最惠國條款，則此等異同，亦不足較也。

英約規定領事裁判權者，爲十五、十六、十七三條；法約爲二十八、三十五、三十九三條；美約爲十一、二十七、二十八三條。其辭句互有異同，然既皆有最惠國條款，則此等同異，亦不足較矣。

英約第二十六、二十七條，規定稅則爲值百抽五，又因前所定稅則，物價低落，暗中加重，規定派員赴滬會議，以後滿十年一改，惟須於六個月前知照，否則再行十年。法約二十六條，規定七年一改。後在上海以另款改，與英同。

英約二十八條，規定英商運貨往來於内地及口岸之間，應輸稅項，總數由領事備文詢問各關監督,關監督應即照覆,彼此出示曉諭,英商願在首經子口及海口,一次完納者,應給票,以爲不另征之據,其額爲值百抽二有五。後來《通商章程善後條約》確定在首經子口及海口完納,用照會將移文詢問,照覆出示辦法撤銷。

英約第五十條,規定中、英文字以英文爲準,法約第三條規定以法文爲準。英約第五十一條,規定公文不得稱英爲夷。

最惠國條款英約在五十四條,法約在第四十條,美約在第三十條,而法約第九、美約第六、第十四、第十五各條,亦有涉及。

英另立專條,訂明中國償英商欠一百萬,軍費二百萬,由粵省督撫設措交清,乃還粵城。法補遺第四條,規定賠款及軍費總額爲二百萬兩。

以上乃英、法咸豐八年(一八五八)條約也。上海所定《通商章程善後條約》除規定子口稅外,又定洋藥每百斤稅三十兩,第九條所謂許英人持照往內地通商,第二十八條所定稅法,均與洋藥無涉,嗣後修改稅則,亦不得按照別貨完稅。第五條。又裁向來繳費每百兩加一兩二錢之傾鎔費,即所謂火耗也。並得邀英人幫辦稅務。案此項規定,蓋爲中國人不諳稅法及海口事務而設。故其條文云:通商各口收稅,如何嚴防偷漏,自應由中國設法辦理,條約業已載明。又云任憑總理大臣總理各國通商事宜大臣。邀請英人幫辦稅務,並嚴查漏稅,判定口界,派人指泊船隻,及分設浮椿、號船、塔表、望樓等事,毋庸英官指薦干預。法、美二約皆同,亦非英人獨有之權利也。第十條。

咸豐十年(一八六〇)英約續增九款,廢八年約之專條,改商欠爲二百萬,軍費爲六百萬,共八百萬兩,第三條。增開天津爲通商口岸,第四條,法約第七條。許華民出洋作工,第五條,法約第九條。此事至同治五年(一八六六),恭親王乃與英、法使臣訂立章程。割九龍司。第六條。法約亦改賠款爲八百萬,以七百萬爲軍費,一百萬賠償法人在粵損失。第四條。

美約與英、法二約頗異。當咸豐八年(一八五八)譚廷襄奏陳美國所求條款時,奉諭添設貿易口岸,准於閩、粵兩省酌添小口各一處,至於大臣駐扎京師,文移直達內閣禮部,賠償焚劫船貨等條,不能准行。桂良、花沙納至津議約,美遂照此刪改,故美約無賠款。第十四條訂開廣州、潮州、廈門、福州、臺灣、寧波、上海、潮州,臺灣即所謂酌添之小口。第四款規定駐使與內閣、兩廣、閩浙、兩江督撫均屬平行。而第五款規定,遇有要事,准到北京暫住,與內閣大學士或派出平行大憲酌議,但每年不得逾一次。到京後迅速定議,不得耽延,若係小事,不得因有此條,輕請到京。第四款又規定照會內閣文件,或交以上各督撫兩廣、閩浙、兩江。照例代送,或交提塘驛站賫遞。清廷當日最忌外人進京及與中樞直接交涉,故於此曾再三飭桂良等與英使磋議,欲令照美約辦理。又九年(一八五九)許美使換約,諭云:換約本應回至上海,念其航海遠來,特將和約用寶發交恒福,即在北塘海口,與該國使臣互換,以示懷柔遠人,敦崇信義。則在津換約,尚出特許,而入京無論矣。十年(一八六〇),英約第二款詔英使在何處居住一節,戊午年九月在滬會商所定之議,作爲罷論。將來應否在京長住,抑或隨時往來,仍照原約第三款明文,總候本國諭旨遵行。則當時在滬磋商,不爲不力,然至此則皆成畫餅矣。又法約第二款規定法使進京換約時,宜以優禮接待。則入京換約一節,前此竭力爭持者,至此亦皆無效。美約第六條規定他國使臣駐京,美國即無庸更議,一律辦理。十四條規定他國條約更開他口,美人亦得居住貿易,則英、法以干戈得之者,美使並不費筆舌之爭,而於暗中得之,相形之下,勞逸巧拙,可謂懸殊矣。中國當時甚以美國爲恭順,故八年條約第一條云,若他國有何不公輕藐之事,一經照知,必須相助,從中善爲調處,以示友誼關切。蓋以美爲易與,而不知其所取權利却未嘗後於他國也,亦可笑矣。

以上述英、法、美三約,其俄約則受損,尤屬不可思議,於下章詳之。

第十四章　中俄咸豐戊午、
庚申兩約

　　凡事不進則退，中國自尼布楚、恰克圖兩約定後，於邊防之地，仍恝然置之，俄人則逐漸經營，此其所以卒有咸豐八年、十年（一八五八、一八六〇）割地數百萬方里之事也。當尼布楚、恰克圖兩約定時，俄人於東方情形，亦屬茫昧。道光二十七年（一八四七），尼古拉一世以穆拉維約夫爲東部西伯利亞總督，穆拉維約夫使尼伯爾斯探察鄂霍次克海、堪察加半島及黑龍江，始知庫頁之爲島。初，俄人以庫頁爲半島，則入黑龍江口，必航鄂霍次克海。鄂霍次克海冰凍之期甚長。今知庫頁爲島，則可航韃靼海峽，韃靼海峽不冰，且可容吃水十五英尺之汽船，則黑龍江之利益大矣。三十年（一八五〇），俄遂定尼哥來伊佛斯克爲軍港。咸豐二年（一八五二）占德喀斯勒灣，遂占庫頁，而東北之危機至矣。

　　道光三十年（一八五〇），俄人請在伊犁、塔爾巴哈臺、喀什噶爾通商。理藩院議許伊犁、塔爾巴哈臺，而拒喀什噶爾。文宗立，命伊犁將軍薩迎阿與議，旋召入京，以奕山爲將軍，本參贊大臣。布彥泰爲參贊大臣。本塔爾巴哈臺大臣。八月，定《通商章程》十七條，兩國貿易皆免稅；第二條。我由伊犁營務處派員，彼派匡蘇勒管理；第三條。俄商來者，清明後入卡，冬至停止；第八條。居住之地，由我指定；入市，必持執照；第六條、第九條、第十三條。禁止賒欠。第十二條。而嚴緝失物，第六條。交逃人之約，第十條。猶是乾隆以前之舊眼光也。

　　咸豐二年（一八五二），俄、土開戰，英、法將援土。穆拉維約夫西歸，見俄皇，極陳當占據黑龍江，於是決議與中國重行議界，而俄外務大臣尼塞勞原不以爲然，乘穆拉維約夫臥病，致書中國請協定格爾必齊河上流界標。明年，吉林將軍景淳奏聞，詔派員查辦，於是吉、黑、庫倫同時派員會勘，此時若能迅速定議，自是中國之利，而或以冰凍難行，或以期會相左，輾轉經年，事迄不集，而俄與英、法開戰，尼古界穆拉維約夫以極東全權，得徑與中國交涉矣。

　　於是穆拉維約夫致書中國政府,言爲防守太平洋岸起見,由黑龍江運兵及餉,須與中國定界,請派員會議。使至恰克圖,中國不許其入京。穆拉維約夫慮遲延,逕航黑龍江,赴尼哥來伊佛等處布防。璦琿副都統以其兵多不敢拒。咸豐五年(一八五五),穆拉維約夫與黑龍江委員台恒會,藉口爲防英、法計,黑龍江口與内地必須聯絡,請劃江爲界。台恒以咸豐三年(一八五三)薩那特來文示之,詔該文明認黑龍江左岸爲我地,何得翻議。穆拉維約夫不能答,乃要求航行黑龍江,而境界諸緩議。時朝命景淳及黑龍江將軍奕格、庫倫辦事大臣德勒克、多爾濟照會俄人,言此次畫界,止以未設界碑之地爲限。會尼古拉一世卒,亞歷山大二世立,俄外務部仍不以穆拉維約夫舉動爲然,穆拉維約夫乃再西歸,覲見新皇,自請爲中俄畫界大使,代主東方之將,仍航行黑龍江,且在江左岸置戍,時咸豐六年(一八五六)四月間也。穆拉維約夫在俄都遂請合堪察加半島、鄂霍次克海岸及黑龍江口之地,置東海濱省,江以外殆盡所占。朝廷但命景淳及黑龍江將軍奕山據理折辯,並命理藩院行文薩那特衙門,請其查辦而已。

　　咸豐七年(一八五七)七月,普提雅廷至天津,投文以畫界爲請,奉諭中俄接壤,惟烏特河一處未曾分界,從前委員會議,因該國持論未能公允,是以日久無成。今該使既係該國大臣,正可秉公查清界限,飭令折回黑龍江會辦。未幾,薩那特衙門來文,援恰克圖約第九條,請仍令普提雅廷進京議事。廷議以所行條約,係指使臣到邊界而言,並無進京明文,駁之。十二月,英、法犯廣東,俄、美以調停爲名,赴滬赴津,文書雜沓。理藩院行文薩那特衙門,令其毋庸干預,仍照前議,將烏特河地方會同勘定,江岸居人,速行撤去。又命普提雅廷回黑龍江,普提雅廷又投文聲稱實爲英、法説合而來,請加沿海通商口岸。其勘界一事,穆拉維約夫已前往經理。奉旨該國既以界務爲重,自應先辦,其餘通商各事,俟粵事了結,再行商議。八年(一八五八),英、法陷大沽,時局益亟。穆拉維約夫以兵萬二千赴黑龍江口,使告奕山,將過璦琿,可以就便開議。於是中國派奕山爲全權大臣,與俄定約三條,割黑龍江北屬俄,而以烏蘇里江以東,爲兩國共管之地。黑龍江、松花江、烏蘇里江只准中俄兩國行船。而黑龍江左岸,由精奇里河以南至豁爾莫勒津屯原住之滿洲人等,照舊准其居住,仍著滿洲國大臣管理。案此約漢文云"黑龍江、松花江左岸,由額爾古訥河至松花江海口作爲俄羅斯國所屬之地"。此松花江不知何指。中國人因謂指松花江口以下之黑龍江並下文"黑龍江、松花江、烏蘇里河此後只准中國、俄國行船"之松花江,亦欲以此説解釋,謂俄人航行松花江,實與條約相背。然據錢恂《中俄界約斠注》，則謂滿蒙文、俄文及英、法各文，均無上兩松花江字，而下文則確有之也。

此約成後，侍講殷兆鏞劾奕山，以黑龍江外五千餘里，藉稱閒曠，不候諭旨，拱手讓人，寸磔不足蔽辜，論者亦皆咎奕山之愚懦。然據日本稻葉君山之《清朝全史》，則奕山當日未嘗不竭力爭執，而俄人以開戰相脅。當時情勢與結《尼布楚條約》時適相反，中國斷非俄敵，其屈伏亦出不得不然。邊備廢弛，由來已久，實不能專爲一人咎也。

時普提雅廷在津沽仍以添設通商海口，由陸路赴黑龍江，派員再清疆界爲請。清廷詔恰克圖、伊犁、塔爾巴哈臺已有三口，再援五口之例，則共有八處，他國要求，無以折服，命譚廷襄於五口之中，選擇兩口，至多三口，嗣亦准其一律，於清理疆界，亦許派員查勘，蓋欲倚俄、美，以拒英、法。及英、法兵占砲臺，又先與俄、美立約，欲使俄與英、法商，將遣使駐京，改如美約。鎮江通商，緩至太平軍平後舉行。天津互市，易以登州，事皆無效。俄人乃請饋軍械，並派人教演，修築砲臺，以爲見好之地。清仍以諭旨嘉獎，亦可發一噱矣。

咸豐八年（一八五八）《天津和約》凡十二條，其要者，以後行文，不由薩那特衙門及理藩院，而由俄外務部逕行軍機處或特派之大學士，彼此平行，俄使與大學士、督撫亦平行，遇有要事，得由恰克圖故道或就近海口進京；第二條。開上海、寧波、福州、廈門、廣州、臺灣、瓊州七處通商，他國再增口岸，俄亦一律照辦；第三條。並得設領事；第五條。陸路通商人數不加限制；第四條。俄人居京城學滿、漢文者，亦不拘年份；第十條。案乾隆十六年，庫倫大臣奏稱俄羅斯學生已屆十年，請派人前來更換。則前此以十年爲限。許在海口及內地傳天主教；第八條。派員查勘邊界；第九條。京城、恰克圖公文信函亦得附帶。由臺站行走，以半月爲限；運送應用物件，三個月一次；臺站費用，中俄各任其半第十一條。及最惠國條款第十二條。是也。英、法、美三國所得利益，俄亦皆得之，而陸路陸商之利，則又非英、法、美所及矣。

九年（一八五九），英、法遣使換約，俄亦遣伊格那提也夫爲駐華公使。時穆拉維約夫發現彼得灣，定海參崴爲海軍根據地。十年（一八六〇），伊格那提也夫又在北京訂續約十五款，盡割烏蘇里江以東；第一條。交界各處，准兩國之人隨便交易，並不納稅；第四條。西疆未定之界，應順山嶺大河，中國常駐卡倫，雍正六年（一七二八）所立沙賓達巴哈界牌，西至齊桑淖爾，自此西南，順天山之特穆爾圖淖爾南至浩罕邊界爲界；第二條。興凱湖至圖們江，訂於咸豐十一年（一八六一）三月，會立界牌，沙賓達巴哈至浩罕，則不限日期；第三條。

恰克圖照舊,到京所經庫倫、張家口,零星貨物亦准行銷;第五條。庫倫設立領事;第八條。俄商來者每處不過二百人,須有本國邊界官路引;第五條。中國商人亦可往俄内地通商;第五條。得在俄京或他處設立領事,開喀什噶爾,設領事第八條。除不許賒欠之例;第七條。領事與地方官平行,犯罪争訟各歸本國治罪;第八、第十條。邊事向唯庫倫大臣與恰克圖固畢爾那托爾、伊犂將軍與西悉畢爾總督行文辦理,今增阿穆爾、東海濱兩省。固畢爾那托爾與吉、黑將軍行文均平行。恰克圖事有駐恰克圖部員與恰克圖邊界廓米薩爾行文,要事由東悉畢爾總督行文軍機處或理藩院。並規定行文交送之法,第十一條。恰克圖至北京書信,每月一次,限二十日,物件二月一次,限四十日。商人願自雇人送書物者,准先報明該處長官,允行後照辦。第十二條。

此約論者多只知東北割地之巨,而不知西疆亦暗伏損失之機。其餘諸條,受損亦甚巨也。別於後文詳之。

……①

咸豐末年陝西募回勇設防,而人民亦辦團練自衛,同治元年(一八六二),捻匪合太平軍入武關,回勇潰,伐竹於華州之小張村,與漢民訌,死二人。回民相聚聲言欲復仇。適雲南叛回赫明堂、任五至,遂起兵,與河南回勇合攻村鎮,戕團練大臣張芾於臨潼,圍同州、西安。於是甘回馬化龍、白彦虎等亦起事,據金積堡。在靈州西,後於其地設寧靈廳。朝廷命勝保攻之,逗留不進。改命多隆阿,頗致克捷。而川藍大順入陝,陷盩厔,多隆阿還攻之,大順走死。多隆阿亦以傷重卒於軍。左宗棠督辦陝甘軍務,又以追擊捻匪,不暇兼顧陝事。捻匪平。十月,宗棠還西安,時延、榆、綏各屬游勇到處滋擾,馬化龍居金積堡,資以糧馬,而陽代乞撫。白彦虎據寧州之董志原,北接慶陽,南連邠、鳳,東北達鄜、延。宗棠分兵破之邠、涇、鄜、鳳、慶陽之間。八年(一八六九)二月,白彦虎走靈州,延、榆、綏亦平。五月,陝西遂定。宗棠駐涇州,分兵一由定邊進寧夏靈州,一由寧州進環慶,一由華亭規平涼,一由寶雞趨秦州。以寧、靈之間爲回衆根據所在,宗棠特進駐平涼,遣兵助攻。回衆復分入陝西,再入邠州,宗棠分兵攻之,十年(一八七一)五月,陝西再定。七月,合出寧州之兵圍金積堡。十一月,克之,殺馬化龍。至十一年(一八七二)六月,自河以東,次第平定。七月,宗棠進兵蘭州,十月復西寧。明年九月,復肅州,甘肅亦平。白彦虎先已自肅州走出關矣。

---

① 　原稿有删節。省略號爲編者所加。

　　陝回之亂也，使其徒四出聯絡，於是回酋妥得璘以同治三年（一八六四）據烏魯木齊，自稱清真王，遂陷吐魯番，下南路八城。五年（一八六六）正月，陷伊犂，二月，陷塔爾巴哈臺，將軍明誼死之。初博羅尼都大和卓木之死也，其子曰薩木克奔敖罕。薩木克子張格爾，於道光六年（一八二六），以敖罕兵陷西四城（喀什噶爾、葉爾羌、和闐、英吉沙爾），爲清提督楊芳所擒。清諭敖罕執獻張格爾家屬，敖罕不可，清絕其貿易。道光十年（一八三〇），敖罕迎張格爾兄玉晉爾，資以兵，再陷喀什噶爾、英吉沙爾、葉爾羌，清卒許其通商乃和。道光二十七年（一八四七），和卓木之族加他漢復入侵，往來於喀什噶爾、葉爾羌之間，回民無應者，而伊犂兵至，乃遁去。及妥得璘起，喀什噶爾回酋金相印開敖罕，敖罕復資張格爾子布蘇格以兵，入據之。同治六年（一八六七），敖罕將阿古柏帕夏廢布蘇格自立，與妥得璘爭南路八城，會漢人徐學功起兵烏魯木齊，擊妥得璘，妥得璘敗死。地皆入阿古柏，阿古柏據阿克蘇，白彥虎既敗，走歸之。徐學功內附，阿古柏介之以求封冊，又遣使土耳其及英、俄，俄與訂通商條約，英印度總督亦遣使報聘焉。英使威妥瑪亦爲代請封冊，朝議以用兵費大，欲以南路封之，左宗棠不可。光緒元年（一八七五）三月，乃命宗棠督辦新疆軍務，烏魯木齊都統全順副之。二年（一八七六）三月，宗棠命全順及提督張曜進據巴里坤、哈密以通餉道，而命劉錦棠以湘軍二萬進北路。六月，克古牧地，在烏魯木齊東。遂復烏魯木齊。九月，北路平。與張曜進規南路。三年（一八七七）三月，克辟展、吐魯番，扼南路之吭。阿古柏戰既不利，而敖罕已於前一年爲俄所滅，四月，遂仰藥自殺。子海古拉負父尸西竄，其兄伯克胡里殺之，據喀什噶爾。而白彥虎據開都河西岸，錦棠進兵迭復南路諸城，伯克胡里、白彥虎皆奔俄，南路亦平。

第十五章　同光中俄交涉

　　中俄陸路接界數千里，故交涉事務莫亟於分界。咸豐十年（一八六〇），黑龍江以北烏蘇里江以東之地既割，於十一年（一八六一）派員分界。新界憑黑龍江、烏蘇里江、松阿察河，畫分處均自然明白，無待勘察。自此以南，條約訂明白松阿察河之源，踰興凱湖至白棱河，自白棱河口順山嶺至瑚布圖河口，再順琿春河及海中間之嶺至圖們江口。兩國交界，與圖們江之會處及該江口相距不過二十里，繪畫地圖以紅色分界。_{咸豐十年《北京條約》第一條。}十一年，倉場侍郎成琦奉命與俄使會勘。俄使欲混白棱河爲穆棱河，圖占寧古塔附近交通三姓、琿春要路，_{見是年六月四日上諭。}以成琦力爭而止。此次共立八界牌，然有兩牌遺漏未設，另兩牌則與條約及立牌後所立約記不符。蓋由興凱湖以下交通艱阻，成琦與俄使僅在興凱湖行營，將地圖內未分之界，補畫紅綫，而設立界牌，則彼此各差小官，未曾親往故也。_{見是年五月成琦原奏。}其後土字界牌毀失，那字界牌雖存，中、俄亦皆謂已失。至光緒十二年（一八八六），中國派右副都御史吳大澂及琿春副都統依克唐阿與俄使巴啦諾伏等會勘，乃重立土字界牌，展拓至沙草峰下，水路距圖們江口三十里，_{俄十五里。}陸路距二十七里_{俄十三里半。}之處《重勘琿春東界約記》第一條。添立瑪薩二牌。_{第二條。}倭字牌移設交界之地，那字牌亦經尋得。_{第五條。}舊立八牌，除土字牌毀失外，餘七木牌因其年久易壞，又鄉民燒荒，易於延及，均毀之，改立石牌。_{第二條。}條牌之間，多立封堆挖溝爲記。_{第七條。}俄人越界在我國黑頂子山地方設立卡倫民房，令其遷回。_{第三條。}我國船隻至圖們江口者俄以照會申明不得攔阻。此約改正錯誤，一照條約辦理，實爲他約所不及。約文並用滿文、俄文，以滿文爲主，亦他約所罕也。

　　其西疆之界，雍正六年（一七二八），僅定至沙賓達巴哈止。_{烏里雅蘇臺屬。}咸豐十年（一八六〇），《北京條約》第二條訂明西疆未定之界，應順山嶺大河。中國常駐卡倫，自沙賓達巴哈往西直至齊桑淖爾，自此西南，順天山之特穆圖淖爾南至浩罕邊界爲界。其後由明誼、錫霖、博勒果索與之會勘,在塔城屢議,總署亦與俄使往返詰難。同治三年(一八六四)回事方棘,俄又駐兵圖爾根河,强占卡内之地。伊犁將軍常清咨行明誼與之速詰。明誼照會俄使換約。俄使雜哈勞先派兵至塔屬巴克圖卡外,然後送來圖志,絲毫不容商議,有如謂不可行,立即回國派兵看守分準地界之語。明誼不得已許之,於是年九月七日,立分界紀約十條。定自沙賓達巴哈至浩罕界上之葱嶺之界。此約第六條訂明換約後二百四十日,會立界牌鄂博。其後科布多屬境由奎昌與俄色布闊幅會立,定有約志三條。烏里雅蘇臺屬由榮全與俄使穆嚕木策傅會立,定有約志二條。事均在同治八年(一八六九)。塔爾巴哈臺屬由奎昌與穆嚕木策傅會立,定有約志三條,事在同治九年(一八七〇)。而伊犁屬境,則未及勘定,遂啓俄人占據後重大之交涉。

　　當同治三年(一八六四)伊犁危急時,將軍明緒曾移文西悉畢爾衙門,以俄兵貿易圈地,爲回衆擾占,欲借俄兵相助,並奏請。飭下總署與俄使商辦,其後迄無成議。見國史館《明緒傳》。明緒死,以榮全署伊犁將軍。榮全奏言俄國來文,俄官不日帶兵數千名,同往收復,後亦不至。其後回人與俄構釁,十年(一八七一)五月十七日,俄兵陷伊犁。朝廷命榮全馳往收回。俄官布呼策勒夫斯奇言當請示本國。總署以詰俄使,俄使言關内外悉定,當歸還也。及回事平息,乃以崇厚爲全權大臣使俄議之。時光緒五年(一八七九)四月。崇厚但欲收回伊犁,所定條約九月十六日。此約無全文可考。受虧甚巨,朝臣交章論劾,主戰之議大熾。詔下崇厚於獄,擬斬監候。時郭嵩燾以使英大臣臥病於家,上疏言國家用兵卅年,財殫民窮,又非道、咸時比。俄環中國萬里,水陸均須設防,力實有所不及,釁端一開,搆患將至無窮。主戰之論乃稍戢。六年(一八八〇)二月,改使曾紀澤如俄。紀澤請貸崇厚死,並先辦結邊界案件,免俄有所藉口,然卒本原約於七月一日立約二十六條。崇厚原約收回伊犁之地廣二百餘里,長六百里。此約添索南境要隘廣二百里,長四百里。第一條。與原約比較之語,均見曾氏寄總署譯稿原注。其界自別珍島山順霍爾果斯河至該河入伊犁河處,南至烏宗島廓里札特村之東,自此往南,依同治三年(一八六四)舊界。第七條。按原約割霍爾果斯河以西,此約未能争回。其帖克斯上流兩岸之地,則經此約争回,即自伊犁河至廓里札特村界内之地也。同治三年塔城界約所定齋桑湖迤東之界,派員重定其界,係自奎峒山過黑伊爾特什河至薩烏嶺畫一直綫。第八條。其費爾干與喀什噶爾之界,則照現管之界勘定,安設界牌。第九條。償俄人代守伊犁及俄商民恤款九百萬盧布。第六條。合英金一百四十三萬一千六百六十四鎊二先令,見專條。崇厚原約係五百萬盧布。原約肅州、吐魯番、科布多、烏里雅蘇臺、哈密、烏魯木齊、古城均設領事。此約僅設肅州、吐魯番兩處，餘五處訂明係商務興旺議設。第十條。領事設肅州，或嘉峪關未定。約文皆作肅州而注曰即嘉峪關。吐魯番非通商口岸，而設領事，約文訂明各海口及十八省東三省內地不得援以爲例。俄領事在蒙古天山南北路往來及寄信，均可由臺站行走。約中亦訂明。蒙古設官未設官之處，均准貿易不納稅。伊犁、塔爾巴哈臺、喀什噶爾、天山南北路各城，則暫不納稅，俟將來商務興旺再行議定稅則。第十二條。設領事處及張家口准造鋪房、行棧。張家口無領事，而准造鋪房行棧，他處及內地不得援以爲例。第十三條。俄商往肅州貿易，至關而止，照天津辦理。第十四條。黑龍江、松花江、烏蘇里江行船之約，再行申明。第十八條。原約只提俄國，改約中俄並提。將來陸路商務興旺須另定稅則時，按照值百抽五之例，未定稅則前，將現照上等茶納稅之下等茶之出口稅酌減。由總署會同俄使於一年內商定。第十六條。另定陸路通商章程十七條，以十年爲滿，但須於滿期前六個月照會方得修改，否則照行十年。沿海通商照各國總例辦理。第十五條。

　　通商章程最要者，第一條兩國邊界百里內准兩國人民任便貿易，均不納稅。第二條俄人往蒙古及天山南北路貿易，只能由附單指明之卡倫過界，應有本國所發中俄兩國文字並譯出蒙古文或回文執照。第三條運往蒙古及天山南北路未銷之貨，准其運往天津、肅州或內地。第五條俄貨運至肅州者完稅，照天津辦理，自肅州運入內地者，照天津運入內地辦理。第十條，自肅州運土貨回國，亦照自天津運土貨回國辦理。又第三條訂明由恰克圖、尼布楚運貨往天津，由俄邊運貨經科布多、歸化城往天津。第十條訂明由天津運土貨回國，均應由張家口、東壩、通州行走。

　　此約第七條所言之界，光緒八年（一八八二）由哈密幫辦大臣長順與俄會勘，定有界約三條。據原約廓里札特村以南，應順同治三年（一八六四）舊界，而此約將塔約改變，於是溫都布拉克水及其所自出之格登山咸割隸俄。格登山者，乾隆二十五年（一七六〇）奏定爲伊犁鎮山，立有高宗御製碑文者也。自格登山以西南，舊以達喇圖河爲界，此次亦改以蘇木拜河爲界，別珍島山口以北，約文雖未言順舊界，而未別定新界，則應循舊界可知。乃舊以阿勒坦特布什山爲界，此次改爲喀爾達板爲界，而塔爾巴哈臺屬巴爾魯克山外平地，遂不能盡爲我有。至九年塔城之約，又割平地之半入俄焉。

　　第八條所言之界，光緒九年（一八八三）由伊犁參贊大臣升泰、科布多幫辦大臣額福與俄會勘，定有界約五條。同治三年（一八六四）勘分界約，西北自大阿勒臺山至齋桑淖爾之北，又轉東南沿淖爾順喀喇額爾齊斯河。此約自大阿勒泰即彼約之大阿勒臺。即折西南而齋桑泊全入於俄矣。勘界後有記約,亦名阿勒喀別克河口約。

　　第九條所言之界,自伊犁西南那林哈勒山口起至伊犁東喀爾達板止。光緒八年(一八八二),長順所勘,其北段自那林哈勒噶至別牒里山豁爲巴里坤領隊大臣沙克都林札布所勘立,有光緒八年喀什噶爾西邊界約四條。錢恂謂北段中木種爾特至柏斯塔格之間,未能以分水脊爲界,致阿克蘇河上源割入俄境。自別牒里山豁以南,至烏自別里山豁一段,亦沙克都林札布所勘,於光緒十年(一八八四)立有喀什噶爾續勘西邊界約六條。先是阿古柏曾許俄人定界至瑪里他巴山爲止,曾紀澤議約時,俄人以此爲請,紀澤力拒之,謂崇厚原約所無之地,斷不能增。烏自別里在瑪里他巴之南二百餘里,則較諸紀澤所未許者,反益拓而南矣。

　　七、八、九三條所言之界,勘定時皆失地於條約之外。其薩烏魯與別珍島之間,條約未言,自應循同治三年(一八六四)舊界,乃俄人又强援第九條迫我會勘,於光緒九年(一八八三),由伊犁參贊大臣升泰與彼定塔爾巴哈臺界約七條,而巴爾魯克山以外平地,遂半割入俄焉。

　　當曾紀澤使俄時,俄人持原議甚堅,而其艦隊游弋遼海,中國亦召回左宗棠,命劉錦堂代主軍務。李鴻章在天津設防。及事定,錦堂請改新疆爲行省,從之,至十一年(一八八五)而布置乃粗定。

第十六章　嘉道咸同光之朝局

　　清代盛衰當以乾隆時爲關鍵,前已言之。中國地大而政主放任,層累級次又多,變法革政甚難。中衰之後,往往不易振起,況又遇曠古未有之局邪?

　　仁宗即位之後,王杰、董誥、朱珪、戴衢亨相繼秉政。杰、誥皆乾隆時與和珅並相,差能持正者,珪與衢亨,尤稱名臣,然亦特老成練達者流,不足以濟非常之變也。中歲後信任曹振鏞,瑣細不知大體。而道光一朝政治,實出其手,中樞遂益顛倒矣。

　　仁宗以嘉慶二十五年(一八二〇)崩,次子旻寧立,本名緜寧。是爲宣宗。宣宗在清代諸帝中,最稱深於漢文,或云宣宗初即位,苦章奏之多,以問曹振鏞。振鏞曰,皇上幾暇,但抽閱數本,摘其字迹有誤者,用朱筆乙識發出。臣下見皇上於細迹尚能留心,自不敢欺慢矣。此説未知確否。要之不知大體,不能推誠布公,而爲任小數,拘末節,則事實也。宣宗中葉後,相穆彰阿。五口通商之役,一意主和,論者多目爲權奸。然清朝實無權臣。如穆彰阿者,亦不過坐視宣宗之顛倒而不能匡正者耳。宣宗未嘗不思振作,然無康、雍之聰明,而思學其舉措政令,朝更夕改,舉棋不定,此其所以敗也。

　　宣宗在位三十年死,子奕詝立,是爲文宗。咸豐元年(一八五一),即革穆彰阿職,並罷耆英,時英艦駛至津沽,稱欲吊唁。文宗謀諸穆彰阿及耆英,二人請許之。文宗不聽而英艦亦自去。文宗謂外人本未嘗不可折,而疑二人之主張其勢以自重而自文也,遂革穆彰阿職,降耆英爲員外郎。起用林則徐,雪達洪阿、姚瑩,治奕經、牛鑒、余步雲之罪,又下詔求直言,倭仁、曾國藩等咸應詔有所陳列,然髮捻之勢已強,英、法交涉又棘,末年遂益倦怠,自號且樂主人,致爲載垣等所蠱云。

　　載垣者,怡親王允祥之後;端華者,鄭親王濟爾哈朗太祖弟舒爾哈齊之子。之後;肅順則端華母弟也。文宗既怠於政,三人導以游戲,而陰竊政權,機務多所參決,軍機拱手而已。文宗之狩熱河也,英、法兵既退,朝臣爭請還蹕,三人陰阻之。咸豐十一年（一八六一），文宗死於熱河，后鈕鈷禄氏孝貞。無子，懿貴妃那拉氏孝欽后。生子載淳即位，是爲穆宗，方六歲，遺詔以載垣、端華、肅順及御前大臣景壽、軍機大臣穆蔭、匡源、杜翰、焦祐瀛爲贊襄政務大臣，而尊鈕鈷禄氏爲母后皇太后，慈安。那拉氏爲聖母皇太后。御史董元醇疏請太后垂簾，派近支親王輔政。載垣等令軍機處駁之。謂清無母后訓政之例，爲家法所不許。恭親王奕訢至熱河，太后欲召見，杜翰阻之，然奕訢仍得獨對，遂定返蹕之議。肅順護送梓宮，兩宮及載垣、端華自間道先歸。至京猝發載垣、端華罪，殺之，執肅順於途亦殺之。襄贊政務大臣皆革職，兩宮同垂簾，以奕訢爲議政大臣。

清自道光以前，猜忌漢人之心，實未嘗泯，各省總督多用滿人，而大征伐之將兵者無論已。咸豐時大難當前，滿人實不可用，軍機大臣文慶首創重用漢人之議。肅順等雖專恣，亦能力守斯旨。胡林翼之督兩湖，曾國藩之督兩江，皆肅順所薦舉。左宗棠在湘撫駱秉章幕任用頗專，爲人所劾，幾至不測，亦肅順保全之。故肅順等雖敗，於清室之中興，實未嘗無功也。孝欽、奕訢雖傾肅順等，於此旨亦守之不變。奕訢當國，於漢人之爲樞臣者，如沈桂芬、李棠階等，皆能推心委任。故湘淮諸將，用克奮其全力於外也。

孝貞性庸懦，故雖以母后垂簾，實權皆入孝欽之手。內亂定後，稍以驕侈。同治十一年（一八七二），穆宗將大婚，孝貞欲立尚書崇綺女阿魯特氏，孝欽欲立侍郎鳳秀女富察氏，相持不能決，命穆宗自擇。穆宗如孝貞旨，孝欽怒，禁不使與后同居。穆宗鬱鬱，遂爲微行致疾而死。時同治十三年（一八七四），親政甫一年耳。孝欽欲爲太后以專大權，而醇親王奕譞之福晉，孝欽女弟也，實生德宗載湉，遂立焉。方四歲，兩宮再垂簾。穆宗后旋飲藥死。時懿旨言以德宗嗣文宗，生子即承大行皇帝。內閣侍讀學士廣安上疏，援宋太宗故事爲言，請頒鐵券，奉旨申飭。御史潘敦讓請表彰穆宗皇后，革職。穆宗及后既葬，吏部主事吳可讀自殺，遺疏請長官代奏，請再下明文，將來大統，必歸承繼大行皇帝之子。奉懿旨，皇帝將來誕生皇子，自能慎選賢良，續承統緒，繼大統者，即爲穆宗毅皇帝嗣子，皇帝必能善體此意也。

孝欽雖有才而性非恭儉，同治時已寵太監安德海，七年使如山東，爲巡撫丁寶楨所誅。然時內亂未大定，尚未敢十分縱恣也。德宗時，荒淫益甚。光緒七年（一八八一），孝貞死，孝欽益無所忌，復寵太監李蓮英，罷奕訢，而命軍機有事與醇親王商辦。光緒十七年（一八九一），德宗大婚親政，然實權仍在孝欽之手，遂爲戊戌政變之原云。

　　以上爲清中葉後朝局。與外人相接後內政亦稍有變革，別詳於後。

第十七章　各國立約交涉

中國以條約許外國通商，實以五口通商之約爲始，而其喪失利權，則以咸豐戊午、庚申之約爲尤甚。自有五口通商之約，各國紛紛援例，而閉關之局，遂不復能守。自有戊午、庚申之約，續訂各國，輾轉引用，而利權益不可問矣。今叙述此兩約以後，各國與中國立約之大要如下。英、法等國侵略中國之舉，別爲專章詳之。

五口通商而後，法、美之外，訂約者當以瑞典爲最早。瑞典之來粵互市，遠在雍正九年（一七三一）。道光二十七年（一八四七），遣使赴粵，請援英例，在五口通商。耆英與之訂約，凡三十三款。其第二款規定出入口税，俱照現定税册，不得多於各國。此語第五款中又提及。一切規費，全行革除。日後欲將税例變更，須與瑞挪領事等官議允。如另有利益及於各國，瑞挪國人應一體均沾。第三款許五口通商。第四款許設領事。第十六款裁洋行，准與中國商民任便貿易。二十四、五兩款，規定領事裁判權。此約與英《天津條約》極相類，與美《天津條約》則更有全款相同者。蓋道光二十二年（一八四二），耆英曾在虎門定《善後條約通商章程》二十一款。二十六年（一八四六），又在虎門定續約五款。瑞約及英、法、俄、美《天津條約》，實同以此二約爲據，觀英約第一款，謂廣東善後舊約并入新約中可知也。虎門兩約，今無華文本，觀於瑞約，而知《天津條約》之喪失利權，有由來矣。瑞約十七款云，瑞挪國人在五口貿易，或久居，或暫住，均准其租賃民房，或租地自行建樓，並設立醫館、禮拜堂及殯葬之處。必須由中國地方官會同領事等官，體察民情，擇地基，聽瑞挪國人與内民公平議定租息。瑞挪國人泊船寄居處所，商民水手人等，止准在近地行走，不准遠赴内地鄉村任意遠游，尤不得赴市鎮私行貿易，應由五港口地方官各就民情地勢，與領事官議定界址，不許逾越，以期永久彼此相安。頗可考見租界之所由來。又二十三款云，瑞挪國人攜帶鴉片及別項違禁貨物至中國者，聽中國地方官自行辦理治罪。則是時烟尚有禁，領判權之庇護，並不及於攜帶鴉片及違禁貨物之人。此條若亦以虎門兩約爲本，咸豐《天津條約》，何不一並聲明？疑當時洋藥業經紛紛抽厘，實利其稅而自願弛其禁矣。二十一款云，瑞挪國以後或有國書遞達中國朝廷者，應由中國辦理事務之欽差大臣，或兩廣、閩浙總督等大臣，將原書代奏。觀此條規定，不過如此，亦可知後來爭執駐使之由也。

《天津條約》立後，首來上海，請援英、法例立約者，爲西班牙及葡萄牙。桂良據奏，未許。十年（一八六〇），蘇撫薛煥署理欽差，督辦江浙閩粵五口。及內江各口通商事務，諸國多以爲請。上諭仍令嚴拒。並令曉諭英、法、美三國，幫同阻止。有“如各小國不遵理諭，徑赴天津，惟薛煥是問”之語。十一年（一八六一），普魯士在上海請立約，薛煥拒之。其使艾林波徑赴天津，請於三口通商大臣崇厚，又入京，請法使代請。總署請派倉場侍郎崇倫赴天津辦理。是年七月八日，議定條約四十二款，專條一款，別附《通商章程善後條約》十條，另款一條。此約開廣州、潮州、廈門、福州、寧波、上海、芝罘、天津、牛莊、鎮江、九江、漢口、瓊州、臺灣、淡水十五口；第六條。彼此均得遣使；第二條。普國得派領事，亦可托他國領事代辦。第四條。光緒六年（一八八〇）續約，乃定中國亦得派領事赴德。其領事裁判權，見第三十五、三十八、三十九款。最惠國條款，見第四十款。稅則訂明照《通商章程》辦理。第十五款、第二十四款。所附《通商章程》十款，與咸豐八年（一八五八）與英、法、美所定者同。訂約之初，普魯士欲以彼國文字爲準，亦援英、法例也，中國不許。後以法使調停，另備法文一份，如有辯論，援以爲證，謂法文爲歐人所通習也。此約以十年爲限。期滿德使提出大孤山開港，長江添闢口岸，鄱陽湖行輪，德船入內江內河，德商入內地辦貨各條，屢議無成。至光緒六年（一八八〇），乃由沈桂芬、景廉與德使巴蘭德議定續約十條，章程九條。續約第一款，除宜昌、蕪湖、溫州、北海前已添開口岸，及大通、安慶、湖口、武穴、陸溪口、沙市前已作爲上下客貨之處外，案此係光緒二年《中英烟臺條約》，見後。又允吳淞口停泊，上下客商貨物。第二款，訂明德國欲享最惠國利益，則中國與他國所訂章程，亦須遵守。第八款，中外官員審辦交涉案件，以及商人運洋貨入內地，洋商入內地買土貨，如何科征，又中外官員如何往來，一切事宜，應歸另議。今先訂明，彼此均允妥商。此條意重在第二端。巴蘭德原議洋貨入內地，應征厘金，另議歸并抽收。並請總署具照會，聲明洋貨入內地，應否免厘，與各國會商訂辦。總署拒之。巴蘭德遂出京。時光緒三年（一八七七）五月也。旋由李鴻章與商，告以如議免厘，必於正子兩稅外，再加若干。巴蘭德乃復入京，往復商権，訂爲此條，實爲加稅免厘之議所自始。又議土貨改造別貨，經總署咨商李鴻章駁覆，實亦《馬關條約》之張本云。

荷蘭定約，事在同治二年（一八六三）。由三口通商大臣崇厚奏聞，約凡十六款，多與他國同。第一款，訂設使領；第二款，准在已開口岸貿易；第三款，內地游歷通商；第四款，傳教；第六款，領事裁判；第十款，納稅以稅則爲準，不得與他國不均；第十五款，最惠。另款聲明，各國稅則，屆重修年份，荷國亦一體辦理，不另立年限。

丹麥即嗹國。使拉斯勒福，亦作拉斯喇弗。於同治二年（一八六三）來求通商，徑入京。署三口通商大臣董均函知總署，飭城門攔阻。英使威妥瑪稱係其賓客，請勿攔阻。又援法爲德、葡代請之例，爲之代請立約。朝命折回天津，向三口通商大臣崇厚。遞照會，乃派侍郎恒祺，令同崇厚辦理。總署奏稱事與法使哥士耆認大西洋葡萄牙。使爲朋友，由哥士耆出面商議相同，應仿大西洋葡萄牙。成案辦理，條約亦照葡萄牙商辦。而丹使所擬，係以英約爲藍本，恒祺駁之，令與葡萄牙一律。威妥瑪又言，丹與英爲姻婭之國，拉斯勒福又托己代辦，條約應仿英。旋定約五十五款。第二、三、四款，規定彼此各得遣使，丹使有要務，准赴京會議，與泰西各使臣同一優待；第九款規定設領；第八款規定傳教；第十款規定游歷通商；第十一、十二款規定各國通商口岸，均可通市居住；第十五、十六款規定領事裁判權；第二十三款規定輸稅照稅則爲準，內地稅或過卡完納，或在海關一次完納，各聽其便，如一次完納，准照續定稅則完百分之二十五；第五十四爲最惠國條款；第五十一款規定公文等不得稱彼國爲夷云。

西班牙曰斯巴尼亞。於咸豐八年（一八五八）桂良赴滬議稅則時，與葡萄牙先後求通商，桂良堅拒之。同治三年（一八六四）西班牙使瑪斯援丹麥、荷蘭例，請於三口通商大臣。命候補京堂薛焕會同崇厚辦理，英新舊使威妥瑪、卜魯斯先後來津見崇厚，稱奉本國之命，相助爲理。總署亦接英、法、俄、美四使函稱相同。瑪斯遂托病，由駐京各使向總署代請入京立約，又欲援丹麥、葡萄牙之例。中國以兩使仍赴天津填寫定約日期，且其托英、法及到京在未奉諭旨之前，今在既奉諭旨之後，萬難允准，駁之。瑪斯乃允在津商議。其所開送條款，請增開漳州，該國人犯，欲寄中國監獄，使臣駐京，須載明長住或久住字樣，且欲立約後即行駐京。各使紛向總署代爲説項，威妥瑪尤力。屬照美約第六款訂立，嗣後再有別國欽差駐京，方准一體照辦。彼仍持久駐之議，又求訂期限爲三年，以便與布使同時進京，又再三辯論，乃肯删去云。西班牙約凡五十二款，又專條一款，其第二款云："大日斯巴尼亞國即西班牙。大君主欲派秉權大臣一員至中國京師，亦無不可。"而專條規定議約後本應進京居住，惟因爲翻譯官缺少，議定畫押後三年，方派使來京，限内仍准每年一次抵京。前此苦禁外使不許入京之舉，幾幾不能維持矣。第四款定設領，有云："所派之員,必須日斯巴尼亞國真正職官,不得派商人作領事官,一面又兼貿易。若係小口,貿易不多,可暫令別國真正領事官料理,仍不得托商人代辦。"此則咸豐八年(一八五八),桂良在滬,照會英、法、美使,即以是爲言。原照會云:"各國領事皆係商人,本是無權管束,且己亦走私作弊,豈惟不能服衆,反使衆商效尤。本大臣等商議,如各國欲設領事,必須特放一員,方准管事,不得以商人充領事,致有名無實。"而至此始見諸條約者也。第十款訂明准華民至日屬各處承工。四十七款訂明:"中國商船,不論多寡,均准前往小呂宋地方貿易,必按最好之國,一律相待。日斯巴尼亞國嗣後有何優待別國商人之處,應照最優之國,以待中國商人,用昭平允。"亦爲前此條約所無。此外各條,均與各國略同。五條規定通商,六條規定傳教,廿一、廿四條規定納稅,十二、十三、十四條規定領事裁判權,五十爲最惠條款。

　　比利時商船,初嘗至粵,後久絕。道光季年,法人爲請通商,未得許。同治二年(一八六三),其使包禮士至上海,薛煥奏言,德已不遵理諭,徑赴天津,若再嚴拒,必至效尤,當令在滬核議,許之。煥與議定,而未互換。四年(一八六五),比使金貝至天津,謁崇厚,以前約未將通商章程敘明,請再議。命侍郎董恂赴津,定約四十七款。規定使臣有要務得入京;第二款。稅則照所附章程與他國同。辦理。三十款。餘亦與他國略同。第七款規定設領。第十、十一款規定游歷通商及通商口岸。第十五款規定傳教。第十六、十九、二十款規定領事裁判權。

　　意大利於同治五年(一八六六)遣使阿爾明雍來京,由法翻譯官李梅代請議約,並經阿爾明雍照會三口大臣崇厚,由崇厚奏聞。派譚廷襄會同崇厚辦理。定約五十五款。使臣或長行居住,或隨時往來,訂明總候本國諭旨遵行。第三款。領事不得用商人,別以照會申明。第二十一款云:"將來中國遇有與別國用兵,除敵國布告堵口,不能前進外,中國不爲禁阻意國貿易,及與用兵之國交易,凡意國船從中國口駛往敵國口,所有出口進口各樣貨物,並無妨礙,如常貿易無異。"爲他約所無。第五十四條爲最惠國條款,有云:"各國如有與大清國有利益之事,與意國民人無礙,意國亦出力行辦,以昭睦誼。"亦略有相互之意云。餘與他國略同。第二款定遣使,第七款定設領,第八款定傳教,第九款定內地游歷通商,第十一款定通商口岸,第十五、十六、十七款定領事裁判權,第二十四款定稅則,照通商章程辦理。所附通商章程,亦與他國同。第二十六款,定條約未滿期,列議改稅則,則意國亦更改云。

　　奧斯馬加於同治八年(一八六九),遣使畢慈來京,由英使阿禮士代請,畢慈亦照會崇厚。派户部尚書董均會同崇厚辦理,定約四十五款。此約所異者,無傳教之條。又奧斯馬加商人運貨赴各處貿易,單照等件,照各國章程,由各關監督發給,其不攜貨物,專爲游歷者,執照由領事館發給,地方官蓋印。第十一款。第四十三款爲最惠國條款,有云:"中國商民如赴奧國貿易應與奧國最優待之國商民一律。"實各約中最具互惠之意者也。第二款定遣使，或住京，或隨時往來，各聽其便。第六款定設領，不得用商人兼充一節，亦別以照會申明。第八款定通商口岸。第九款定稅則，照所附章程辦理，附章亦與各國同；又定未至修約年限，而稅則有增減，各國一律通行，奧亦遵守。第三十八、三十九、四十款定領事裁判權。

自咸豐戊午、庚申之後，各國來求通商，中國已不復能拒，其中略有頓挫者，惟秘魯與葡萄牙。秘魯以華工事，葡以澳門界務也。歐美之招華人出洋也，商舶皆在澳門，因就設招工公所。其初趨之者若鶩，後聞往者被虐，多死亡，乃稍稍瞻顧。外人則重其募，姦民因以爲利，謀誘價買，無所不至，而所謂"販豬仔"之事起焉。同治五年（一八六六），總署與英、法使議定招工出洋章程二十二條，訂明澳門不得招工。八年（一八六九），申明前章，照會各使，英、法二使均覆稱，此項章程在彼未曾允認，然十一年（一八七二）英領事在粵設招工公所，粵省大吏執五年章程爲難，彼乃閉歇，蓋公理主權所在，終有所不能違也。華工出洋者，實以往秘魯、古巴、舊金山二處爲多。同治八年、十年（一八六九，一八七一），駐京美使兩次代遞秘魯華工公稟，陳訴被虐情狀。十二年（一八七三），秘使葛爾西耶來，請立約，未至，美公使先爲代請。總署照會各使，言必秘魯先將所招華工全數送回，並聲明不准招工，方能商議立約。及葛爾西耶至津，北洋大臣李鴻章與之交涉。葛爾西耶言實無虐待情事，並言華工在彼，亦有身家，斷難送回。議不諧，遂停頓。十三年（一八七四）三月，葛爾西耶復來。派李鴻章爲全權，諭令將虐待華工之事，先行辯論明晰，訂立專條，再議通商條約。五月，先立專條，訂明中國派員查察在秘華民情形，秘國以全力相助。華工合同已滿，願歸國者，如合同訂明雇主應資送回國，秘國當嚴催雇主照辦，如未訂明者，由秘國送回。合同年限未滿而被虐者，由查辦華員開單照會秘國，雇主不承，由地方官訊斷，不服上告者，秘國應派大員復查。旋立條約十九款。初議約時，葛爾西耶擬送五十一款，李鴻章不受，別擬二十款。中一款云："此次先行商訂往來通商條款，俟中國委員查辦事竣回國後，如照所議辦理妥洽，始可會議永修和約，倘或未盡照辦，並此次所訂條款，亦作罷論。"葛堅持不可。又擬刪利益均沾一款，葛亦未允行。此約刪傳教之條，遣使、第二條。派領、第四條。游歷、第五條。通商、第八、九兩條。兵船停泊修理、第十條。商船遭險救護，第十一條。均彼此並列，與他約之專指一面者不同。設領一條，秘國申明不得用商人。雖領事裁判之權，仍爲彼所獨有，第十二、十三、十四三條。而華民在秘呈控，得與秘國商民及待各國商民之例一律，亦逐訂立一條。第十五條。第十六條云："今後中國如有恩施利益之處，舉凡通商事務,別國一經獲其美善,秘國官民亦無不一體均沾實惠。中國官民在秘國亦應與秘國最爲優待之國官民一律。"雖語意微有輕重,亦非他約專言一面者比矣。華工之事,第六款云:"除兩國人民自願往來居住外,別有招致之法,均非所准。""不得在澳門及各口岸誘騙華人,違者,其人各照本國例從嚴懲治。載運之船,一并按例罰辦。"第七款云:"秘國各府,凡有華民居住,即在該衙門外,設一漢文翻譯官。以便通曉華民語言,隨時保護。"約既立,鴻章派容閎赴秘魯,華工二十餘萬,情狀具如公稟所言。光緒元年(一八七五),秘使愛勒謨爾來津,由蘇撫丁日昌在上海與之換約。日昌詰責愛勒謨爾,愛勒謨爾乃別具照會,申明欽差大臣前往商辦,定必實力會商,以期盡除一切弊端云。

先是同治十三年(一八七四),中國曾派陳蘭彬爲委員,查訪華人在外洋承工情形。擬分致各國使臣,請其公斷。光緒元年(一八七五)十一月總署又奏派蘭彬使美、日斯巴尼亞、即西班牙。秘三國交涉,時秘國條約已由李鴻章議立,日斯巴尼亞國則由總署擬訂保護華工條款,與各使會晤數次,各次亦擬具條款,參酌合一。適英翻譯官馬嘉理在雲南被戕,英使威妥瑪聲明此案不結,與日斯巴尼亞商辦各議論,概不相預。旋即出京,事遂中止。至光緒三年(一八七七)十月,乃由總署與日斯巴尼亞議定華工條款十六款,訂明彼此往來,皆出自願,不許在中國各口或他處,用勉強之法,施詭譎之計,誘華民前往,違者嚴辦。中國人已在古巴時爲西班牙殖民地。及嗣後前往者,均照最優待之國相待。第三款。華民自願前往者,先赴關道報名,請領執照,送日斯巴尼亞領事畫押蓋印。船到古巴後,送中華領事查驗。通商各口載客出洋之船,由關道領事委員查察。第五款。中國派領事駐扎古巴夏灣拿。此外日斯巴尼亞許各國駐領事處,中國亦均可派領。第六款。在古巴之華工,如有讀書作官者,及此項人之親屬,又年老體衰,孤寡婦女,均由日斯巴尼亞出資送回。第十一款。雇工合同訂明雇主資送回國者,督令照行,無此語而無力回國者,由地方官與中國領事設法送回。第十二款。華民在島准隨便往來立業。第七款。惟古巴地方官察某處聚人過多,恐滋事端,得一面禁止中國人前往,一面照會領事。第十二款。古巴華工交涉,大略如此。

英、法、俄、美四國,同與咸豐戊午、庚申之役。事後交涉,當以美爲最和平,以遠隔重洋,利害關涉者希也。惟招用華工之事,亦頗滋糾紛耳。同治六年(一八六七),總署奏派章京記名海關道志剛、候選知府孫家穀前往有約各國,辦理交涉。以美人蒲安臣同領使事,英人柏卓安、法人德善充協理。是爲中國遣使出洋之始。七年(一八六八)六月在美議定續約八條:(一)申明通商口岸及水路洋面貿易行走之處,並未將管轄地方水面之權給與,美與他國失和,不得在此争戰,奪貨劫人。凡中國已經及續有指准美國或別國人居住貿易之地,除約文内指明歸某國官管轄外,皆仍歸中國地方官管轄。(二)嗣後與美另開貿易行船利益之路,皆由中國作主,自定章程。惟不得與原約之議相背。(三)中國可在美國各通商口岸設立領事。(四)美人在中國不因異教稍有凌虐,中國人在美,亦不得因異教稍有屈抑苛待。兩國人墳墓當一體保護。(五)兩國人往來居住,須出自願,不許別有招致之法,其勉强帶往或運往別國者,照例治罪。(六)華民至美,美民至華,不論經歷常住,均照最優之國相待。(七)華人入美,美人入華,大小官學者亦然。美在華,華在美,均許在住地設學。(八)襄理製造。美國願指熟練工師前往,並勸別國一體相助,惟中國内治,美國並無干預催問之意,於何時照何法辦理,總由中國自主酌度。約既定,又歷英、法、普、俄、瑞典、丹麥、荷蘭等國。九年(一八七〇)正月,蒲安臣卒於俄都。志剛等又歷比、意、日斯巴尼亞三國,於是年十月歸國。在他國均未修約,惟與文牘討論,大致謂彼此交涉,當以和平公正爲主,不可挾兵恫嚇,約外要求。此次遣使,頗有更新外交之意。或曰文祥實主持之,惜後來未能繼此而行也。美約八款,宜垕《初使泰西記》附有注釋,蓋出蒲安臣之意。注謂第三、第四、第五、第六各款,均爲華僑而發云。時華人在美,詞訟不許作證。又人頭稅各國皆免,華人獨否,皆以不奉耶教也。時華人在舊金山者,已十數萬矣。

　　舊金山者,美國加里福尼亞州濱海之都會也。於咸豐季年,始屬美,美人急圖開拓,而歐洲及東方工人苦其遙遠,至者不多,資本家苦之。及得金礦,議築鐵路,尤苦乏工,乃在香港設招工公司。同治初年,華人至者凡萬餘人,及三四年間,其數驟增。或謂洪楊亡,餘黨以海外爲逋逃藪,故三合會盛於美云。光緒初年,華人在美者,凡三十餘萬。時加里福尼亞日益繁盛,美東部及歐洲工人争趨之。華人工勤傭薄,遂爲所嫉。光緒三年(一八七七),加里福尼亞工商虧折,傭資驟貶,華人執業如故,疾忌益深。有埃里士者一作哥亞尼。以投機喪其資,乃學演説,欲從事於政治,及是,集衆在舊金山港沙地演説,痛詆華人,一部分人附之。政府捕之入獄,旋釋之。埃里士名益高。光緒五年,選舉獲勝,加里福尼亞政權,操於沙地黨之手,遂議改本省憲法,立限制華人之例。華民所居唐人街,大遭暴民攻擊,久之,美人以其横暴,亦厭焉。光緒六年(一八八〇),沙地黨選舉失敗,遂亡。然限制華人之説,自此遂不可戢。是年,美使安吉立至京,請續商條約,中國派寶鋆、李鴻藻爲全權,美派帥菲德及笛鋭克爲全權。十月,立續約四款,許美限制華工人數、年數;第一款。傳教、學習、游歷及其隨帶雇用之人，兼在美華工，仍聽往來自便。第二款。美所立章程，須知照中國，如有未洽，可由總署與美使，中國駐美公使與美外部商議。七年（一八八一），又立約四款，規定彼此均可觀審，均不得販運洋藥。不以利益均沾之條爲解，第二款。彼此船稅，皆照他國一律。八年（一八八二），美人始立新例，以禁華工：華工在美必有資產債務千元以上者，乃許報名居住；歸國者由稅關發給執照，許其復來，而禁新工之至。然華工回國者，執照多轉售於人，於是苛例益新，往者皆拘諸港口之木屋，以待審問，其審問既遲延，有至二三十日者。又非由司法官而由關員，問時不許旁聽，口供不許宣布，上控仍由關員以達工商部，限以三日，審問之外，且用巴連太器法人巴連太所創，歐美用以量囚徒者。量其身，其苛酷，萬國所未有也。華人在美，多業酒食肆、卷烟、織帚、縫衣，資本皆絶巨，美皆不認爲商，認爲商者，又只限一肆主，置約文隨帶雇用字樣於不顧，而學生之兼作工者無論矣。總署不得已，乃有自禁之議。十四年（一八八八）二月，駐美公使張蔭桓與美外部議限華工之約，稿成而未克訂定。是年八月美國復立新例，華工一離美境，即不許再往，從前所給執照，亦均作廢。中國駐美使臣與美外部辯駁凡數十次，迄未轉圜。十九年（一八九三），美人復命華人注冊，以絶頂名、影射之途。華人延律師訟之，不勝。時楊儒駐美，總署就十四年約稿與美磋議，又命寓華美人亦注冊以抵制之。卒於二十年（一八九四）二月，訂約六款。華工除有父母正妻子女及財產賬目在美者，均不許留，其許留者，如因事離美，由稅務司發給執照，以一年爲期。疾病或別有要事，得展限一年。第一、第二款。來往他國，仍准假道，惟須遵守美政府隨時所定章程。第三款。華工仍須注冊，而以美工在中國者亦注冊，美國他項人民，包括教士在内，由美政府每年造冊一次，報告中國政府。第五款。爲敷衍中國面子之計，亦可笑矣。此約以十年爲期。光緒二十四年（一八九八），檀香山屬美，二十八年（一九〇二），菲律賓屬美，咸推行禁例。二十九年（一九〇三），又將先後各例，彙列增訂頒行，是時美於留美華民，復有查册之舉，以無冊被逐者，歲以千計。三十年（一九〇四）續訂之期既屆，留美華民十餘萬，上書中國政府，請以加關稅爲抵制。檀香山《新中國報》總撰述陳儀侃議由人民拒用美貨，以爲抵制。其後政府交涉，未能有效，抵制美貨，自上海創始，曾一行之。是爲中國抵制外貨之始，久之乃罷。

巴西於同治季年，始至上海。光緒六年（一八八〇），使謁北洋大臣李鴻章，求立約，即授李全權，定條約十七款。此約駐使、第二款。設領、第三款。游歷、第四款。兵船修理、第七款。商船收口，第八款。亦均兩國並言。設領一條，除訂明不得用商人，雖請別國領事代辦亦然外，又加"如領事官辦事不合，彼此均可按照公例，即將批准文憑追回"一語。按此項辦法，自此約爲始。光緒二十五年（一八九九）韓、墨兩約准之。二十九年（一九〇三）中美商約第二款則云由外務部按照公例，認許該領事，並准其辦事。兩國民人准赴別國通商各處，往來貿易，見第五款。第四款中，則兩國均無通商字樣，巴人游歷執照，由領事照會關道發給，亦與他約不同。第五款又云："嗣後兩國優待他國，如立有專條，互相酬報者，彼此須遵守專條，或互訂之專章，方准同沾利益。"亦較前此互惠之約爲明顯。領判權仍爲彼所獨享，第九至第十三款。惟皆訂明專由被告所屬官員審理，以免會審之煩。中國人在巴人公館寓所、行棧、商船隱匿者，一面知照領事，一面即可派差協同設法拘拿，亦與各約待彼交出者有別。又有"將來中國與各國另行議立中西交涉公律，巴西亦應照辦"一語。第十四條彼此禁運洋藥，訂明不得引利益均沾之例自解。當時華民在巴西者二千餘人，恐其續行廣招，成爲秘魯之續，故第一款訂明彼此皆可前往僑居，又聲明須由本人自願也。第十款原議人犯由中國逕行拘捕，巴使喀拉多力爭，乃改如今約。畫押後，喀拉多言奉本國訓令，請以商人充領事，游歷執照，仍由領事發給，地方官蓋印。鴻章拒之。

　　墨西哥於光緒十年（一八八四）來，請立約招工，久無成議。其南部地沃，急須招人墾闢。中國駐美公使鄭藻如、楊儒，屢欲與之立約，亦未有成。二十五年（一八九九），使美、日、秘大臣伍廷芳始與墨駐美公使盧美路及阿斯比羅斯，在華盛頓立約二十款。此約以同治十三年（一八七四）秘魯約、光緒七年（一八八一）巴西約及墨與英、法、美所立條約，參酌而成。第三款，領事必奉列所駐之國認准文憑，方得視事，如辦事不合，違背地方條例，彼此可將認准文憑收回。第八款，進出口貨，各國一律，不得禁止限制，惟防疫、防荒、軍務，不在此例。第十款，不得勒令華僑充兵，或出資捐免，以及軍需名目，勒借强派，惟按産抽捐，不在此例。供軍用之物，亦不得徵收。此款係仿英、墨約。十一款，不得於國內各口岸往來貿易，申明此爲"本國子民獨享之利"。如此國將此利施於別國，彼國自應一律均沾，惟須立互相酬報章程。十五款，將來中國與各國議立中外交涉公律，以治僑居中國之外國人，墨國亦應照辦。十六款，船到口岸，船上諸色人等，如有上岸滋事者，在二十四點鐘內，准由地方官懲辦，惟只照該口常例罰鍰或監禁。皆能注意收回權利，與前此各約不同。又第五款訂明不准引誘中國人出洋，則以墨亦須工墾拓，慮其爲日、美、秘魯之續也。

　　又剛果自由國於光緒二十四年（一八九八），使余式爾來求立約。總署言不必如歐美各國之繁冗，與訂簡明專款二條。主持之議者亦李鴻章。（一）中國與各國約內所載身家財產與審案之權,其待遇各國者,亦可施諸剛果。(二)中國人可隨意遷往剛果,一切動靜財產,皆可購買執業,並能更易業主。至行船經商工藝等事,其待華民與最優國人相同。此亦條約中之別開生面者也。

葡萄牙占據澳門,事已見前。康熙九年(一六七○)、十七年(一六七八)、乾隆十八年(一七五三),《東華錄》載大西洋國入貢,皆即葡國也。道光二十九年(一八四九),葡目啞嗎嘞爲澳民所殺,葡人借端占澳地,抗不交租,蓮花莖以內,悉爲所占。粵大吏置諸不問。蓮花莖,明萬曆中設關閘之處。咸豐八年(一八五八),桂良赴滬議稅則,葡請立約,未許。同治元年(一八六二),葡使基瑪良士赴京,時無約各國,必先至津謁三口通商大臣,不許徑入京師。法使哥士耆爲葡使代請,奕訢不可,乃由哥士耆代辦,而葡使則作爲法使賓客。我仍派侍郎恒祺至津,會同崇厚辦理。哥士耆偕基瑪良士至津,立約五十四款,而未互換。此約今無可考。七年(一八六八)五月,總署復加刪改,議以澳門仍歸中國,而價其砲臺道路之費百萬兩。使日斯巴尼亞人瑪斯往議,仍未定。光緒十一年(一八八五),法越事起,葡人稱無約國,可以不守局外中立之例。中國慮其引法兵由澳門入,頗羈縻之。十二年(一八八六),與英人訂立洋藥稅厘並征專條,派邵友濂、赫德往香港商辦法。英人言澳門如不緝私,香港亦難會辦,而葡仍以無約爲難,赫德乃擬草約四款,派稅務司金登干在葡京畫押,並允其遣使來華訂約。草約第二款允葡永居管理澳門。第三款,非經中國允許,葡人不得將澳門讓與他國。乃成割澳門以易其緝私之局矣。十三年(一八八七)五月,葡使羅沙抵京,命慶親王奕劻、侍郎孫毓汶主其事。彼所開通商各款,與同治元年未換之約無甚懸殊,而粵督張之洞。撫吳大澂。奏言,澳界樛輵太多,條約尚宜緩定,且言洋藥來華,皆徑到香港,分運各口,從無徑運澳門之船,稽察關鍵,在港而不在澳。然中朝卒與葡立條約五十四款,緝私專款三條。申明草約第二、三款彼此均無異議。界址俟將來派員會訂,未訂以前,一切照現在情形,不得增減改變。第二、第三款。葡人協助中國,收由澳門出口運往中國各口岸洋藥稅厘。另定專約。第四款。派使或常住或往來,候本國諭旨遵行。第五、第六款。設領不得用商人。第九款。其餘通商、十一款。稅則、十二款。游歷、十七款。領事裁判權、四十七、四十八、五十一款。傳教五十二款。等款,與他國條約無甚出入。最惠國條款,申明如與他國立有專章者,葡國欲同沾利益,專章亦允一體遵守。第十款。又第十四條,許其任便雇用華人,而訂明不得違例雇覓前往外洋,以澳門本爲歐美人招募華工之地也。光緒二十八年(一九○二),葡使白朗谷請畫界,求割澳門西之對面山島名。及西南之大小橫琴二島。外務部拒之。葡以上年切實值百抽五之議，葡人未與相要挾，乃停勘界議，而立增改條款九款。各國公約增稅，葡允遵照。第二款。於澳門設分關，助中國征收洋藥稅餉。第三至第六款。別用照會，許葡築造澳門至廣州鐵路。迨三十年（一九〇四）議商約，乃將此條款聲明作廢焉。

第十八章　革　新　之　漸

　　中國自明代即知外人科學技藝之長，而引用之。然其漸改舊法，實自咸、同以後，則因迫於戰敗而然。物之靜者，非加之以力則不動，物理固然，無足怪也。

　　中國借用西洋兵力，實始清初之借荷蘭以攻鄭氏，然其關係甚淺也。至洪楊軍起，而其關係乃稍深。當太平軍入湖南，即有創守江之議者，謂寧波、上海等處，外人駐有舟師以防海盜，可與商派，入江助剿，未果行。及江寧陷，向榮以長江水師不備，檄蘇松太道吳健彰與外人商議。領事答以兩不相助，事乃已。吳健彰者，粵人，嘗爲洋行幫辦，後援例得官。而匕首黨劉麗川香山人。亦在洋行，與之相識。咸豐三年（一八五三），麗川謀起事，托領事溫那治先容於太平軍，溫那治許之。使輪船二，溯江西上，至鎮江，爲清巡船所獲，得溫那治與太平軍書，並洋槍火藥及劉麗川奏摺。溫那治書言：三月間在南京，蒙相待優厚，並爲照顧貿易之事。我兄弟同在教中，決不幫助官兵，與眾兄弟爲仇。今寄來火器若干件、火藥若干斤，即祈早爲脫售云云。則當時領事與太平軍，確有往來。惜乎太平軍不知世界大勢，不能善用外人，而轉使其爲清人所用也。時兩江總督爲怡良，咨粵督窮治此案，卒亦未果，而麗川起兵陷上海，殺知縣，劫道庫，方露刃以脅健彰，領館中人挾之去，健彰遂居領館，詭稱公出，規脫處分。言官劾其通夷養賊，擅將關稅銀兩運回原籍。奉旨交督撫嚴訊。奏言無其事。惟以與本管洋行夥往來酬酢，不知引嫌，避居洋行，捏報公出，遣戍新疆。而向榮請留之效力贖罪。《中西紀事》謂其錢可通神云。《紀事》又云上海自通商以來，涖事者率以和番稱勝任，蓋民心雖排外，巧宦已從而媚之矣。然麗川踞上海，亦不能有所爲。至咸豐四年（一八五四），而英、法助清軍平之。麗川居上海，官兵礙租界，不能攻。是年冬，英、法讓出陳家木橋一帶，由官兵築墻，麗川來撲，洋兵合力敗之，於是官兵攻其東南，洋兵攻其北，又派船截其由江入海之路。五年（一八五五）一月一日上海陷，麗川亡走，被擒殺。

　　當太平軍初起時，外人厭惡清廷殊甚，使能據公理，與立約束，外人之承認，指顧間事耳。然太平軍固見不及此，此亦時會爲之，未足爲太平咎也。戊午、庚申兩役，外人所獲權利甚多，乃有助攻太平之議。換約後，法使噶羅干首稱願售船砲，如欲仿造，亦可派匠役前來，並請在海口助剿。王大臣等奏聞，不許。迨俄人換約，俄使伊格那提也夫亦言願派水兵數百，與清陸軍夾攻，又言明年南漕有無阻礙未可知，在上海時，有粵商及美商願採臺米、洋米運京。如由伊寄信領事，將來沙船釣船均可裝載，用俄、美旗，即可無事。詔江浙督撫及漕督議奏。漕督袁甲三、蘇撫薛煥皆言不可聽。曾國藩請溫詔答之，而緩其出師之期。總署奏亦謂然。而謂初與換約，拒絕過甚，又恐轉生叵測，宜設法牢籠，誘以小利。法夷貪利最甚，或籌款銷其槍砲船隻，使有利可圖，冀其睡就爲用。請令曾國藩酌量辦理。代運漕米一節，由薛煥招商運津，華夷一體，無須預與該夷會商。十一年（一八六一）夏，又據赫德議，請購小火輪，又稱法如必欲代購，亦請援例照許，其後曾否購到無可考，然攻太平軍則未嘗用也。《中西紀事》卷二十。

　　是時蘇、松、常、太相繼爲太平軍所據。蘇撫薛煥駐上海，布政使吳煦及蘇松太道楊坊募印度人防守，以美人華爾爲將，白齊文副之。又欲募呂宋人。蘇州王韜獻策，言募洋兵費巨，不如募中國壯勇，用洋人統帶，教練火器，從之。於是華爾、白齊文以募勇五百守松江，稱常勝軍。華爾、白齊文願易服入中國籍，蘇撫以聞，詔賞華爾四品銜，後加至三品，以副將補用。白齊文以戰功亦賞四品銜。時李鴻章募淮勇於安徽。同治元年（一八六二），上海官紳籌銀十八萬兩，雇汽船七，迎之。三月杪，畢至，詔授鴻章蘇撫，常勝軍屬焉。薛煥爲通商大臣，專辦交涉，於是外兵頗助清軍，而餉項亦出滬稅。外國水陸隊及經理稅務商人，時傳旨嘉獎。常勝軍會英、法兵陷嘉定、青浦，守松江，又隨淮軍入浙，陷慈溪，華爾傷死，遺命以中國衣冠斂。詔優恤，於松江、寧波建專祠。白齊文代將其軍，通於李秀成，謀據松江以應。又至上海索餉，不得，毆傷楊坊，劫銀四萬兩去。鴻章共美領事，替之，代以英人戈登，定軍額爲三千人。白齊文降秀成，勸其棄江浙，據秦晉齊豫，清水師之力所不及也。時避難上海者數十萬人，蘇州諸生王畹亦獻策，以水軍出通泰，掠商船，使物不入上海，避難者必洶懼，夷必求好，不則以精卒數千，僞爲避難者，入租界中，夜起焚劫，夷必走海舶，我乃撫之歸，夷必爲我矣。秀成皆不能用。戈登從程學啓陷太倉、昆山，又從攻蘇州。納王郜永寬等人約降，戈登爲之保任。秀成微聞之，走，永寬等殺譚紹光，叛降清。學啓殺永寬等，戈登怒，袖短銃索鴻章，鴻章避之，數日乃已。常州既陷，裁常勝軍，戈登加提督銜，洋弁之受寶星者，六十有四人。淮軍勇悍，而火器不精，其戰勝，得常勝軍之力實不鮮也。白齊文爲淮軍所俘，致之美領事，美領事使歸國，約毋再來。白走日本，入漳州，與英人克令細仔俱投太平軍，後爲左宗棠所獲。福州美領事慶樂索之，宗棠不與，致之蘇州，及蘭溪，舟覆而死。

中國初與外國交涉，恒不願其直達政府，一則沿襲舊見，以示體制之嚴，一亦以交涉每多棘手，多其層次，可爲延宕轉圜之計，並可掩耳盜鈴，以全體面也。迨咸豐八年(一八五八)戊午英約，第五款訂明，特簡内閣大學士尚書中一員，與英國欽差大臣文移會晤，商辦各事，乃不得不一變舊習。十年(一八六〇)十月，設總署各國通商事務衙門。命恭親王奕訢、大學士桂良、户部左侍郎文祥管理。司員於内閣部院軍機處挑取八員。又以崇厚辦理三口通商大臣，駐扎天津，管理牛莊、天津、登州通商事務。其廣州、福州、廈門、寧波、上海及内江三口，潮州、瓊州、臺灣、淡水各口，命江蘇巡撫薛焕辦理。新立各口，惟牛莊歸山海關監督經管，其餘各口，由各督撫會同崇厚、薛焕，派員管理。各國照會，隨時奏報，並將原照會一并呈覽。吉、黑邊界事件，由將軍等據實奏報，一面咨禮部，轉致總理衙門。各將軍督撫，仍互相知照。案咸豐八年(一八五八)，欽差大臣關防，由粤督接管，此時歸諸蘇撫者，以英人要免黄宗漢也。及同治四年(一八六五)，乃以此職歸諸兩江總督，謂之南洋大臣，撥江海關税二成，粤海、山海、閩海、滬尾、打狗各關税四成。江浙厘金二十萬，湖北、廣東、福建、江西各十五萬，爲籌辦海防，添製船砲軍械之用。九年(一八七〇)，天津教案既結，署三口通商大臣毛昶熙以爲徒撓督臣之權，奏請并歸直督辦理，命李鴻章議復。鴻章贊之，於是以直督兼北洋大臣，冰泮移駐天津，冰合仍回保定，增設海關道一，管理交涉。光緒二十四年(一八九八)十一月諭，向來沿海沿江通商省份，交涉事務本繁，及内地各省，亦時有教案，應行核辦。各省將軍、督撫，往往因事隸總理衙門，不免意存諉卸。總理衙門亦以事難懸斷，未便徑行，以致往還轉折，不無延誤。嗣後各省將軍督撫，均著兼總理各國事務大臣，仍隨時與總理衙門王大臣和衷商辦，以期中外一氣相生，遇事悉臻妥洽。及二十七年(一九〇一)六月，改總理衙門爲外務部，乃諭該衙門已改爲外務部，各將軍督撫即著毋庸兼銜，惟交涉一切，關係繁重，皆地方大吏分内應辦之事，該將軍督撫仍當加意講求，持平商辦，用副委任云。

咸豐庚申條約既定，各國均遣公使駐京。同治十年(一八七一)，日本來議約，曾國藩、李鴻章請立約後遣使日本，未報。十三年(一八七四)，臺灣之案既結,李鴻章再以爲請,並請公使到後,再於長崎、箱館各處,酌設領事,以理賦訟。並請派員出駐泰西各國,總署乃議許之。

　　總理衙門之立,奏請飭廣東、上海,挑選專習英、法、美三國文字語言之人,來京差委,挑選八旗子弟學習。除俄羅斯章程由該館遵旨酌議外,其英、法、美教習及學習之人,薪水獎勵,應仿照俄羅斯館議定之例辦理。此特以備翻譯而已。同治元年(一八六二),李鴻章撫蘇,奏設廣方言館於上海。後移并製造局,譯出西書頗多。三年(一八六四),又在上海設製造局,五六年間,左宗棠奏請在福建設船廠,命沈葆楨時丁憂在籍。司其事。六年(一八六七),設同文館於京師。十年(一八七一),曾國藩、李鴻章始派學生赴美國游學。十一年(一八七二),設輪船招商局,籌辦鐵甲兵船。光緒二年(一八七六),設船政學堂於福州。六年(一八八〇),設水師學堂於天津,設南北洋電報。七年(一八八一),設開平礦務局。十三年(一八八七),又開漠河金礦。十五年(一八八九),總署請造鐵路,張之洞請先築盧漢綫,迨二十二年(一八九六),乃以盛宣懷督辦其事。是年又設郵政局,此戊戌以前所辦新政之大略也。皆一支一節,無與大計,然反對者猶甚多,主持其事者,必幾費筆舌心力,乃克排衆議而底於成。此以見圖新之不易矣。李鴻章要築津沽鐵路,難者紛然,謂京通大道,自此無險可守。鴻章駁之曰,敵兵至,並拆毀鐵軌而無其人,雖無鐵路,又何守焉。同文館之設也,御史張盛藻請毋庸招集正途。奉批:天文算學,爲儒者所當知,不得目爲機巧。大學士倭仁上疏曰:"'天文算學'爲益甚微;西人教習正途,所損甚大。立國之道,尚禮義不尚權謀;根本之圖,在人心不在技藝。今求之一藝之末,而又奉夷人爲師,無論夷人詭譎,未必傳其精巧,即使教者誠教,學者誠學,所成就者,不過術數之士。古今來未聞有恃術數而能起衰弱者也。天下之大,不患無才,如以天文算學必須講習,博採旁求,必有精其術者,何必夷人? 何必師事夷人? 且夷人,吾仇也。咸豐十年,稱兵犯順,馮陵我畿甸,震驚我宗社,焚毀我園囿,戕害我臣民,此我朝二百年來未有之辱,學士大夫,無不痛心疾首,飲憾至今,朝廷亦不得已而與之和耳,能一日忘此仇恥哉? 議和以來,耶穌之教盛行,無識愚民,半爲煽惑,所恃讀書之士,講明義理,或可維持人心。今復舉聰明儁秀,國家所培養而儲以有用者,變而從夷,正氣爲之不伸,邪氣因而彌熾,數年以後,不盡驅中國之衆,咸歸於夷不止。伏讀聖祖仁皇帝御製文集,諭大學士九卿科道云,西洋各國,千百年後,中國必受其累。仰見聖慮深遠,雖用其法,實惡其人。今天下已受其害矣,復揚其波而張其焰邪? 聞夷人傳教,常以讀書人不肯習教爲恨,今令正途學習,恐所學未必能精,而讀書人已爲所惑,適墮其術中耳。"當時守舊大臣,其見解如此。

第十九章　日本立約及臺灣生番事件

　　中國當明代，受倭患甚深，故康熙時，雖開海禁，仍只准我國商船前往，而禁日本船之來，且所以防之者頗密。康熙時風聞日人將爲邊患，嘗遣織造馬林達麥爾森，改扮商人往探，歸報，極言其懦弱恭順，遂不介意。雍正六年（一七二八），蘇州洋商余姓，言日本將軍出重聘，請内地人教演弓箭藤牌，偷買盔甲式樣。初有福州王應如，受其萬金，爲教陣法。復薦廣東年滿千總，每年受倭數千金，爲釘造戰艦二百餘號，習學水師。又洋商鍾觀天、沈順昌，久領倭照貿易，鍾復帶去杭城武舉張燦若，教習弓箭，每年得銀數千。沈亦帶去蘇州獸醫宋姓，療治馬匹。又商人費贊侯，薦一紹興革退書辦，在倭講解律例，復因不能通曉，逐歸。浙督李衛，請嚴邊備，密飭沿海文武，各口稅關，藉盤詰米穀甲器，嚴查出洋包箱，悉令開驗。水手、舵工、商人、奴僕附客，俱著落牙行查明籍貫年貌，取具保結，限期回籍，返棹進口，點驗人數，闕少者拿究。命衛兼轄江南沿海，衛請密飭閩、廣、山東、天津、錦州訪察，嗣訪得別無狡謀，且與天主教世仇，備乃稍弛。衛又奏，會同江南督撫范時繹、尹繼善，於各商中擇身家殷實者，立爲商總。内地往販之船，責令保結，各船人貨，即令稽查夾帶違禁貨物，及到彼通同作奸，令其首報，於出入口岸密拿，徇隱一體連坐。以上見《柔遠記》。廣東年滿千總，後查明爲沈大成，杭州武舉，後審出名張恒睥。同治中，日本既維新，乃於九年（一八七〇），遣使至上海請立約，並致書總署，總署議駁。十年（一八七一），復遣柳原前光至天津，謁三口通商大臣成林、直隸總督李鴻章，請立約。前光上書成林，略言："泰西各國，皆有公使領事，駐日本保護商民，中國獨無，西人竟令華民歸其管轄，外務卿函致上海道，請將華民暫歸地方官約束，得覆允行，然終不免西人橫議者，以未立約故也。日商至上海，亦無約故，依荷蘭領事介紹，中東兩國利權，均爲西人侵占。特先遣員通款，爲派使換約之地。"成林等聞於朝，總署令其另派大臣，再與商議。疆臣或以明代倭寇爲辭，奏請拒絶。朝命曾國藩、李鴻章籌議。國藩言："道光間，與西人立約，皆因戰守無功，隱忍息事。厥後屢次換約，亦多在兵戎擾攘之際，動慮決裂，故所締條約，未能熟思審處。日本與我無嫌，今見泰西各國，皆與中國立約通商，援例而來，其理甚順。若拒之太甚，無論彼或轉求西國介紹，勢難終却，且使外國前後參觀，疑我中國交際之道,遂而脅之則易,順而求之則難,既令其特派大員再商,豈可復加拒絕? 惟約中不可載明比照泰西各國通例辦理,尤不可載恩施利益,一體均沾等語。逐條備載,每國詳書,有何不可?"鴻章奏略同。並請定議後,由南洋大臣就近遴員,往駐該國京師,藉以偵探動靜,設法聯絡。是年六月,日派伊達宗城爲使,前光副之,詣津訂約。以李鴻章爲全權大臣。鴻章奏江蘇按察使應寶時、津海關道陳欽隨同議訂。凡立修好規條十八條、通商章程三十三款。第一款載明兩國所屬邦土不可稍有侵越。據原奏,係隱爲朝鮮等國預留地步。內地通商一條,於通商章程第十四、十五條,明定禁止。十四款云:"中國商貨進日本國通商各口,在海關完清稅項後,中國人不准運入日本國內地;其日本國商貨,進中國通商各口,在海關完清稅項後,任憑中國人轉運中國內地各處售賣,逢關納稅,遇卡抽厘,日本人不准運入中國內地。違者貨均入官,並將該商交理事官懲辦。"十五款云:"兩國商民,准在彼此通商各口購買各土產,及別國貨物,報關查驗完稅,裝運出口。不准赴各內地買貨物,如有入各內地自行買貨者,貨均入官,並將該商交理事官懲辦。"以上兩款,係因兩國各有指定口岸,故須明定限制。原奏云:"此條爲洋人必爭之利,而實找內地受病之深,是以論從前通商之弊,此爲最重。名爲指定口岸,而洋商運洋貨入內地,暨赴內地買土貨,條約既有明文,遂定子口章程,由海關給領單照前往,沿途免再征收稅厘,經過內地關卡驗放,又只以有無完過稅單爲憑,不問其人之是華是洋。由此而內地各處,皆可以爲通商之地,內地商民皆可以冒洋商之名,流弊滋多。然西洋之成局,無如何矣。內外通商及地方衙門,且互相維持,思所以補救於萬一。今安得又聽日本之無端濫入耶? 其人貧而多貪,詐而鮮信,其國與中土相近,往還便捷,其形貌文字,悉與華同。以此攫取我內地之利,浸移我內地之民,操術愈工,滋害必愈甚,更非西洋比也。臣故知此次議約,以杜絕內地通商爲最要,只以相習既久,相形見絀,能否獨爲禁阻,實未敢預期有何把握。茲經明定限制,尤望各海關臨時辦理,妥設範圍,將來或值修改章程,仍須重申界限耳。"領事裁判權,彼此皆有。《修好條規》第八、第九、第十三。《修好條規》第十五條:"兩國與別國用兵,應防各口岸,一經布知,便應暫停貿易及船隻出入。平時日本人在中國,中國人在日本,指定口岸及附近洋面,均不准與不和之國,互相爭鬥搶劫。"第十六條:"兩國理事官均不得兼作貿易,亦不准兼攝無約各國理事。如辦事不合衆心,確有實據,彼此均可行文知照秉權大臣,查明撤回。"《通商章程》第一款,彼此列舉通商口岸。第十一款,彼此貨物進口,均照海關稅則完納,稅則未載之物,彼此值百抽五,皆與他約不同者也。十一年(一八七二)二月,日使柳原前光來議改約,鴻章不許。一以彼方議撤銷領事裁判權,欲中國改約,一以《修好條規》第十一條,兩國商民,在指定各口,不得攜帶刀械,違者議罰,刀械入官。謂佩刀乃日本禮制,由理事官檢束則可,不便明禁。一謂《通商章程》所載進出口稅各條,當由日本海關,按照成規抽收,不必指明稅則。鴻章以約未換而議改,失信詒笑拒之。十二年(一八七三),副島種臣來換約,適值穆宗親政,各使咸請覲見。六月,見於紫光閣。種臣以頭等全權大臣,班俄、美、英、法諸使之上,是爲中國皇帝許外使覲見之

始。日人頗以居班首爲誇耀云。先是,十年(一八七一)。琉球民船遇颶風飄至臺
灣,爲生番劫殺。是歲,日小田縣民飄往,又見殺。種臣命副使柳原前光,以
臺灣疆界詢問總署。總署言琉球亦我屬土,屬土民相殺,於日本何預。小田
人遇害,則未之聞。又言生番爲化外之民,不能負責。前光爭琉球素屬日本,
且言日本將問罪生番。議不決,前光遽歸。十三年(一八七四)五月,日兵攻
臺灣諸番,復遣前光至京師,言問罪於中國化外之地,中國聲教所及,秋毫不
犯。朝命船政大臣沈葆楨,巡視臺灣,又命福建布政使潘霨,赴臺會商。時福州
將軍爲文煜,巡撫爲李鶴年。葆楨率洋將日意格、斯恭塞格二人前往。旋命斯恭塞
格赴上海,募洋匠,築安平砲臺,招洋將教練洋槍,從北洋大臣處借洋槍隊三
千,南洋二千,請命水師提督彭楚漢率之前往。又以前署臺灣鎮曾元福甚得
民心,命倡練鄉團,並募土勇五百人。前烟臺稅務司博郎教練,裁班兵,由內地
派往戍臺者。以其費招當地精壯。李鴻章又命提督唐定奎率駐徐州之淮軍十三
營往助。葆楨命黎兆索、中路。羅大春、北路。袁聞析南路。伐木開山,招降諸
番。先是潘霨與臺灣兵備道夏獻綸往日本營,日統將西鄉從道拒不見,駐兵
屯田,示將久據。已見中國兵日集,其兵又遇疫,乃稍餒。八月,其全權大久
保利通至都,由英使威妥瑪調停,立《專約》三款,恤遇害難民家屬銀十萬兩,
償日修道建房之費四十萬兩。事定,李鴻章再請飭總署遴員駐日。公使到
後,再行酌設領事,自理訟賦,並請遣使駐泰西各國,朝旨始報可云。

第二十章　英人《芝罘條約》

中國邊境之受侵削，始於俄，而英、法繼之。同治十二年（一八七三），英之守印度者，欲派隊至滇探測，英使威妥瑪固請於總署。總署不得已，許之。十三年（一八七四），印度派員由緬入滇，威妥瑪遣翻譯馬嘉理，此人通華語，習華事。自上海經漢口至滇邊迎之。十二月，與印度所派副將柏郎遇於緬境，率兵三百入滇。光緒元年（一八七五）一月十七日，至騰越廳屬之蠻允，馬嘉理被戕。或云殺之者土豪黎西臺。明日，柏郎至，被人持械擊阻。柏郎戰且退，入緬境。威妥瑪赴上海，派人往查，謂係官吏主使，堅求懲治。朝命鄂督李瀚章、前侍郎薛煥馳往查辦。威妥瑪使參贊格維訥赴滇觀審。瀚章奏，戕馬嘉理者為野匪，阻柏郎事，南甸都司李珍國實為主謀。英使謂難稱信讞，必欲歸獄疆吏。滇撫岑毓英。二年（一八七六），自滬入都，以七事相要，旋以議不諧，六月，出居烟臺。直督李鴻章請赴烟會商，奉旨便宜行事。七月二十六日，立約，凡三端十六節、專條一款。其有關係者，滇緬通商章程。飭雲南督撫，派員商訂。一端三節。許英派員駐大理，或他相宜之處五年（自一八七七年一月一日始），察看通商情形，俾商定章程時，得有把握。關係英國官民之事，即由此官與該省官員，隨時商辦。或五年之內，或俟期滿之時，由英國斟酌，訂期開辦通商。一端四節。申明咸豐八年條約第十六款，允商辦通商口岸承審章程。二端二節。約文云："查原約內英文所載，係英國民人有犯事者，由英國領事官或他項奉派幹員承辦等字樣。漢文以英國兩字包括，前經英國議有詳細章程，並添派按察使等員，在上海設立承審公堂，以便遵照和約條款辦理。目下英國適將前定章程，酌量修正，以歸盡善。中國亦在上海設有會審衙門，辦理中外交涉案件，惟所派委員，審斷案件，或因事權不一，或因怕遭嫌怨，往往未能認真審追。茲議由總理衙門照會各國駐京大臣，請將通商口岸，應如何會同總署議定承審章程，妥為商辦，以昭公允。"內地或通商口岸，有關係英人命盜案件，由英國大臣派員前往觀審，觀審之員，以為辦理未妥，可以逐細辯論。二端三節。約文云："此即條約第十六款所載'會同'兩字本意。"各口租界，免收洋貨厘金。宜昌、蕪湖、溫州、北海添開通商口岸。重慶可由英駐員查看川省英商事宜。輪船未抵重慶前，英商民不得在彼居住，開設行棧。俟輪船能上駛，再行議辦。光緒十三年（一八八七），英商立德自置小火輪，欲駛重慶。英使華爾身照會總署，請給准單。總署覆以川江路曲而窄，石多水急，輪船駛行，民船必遭碰損，必須妥議章程，方可試行。咨行四川總督派員前赴宜昌，與英領會商。委員議輪船每月准行二日，碰損民船，船貨須全賠。英領不可，請在京會商。光緒十六年（一八九〇），我以十二萬兩買立德之船棧，定續增專條六款。第一款開重慶英商自宜昌至重慶，或雇用華船或自備華式之船，均聽其便。第五款，俟中國輪船往來重慶時，亦准英輪一律駛往該口。大通、安慶、湖口、武穴、陸溪口、沙市均准上下客商貨物。除洋貨半稅單，照章查驗免厘。其報單之土貨，只准上船，不准卸賣外，其餘應定稅厘。由地方官自行一律妥辦。外國商民不准在該處居住及開設行棧。三端一節。新舊各口岸，除已定租界外，其未定各處，應由英領事會商各國領事官，與地方官商議劃定界址。三端二節。三端第一、第二兩節，光緒十一年（一八八五）專條第一款，聲明日後再行商酌。英商販洋藥入口，由新關派人稽查封存。棧房或躉船。俟售賣時，洋商照則完稅，並令買客輸納厘稅。即在新關輸納。其應抽厘稅之數，由各省察勘情形酌辦。三端三節。洋貨運入內地半稅單照，由總署核定劃一款式，不分華洋商人，均可請領。英商所買土貨，完納子口半稅，即可運往口岸。非英商自置，及非往海關出口者，不得援照。所有應定章程，即由英使與總署商辦。其《通商善後章程》第七款所載，洋貨運入內地，及內地置買土貨等，係指不通商口岸言，應由中國自行設法防弊。三端四節。咸豐八年（一八五八）條約四十五款，已納稅洋貨，復運外國，由海關監督發給存票，可作已納稅餉之據。原約未定年限，今訂明以三年為期。三端五節。另定專條，許英派員，由北京，或歷甘肅、青海，或自四川入藏抵印，探訪路程。或另由藏印交界派員前往。光緒十二年（一八八六）緬約第四條，聲明將此專條所訂辦法停止。至邊界通商，由中國體察情形，設法勸道，如果可行，再行妥議章程，倘多窒礙，英國亦不催問。此約以一英參贊之死，所獲權利，亦不菲也。

洋藥，當咸豐五、六年間（一八五五、一八五六），東南各省，即奏請抽厘助餉，上海每箱抽銀二十四兩，廈門四十元，外加費八元，寧波、河口、屯溪等厘金，皆以此為大宗。時則有內地分抽之厘，而無海關進口之稅。八年（一八五八），議定稅則，每百斤稅銀三十兩，並於善後條約第五款聲明：「進口商只准在口銷賣，運入內地，專屬華商，如何征稅，憑中國辦理。嗣後修改稅則，仍不得按照別貨定稅。」是冬，王大臣會同戶部議奏，各海口及內江河面，均照上海一律。崇文門及各省由旱路轉運者，減十兩，然各省於應征稅項外，仍自抽厘，其辦法亦不一律。此約三端三節，訂明厘金在海關並征。總署屢與威妥瑪商議，威妥瑪總以咨報本國爲辭。於是北洋大臣李鴻章議於正稅外加征八十兩。統計一百一十兩，威妥瑪僅許加至百兩。使英大臣郭嵩燾與英外部商議，擬加征六十兩。合正稅九十兩。英堅不允。直督張樹聲與英商沙苗商承攬之法，稅厘合計百兩。總署議駁，英亦不以爲然。既不以承攬爲然，亦不認百兩之數。大學士左宗棠又奏請加至並征百五十兩，迄無成議。光緒九年（一八八三），總署請飭出使大臣曾紀澤。商辦，時威妥瑪已歸國。許之。上諭云："洋藥流毒多年，自應設法禁止。英國現有禁烟善會，頗以洋藥害人爲恥。該大臣如能乘機利導，聯絡會紳，與英外部酌議洋藥進口分年遞減專條，期於逐漸設法禁止，尤屬正本清源之至計，並著酌量籌辦。"正月十二日。是年六月七日，訂立《烟臺條約續增專條》。原奏謂："逐年遞減之説，印度部尚書堅執不允，印度部侍郎配德爾密告參贊馬格里，謂印度種烟之地，未盡屬英，中國欲陸續禁減，惟有將來續議加稅，不能與英廷預商遞減之法。"故此次專條，但於開端申明："行銷洋藥之事，須有限制約束之意。"每百斤完正稅三十兩，厘金八十兩，即可拆改包裝，請憑單運往內地。貨包未拆，不再完稅捐，開拆者所納稅捐，不較土烟加增，亦不別立稅課。運貨憑單，只准華民持用。此專條以四年爲期，如欲廢棄，彼此皆可先期十二個月聲明。如內地不免稅捐，則無論何時，英有廢棄專條之權。專條廢棄，則仍照《天津條約》所附章程辦理云。

第二十一章　法越之役

安南本中國郡縣，五代時，始自立爲國。明成祖後取之，立交阯布政司，旋亂，宣宗棄其地，黎氏有之。世宗時，爲其臣莫氏所篡，中國以爲討，莫氏請爲內藩。乃削國號，立都統司，以莫氏爲使。時黎氏之臣阮氏，仍以黎氏之裔據西京，清華。入東京，並莫氏，明以爲內臣，又以爲討，且立莫氏於高平。黎氏亦如莫氏，受都統使之職，乃聽其並立。三藩之亂，黎氏乘機并莫氏，以任外戚鄭氏，與阮氏不協。阮氏南據順化，形同獨立。乾隆時，西山豪族阮文惠與其兄文岳、文慮，皆驍勇知兵，是爲新阮，入順化，滅舊阮，遂入東京滅鄭氏，留將貢整戍之。整助黎氏拒新阮，文惠攻殺之。黎氏之臣阮輝宿來告難，高宗使兩廣總督孫士毅出師，敗新阮於富良江，立維祈，復爲文惠所襲破。維祈來奔，文惠請和，高宗因而封之。舊阮之敗也，其主定，走下交阯。至定侄福映，下交阯亦陷，福映奔暹羅，於是阮文岳據廣南，稱帝。文惠稱泰德王。上表中國稱阮光平。受封冊者，即文惠也。福映子景叡，與法教士比紐赴法，立同盟草約，法許阮氏復國，阮氏割化南島，租康道耳島於法，許法人來往，居住自由。法旋革命，約未簽字，而法將校數十人，願助越，率二艦以往。法印度總督亦許爲出兵。時暹羅與新阮隙，以兵助福映。復下交阯大半。乾隆五十三年（一七八八）法兵至，進攻順化。時文惠死，子弘瑞，廢文岳，殺文慮，兵勢遂衰。嘉慶四年（一七九九），福映取順化。弘瑞守東京。七年（一八〇二），滅之。弘瑞者，中國所謂阮光瓚也。福映上言本黎氏甥，封於農耐。農耐古越裳，不忘世守，請以越南爲國號。詔封爲越南國王。是爲越南嘉隆帝。嘉隆帝以嘉慶二十五年（一八二〇）卒，子明命帝福晈立。道光二十一年（一八四一）卒，子紹治帝福暶立。二十七年（一八四七）卒，子嗣德帝福塒立。嘉隆之復國也，許法教士傳教，而未酬以土地，且遺言當慎防法人。明命、紹治、嗣德皆仇教，拒法駐使，法及西班牙教士有見殺者。咸豐八年（一八五八），法、西合兵入廣南港。明年，陷下交阯。同治元年（一八六二）陷邊和、嘉定、定祥，遂陷永隆，占康道耳羣島。越南不得已，定約西貢，割邊和、定祥、嘉定及康道耳於法，償法、西軍費二千萬法郎，法商船軍艦，得自由來往湄公河，越南非得法允許，不得割地於他國。先是黎氏之裔興，以咸豐七年（一八五七）起兵，舉南定、興定、廣安、海東、北寧、宣光、太原等地，亦求援於法，越南所以急與法和者，懼法之助黎氏也。約既定，法人屯兵永隆，約黎氏平乃撤，及黎氏平，卒不踐約。同治六年（一八六七），柬埔寨有亂，法人取永隆、安江、河仙、下交阯六州，遂爲法有。法人求水道通中國，知湄公河不足用，舍之而求富良江。時雲南回亂方熾，提督馬如龍使法商秋畢伊運械。同治十年（一八七一）三月，秋畢伊知富良江可通雲南，明年強行焉，遂欲運鹽至雲南，越東京總督阮知方不許，使告法下交阯總督駐西貢。秋布列，秋布列命秋畢伊退出，而其海軍大尉加爾尼請往援秋畢伊，秋布列又許之。蓋勝則居其功，敗則諉諸加爾尼。越南復國後，建都順化，東京兵備不充。太平天國亡後，餘黨吳琨據越邊境。後分爲二，曰黃旗兵，據興安，曰黑旗兵，據勞開，而黑旗兵較強。劉義即劉永福。爲之魁，招徠邊民，辟地至六七百里。加爾尼之北也，黃旗黨附之，陷河內，遂陷北寧、海陽、南定、興安諸鎮。越南駙馬黃維炎結黑旗兵守山西，加爾尼攻之，敗死。秋畢伊退守河內。時秋布列使其書記希臘特爾赴東京，希不主用兵，乃盡撤東京之兵，而與越結約。聲明越南爲獨立之國，外交由法監督，越有內亂外患，法人盡力援助。割下交阯六州畀法，開河內、東京、寧海通商，自紅河至中國之蒙自，法得自由航行。商港得設領事，駐兵百名以下，領事有裁判權。時西曆一八七四年三月十五日，清同治十三年也。明年駐華法使以約文照會總署，總署不認越南爲獨立國，法人置不理，仍與越結通商條約。

光緒八年（一八八二），法人欲築壘紅河上流，越南拒之。法陷河內，越南始來乞援。是冬，法使寶海至天津。時中國亦派兵入越南。李鴻章與寶海議，各撤兵，劃河內爲界，北歸中國，南歸法保護，紅河許萬國通航，中設稅關於勞開。法無異議。鴻章命曾紀澤與法外交部定約，而法內閣更迭，撤回寶海，代以脫里古。本駐日使。求中國償軍費五百三十萬法郎，與鴻章在上海磋議，不決。法派大兵至河內，時光緒九年也。朝命李鴻章節制兩廣、雲、貴軍務，鴻章主和，而左宗棠、彭玉麟主戰，朝旨不定。旋改任鴻章直隸總督。時滇督岑毓英遣提督黃桂蘭率兵五千至安南，安南政府益以三萬人，與劉義協力。法以赫爾曼本駐暹羅領事。爲東京領事。波也將陸軍，本駐西貢。孤拔將海軍，攻山西，爲劉義所敗。會嗣德殂，無子，母弟瑞國公立，越南大臣廢之，立朗國公（亦嗣德弟）。法兵攻順化，越與立約，越承認受法保護，與中國交涉，亦必由法介紹，割平順屬法，法於越要地得駐兵，紅河沿岸置營哨，順化江口築港，並築堡壘。順化置高等理事，統理外交，外交關稅事務，均歸理事處分。繁盛地方警察稅務及各府州官吏，歸理事官監督。歸仁、廣南、修安升爲萬國商港。河內至西貢，兩國共同出資，敷設鐵路電綫。此約越南不啻僅存空名而已。

　　時中國更命彭玉麟督辦廣東軍務，詔滇、粵出兵，越南阮文祥亦弑朗國，立建福帝。名福昊，建福其年號。不認前所結約。先是順化自立約後，戰事即停，而東京一帶，戰事如故。法人連陷興安、山西。時波也歸國，孤拔兼統海陸軍。旋以宓約繼波也之任。法兵在東京者萬六千五百，中國則廣西巡撫徐延旭、雲南巡撫唐炯以三千人合黑旗兵守北寧。總兵王德榜以五千人守太原，滇督岑毓英以萬二千人合安南黑旗兵守興化。法兵進攻，諸鎮皆陷。於是褫徐延旭、唐炯、黃桂蘭職，以潘鼎新撫桂，張凱嵩撫滇。以李鴻章爲全權大臣與法福祿諸議和。在天津定草約五條，中許撤兵，認法、越前後條約，惟不得礙及中朝體制。法允不索兵費。時光緒十年（一八八四）四月十七日也。彭玉麟疏劾鴻章，法議會亦以越約不礙中朝體制一語遲疑不能決。旋以出兵期誤會，法云三星期，中國云三個月。中、法兵衝突於北黎，五月二十八日。法求償金一千萬鎊。閏五月九日，中國批准草約，而此議仍不能決。時由江督曾國荃，以全權與法使巴特納在上海磋議。法政府電命法使巴特納，占中國一要地，爲談判之地。於是法軍攻基隆，六月十五日。而命其代理公使斯美告總署，償金減爲三百二十萬鎊。承認與否，限四十八小時答覆。我亦命曾國荃停止商議。六月十九日。時閩浙總督爲何璟，而何如璋以船政大臣督辦沿海軍務，張佩綸以侍讀學士會辦海防，劉銘傳督辦臺北軍務。孤拔攻福州，毀船政局及馬尾砲臺，我艦沉者九，幸免者二而已，七月初六至初八。中國乃宣戰。八月十三日，法陷基隆砲臺，攻淡水，我軍敗之。明年正月一日，孤拔入黃海，擊沉我馭遠、鏡清兩艦。封寧波口，破鎮海砲臺。二十五日南陷澎湖，其在臺灣之兵，亦猛攻基隆、淡水。時桂撫潘鼎新自統大軍駐諒山，蘇元春、陳嘉守中路，楊玉科、方友升守西路，王德榜守東路。於光緒十年（一八八四）十二月三十日失陷。明年一月九日，法軍陷鎮南關，楊玉科中砲死。旋仍退諒山。廣西按察使李秉衡、提督馮子材、總兵王孝祺至，攻諒山，大破法兵。二月十三日克之。先是，二月八日。岑毓英亦破法兵於臨洮，克廣威、承祥，至二十三日，進逼興化，法勢大蹙。會和議成，兵乃罷。

　　時法內閣又更迭，由英使調停，巴特納與李鴻章在天津立約十條。四月二十七日。法越條約，中國悉行承認，中越往來，必不致有礙中國威望體面，亦不致有違此次之約。第二款。畫押後六個月勘界。第三款。中國邊界,指定兩處通商,一在保勝以上,一在諒山以北。中國亦得在北圻各大城鎮,揀派領事。第五款。北圻與雲南、廣西、廣東陸路通商章程,畫押後三個月內會議。所運貨物,進出雲南、廣西邊界,照現在稅則較減。廣東不得援以爲例,洋藥應另定專條。第六款。法在北圻,開闢道路,鼓勵建設鐵路,中國擬造鐵路,自向法國業此之人商辦,惟不得視此條爲法一國獨享之利益。第七款。此次戰事,中國業已獲勝,而仍如法意結束,論者多咎李鴻章之失策,然是時海陸軍力,實皆不足恃,似亦不當狃於小勝也。條約既定,法立阮氏幼子成泰,予以空名,守府而已。

條約既定,於是年七月,派周德潤、鄧承修至兩廣、雲南會勘邊界。八月,李鴻章與法使戈可當議商約。法要求兩處之外,增闢商埠,滇、桂省城,許設領事。進出口洋土貨稅均減半,許彼在滇、粵開礦,製造土貨,運銷越南食鹽。十二年(一八八六)三月,立通商章程十九款,勘界俟後再定。第一款。中國在河內、海防設領,北圻及他處大城隨後商酌。第二款。越南各地聽中國人置地建屋,開設行棧,其身家財產,俱得保護安穩,決不待拘束,與最優待西國之人一律。時華人以征身稅爲苦,法使許電告本國,從寬辦理,而未載入約。原奏云:以此款及第十六款,爲將來辯論之地。第四款。法人、法國保護之人及別國人住居北圻者,入中國,請中國邊界官發給護照。中國內地人民,從陸路入越南者,請法國官發給護照,路過土司苗蠻地方,先在照上寫明,該處無中國官,不能保護。按此項辦法,爲前此各約所無。僑越華人由北圻回中國者,只由中國官發護照,邊界及通商處所,法人游歷,在五十里內者,毋庸請照。第五款。洋貨入雲南、廣西,照關稅五分減一,如願運入內地,須再報關,照通商各海關稅則收內地子口稅,不得援五分減一之正稅折半。第六款。土貨運出雲南、廣西者,稅三分減一。法人雲南、廣西,中國人北圻之車輛牲口,免收鈔銀。進關水路通舟楫處,可照關例收船鈔。以上六、七兩款,日後他國在中國西南各陸路邊界通商,另有互訂稅則,法亦可一體辦理。第七款。光緒十三年(一八八七)續議商務專約第三條,進口貨改爲減稅十分之三,出口貨減爲十分之四。土貨在此邊關完過子口稅出口正稅,轉往彼邊關者,照原納正稅之數,收復進口半稅。但須照各口定章,不准洋商販入內地,其轉往海口者,一律另征正稅。土貨出中國海口,進越南海口,復往中國邊界入關,應照洋貨一律征收正稅,入內地仍完子口稅。第九款。中國土貨由陸路運入北圻者,照法關稅則完納進口稅,若係出口,一概免稅。十三年專條第四條,增如係前往他國,仍納出口稅。第十一條。運土貨,由中國此邊關過北圻至彼邊關,或由兩邊關運出越南海口回中國者,過北圻時,完納過境稅,不過值百抽二。出海關,入越南海口,過北圻進邊關者同。第十二款。洋藥、土藥均不准販賣。第十四條。十三年專約第五條,規定土藥出口征稅而未及洋藥,時聞法欲於越南廣種罌粟,兼恐從緬甸輸入也。法有領事裁判權,華人僑越,命案賦稅詞訟,與最優待國無異。第十六。此約法議院未批准。雲南、周德潤與法狄隆。廣西鄧承修與法浦理燮。後浦理燮有疾,狄隆代之。界務亦多爭執。十二年(一八八六)法使恭思當到京,求改商約。十三年(一八八七)五月訂界約續約四條,商務續約十條。廣西開龍州,雲南開蒙自,又開蠻耗。以爲保勝至蒙自水道所必由也。許駐蒙自法領事屬官一員。第二款。中國土藥,許入北圻,每百觔正稅二十兩。內地厘金等費,亦不過此數。法人及法保護之人只能在龍州、蒙自、蠻耗三處購買。不許由陸路邊界、通商海口再入中國,作爲復進口之物。第五款。日後中國南境西南境,與友國立定和約條款章程,所有益處及通商利益,一經施行,法國無不一體照辦,無庸再議。第七款。以照會聲明,中國在北圻等處緩設領事,中國在河內、海防設領後,法國始可在滇、桂省城設領,龍州、蒙自、蠻耗係陸路通商處所,不得仿照上海等處,設立租界。光緒十九年(一八九三),法割暹羅湄公河東岸之地,車里土司轄境,亦大半在湄公河以東。法以分界爲請,二十一年(一八九五)五月定《續議商務專條附章》九條,《界務專條附章》五條,界約法多侵占,江洪界內,地亦被割。又引起英國交涉。其商務附章許法領於廣東東興街,與越南芒街相對之處,以利捕務也。第一條。改蠻耗爲河口,第二條。添開雲南思茅。第三款。改十二年約之第九款,土貨經越南出入龍州、蒙自、思茅、河口者,稅皆十分減四,專發憑單,進口時免稅。其往沿江沿海通商口岸者,入口時完復進口半稅。沿江沿海口岸,運土貨經越南往龍州等四處者,征十成正稅,而進口時按十分減四,收復進口半稅。第四條。雲南、廣東、廣西開礦,先向法廠商及礦務人員商辦,越南鐵路已成或日後擬添者,可商訂辦法,接至中國境內。第五款。思茅至孟阿營即下猛岩,在越南萊州與兩啪邦之間。電局互相接綫。第六條。法越交涉之始末,大略如此。

第二十二章　英緬之役

明初西南土司，本包伊濟瓦諦江流域，其時諸土司中，以平緬、麓川爲最強，後爲明兵所破，而緬甸坐大，潞江以外，悉爲所據。清時，木梳土司雍籍牙據緬甸，嘗犯雲南。高宗發兵攻之，緬請降，然是役中國所失實甚大也。雍籍牙幼子孟雲，以乾隆四十六年（一七八一）嗣位，東服馬爾達般、地那悉林，西取阿剌干，後阿剌干謀自立，緬人破之，其魁走孟加拉，緬人求之，英以爲國事犯，不與，而使至阿瓦_{緬都}。通聘，緬人亦拒之，又爭島嶼，幾至決裂。嘉慶二十四年（一八一九），孟雲卒，孟既立，阿薩密內亂。道光二年（一八二二），緬據其地，兵侵入英境。阿薩密亦求援於英。四年（一八二四），印度總督攻緬，敗其兵，陷仰光，聲言逼阿瓦。緬懼乞和。六年與英結約（一八二六年二月二十四日），償軍費百萬鎊，割阿薩密、阿拉干、地那悉林，並許英另訂通商條約，設領事。十七年（一八三七），孟既爲弟孟坑所弑，遷都阿馬拉普拉。二十五年（一八四五），亦見弑。長子巴干麥立。孟坑拒英使駐國都。咸豐元年（一八五一），仰光英商又以受虐訴於印度總督，印督與緬交涉，緬許易知事，而所易知事，又慢英使，英使要其謝罪，知事砲擊英艦。印督聞之，遣兵陷仰光。時緬王又見弑，弟墨多默立，請和，立約仰光，割擺古。緬由是無南出之海口。伊洛瓦諦江兩岸貿易日減，國用大蹙，屢圖恢復，終不克。光緒八年（一八八二），法人遣使如緬，與結密約，法代拘緬王之兄覬覦王位者，緬許割湄公河以東。九年（一八八三），法人宣布其約，英人大驚。十一年（一八八五）秋，借緬王判英木商歇業，發兵陷蒲甘，連陷阿瓦、_{舊都}。蠻得、_{緬都}。俘其王，羈諸麻打拉薩。明年，併上下緬甸入印度，緬甸遂亡。

緬甸之亡，適值我有事於越，英人蓋有意乘我之危也。總署以緬爲我藩屬，電曾紀澤與英外部爭辯，又與英署使歐格訥辯論，要英人立孟氏後。英人言緬史但稱饋送中國禮物，無入貢明文，不認爲我藩屬，議遂停頓。後英請行《烟臺專約》，所派麻葛瑞，將由印入藏。英使又云，緬與法立有條約，若立緬王，則約不能廢，願照緬例，每十年，由緬甸總督派員來華，並請勘定滇緬邊界，設關通商。

中國欲乘機杜其入藏，乃於十二年（一八八六）六月，與立會議緬甸條款五款：（一）每屆十年，由緬甸最大大臣，選緬人呈進方物；（二）中國認英在緬所秉一切政權；（三）會勘中緬邊界，邊界通商事宜，另立專章；（四）停止派員入藏。

　　當英人初占緬甸，頗有讓中國展拓邊界之意，其外部侍郎克雷稱，願將潞江以東，自雲南南界，南抵暹羅，西濱潞江，即薩爾温江。東抵瀾滄江下游，其北有南掌，南有撣人，或留為屬國，或收為屬地，悉聽中國之便。曾紀澤咨總署，請均收為屬國。將上邦之權，明告天下，而總署未果。紀澤又向求八莫，即蠻暮之新街。蠻暮本亦土司，後為緬所并。新街向為通商巨鎮。英未許，而允餉駐緬英官，勘驗一地，由中國立埠，設關收稅。據參贊馬格里言，八莫東二三十里舊八莫，似肯讓與中國。且允將大金沙江，作為兩國公共之江。紀澤與英外部互書節略存卷。旋交卸回華。皆十一年（一八八五）事。見薛福成十六年（一八九〇）奏。十六年，薛福成奏，此事英人未嘗催問，中國亦暫置不理，似應豫行籌備，不使英人獨占先著。又奏，南掌即老撾，似已屬暹羅，徒受英人虛惠，恐終不能有其地。南掌、撣人本各判為數小國，分附緬、暹，似宜查明南掌是否尚有自立之國，以定受與不受。其向附緬甸之撣人，則宜收為己屬，請飭雲貴總督王文韶，派員偵察南掌之存亡，撣人之強弱，騰越關外之地勢、民風，而自請向英催問。十八年（一八九二）六月，派福成商辦滇緬界綫商務，福成使馬格里赴英外部申前議。英外部謂議在約前，不肯認。福成求以大金沙江為界，包野人山在內。英亦堅不肯，惟於滇省東南，許我少展邊界。福成十九年（一八九三）奏，謂“英人并緬之始，深慮緬民不服及緬屬諸土司起與相抗，中國陰為掣肘，不敢不少分餘利，以示聯絡。是時英已勘定土寇，復稍用兵威脅，收野人山全土，藩籬已固，故於初許紀澤者而忽靳之。前議既不可恃，則展拓邊界之舉，毫無把握。且滇邊土司，乾隆後有私貢緬甸者，英人執此為辭，且可指為兩屬”。則其形勢，已迴非紀澤與英辯論時比矣。十七年（一八九一）秋冬後，英兵數百，常游弋滇邊，闌入界內，而常駐於神護關外之昔重，鐵壁關外之漢董。福成先與力爭，英兵乃不復入界。又照會英外部，請以大金沙江為界。英人堅拒，乃就滇東南，許我少展邊界。所展者，據薛氏原奏，謂一、孟定橄欖坡西南邊，讓我一地，曰科干，在南丁河南與潞江中間，蓋即孟艮土司舊壤，計七百五十英方里。又起孟卯土司邊外，包括漢龍關在內，作一直綫，東抵潞江麻栗壩之對岸止，悉劃歸中國。約計八百英方里。二、本里、孟連，舊嘗入貢於緬，新設鎮邊廳，係從孟連境內分出，英并廳爭為兩屬，今願以讓我。三、滇西老界與野人山地毗連之處，允我酌量展出。昔董大寨不讓，而以穆雷江北，現駐英兵之昔馬歸我。其地南起坪隴峰，北抵薩伯坪，西逾南障而至新陌，計三百英方里。又自穆雷江以南，既陽江以東，有一地約計七八十英方里，是彼於野人山地，亦稍讓矣。其餘悉照滇省原圖界綫劃分。漢董亦願退讓，南掌盡歸暹羅。撣人各種，惟康東土司最大，英欲據以遮隔法暹，未肯舍也。騰越八關，四在太平江以北，皆在老界內，在太平江南者，曰漢龍、天馬、鐵壁、虎踞。漢龍明已淪於緬，天馬久為野人所占，皆可歸中國。鐵壁、虎踞，滇省地圖，皆在界內，英遂許照原界分畫。既聞二關早為緬占，英人復屢加工程，綢繆穩固。英所守界，越虎踞而東已數十里,越鐵壁亦六七十里。英漸覺之,爭論始起。後允將鐵壁讓還,以庫弄河爲界。滇省派人尋覓,則虎踞在盆干西十里,距八莫五十餘里,距南椀河邊英人所指爲中國界者八十里。天馬則在西南,居猛密、邦欠兩山間。英兵從關內山坡修路一條,以通緬屬之南坎,英人云:"緬緬已百餘年,若索此,則緬應索於中國者甚多。"乃與訂明漢龍、天馬,仍歸中國,惟漢龍尚須查勘,如未深入緬境,自可通融歸還。天馬關內所築路,議以新路歸中國,而於稍北一大路,許其借用改築。見約文第二條。虎踞不可得,少劃地以償中國。一爲龍川江中大洲,一爲蠻秀土司全境。於二十年一月成《續議滇緬界務商務條款》二十條。其中第(一)(二)(三)三條,皆定邊界。(四)訂北緯二十五度三十五分以北之界,俟將來再定。(五)中國所索永昌、騰越界外之地,英將北丹尼、即木邦。科干,照以上所劃之界,讓與中國外,又允將兩屬孟連、江洪、上邦之權,均歸中國。惟未與英議定,不得讓給他國。(六)勘界官於換約後十二個月相會。自首次相會之日起,限三年內,將界綫勘定,次查勘漢龍關。倘查得在英國境內,當審量可否歸還中國。案(一)(二)(三)條之界,光緒二十三年(一八九七)約,多有改動。(五)條則北丹尼、科干均歸英。(六)條查勘漢龍關一節刪去。(八)中國自旱道入緬除鹽,英緬由旱道入中之貨除米,概不收稅。鹽米之稅,仍不得多於出入海口之稅,以六年爲期。(九)中緬往來,由蠻允、盞西兩路行走。入中國者,減關稅十分之三,出者減十分之四。在路外行走者,可充公。(十一)食鹽不准由緬入華,銅鐵、米豆五穀不准運緬,鴉片及酒不准販運。(十二)運貨及運礦產之船,得在厄勒瓦諦江即大金沙江行走,稅鈔及一切事例,與英船同。(十三)中國領事駐仰光,英國領事駐蠻允。(十七)英民在華,華民在英,一切權利,現在所有,或日後所添,均與最優待國一律。

　　光緒二十一年(一八九五)夏,法使施可蘭詣總署,以猛烏烏得界暹、越之交,請以其地歸法。以調停倭事也。五月,許之。其地屬江洪,英外部與法使會商,棄江洪而結湄公河上游懸案。在川、滇之權利,兩國平等。是爲一八九六年一月十五日《英法協約》。英使歐格訥乃與中國交涉,欲將八莫以北野人山地,由薩伯坪起,東南到盞達,西南順南椀河,折向瑞麗江,循江至猛卯,向南至工隆,八關、科干皆在內,讓歸英國。九月,英使來言,西江若允設埠,界事即可通融。英外部亦以是告駐使龔照瑗,中國許之。即命照瑗與英商辦。英人求於肇慶、梧州、桂林、潯州、南寧設領,佛山、高要、封川、南新墟停輪,輪船得於廣州、澳門出入。地界自薩伯坪起,偏向西南,以昔馬歸緬,循綫至椀河之西,斜向西南,稍曲處地曰南坎,亦劃入緬界,又自西而東,地曰北丹尼,曰科干,兩地本緬門戶,誤劃與華,亦欲索回。英使竇納樂來華,又要求緬甸現有及將來續開鐵路,接入中國。騰越、順寧、思茅三處設領。光緒二十一年(一八九五)五月中法條約利益,一概給與英國。新疆設領,通省任便游歷,並照光緒七年俄約，許英民在新疆各處貿易，無限制，亦不納稅，否則決廢緬約。二十三年（一八九七）正月，立《中緬條約》附款十九條，（一）（二）（三）條地界，均有改動。（四）訂明"無所增改"。（五）未與英議定時，不得將現在仍歸中國之湄江左岸江洪之地，以及孟連與湄江右岸江洪之地，讓與他國。（九）勘界查明另闢他路，准照原約所載，一律開通行走。（十二）添中國允將來審量，在雲南修建鐵路，與貿易有無裨益。如果修建，即允與緬甸鐵路相接。（十三）駐蠻允領事，改駐騰越或順寧，並准在思茅設領。專條開梧州、三水、江根墟，許設領事。輪船由香港、廣州至三水、梧州，由海關各定一路。江門、甘竹灘、肇慶、德慶開爲停泊上下客商貨物之口，按照停泊長江口岸章程，一律辦理云。

　　暹羅本亦我藩屬，緬甸盛時，嘗爲所併。乾隆四十三年（一七七八），宰相鄭昭復國自立。昭，中國潮州人也。後見弒。養子華策格里，復國時戰功第一，昭以女妻之，襲位，受封於中國（表文稱鄭華，蓋襲前王之姓），嘉慶十四年（一八〇九）卒。子禄德拉立，道光四年（一八二四）卒。子摩訶芒克立，始拓地湄江東岸。咸豐元年（一八五一），與英、法、美立約通商。卒，子庫隆臘昆立，務輸入西方文化。越南既亡，法人言湄江東岸，舊屬越南，要暹割讓。暹人不許。法遂進兵河上，逐暹戍兵，又封湄南河口，欲逼曼谷。暹人不得已，行成。割湄江左岸及江中諸島，右岸二十五公里内，及拔但邦、安哥爾兩州，不置戍兵。時光緒十九年（一八九三）也。英與法協商，以湄公河爲界，湄南河城中立地，薩爾溫江以東，馬來半島北部，爲英勢力範圍；諸小國仍各有君長，惟政權盡入於英。拔但邦、安哥爾、哥賴脱爲法勢力範圍。二十年（一八九四）又訂約，以湄南河爲兩國勢力範圍之界云。

第二十三章　英通西藏

英人謀通西藏，始於乾隆時。《曾惠敏集》譯英人記載云，乾隆四十五年（一七八〇），英印度總督使博格爾至藏求互市。時班禪將入覲，謂之曰，此事我不能自主，請由水路赴廣東，我當面奏皇帝，求召足下入京共議。班禪入奏，有旨召博格爾入京。而班禪出痘，歿於京，博格爾亦染瘴，没於粵。遂未能議。當時駐藏大臣曾咎班禪不應交通英使，後印督復使坦納入藏，藏中待之遂不甚親密云。是時自印入藏，道經哲孟雄，中隔大山，極爲險阻。哲孟雄本屬藏，嘉、道時，始與英立約往來。咸豐十一年（一八六一），與英啓釁，爲英所敗，後遂淪爲英保護之國，大山亦爲英據，西藏之藩籬失矣。商旅往來，多取道於此，印度洋藥，並有自此入川者。緬約雖將派員入藏之事停止，而麻葛瑞之衆，未即折回。藏人於邊外隆吐山修砲臺，派兵駐守。英使以地屬哲孟雄，要求撤退。總署行文駐藏大臣開導，藏人不聽。光緒十四年（一八八八）三月，爲印兵逐回。四月，藏兵三千攻日納宗 亦哲孟雄地。英寨，敗歸。英兵勢將入藏。總署與英使再三辯論，乃罷兵。由駐藏大臣升泰攜帶稅務司赫政，與英使保爾會議。光緒十六年（一八九〇），在孟加臘與印督蘭士丹立《藏印條約》八款。認哲孟雄歸英保護。第二款。自布坦交界之支莫擎山起，至廓爾喀邊界止，以哲屬梯斯塔及近山南流諸小河，藏屬莫竹及近山北流諸小河之分水山頂爲界。第一款。藏哲通商，哲孟雄界内游牧，印藏官員交涉，於此約批准後，以六個月爲限，由駐藏大臣與印督各派委員會商。第三至第七款。是年七月在倫敦換約。十七年（一八九一）正月，升泰派黄紹勛、張昉、赫政，蘭士丹派保爾，在大吉嶺會議。保爾欲在仁進岡入藏一百五十餘里之法利城，即帕克哩設關，十年之後，再定入口稅。中國慮藏人性執，兼慮川茶銷路爲印茶所奪，堅執十二年條約，印藏邊界通商，由中國體察情形之説以拒之，相持頗久。升泰去職，奎焕繼之。十九年（一八九三）十月，乃成《接議藏印條款》九款，《續款》三款。亞東訂於光緒二十年（一八九四）三月二十六日開關，地在藏印交界咱利山下。由印度派員駐扎。第一款。英商至亞東爲止，自交界至亞東，期間朗熱、打鈞等處，由商人建造房舍,憑商人作尖宿之所。_{第二款}。五年内進出口稅皆免。五年後,由兩國查看情形酌定。印茶俟免稅限滿,方可入藏。應納之稅,不過華茶入英納稅之數。_{第四款}。英商民與中藏商民爭執,由中國邊界官與哲孟雄辦事大員商辦。官員意見不合,各按本國律例辦理。_{第六款}。從亞東開關之日起,一年後,藏人尚在哲游牧者,應照英在哲隨時所立游牧章程辦理。_{第九款}。此約以五年爲期。續第二款。然藏人於通商之舉,仍拒不肯行,遂有光緒三十年(一九〇四)之役。

第二十四章　中　日　之　戰

日本自同治十三年（一八七四）臺灣之役後，又縣琉球，我國弗能爭。《各國立約始末記》卷十七云：同治十一年（一八七二），琉球王尚泰，朝於日本，受册命而歸。日本令以前與他國締約，呈於外務省，任免三司官，必具狀待命。尚泰不懌，時入貢我朝如常例。光緒元年（一八七五），日本遣使至琉球，命易正朔，更法律，改官制，罷職貢。琉球謝不從，告警於我。日本遂廢琉球爲沖繩縣。徵尚泰，置之日都。琉球亡。總理衙門行文詰責，日本堅執前言，謂本爲所屬。五年（一八七九），美前總統格蘭德來游，復往日本。恭親王、李鴻章皆屬從中調停。日本乃議分琉球宮古、八重山二島歸我，而請於條規增入内地通商，一體均沾二條。鴻章以爲二島貧瘠，復封尚氏，不足自存。若由中國設官置防，徒足增累，以實惠易荒島，於義奚取。議久不決。八年（一八八二），日本駐津領事竹添進一謁鴻章，申前論。鴻章議日本還中山舊都，仍以尚民主其祀，日本卒未允。光緒二年（一八七六），日本與朝鮮立約，開釜山、仁川、元山三港。認爲自主之國。先是朝鮮王李熙幼，其本生父昰應當國，深惡西人。西人來求通商，輒拒之。西人以告中國，中國輒答以向不干預朝鮮内政。及是，李鴻章復勸朝鮮與各國立約，以牽制俄、日。八年（一八八二），朝鮮與美立約，鴻章使馬建忠、丁汝昌蒞之。建忠旋介英、法、德與朝鮮訂約，如美例。時李熙已親政，其妃閔氏之族專權。是年六月，朝鮮兵有叛者，昰應復攝政。朝鮮外戚專權，起自清嘉慶之世。時朝鮮純祖立，方十一歲，太后金氏臨朝。純祖晚年，使子昊攝國務，昊妃趙氏亦與政。金趙二氏始争權。昊先純祖卒，昊子旲繼純祖立，是爲憲宗，金后仍垂簾，已爲趙氏所排，實權頗歸於趙。憲宗無子，其疎也，金氏定策，迎立哲宗，純祖從子也。金氏復盛，哲宗亦無子，謀建儲，金氏族中意見不一，久之不能決。同治二年（一八六三），哲宗疎，趙氏欲立其從子熙。朝鮮國王之父稱大院君，向來無生存者。金氏以爲言，趙后不聽，卒立之。趙后臨朝，使昰應協贊大政。昰應有才氣，而知識錮蔽。朝鮮黨論，以書院爲根據，黨人子孫，雖目不識丁，亦稱士族，橫行鄉里，書院以一紙墨印，徵錢於民，謂之祭需，民無敢抗者，狡黠者投身爲院僕，則可以免役。民疾之如仇。大院君執政，封閉書院千餘。居院中者，皆勒歸鄉里，民大悦。論其才氣，實足有爲，然不知世界情勢，堅持閉關，又任氣獨斷，與權要多不協，則其致禍之根也。朝鮮之知西學，始於明末，自中國傳入。朝鮮人信其學而惡其教，亦如中國。朝鮮孝宗，當清康熙時，已用西洋曆法，正祖時，嚴禁自中國往之天主教書籍。純祖、憲宗時，誅戮教民，然不能絶也。哲宗時，睹咸豐戊午、庚申兩役，大懼，閉關之念始堅。亂作時，日本使館被毀，日本公使花房義質返國請兵。中國駐日公使黎庶昌聞狀，馳報署直督張樹聲。樹聲遣提督丁汝昌、道員馬建忠督兵船赴仁川。總署又奏派提督吳長慶，率師繼進，執昰應以歸。幽諸保定，至十一年（一八七二）乃釋之。日本兵後至，義質謁朝鮮王，多所要求。朝鮮王不應。義質即歸國，次濟物浦。朝鮮王乃遣使就議，償日兵費五十萬元，撫恤遇害官吏五萬元。許日本駐兵漢城，防衛使館。議既定，長慶留駐朝鮮。日本以竹添進一爲使。時朝鮮新進之士，多不滿朝右舊人，於是有事大、獨立兩黨。光緒十年（一八八四）十月，新黨首領金玉均等作亂，攻王宮，弒閔妃，日本使館駐兵與焉。長慶敗之。中國聞警，遣左副都御史吳大澂、兩淮鹽運使續昌馳往。日本遣井上馨赴朝鮮。朝鮮以金宏集爲全權大臣，初議不諧，馨使人說宏集，卒定約。給撫恤十一萬元，重建使館工費二萬元，仍駐兵護館如故。十一年（一八八五）春，日本遣伊藤博文來，西鄉從道爲副。中國以李鴻章爲全權，及大澂、續昌，與議於天津。定約凡三款：（一）兩國均撤兵；（二）兩國均勿派員在朝鮮教練兵士；（三）朝鮮有變亂重大事件，兩國派兵，均先行文知照，事定仍即撤回，不再留防。初議時，日人要我懲處統將，償恤難民，李鴻章不許。後以駐朝慶軍，係鴻章部屬，由鴻章行文戒飭，查明如有弒掠日本人情事，定按中國軍法，從嚴拿辦，而償恤則未許云。鴻章原奏云：「該使臣要求三事，一撤回華軍，二議處統將，三償恤難民。臣維三事之中，惟撤兵一層，尚可酌量允許。我軍隔海遠役，將士苦累異常，本非久計。朝鮮通商以後，各國官商，畢集王城，口舌滋多，又與倭軍逼處，帶兵官剛柔操縱，恐難一一合宜，最易生事。本擬俟朝亂略定，奏請撤回，而日兵駐扎漢城，名爲護衛使館，實則鼾睡臥榻，蟠踞把持，用心殊爲叵測。今乘其來請，正可趁此機會，令彼撤兵，以杜其併吞之計。但日本久認朝鮮爲自主之國，不欲中國干預，其所注意，不在暫時之撤防，而在永遠之輟戍。若彼此永不派兵駐朝，無事時固可相安，萬一倭人嗾朝叛華，或朝人內亂，或俄鄰有侵奪土地之事，中國即不復能過問，此又不可不熟慮審處者也。伊藤於二十七日自擬五條，給臣閱看。第一條聲明嗣後兩國，均不得在朝鮮國內派兵設營，乃該使臣著重之筆，餘尚無甚關係。臣於其第二條內添注，若他國與朝鮮或有戰爭，或朝鮮有叛亂情事，不在前條之列。伊使於叛亂一語，堅持不允，遂各不懌而散。旋奉三月初一日電旨，撤兵可允，永不派兵不可允，萬不得已，或於第二條內無干句下，添敘兩國遇有朝鮮重大事變，各可派兵，互相知照等語，尚屬可行。至教練兵士一節，亦須言定兩國均不派員爲要。臣復恪遵旨意，與伊滕再四磋磨，始將前議五條，改爲三條云云。夫朝廷眷念東藩，日人潛師襲朝，疾雷不及掩耳，故不惜縻餉勞師，越疆遠戍，今既有先互知照之約，若日本用兵，我得隨時爲備，即西國侵奪朝鮮土地，我亦可會商派兵，互相援照，此皆無礙中國字小之體，而有益於朝鮮大局者也。」

天津會議後，朝鮮屯軍遂罷歸，以道員袁世凱留總商務，而日謀朝如故。十二年（一八八六），出使英、法、德、俄大臣劉瑞芬建議，與英、美、俄諸國立約保護朝鮮。李鴻章頗善之，而總署不可。二十年（一八九四），朝鮮東學黨作亂，以興東學排西學爲名，起咸豐、同治間，徒黨遍慶尚、全羅、忠清諸道，其魁曰崔時亨。全羅道乞援於我。鴻章奏派直隸提督葉志超率兵往，駐牙山。而日兵水陸大至。日使大島圭介挾衆入漢城。要我共派員，改革朝鮮内政。總署命駐日使臣汪鳳藻拒之。日持益堅，復遣重兵往，屯據要害。世凱、志超屢請濟師。鴻章重言戰，告英、俄、德、法、美諸國，冀調停，終無成議。大島圭介責朝鮮獨立，毋事中國，又責以合攻志超，朝鮮不可。圭介入王宮，誅逐閔氏，起昰應攝政。世凱還天津，鴻章賃英商輪運兵，爲日所擊沉。七月朔，中國遂宣戰。鴻章遣馬玉崐、左寶貴、衛汝貴、豐陞阿自陸路赴援，時葉志超退公州，聶士成屯牙山。日軍襲士成，敗之。士成走公州，就志超，志超亦棄公州，走平壤，與續至諸軍合。八月，日兵陷平壤，左寶貴死之，餘軍退出朝鮮。是月，海軍亦敗績於大東溝。入旅順修理，九月十八修竣，二十八威海衛，自此蟄伏不能出矣。日兵渡鴨綠江，第一軍山縣有朋。宋慶總諸軍守遼東，累敗。九連、安東皆陷。慶退守摩天嶺。十月，日兵陷鳳凰城、寬甸、岫巖。別一軍第二軍大山巖。自貔子窩登陸，十月陷金州，進陷大連灣，攻旅順。宋慶以摩天嶺之防委聶士成，自往援之，不克，旅順陷。時我以重兵塞山海關至錦州，時聶士成入衛畿輔，摩天嶺之防由東邊道張錫鑾任之，吳大澂、魏光燾率湘軍出關，與宋慶軍合。日兵乃分擾山東，自成山登陸，陷榮城，十二月。攻威海，海軍提督丁汝昌以戰艦降敵，自仰藥死。山東巡撫李秉衡，時駐芝罘，棄之，退守萊州。日兵復陷文登、寧海，二月，并力攻遼東，陷營口、蓋平、海城、遼陽、奉天，聲援俱絕。其艦隊又陷澎湖，逼臺灣，於是中國勢窮力竭，而和議起矣。

當旅順之將陷也，鴻章請於總署，遣津海關稅務司德璀琳赴日議款，日以其未奉敕書，且西員不當專使事，謝不與通。旋命戶侍張蔭桓、湘撫邵友濂爲全權，以二十一年（一八九五）正月至日，日以其內閣大臣伊藤博文、外務卿陸奧宗光爲全權，會蔭桓等議款。又以敕書未載便宜行事，不足爲全權，拒之。乃改命李鴻章，以二月二十三日至馬關，二十五日會議，博文請駐兵大沽、天津、山海關乃停戰，鴻章不許，而博文執之甚堅。鴻章乃請緩停戰，先議和。二十八日鴻章爲刺客所傷，日人漸懼。三月三日，乃允停戰，於五日訂約。以二十五日爲限。後又展二十一日。七日，博文出議和約稿十款，於二十三日定議。其中第一、三、五、七、九、十均照原稿定約云。

《馬關條約》十條，（一）中國認朝鮮自主。（二）割奉天南部、臺灣、澎湖。約文云："中國將管理下開地方之權，並將該地方所有堡壘、軍器工廠及一切屬公物件，永遠讓與日本。一、下開畫界以内之奉天省南邊地方，從鴨綠江口溯該江至安平河口，又從該河口畫至鳳凰城、海城及營口而止，畫成折綫。以南地方，所有前開各城市邑，皆包括在畫界綫内。該綫抵營口之遼河後，即順流至海口止，彼此以河中心爲分界。遼東灣東岸及黃海北岸，在奉天省所屬諸島嶼，亦一并在所讓境內。二、臺灣全島及所有附屬各島嶼。三、澎湖列島，即英國格林尼次東徑百十九度起至百二十度止，及北緯二十三度起至二十四度之間諸島嶼。"（四）賠款二萬萬元，分八次交清，未交之款，按年加息百五。（六）本約批准互換後，訂立通商行船條約。陸路通商章程，以中國與泰西各國現行約章爲本，未經實行以前，與最優待國無異。添開沙市、重慶、蘇州、杭州，以便日本人民往來僑寓，從事工藝製作。日輪得從宜昌溯江至重慶，從上海溯吳淞江及運河至蘇、杭。日人在內地買生熟貨，及進口貨運往內地，得暫租棧房存貨，不輸稅鈔。日本臣民得在中國通商口岸城邑，從事各項工藝製造。又得將各項機器，任便裝運進口。其內地運送稅、內地稅鈔課、雜派、寄存棧房，均照日人運入中國之貨物，一體辦理，優例豁除亦同。（七）日本軍隊現駐中國境內者，於本約批准互換後三個月內撤回。惟須，（八）暫占威海，俟一二次賠款繳清，通商行船約章批准互換，並將通商口岸關稅，作爲餘款并息之抵押方撤。另約第一款，威海駐軍之費，由中國年貼四分之一，計庫平銀五十萬兩。第二款，以劉公島、威海衛口灣沿岸五日里約合中國四十里。以內地方，作爲日軍駐地。第三款，治理仍歸中國，惟日司令官因軍隊事出示，中國官員亦當遵守，有涉軍務之罪，均歸日軍務官審斷。

　約既定，臺灣人推巡撫唐景崧爲總統，總兵劉永福主軍政，謀自立。未幾，撫標兵變，景崧走，日人入臺北，永福據臺南苦戰，卒不敵，內渡，臺南亦亡。

　其奉天南部之地，則因俄、法、德三國之干涉而還我。三國駐日公使，照會日外務省，事在四月朔日。日人不得已，許之。其後條約既換，四月十四日。日兵仍據遼東，三國復以爲言，日本索償款一萬萬兩，徐減至五千萬兩。遷延至八月，三國會議定爲三千萬兩，日本亦許之。而要以交款後三個月乃撤兵。於是復派李鴻章與日使林董議還遼約。林董請於約內聲明俄、法、德不得占東三省，中國亦不割讓。大連灣通商，大東溝、大孤山均開埠。鴻章不許。九月，三國又促日本退兵，乃以四日定議。約凡六款，又專條款，中國輸銀三千萬兩，第二款。而將《馬關條約》第三款，及擬訂陸路通商章程之事作罷云。第一款。

　通商行船條約，初由李鴻章與日使林權助會議。光緒二十二年（一八九六）二月，鴻章使俄，改由侍郎張蔭桓與議。於六月十一日立約，凡二十九條：駐使，第二款。設領，第三款。游歷、通商，第六款。進出口稅則、子口稅，第九至十三款。領事裁判權，第二十至二十二款，約文言日本官員。最惠國條款，第二十五款。均與泰西各國之約無異。又特訂明，在日本之中國人，由日本衙署審判。第三款。

而日人在通商口岸，得從事商業工藝製作。第四款。由此通商口至彼通商口，稅賦、課鈔、厘金、雜派全免。第十款。運中國土產出洋，除納子口稅外亦然。第十二款。許在通商口岸，設立關棧。第十四款。則其權利，並有超出西國各約之外者，皆以《馬關條約》第六條爲本也。

議約之初，中國要求華民在日，一律優待。舉美、奧二約爲證。日言美非歐洲，奧遠華，華民鮮到，日與歐美改約，數年内擬開放全國，中國通商，仍限口岸，且中國與他國立約，彼國雖有優待之文，亦終立限制之條云。機器所造之貨，日人欲免抽厘，中國謂《馬關條約》只免内地運送稅、内地稅、鈔課、雜派，製造貨離廠等稅未提。日不肯訂入約内，卒如其意。後許中國定機器製造稅，見下。旋因津、滬、厦、漢四租界，及蘇、杭、滬通商章程，又於是年九月，公立文憑四款。（一）添設通商口岸，專爲日本商民，妥定租界。其管道路及稽查地面之權，專屬於日領事。（二）光緒二十二年（一八九六）八月三日，江海關所頒蘇、滬、杭通商章程，内行船之事，當與日本妥商而定。（三）許中國課機器製造貨物稅餉，但不得比中國臣民所納加多或有殊異。（四）中政府在滬、津、漢、厦等處，設立日本專管租界。

中國與朝鮮訂約，始於光緒八年（一八八二）八月，與各國之約迥異。此約由李鴻章與朝鮮來使趙寧夏所立，謂之《會定水陸貿易章程》，凡八條。一、互派商務委員，駐扎口岸。二、中國商民在朝鮮，朝鮮商民在中國，所有案件，均由中國官主政審斷。三、兩國商船，聽在通商口岸交易。朝鮮平安、黄海道，與山東、奉天濱海地方，聽兩國漁船往來捕魚。四、商民應納稅鈔，悉照彼此通行章程，並准中國北京交易，朝鮮漢城設棧。又准兩國商民入内地採辦土貨。五、陸路交易，定於鴨綠江對岸柵門與義州二處，圖們江對岸琿春與會寧二處。六、鴉片不准售賣。紅參入中國，抽稅百分之十五。七、兩國往來，向由驛路，聽改海道。八、有須增損之處，隨時咨商。甲午戰後，朝鮮改國號曰韓。光緒二十三年（一八九七）九月。中國以太僕寺卿徐壽朋爲駐使，重與立約，則除彼此皆有領事裁判權外，與他約無甚異同云。約立於光緒二十五年（一八九九）八月，凡十五條。二、駐使設領，須得本國承認。三、四、八、通商征稅，游歷通商，皆屬相互。五、彼此互有領事裁判權，而許將來收回云。第四條訂明，在租界者，須依租界章程，第八條訂明游歷通商，不許坐肆賣買。第九條中國運洋藥入韓，及潛買韓國紅參出口者有罰。十二條兩國陸路交界處所，邊民向來互市，此次定約後，應重訂陸路通商章程稅則。邊民已經越墾者，聽其安業，以後越界，彼此均應禁止。此數條約中韓獨有之關係，故亦與他國之約不同。

第二十五章　港　灣　之　租　借

中日戰時，內外臣僚與輿論，多欲聯俄拒日者。其後干涉還遼，亦頗賴三國之力。光緒二十二年（一八九六）二月，李鴻章使俄，與訂《中俄密約》。明年冬，德占膠州，成租借之約。於是威海衛、廣州灣相繼租借。鐵路、礦山之要索，隨之而盛，形勢益危急矣。

先是光緒十二年（一八八六），出使大臣許景澄奏陳海軍事宜，言西人測量中國海岸，靡所不至，皆艷稱膠州灣，請漸次經營。期以十年成鉅鎮。二十年（一八九四），中國擬創修船塢於此，然卒未果。二十三年（一八九七）十月，鉅野殺德二教士，游勇所爲。德人襲據膠州灣，分兵略地，直窺即墨。德皇又派其弟率兵船來華。德使海靖照會總署，要求六款，又請山東巡撫李秉衡革職，永不敘用。德主教安治泰在濟寧所建教堂，敕賜天主堂扁額，給工料銀六萬六千兩，被殺教士，無家屬領恤，請在曹州及鉅野張家莊各建教堂一所，官給地段，不逾十畝，各給銀六萬六千兩，並敕賜天主堂扁額。鉅野、菏澤、鄆城、單縣、武陟、曹縣、魚臺七處，爲教士各建住房一所，共給工料銀二萬四千兩，作爲償恤之用。又請築造山東鐵路，鐵路旁近礦務，先盡德商估辦。總署與之磋商，請刪永不敘用四字，鐵路許先造膠濟一段。會曹州復有逐教民殺洋人之說，海靖復翻前議，要求李秉衡永不敘用。奉諭將曹州鎮總兵萬本華撤職，海靖乃許先結教案。膠濟租約，由海靖送來五款，於十二月中議定，而又有德兵在即墨被殺，德教士在南雄被劫之事。海靖復增索膠至沂、沂至濟鐵路，嗣後山西路礦，均須先向德國商辦。二十四年（一八九八）二月，訂約三端。膠州灣租借以九十九年爲期。_{一端二款。}租期未滿，德人自願歸還中國，應償其在膠費用，另將較此相宜之處，讓與德國。德所租地，永不轉租於別國。_{一端五款。}膠濟、膠沂濟鐵路，由德承造，其由濟往山東界，與中國自辦幹路相接，應俟造至濟南後再商。_{二端一款。}鐵路附近三十里內煤礦，許德開採。_{二端四款。}山東各項事務，如用外國人或外國資本、外國物料，均先問德商。_{三端。二}

93

十五年(一八九九)三月,會訂青島設關征稅辦法。德許中國於青島設關云。

德租膠州灣後,俄人遂租借旅順大連灣。其租約立於光緒二十四年(一八九八)三月六日,凡九條。李鴻章、張蔭桓與俄巴布羅福所立。租期爲二十五年。限滿後由兩國相商,亦可展限,見第三條。限內調度水陸各軍,並治理地方大吏,全歸俄官責成一人辦理,但不得有總理巡撫名目。中國無論何項陸軍,不得駐此界內。界內華民犯罪送交就近中國官按律治罪,見第四條。租借地界由許大臣在聖彼得堡商訂,見第二條。租地之北留一隙地,其界由許大臣在聖彼得堡與俄外部商定。此隙地之內,一切吏治全歸中國,惟非與俄官商明,中國兵仍不得至。見第五條。許大臣者,駐俄公使許景澄也。旅順僅准華、俄船隻停泊,大連口內,一港專供華、俄軍艦之用,其餘地方作爲通商口岸,見第六條。《中俄密約》允許俄人築造東省鐵路,此約又准其展築支綫。第八條,光緒二十二年(一八九六)所准東方鐵路公司建造鐵路,許自某一站至大連灣或營口、鴨綠江間沿海地方築一支路。是年閏三月十七日,出使大臣許景澄、楊儒與俄外部莫拉維諾夫增立條款六條。定租地及隙地之界。第一、第二條俄外部原議海城、鳳凰城、大孤山三城在內,經中國爭執,畫出金州歸中國治理,得設警察。中國兵退出,代以俄兵,居民有權往來金州至租地北界各道路,並用附近之水,但無權兼用海岸。見第四條。別以照會申明,俄兵屯扎城外,非有亂事及攻擊俄兵之事,不得入城。又隙地不得讓予別國。其東西海岸,不與別國通商。工商利益,非經俄允許,亦不得讓與別國。見第五條。此項境界後由奉天委員與俄會定,於光緒二十五年(一八九九)正月,立專條八款,共立界碑三十一,小界碑八。鐵路東端定在旅大海口。不在沿海別處。此路經過地方,不將鐵路利益給與別國人。中國自造從山海關接長之路,則俄不干預。見第三條。五月十八日,又與俄東省鐵路公司訂立合同七款。一、定名爲東省鐵路南滿洲支路。二、爲運料故,許俄船航行遼河及其支流及營口,並隙地內各海口。三、暫築支路至營口及隙地海口。惟自勘定路綫、撥給地段日起算,於八年內拆去。四、以路用故,許開採官地樹林及煤礦。五、俄可在租地內自定稅則,中國可在交界處,征收經鐵路從租地入內地,從內地入租地之稅。照海關進出口稅則,無增減。又可商允俄國自開埠日起,在大連設關,委公司代爲收稅,而中國另派文官爲委員。六、許公司照各國通商行船章程,自備航海商船。此事與鐵路無涉,其期自無限制,無庸按照光緒二十二年(一八九六)中政府與華俄銀行合同第十二條價買及歸還期限辦理。七、路綫由總監工勘定,由公司與鐵路總辦商定。第五條原合同第十款,中國在交界設關,照通商稅則,三分減一,此時以大連繫海口,恐牛莊、天津受礙,內地租地亦非國界,議改。第七條定後,又與俄商,路綫須繞避陵寢三十里,俄亦允許。而英以俄故,租借威海衞,租期如旅順。俄租旅大後,英使竇樂納請租威海衞,光緒二十四年(一八九八)五月十三日,與立專條。租借威海衞及附近海面,租期照俄租旅順,英可駐兵,設防護之法,鑿井開泉,修築道路,建設醫院。中國管轄治理,英國並不干預,惟除中英兩國兵丁之外,不准他國兵丁擅入。威海中國官員仍可駐扎城內,惟不得與保衞租界之武備有妨。租與英國之水面,中國之兵船,不論在局內局外,仍可享用。法以德故,租借廣州灣,租期亦如膠州。遂溪、吳川縣屬海灣,并東海、硇洲兩島,租約立於光緒二十五年(一八九九)十二月,因遂溪殺法武官、教士而起,法兵入據廣州灣,立約七款。其第二款,並許法造赤坎至安鋪鐵路旱電綫。英又立展拓香港界址專條,租借香港後面九龍地方,亦以九十九年爲期。租約立於光緒二十四年(一八九八)四月二十一日,九龍官員仍可駐扎城內,惟不得與保衛香港之武備有妨。九龍向通新安陸路,中國官民照常行走。留九龍城附近碼頭一區,以便中國兵商船渡艇停泊。將來中國建造鐵路至九龍英國管轄之界,臨時商辦。大鵬灣、深圳灣水面,中國兵輪無論在局內局外,仍可享用。

外人勢力,布列海口,並籍築路開礦,侵入腹地,幾於臥榻之旁,任人鼾睡矣。

第二十六章　戊戌政變及庚子匪亂

　　清廷之變法，始於戊戌。先是德宗親政後，大權仍在孝欽后手中。德宗頗有圖治之意，而爲后所尼。新進之臣，首被擢用者爲文廷式，自編修擢爲侍讀學士。廷式者，德宗所寵珍、瑾二妃之師也。妃兄志銳亦擢爲侍郎。孝欽杖二妃，謫志銳於烏里雅蘇臺。廷式托病去，後亦被褫職。時光緒二十年(一八九四)也。明年，德宗密令翁同龢擬變法詔十二道，孝欽知之，撤同龢毓慶宮行走。侍郎汪鳴鑾、長麟亦坐是革職。光緒二十二年(一八九六)，恭親王死，孫毓汶亦罷，翁同龢以師傅舊恩，頗贊維新之議。是時時局亦益棘，而革新之機漸熟。

　　中國與外人之接觸，以廣東爲最早，人民之通知外情，亦以廣東爲最。故變法之議及革命之舉，皆起於是焉。康有爲者，南海人，早主變法之議，初以蔭生上書，不達。甲午之戰，有爲合各省舉人入都會試者上書，請遷都續戰，並陳變法之計，亦不達。嗣後有爲又上書者二，膠州事起，又上書陳救急之計，前後上書凡五，得達者惟一。德宗頗善之。公車上書之後，有爲設強學會於京師，爲御史楊崇伊所劾，封禁。其徒梁啓超，設《時務報》於上海，大唱變法維新之論，舉國聳動，風氣驟變。是年四月，德宗始擢用有爲、啓超等，行新政。朝臣之守舊者，倚孝欽以尼之。有爲等乃有圍頤和園，劫遷太后之謀。時袁世凱繼胡燏棻練新兵於天津，譚嗣同說之，世凱泄其事於榮祿。八月六日，后再臨朝，幽帝於瀛臺。殺有爲弟廣仁及譚嗣同、劉光第、楊深秀、楊銳、林旭，有爲、啓超走海外，新政盡廢。后欲捕有爲、啓超，外人以爲國事犯，弗聽。后立端郡王載漪之子傅儁爲大阿哥，繼穆宗後。欲圖廢立，而有爲立保皇黨於海外，諸華僑時電請聖安，以沮其謀。后使人以廢立意諷示各公使，各公使亦反之。經元善等在上海合紳民電爭廢立，后欲捕之。元善走澳門，報館在租界者多詆后，后欲禁之，又不得，於是后積怒外人，排外之心漸熾。

　　義和團者，原亦邪教餘孽，《各國立約始末記》云："嘉慶十三年，仁宗諭飭江南、安徽、河南、山東諸省，嚴懲聚衆設會，即有義和團名目。"而揭"扶清滅洋"爲幟，自稱有神術，可避槍砲，蓋利用社會心理之弱點而起者也。大臣之頑舊者頗信之，毓賢撫山東，尤加獎勵，德使迫總署開其缺，代以袁世凱。世凱知其不足恃，痛剿之。匪皆入畿甸。光緒二十六年（一九〇〇）夏，大盛，焚教堂、殺教士、毀鐵路、斷電綫，京津交通爲之中斷。各國皆徵兵自衛，而朝廷竟下宣戰之詔，與各國同時啓釁。事在五月二十五日。有云"朕今涕淚以告宗廟，慷慨以誓師徒，與其苟且圖存，貽羞萬古，孰若大張撻伐，一決雌雄。彼尚詐謀，我恃天理，彼憑悍力，我恃人心。無論我國忠信甲胄，禮義干櫓，人人敢死，即土地廣有二十餘省，人民多至四百餘兆，何難翦彼凶焰，張國之威"云云。命董福祥以甘軍並義和團攻使館，有陰令緩攻者，故未破，而德公使克林德、日本書記官杉山彬被戕。又命各省速殺洋人。湖廣總督張之洞、兩江總督劉坤一，聯合東南督撫，不奉詔，與各國領事訂保護東南、不與戰事之約。戰區乃得縮小。英、俄、法、德、美、日、意、奧聯軍，以五月二十一日抵大沽，進攻天津，提督聶士成死之，天津陷。直督裕祿兵潰，自殺。李秉衡長江巡閱大臣。入援，兵潰，亦死之。聯軍北陷通州，七月二十日攻京城，翼日，德宗及孝欽后走太原，旋幸西安。甘肅布政使岑春煊迎駕，以爲陝西巡撫，而以榮祿長樞垣。命慶親王奕劻、大學士李鴻章與各國議和，鴻章卒，以王文韶代之。

和議成於光緒二十七年（一九〇一）七月二十五日，與者凡十一國。德、奧、比、西、美、法、英、意、日、荷、俄。（一）克林德被戕，派醇親王載灃赴德，致惋惜之意，遇害處立碑。（二）懲辦首禍諸臣。端郡王載漪、輔國公載瀾，發往新疆，永遠監禁。莊親王載勛、都察院左都御史英年、刑部尚書趙書翹，賜自盡。山西巡撫毓賢、禮部尚書啓秀、刑部左侍郎徐承煜正法。協辦大學士吏部尚書剛毅、大學士徐桐、前四川總督李秉衡，均已身故，追奪原官。開復被害諸臣原官。兵部尚書徐用儀、戶部尚書立山、吏部左侍郎許景澄、內閣學士兼禮部侍郎衕聯元、太常寺卿袁昶，均以直諫被殺。諸國人民遇害被虐城鎮，停止考試五年。（三）杉山彬被害，派戶部侍郎那桐赴日，表示惋惜之意。（四）諸國被污瀆挖掘墳塋，建滌垢雪侮之碑。（五）軍火暨製造軍火之物，禁止進口二年。諸國如謂應續禁，亦可展限。（六）賠款總數，海關銀四百五十兆兩，照市價易爲金款，年息四厘，分三十九年償還。一九〇二至一九四〇，一切事宜，均在上海辦理。諸國各派銀行董事一名，會同收存分給。以（一）新關、（二）通商口岸常關，均歸新關管理。（三）鹽政各進項爲擔保。進口貨稅許增至切實值百抽五，惟（一）從價之法，可改者均改爲從量。（二）北河、黃埔兩水道，須即改善。（七）定使館境界，獨由使館管理，亦可自行防守。中國人概不准在界內居住，諸國得常留兵隊，分保使館。（八）大沽及有礙京師至海通道之各砲臺，一律削平。（九）許諸國駐兵黃村、廊坊、楊村、天津、軍糧城、塘沽、蘆臺、唐山、灤州、

昌黎、秦皇島、山海關，以保京師至海通道。（十）禁止仇外，停止考試。責成
官吏保護外人之上諭，當在各府廳州縣，張帖兩年。（十一）許改訂通商行船
各條約，改善北河水道。中國應付海關銀年六萬兩。黃埔河道局，預估後二
十年，年四十六萬兩，半由中國付給。（十二）改總署爲外務部，事已前行於六月九
日。變通覲見禮節。

　　通商條約英、美、日、葡四國皆曾訂立。英約訂於光緒二十八年（一九〇
二），其中重要者，中國釐定國幣，英人應在中國境内遵用。惟關稅仍用關平計算，見
第二款。美約在十三款，日約六款，葡約十一款，又日約第七款，言中國改定度量衡之事。裁釐加
稅。第八款。裁釐常關不在其列，惟常關以《户工部則例》及《會典》所載爲限。洋藥并征之稅釐，仍
照約章辦理，以後即將該釐金作爲加稅。鹽釐之名，改爲鹽稅，現征釐金及別項征捐，均加入稅内。進
口稅加一倍半，即值百抽十二又五。出口稅加半倍，即值百抽七又五。不出洋之土貨，得征銷場稅，但
不得在租界征收。出口貨中，惟絲斤不逾值百抽五，内銷不出洋之絲斤，則納銷場稅。洋商在通商口
岸，華商在中國各處用機器紡織之棉紗棉布，完納出廠稅，其額照進口正稅加倍，即值百抽十。其棉花
自外洋運來者，退還進口正稅全數，及加稅之半；土産者已征各稅及銷場稅均全還。完過出廠後，出口
正稅、加稅、復進口半稅、銷場稅均免。洋商在通商口岸製造之他貨，及華商在各處用機器仿造之洋
貨，均與紗布同。惟漢陽大冶鐵廠、中國現有免稅各廠，嗣後設立之製造局船澳等，不在其列。督撫應
在海關人員中，選定一人或數人，派充每省監察常關銷場稅、鹽務、土藥征收事宜。如有不合例之需索
留難，該員稟報督撫，督撫應即除去。其爲商人告發者，由中國派員一人，會同英員及海關人員各一人
查辦。過半數以爲確係需索留難，其損失由最近海關在加稅項下，撥款賠還。舞弊之員，由該省大員
從嚴參辦，開去其缺。裁釐加稅之事，美約在第四條，日約在第一條，葡約在第九條。案洋藥，當咸豐
五六年間，東南各省即奏請抽釐助餉。上海每箱抽銀二十四兩，廈門四十元，外加費八元。寧波、河
口、屯溪等釐金，皆以此爲大宗。時則有内地分抽之釐，而無海關進口之稅。八年，議定稅則，每百斤
稅銀三十兩，並於善後條約第五款聲明，進口商只准在口銷賣，運入内地，專屬華商，如何征收，憑中國
辦理。嗣後修改稅則，仍不得按照别貨定稅。是冬，王大臣會同户部議奏，各海口及内江河面，均照上
海一律。崇文門及各省由旱路轉運者，減十兩，然各省於應征稅項外，仍自抽釐，其辦法亦不一律。
《芝罘條約》三端三節，訂明釐金在海關并征，所征之數，由各省察勘情形酌辦。光緒九年，《芝罘條約》
續增專條，訂明每百斤完正稅三十兩，釐金八十兩云。中國許修改礦務章程，招致外洋資
財，第九款。美約在第七款，葡約在第十三款。及修改内江行輪章程。第十款。美約在十二
款。内河本不准行駛輪船，蘇、杭開埠後，總理乃奏准，通商省份内河，無論華洋商，均准行駛小輪，飭
總稅務司赫德議立章程九條，時光緒二十四年（一八九八）三月三日也。此年又修改章程十條，作爲中
英商約附件，日約同。葡第五款，許照兩國訂定專章，自澳門往來廣州府各處。英允除藥用外，
禁烟進口。唯須有約各國應允照行，乃可舉辦。中國亦禁本國鋪户製煉。第十一款。美約
第十六，葡約第十二款。英如查悉中國律例、審斷及一切相關事宜，皆臻妥善，允棄
治外法權。第十三款。美約第十五款，日約第十一款，葡約第十六款。中國如與各國派員會
查教務，妥籌辦法，英國亦允派員。十三款。美約十四款，申明中國保護教士教民，教士不

得干涉中國官治理之權,教民犯法,不因入教免究。除酬神賽會,與教旨不合者外,他種捐稅,皆不因入教而免。葡約十七款,兼英約十三、美約十四兩款之意。美、日兩約,立於二十九年(一九〇三),葡約立於三十年(一九〇四),大旨相同。又英約許開長沙、萬縣、安慶、惠州、江門。惟除江門外,若裁釐加稅不施行,不得索開。第八款。其白土口、羅定口、都城許停輪上下客貨,容奇、馬寧、九江、古勞、永安、後瀝、祿步、悦城、陸都、封川十處,許停輪上下搭客。第十款。美約許開奉天、安東。十二款。日約許開北京、長沙、奉天、安東。十款。葡約許自澳門往來。光緒二十三年(一八九七)英緬約專款,二十八年(一九〇二)中英商約十款,西江上下客貨及搭客之處。五款。四約皆盛宣懷、呂海寰所訂也。

第二十七章　俄占東三省及
日俄之戰

　　當庚子拳亂時，東南各省，未奉政府命令與外開戰，而吉黑兩省，則出兵向俄人攻擊。於是俄自阿穆爾及旅順出兵，攻陷東三省各地。俄阿穆爾之兵分爲四道：（一）（二）兩軍陷墨爾根、齊齊哈爾；（三）軍陷哈爾濱、三姓；（四）軍陷琿春、寧古塔。合陷呼蘭、吉林。旅順之兵分爲兩道：（一）西陷錦州；（二）北陷牛莊、遼陽、奉天，又陷鐵嶺、新民、安東。挾奉天將軍增祺，以號令所屬。奕劻、李鴻章之與各國議和也，俄人藉口特別關係，欲別議。朝廷以駐俄公使楊儒爲全權，與俄外部磋議。仍與奕劻、鴻章電商。時俄迫增祺訂《奉天交地暫行章程》。楊儒與外部力辯，作廢。議別訂正約。俄人要求甚烈。俄人所擬約稿，（一）東省沿鐵路駐兵，房屋糧食由我供給。（二）我國在東三省只設警察，不設兵，並不得運軍火。（三）東三省鐵道，緣長城直抵北京北境。（四）水師不得用他國人訓練。（五）滿蒙及新疆之塔城、伊犁、喀什噶爾、葉爾羌、于闐等處路礦及他種利益，不得讓給他國等條。日、英、美、德、奧、意等均警告中國，不得與俄訂立密約，交涉遂停頓。各國和約，既大致議定，乃由李鴻章與俄磋議。鴻章卒，王文韶代之。二十八年（一九〇二）三月，奕劻、文韶與俄使雷薩爾訂立《交收東三省條約》。（一）俄人交還所占之地。（二）中國許保護鐵路。俄分三期撤兵。以六個月爲一期。第一期自是年九月十五起，撤盛京西南段至遼河之兵，第二期撤盛京其餘各段及吉林之兵，第三期撤黑龍江之兵。（三）將軍會同俄官，訂定俄兵未退前三省駐兵之數，及其駐扎之地，不得增添，撤退後如有增減，隨時知照俄人。（四）俄人交還山海關、營口、新民屯各路，中國不許他國人占據，並不得借他國兵護路。第一期俄兵如約撤退，第二期則不但不撤，反要求別訂新約，俄所提者：（一）東三省不得割讓或租借與他國。（二）俄撤兵之地，不得開作商埠。（三）東三省政治軍事，不得聘用他國人。（四）（五）牛莊公務，任用俄人，稅關歸道勝銀行經理。（六）東三省衛生事務，聘用俄人。（七）俄得使用東三省電綫。日、英、美皆向清政府警告，俄乃撤回。後又改易提出。且續調水陸軍。是年六月，合阿穆爾、關東旅大租地。設極東大都督府，以亞歷山大爲總督。九月，俄兵復占奉天，而日、俄兩國喋血於我境內之禍至矣。

　　自各國要求我某某地方，不得割讓他國，又以租借之名，占我海口，因而攫奪鐵路礦山，而勢力範圍之說起。其中鐵路尤爲重要之一端。甲午後，我國有建造南北幹綫之議，津鎮、蘆漢遂爲各國所競逐。是時英、德、美爲一派，俄、法、比爲一派。俄使比人出面，於光緒二十四年（一八九八）五月，得蘆漢建造之權。英乃要求（一）津鎮，（二）河南到山西，（三）九廣，（四）浦信，（五）蘇杭甬五路，以爲抵制。俄因求山海關以北鐵路全由俄國承造，英匯豐銀行即求得牛莊至北京造路之權。二十五年（一八九九）三月十九日英、俄在聖彼得堡換文，英認長城以北鐵路歸俄，俄認長江流域鐵路歸英。交收東三省條約第四條，規定交還山海關、營口各鐵路。又云："修完並養各該鐵路各節，必確照俄國與英國一八九九年四月十六日即光緒二十五年三月十九日所定和約辦理。"即俄强迫中國承認英、俄此項換文也。同時英德銀行團，又在倫敦立約，英認除（一）山西，（二）山西鐵路與正定以南之京漢路相接，並得再展一綫，入於長江流域外，山東及黃河流域，爲德國勢力範圍，德認長江流域爲英勢力範圍。而津鎮所改之津浦綫，遂由英、德分段承造。此外膠濟路歸德，滇緬路歸英，滇越路及自越南至龍州、南寧、百色之路歸法，則已先有成議。福建全省，亦先允日人，不割讓他國矣。於是美人有開放門户之議，開放門户之議，起於一八九八年，英國旅華商人要求政府與在中國有利益各國立約，維持在中國商務上之機會均等。時美海約翰氏爲駐英大使，後歸國爲國務卿。於光緒二十五年（一八九九）七月二十八日，通牒英、德、俄、法、意、日，要求三端：（一）各國對中國所獲利益範圍，或租借地域，或他項既得權利，彼此不相干涉。（二）各國範圍內各港，對他國入港商品，皆遵中國現行海關稅率課稅，由中國征收。（三）各國範圍內各港，對他國船舶所課入口稅，不得較其本國船舶爲高。各國範圍內各鐵道，對他國所課運費亦然。此所以維持其在條約上既得之利益；欲維持其條約上既得之利益，必先維持其條約，故既提開放門户，必又聯及保全領土也。六國覆牒，皆承認之。**各國皆承認之。**庚子以後，俄人在東三省之行動，殊與此議相違，故爲各國所不滿。而其相關尤密者，則日本也。俄之占東三省也，英方有事南非，獨力不能制俄，乃與德立協約，申明對中國開放門户，保全領土之旨，通知俄、日、美、法、意、奧六國。五國皆復牒承認，惟俄主該協約之效力，僅及於英、德勢力範圍，東三省不在其內。德於東方關係較淺，承認俄之主張，英則宣言否認。日本贊成英議。光緒二十八年（一九〇二），日、英在倫敦成立同盟，約中申明承認中、韓兩國之獨立。英在中國，日在中、韓之利益，被他國侵略時，各得執行必要之手段。因此與一國開戰，同盟國須嚴守中立。若敵方有一國或數國加入，同盟國即當出兵援助。於是俄人向各國發表，俄、法在極東之利益受侵犯時，兩國政府得取防衛手段。蓋將俄、法同盟之效力，擴至遠東，以抗英、日也。

　　滿、韓形勢，相關最切。日人既圖併吞朝鮮，自不能置東三省於度外，而干涉還遼之後，俄人之聲勢大張。韓人又背而親俄，俄人在韓之勢力，且寖寖陵駕日人，而在東三省無論矣。日本輿論，乃多主與俄開戰者，其政府爲審慎起見,仍主張滿、韓交換之論,然終於無成。日、俄因韓事,曾兩次訂立協商,第一次在光緒二十一年(一八九五),時閔妃遇弒,韓王走俄使館。協商之旨,俄許勸王還宮,而規定兩國在韓駐兵之數。第二次在光緒二十四年(一八九八),俄認日在韓工商業上有較優之地位,而兩國均不得干涉其內政,軍事教練及財政顧問,非先商妥,不得擅行處置。及二十九年(一九〇三)六月,日本又命駐俄使臣,對俄提出協約草案。(一)尊重中、韓兩國之獨立,保全其領土,商工業上守機會均等主義。(二)俄認日對韓之卓越利益,日認俄對滿洲經營鐵道之特殊利益。(三)韓國鐵路延長至滿洲南部,與中東路及山海關、牛莊鐵路相接時,俄不阻礙。(四)爲保護第二條利益起見,日對韓,俄對滿洲派兵時,不得超過實際必要之數,事定即撤。(五)俄認日對韓國之改革,有與助言及助力,並含軍事上援助之權。俄於韓國方面,答覆不能滿日本之意,於東三省,則欲置之約外,議遂決裂。光緒二十九年(一九〇三)十二月,日、俄遂開戰。日俄之戰,日本海軍艦隊先襲敗俄海軍於旅順及仁川,其陸軍第一軍由義州渡鴨綠江,陷九連、鳳凰,北據摩天嶺。第二軍自貔子窩登陸,陷金州,後別以第三軍攻旅順。一、二兩軍合向遼陽,又益以自大孤山登陸之第四軍。至光緒三十年(一九〇四)七月二十五日,而遼陽陷。俄人之調兵,不如日人之捷,遼陽陷後,西方精銳,始集於奉天。八月,攻遼陽,不克。時氣候漸寒,兩國乃夾渾河休軍。而日於其時,以全力攻旅順,十一月二十六日,下之。時俄西方之兵益至,日亦續調兵。三十一年(一九〇五)正月,日兵三十五萬,俄兵四十三萬,大戰幾二旬,俄兵敗績。二月五日,日兵陷奉天,北取開原。俄波羅的海艦隊東來,四月二十四日,日人邀擊,破之於對馬海峽。戰局於此告終,俄師敗績。至三十一年(一九〇五)七月,日、俄議和於美國之朴次茅斯,而我國之權利,坐受處分矣。

《朴次茅斯條約》凡十五條,其重要者,俄承認日本對韓有政治上、軍事上及經濟上之卓絕利益。日本對韓行指導保護及監理之必要處置時,俄不阻礙干涉,惟俄國臣民在韓國者,受最惠國臣民之待遇。第二條。租借地外,日、俄在滿洲之軍隊,盡數撤退,以其地還交中國。俄在滿洲,不得有侵害中國主權,妨礙機會均等主義之領土上利益,暨優先及專屬之讓與權利。第三條。中國爲發達滿洲之工商業,謀各國公共利益時,日俄兩國,皆不阻礙。第四條。俄以中國政府之承認,將旅大租借地,及長春、旅順間之鐵路,讓與日本。第五、六條。庫頁島自北緯五十度以南,讓與日本。第九條。日人在日本海、鄂霍次克海、白令海峽俄領沿岸,有漁業權。第十一條。

當日、俄未開戰時,有主張我國當加入日本方面者,然非日人所欲,兼受歐美各國牽制,議未能行,卒於兩國戰時,宣告中立。光緒三十年(一九〇四)正月二日。後以美國勸告,劃遼河以東爲戰區。俄攻遼陽失利,犯中立地,自遼西攻日,我國不能維持,遂以溝幫子至新民屯之鐵道爲中立地與戰區之界。民國三年(一九一四),日攻青島,我守中立，而劃龍口以東爲戰區。其惡例實自此開之也。及戰役將終，又有主乘機廢棄俄約，並向英交涉，收回威海，而與日人自立新約者；外論則欲以滿洲爲永世中立之地，我國亦有主以滿洲爲一王國，由中國皇帝兼王之，如奧匈、瑞挪之例，於其地試辦憲政者，皆不能行。僅於日、俄議和時，照會二國，謂和約條件，有涉及中國者，非得我之承認，不能有效而已。是冬，日使小村壽太郎來，與我結《滿洲善後協約》。中國政府承認日俄和約第五條第六條，而日本政府承認遵行中俄租借地及築路諸約，別結附約：（一）中國政府於日、俄撤兵後，開鳳凰城、遼陽、新民屯、鐵嶺、通江子、法庫門、長春、吉林、哈爾濱、寧古塔、三姓、齊齊哈爾、海拉爾、璦琿、滿洲里爲商埠。第一條。如俄允撤鐵路護兵，或中俄兩國另商別項辦法，日本南滿護路兵，亦一律照辦。又如滿洲地方平靜，中國能周密保護外人生命財產時，日本亦可與俄國同將護路兵撤退。第二條。許將安奉軍用鐵路，由日本政府接續經營，改爲商運鐵路。除運兵歸國十二個月不計外，以二年爲改良竣工之期。自竣工之日起，以十五年爲限，至光緒四十九年止。屆期，請他國評價人一名，妥定價格，售與中國。第六條。許設一中日合辦材木公司，採伐鴨綠江右岸森林。第十條。滿韓交界陸路通商，彼此以最惠國之例待遇。第十一條。光緒三十二年（一九〇六）五月，日人設南滿鐵道株式會社，資本二萬萬元，半出於日政府，即以鐵路及其附屬財產充之。又其半名爲聽中日兩國人入股，實則中國無一人股者。七月，又設關東都督府，於是東北一隅，成爲日俄兩國劃定範圍，各肆攘奪之局，不僅介居兩國之間而已。日俄和議定後，日人設統監府於韓，清亡之歲，兩國遂訂合併之約。

第二十八章　清末外交情勢

當清室盛時，葱嶺以前諸國，服屬於我者頗多。咸、同以降，乃皆折而入於英、俄。哈薩克、布魯特，道、咸時即已入俄，布哈爾、基華，同治十二年（一八七三），夷爲俄之保護國。浩罕於光緒二年（一八七六），爲俄所滅。帕米爾高原，舊譯作博羅爾，即《唐書》之波謎羅，嘗置羈縻州，曰巴密者也。本中、英、俄間隙地。光緒二十一年（一八九五），英、俄派員劃定界綫，遂爲所占。其南巴達克山、克什米爾，皆嘗入貢。英人既占印度，克什米爾亦爲所據。巴達克山曾屬阿富汗，光緒三年，阿富汗屬英保護，遂亦入英。而西南亞之間，英、俄形勢，復生衝突。俄人頗藉尊崇黃教，以籠絡蒙、藏。光緒二十八年，達賴十三世遣使如俄，俄人厚禮之。英人忌之，三十年（一九〇四），日、俄開戰，英遂派兵入藏，以藏人不實行條約爲口實。直逼拉薩，達賴走青海。英人與班禪訂立和約。開江孜、噶大克、亞東爲商埠。償英軍費五十萬鎊，撤自印度至江孜、拉薩之砲臺山塞。西藏土地不得租賣與外國人。鐵路道路電綫礦產及其他權利，不得許給外國或外國人。西藏一切進款以及銀錢貨物，不得抵押與外國或外國人。外務部命駐藏大臣有泰不得簽字，命唐紹儀、張蔭棠等先後與英磋商，不決。三十二年（一九〇六），移其交涉於北京，卒與英使薩道義立《藏印續約》六條，以英藏約爲附約。但聲明"英國不占西藏土地，不干涉西藏政治，中國亦不許他國占據西藏土地，干涉西藏政治。附約中所謂外國及外國人，中國不在其內"而已。賠款本定七十五年還清，未還清時，英得駐兵春丕，後印督聲明："減爲二百五十萬盧布，五十萬鎊，本合七百五十萬盧布。分二十五年還清，前三年付清，且商埠開辦滿三年後，英兵即可撤退。"約既立，中國將償款代爲付清，英兵亦即於是年十二月撤退。

日、俄戰後，東北之風雲似少緩而實益棘。《滿洲善後協約》立於光緒三十一年（一九〇五）十一月二十六日，約中訂明安奉鐵路除運兵歸國十二個月外，以兩年爲改良工事之期，則其興工，應在三十二年（一九〇六）十一月二十七日以後。而其完工，則應在三十四年（一九〇八）十一月二十六日之前。乃日人至宣統元年(一九○九)，方要求派員會勘綫路。郵傳部命交涉使與之會勘，既竣，日人求收買土地，東督錫良忽云路綫不能改動，日人遂自行興工。中國無如何，與補結協約，承認之。而所謂滿洲五懸案者，亦皆如日意解決。

滿洲五懸案者，(一)撫順、烟臺煤礦，許日人開採。(二)圖們江北之延吉廳，多韓民越墾，日人強名其地曰間島，於其地設官。及是，仍認爲中國之地，日所派理事官撤退。惟仍准韓民居住耕種。而中國又開龍井村、局子街、頭道溝、百草溝爲商埠。(三)中國擬借英款築新法鐵路，日人指爲南滿之並行綫。及是，許建築時，先與日本商議。(四)東省鐵路營口支路，照中國與俄公司所訂合同，自撥給地段滿八年後，本應撤去。日人抗不肯撤。至是，許於南滿路限滿之日，一律交還。(五)滿鐵會社要求建築新奉、吉長兩路，於光緒三十三年(一九○七)訂立契約，該會社又求將吉長路延至延吉，與朝鮮會寧府鐵路相接。及是，許由中國斟酌情形，至應開辦時，與日商議。

關東爲未闢之地，外人皆熱心投資。當第三問題解決時，中國要求築造錦齊由錦州經洮南至齊齊哈爾。鐵路，日不反對。日亦要求昌洮路歸其承造。彼此記入會議錄中。懸案既決，中國欲借英、美款，將錦齊路延至璦琿，改稱錦璦。日嗾俄人出而抗議。是冬，美提議滿洲鐵路中立。由各國共同出資，借與中國，俾中國將滿洲鐵路贖回。此項借款未還清前，由出資各國共同管理，禁止政治上、軍事上之使用。此項通牒向中、英、法、德、俄、日六國提出。明年，日、俄共提抗議。是年，日、俄新協約成。一九一○年七月四日，宣統二年五月二十八日。約中明言維持滿洲現狀，現狀被迫時，二國得互相商議，蓋聯合以抗英、美也。或云，此新約別有密約，俄認日併韓，日認俄在蒙、新方面之行動云。是年七月十九日(西曆八月二十三日)，日遂併韓。宣統三年正月，俄人對蒙、新方面，提出強硬之要求，至二月十八日(一九一一年三月十八日)以最後通牒致我，以二十八日爲限。迫我承認焉。是年爲中俄條約滿期之歲。中國提出修改，俄人遂有此要求。其條件爲(一)國境百里内，仍爲無稅貿易。(二)俄人得移住蒙、新，並得無稅貿易。(三)科布多、哈密、古城設領。(四)伊犁、塔城、烏里雅蘇臺、庫倫、喀什噶爾、烏魯木齊、張家口亦得設領，且可購地建屋。

第二十九章　改革政體之動機

維新立憲之議，皆發自康有爲；而革命之業，則肇自孫文；此二人者，實中國現代史上之先覺者也。孫文者，廣東香山人，少即有志於革命，光緒十八年（一八九二）赴檀島美洲，合同志立興中會，光緒二十一年（一八九五）謀襲廣州，不克，同志陸皓東死焉。文走海外，自日之美，自美至英。駐英公使龔照嶼，誘而拘之使館。文使使館之僕告其友，其友告諸警署，警署及英外部皆向龔使抗議，乃得釋。戊戌政變後，康有爲立保皇黨於海外，其徒梁啓超刊《清議報》於橫濱，力詆西太后，主扶德宗親政。有爲又使唐才常運動哥老會黨，設自立會。光緒二十六年（一九〇〇）唐才常、容閎設國會總會於上海，分會於漢口。才常及林述唐居漢口，黃興居湖南，吳禄貞居大通，聯合長江上下游哥老會黨，廣發富有會票，以招徒衆。定七月中在武昌、漢陽、漢口舉事，湖南、安徽爲之應。未及期，事泄。才常就義。江督劉坤一、鄂督張之洞、皖撫王之春、湘撫俞廉三嚴捕餘黨，殺戮頗多。張之洞嘗致一書於國會總會，勸勿行革命。國會總會亦有書答之，力伸民主之義，爲時所傳誦焉。唐才常之設自立會也，孫文亦使其黨畢永年，合哥老會、三合會，設興漢會於香港。興中會亦預焉。才常舉事之歲，文使永年及鄭弼臣、楊飛鴻，以三合會衆圍博羅，以外援不至而敗。同黨史堅如謀舉事廣州，以炸彈擊粵督署，<small>時粵督爲德壽</small>。毀墻數丈，堅如死之。自戊戌政變後，海内興論多依違緘默，惟上海之《蘇報》，讜言無所忌。後數年，蔡元培、吳敬恒等立愛國學社於上海，革命之論漸昌。光緒二十九年（一九〇三），章炳麟著《訄書》，鄒容著《革命軍》，革命之焰益熾。清人控諸會審公廨，《蘇報》被封，炳麟及容皆監禁上海西牢。初炳麟與徐錫麟等設光復會於上海。黃興、宋教仁、劉揆一、胡瑛等亦立華興會於湖南，與哥老會通謀。是歲，廣西哥老會首陸亞發，舉事柳州。興等與湖南哥老會首馬福益，謀起長沙應之，不克，福益死之。亞發亦旋敗。興、教仁走日本，刊雜志曰《二十世紀之新支那》，以鼓吹革命。光緒三十二年（一九〇六）瑛及李燮和,復與福益之黨,舉事萍、醴,礦工多應之。清人合蘇、贛、湘、鄂四省兵破之。光緒三十三年(一九〇七),孫文復舉兵饒平、惠州,不克。時徐錫麟以資爲候補道,赴安徽,巡撫恩銘委爲巡警學堂會辦。錫麟嘗設大通學堂於紹興,女俠秋瑾,與掌教事。錫麟乃運動安徽軍警,使陶成章合武義、永康、東陽會黨,秋瑾、竺紹康、王金發合紹興、嵊、仙居會黨,圖大舉。武義之黨有被獲者,事寖泄,錫麟等謀速發,錫麟趁巡警學堂畢業,集皖大吏,將誅之而舉事,不克。殺巡撫恩銘,錫麟率學生據軍械局。清兵圍攻之,黨人陳伯平戰死,錫麟被執,就義。清人剖其心以祭恩銘。又圍大通學堂,殺秋瑾。是歲,孫文至日本,於是興中會、光復會、華興會合併,改組中國同盟會。改《二十世紀之新支那》曰《民報》。梁啓超之設《清議報》也,百期而止,後又刊《新民叢報》,頗主張革命。而康有爲鑒於法國革命殺戮之慘,及中南美諸國爭奪相殺無已時,力主君主立憲,詒書與之辯。啓超折而從之,於是《新民叢報》改主君憲,與《民報》相對峙,爲立憲、革命兩派興論之代表,以公開運動,立憲較革命爲便故,是時在國內,立憲論之勢力,亦較革命爲盛焉。

　　清孝欽后之回鑾也,復貌行新政,以敷衍人民,然絕無誠意。人民知其終不足與有爲也,而立憲、革命之論乃漸盛。日俄之戰,興論謂日以立憲而勝,俄以專制而敗,憲政之鼓吹,尤盛極一時。清廷知其勢不可抗,乃有預備立憲之舉。官僚之中,首以立憲請者,爲駐法使臣孫寶琦,而江督周馥、鄂督張之洞、粵督岑春煊繼之。光緒三十一年(一九〇五),直督袁世凱請簡派親貴,分赴各國,考察政治,以爲改革之本。詔派載澤、戴鴻慈、徐世昌、端方、紹英前往,將發,革命黨吳樾炸之車站,載澤、紹英皆傷,樾死之。後以李盛鐸、尚其亨代徐世昌、紹英,分赴歐美、日本,旋駐英公使汪大燮、駐美公使梁誠、尚書張百熙、侍郎唐景崇、粵督岑春煊、黔撫林紹年又相繼以立憲請。明年六月,考察政治諸臣先後回國,皆陳請立憲。清廷開御前會議,亦多數贊同。七月十三日,遂下放行立憲之詔。上諭云“前將官制分別議定,次第更張;並將各項法律,詳慎厘訂;而又廣興教育,清厘財政,整頓武備,普設巡警,使紳民明悉國政,以備立憲基礎。俟數年後,規模粗具,查看情形,參用各國成法,妥議立憲實行期限,再行宣布天下,視進步遲速,定期限遠近”云云。於是改內外官制,設資政院、諮議局,以爲國會及省會之基,頒布城鎮鄉自治章程,立審計院,頒《法院編制法》,設省城及商埠檢察審判廳,發布《新刑律》,又改考察政治館爲憲政編查館,以爲舉行憲政之總匯。看似百度具舉,實多格不能行;或行之而名不副實,轉以滋擾。於是朝廷謂非預備完畢,不能立憲;而人民則謂非立開國會，實行憲政，無以善庶政之進行，預備必不能善。"即行立憲"與"從事預備"，遂爲朝野之争點。光緒三十三年（一九〇七），袁世凱以日、法約成，奏請實行立憲。荷蘭保和會專使陸徵祥亦以爲言。明年，江蘇預備立憲公會、湖北憲政籌備會、湖南憲政公會、廣東自治會及直隸、山東、山西、河南、安徽、浙江、四川、貴州各省人士，請願速開國會。八月二十七日，詔定以九年爲實行之期。是歲，十月二十一日，德宗殂。孝欽立醇親王載灃之子溥儀，年四歲，以載灃爲攝政王。明日，孝欽亦死。宣統元年（一九〇九）九月一日，各省諮議局開會，直隸、江蘇、江西、浙江、福建、山東、山西、河南、湖南、湖北、廣東、廣西、東三省諮議局各舉代表三人，組織國會請願同志會。以明年一月，入都請願，詔不許。諸代表乃舉常駐委員六人，設請願機關於北京。會革命黨汪兆銘謀炸載灃，清廷震動，代表乘機聯合各省政團、商會及華僑代表，分爲十起，上書請願，亦不許。是歲十月三日，資政院開會。二十二日，通過國會速開請願案，上奏。十一月三日，許縮短期限爲三年，於宣統五年，開設國會，而令民政部將各處代表驅散。然人民之請即開國會者仍不絶。十一日，東三省代表十餘人，再至京師。命民政部、步軍統領衙門送回原籍。各地有唱言請願者，並命京、外各官，彈壓拿辦。天津請願同志會代表温世霖，唱議全國罷學，直督拘之，請懲，詔發往新疆，訑訑之聲音顔色，固予人以共見矣。

　　清室之亡，固由種種失政，而其滅亡之速，則其末年外强中乾之政策，實亦有以促成之。載灃之攝政也，奕劻以皇族老臣，仍持政柄，而載灃弟載洵、載濤，亦皆預政，朝局紊亂，民益失望。宣統三年（一九一一）四月，頒布內閣官制，設立責任內閣，以奕劻爲總理，閣員亦以滿族占多數。內閣總理奕劻，協理世續、徐世昌，外務部大臣鄒嘉來，民政部桂春，陸軍部廕昌，海軍部載洵，軍諮府載濤，度支部載澤，學部唐景崇，法部廷杰，農工商部溥倫，郵傳部盛宣懷，理藩部善耆。人民以皇族內閣，不合立憲公例，上書請願，諮議局亦聯合上書，不聽。七月，諮議局復以爲請，朝旨嚴斥之。時論者憤政府之闒茸，多唱集權之論，朝議亦頗主之。顧所作所爲，無一不使人失望；不能制疆臣之尾大，而指人民之奔走國事者，爲有妨朝廷之大權，務摧抑之。於是民心愈憤，而一朝之禍，遂爆發而不可遏矣。

　　是時自築鐵路，以抵制外人及收回已許外人築造之路之議方盛。粤漢鐵路，初由張之洞主持，與美國合興公司，訂立借款草約。旋以該公司逾期未辦，廢約收回。朝廷以之洞爲粤漢、川漢鐵路督辦，與英、美、德、法銀行，訂立借款草約，預定借款六百萬鎊，以償舊欠及築路。正約未定而之洞卒，盛宣懷爲郵傳部尚書，成之。時民間築路之議雖盛，而實力薄弱，往往不能有成；而是時大築鐵路，以便交通，而圖行政敏活之論又極盛；遂生鐵路國有民有之爭，朝廷方圖集權，頗傾向國有論。宣統三年（一九一一）四月二十二日，下鐵路幹綫國有之諭。取消商辦公司，接收川路，提取商辦股本七百餘萬。湘、鄂、川、粵四省人士，羣起爭持。朝廷以鐵路幹綫國有，業經定爲政策拒之。湘撫楊文鼎、川督王人文，代人民奏請收回成命，奉旨嚴飭。又以王人文爲軟弱，命趙爾豐代之。爾豐拘保路同志會會長羅綸、股東會正會長顏楷、諮議局議長蒲殿俊、路董彭蘭芬等九人，川人大嘩。成都停課罷市，各州縣亦有罷市者，朝命端方帶兵入川查辦。七月十五日，川民聚衆數千，詣督署求阻端方兵。爾豐捕殺紳士數人，並命騎兵向羣衆衝擊，人民死者尤多。時成都、郫、灌、温江、崇慶、華陽、雙流、新津、蒲江、大邑、邛州民團，紛集省城外，爾豐指爲謀叛。自十六日起，縱兵屠戮者七日，死者甚衆，人心益憤。而武昌城頭，突樹漢幟，雄鷄一聲天下白矣。

第三十章 清之亡及民國成立

　　同盟會之成立也，黨員多歸國運動，革命之進行益急。其年七月，欽州張得清、廉州劉恩裕起兵，克防城，圍欽州、靈山，以無援而敗。孫文謀自廣西、雲南兩道並舉。十月三日，遣黨人數十，由越南攻鎮南關，奪砲臺三。文居越南，為之策應。清政府與法交涉，迫文離越南。十一月，臺兵以無援退越境。時黨軍以青天白日旗為國徽，高樹鎮南關山巔。既退，清兵將至，一童子年十四，謂國徽不可辱於虜，冒萬險，盤旋登山，卒奉國徽以降。明年三月二十九日，革黨之起雲南者占河口。分兵三路，進攻蠻耗、開化、蒙自，黃興居河口督師，亦以無後繼而退。是歲十月，湖北兩江陸軍，在安徽太湖會操。安徽馬砲營隊官熊成基乘之起義。攻安慶，不克，退走桐城、廬州，陸續解散其眾。成基由河南、山東走東三省，明年，以謀刺載濤被執，不屈死。宣統元年（一九〇九）正月，倪映典運動廣州標兵起事，不克，死之。宣統三年（一九一一），孫文、黃興謀以四月朔舉事廣州，未及期，事泄，黃興等以三月二十九日攻督署，烈士之死者七十二人，皆葬於黃花崗。黨人之在省外者，走順德，據樂戎墟，攻佛山，不勝而退。倪映典之役，水師提督李準，實抗義師。是役，李準搜捕黨人尤力，閱數月，黨人陳敬岳炸傷之。

　　是時舉義雖屢不克，而黨人之從事運動者，初不少息；尤注意於軍隊。川漢事起，人心惶惶，革黨乘之，運動湖北陸軍，將以八月十五日舉事。旋改期二十五日，十七日事泄，機關多處被破。憲兵彭楚藩、劉汝夔、楊宏勝就義。十九日，即陽曆十月十日，夜九時，義師遂起，先占火藥局，次撲督署。清鄂督瑞澂、統制張彪皆逃。眾推黎元洪時為混成協統。為中華民國軍政府鄂軍都督，湯化龍為民政長。二十三、四日，連克漢口、漢陽。照會各國領事：以前所訂條約，軍政府皆承認其有效。各國既得權利，亦一律承認。人民財產，在軍政府領域內者，皆盡力保護。賠款外債，仍由各省如數攤還。惟此後與清政府所立條約，概不承認。助清戰事用品，一概沒收。有助清者，軍政府即以敵人視之。請其轉呈各國政府，恪守局外中立。於是各國皆宣告中立。旋承認我爲交戰團體。

九月初一日，瀏陽會黨焦大章、亦作焦達峰。陳作新，合新軍起義長沙，湘撫余誠格遁走。衆推大章、作新爲正副都督。旋爲新軍所殺，譚延闓繼之。十日。二日，新軍標統馬毓寶起義，復九江。西安新軍起義，克滿城。四日，推張鳳翔爲都督。是日，革命黨人炸擊廣東將軍鳳山，斃之。九日，太原新軍起義，清巡撫陸鍾琦死。推閻錫山爲都督。十日，新軍協統吳介璋起義，復南昌。贛撫馮汝騤走。後彭程萬稱奉孫文命，爲贛軍都督，介璋讓之。馬毓寶不服，程萬旋去，毓寶入南昌爲都督。安徽標兵起義，攻安慶，不克。雲南新軍協統蔡鍔、統帶羅佩金、唐繼堯起義，復雲南。推蔡諤爲都督。十三日，革命黨人與商團、巡警復上海，推陳其美爲都督。十四日占製造局。是日，江蘇巡撫程德全反正，衆推爲都督。革命黨人及新軍起義，復杭州，推湯壽潛爲都督。後任交通總長，蔣尊簋代之。貴州諮議局宣布獨立，推楊蓋誠、即楊柏舟。趙德全爲正副都督。十六日，廣西諮議局宣布獨立，推巡撫沈秉堃爲都督。秉堃旋去，陸榮廷代之。十七日，鎮江新軍推林述慶爲都督。十八日，福州新軍及革黨起義。清總督松壽自殺，將軍朴壽，初宣言與全城漢民同盡，及是伏誅。衆推孫道仁爲都督。安徽諮議局宣布獨立，推巡撫朱家寶爲都督。家寶旋走，衆推孫毓筠代之。時蘇、鎮雖復，而清總督張人駿、將軍鐵良、提督張勛，尚負固南京。是日，新軍統制徐紹楨起義，攻之，以軍火不繼，十九日，退據鎮江。是日，廣東諮議局宣布獨立，舉巡撫張鳴歧爲都督。鳴歧旋去，衆舉胡漢民、陳炯明爲正副都督繼之。二十三日，清江獨立，推蔣雁行爲都督。四川自川漢路事起，民軍屢攻省城，不克，乃先收外縣。十月二日，重慶獨立，推張培爵爲司令。七日，成都反正，舉蒲殿俊爲都督。十八日，改舉尹昌衡，羅綸副之。趙爾豐以十一月三日被殺，端方死於資州。甘肅、西寧、固原、鞏昌先後起義。十一月十八日，新軍三標一營起義，復蘭州。新疆於十九日獨立。駐泊鎮江、九江各軍艦，於九月二十二、二十五兩日反正。其餘各艦也先後來歸，海軍盡爲民軍所有。惟直隸灤州軍隊，於十一月初，發電贊成共和，爲清兵所解散。山東巡撫孫寶琦，於九月二十三日，徇衆意宣布獨立。十月四日，又取消。河南軍隊，於十月初謀起義，事泄，司令張鍾瑞被殺。王天縱起義，僅據宜陽、永寧。奉天於九月二十三日立保安會，推總督趙爾巽爲會長，諮議局議長吳景濂副之。民黨藍天蔚等謀舉事，未就，吉、黑兩省，亦未宣布獨立。

清廷聞武昌之變，即命軍諮府、陸軍部派陸軍兩鎮，薩鎮冰率海軍，程允和以長江水師赴鄂。命蔭昌督師。八月二十一日。初，光緒二十一年（一八九五），袁世凱接統胡燏棻所編武定軍十營，加募足七千人，駐於天津之新豐鎮，其地又名小站。是爲袁世凱練兵之始。戊戌政變後直督榮禄入京，朝命世凱護理。旋擢山東巡撫，辛丑和議定後，任直督。世凱在直督任内，練新兵凡成六鎮。光緒二十九年（一九〇三），設練兵處，世凱爲會辦大臣。光緒三十二年（一九〇六），練兵處裁，除第二、第四兩鎮仍歸世凱督練外，其一、三、五、六鎮，改歸陸軍部直轄，稱近畿陸軍，以鳳山爲督練大臣。明年，世凱入軍機。載灃攝政，以足疾罷世凱，世凱退居彰德。武昌民軍既起，近畿兵兩鎮南下。二十三日，起世凱爲湖廣總督。命赴鄂，海陸軍及長江水師，並受節制。九月初六日，命蔭昌：袁世凱到後，即行回京。以馮國璋統第一軍，段祺瑞統第二軍，並受世凱節制。九月五日罷盛宣懷。九日，下罪己詔。開黨禁。以憲法交資政院協贊。十一日，罷奕劻等，以袁世凱爲内閣總理。十三日，宣布十九信條。其第八條曰："總理大臣，由國會公舉，皇帝任命。"十九條曰："國會未開以前，資政院適用之。"於是載灃辭攝政之職。十八日，資政院舉世凱爲内閣總理。二十三日就職。閣員：外交梁敦彦、胡維德，民政趙秉鈞、烏珍，度支嚴修、陳錦濤，陸軍王士珍、田文烈，海軍薩鎮冰、譚學衡，學部唐景崇、楊度，法部沈家本、梁啓超，郵傳唐紹儀、梁如浩，農工商張謇、熙彦，理藩達壽、榮勛。敦彦、修、錦濤、士珍、鎮冰、啓超、紹儀、謇皆未就職。

　　清兵以九月七日陷漢口。焚市街，火三日不滅。民軍以黃興爲總司令，守漢陽。十月七日，清兵又陷漢陽。民軍守武昌。十二日，蘇、杭、滬、鎮聯軍復南京，張勛等走徐州。先是武昌民軍，與漢口清軍以英領事介紹，於初十日起，停戰三日。三日期滿後，又續停三日。十五日，袁世凱電漢口清軍：停戰期滿後，再續十五日。派唐紹儀爲代表，與黎都督或其他代表人討論大局。民軍以伍廷芳爲代表。先議定，北於山、陝，南於四川，皆不增加兵力與軍火。陸鍾琦之死，清以吳禄貞爲山西巡撫。禄貞屯兵石家莊，與山西民軍妥協，而以民軍就撫聞。又以前敵北軍焚漢口市街，扣留其軍火。九月十七日，盜殺禄貞。清以張錫鑾撫山西。錫鑾使曹錕、盧永祥陷娘子關。民軍自太原退駐平陽。清又襲擊潼關民軍，欲使河南、甘肅夾攻陝西。乃定以十月十九至十一月五日，爲停戰期間。以漢口爲議和地點。旋以伍廷芳在上海任外交代表，不能到漢，改以上海爲議和地點。於二十八日開議。後又展停戰之期七日。議定開國民會議，解決國體。以每一省爲一處，内外蒙古各爲一處，前後藏爲一處。每處各選代表三人，每人一票，若某處到會代表不及三人者，仍有投三票之權。到會代表有四分之三，即可開議。

　　辛亥十一月十三日，爲陽曆一九一二年一月一日。先三日，十七省代表，舉孫文爲臨時大總統。於是通電全國，改用陽曆；即以是日爲中華民國元年元月元日，民軍起義之初，文告稱黃帝紀元四千六百有九年。孫文即於是日就職。

　　於是唐紹儀以交涉失敗，電北京辭職。袁世凱電伍廷芳，謂："唐代表權限所在，只以切實討論為範圍。茲會議各條約，均未與本大臣商明，遽行簽字，其中實有礙難實行各節，嗣後應商事件，即由本大臣與貴代表直接電商。"廷芳覆電：不認簽定各約，因代表辭職而有變動。且云往返電商不便，請清內閣總理，親至上海面商。於是和議停頓。民國元年一月十六日，清開御前會議。袁世凱赴會，中途，為黃士鵬、張先培、楊禹昌等所狙擊，不中。時親貴中反對共和最力者，為軍諮使良弼。二十六日，彭家珍擲炸彈擊殺之。段祺瑞復合北方將士四十七人、兵士十四萬人，電請改建共和。且云將率隊入京，為各親貴剖陳利害。隆裕太后乃以決定大計之權，授之內閣總理。於是由袁世凱與民國議定優待滿、蒙、回、藏暨清室條件，而清帝於二月十二日退位焉。

第三十一章　民國以來之政局

清帝退位，袁世凱表示贊成共和。於是孫文辭職，推薦袁世凱於參議院。參議院即舉袁爲臨時大總統，派員迎其南下。袁藉口北京兵變，改在北京就職。袁世凱就職後，參議院修改《臨時政府組織大綱》爲《臨時約法》，根據之以召集國會。明年四月八日，國會開會於北京。袁氏嗣有野心，於是有贛寧之役，民黨失敗。國會乃有先舉總統，後定憲法之議。是年十月六日，袁世凱威逼國會，選己爲正式大總統。袁旋解散國民黨，取消國民黨黨員議員資格。國會因之不足法定人數。袁遂下令停止議員職務，而召集約法會議，將《臨時約法》加以修正。

四年(一九一五)八月，袁黨發起籌安會於京師。通電各省，以從學理上研究政體爲名。旋以所謂國民代表大會決定改變國體，並推戴袁世凱爲皇帝。十二月二十五日，護國軍起於雲南。明年三月，袁氏取消帝制。南方迫令袁氏退位，以副總統黎元洪爲大總統。旋袁氏憂憤愧悔而死。黎氏入京繼任。護國之役，告一段落。

而國會以對德宣戰之事，與政府齟齬。黎元洪以命令免國務總理段祺瑞職。各省督軍宣言與中央脫離關係，並在天津組織總參謀處。黎氏召安徽督軍張勛入京，張勛要求黎解散國會而後入。六年(一九一七)，七月一日，張勛以溥儀復辟。段祺瑞起兵馬廠，討平之。黎元洪宣言不與政治，由副總統馮國璋入京代理。

當國會解散時，兩廣宣言：不受非法內閣干涉。馮氏入京後，有人主張民國業已中斷，可仿先年之例，召集臨時參議院。於是海軍第一艦隊南下。兩廣、雲、貴，在孫文指導下同時宣言護法，要求恢復《臨時約法》和國會。南北因此致起戰端。這一年八月，國會議員開非常會議於廣州。議決《軍政府組織大綱》，舉孫文爲大元帥。旋改設總裁七人，以政務員_{各部總長}。組織政務院，贊襄總裁會議，行使行政權。舉孫文等爲總裁。北方則召集參議院，修改《國會組織法》、《兩院選舉法》，據以召集新國會。舉徐世昌爲總統。徐以七年（一九一八）十月十日就職。下令停戰。南北各派代表，在上海議和，至八年（一九一九）五月而決裂。

孫文被舉爲總裁後，未遑正式就職。九年（一九二〇），駐漳、泉的粵軍回粵。政務總裁，有宣言取消自主的。孫文等在上海，通電否認。旋回粵，再開政務會議。十年（一九二一），兩院聯合會開會於廣州，議決《政府組織大綱》，舉孫文爲大總統，於是年五月五日就職。

北方當九年（一九二〇）四五月間，有皖、直之戰。十一年（一九二二）四五月間，又有直、奉之戰。六月二日，徐世昌辭職。黎元洪入京，補足任期。取消六年解散國會之令。八月國會開會於北京。十二年（一九二三）六月，北京軍警圍總統府索餉。黎元洪走天津。十月，國會賄選曹錕爲大總統。十三年（一九二四）九月，江、浙、直、奉俱起戰爭。十一月，曹錕辭職，段祺瑞入京，爲臨時執政。

孫文就總統職後，派兵平定廣西，即在桂林籌備北伐。十一年（一九二二），大本營移設韶關。因陳炯明以粵軍叛變，再走上海。這一年十二月，在廣東的滇桂軍攻粵軍，粵軍退據東江。明年二月，孫文再還廣州，履行大元帥職權，主持南方政府。段祺瑞任執政後，邀請孫文北上，商議國是。十四年（一九二五）三月十二日，中國國民革命之領袖孫中山先生卒於北京。

先是孫文於民國三年（一九一四）組織中華革命黨。宣揚三民主義，喚醒國人。九年（一九二〇），改爲中國國民黨。及回廣州後，又將國民黨改組。共產黨有願加入的，聽其以個人名義介入。十三年（一九二四），始開第一次全國代表大會於廣州。組織黨治下的國民政府。又立軍官學校於黃埔，以爲革命武力的基本。孫文逝世後，國民革命軍進平東江，統一廣東。北方復有戰事，段祺瑞去職。十五年（一九二六）一月，二次代表大會議決出師北伐，以蔣中正爲北伐軍總司令。七月十五日誓師，連克武漢、江西，別一軍自福建入浙江，兩軍同克南京。國民政府遷都於此。這時候，北方山西、陝、甘等省，亦均加入國民革命。十七年（一九二八），國民政府分四軍繼續北伐，東三省亦接受三民主義，贊成革命。全國遂告統一。

第三十二章　民國以來之外交

　　講起民國以來的外交，却是很驚心動魄的。從清末，美人提議開放門户，保全領土，而均勢之局漸成。其後日、俄在東北，英在西南，各肆侵略，而均勢之局，又漸破壞。民國以來，還是繼續着這種趨勢。蒙古活佛於清末被誘，竟在庫倫宣布獨立。西藏的達賴喇嘛亦同時叛變。清廷革其封號，派兵進討。達賴遂出走印度。民國成立，俄人引誘蒙古，許代它抗中國，不置官，不駐兵，不殖民，而和蒙古訂立《商務專條》，攫取廣大的權利。我國再三交涉，到底承認了外蒙的自治權，並承認《俄蒙商務專條》，而俄人僅給我一個宗主權的空名。英人亦和俄人取同樣態度，代外藏要求自治權。而所謂内外藏，又没有明確的界限。我國拒絕簽約，迄今遂成懸案。

　　歐戰起後，各國都無暇東顧。日本的勢力，因此大爲伸張。民國三年（一九一四）八月，藉口與英同盟，攻擊青島。十一月，陷之。其攻擊青島，從龍口上陸。又軼出範圍之外，占據膠濟鐵路。事後又延不撤兵。我國要求撤退，日人反向我提出五號二十一條的要求。其後略加修改，竟於五年（一九一六）四月七日，以最後通牒致我，逼我承認。

　　六年（一九一七）三月十四日，我國因德國宣布無限制潛艇戰争，和他絕交。八月四日，又進而與德宣戰。日人暗中和英、俄、法、意交涉，許其繼承德國在山東的權利，他才承認中國參戰。旋我國要求日人撤退在山東所設之民政署。日人又要挾我國公使，許其合辦膠濟鐵路，承認濟順、高徐兩路借款，並於覆文中附以"欣然同意"字樣。後來巴黎和會，我國要求青島由德人直接交還，畢竟以此失敗。

　　七年（一九一八）二月，俄國革命，和德國講和。德、奧俘虜，在俄國大爲得勢。反對新俄的捷克軍，爲其所制。協約各國，因有共同出兵西伯利亞之議。日人遂與我訂《海陸軍事協定》，訂明得由北滿進兵。北滿因此大受擾累。後來俄國漸漸統一。各國的兵，從九年（一九二〇）一月以後，都陸續撤退。而日兵直至十一年(一九二二)十月,始行撤盡。當俄國內亂時,蒙人大受其兵匪的蹂躪。因此請願中央,自願取消自治。這是八年(一九一九)十一月間的事。俄舊黨失敗後,敗將謝米諾夫匿迹大連,遣其餘黨攻陷庫倫。中國兵未能進剿。十年(一九二一)七月,爲新俄兵所克。外蒙自此又入俄人的勢力範圍。十三年(一九二四)五月,活佛死後,竟連政治的組織都改變了。

當巴黎和會開會時,我國曾提出多種提案,希望國際上平等的待遇。和會說非其權限所及,未允置議。十年(一九二一),美國因遠東問題,邀集各國,在華盛頓會議。我國又提出多案,其結果有具體辦法的很少。美國提出四大原則,通過,仍是維持均勢的原意。山東問題,我國在巴黎和會失敗後,輿論主張提交國際聯盟。日人則要求直接交涉。至此,乃由英、美調停,在會外談判。我開膠澳爲商埠,膠濟鐵路由我於五年至十五年之間贖還,而日人將青島交還。

清末的四國借款,本有引進外資,牽制日、俄的意思。民國成立,四國銀行團知道撇開日、俄,終難妥洽,請其加入,到底承認它所要求"借款以不妨礙滿、蒙的利益爲前提"的條件。後來美國退出,六國又變爲五國。承受善後大借款二千五百萬鎊,以關鹽兩稅作抵。因此,在北京設立鹽務署,其下設稽核所,會辦協理,必用外人。歐戰起後,銀團無款可借。

中國近世史前編

前　　言

　　《中國近世史前編》是吕先生任教上海光華大學時，爲講授中國近代史而寫的一種講義，現存油印本一册，上面有先生的訂正和改筆。二十世紀八十年代中期，《中國近世史前編》由楊寬、吕翼仁先生做過一遍校訂，但一直未出版刊印。

　　《中國近世史前編》最初收入華東師範大學出版社出版的《吕著中國近代史》（一九九七年九月出版，有删改），后又收入上海古籍出版社出版的"吕思勉文集"《中國近代史八種》（二〇〇八年八月出版）、①武漢出版社"歷史看得見系列"的《吕著中國近代史》②（二〇一二年七月出版，删改未恢復）、北京金城出版社的《中國近代史》③（二〇一三年三月出版）、吉林人民出版社"中國學術文化名著文庫"的《吕思勉　中國近代史》④（二〇一四年一月出版，删改未恢復）等。⑤ 此次將《中國近世史前編》收入《吕思勉全集》重印，我們依據吕先生的手稿重新做了校對，并參考了楊寬、吕翼仁先生的校訂，除改正錯字外，行文遣句、概念術語等，均未作改動；各版的一些删改，也按原文恢復。原稿的雙行夾註現全部改爲單行注，原文中的年號紀年和民國紀年仍沿用不改，僅在括弧中標出公元年份，以方便讀者的閲讀。

李永圻　張耕華

二〇一四年七月

---

　　①　即吕先生的《中國近代史講義》、《中國近世史前編》、《中國近百年史概説》、《中國近百年史補編》、《中國近代文化史補編》、《日俄戰爭》、《國耻小史》和《中國近代史表解》八種著述的合刊。

　　②　即吕先生的《中國近代史講義》、《中國近世史前編》、《中國近百年史概説》、《中國近代文化史補編》和《日俄戰爭》的合刊。

　　③　即吕先生的《中國近代史講義》、《中國近世史前編》、《中國近百年史概説》、《中國近百年史補編》、《中國近代文化史補編》、《日俄戰爭》、《國耻小史》和《中國近代史表解》的合刊。

　　④　即吕先生的《中國近代史講義》、《中國近世史前編》、《中國近百年史概説》、《中國近代文化史補編》和《日俄戰爭》的合刊。

　　⑤　有關《中國近世史前編》的再版、重印情況，詳見《吕思勉全集》之《吕思勉先生編年事輯》附錄二《吕思勉先生著述繫年》的記録。

目　　録

第一章　論中國近世史的性質

轉變,偉大的轉變!

世界上的民族國家,爲什麼會有盛衰興亡之事?

人必有其所處之境,與其所處之境適宜則興盛,不適宜則衰亡,這是很容易明白的。然則人與環境,爲什麼有適宜不適宜之分呢? 我們知道:動物適應環境的力量,是很小的,它所謂適應,無非是改變自己,以求與所處之境相合,如此,則非待諸遺傳上的改變不可,這是何等艱難的事? 人則不然,不但能改變自己,還能改變環境,使與自己適合。所以人類不但能適應環境,還能控制環境。人類控制環境的行爲,爲之文化。人類,很難説有無文化的,即在最古的時代,亦是如此。人類的進化,純粹是文化進化。我們現在的社會,和漢唐時代,已經大不相同了,而我們的身體,則和地底下掘出來的幾十萬年以前的人,并無不同。歐洲考古學家證明古埃及人的體格和現代并無不同。不論如何野蠻社會裏的人,倘使移而置之文明社會之中,都可以全學會文明社會中人之所能,而無愧色,就是一個確切的證據。所以民族國家的盛衰興亡,全是判之於其文化的優劣。

文化爲什麼會有優劣呢? 文化本是控制環境的工具,不同的環境,自然需要不同的控制方法,就會造成不同的文化。文化既經造成以後,就又成爲人們最親切的環境,人們在不同的文化中進化,其結果,自然更其差異了。文化是無所謂優劣的,各種不同的文化,各適宜於對付各種不同的環境。但是環境不能無變遷,而人們控制環境的方法,却變遷得沒有這麼快。人們控制環境的方法,爲什麼變遷得不會有環境這麼快呢? 那是由於,(一) 大多數人,總只會蹈常習故。審察環境的變遷,而知道控制的方法不可不隨之而變遷的,總只有少數人。(二) 而我們現在社會的組織,沒有能劃出一部分人,且揀出一部分最適宜的人來,使之研究環境變遷的情形,制定人類控制的方法,而大家遵而行之,而只是蹈常習故。古希臘人有一種理想,以爲君主宜以最大的哲學家爲之,中國古代亦係如此。《公羊》隱公元年《何注》，説"元年春王正月公即位"之義道："《春秋》以元之氣，正天之端，以天之端，正王之政，以王之政，正諸侯之即位，以諸侯之即位，正境内之治。諸侯不上奉王之政，則不得即位，故先言正月而後言即位，政不由王出，則不得爲政，故先言王而後言正月也。王者不承天以制號令則無法，故先言春而後言王，天不深正其元，則不能成其化，故先言元而後言春，王者同日並見，相須成體，乃天人之大本，不可不察也。"此謂王者應根據最高的原理，制爲定法，以治天下，其説原無誤繆。但在小國寡民之世，事務簡單，庸或能事事措置妥帖。在廣土衆民之世，就斷無法悉知悉見了。悉知尚且不能，何況加以研究，而制定適當的處置方法？所以古人希望有一個聖人出來，對於一切事情無不明白，因而能指示衆人以適當處置的方法，事實上是不可能的。但一人之智不及此，合衆人而共同研究，則不能謂其智不及此。我們的誤繆在於，（一）迷信世界上有一個萬古不變之道，此道昔人業已發現，我們只要遵而行之，遂不復從事於研究。（二）處事之時，亦不肯注重於研究。即或迫於事勢，不得不加以研究，而研究的人數，既苦於不足，其人選又不適宜。所以社會科學的道理，迄今多黯然不明。現代科學的研究，不合理想的地方還很多，因其規模比較大，研究的人數比較多，人選亦比較適宜，其成績就非前此所可同日而語了。所以治世的方法，并非不可發現的，不過人們現在的所爲，不足以語於此。於是環境變遷了，人還是茫然不覺。（三）雖然沒有能够推出一部分人來，使之從事於研究環境的情形，以定衆人行爲的方針，然事實上總有處於領導地位的人。這種人，往往頭腦頑固，而且其利益往往和大衆及全體衝突，以全體的利益論，在某時代，適宜於改行新制度，制度二字，舊時多就政治方面言，此處所用，兼該社會的規則。所謂環境，實有兩方面：一爲自然，一即社會，可謂人類的自身。制度即人類所以控制自己的。而這種人的私利，都是藉舊制度爲護符的。因爲和其私利衝突，新制度，即適宜於控制環境的方法，往往爲此等人所反對。甚至知識爲利欲所蔽，連此等新制度的適宜，他也不知道了，而真以舊制度爲適宜，遂至盡力以反對新制度，保存舊制度。因爲此等人在社會上是有力分子，人們要改變控制環境的方法，就成爲非常艱難的事，因爲先要對付反對改變的人。如此，人們改變控制環境的方法，就往往要成爲革命行爲，這是何等艱難的事？

　　文化的興起，本是所以應付自然的。在最初的一刹那間，所謂環境，其中本只包含自然的成分。此係就理論上言，勿泥。但是到文化興起以後，文化就成爲環境中的一個因素了。而且較諸自然的因素，更爲重要。因爲自然的變遷，是緩慢的。在短期内，不會使人們有大變其控制方法的必要。人爲的因素則不然。其變遷往往甚劇，迫令人們非改變其方法不可。能改變則更臻興盛，不能改變則日就衰亡，大概都是這種因素。文化是有傳播性質的，即甲社會控制環境的方法，可以爲乙社會所仿效，乙社會之方法，可爲甲社會所仿效亦然。此其相互之間，較優的社會，往往欣然願意指導較劣的社會，而較劣的社會，亦恒欣然樂於接受。此等現象的由來，我們除掉説：人是生而有仁智之心的,別無解釋的方法。人心之不可改變,等於人體之不可改變。心理是根於生理的,其實二者原係一事。要使人不愛人,人不求善,正和不許人直立而使之倒懸一樣的難。如此,世界上各地方各種不同的文化,就應當迅速的互相傳播,各地方很快的風同道一;而全人類的文化,也因之日進無疆了。然而不能不爲前述的原因所阻礙。因此,各民族國家的文化,就不能無適宜與不適宜之分,因而生出盛衰興亡之事。

當盛衰興亡迫於眉睫,非大改變其文化不能控制環境,以謀興盛而避衰亡之時,其能否改變,改變之速度能否與環境的變遷相應,所謂能否改變,其實就是速度能否相應的問題。若不爲環境所迫而至於衰亡,時間盡着延長,是沒有什麼民族,能斷言其不會改變的。仍看其本來文化的高低。

因爲自然的環境不會急變,急變的總是人造出來的環境,所以一個民族、一個國家環境的劇變,恒在與一個向不交通的區域交通之時。這所謂交通,非普通所謂往來之義。世界上無論如何隔絕的區域,和別一區域直接或間接的往來,怕總是有的,但是此等偶爾的往來,并不能使該區域中的文化,發生需要改變的情形,便非我在此地所說的交通。我在此地所說的交通,乃指因兩造的往來,使其中的兩造或一造所處的環境,爲之改變,達於非改變控制方法不可的程度而言。不達於此程度,雖日日往來,亦不相干。准此以談,則中國的文化,可以劃分爲三大時期:即

1. 中國文化獨立發展時期。
2. 中國文化受印度影響時期。
3. 中國文化受歐洲影響時期。

第一時期的界限,截至新室滅亡以前,尋常都以秦的統一,爲古今的大界,其實這是表面上的事情。若從根本上講,則社會組織的關係,實遠較政治組織爲大。中國在古代,本有一種部族公產的組織,其部族的内部,及其相互之間,都極爲安和,此種文化,因交通範圍的擴大,各部族的互相合併而破壞了。但其和親康樂的情形,永爲後世所追慕,而想要恢復他,因爲昔人不明於社會組織的原理,所走的是一條錯誤的路,因此,自東周至前漢之末,此種運動,垂六七百年,此不過約略之辭,實際上,此等運動,或更早於此,亦未可知。不過在西周以前,史料缺乏,無可徵信罷了。而終於無成。自新室的革命失敗以後,我們遂認現社會的組織是天經地義而不可變。不以爲社會的組織,能影響於人心,反以爲人心的觀念,實造成社會的組織,遂專向人的觀念上去求改良。在這種情形之下,印度的哲學思想,是頗爲精深的;其宗教感情,亦極濃厚;適合我們此時的

脾胃,遂先後輸入,與中國固有的哲學宗教,合同而化,而成爲中國的所謂佛教。發達到後來,離現實太遠了,於是有宋朝的理學,欲起而矯其弊。然其第一時期以觀念爲根本,第二時期承認現社會的組織爲天經地義,還是一樣的。所以理學代佛學,在社會上,并不起什麼變化。近幾百年來,歐洲人因爲生産的方法改變了,使經濟的情形大爲改變。其結果,連社會的組織,亦受其影響,而引起大改革的動機。其影響亦及於中國。中國在受印度影響的時代,因其影響專於學術思想方面,和民族國家的盛衰興亡,没有什麼直接的緊迫的關係。到現在,就大不相同了。交通是無法可以阻止的,最小的部族爲什麼要進爲較大的大國? 較大的國家爲什麼要進爲統一的大國? 統一以後,爲什麼還要與域外之國相往來,都是受這一個原理的支配。既和異國異族相交通,決没有法子使環境不改變,環境既改變,非改變控制的方法,斷無以求興盛而避衰亡。所以在所謂近世期中,我們實有改變其文化的必要。而我國在受著此新影響之後,亦時時在改變之中,迄於今而猶未已。

　　轉變,偉大的轉變!

第二章　入近世期以前中國的情形

要講中國的近世史,必先知道入近世期以前中國的情形,現在從政治、社會兩方面,説其大略。

中國的政治,是取放任主義的。從前的政治家,有一句老話,説"治天下不如安天下,安天下不如與天下安"。只這一句話,便表明了中國政治的消極性。中國的政治,爲什麼取這種消極主義呢? 原來政治總是隨階級而興起的。既有階級,彼此的利害,決不能相同。中國政治上的治者階級,是什麼呢? 在封建時代,爲世襲的貴族。封建既廢,則代之以官僚。所謂官僚,是合(一) 官;(二) 士,即官的預備軍;(三) 輔助官的人,又分爲(甲)幕友,(乙)吏胥,(丙)差役;(四) 與官相結託的人,亦分爲(子)紳士,(丑)豪民。此等人,其利害都和被治者相反,都是要剥削被治者以自利的。固然,官僚階級中,未嘗無好人,視被治階級的利害,即爲自己的利害。然而總只是少數。這是因爲生物學上的公例,好的和壞的,都是反常的現象,只有中庸是常態。中庸之人,是不會以他人之利爲己利,亦不會以他人之害爲己害的,總是以自己的利益爲本位。社會的組織,使其利害與某一部分人共同,他就是個利他者。使其利害和某一部分人相對立,就不免要損人以自利了。所以官僚階級,決不能廢督責。督責二字,爲先秦時代法家所用的術語。其義與現在所謂監察有些相似,似乎還要積極些。然中國地大人衆,政治上的等級,不得不多,等級多則監督難。任辦何事,官僚階級都可借此機會,以剥民而自利。既監督之不勝其監督,倒不如少辦事,不辦事,來得穩妥些。在中國歷史上,行放任政策,總還可以苟安,行干涉政策,就不免弊餘於利,就是爲此。因此,造成了中國政治的消極性。

試看政治上的制度:中國是世界上最古的大國,皇帝的尊嚴,可謂并時無二,然其與臣下的隔絶亦特甚。現在世界上,固有版圖更大於中國的國家,然合最古和最大兩條件言之,則中國實爲世界第一。康有爲《歐洲十一國游記》曾説:中國人所見外國有君主,往往臆想,以爲亦和中國的皇帝一樣,其實全不是這麼一回事。歐洲小國的君主,時常步行出宮,人民見之,脱帽鞠躬,他亦含笑答禮,較之中國州縣官,出有儀衞的,還覺得平易近人得多呢。中國君主的尊嚴,乃由其地大人衆,而政治上的等級,不得不多,等級多,則不得不隔絶,隔絶得屬害,自然覺得其尊嚴了。再加歷史上的制度和事實,都是向這一方面進行的。所以歷時愈久,尊嚴愈甚,而其隔絶亦愈甚。秦漢時的宰相,是有相當的權力,而其地位亦頗尊嚴的。然自武帝以後,其權已漸移於尚書。曹魏以後,又移於中書,劉宋以後,又參以門下。至唐代,遂以此三省長官爲相職,而中書、門下,尤爲機要。後來兩省長官,不復除人,但就他官加一同平章事等名目,即爲宰相。其事務,則合議於政事堂。政事堂初在門下省,後移於中書省。宋元之世,遂以中書省爲相職。中書、門下等官,其初起,雖是天子的私人,至此其權力又漸大,地位又漸尊了。明世,乃又廢之而代以殿閣學士。清代,内閣之權,又漸移於軍機處。總而言之,政治上正式的機關,其權恒日削,而皇帝的秘書和清客一類的人,其權恒日張。内閣至清代,已成爲政治上正式的機關。軍機處則不過是一個差事,和末年的練兵處、學務處一樣。外官:秦漢時的縣,實爲古代的一國,此乃自然發達而成的一個政治單位。五等之封,在經學上,今古文立説不同。今文之説,見於《孟子·萬章下篇》和《禮記·王制》,大國百里,次國七十里,小國五十里,此乃自然的趨勢所發達而成的政治單位。《漢書·百官公卿表》説:漢承秦制,縣大率方百里,即是將此等政治區域,改建而成的。古文之説,見《周官·職方氏》,公之地方五百里,侯、伯、子、男,遞減百里,乃根據東周以來的事實立説的。如《孟子·告子下篇》説:今魯,方百里者五,就是《周官》所説的公國了。此等國中,實包含許多政治單位,而其自身并非一個政治單位。更大的國,如晉、楚、齊、秦等,就更不必説了。大率方百里爲一政治單位,實從春秋以後,直到現在,未嘗有根本變更。因爲縣這一個區域,從來没變動過。郡本是設在邊陲之地,以禦外侮的,與縣各自獨立,不相統屬。後來大約因其兵備充足,縣須仰賴其保護,乃使之隸屬於郡,然仍只是邊陲之地。戰國時,楚之巫、黔中,燕之上谷、漁陽、右北平、遼西、遼東,趙之雲中、雁門、代郡等,均在沿邊之地。秦始皇滅六國,因其民未心服,覺得到處有用兵力鎮壓的必要,乃分天下爲三十六郡,而以郡統縣,始成爲普遍的制度。此時距封建之世近,郡守的威權,又怕其太大,乃設監察御史,漢朝則遣刺史監察之。漢朝的刺史,一年一任,没有一定的駐所;其人的資格和官位,都遠較太守爲低。所察以詔書所列舉的六條爲限,不外乎太守的(一)失職,(二)濫用威權,(三)依附豪强。其他概非所問,真是一個純粹的監察官。唐宋以後的監司官,就不能如此了。然即使把它算做行政官,也還只有三級。至元代,乃又於其上設一中書行省。明雖廢之而改設布政、按察兩司,其區域則仍元行省之舊。至清代,督撫又成爲常設的官,而布政司的參政、參議,分守各道,按察使的副使、僉事,分巡各道的,又漸失其原來的性質,而儼若在司府之間,自成一級。於是合(一)督撫,(二)司,(三)道,(四)府、直隸州廳,(五)縣、散州廳。

秦并天下,立郡縣二級之制。漢時刺史,本非行政官。每一刺史所分察的區域,政治上并無名稱,當時言語,則稱之爲州。後來改刺史爲州牧,即沿用其稱謂。州字至此,始成爲行政區劃之名。東晉以後,疆域縮小,而僑置的州郡日多。州之疆域,寖至與郡無異,隋時乃併爲一級。自此州郡二字,異名同實,都係秦漢時的所謂郡。其監司官所管的區域,則唐稱爲道,宋稱爲路。元時於路之上又置行中書省。明雖廢省設監司,其區域則仍元之舊,其名稱遂亦相沿不變。府之稱,唐時唯長安、洛陽爲然。後梁州以爲德宗所巡幸,亦升爲興元府。宋代大州多升爲府。於是秦漢時所謂郡的一級,或稱爲府,或稱爲州。此爲明代府與直隸州并立的由來。其直隸廳,則係清代同知、通判另有駐地,而直隸於布政司者之稱。又元時因省冗官,令知州兼理附郭縣事,明初遂併縣入州,所以凡直隸州都無附郭縣,其不領縣的,稱爲散州,就與縣無異了。散廳則是同知、通判有駐地而仍屬於府的。總之,近代的地方制度,頗爲錯雜不整。幾乎成爲五級了。等級愈多,則下級受壓制愈甚,而不能有所作爲;上級的威權愈大,而馴致尾大不掉。清中葉以後,此等弊害,是十分顯著的。縣既是古代的一國,縣令即等於國君,是不能直接辦事的,只能指揮監督其下。真正周詳纖悉的民政,是要靠鄉鎮以下的自治機關舉行的。此等機關,實即周時比長、閭胥、族師、黨正、州長、鄉大夫等職;漢世的三老、嗇夫、游徼,尚有相當的權力,而位置亦頗高。魏晉以後,自治廢弛,此等鄉職,非爲官吏所誅求壓迫,等於廝役,即爲土豪劣紳所盤踞,借以虐民,民政乃無不廢弛。總而言之,中國政治上的制度,是務集威權於一人,但求其便於統馭,而事務因之廢弛,則置諸不問,這是歷代政治進化一貫的趨勢,所以愈到後世,治官的官愈多,治民的官愈少,這是怪不得什麼人的。政治的進化,自有一個隱然的趨勢在前領導着,在這趨勢未變以前,是沒有法子違逆他的。即使有一兩個人要硬把他拗轉來,亦不旋踵而即復其舊,甚而至於加甚其程度。

　　因爲政治上有這但求防弊的趨勢,就造成了一種官僚的習氣。官僚政治的情態是(一) 不辦事,(二) 但求免於督責,(三) 督責所不及,便要作弊。不辦事的方法,是(甲) 推諉,(乙) 延宕。推諉是乾脆不辦。延宕是姑且緩辦,希冀其事或者自行消滅,或可留給別人辦。官場的辦事,所以遲緩,就是爲此。但求免於督責,則最好用俗話所謂"說官話"的手段。表面上絲毫無可指摘,實際上卻全不是這麼一回事。官場的辦事,所以有名無實,即由於此。作弊乃所以求自利,求自利,是一切階級本來的性質,與其階級同生,亦必隨其階級而後能同滅的。官僚既成爲一階級,自亦不能違此公例。所以官僚階級的營私舞弊,侵削國與民以自利,是只能隨監督力量的强弱而深淺其程度的,性質則不能改變,這是古今中外所同然的。作事的但求卸責,及監督不及,便要作弊,外國的官僚政治,亦和中國相同,但其官制受過資本主義的洗禮,組織要靈活些,監督也要嚴密些,所以作弊要難些,辦事也要敏捷些,然其本質則無異。

　　以上所說的是立法，至於用人，則向來視爲拔取人材之途的，是學校與科舉。學校在官辦的情形下，自然不會認真。倒不如科舉，還有一日之短長可憑。科舉遂成積重之勢，流俗看重它，朝廷亦特優其出身。然科舉則所學非所用。從前的科舉，取中之後，是要給他官做的，實在是一種文官考試。然其所考的，則唐朝爲詩賦和帖經、墨義，宋朝則廢帖經而改墨義爲大義，帖經、墨義之式，見於《文獻通考·選舉考》。帖經是責人默寫經文，墨義則責人背誦注語，和現在學校中舊式考試，專重記憶的一般。此乃受當時治學方法的影響。因爲當時人的治經，本是以記憶爲貴的。都是和做官無干的。自宋以前，詩賦及經義，迄分爲兩科，元以後復合爲一。元、明時首場試四書、五經義，次場試古賦、詔、誥、表等，均係辭章性質。清朝雖去之，將四書五經義於頭二場分試，然頭場試詩一首，仍須懂得辭章。其事實非普通人所能爲。明、清以來，遂專注重於幾篇四書義，而其餘都不過敷衍了事。而四書義的格式，又經明太祖和劉基制定，是要代聖賢立言的。因此，遂生出不許用後世事的條件。明清兩代，科場所試的經義、體制相同。以其本爲明太祖所制定，所以稱爲制義，又稱爲制藝，其體制頗爲特別。中國的對偶文字，是句與句相對，此則段與段相對。其嚴整的格式：除起處先以兩句總括題旨，謂之破題；又以數語續加申說，謂之承題；再以一段總括題義，謂之起講外，以下的文字，須分作八段。第一段與第二段，第三段與第四段，第五段與第六段，第七段與第八段相對。除起講之後，有數語，謂之入手；每兩段之後，可以有數單語，謂之出落；結筆又可用數單語，謂之落下外，其餘都須兩兩相對。後來雖有變通，大體相去總不甚遠。此種文體，本已特別，非專門學習不可。後來出題目的，又務求其難，如其所謂虛小題。虛題，有專取兩個虛字，以爲題目的。如以《孟子·告子下篇》"必先苦其心志，勞其筋骨，餓其體膚，空乏其身，行拂亂其所爲"之"必先"二字爲題。小題中的截上，將上文截去；截下則將下文截去；截搭則上一句係截上，下一句係截下，此等題目，本非連上下文不可解，而文字的表面上，卻不許涉及上下文，謂之犯上，犯下。截搭題則做六股，前兩股說上句，其中須隱藏下句的意義，或硬嵌入其字面，謂之釣。後二股做下句，對於上句亦然，謂之挽。中間兩股，則從上句說到下句，謂之渡。大題有出至十餘章的，根本不是一句話，而文中不許各章分說，硬要想出一個法子來，把它聯成一片，謂之串做。諸如此類，都是非法之法，單明白事理的人，不會就懂得的，所以非專門學習不可。此等非法之法，是很多的。以上所舉，不過大略。所以學之頗費時間。天資中等的人，就可以窮老盡氣了。以上所說的，係屬後來的流弊。其(一)段與段相對，(二)不准自己說話，而要代書中的人立言，則初立法時已然，此二者可謂八股文的特色，爲此種文體所由成，即此已與普通事理不合，非專門學習，不會懂得了。應科舉的人，本來是不講學問，只求會做應試文字的。應試文字，當其立法之初，雖亦想藉此以覘所試的人的學識，然其結果，往往另成爲一種文字。無學識的人，經過一定的學習，亦可以寫得出來，有學識的人，沒有學習，亦覺無從下手，應舉文字至此，遂全與學識無干。而況加以這一種限制，使其更便於空疏呢？近世學子之所以一物不知，和科舉制度，不能不說有很大的關係。人的氣質，是多少和其所從事的職業，有些關係的。唐朝的進士試詩賦，其性質多近於浮華。明、清的科舉重四書義，四書注則採用朱注，所以其士子的性質，多近於迂腐。空疏則不知官吏的職責，迂腐則成爲改革的阻力。清朝後來所以政治上絕無可用之才，而所謂紳士，多成爲頑固守舊之魁，即由於此。但此等人，究竟還有些方正的性質，總還有所不爲，雖不懂得世務，還有些空泛的忠君愛民、顧惜名節等觀念。而清朝從中葉以後，又大開其實官捐，出了錢的人，都可以買官做。於是官場的流品益雜，其人的道德觀念和智識程度，又在科舉中人之下。而仕途的擁擠，又逼着他無所不爲，官方之壞，就不可收拾了。就一般國民之中，拔擢出一部分人來，算他有做官的資格，謂之取士。就已有做官資格的人，授之以官缺，謂之銓選。銓選有兩法：一種是畀用人之人以選擇之權的，是爲注重衡鑒。一種則專守成法，不許以意出入，是爲注重資格。以人批評人，固然很難得當，較之全不問其好壞，總要好些。所以就理論言，注重衡鑒之法，實較專憑資格爲合理。但這是以操銓選之權者大公無私爲限。若其不然，則勢必衡鑒其名，徇私舞弊其實，還不如資格用人，可以較爲安靜了。從注重衡鑒，變爲專守資格，亦是從前政治進化自然的趨勢。政治主義不變，是無法可以遏止的。但在非常之時，亦必有非常之法，以濟其窮。清朝却始終沒有，一切又是循資按格。所以始終不能擢用有才有志的人，以振作士氣，鼓舞民心，洊升至大僚的人，大都年已六七十，衰遲不振，惟利是圖。這是清朝的政治所以絕無生氣的原因。

　　在朝的政治，既無生氣，所希望的，就是在野的人。在野的人，就是所謂士。不在其位的士大夫，都慷慨喜言政治，有時亦可影響於朝局。而且在野的人，喜談政治，則留心政治的人必多，其中自多可用之才。苟得嚴明的君主以用之，自易有振敝起衰之望。黨禍的根源，就政治上言之，實由上無嚴明之主，歷代的黨禍，其中的首領，也總有幾個公忠體國的人，但大多數附和的人，則均係爲名імени利。加以懲治，適足使其名愈高，名高而利即隨之，彼正私心得計，所以黨爭必不可以力勝。只要有嚴明的政治，持之以久，而不爲其所搖動，久則是非自見，彼將無所藉以鼓動羣衆，其技即將窮而自止，而黨禍也就消滅了。清朝承明代黨爭之後，防止立社結黨甚嚴。又清以異族入主中原，對於漢人，較之前朝猜忌尤甚。所以士大夫都不敢談政治，而萃其心力於辭章考據。清儒的學問，亦自有其特色，然就政治方面論，則大都是無用的。又承宋明理學盛極而衰之會，只致力於博聞而不講究做人的道理。所以其人的立身行己，多無足觀。既無以自足於内，則必將浮慕乎外，而嗜利却不重名節，遂成爲士大夫階級一般的風氣。

凡百政事，總是有了錢，才能够舉辦的。所以財政實爲庶政的命脉。要想積極地整頓政治，理財之法，是不能不講的。中國的政治，既是放任主義，所以其財政亦極窳敝。全國最重要的賦税是地丁。地即田税，丁乃身税，本指力役而言。責民應役，其弊甚多，乃改爲折納錢而免其役。而所謂折納錢者，又不是真向應役的人征收，而是將全縣丁額，設法攤派於有田之家，謂之丁隨糧行。名爲丁税，其實還是田税。清朝所謂編審，就是將丁税之額，設法改派一番，和清查户口，了不相干。所以各縣丁税，略有定額，并不會隨人口而增加。清聖祖明知其然，乃於康熙五十一年下詔：令後此滋生人丁，永不加賦。新生人丁，概不出賦，而舊有丁賦之額，仍要維持，就不得不將丁銀攤入地糧了。至此，地丁兩税，乃正式合併爲一。所以昔時租税的基本部分，全爲農民所負擔，其伸縮之力極小。財政困難時，加賦往往召亂。但不加賦，又無以應付事情，這亦是從前政治難於措置的一端。

國家最重要的職務，是維持國内的秩序，抵禦外來的侵略。爲達到這兩項目的起見，於是乎有兵、刑。中國從前的情勢，在承平時代，是無所謂兵的，所謂兵，只是有一種人名爲兵而吃餉，其實并無戰鬥力。這是由於承平時代，并無對立的外敵，亦無必須預防的内亂。處此情形之下，當兵的人和帶兵的人，自然不會預期着要打仗，而軍政就因之腐敗了。兵可百年不用，不可一日無備，私天下的人，何嘗不想維持强大的軍隊，以保守一己的產業？然有强兵而無目標，其兵鋒往往會轉而内向，這亦是私天下者之所懼，因此不敢十分加以整頓。而且在政治腐敗之時，亦不知道要整頓，即使想整頓，亦復不能整頓。所以在歷史上，往往内亂猝起，外患猝至，國家竟無一兵可用。要經過相當時間，新的可用的軍隊，才能從一面打仗，一面訓練中，發生成長起來。這亦是爲政情所規定，而無可如何的。

至於刑法，則向來維持秩序的，是習慣而非法律。換言之，即是社會制裁，而非法律制裁。其所由然：（一）因政治取放任主義而軟弱無力。（二）因疆域廣大,各地方風俗不同,實不能適用同一的法律。於是法律之爲用微,而習慣之爲用廣。(三)因社會上的惡勢力,并沒有能够根本鏟除。如家法處置等事,到現在還有存留於社會的。(四)因官僚階級中人,以剥削平民爲衣食飯碗,訴訟事件,正是一個剥削的好機會。此項弊竇,既爲官僚階級的本質,則雖良吏亦無如之何。不得已,乃惟有勸民息訟。以國家所設的官,本以聽訟爲職的,而至於勸民息訟,細想起來,真堪失笑。然在事實上,却亦不得不然。五口通商以後,西人藉口於我國司法的黑暗,而推行其領事裁判權,固不免心存侵略,然在我,亦不能説是沒有召侮的原因。

中國的人民,百分之八十是農民,農民的知識,大概是從經驗得來的。其種植的方法,頗有足稱。但各地方的情形,亦不一律,如李兆洛做《鳳臺縣志》,説當地的人,一人種田十六畝,窮苦異常。有一個人,唤做鄭念祖,雇一兖州人種園。兩畝大面積,要雇一個人幫忙。所用的肥料,要二千個銅錢。而鳳臺本地人,却種十畝地,只用一千個銅錢的肥料。其結果,兖州人所種園地,大獲其利,而鳳臺當地人,則往往不够本。於此,可見鳳臺人耕作之法,遠不如兖州。李兆洛是常州人。常州是江南之地,江南的耕作法,是號稱全國最精的,李氏因而主張,雇江南的農師,到鳳臺去教耕,兼教之以各種副業。他説:如此,一人十六畝之地,必可温飽而有餘。舉此一例,可見各地方的農民,其智識的高低,并不一律。這是因地利之不同,歷史之有異,如遭兵荒而技術因之退步等。所以其情形如此。但以大體論,中國的農民是困苦的。這因(一)水利的不修,森林的濫伐,時而不免於天災。(二)因田主及高利貸的剥削,商人的操縱。(三)沃土的人口,易於增加。所種的田,因分析而面積變小。所以農民的生活,大多數在困苦之中。設遇天災人禍,即遭流離死亡之慘,亦或成爲亂源。工業:大抵是手工。有極精巧的,然真正全國聞名的工業品并不多。即使有,其銷場實亦仍限於一區域中。流行全國的,數實有限。如湖筆、徽墨,其實并未推行全國,各處都有製造筆墨的人。此因製造的規模不大,產量不多,又運輸費貴,受購買力的限制之故。普通用品,大抵各有行銷的區域。工人無甚智識,一切都照老樣子做,所以改良進步頗遲;而各地方的出品,形式亦不一律。商人在閉關時代,可謂最活躍的階級,這因爲社會的經濟,既進於分工合作,即非交換不能生存。而生產者要找消費者,消費者要找生產者極難,商人居其間,却盡可找有利的條件買進,又盡找有利的條件賣出。他買進的條件,是只要生產者肯忍痛賣。賣出的條件,是只要消費者能勉力買,所以他給與生產者的,在原則上,只有最低限度。取諸消費者的,在原則上,却達於最高限度。又且他們手中，握有較多的流動資本。所以商人與非商人的交易，商人總是處於有利地位的。在他們之中，專以流通資本爲業的，是錢莊和票號，亦佔有相當勢力。當鋪則是專與貧民做交易的，這可説是放債者的組織。中國的商業，雖有相當的發達，但受交通及貨幣、度量衡等制度發達不甚完美的影響，所以國内商業，還饒有發展的餘地。商人經營的天才，亦有足稱。但欲以之與現代資本雄厚、組織精密的外國商人爲敵，自然是不够的。加以他們（一）向來是習於國内商業的，對於國外商業的經營，不甚習熟。（二）資本又不够雄厚。（三）外國機器製品輸入，在中國饒有展拓之地，即居間亦有厚利可圖。所以海通以來，遂發達而成爲買辦階級。

　　農工商三種人，都是直接生利的，士則否。士人：（一）最得意的，自然是做官去了。（二）次之則游幕，亦是與官相輔而行的。（三）因做官的人生活寬裕，往往可以支持數代人讀書，從前算做高尚的職業，所以農工商中，生活寬裕的，以及無一定職業，而生活寬裕的，亦或以讀書爲業。此等讀書人，純粹成爲有閑階級。（四）大多數無産的，則以教館爲生，握有全國文字教育之權。從前的讀書人，知識大體是淺陋的。這因（一）中國人的讀書，一部分係受科舉制度的獎勵。（二）又一部分，則因實際應用的需要，如寫信、記賬等。志在科舉而讀書的，自然專以應舉爲目的。從前人讀書，所以入手即讀四書，即因考試專重四書文之故。讀到相當程度，即教以作應舉之文，應舉之文，如前述，是可以窮老盡氣的。教者既除此之外，一無所知，學者的天資，在中等以下的，自亦限於此而不能自拔。所以一部分生計較裕、願望較大的人，讀了書，往往成爲淺陋頑固之士。至於其讀書，係爲識得幾個字，以便應用的，則教之之人，亦更爲淺陋。大抵鄉間的蒙館，做老師的人，亦多數是不通科舉之學的，他們本亦只能教人識幾個字，寫寫信，記記賬。在古代此等識字之書，編成韵語，使人且識字且誦讀的。如《急就篇》等是。但在近代，此等書久未編纂，於是改而教人識方字。既已認識方字，此等編成韵語的書本可不讀，因爲方字便是其代用品。然此等閭里書師，四字見《漢書·藝文志》，可見現在村館蒙師，歷代都有。是只知道相沿的事實，而不知其原理的，既識方字之後，乃教之以《三字經》、《千字文》、《百家姓》、《千家詩》等。再進一步，就惟有仍教之以四書了，其結果，於此等人的生活，全不適切，應用的技能，亦所得有限。士人本有領導他階級的責任，中國士人最能盡此責任的，要算理學昌明時代，因爲理學家以天下爲己任，而他們所謂治天下，並不是專做政治上的事情，改良社會，在他們看得是很要緊的。他們在鄉里之間，往往能提倡興修水利，舉辦社倉等公益事業。又或能改良冠婚喪祭之禮，行之於家，以爲民模範。做官的，亦多能留意於此等教養之政。他們所提倡的，爲非爲是，姑置勿論，要之不是與社會絕緣的。入清代以後，理學衰落，全國高才的人，集中其心力的是考據。考據之學，是與社會無關係的。次之，則有少數真通古典主義文學的人，其爲數較多的，則有略知文字，會做幾篇文章，幾首詩，寫幾個字，畫幾筆畫的人。其和社會無關係，亦與科舉之士相等。總而言之，近代的讀書人，是不甚留意於政治和社會的事務的。所以海通以來，處從古未有的變局，而這一個階級反應的力量並不大，若在宋明之世，士子慷慨好言天下事之時，則處士橫議，早已風起雲涌了。

　　士子而外，還有一種不事生產的人。此等人，在鄉里則稱爲無賴，稱爲地痞，稱爲棍徒，出外則稱爲江湖上人，即現在上海所謂白相人，亦即古代所謂豪傑、惡少年等。此等人大抵不事生產，其生活却較一般平民爲優裕。其進款的來源，則全靠其一種結合，因而成爲一種勢力。於是（一）或者遇事生風，向人敲詐。（二）則做犯法的事，如販賣私鹽等等。（三）或且爲盜爲賊。此等人和吏役大抵有勾結，吏役又有些怕他，所以在政治上，很難盡法懲治。在秩序安定之時，不過是一種游食之人，在秩序不安定之時，即可起而爲亂，小之則盤踞山澤，大之則就要攻劫州縣，成爲叛徒了。歷代的亂事，其擴大，往往由於多數農民的加入，其初起，往往是由此等人發動的。中國的平民是無組織的，此等人却有組織，所以英雄豪傑，有志舉事的，亦往往想利用他們，尤其是在異族入據之世。但此等人的組織，根本是爲解決自己的生活問題的。其組織雖亦有相當的精嚴，乃所謂盜亦有道。盜雖有道，其道究只可以爲盜，真要靠他舉行革命事業是不够的。

　　一般的風氣，家族主義頗爲發達。人類在較早的時代，其團結大概是依據血統的，當這時代，治理之權，和相生相養之道，都由血緣團體來擔負，是爲氏族時代。後來交通漸廣，交易日繁，一團體的自給自足，不如廣大的分工合作來得有利，於是氏族破壞，家族代興。中國的家族，大體以“一夫上父母下妻子”爲範圍，較諸西洋的小家庭，多出上父母一代，間有超過於此的，如兄弟幾房同居等，其爲數實不多。此等組織，觀念論者多以爲其原因在倫理上，説中國人的團結，勝於歐美人。其實不然，其原因仍在經濟上。（一）因有些財産，不能分析，如兄弟數人，有一所大屋子，因而不能分居是。（二）而其最重要的原因，則小家庭中，人口太少，在經濟上不足自立。譬如一夫一妻，有一個害了病，一個要看護他，其餘事情就都没人做了。若在較大的家庭中，則多少可借些旁人的力,須知在平民的家庭中,老年的父母,亦不是坐食的,多少幫着照顧孩子,做些輕易的事情。(三)慕累世同居等美名以爲倫理上的美談,因而不肯分析的,容或有之,怕究居少數,但亦未必能持久。凡人總有一件盡力經營的事情,對於它總是十分愛護的。中國人從前對於國家的關係,本不甚密切,社會雖互相聯結,然自分配變爲交易,明明互相倚賴之事,必以互相剝削之道行之,於是除財產共同的團體以內的人,大率處於半敵對的地位。個人所恃以爲保障的,只有家族,普通人的精力,自然聚集於此了。因此,家族自私之情,亦特別發達。(一)爲要保持血統的純潔,則排斥螟蛉子,重視婦女的貞操。(二)爲要維持家族,使之不絶,則人人以無後爲大戚。因而獎勵早婚,獎勵多丁,致經濟上的負擔加重,教養都不能達到相當的程度。(三)公益事情,有一部分亦以家族爲範圍,如族內的義田、義學等是。(四)因此而有害於更大的公益。如官吏的貪污,社會上經手公共事業的人的不清白,均係剝削廣大的社會,以利其家族。(五)一部分人,被家族主義所吞噬,失其獨立,而人格不能發展。尤其是婦女,如説女子無才便是德,因而不施以教育,反加以抑壓錮蔽之類。總而言之,家族制度和交換制度,是現代社會的兩根支柱,把這兩根支柱拉倒了,而代以他種支柱,社會的情形就大變了。

鄉土觀念亦是習慣所重的。(一)因交通不便,各地方的風俗,不能齊一,尤其言語不能盡通。(二)而家族主義,亦本來重視鄉土的。因爲家族的根據,總在一定的地方,而習俗重視墳墓,尤屬難於遷移之故。因此離開本鄉,輒有淒涼之念,雖在外數十年,立有事業,仍抱着"樹高千丈,葉落歸根"的思想,總想要歸老故鄉,而屍棺在千里之外,亦要運歸埋葬。此於遠適異域,建立功業,從事拓殖,頗有些阻礙。羈旅之人,遇見同鄉,亦覺得特別親近,只看各地會館的林立,便可知道,此於國族的大團結,亦頗有妨礙。後來旅外的華僑,雖在異國,仍因鄉貫分幫,即其一證。

中國人是現實主義的,不甚迷信宗教。其故:因自漢以後,儒教盛行,儒教的宗旨,係將已往的時代,分爲三階段。(一)在部族公產之世,社會內部,絶無矛盾,對外亦無爭鬥,謂之大同。(二)及封建時代,此等美妙的文化,業經過去了,然大同時代的規制,仍有存留。社會內部的矛盾,還不甚深刻,是爲小康。大同、小康之名,見於《禮記·禮運》。(三)其第三個時期,沒有提及,我們只得借《春秋》中的名詞,稱之爲亂世了。《春秋》二百四十二年,分爲三世:(一)據亂而作,(二)進於升平,(三)再進於太平,明是要把世運逆挽至小康,再挽之大同的。太平大同的意義,後世已無人能解,小康之義,儒書傳者較詳，後人都奉爲治化的極則。其實儒家的高義，并不止此。其説法，還是注重於社會組織的。想把事務件件處置得妥帖，使人養生送死無憾。儒教盛行，大家所希望的，都在現世，都可以人力致之。所以別種宗教，所希望的未來世界，或別一世界，靠他力致之的，在中國不能甚佔勢力。雖然如此，人對現世的觖望，總是不能無有的，於是有道、佛二教，以彌補其空隙。（一）儒教的善惡報應，是限於現世的，延長之則及於子孫，這往往沒有應驗，不能使求報的人滿足。佛教乃延長其時間而説輪回，另闢一空間而説净土，使人不致失望。（二）高深的哲學，在中國是不甚發達的，佛教則極爲發達，可以滿足一部分人的求知欲。（三）其隨時隨地，各有一神以臨之，或則繫屬善性，而可以使人祈求；或則繫屬惡性，而可以使人畏怖；則自古以來，此等迷信的對象本甚多，即後來亦有因事而發生的，都并入於道教之中。前者如各地方的土地、山川之神；後者如後世貨幣用弘，則發生財神；天痘傳染，則發生痘神等是。中國宗教，發達至此，已完全具足，所以再有新宗教輸入，便不易盛行。

以上所説，係就通常情形立論。若在社會秩序特別不安定之時，亦有借宗教以資煽惑的，則其宗教、迷信的色彩，必較濃厚，而其性質，亦不如平時的宗教的平和，歷代喪亂時所謂邪教者都是。

以上是中國政治和社會的輪廓。總而言之：

（一）當時中國的政治，是消極性的，在閉關時代，可以苟安，以應付近世列國并立的局面則不足。

（二）當時中國的人民和國家的關係是疏闊的，社會的規則都靠相沿的習慣維持，所以中國人民無其愛國觀念，要到真有外族侵入時，才能奮起而與國家一致。

（三）中國社會的風俗習慣，都是中國社會的生活情形所規定的，入近世期以後，生活情形變，風俗習慣亦不得不變。但中國疆域廣大，各地方的生活，所受新的影響不一致，所以其變的遲速，亦不能一致，而積習既深，變起來自然也有相當的困難。

第三章　中西的初期交涉

第一節　近代西人的東來及中西通商

舊世界之地，文明的中心點，共有三處：(一)爲亞洲東部的中國。(二)爲亞洲南部的印度。(三)在亞歐非三洲之交，即所謂西洋文明。印度人在歷史上，未曾充分發揮過政治上的勢力，所以講歷史的人，大抵把它分做東洋西洋兩部。東西洋的文明，中以亞洲中部的高原爲之間隔，不甚讀史的人，往往誤以歐亞二洲爲東西洋的界限，其實不然，水本不足爲交通的障礙(烏拉爾河、里海、黑海)。烏拉爾嶺雖長而低，高加索山雖高而短，亦不足以爲交通的障礙的。所以歷史上東西洋文化的間隔的，實在是亞洲中央的高原。自亞洲的東方到歐洲，有三條路：(一)爲北道，經西伯利亞踰烏拉爾嶺入歐俄，其地太覺荒涼，從古無甚往來。(二)爲中道，自蒙古經天山北路，歷咸海、里海地帶至歐洲，亦只是蠻族侵掠的路。(三)爲南道，自天山南路踰葱嶺入西亞，則係文明發達之地。但其路太艱險，所以交通不能大盛。所以其相通，必於海而不於陸。中國和歐洲的交通，是自古就有的，但其互相灌輸，不過是枝節的技術問題，羅盤針、印刷術、火藥等，至近世雖能令社會文明煥然改觀，然在當時，實不過如此。未能使社會煥然改觀。社會向外發展之力，既尚不大，亦未能使東西兩洋發生親密的關係。所以歷史上的中歐交通，握其樞紐的，實在多是印度、阿拉伯及其他西亞諸國人。中國人到歐洲，歐洲人到中國的，究竟不多。這種情形，在未入近世史之前，始終沒有改變。中歐的大通既不於陸而於海，則起著先鞭的，必然是長於航海的人。以地理形勢論，必屬於歐洲而不屬於亞洲的東部。歐洲海岸綫最長，內地的每一關，距海岸皆較近。且其文明發達，自古即在地中海沿岸，其國家的富厚繁榮，實與海有甚深的關係。與中國以陸爲中心，視海路的發展無甚關係的，大不相同。這是自然形勢所支配，無足爲異的。

近世歐人的東來，起於十五世紀，即明朝的中葉。其時君士坦丁堡爲土耳其所據，事在公元一四五三年，即明景帝景泰四年。歐人出波斯灣東航之路絕。其自亞歷山大里亞溯尼羅河入紅海的路，則因中經沙漠，頗覺不便，歐人乃想別覓新路。其首先崛起的，當推葡萄牙，公元一四八六年，即明憲宗成化二十二年，通過好望角，一四九八年，即明孝宗弘治十一年，達到印度，又佔領錫蘭、麻六甲、爪哇諸島嶼。諸島嶼中，麻六甲最稱重要。一五一一年，即明武宗正德六年，葡人取之，建爲重要的軍商港。至一六四一年，即明思宗崇禎十四年，乃爲荷蘭人所奪。西班牙人繼之，其所遣的哥倫布（Colombo）即以一四九三年，即明孝宗弘治六年發現美洲。麥哲倫（Ferdinand Magellan）又以一五一九年，即明武宗正德十四年環繞地球航行。麥哲倫本葡萄牙軍官，以不滿葡人待遇，改投西班牙。一五一九年，即明武宗正德十四年，以五舟西航南美。明年，越麥哲倫海峽入太平洋，又明年，至菲律賓，以助土酋作戰而死。五舟逐漸損失，僅餘一舟，以一五二二年，即明世宗嘉靖元年西歸。西班牙於是征服墨西哥、秘魯，東佔菲律賓羣島，時在一五六五年，即明世宗嘉靖四十四年。菲律賓羣島距西班牙頗遠。好望角航路，既爲葡萄牙所據，航行麥哲倫海峽，則太覺回遠，所以其與本國的關係頗疏，然中國商船，聚集其地的頗多。至葡萄牙都城里斯本，則在歐洲，爲東洋貨物聚集之地。一五八一年，即明神宗萬曆九年，荷蘭叛西班牙，時西班牙王兼王葡萄牙，乃禁止荷人出入里斯本。一五九九年，即明神宗萬曆二十七年，英人自設東印度公司，越二年—一六〇二年，即萬曆三十年。荷人繼之，葡萄牙航業遂漸爲荷人所奪。荷人立巴達維亞，事在一六一九年，即明神宗萬曆四十七年。英國在印度，亦逐漸得勢。而中國與歐洲各國的交通，亦於是乎開始。

中國和西洋的交通，由來甚早，歷代西方的估客，梯山航海而來的不少。近世歐人東來，自然猶以敵意遇之。然（一）歷代東西交通，所販賣的，大概是珍奇之品，不見可欲，使心不亂，見之自然適得其反。而且交廣之地，天高皇帝遠，肆意誅求，究難發覺。所以通商地方，或專司通商事務的官吏，特別容易貪污。（二）商人惟利是圖，自更無所不至。主人畏客，乃五口通商以後的特別的情形。客子畏人，則千古一轍。在外商無力爭持，中國官吏不能秉公判斷的情形下，中國商人，自然要極其力之所能至，以榨取外商。（三）班超對任尚說：能來西域的吏士，必非孝子順孫。何況遠越重洋的冒險家？此輩從其一方面說，自然是個英雄，從其又一方面說，究竟是怎樣一種人，却很難下個斷語。懷抱大志的首領如此，何況其餘附隨的人呢？當時各商船的水手等，甚有類於海盜的行爲。因此，很足以引起大多數對通商沒有利害關係的人民的反感。（四）中國歷代不甚獎勵人民向海上發展。因爲海上的情形，不甚熟悉，對於海盜不易犁庭掃穴，遂覺其較諸陸上的盜賊，可怕得多。明朝承倭寇之後，此等恐怖心尤甚。又加當時的歐洲人，船砲的堅利，已非中國所及。《明史‧外國傳》和蘭：“舟長三十丈，廣六丈，厚二尺餘，樹五桅，後爲三層樓。旁設小牎，置銅砲；桅下置二丈巨鐵砲，發之，可洞烈石城，震數十里，世所稱紅夷砲，即其制也。”所以對於他尤爲畏惡,積此四端,遂釀成近世中西交通之始,一種隔閡的情形。

　　唐宋以降,中國在沿海各口岸,多設有市舶司,明朝在廣州亦然。外國商船來的,本來停泊在今中山縣南虎跳門外的浪白洋中,就船交易。武宗正德年間(一五〇六——一五二一),移於高州的電白。世宗嘉靖十四年(一五三五),又移於現在的澳門。見《明史·外國佛郎機傳》,稱爲壕境。後來諸國商人,率多離去,惟葡萄牙於穆宗隆慶年間(一五六七——一五七二),按年納銀五百兩,租地造屋。自此葡人在中國,遂獨在陸上得有根據地。英人以思宗崇禎十年(一六三七)來澳門,爲葡人所阻。自謁中國官吏求通商。至虎門,又遭砲擊。英人還擊,毀其砲臺,旋復送還俘掠,中國亦許其通商。然其時已迫明末,未幾,廣東軍事起,英人商務遂絕。荷蘭於明熹宗天啓四年(一六二四),據臺灣、澎湖,至清世祖順治十七年(一六六〇),爲鄭成功所奪,清朝曾約荷蘭夾擊臺灣,所以許其每隔八年,到廣東來通商一次,船數以四隻爲限。

　　清初因防鄭氏,海禁甚嚴,然通商本係兩利之事,所以臺灣平後,海禁即開。當時廣東海禁雖弛,福建人仍禁出海,清世宗雍正五年,閩督高其倬奏:福建地狹人稠,宜廣開其謀生之路,如能許其入海,則富者爲船主、商人,貧者爲舵工、水手,一船所養,幾及百人云云。廷議許之。福建出海之禁始解,觀此即知通商之利。康熙二十四年(一六八五),在澳門、漳州、寧波、雲臺山設立海關。二十七年(一六八八),又於舟山設定海縣,將寧波海關移設其地。外商以習慣,仍趨重於廣東。時税制既不整飭,官吏又私收規禮,賣買則爲特設的行商所專。行商入行時,取費頗重,有至二三十萬兩的,其事業既係專利,并不靠才能經營,所以其人率多驕奢淫佚,虧累之後,則取償於外商,税收規禮之數,既由其決定,出入口的貨價,亦由其專斷,外商多惡其壟斷。而中國官吏,把收税和管束外人之事,都交託他,所以行商不能取消,外商無可控訴,乃改趨浙江。高宗乾隆二十二年(一七五七),因虎門、黃埔,在在設有官兵,較之寧波可揚帆直至者不同,又命明年驅歸粤海。時英商務業已盛大,乃於乾隆五十七年(一七九二),遣馬甘尼(George Macartney)前來,要求改良通商章程。所要求的爲在北京設使,開放寧波、天津,於舟山及廣州附近,給與居住之地,并減輕税項等。時值高宗八旬萬壽,清人强指其爲祝壽而來,錫以筵宴禮物,給其國王敕諭兩道,於其所請求之事,一概駁斥不准。乾隆末年,東南海盜大起,至嘉慶時尤甚。其時拿破侖方圖獨霸歐陸,發佈《大陸條例》以困英。葡萄牙人不聽,爲法所破。英人怕其侵入東洋,要派兵代葡國保守澳門,乃以保護中英葡三國貿易,助中國剿辦海盜爲詞,向中國陳請。中國聽了,自然覺得詫異,嚴詞拒絕。嘉慶十三年(一八〇八),英人以兵船闖入澳門,并派兵三百人登岸。時粵督爲吳熊光，巡撫爲孫玉庭，遣洋行揲大班往論。東印度公司的代理人，中國稱爲大班。英人不聽熊光命，禁其貿易，斷其接濟。英人遂闖入虎門，聲言索還茶價和商欠。仁宗諭吳熊光：嚴飭英人退兵，抗延即行剿辦。熊光知兵力不足恃，始終不肯決裂。乃以退兵爲先決條件，許其貿易而去。仁宗怒其畏葸，把熊光、玉庭都革職，代以百齡和韓崶，管理外人愈嚴。二十一年（一八一六），英人再遣阿姆哈司（Amhenrst）來聘，仁宗遣使往迎，其人揲之，一晝夜自通州馳至圓明園，國書衣裝都落後。明日，仁宗御殿召見。英使不得已，以疾辭。仁宗疑其傲慢，大怒，命將其押赴廣東，旋知咎在迎迓的人，乃命粵督加以慰諭，酌收貢品，仍賜英王敕諭，賞以禮物。然英人所要求，則一概無從説起了。總而言之，當時通商之局，積弊甚深，而中外之間，隔閡殊甚。斷非尋常交涉，所能加以調整。道光季年兵禍，業已隱伏於此時了。

第二節　近代基督教的輸入

通商的交涉，隔閡如此，而傳教一事，尤爲引起糾紛之端。中國歷代，外教輸入的不少，就是基督教，當唐朝及元朝，亦曾兩度輸入，然皆無甚影響。到近代，其情形乃大不相同。此由其（一）則揲科學以俱來，（二）則有國力爲後盾。以國力爲後盾，乃是五口通商以後的事，自此以前，仍係純粹的宗教事件。

首先到中國來傳布基督教的，是舊派中的耶穌會，中國人稱爲天主教。耶穌會以一五五二年，即明世宗嘉靖三十一年成立。著名的教士利瑪竇（Matteo），以一五八〇年，即明神宗萬曆八年到澳門，久居廣東的肇慶，至一五九八年，即萬曆二十六年，乃至南京，結交士大夫，旋入北京，朝見神宗。一六〇〇年，即萬曆二十八年，神宗賜以住宅，并許其在北京建造天主堂。當時徐光啓、李之藻等，佩服其科學，因亦相信其宗教。而南京禮部侍郎沈㴶、給事中徐如珂等攻之，神宗初不聽。萬曆三十八年（一六一〇），利瑪竇死，攻擊者愈烈。四十四年（一六一六），其教卒被禁，教士都勒歸澳門。是年，清太祖叛明。四十六年（一六一八），召其人製造槍砲，教禁亦解。時曆法疏舛，而深通天文的湯若望（Adam Schaal）來華。思宗崇禎二年（一六二九），徐光啓薦其在曆局服務。十四年（一六四一），新曆成，未及行而明亡。清人入關以後，湯若望上書自陳，詔將其曆頒行，定名爲時憲曆。湯若望和南懷仁（Ferdinand Verbiest）并任職欽天監。此時的天主教，雖亦有人信其教理，然得以推行順利的,實在還是靠科學之力。

　　宗教是富有排外性的,雖然藉科學爲輔助,得以傳播,究竟免不了一番劇烈攻擊。當時攻擊西教最力的,是習回回曆法的楊光先。但光先所攻擊的,并不是其曆法。據他所著的《不得已書》,他所懷疑的:是教士不婚不宦,不遠萬里而來,疑其必別有所圖。他説:制器精者,其軍械亦精。任其出入無禁,各省的山川形勢,兵馬錢糧,無一不爲所深悉,異日必成中國的大患。所以他主張寧可中國無好曆法,不可使中國有西洋人。此等主張,在今日看起來,似乎可笑。然在當時,實是應有的疑忌,并不足以爲怪的。清聖祖康熙三年(一六六四),他的攻擊得勝了。湯若望等均遭罷斥。即以光先爲欽天監監正。光先自陳:知曆理而不知曆法,再三辭謝,當局者不聽。反對西教的人説:這是當局者有意陷害他的。到六年(一六六七),到底因推閏失實,獲罪遣戍,不久就死在路上。反對西教的人,又疑其爲教中人所謀殺。此等推測之辭,固難據爲信史,然亦可見教中人和教外人隔閡之深了。

　　楊光先既得罪,南懷仁再爲監正。清聖祖是個愛好學問的人,對於科學,亦頗有興趣,生平任用西教士尤多。然其文集中,論及西洋各國,亦説千百年後,中國必受其累。後來同治年間,設立同文館時,倭仁上書諫諍,引用此語,謂聖祖的用其法而實惡其人,這不能算是倭仁的曲解,可見聖祖的用意,實與楊光先相去無幾,不過不取激烈的措置罷了。此可見西教與中國人之間隔閡仍在,僅因技術上的需要而見緩和。一旦教理上的爭辯發生,自然終不免決裂了。

　　利瑪竇等的傳教,不禁教徒拜天,亦不禁教徒拜祖宗、拜孔子。他説:中國人的拜天,乃敬其爲萬物之本。拜祖宗,係出於孝愛之誠。拜孔子,則敬仰其人格。并非崇拜偶像。其人皆習華語,通華文,飲食起居,亦都改照華人的樣子。所以中國人對他,不生異教畏惡之感。然他派的教士,頗有不以爲然的,訐之於教皇。一七〇四年,康熙四十三年。教皇派多羅(Tonrmou)到中國來禁止。聖祖與之辯論,多羅不服,聖祖大怒,將其押赴澳門,交葡萄牙人看管,多羅憂憤而死。一四五四年,即明景帝景泰五年,教皇命葡萄牙王保護到中國傳教的教士。嗣後教士東來的,必得葡王的允許,雖非葡國人亦然。一六八三年,即清聖祖康熙二十二年,法人始自設教會於巴黎。明年,遂派教士東來。西班牙的教士,則先以一六三〇年,即明思宗崇禎三年到中國,後來向教皇攻擊利瑪竇一派教士的,就是西班牙人。法國教士也附和他,多羅被派到中國來時,知道和中國人交涉無益,乃自請爲總教,希冀教士聽他的話,然仍無益。聖祖把多羅送到澳門,命葡人監視,葡人因其爲教皇所派,又以主教自居,和他的保護權有妨礙,所以拘禁之甚嚴。一七一三年,康熙五十二年。教皇解散耶穌會。一七一八年，康熙五十七年。又命處不聽的教士以破門之罰。於是教士不復能順從中國的習俗，隔閡愈深了。先一年，康熙五十六年，一七一七。碣石鎮總兵陳昂奏天主教在各省開堂聚衆，廣州城內外尤多，恐滋事端，請依舊例嚴禁，許之。世宗雍正元年（一七二三），閩浙總督滿保請除送京效力人員外，概行安置澳門，各省天主堂，一律改爲公廨，明年，兩廣總督孫毓珣，因澳門地窄難容，奏請容其暫居廣州城內的天主堂，而禁其出外行走。許之。亦見聽許。自此至五口通商以後，教禁解除之前，天主教遂變爲祕密傳佈的宗教。

　　著《中西紀事》的夏燮於教禁解除以後，服官贛省。先是高安縣有育嬰會，由教中人胡姓掌管，諸生吳姓將女送入會中，長成後贖取。會例：女嬰贖回，須立約，載明仍由教士作主，指配信教之家。胡姓欲以女配己族中信教之人，吳姓欲自行擇配，遂至涉訟。其時夏氏奉委辦理教案。教士託其代求大府，迅飭瑞州府審結。夏氏詰以收養之女，定要指配教內人，江省安得有此從教相當的男女？又豈能以從教之故，令其遠適異域？教士笑道："江省何縣何鄉無我教中人，君不知邪？"觀此，可知所謂教禁的有名無實。此節所引《中西紀事》，見《江楚黜教篇》。此篇又謂教禁未解時，撫州城外，有法人在義冢旁賃屋一區，常以黑夜傳教。又謂撫、建、袁、瑞、臨、吉等處，亦多似此。吳城東菜園教堂，直至道光時，乃爲新建知縣所毀。又於望湖樓下改設。咸豐五年（一八五五），爲水師統領彭玉麟所毀。然究不能公然傳佈，遂起教外人揣測之辭。夏氏引時人的記載，謂佃民有歸教者，必先自斧其祖先神主及五祀神位。又謂歸教者有疾病，不得如常醫藥，必其教中人來施針灸，婦人亦裸體受治；死時，主者遣人來斂，盡驅死者血屬，無一人在前，方局門行斂，斂畢，以膏藥二紙掩尸目，後裹以紅布囊，曰衣胞，紉其頂以入棺。或曰：借斂事以刳死人睛，作煉銀藥。又謂其能制物爲裸婦人，肌膚骸骨、耳目、齒舌、陰竅無一不具。初折叠如衣物，以氣吹之，則柔軟溫暖如美人，可擁以交接如人道，其巧而喪心如此。夏氏亦謂其男女共宿一堂，本師預目其婦人之白皙者，授以藥餌，能令有女懷春，雌鳴求牡。又謂近傳其有取嬰兒腦髓，室女紅丸之事。道家修練，其下者流入採補，固邪教所必有。案採補煉金等事，本中國邪教中所謂邪術淫亂之事，祕密的宗教中，亦往往有之，此皆其古時代之留遺，古人不知生殖之理，以爲"生人之質"，能攝取之，必極補養，所以有採補之術。又以爲金之質最堅，倘使構成人身的質料亦和金一般堅，則必能歷久不壞，所以方士煉丹的，都很看重黃金。《抱朴子·內篇》中，即充滿此等思想。男女禁防之嚴，乃在家族主義成立之後，然當家族主義初成立時，婦女之專屬於某男子，只在平時爲然，至公衆集會時，則仍回復其得與一切男子自由交接之舊。宗教上的聖地，總是公衆集會之所；宗教上的節日，亦是公衆集會之時；所以歷史學家推論賣淫制度的起源，都以爲最早的是宗教賣淫。其實這并不是賣淫，不過是原始的兩性關係，未曾破壞的罷了。此項習慣，亦遺留甚久。

所以所謂邪教中，恒有男女混亂之事。天主教實無其事。然衆不可理喻，而祕密的事，亦不能禁人之揣測。天主教祕密傳播，既經過相當的時間，自然會造成此等誣罔附會之辭。信之者既衆，其説遂卒不可破，成爲後來鬧教的一個因素了。

第三節　康雍乾時的中俄交涉

舊一些的書籍，説起當時所謂洋務來，總把通商傳教并舉。誠然中西初期的交涉，不外乎這四個字。但俄羅斯却不然，他和中國的交涉，是最初便有政治關係的。

中國歷史上，侵掠的北族，大率來自蒙古方面。更北的西伯利亞，因其地太荒涼，不能有甚影響。到近世，歐洲的俄羅斯發達了，轉向東方侵略，而西伯利亞之地，遂成爲亞洲諸國的一個威脅。這也是歷史上的大變局。

俄羅斯的起源，在西洋歷史上，亦不甚清楚。據説：他們當唐末，居於今列寧格勒之南、莫斯科之北，北鄰瑞典、挪威，有喚做柳利哥的，兄弟三人，始收撫種人，立爲部落。柳利哥舊居之地，有遏而羅斯之稱，遂以爲其部落之名。又説：遏而羅斯是櫓聲。古時瑞、挪國人，專事鈔掠，駕舟四出，柳利哥亦盜魁，故其地有此名。據《元史譯文證補》。此説係屬附會，顯而易見。據《唐書·四裔傳》：突厥之北，有國名駮馬，又稱弊剌，又稱曷羅支。《唐書》謂駮馬之稱，由其"馬色皆駮"，當係中國人稱之之辭。曷羅支當係其本名。其地北極於海，人貌多似結骨，而語不相通。結骨，又稱黠戛斯，即漢時的堅昆，元時的吉利吉思。《唐書》稱其牙在青山。青山之東，有水名劍河，劍河即《元史》的謙河，爲今葉尼塞上源的華克穆河。亦據《元史譯文證補》。《唐書》説結骨"人皆長大，赤髮，皙面，綠瞳"，正是高加索人的樣子。其北，似即俄舊居之地。此説如確，則俄人本是亞洲部族，移殖歐洲，到近代，才轉向亞洲侵略的了。俄羅斯，《元祕史》作斡魯速。《元史》作阿羅思，亦作斡羅斯。蒙古西征時，爲其所征服。屬拔都之後統轄。元太祖長子術赤赤之子。西北諸部，本多其所平定。其後拔都後裔分裂。十五世紀中，俄人叛蒙古自立。至葡萄牙人通過好望角時，蒙古諸部幾於盡爲所滅。此時的吉利吉思人，亦稱爲可薩克（Kazak），中國舊稱爲哈薩克。其酋長月馬克（Yermak）附俄，爲之東略。征服鄂畢河城的失必兒（Sibir），獻其地於俄國，時在一五八〇年，即明神宗萬曆八年。其後託波兒斯克、託穆斯克、葉尼塞斯克、雅庫次克、鄂霍次克等，次第建立。一六三九年，即明思宗崇禎十二年，遂達到鄂霍次克海。歐洲人開拓殖民地，從没有如此容易的。一六四九年，即清世祖順治六年，俄人建雅克薩城於黑龍江外。一六五八年，即清順治十五年，又於其西築尼布楚城。可薩克的遠征隊，屢次剽掠黑龍江流域的土人。

清朝的先世，輾轉於今依蘭、長白之間，依蘭舊三姓，長白舊興京。其地本不過今遼、吉一隅。黑龍江下流，清朝稱其地爲東海部，實在到太宗時代，才漸次征服的。然清朝對於黑龍江流域的實力，自較俄國爲强，特因中原未定，無暇顧及東北，俄國的探險隊，遂得乘機侵略。清聖祖康熙九年（一六七〇），嘗致書尼布楚守將，請其約束邊人，并交還逃酋罕帖木兒。什勒喀河外土酋。因俄人侵掠來降，怨清人待遇薄，復奔俄。尼布楚守將許之，然不能實行。一六七五年，即康熙十四年，俄皇遣使到中國來，議通商畫界。聖祖答之以書。又因俄人不通中國文字，未有結果。康熙二十年（一六八一），三藩既平，聖祖乃決意用兵，命戶部尚書伊桑阿赴寧古塔造大船，並築齊齊哈爾、墨爾根兩城，置十驛以通餉道。二十四年（一六八五），命都統彭春以陸軍一萬，水軍五千圍雅克薩。俄將奔尼布楚，清兵毀其城而還。俄將途遇援兵，復還其地，築壘以守。明年，聖祖又命黑龍江將軍薩布素，以兵八千圍之，未下。先是聖祖因荷蘭人致書俄皇，及是，俄皇的覆書適到，允許約束邊人，畫定疆界，請先釋雅克薩之圍，聖祖亦許之。乃派內大臣索額圖等，和俄使費耀多羅會議於尼布楚。時清使從兵甚多，而俄使從兵頗爲單薄，會議決裂，勢將啓釁。俄人知不能與清敵，乃如清人之意以和。議定條約：西以額爾古訥河，東以格爾必齊河以東，以外興安嶺爲界，嶺南諸川，入黑龍江的，都屬中國，嶺以北屬俄。再毀雅克薩城而還。此時俄人的侵略東方，全是可薩克人所爲，俄國國家，因鞭長莫及，不能爲其後援，故其勢不能與中國敵。畫界問題，雖已告一段落，通商問題，尚未解決。康熙三十二年（一六九三），俄使伊德斯（Ides）來，聖祖許俄商三年一至北京，人數以二百爲限，留住北京的俄羅斯館，以八十日爲限，而免其稅。旋因俄人請派學生，學習中國語言文字，又爲之設立俄羅斯教習館。

內蒙古在明末，即被清人征服。外蒙古喀爾喀部，則到康熙年間，還不過羈縻。康熙二十七年（一六八八），準噶爾噶爾丹侵喀爾喀，喀爾喀三汗潰走漠南，車臣、土謝圖、札薩克圖三汗。三音諾顏汗本隸札薩克汗，後來清朝嘉其功，因使獨立爲一部，喀爾喀自此始爲四部。聖祖命科爾沁部假以牧地，爲之出兵擊破噶爾丹。三十六年（一六九七），噶爾丹自殺，三汗還治漠北。自經此次戰爭後，外蒙古全然服屬於清。蒙俄疆界，亦即成爲中俄疆界問題。雍正五年（一七二七），兩國在恰克圖訂立條約。自額爾古訥河以西，至齊克達奇蘭，以楚庫河爲界。自此以西，以博木沙奈嶺爲界，而以烏帶河地方，爲兩國間甌脫之地。以恰克圖、

145

尼布楚爲互市之地。高宗乾隆二年（一七三七），命停止北京互市，專在恰克圖，恰克圖更形重要了。乾隆二十年（一七五五），準噶爾爲清廷所破，天山北路，全入版圖。二十四年（一七五九），又平天山南路，葱嶺西北諸國，朝貢服屬的很多，於是中國西北境，亦生與俄國交界的問題，然迄未從事劃分。直到咸豐年間，黑龍江外割讓以後，才漸次訂約。

第四章　五口通商和咸豐
戊午、庚申之役

第一節　五口通商

五口通商是近世史上中西衝突的第一件事，這件事從表面上看來，是因通商上的隔閡深了，借燒烟而爆發的，論其實，則是中西的文化差異得甚了，自塞而趨於通，不可免的衝突的初步。

通商之事，爲官與商大利之所在，而於普通人民則無利，上章已經説過了。因此，官吏既懼外商與人民衝突，引起事端，又溺於利而不能絕。又是時的西人，頗爲強悍，倘使嚴行拒絕，也是要惹起事端的。而又不懂事，習慣於不辦事，不能持平處理外人的事件，乃悉將其責委之於商人。商人則乘機圖利，剝削外商，而通商上的隔閡，遂成非有大變動，不能改革之局。

英國的對華貿易，本爲東印度公司所專。一八三四年，即清宣宗道光十四年，其專利權才被取消。先是英商和中國的交涉，都由東印度公司的代表人負責，中國謂之大班。公行知公司的專利權將被取消，請於總督，説散商不便制馭，請知照英國，再派大班來粤。英人却派了一個商務監督來，其人爲律勞卑（William John Lord Napier），既到中國之後，即入居廣州的商館，_{行商爲英}商所備居住之處。要求會見總督。總督盧坤以舊無此例，命其在請旨得許之先，住居澳門。律勞卑不肯，盧坤以停止貿易相迫脅。律勞卑不得已，退還澳門，旋因患瘧而死。律勞卑東來時，英政府訓令其和中國官員交涉，須要和善，勿得惹起中國人民的惡感；英民當守中國的法律；其宗旨還很和平。律勞卑深受刺激，才説和中國交涉，非用武力不可。惡化的形勢，漸漸的開始了。律勞卑死後，德庇時（John Francis Davis）、羅白生（Sir George Robinson）相繼爲商務監督，和中國交涉，都很軟弱。德庇時時，英商曾聯名上書國王，請求改派大員，以武力改良待遇，英政府仍未採用。一八三六年，即道光十六年，甲必丹義律（Captain Elliot）代爲監督，由行商爲之轉遞稟帖，稱其爲英國在華最高的長官。明年，總督鄧廷楨，奏請許其如大班之例，到省照料，不得逾期逗留。朝議許之。四月，義律始至廣州，報告英政府，英政府令其不得再用稟帖。而其時禁烟事起，中國命其禁止商人販運鴉片，形勢頗爲嚴重。義律遂回澳門，建議英政府説：非用武力，不能得平等的待遇。禁烟形勢嚴重，或將引起戰禍。於是英政府訓令東方艦隊，保護在華英人的利益。一八三八年，即道光十八年，英國艦隊來粵示威，交涉漸次惡化了。

　　鴉片輸入，遠起唐末。然其時係作藥用。直至明代，西班牙人將美洲的烟草，移植菲律賓，後遂輸入中國。吸食烟草時，有一種將鴉片加入同熬，謂之鴉片烟。罌粟之名，初見於《開寶本草》。開寶係宋太祖年號，自西曆九六九至九七五年。其物一名阿夫容。據近人説，即阿拉伯語 Afon 的音譯，故知其爲大食人所輸入。清世宗《雍正朱批諭旨》：七年，有漳州知府李國治，拿得行户陳遠私販鴉片三十四斤，擬以軍罪。巡撫劉世明親訊，傳藥商認驗。僉稱此係藥材，爲治痢必須之品，惟加入烟草同熬，始成鴉片烟。劉世明以李國治故入人罪，具本題參。可見當時鴉片尚不能離烟草而單獨吸食。後又變爲單獨吸食，詒害頗巨。雍正時已有禁例。然其時鴉片由葡萄牙人輸入，爲數并不多，至東印度公司在印度獎勵種植，而輸入始日增月盛。高宗乾隆末年，粵督奏請禁止。仁宗嘉慶初，又申明禁令。鴉片遂變爲無税的貨，輸入轉難制馭。道光時輸入達三萬箱，烟箱之重量不同，以一百斤的爲多，價約四五百元。國民吸食者日多。劉韵珂寫給人家的信，説黄巖一邑，白晝無人，竟成鬼市，雖或言之過甚，然吸食者必不少。而中國是時，没有這許多出口貨與之相抵，只得輸出銀兩，銀是清代用爲貨幣的，官吏徵收錢糧，鹽商賣鹽，所收的都是銅錢，及其解交國庫，則都須換成銀兩。銀錢相易，前此都有贏餘，此時則不克賠累，影響於財政頗巨。於是嚴禁之議復起。

　　私運爲大利之所在，能否用快刀斬亂麻的手段，一切禁絶，頗成問題。當時鴉片躉船，都停泊外洋，而其行銷之暢如故，包買的謂之窑口，傳遞的謂之快蟹，關汛都受其賄賂，爲之包庇。道光六年（一八二六），粵督李鴻賓專設水師巡緝，巡船所受規銀，日且逾萬。十三年（一八三三），盧坤督粵，把它裁掉。至十七年（一八三七），鄧廷楨又行恢復，巡船之受賄如故，而且更立新陋規，每烟一萬箱，須另進他們數百箱。不但置諸不問，并有代運進口的。而對外方面，通商上的症結深了，能否一切不顧，專辦禁烟，亦成問題。做《中西紀事》的夏燮，眼光是很舊的，然而他論禁烟之事，亦説不宜同時斷絶通商。且説晁錯策七國，削之反速而禍小，不削反遲而禍大，當時情事，適當其反。西人萬里而來，不過圖利，若使其有利可得，戰禍或竟可消弭於無形。可見當時戰事，燒烟其名，争通商之利其實，爲衆所共知。所以當時太常寺少卿許乃濟一奏，頗主緩和。乃濟仍主開禁收税，但只准以貨物交易，不許用銀，官員、士子、兵丁禁吸，餘不問，且許栽種。然積弊須以漸除,固是一理,要用迅雷疾風的手段,加以震懾掃蕩,然後爬羅剔抉的工作,乃得繼之而進行,亦是一理。林則徐在當時,大約是主張後者的,至於對外的關係,則非當時所知,總以爲前此辦理的不善,由於官吏的畏葸不負責任。於是嚴厲的行動,就開始了。

當時朝臣的議論,多數主張激烈,宣宗命疆臣籌議,亦都主張嚴厲,而湖廣總督林則徐,言之尤激。乃派則徐爲欽差大臣,赴粵查辦。道光十九年,即一八三九年,則徐到廣州,强迫英商交出鴉片二萬零二百八十箱,把它悉數焚毀。當時銷毀之法,係於海灘挑成二池,前設涵洞,後通水溝,先由溝道引水入池,撒鹽其中,次投箱中烟土,再抛石炭煮之,烟炭湯沸,顆粒悉盡,潮退,開放涵洞,隨浪入海,然後刷滌池底,不留涓滴。歷二十三日始盡。外人觀者,皆嘆其公正無私。又佈告外商:入口貿易的,要具“夾帶鴉片,船貨充公,人即正法”的甘結。別國商人都遵令,惟英商不可。旋又有外國水兵,在九龍尖沙村,殺死中國人林維喜。則徐命英人交出凶犯。義律許懸賞緝凶,撫恤死者家屬。則徐不許,下令斷絕英人接濟,并令葡萄牙人逐出英人,不得留居澳門,英人遂退居船上。時英政府尚未決意用兵,而印度總督派船二艘來華,義律乃率之入九龍,强買食物而去。是役也,中國兵死者三人,傷者六人。英商因相持久,損失不貲,意見紛歧,義律乃託葡萄牙人轉圜,請刪甘結中“人即正法”一語,餘願照辦。則徐仍不許,而命水師提督關天培,以兵船强迫英人交出殺林維喜的凶手,戰鬥之下,中國兵船多傷,退入虎門。則徐遂下令,停止英人貿易。

時英國政府亦傾向用兵,議會中雖分强硬、緩和兩派,畢竟以九票的多數通過,對前此的損害,要求賠償,後此的安全,要求保障。乃調印度、好望角的兵一萬五千,命伯麥(Colonel Sir Gordon Bremer)統率前來,以喬治‧懿律(George Elliot)爲議和專使,甲必丹‧義律爲副使。共有軍艦十六、大砲五百四十尊、武裝汽船四、運輸船二十七,船皆高大,裕謙言英船寬三四五丈,長二三四十丈,厚尺餘,較國内兵船及閩廣大號商船,均大至倍蓰。砲之射程亦遠。中國則尚用舊式的砲和鳥槍,兵士亦乏訓練,勝負之數,不待戰而可見了。

時英政府以在粵交涉,難得結果,命懿律等北上。伯麥乃先封鎖廣州。至廈門,遞送英政府致中國政府的公函。時朝廷因粵省烟禁嚴,私銷者改而趨閩,調鄧廷楨爲閩督,廈門兵拒英人。英人遂去,北陷定海。至寧波,再送公函於浙撫烏爾恭額,亦爲所拒。乃北至天津,投函於直督琦善。琦善許代奏,宣宗亦諭令羈縻。案此時中國兵力的不足恃,政府亦非不自知,但初不料中外强弱相去如此之遠。到英船直抵天津,則情見勢絀,無可支吾,政策就不得不變了。後來御史高人鑒奏參琦善，説他夸稱英夷之强，斷非中國所能敵。若非設法善遇，夷船早已直抵通州。此等語，在當時認爲別有用心，自今日觀之，則不能不承認其係事實。處此情勢之下，試問有何辦法？朝旨轉變，職此之由。當時論者，多歸咎於琦善及軍機大臣穆彰阿，又説疆臣怕多事，有造作謡言，以動搖朝意的。即使有之，怕也不是當時政策轉變的真原因。其時林則徐已署粵督，旋與鄧廷楨俱革職，而命琦善以欽差大臣赴粵。

英政府公函中所要求的共六條：（一）償貨價。（二）開廣州、廈門、福州、定海、上海五口通商。（三）中英官交際用平行禮。（四）償軍費。（五）不以英船夾帶鴉片，累及岸商。（六）盡裁經手華商浮費。琦善至廣州，喬治·懿律患病，甲必丹·義律代之談判，要求賠償烟價。琦善許以銀三百萬兩。先是英人想在珠江口佔一小島，以爲根據地。至是，乃要求割讓香港。琦善不敢許。英人遂進兵陷大角、沙角兩砲臺。琦善不得已，許開廣州，割香港，英兵乃退去。宣宗聞之，再主戰議，以奕山爲靖逆將軍，楊芳、隆文爲參贊大臣，調湖南、湖北、雲、貴、四川之兵進剿，英人聞之，再進兵，陷橫當、虎門砲臺，關天培戰死。明年（一八四一）二月，楊芳至，芳係當時名將，亦束手無策。五月，奕山、隆文皆至，進攻英船，不克。英人盡陷城外各砲臺。廣州形勢，已落敵手，不得已，乃命廣州知府余保純縋城出，與英人議和。許於五日内償英軍費六百萬，將軍率兵退至離城六十里之處，英兵乃退出虎門。奕山奏稱大捷，英人窮蹙乞撫。但求照舊通商，永不敢再售鴉片。朝廷以爲無事了。而英政府得義律與琦善所定草約，嫌其於軍費、商欠、行商諸端未有切實辦法，英人後此的安全亦無保障。乃撤去義律，代以璞鼎查（Henry Pottinger），續調海軍前來。七月，陷廈門。八月，再陷定海。葛雲飛、王錫朋、鄭國鴻三總兵同日戰死。英兵登陸陷鎮海。提督余步雲遁走，江督裕謙，在浙江視師，兵潰自殺，英人遂陷寧波。朝廷以奕經爲揚威將軍，赴浙進剿。明年（一八四二）二月，至杭州，分兵同時進攻，不克。四月英人陷乍浦，五月撤兵北上，攻吴淞口。兩江總督牛鑒親往督戰，因英人砲火猛烈，知不能敵，退走。提督陳化成戰死。英人陷寶山、上海。六月入長江，陷鎮江，七月逼江寧。於是朝廷知不能再戰，而和議起。

當英人初陷定海時，兩江總督伊里布奉令赴浙視師。旋琦善接受英國公函，朝旨中變，命事羈縻。伊里布遂與英人定浙江休戰之約。後以遣家人張喜往來洋船，被參革職。當時通知外情者太少，此舉實亦不得不然。伊里布起用後，張喜仍參與交涉之事。《中西紀事》言其聞英人索賠款，拂衣而起，則亦非壞人。及奕經進攻不克，浙撫劉韵珂知不能戰，奏請起用伊里布。朝命前往浙江軍營效力。時耆英以廣州將軍前往廣東，在浙，亦奉旨辦理羈縻事宜。至是，乃以二人爲全權大臣，與英人議和於江寧。立約凡十三款。其中重要的：（一）割讓香港。（二）開廣州、廈門、福州、寧波、上海五口通商。英人得携眷居住。英國得派遣領事官駐扎。（三）英商得任意和華人貿易，無庸拘定額設行商。（四）進出口稅則，秉公議定，由部頒發曉示。英商按例納稅後，其貨物得由中國商人遍行天下。除照估價則例，酌收若干分外，所過稅關，不得加重稅則。（五）英國駐在中國的總管大員，與京內外大臣文書往來稱照會，屬員稱申陳，大臣批復稱札行。兩國屬員往來，亦用照會。惟商賈上達官憲仍稱稟。（六）償英軍費一千二百萬兩，商欠三百萬兩，烟價六百萬兩。限道光二十五年，即一八四五年交清。英兵駐扎定海、鼓浪嶼，俟款項交清，五口開放後撤退。此約大體依照英政府要求。其立意，乃所以破除前此（一）英人在陸上無根據地。（二）通商口岸隨意開閉。（三）稅則無定。（四）貿易限於行商。（五）官員待遇不平等之局的。是爲道光二十二年七月二十四日，即西曆一八四二年八月二十九日。

中英交戰之時，英船嘗三犯臺灣。第一次在鷄籠，第二次在大安港，都擱淺，中國拘獲白夷、紅夷、黑夷及漢奸一百六十餘人。臺灣本屬福建，時以隔海，許總兵達洪阿、兵備道姚瑩專摺奏事。二人奏言俘獲的人解省既不可，久羈亦非計，如夷船大幫猝至，惟有先行正法，以絕後患。報可，於是除英酋顚林等九人，及漢奸黃某、張某等奉旨監禁外，餘均正法。及和議成後，訂明被禁的英人，及因英事被禁的華人，一律釋放。於是顚林等都送廈門省釋。英人迫江、浙、閩、粵大吏入奏，説臺灣所殺，都是遭風的難夷。詔閩督怡良渡海查辦。由達洪阿、姚瑩自認冒功，革職了事。當時輿論，很替二人抱不平，説怡良忌其得專摺奏事，有意陷害。這也未必其然，當時的情形，非如此如何了結呢？盡殺俘虜，在今日看起來，未免野蠻。當時的心理，則異於是。如裕謙殺英人二名，奏稱先將兩手大指連兩臂及肩背之皮筋，剝取一條，留作奴才馬繮，再行凌遲梟示。自今日觀之，何解於野蠻之譏？然裕謙在當日，亦係正人，姚瑩寫給劉韵珂的信，説鎮道天朝大臣，不能與夷對質辱國。諸文武即不以爲功，豈可更使獲咎，失忠義之心？惟有鎮道引咎而已。亦殊有大臣的風度。民族隔閡之深，致有此等變態的心理，此豈可以常理論，亦惟有歸諸異文化接觸時，應有的現象而已。

當姚瑩等捕獲英人時，廷寄命其將該國地方，周圍幾許？所屬之國，共有若干？其最爲強大，不受該國約束者，共有若干人？英吉利至回疆各部，有無旱路可通？平素有無往來？俄羅斯是否接壤，有無貿易相通？逐層密訊，譯取明確供詞，切實具奏。林則徐在廣州時，奏稱震於英吉利之名者，以其船堅砲利而稱其强，以其奢靡揮霍而艷其富。不知該夷兵船笨重，吃水深數丈，僅能取勝外洋，至口內則運掉不靈，一遇水淺沙膠，萬難轉動。是以貨船進口，亦必以重資請土人導引，而兵船更不待言矣。從前律勞卑冒昧，一進虎門，旋即驚嚇破膽，回澳身死，是其明證。且夷人除槍砲以外，擊刺步伐，俱非所嫺，而其腿足纏束緊密，屈伸皆所不便，若至岸上，便無能爲，是其强非不可制也。又其陛辭時，奏稱內地茶葉、大黃，禁不出口，已足制諸夷之命。至廣州，又奏茶葉、大黃兩項，臣等悉心訪察，實爲外夷所必需。其隔膜至於如此，豈在短時期中，能有知己知彼之望？中國當承平時，政治是放任的，兵備是廢弛的，上章業經述及。當時廣東按察使王廷蘭寫給劉韵珂的信，説各處調到的兵，紛擾喧呶，毫無紀律，互鬥殺人，校場中積尸不知凡幾。甚至夷兵搶奪十三行，官兵雜入其中，肩挑背負，千百成羣，竟行遁去，點兵冊中，從不聞清查一二。又説：林則徐查辦烟案，兵怨之，夷怨之，私販怨之，莠民亦怨之，反恐逆夷不勝，前轍不能覆蹈。劉韵珂寫給人家的信，亦説除尋常受雇，持刀放火各犯外，其爲逆主謀，以及荷戈相從者，何止萬人？英兵所至，到處官逃民散，論者稱其爲入無人之境，而非如入無人之境，社會的情形，積重如此，又豈一日所能轉變？然而從五口通商，到民國二十六年（一九三七）的崛起抗戰，亦還不滿百年，我們的轉變，也不可謂之遲了。

第二節　咸豐戊午英法交涉

陰翳蔽天之局，斷非片時的微風所能掃蕩，於是五口通商之後，事勢相激相乘，又演成咸豐戊午、庚申之役。戊午係咸豐八年，一八五八年；庚申係咸豐十年，即一八六〇年。

中英和議成後，中國以伊里布爲廣州將軍，以欽差大臣名義，辦理廣東交涉事宜。道光二十三年（一八四三），伊里布病死，耆英代爲欽差大臣，於是美、法、瑞、挪先後和中國成立通商條約。惟俄國援例要求，仍未獲許。見第三節。美、法之約，都定於道光二十四年（一八四四）。瑞、挪之約，則定於道光二十七年（一八四七）。其中美約最早，除領事裁判權外，又規定税例變更，須與領事議允，而關税協定，遂於是乎開始。又規定外商運來貨物，如未全銷，得運往別口，免徵船鈔，如係原包、原貨，并得免其重税，而外商遂得在我國各口岸間,將貨物運載往來。又規定外國兵船,巡查到中國各口的,中國須以禮相待,并許採辦食物,汲取淡水,修補損壞,而外國兵艦,遂得出入我國港口。後來長江沿岸開放,并因此擴及內河。法、瑞條約,都模仿美約,咸豐八年、十年(一八五八、一八六〇)的英、法條約,除戰勝所得權利外,又都以此等條約爲藍本。諸約又都有最惠國條款,得以互相援引,條文即有異同詳略,亦無礙於其權利的享受。中國則喪失權利給一國,即係喪失權利給各國。不平等條約,漸次根深蒂固了。

英人既得香港,以璞鼎查爲總督,旋代以德庇時。先是乾隆五十八年(一七九三),清高宗曾有西洋各國商人不得擅入廣東省城之諭。此時國交情形既已大變,舊例自難固執,而粵民排外方甚,仍執此諭以拒英人,嫌官吏辦事軟弱,動輒與官齟齬。此等積久的隔閡,既非旦夕所能化除,外人又戰勝恃強,無可商洽,官吏辦事,甚覺爲難。二十六年(一八四六),中國賠款既清,耆英要求英撤舟山之兵,德庇時與耆英乃再定約於虎門。申明入城的事,可以延緩,而不能廢止。並訂明中國永遠不以舟山羣島讓給別國。若遇他國侵伐,英國應爲保護,無庸中國給予兵費。此爲中國聲明領土不割讓之始,後來所謂勢力範圍,多係以此表示。二十七年(一八四七),英人往游佛山的,被鎮人擲石擊傷。德庇時以兵船闖入黃埔,聲勢汹汹,要求於兩年後開放廣州。耆英不得已,許之。是年,耆英內召,徐廣縉代爲總督,葉名琛爲巡撫,二人都是有些虛憍之氣的,不知外情,而好徼名,交涉就更要惡化了。

道光二十九年(一八四九),港督文翰(Samuel George Bonham)以入城之期已屆,要求實行,徐廣縉親自登舟勸阻。粵人疑文翰將劫廣縉爲質,民團數萬,聚集兩岸,呼聲震天,文翰懼,乃罷入城之議。廣縉奏聞,朝意大悅,詔封廣縉一等子,名琛一等男,均世襲;其餘文武官員,均照軍功例從優議叙,並著嘉獎粵民。英政府聞其事,謂粵人排外,實由中央政府主持,感情愈惡。明年,宣宗死,子文宗立。時中國輿論,本不以和議爲然。文宗初立,頗有圖治之志,自然要受其影響。於是革穆彰阿職,永不叙用;耆英降五品頂戴,以六品員外郎候補;並昭雪達洪阿、姚瑩。中國的政情也一變了。

咸豐元年(一八五一),徐廣縉移督湖廣,葉名琛代爲粵督。時太平軍漸盛,清朝不願對外多生枝節,亦飭其交涉慎重。然名琛負虛氣,以爲西人不過虛聲恐嚇,置之不理,即無他技。凡事輒以傲慢態度出之,而又不設防備。先是英約無修改期限,而美、法之約,則定以十二年爲修改之期。其時稅則,係據五口開放前物價訂定,大體爲值百抽五。開放後物價減低而稅則如故,外人都想改約。咸豐四年，英國條約已屆十二年之期，乃援美、法條約，請求修改，美、法條約尚未期滿，亦遣使助之。函告葉名琛，名琛不許。英、美二使乃求見兩江總督怡良，怡良爲之奏聞。上諭不許。二使北上，至大沽，時怡良正移督直隸，赴津與之交涉，英使提出條件。所需求的爲：公使駐京，英人得在内地居住置產，開放天津，修改税則，准許鴉片進口，免除釐金，使用各式洋錢等。上諭謂其荒謬已極，所議遂無結果。二使報告本國，謂非用兵力，修約難望成功。咸豐六年（一八五六），英、法、美三國再向葉名琛要求，名琛仍不許。美使又至上海交涉，亦無結果。而是年適又有亞羅船（Arrow）事件發生。是時中國沿海船户，頗有藉外國旗號爲非的。桂良等在上海，曾照會英、美、法三使，説"上海近有船户，由各國領事發給旗號，此等船户向係不安本分，今恃外國旗號爲護符，地方官欲加之罪，躊躇不決，遂至無所不爲，案犯累累。上海如此，各口諒均不免。擬請貴大臣即飭各口領事：嗣後永不准以貴國旗號，發給中國船户；從前已給者，一概撤銷"云云。可知此時確有依靠外國旗號，爲非作歹之事。亞羅號亦係華船，在香港注册，業已期滿，而仍扯英國旗號，停泊省河。中國水師巡緝，拔下其旗，捕去十二人。英領事巴夏禮（H. S. Parkes）商於港督包令（John Bowring），要求道歉送還。葉名琛初以其中三人實係海盜，許還九人，巴夏禮不可，提出最後通牒，名琛乃遣員將十二人送還，巴夏禮以其未曾道歉，不受，遂砲擊廣州。包令謂名琛必然讓步，自至廣州，預備交涉，而名琛不屈如故。包令大失望，因未奉政府命令，不能作戰，乃復退兵。粵民遂燒英、法、美商館，衝突之事時起。時法國教士馬賴（Pere Auguste Chapdelaine）在廣西西林被殺，英國方商於美國，欲共同出兵，迫脅中國改約。及亞羅事件報至，下議院反對用兵。英政府將其解散，改選後，遂通過向中國要求改約及賠償，不得則開戰。於是英以額爾金（Lord Elgin），法以葛羅（Baron Gros）爲使，率兵前來。英政府之意，原令專使北上，與中國政府交涉。而香港英人力言粵人之暴橫，請攻取廣州，以挫其氣。二使乃對葉名琛提出開放廣州，賠償損失的要求。名琛不許，廣州遂爲英、法所陷，名琛被虜，咸豐九年即一八五九年，死於加爾各答。時爲咸豐七年（一八五七）九月。清朝聞之，革名琛職，代以黄宗漢。

時俄使普提雅廷（Count Putiatin）以在天津與中國交涉，不得要領，亦至香港。見下節。美國亦遣列衛廉（William B. Reed）來華。四使乃同致照會於中國大學士裕誠，請派全權至上海會議。請兩江總督何桂清代遞。裕誠覆英、法、美，令至廣東聽候查辦。覆俄使，申明不得在海口通商，令赴黑龍江與該處辦事大臣妥議。四使不聽，相偕北上。咸豐八年（一八五八）三月至天津，直督譚廷襄奏聞。清朝遣使往議，以非全權見拒。四月，英、法兵遂陷大沽砲臺，旋以俄、美居間，以大學士桂良、吏部尚書花沙納爲全權往議，與四國各定條約。是爲咸豐八年的《天津條約》。英法兩約：訂明（一）彼此互派公使。英約並訂明由大學士、尚書中特簡一員，與英國欽差大臣，文移會晤，商辦各事，此爲總理各國事務衙門所由設立。（二）英約開牛莊、登州、後因水淺，改開芝罘。臺灣、潮州、瓊州。沿江自漢口以下，開放三口。後開漢口、九江、鎮江。法約多淡水、江寧，而無牛莊。（三）稅則定值百抽五。英約十年估價一次，須在滿期前六個月知照，否則再行十年。法約七年，後在上海以另款改與英同。（四）英商運貨往來於內地及口岸間的，應輸稅項總數，由領事備文詢問各關監督，關監督應即照覆。彼此出示曉諭。英商願在首經子口及海口一次完納者聽。其額爲值百抽二點五。（五）許英人持照往內地游歷通商。（六）英、法、美約並許傳教，而法約中又有許往內地之文。英約第八條許傳天主耶穌教。法約第十三款但言天主教。美約云“耶穌教即天主教”。（七）英另定專條，由中國賠償商虧一百萬、軍費二百萬，付清後乃將廣州交還。後於咸豐十一年三月交還，其時賠款實尚未清。據上諭，係法使調停之力。法於《補遺條款》中定賠款軍費總額爲二百萬。美約與英、法有異。當譚廷襄將美國條款奏聞時，上諭：貿易口岸，准於閩粵兩省酌添小口各一處。至於大臣駐扎京師，文移直達內閣禮部，賠款焚劫船貨等，不能准行。議約時，美使遂將此等條款刪去，所以美約無賠款，通商口岸只有臺灣、潮州兩處。駐使遇有要事，方准到北京暫住，與內閣大學士或派出平行大憲酌議。每年仍不得逾一次，到京後須迅速定議，不得耽延。雖有此款，仍不得因小事輕請。但英、法、美三約，既有最惠國條款；而美約又訂明，他國條約，更開他口，美人亦得居住貿易；他國使臣駐京，美國即無庸更議，一體辦理；則英、法費干戈而得之的，美國并不煩兵力，而坐享其成了。

改訂稅則會議，因物價紀錄都在上海，約定於上海舉行。乃派桂良、花沙納至滬，與何桂清共議。這一年，廣東人民在佛山設團練局，在籍侍郎羅惇衍、翰林院編修龍元禧、給事中蘇廷魁主持其事。令耆老通飭民間：受雇於外人的，限一月內辭職。否則收其家屬，無家屬的係其親屬，辭歸的共二萬餘人。團練嘗襲擊廣州，不克。和議成後，羅惇衍託言巡緝土匪，請緩撤團練。桂良等至滬，英人要求撤黃宗漢職，懲辦惇衍等三人。時廣東人有僞造廷寄，說英、法心懷叵測，已密飭羅惇衍相機剿辦的。乃發上諭，嚴拿僞造廷寄的人，奪黃宗漢欽差大臣關防，以授何桂清，後遂以桂清爲五口通商大臣。事在咸豐九年（一八五九）三月。自此中外交涉，漸自廣東移於江蘇了。是年十月議定《通商章程》,英、法相同。規定外商運貨,往來內地及口岸間的,均在首經子口及海口完納。用照會將移文詢問的辦法取消。又規定中國得邀請英人幫辦稅務,任憑中國總理大臣邀請,毋庸英官指薦干預。法、美二約亦同。鴉片:當耆英在江寧議和時,曾請英人嚴禁,到廣東後,又以爲言。璞鼎查說不如收稅。道光二十四年(一八四四)的《中美條約》,曾訂明美人向不開闢的港口私行貿易,或走私漏稅,或攜帶鴉片及別項違禁貨物的,聽中國地方官員自行辦理治罪。美國官民均不得稍有袒護。二十七年(一八四七)的瑞挪條約同。然雖有此等條約,中國烟禁在表面上亦且加嚴,實際均無效力。鴉片輸入,戰前不過二三萬箱者,戰後反增至六萬餘箱。一八五五年,即咸豐五年,英人公正的,曾上書英王,請禁英船英商販運鴉片來華,爲英國政府所駁斥。列衛廉來華時,美政府命其助中國禁煙。列衛廉到華後,調查情形,遂未遵辦。當咸豐五六年間,東南各省,已紛紛抽厘助餉。此年的《通商章程》,乃稱鴉片爲洋藥,定每百斤稅銀三十兩。且訂明條約中的稅法,及許英人往內地通商,均與洋藥無涉。嗣後修改稅則,亦不得按照別貨定稅。從此鴉片就變成合法進口之物了。

第三節　咸豐庚申英法交涉

《天津條約》雖經訂定,實在是很勉强的,當時臺諫部寺連銜諫止,而侍講殷兆鏞一疏,言之尤激。論者所最忌的,爲京師駐使、長江通商、內地傳教、游歷各條。桂良等在滬議通商章程,上諭屢命其設法挽回。且以營口逼近京畿,又爲東三省貨物出入總匯,意欲將其取消。這自然是辦不到的。英、法二約,均訂明在北京交換,此時又欲令其在滬。至咸豐九年(一八五九),乃許其入京換約,但仍須限定隨從人數。時英國亦頗意存挑釁,其使普魯斯(Frederick W. A. Bruce)來換約,英政府命其必須進京,且必須航行白河。適僧格林沁在大沽設防,請其改走北塘。不聽,闖入白河,開砲攻擊砲臺,爲守兵所敗。詔詰其開砲之由,然仍許在北塘換約。時法、美二使,皆與英偕,英、法二使均不聽,折回上海。惟美使遵命,在北塘換約而去。這大約因爲美約本未規定換約地點之故。上諭言“換約本應回至上海,念其航海遠來,許即在北塘海口互換”,欲以此風示英、法,那又是隔膜的了。

此時中外兵力的不敵,清朝亦明知之,況值太平天國軍事正在吃緊之際,所以仍留北塘爲款使之地,以圖轉圜。

　　上海華商楊芳,亦陰與英商接洽和平辦法。英商提出,(一)津約仍舊,
(二)增加兵費一百萬兩,(三)許外兵一二千到天津,(四)撤去大沽防兵等條
件。這無疑兩國商人都是受意於官憲的。上海道又與法國翻譯官磋商:減少
兵費,免除撤防。由何桂清奏聞。而清朝見英兵敗後,無所動作,以爲其技止
此。又圖乘機挽回威望。上諭遂言:普魯斯先行背約,咎由自取。若果悔罪
求和,應將《津約》聽何桂清裁減,仍在上海定議。惟許援美國之例,減從入京
換約。於是上海方面的接洽,又成畫餅。

　　時英人議論,亦以英使强航白河爲非。而英政府主張强硬,仍以額爾金,
法亦仍以葛羅爲使,率兵前來。照會中國政府:(一)道歉,(二)公使駐京,
(三)賠償兵費,(四)入京換約。仍由何桂清代遞,上諭將其駁斥。咸豐十年
(一八六〇),英、法兵北上,過舟山,見其無備,陷之,以儲軍需。時僧格林沁
誤聽人言,謂洋兵登陸,可以馬隊蹂而殲之,撤去北塘防兵。六月,英、法兵自
此登陸,僧格林沁駐守新河。英、法兵進攻,僧軍大敗。七月,大沽口南北砲
臺俱陷。詔僧格林沁退守通州。僧兵駐張家灣,大學士瑞麟以京旗兵守通
州。都統勝保自河南召回,亦助瑞麟駐守。英兵進陷天津。朝命桂良和直督恒
福至津議和。英、法二使派員與議。巴夏禮亦在其中。提出(一)開放天津,
(二)增加賠款,(三)帶兵入京換約等條件。議不諧,二使聲言逕往通州。清朝
再派怡親王載垣往議,照會二使回津,二使不聽。詔將其羈留在通,毋令折回。
既會議,載垣許其開放天津,入京換約。二使又欲覲見皇帝。載垣以其不肯行
三跪九叩首禮,不敢許。而又有人言其欲逃。載垣遽命僧王捕拿。僧王遂將巴
夏禮執送京城,監在刑部監裏。此時被拘的,英人二十六,法人十三。及釋出時,英人還剩十三,
法人只有五名,餘均死亡了。英、法兵進攻,僧兵大敗。勝保出戰,又敗。八月,英、法
兵遂陷通州。文宗以恭親王奕訢爲全權大臣議和,仍不諧。文宗遂逃往熱河。
英、法兵據圓明園。脅北京守臣,釋放巴夏禮,開放永定門。英、法兵於二十九
日入城,九月五日,英兵焚毀圓明園。奕訢避匿不敢出,旋因俄使伊格那提也夫
(Ignatief)居間,且力任保護,乃出面議和,與英、法各訂條約:(一)增加天津。
(二)許華人出洋作工。(三)割九龍司與英。(四)《英約》改商欠爲二百萬,軍
費爲六百萬兩。《法約》改賠款爲八百萬兩。中以七百萬爲兵費,一百萬賠償在粵損失。
(五)《英約》言英使在何處居住一節,戊午年(一八五八)九月在滬會商定之議,
作爲罷論,將來應否在京長住,抑或隨時往來,仍照原約第三款明文,總候本國
諭旨遵行。公使駐京一節,中國所竭力爭持的,都歸於無效了。

　　長江通商後,鎮江、江漢、九江各關,次第設立。總署遂與英使議訂《長江

通商章程》十二款,《納稅章程》五款。穆宗同治元年(一八六二),又續訂《長江通商章程》爲七款。洋商由上海運洋貨進長江的,在上海納進口正稅。至江口後,如完一子口稅,則發給稅單,離江口入內地,不再另徵。否則逢關納稅,遇卡抽厘。其運土貨進長江的,在上海納出口正稅,及長江復進口半稅。如係別口來的土貨,已在該處完出口稅,上海交復進口稅的,則出口正稅及長江復進口半稅皆免,而均須逢關納稅,遇卡抽厘,不能援洋貨完一子口稅不再另徵之例,洋商在長江口岸入內地買土貨的,或本商自去,或用其本國人,或用內地人均可。惟須向海關請領買貨報單。單內注明該貨某日到某子口,應運通商某口,并填注本商姓名,或本行字號。其自長江口岸運至上海:如係洋商自販之貨,在江口完一子稅,即可過卡。其貨若已由內地人交過各內地稅,則長江各口皆不稅,俟進上海時,乃完長江出口正稅。并存一半稅於銀號。如三月內原包原貨原包謂無拆動,原貨謂無抽換運往外國,則將所存半稅發還。如在滬銷賣,或逾限未出口,即將所存半稅入賬,作爲復進口稅。或限內出口,而有拆動抽換情形,除將半稅入賬外,仍須另納出口正稅。以上章程,除長江應收出口正稅及復進口半稅,均在上海完納,與別海口不同外,其餘辦法,南北各海口,均照長江一律辦理。英商船隻准在鎮江、九江、漢口之處貿易,沿途不准私自起下貨物。英船分爲兩項:(一)爲由鎮江上江,暫做長江買賣的大洋船,以及各項划艇,風篷船隻,須將船牌呈領事官,由領事官行文江關,由關發給護照。(二)爲由上海入江,常做長江買賣的內江輪船。則領事官轉請江海關發給江照,以六個月爲期。其裝載土貨,亦先完正稅半稅。到上海後,如在三個月內出口,則半稅發給存票,以抵日後所完之稅。此項章程,直至德宗光緒二十五年(一八九九),方行改訂。許有約各國商船,在鎮江、南京、蕪湖、九江、漢口、沙市、宜昌、重慶八處,往來貿易。并准在不通商的大通、安慶、湖口、陸溪口、武穴起下貨物。其往來搭船之處,則只准搭客暨隨帶之行李上下。商船分爲三項:(一)由鎮江上江,暫作貿易的出海大洋船。(二)由長江此口赴長江彼口,或由上海赴長江各口常川貿易的江輪船。(三)爲划艇、釣船及華式船隻,大輪船過鎮江以上,及江輪船、划艇、釣船,均須請領長江專照。雇用華式船隻,則須請領專牌,均由稅務司發給。出口稅在裝貨之口,進口稅復進口稅在起貨之口完納。諸船均須於出口之關,請領總單。若進口時所卸之貨,不及總單所載之數,惟該船主是問。這是中國內河航權喪失的歷史。

　　自歐人東航以來,中西之間種種隔閡,至五口通商之役而爆發,經過咸豐戊午、庚申兩役,而作一小結束,短短的二十年間,中國權利喪失的,不知凡幾,這真是可以痛惜的事。但亦是無可如何的。因爲此時,中西的文化,隔閡太深了,衝突終不可免。中西文化的隔閡,關係最大的:(一)爲國際法上見解的懸殊。(二)則人民驟與異文化接觸,而又激於累敗之辱,不免發生褊狹的排外心理。(三)中國和外國交涉,向守厚往薄來之戒,對於利益,不甚注意,於此時的局勢,亦不相宜。此時的要務:在於(一)消除妄自尊大之念。(二)及盲目排外的感情。(三)而對外則不喪失權利。此非深知此時的局面,爲曠古所未有,一切舊見解、舊手段都不適用不可行,在當時如何可能呢?所以交涉的失敗,只是文化要轉變而尚未能轉變當然的結果,并不能歸咎於任何一個人。圓明園爲清世宗在藩邸時賜園。即位後,亦於其中聽政。累朝繼續經營,法人稱其建築之精,珍奇之富,爲歐洲之所無。一旦化爲劫灰,實爲我國有關文化的建築古物,遭受損失之始。此後戰事之所破壞,古董商人之所販賣,以及各地愚民因外人收買之所毀損,更不知凡幾。此次抗戰以來,淪陷區域整批的毀壞、搶劫、盜竊,更其無從說起了。幾世幾年的菁英,一朝化爲烏有,言之豈不可痛?但須知:(一)文化的進退,視乎其社會的情狀,是否安和,物質所表現的文明,實在其次。(二)即舍此弗論,以現在文化的狀態,雖有寶物,亦必不能終守。此豈獨今日爲然?亦豈獨中國爲然?(三)所謂有關文化的建築品物,一方面固然代表學術技藝,一方面也代表奢侈的生活。後者固絕不足取,即前者,就已往的社會論,并不過一部分人能參與此等工作,大多數人,都是被擯於其外的。今後社會的組織果能改變,合全社會人而從事於此,已往的成績又何足道?所以有關文化的建築品物等,能保存固當盡力保存,如其失之,亦無足深惜。敢以此爲國民進一解。

第四節　咸豐戊午、庚申俄約

中國歷代對於屬地,係取羈縻政策的,政府或設官以管理其通路,如漢朝的西域都護是;又或駐扎於幾個要點,如唐朝的都督府是。此等官吏對於服屬的部族加以管理,有違命或互相攻擊或內亂之事,則加以制止。防患於未然,使其事不至擴大而成爲邊陲之患,此即所謂守在四夷。但中國的政情,是以安靜爲主的。不但向外開拓,即對於邊疆的維持,亦不能費多大的國力。所以到服屬的部族真個強盛時,中國所設的管理機關,就只得撤退。再進一步,就患仍中於邊陲了。歷代的武功,除西漢一朝去封建時代近,其君主及人民都略有侵略的性質外,其餘如唐朝及清朝,實都不過如此。看似武功煊赫,拓土萬里,實則都是被征服者的衰亂,并不是中國的兵怎樣的强。總而言之,開疆拓土,甚至於防守邊陲,在中國政治上,實向不視爲要務。在如此情形之下,駕馭未開化的蠻族,尚且不足,何況抵禦現代西方國家的侵略?所以中西交通之後,中國的屬地和屬國,必要有一度的被侵削。這也是前此的政情所限定的,并非任何一個人或一件事的失策。

歷代對西北的發展,實力所及,在天山北路略以伊犁河流域,在天山南路略以葱嶺爲限。自此以外,則因道里窵遠,山川阻深,實力不能及,僅爲聲威所至了。清高宗乾隆二十二年(一七五七)蕩平準部,平定天山北路。二十四年(一七五九)翦除大小和卓木,平定天山南路。其時葱嶺以西,以及伊犁河域以外之國,如哈薩克、即吉利吉思。布魯特、浩罕、布哈爾、基華、阿富汗等,都來歸附,是爲清朝極盛之時。清朝對於此等地方,自然仍沿歷代羈縻之策,不過遣滿洲大臣駐防而已。而俄國的勢力,却向亞洲西北部逐漸發展。至道光三十年(一八五〇),遂叩我西北的門户,要求在伊犁、塔爾巴哈臺、喀什噶爾三處通商。俄國的交涉,在清朝是歸理藩院辦理的,此時理藩院議許伊犁、塔爾巴哈臺,而拒絕喀什噶爾。遂由伊犁將軍奕山,和俄國訂定通商章程,兩國貿易都免稅,嚴禁賒欠及緝失物、交逃人之約。還是乾隆以前在滿、蒙方面交涉的舊眼光,然而東北的風雲,已日益緊急了。

清朝對於東三省,是看做他們的發祥地,把其地封鎖起來,不許漢人移殖。然徒從事於封鎖,却不能盡力經營。要經營不得不用漢人,一用漢人,封鎖的計劃,就破壞了。所以當西力東侵時,東北一隅,實力格外不充足。這也是歷代以無動爲大,加上清朝自私政策的結果。當《尼布楚》、《恰克圖》兩約訂立時,俄人對於東方的情形,亦不甚深悉。道光二十七年(一八四七),穆拉維約夫(Muravieff)爲東部西伯利亞總督,派員探察,才知道庫頁是島,前此俄人誤以爲是半島,則航行黑龍江,必經鄂霍次克海,鄂霍次克海冰期甚長,今知庫頁之爲島,則可由韃靼海峽,韃靼海峽是不凍的,而且可容吃水十五英尺的大汽船,黑龍江價值倍增了。伊犁、塔城通商之年,俄人遂定尼科來伊佛斯克爲軍港。即廟街。越二年—一八五二年,清文宗咸豐二年。佔據德克斯勒灣,又進佔庫頁島。東北的風雲益緊了。明年(一八五三),俄人和土耳其開戰,英、法將援助土國。穆拉維約夫要在東方設防,乃西歸覲見俄皇,極陳當佔據黑龍江。當《尼布楚條約》訂定時,俄人本以爲出於迫脅,心懷不服。至此,遂議定和中國重行劃界。而俄國的外交部,不以穆拉維約夫的舉動爲然。行文中國,請協定格爾必齊河上流邊界。明年,吉林將軍將其奏聞。上諭派員查辦,於是吉、黑、庫倫,同時派員會勘。此時若能迅速定議,自是中國之利。無如所派之員,或以冰凍難行爲辭,或以約會相左爲解,輾轉經年,卒無成就。而俄與英、法開戰,俄皇遂以極東全權授穆拉維約夫,得逕與中國交涉。穆拉維約夫乃行文中國政府,説因防守太平洋岸起見,要由黑龍江中運兵,請求派員會議,畫定邊界。使者至恰克圖,中國不許其進京,穆拉維約夫就逕由黑龍江航行。璦琿副都統見其兵多,不敢拒絶。咸豐五年(一八五五),穆拉維約夫和黑龍江委員台恒會見,藉口爲防英、法起見,黑龍江口和内地,必須聯絡,請劃江爲界。台恒示以俄國外交部來文,説該文明認黑龍江左岸爲中國之地,何得翻議?穆拉維約夫語塞,乃要求航行黑龍江,而境界置諸緩議。時朝命吉、黑兩將軍及庫倫辦事大臣照會俄人,説此次劃界,只以未設界牌地方爲限。然實際上黑龍江北之地,逐漸爲俄所佔,清朝仍不過命吉、黑兩將軍據理折辯,并由理藩院行文俄國,請其查辦而已。

　　五口通商以後,俄人亦援例要求,而清朝不許其在海口通商。咸豐七年(一八五七),俄使普提雅廷(Putiatine)到天津,請求劃界。朝命折回黑龍江辦理。《上諭》:"中俄接壤,惟烏特河一處未曾分界,從前委員會議,因該國持論未能公允,是以日久無成。今該使既係該國大臣,正可秉公查清界限"云云。中國此次交涉,是全然依據條約辦理的,但其時實力太薄,條約已無從維持了。時俄已以界務任穆拉維約夫。普提雅廷遂南行,與英、法、美使臣會合。明年,英、法兵陷大沽,穆拉維約夫乘機照會黑龍江將軍奕山,約其在璦琿會晤。於是奕山爲全權大臣,和穆拉維約夫定約於璦琿,割黑龍江北屬俄,而以烏蘇里江以東爲兩國共管之地,黑龍江、松花江、烏蘇里江,只准中俄兩國行船。此約漢文云:"黑龍江、松花江左岸,由額爾古訥河至松花江海口,作爲俄羅斯國所屬之地。"此松花江三字,明係注語,即指黑龍江而言,中國人因謂下文"黑龍江、松花江、烏蘇里江,此後只准中國、俄國行船"的松花江,亦係指松花江口以下的黑龍江。説依據條約,俄人實無在松花江中行船的權利。然據錢恂《中俄界約斠注》,則謂滿、蒙文,俄文和英、法文各本,均無上兩松花江字,而下文確有之。黑龍江左岸,由精奇里河以南至豁爾莫勒津克,原住的滿洲人等,照舊准其居住,仍著滿洲國大臣管理。此即所謂江東六十四屯。咸豐十年(一八六〇)《北京條約》,亦申明黑龍江左岸中國人住的地方,及中國人所佔漁獵的地方,俄國均不得佔據,仍准中國照常漁獵,重立界牌,以後永無更改,并不得侵佔附近各地。嗣以華、俄居民墾田交錯,互起爭端,曾於光緒六年即一八八〇年,九年即一八八三年兩次會立封堆,確立界址。清朝復以平原界堆容易遷移,於光緒十三年即一八八七年,派李金鏞去和俄國交涉,重畫界址,掘濠爲界,縱約二百餘里,橫約七八十里不等。光緒二十六年,即一九〇〇年,義和團事起,俄人驅逐各屯居民,聚在大屋中,多被燒死。幸免的百餘人,都鳧水逃歸江右。二十八年,即一九〇二年,俄國所立《東三省撤兵條約》,雖有"允將東三省各地交還中國治理,一如未佔據之先"之語,然其地迄未交還。此注略據葛綏成《中國近代邊疆沿革考》,中華書局本。此約既定,侍講殷兆鏞參奏奕山,以黑龍江外五千里之地,藉稱閑曠,不候諭旨,拱手讓人,寸磔不足蔽辜。就條約觀之,誠如殷氏所論。然據稻葉君山《清朝全史》,則奕山當日未嘗不竭力爭執,而俄人以開戰相脅。當時的形勢,是萬不能和俄人開戰的,邊備廢弛,兵力衰頹,由來已久,斷不能令身當交涉之衝的一個人獨尸其咎。

普提雅廷南行後,旋與英、法、美三使俱至天津,仍請添設通商口岸。清朝稱,恰克圖和伊犁、塔城,已有三口,若再在五口通商,則共有八口。他國要求,無以折服。命譚廷襄在五口之中,選擇兩口,至多三口,旋亦許其一律。及桂良到津,遂與俄國定約。其中重要條款:(一)以後行文,由俄國外交部逕達軍機處或特派的大學士,彼此平行。俄使與大學士、督撫亦平行。遇有要事,得自恰克圖或就近海口進京。(二)開上海、寧波、福州、廈門、廣州、臺灣、瓊州七處通商。他國再增口岸,俄亦一律,并得設領事。(三)陸路通商,人數不加限制,俄人居京城學習滿、漢文的,亦不拘年份。按乾隆十六年,即一七五一年,庫倫大臣奏稱:俄羅斯學生,已屆十年,請派人前來更換云云,則前此以十年爲期。(四)許在海口及內地傳天主教。(五)派員查勘邊界。(六)京城、恰克圖公文,由臺站行走,以半月爲限,信函亦得附帶。運送應用物件,三個月一次,臺站費用,中俄各任其半。(七)又有最惠條款。咸豐十年(一八六〇),伊格那提也夫又在北京續訂條約:(一)盡割烏蘇里江以東。(二)交界各處,准兩國人民隨便交易,都不納稅。(三)西疆未定之界,應順山嶺大河,中國常駐卡倫,錢恂《中俄界約斠注》云:"按《新疆識略》,邊徼卡倫,向分三等:歷年不移,而設有定地者,是謂常設卡倫。駐卡官兵,有時在此處安設,有時移向彼處,或春秋兩季遞移,或春冬兩季遞移,或春夏秋三季遞移者,是謂移設之卡倫。有其地雖有卡倫,而有時過時則撤者,是謂添設之卡倫。卡倫之設,本只游牧人私行出入,初無關於界址。故常設之卡倫,至近者距城或不過數十里。咸豐十年(一八六〇)之約,指明以常駐卡倫爲界。同治初元,將軍明誼與彼官勘界。彼堅執常駐二字。明將軍再四辨論,總署亦與爭持,謂中國卡倫,向無常駐不常駐之分,必當以最外卡倫爲界。無如邊徼規制,彼中習見習聞,竟不克挽回。而烏里雅蘇臺以西之界遂蹙。"按此約立後,烏里雅蘇臺、科布多所屬大阿勒臺山迤北,塔爾巴哈臺所屬塔爾巴哈臺山、阿拉套山迤北,及伊犁所屬卡倫,均有向內移徙的,見第四條。又塔爾巴哈臺所屬民莊五處,則限十年內徙,見第十條。雍正六年(一七二八)所立沙賓達巴哈界牌,西至齋桑淖爾。自此西南,順天山的特穆爾圖淖爾南至浩罕邊界爲界。(四)興凱湖至圖們江,訂於咸豐十一年(一八六一)三月會立界牌。沙賓達巴哈至浩罕,則不限日期。(五)恰克圖照舊到京。所經庫倫、張家口,零星貨物,亦准行銷。(六)庫倫設立領事。(七)俄商來的,每處不過二百人,須有本國邊界官路引。(八)中國商人,亦可往俄國內地通商,并得在俄京或他處設立領事。

（九）開喀什噶爾，設立領事。除不許賒欠之例，領事和地方官平行。（十）犯罪爭訟，各歸本國治罪。（十一）邊事向惟庫倫大臣和恰克圖固畢爾那託爾，伊犁將軍和西悉畢爾總督行文辦理。今增阿穆爾、東海濱兩省固畢爾那託爾和吉林、黑龍江將軍行文，均平行。恰克圖事，由駐恰克圖部員和恰克圖邊界廓米薩爾行文。要事由東悉畢爾總督行文軍機處或理藩院。（十二）恰克圖到北京書信，每月一次，限二十日。物件二月一次，限四十日。商人願自行雇人送書信物件的，准先報明該處長官，允行後照辦。此兩約失地數百萬方里，自《尼布楚條約》訂立至此，共歷一百七十年。

咸豐十年（一八六○）條約定後，東北疆界，中國依約，於其明年派倉場侍郎成琦，德宗光緒十二年（一八八六）又派右副都御史吳大澂、琿春副都統依克唐克，和俄人勘定界址，都立有界約。其西疆之界，則穆宗同治三年（一八六四），由伊犁將軍明誼和俄訂立界約，劃定沙賓達巴哈至浩罕界上的葱嶺的疆界。其後科布多、烏里雅蘇臺屬境於同治八年（一八六九），塔爾巴哈臺屬境於九年（一八七○），由榮全、奎昌與俄人勘定，亦都立有勘界記。惟伊犁屬境，未及勘定，而爲俄人所據，遂啓回亂定後的重大交涉。

咸豐十年條約中，由恰克圖照舊到京一語，意自不謂京城得行銷貨物。而俄人曲解條文，要求在北京通商。恰克圖、庫倫、張家口、通州等處，又藉口陸路費重，定稅不能照海口一律，又要在蒙古各地隨意通商，張家口設立行棧領事。經過關隘，概免稽查。總署力與辯論，卒於同治元年（一八六二）定《陸路通商章程》二十一款。（一）兩國邊界百里內貿易，均不納稅。（二）中國設官的蒙古地方，及該官所屬各盟，亦不納稅。不設官處，須有該國邊界官執照，乃可前往。（三）赴天津的，須有俄邊界官并恰克圖部員蓋印執照，限六個月在天津繳銷。仍止准由張家口、東壩、通州逕行抵津。（四）張家口不設棧，而准留貨物十分之二銷售。稅皆三分減一。留張之貨，不銷的准其運赴天津，不納稅，如在津由水路至南北各口的，所減三分之一稅，仍須補足。由津及他口運入內地的，亦照納子稅，在他口販土貨運津回國的，除在他口按例納稅外，在津納一復進口稅，在天津、通州販土貨回國的，完一子稅。販別國貨的，如已完過正稅、子稅，則不重征。如未完過子稅的，亦應照補。亦均限六個月銷照。此章訂明試行三年。四年（一八六五），俄人提議改訂。五年（一八六六），許其天津免納復進口半稅，餘展至二年後再商。至八年（一八六九）乃改訂二十二款。（一）俄欲刪原約中張家口不得設立行棧一語，中國不可。許將貨物酌留十分之二，改爲酌留若干。而更添不得設立領事一語。酌留張家口的貨，仍交正稅，不銷的運赴天津、通州時，還以三分之一。

（二）原約俄商赴蒙古貿易的，有"小本營生"四字，許其刪除。原約但云"無執照者罰辦"。此改爲"行抵中國一邊卡時呈驗"，其繞越偷漏的罰則，亦均減輕。（三）在津販賣復進口土貨，由陸路回國的，如在原口已完清全稅，一年之內不再重征。并將暫存天津的復進口半稅，給還存票。嗣後天津復進口稅，中國與各國一行擬改，俄亦一律改定。其餘悉同原約。此約以五年爲期。中國當日對於商務的盈虧，不甚注意，稅入尤所不計，所怕的是俄人遍歷各地，窺我虛實。直到後來伊犂交涉時，所斤斤顧慮的，還在這一點。然其時情見勢絀更甚，并此時所訂定的，亦不能維持了。

第五節　教禁的解除

咸豐八年、十年兩條約，把傳教事項，明文規定，這也是中外交通以來的一件大事，自此至光緒庚子，光緒二十六年，一九〇〇年。教案常爲中國的大患，前後共歷四十年。今略述教禁解除的經過和教案中最嚴重的同治九年（一八七〇）天津一案如下。

自雍正元年（一八二三），將各省天主堂一律改爲公廨以後，教士在中國已無復開堂傳教的權利。道光二十四年（一八四四）中美條約，許美人在五口設立禮拜堂。然這只是許其自行禮拜，并非許其傳布。是時法人屢向耆英請開教禁。二十五年（一八四五）耆英爲之奏陳。部議准其在海口設立天主堂，華人入教者聽之。法人仍不滿足，耆英奏請許其要求，以資籠絡。二十六年（一八四六），上諭令："設立供奉處所，會同禮拜，供十字架圖像，誦經講説，毋庸查禁。康熙年間，各省舊建之天主堂，除改爲廟宇民居，毋庸查辦外，其原舊房屋，准其給還該處奉教之人。"自此教禁遂算解除。然尚無外國教士得入內地傳教的明文。而法國神父馬賴（Auguste Chapdelaine）邃往廣西西林傳教。咸豐六年（一八五六）爲知縣張鳴鳳所殺，成爲法國用兵的一因，已見第二節。八年（一八五八）條約，既許各國傳教。法約補遺條款中，又規定張鳴鳳革職，革職後須照會法使，并須將革職事由，載明京報。是爲中國因教案處分官吏之始。十年（一八六〇）法約，又規定賠還前天主堂、學堂、墳塋、田土、房廊等件，交法使轉交該處奉教之人。并任法國傳教士在各省租買田地，建造自便。自此外國傳教士往內地傳教才有條約上的根據，并且得置產業。教會在內地置產，同治四年，即一八六五年，總署與法使議定章程。光緒二十一年，即一八九五年，續有釐訂，其中主要的條件，爲內地的教產屬於教會，私人不得購置。以後歐洲來華的教士，遂都由法國保護；往內地的執照，亦由法公使發給；有教案亦由法公使獨當交涉之衝。直至光緒十七年（一八九一）德人謀破壞法國保護教士之權，才照會總署，說德國在華教士，由德國自行保護。旋因教案啓釁，佔據膠州灣。中國人說外人的傳教，帶有侵略性質，也無怪其然了。

教禁甫開，而教案即起。其事在同治元年（一八六二）。是時法國人分遣教士，游行各省，將至湖南，長沙、湘潭一帶的教民，相與夸耀，以爲揚眉吐氣，復見天日。因此激動湖南士紳的公憤，撰成公檄，流傳入贛。贛省的士紳，又從而傳布之。遂至釀成兩省的教案。其事詳見《中西紀事》的《江楚黜教》篇中。他省亦時有教案，連綿不絕，至同治九年的天津教案，其嚴重達於極點。

此案因當時天津有迷拐小孩之事而引起。先是，法國教士在天津的三叉河建立教堂，謂之仁慈堂。其中的女教士，出錢收養貧兒。及是，拐匪武蘭珍被捕，供稱教民王三將迷藥給他。而是時仁慈堂孩童適患疫病，死的頗多。民間遂謠言教堂迷拐孩童，剖心挖眼，并義冢上尸骸暴露的，亦指爲教堂所棄。崇厚時爲三口通商大臣，和天津道周家勳等會同法國領事豐大業（M. Foutanier）帶武蘭珍到堂調查。蘭珍語多支離，和原供不符，事已明白。崇厚允即出示闢謠。而其回署時，人民觀看的，和教堂中人言語齟齬，互把磚石相擊，人民遂集衆圍困教堂，勢將滋事。豐大業跑到崇厚署中，咆哮忿詈。崇厚撫慰他，不聽，拔槍射擊崇厚，不中，把器物毀壞。崇厚初時避去，後因豐大業要走，又自己出來留他，勸他不必冒險。豐大業不聽，走出，路遇天津知縣劉傑，又拔槍射擊，把劉傑的僕人打傷。人民見之大怒，將豐大業打死。又鳴鑼聚衆，把教堂焚毀，教民教士，死者數十人。其時江蘇等省，亦有教案。外使遂認津案爲外人全體的安全問題，共同提出抗議，形勢嚴重。清朝命署理直隸總督曾國藩赴天津查辦。法國代理公使羅淑亞（Comte de Rochechouart）要求將劉傑和天津知府張光藻、提督陳國瑞議抵。法國調兵船到津。中國亦命督辦陝西軍務李鴻章帶兵馳赴京畿，起劉銘傳統帶銘軍，并命沿海沿江督撫戒備。添派丁日昌赴津會辦，未到時，先令兵部尚書毛昶熙赴津。旋崇厚使法，即以昶熙署三口通商大臣。未幾，兩江總督馬新貽遇刺，曾國藩回兩江本任，仍命將津案奏結後起行。當國藩到津時，士大夫間議論蜂起。有勸其劾崇厚以伸民氣的。有要鼓勵天津人民，驅除洋人的。有要聯英、俄以攻法的。國藩力持鎮定，奏稱："自道光庚子以來（道光二十年，一八四〇）辦理洋務，失在朝和夕戰，無一定之至計，遂使外患漸深，不可收拾。"此時如其開戰，"今年即能幸勝，明年彼必復來；天津即可支持，沿海勢難盡備"。乃將張光藻、劉傑，按刁民滋事，地方文武不能彈壓鎮撫例革職，發往黑龍江效力。滋事的人民，正法的十五人,定軍流之罪的四人,徒刑的十七人,共出賠償撫恤之費四十六萬兩,派崇厚赴法道歉,作爲了結。曾國藩辦理此案,在當時很爲輿論所不滿,然其氣概自有足多的。當其疏劾天津府縣時,都中士大夫多詣書相責,國藩惟自引咎而已。其致總署書,自言"内疚神明,外慚清議"。其實當時的情勢,何能因此與法國開釁? 他寫給朋友的信,說"寧可得罪於清議,不敢詒憂於君父",這正是他忍辱負重之處。他雖看似軟弱,然崇厚要徇外人的要求,將府縣議抵,他却堅持不可,說"外國論强弱不論是非。如其立意決裂,雖百請百從,仍難保其無事",亦可見其審慎之自有限度。當他到天津去時,寫信給兩個兒子,說"外國性情凶悍,津民習氣浮囂,俱難和協,恐致激成大變。余自咸豐三年募勇以來,即自效命疆場,今年老病軀,危難之際,斷不吝於一死,自負初心。恐邅迍及難,爾等諸事無所稟承,兹略示一二,以備不虞"云云。這實在是一張遺囑。其辦理津案時,亦奏稱:"臣自帶兵以來,早矢效命疆場之志,今事急,病雖深,此心毫無顧畏。斷不肯因外國要求,盡變常度。"其致崇厚書,則言"禍則同當,謗則同分"。均可見其浩然之氣,名譽生死,都置度外,而惟行其心之所安。辦事者必有此等精神,才可以擔當大事。畏首畏尾,視私人的利害重於國家的安危,其究也,必致事敗壞而身名亦隨之決裂。古人有言:"一心可以事百君,二心不可以事一君。"吾人的辦事,亦正是如此。事君也是要辦事的,并不是事奉一個人。這一年,恰值普、法開戰,法兵大敗,所以此案得以如此了結,否則還有更嚴重的可能性的。

　　教案的起源,固由於天主教被禁止後,祕密傳播者若干年,有以引起教外人的猜測,見第三章第二節。然其間實有一更深遠的原因,伏於其後。剖心挖眼等謠言,我小時候尚聽到過,然其時謠言雖盛,實亦無人深信。上層社會的士大夫,到底不是毫無憑證的言語所能使其深信不疑的。下層社會中人,則素無組織,可以爲一哄之市,而不能堅決有所作爲。倘使當其聚哄之時,有人從旁勸諭,官吏再略加禁遏,風潮也就平息了。從前的教案,所以每由極細微的事情,甚或是全無根據的謠言,擴大而成爲聚衆滋事的案件,實由於發動之時,只有從旁鼓動的人,絕無勸諭禁止的人。亦有少數明白的人,知其事之無益有損。然在此等情形之下,無從開口,即開口亦無效力。其所由然,則因對於洋人,對於西教,先存一憎惡之念,此等心理之養成,由於(一)世界未交通時,每一民族,都有以本族爲中心,而厭惡卑視外人的心理。(二)又宗教本有排外性質,中國人雖説信教不甚,排斥異教亦不甚,究亦不能全免。(三)合此兩因,加以敗北的恥辱,西人東來後,如楊光先輩的疑忌,至此不啻以事實爲之證明。於是羣懷怨恨之心,剖心挖眼等謠言,就易於流行了。(四)而自教禁解除之後,教中人的舉動,亦有以激之。西人來傳教的,只知道物質上的施惠,向中國的愚民,加以勸導,而不知道民族心理上此等深奧的原因。及其激成教案之後,則又一味靠强力壓迫,以爲如此,必可以使中國人畏懼,而不再滋鬧,如津案,後來威妥瑪(Thomas Francis Wade)對李鴻章述當時英使之言,説倘將天津地方全行焚毀,即可保後來無事。直至庚子拳亂,和約中要規定鬧教地方停止考試,還是此等見解。而不知事實適得其反。佛教的輸入，其初或亦係施諸愚民，然不久即行於士大夫之間。信奉佛教，見於正史最早的，是後漢光武帝的兒子楚王英，稍後的則是後漢末年的笮融，事見《後漢書·光武十三王傳》及《陶謙傳》，其迷信的色彩都很深。基督教之初輸入，亦頗有此情勢。士大夫是社會的表率，一切舉動，實行雖多由於平民，而其發縱指示，則恒出於士大夫。倘使咸、同以後，傳教之士仍能守明代的遺規，注意於士大夫方面，則其成功必可較多，衝突必可較少。無如此時西人來傳教的，已不能如前此的教士，久居中國，有一番預備工夫，通華語的已少，通華文的更少，亦不能深悉中國的風俗。雖亦有譯書及設立學校等工作，然其學校所教的，實無甚深義，所譯的書，亦不足引起華人的興味。西教在士大夫之間，遂絕無地位，平民信教的，則多數是社會上落伍之徒。須知沿襲閉關時代的舊習，見了外國人，即起一種莫名其妙的憎惡之念，固非開通人士之所爲，然人總是中材居多數，中材總是爲一時風氣所囿的。超出乎風氣之上，而不爲其所囿，固然難能可貴，夠不上風氣，而不爲其所囿，則是不足貴，而且是可鄙賤的。此二者毫厘之差，千里之繆，斷不容混爲一談。即如同治初年的教案，長沙、湘潭的教民，當國蹙師熸之日，不懷愧忿之念，反有欣喜之情，此等人，如何夠得上做國家民族的一分子？在當時，如何不要激起一般人的反感？所以基督教在中國的傳播，其遭遇反對，其太注意於下層社會，以致招致了一班民族性較爲缺乏的人，亦不能不尸其咎。《中庸》說“不誠無物”，而倚勢凌人，尤足以引起人家的反感。《中西紀事·猾夏之漸》篇說：嘉慶中葉，緝拿白蓮教徒，兩江總督百齡，緝得教次方榮升等，令從其教者，但跨十字架，吃豬肉，便可免死。榮升及一女尼朱二姑娘竟不肯。這決不是什麽純粹的基督教，然其中亦必含有基督教的分子無疑。此時的教徒，其信教是真誠的，果有此等真誠，則其教雖爲法令所禁，仍能見諒於社會。歷代有許多被禁之教，仍能延續若干年的，這必是其中重要的一個因素。到基督教得以公然傳之後，教士只知道以多收教徒爲功，而不計來者的動機如何。且如不祀祖先等，在我們的見解，原未必遂以爲非。然在當日，能接受此等條件的人，則非極高而有獨見之士，即係落伍而夠不上吸收水平線以上的中國文化的人。極高而有獨見之士，社會上能有多少？何況即有此等人士，其行爲還往往履蹈中庸，而不能與其理想相調呢！當時奉教的人，其多文化上落伍的人，更無疑義了。當時入教的人，（一）以訟案希冀教士爲之說項。（二）及欲倚勢凌人者實多。如鄉間酬神演戲及修廟等事，教徒都不肯參與。論者指爲民教不和的一原因。其實所以招致教外人反對的，并不因其謹守教規，而由於其傲慢，甚至強橫而又帶有刁狡的態度，這也是我所親見親聞的事。古語說：驕諂只是一事。此言確有至理，因爲惟不自重其人格，才會蔑視他人的人格，所以此等惡劣的教徒，見了西教士，其態度格外馴謹。教士不知，就誤信爲好人了。這也是西教士對於中國社會，似了解而實不了解之處。天主、耶穌兩教，天主教教規較嚴，和中國人民隔絕亦較甚，而教案亦以對天主教爲較烈，即其明證。至於教士遇有詞訟及其他案件，動輒祖護教民，干涉地方官的行政，那更是令人民身受其禍，而覺其爲切膚之痛的了。自光緒庚子以前，教案的時起，中國士大夫的頑固，平民的愚昧而易盲動，官史辦事的糊塗敷衍，是萬不能不負責任的，此層我亦無異議。但在今日，知此義者已多，無待論列。至於教案的背後，更有一種深遠的原因，則知者較少，所以略抒其說如下。我們試看，當日曾國藩赴津時，孝欽皇后面諭他，說百姓焚毀教堂時，得有人心人眼，呈交崇厚，而崇厚將其銷毀，命曾國藩密查。《中西紀事·猾夏之漸》篇云：道光二十五年，部議准海口設立天主堂，華人入教者聽之，惟不得姦誘婦女，及誆騙病人眼睛，違者仍治罪。可見此說一時甚流行，孝欽皇后亦係爲此等見解所惑。曾國藩奏稱：“仁慈堂查出男女，訊無被擄情事。挖眼剖心，全係謠傳，毫無實據。焚毀教堂之日，衆目昭彰，若有人心人眼等物，豈崇厚一人所能消滅？”又稱：“津民所以生憤，則亦有故。教堂終年扃閉，莫能窺測，可疑者一。中國人民至仁慈堂治病，恒久留不出，可疑者二。仁慈堂死人，有洗尸封眼之事，可疑者三。仁慈堂所醫病人，雖親屬在內，不得相見，可疑者四。堂中死人，有一棺而兩三尸者，可疑者五。”可見與大衆隔絶之事，易啓疑竇了。張之洞著《勸學篇》，已在光緒戊戌之歲，尚對挖眼剖心等謠言加以辨駁，可見其時尚有流傳。然此時距庚子不過數年。庚子以後，教案就幾乎絶迹了。倘使大衆真以此等說爲真實，哪有如此容易之理？可見謠言雖有，不過是一種鼓動的資料，真以爲確實而因此堅決行動的，并無其人。當同治元年（一八六二），江西鬧教時，巡撫沈葆楨自願挺身任之，且稱此爲國家二百年養士之報。其時中國預備修訂條約，命中外大臣籌議。崇厚覆奏，有天主教無異釋道之語，醇親王奕譞深惡其言，奏稱“没齒鄙之”。奕譞固然頑固，也是身當政局之衝的人，并不是什麽住居鄉僻，不通世事的鄉愚。孝欽后、沈葆楨等更不必論了，而其見解如此。這就可見當日中西的隔閡，別有一民族上深遠的原因，而知識的錮蔽只是其淺焉者。而知識亦正由此等心理爲之障礙，以至於錮蔽。天下風起雲涌之事，斷没有在短時間之內，能够烟消火滅的。然自光緒庚子以後，教案竟不大聽見了，真個給外國人的兵威懲創了，懼怕了嗎？夫豈其然。中國人的知識，到此忽然開通了嗎？哪有這麽容易的事，不過經此次變亂之後，知道盲動的無益，民族心理，轉向別一條路上去發揮罷了。這也可見得從前的教案，并不專是宗教問題，而別有一種民族的精神，潛伏在內了。同治元年江楚鬧教時，郭嵩燾致書曾國藩，謂唱之者爲無識的儒生，附和之者，則愚民乘勢鈔掠爲利。這誠然是不可否認的事。後來教案連綿不絶，乘勢鈔掠，怕總是其中一個重要的因素。然有三點，亦須辨明的，（一）乘機鈔掠的，只是少數姦民，與多數人民無涉。（二）姦民有時是事後加入的。初發動時，羣衆的動機，實係純潔。（三）其始終純潔，并無鈔掠行爲的，亦未嘗無有。吾幼居武進，武進城內之有教堂，似在光緒二十四年，即戊戌變法之年，一八九八年以後。自此以前，已有一次，教民想到城裏來建築教堂，給一個姓穆，或者是姓莫的聚衆阻止。武進城中，此兩姓俱有，而武進人讀此兩字音相同。吾於此事，僅得諸傳聞，故不能知爲何字。這個人本亦是武斷鄉曲，不爲鄉里所齒的。然此次之事，却動機純潔，行爲亦極有秩序。他是在法律上得到一個據點，即尋到了一點教中人的錯處，然後發動的。所以教徒竟無如之何，而在城內建造教堂之事，爲之遲延者若干年。此人因此頗爲鄉里所稱許，他亦竟因輿論的稱許，而從此改邪歸正了。此次之事，即始終無鈔掠等舉動，武進先輩，多能道之。

因教案的時起，總署議訂管理教士章程，凡八條，（一）停止收養孤兒，或嚴行限制。（二）教堂祈禱，不得男女混雜。（三）教士不得干預官吏行政，侵犯中國有司之權。（四）教民滋事，曲直須憑地方官作主，不得有所包庇。（五）教士護照須載明經行地方，不得任意遨游。（六）奉教的須查明身家來歷。（七）教士與有司往來，應有一定禮節，不得妄自尊大。（八）從前教堂基址，已成民居的，不得任意索取。將其照會駐京公使，英、美贊成其原則，而不盡同意其細則，事不果行。

第五章　漢族的光復運動

第一節　太平天國以前諸祕密結社的活動

民族主義，總是要經過相當的期間，遂能光昌的。中國的受異族壓制，實起於五胡亂華之時。其時距民國紀元業已一千六百餘年，然此時的異族，都是久經附塞，或入居塞内的降夷。濡染中國的文化已久，所以其人頗思攀附漢族以爲榮，亦有能誠心接受漢族的文化的，其民族意識不顯著。至北宋之末，女真興起而其情勢一變，讀《金世宗本紀》可見。自遼以前的異族，無不自託於漢族胄裔的。如拓跋氏自稱黄帝之後，宇文氏自稱炎帝之後，金以後就無此事了。又如後魏孝文帝，摹仿漢族的文化，不能謂其無誠意。金世宗却竭力保存女真的舊風。兩兩對照，殊有趣味。此全由其前此與漢族交接的多少，受漢族文化薰陶的深淺而異。此時距民國紀元亦已八百餘年。因（一）中國素以平天下爲最高的理想。（二）又此等異族的文化，遠低於中國，入據中原以後，治法文化，都不能不採用中國之舊。所以還不能十分激起我們的民族主義。然中國人的思想亦漸非昔比了。試看南宋以後，攘夷之論之昌盛，便可見得。其後元、清兩代，相繼入據中原，淪陷的範圍，又較女真入據時爲廣。清朝對待漢人的手段，尤爲陰鷙。中國人的民族主義，亦即隨之而潛滋暗長，日益發達。此中有兩種迹象可見：其（一）爲士大夫的誓死不屈，如宋末的鄭思肖，明末的顧炎武、王夫之等是。其（二）爲民間的祕密結社。士大夫只能指揮謀劃，而不能爲直接的行動，所以轟轟烈烈的行爲，轉多出於下層社會中人。

宗教本爲結合下層社會，以謀革命的工具。歷代借此號召的，都不過與惡政治反抗，或者帶些均貧富的思想。如宋代的楊幺。見朱希祖《楊幺事迹考證》，商務印書館本。到異族入據後，就含有民族主義的成分了，如元末的白蓮教便是。專制時代，以君主爲國家的代表，而前代的國家，大抵是一個民族的結合。所以白蓮教徒所推戴的韓山童，要冒充宋徽宗的八世孫。明朝熹宗天啓年間，白蓮教徒亦曾起而爲亂，就没有這等話頭了。到清朝却又和元朝一樣。清世宗雍正七年（一七二九）上諭云："從前康熙年間，各處姦徒竊動，輒以朱三太子爲名，如一念和尚、朱一貴者，指不勝屈。近日尚有山東人張玉，假稱朱姓，託於明之後裔，遇星士推算，有帝王之命，以此希冀蠱惑愚民。現被步軍統領拿獲究問。從來異姓先後繼統，前朝之宗姓，臣服於後代者甚多。否則隱匿姓名，伏處草野。從未有如本朝姦民，假稱朱姓，搖惑人心，若此之衆者。似此蔓延不息，則中國人君之子孫，遇繼統之君，必至於無噍類而後已。豈非姦民迫之使然乎？"不自責其以異族入據中原，反責起義圖光復者，將累及前朝的子孫，其立説可謂甚巧。然設使漢族反抗者多，世宗便要把明朝子孫殺盡，這話也就是自寫供招了。這不是冤誣他，試看歷代帝王詔令中，有這樣的話嗎？雍正七年（一七二九），爲亡清入關後之八十六年，漢人仍有起而反抗的，世宗上諭，且承認自康熙以來，圖謀光復者，指不勝屈，歷代從未若此之衆。可見中國民族主義的進步，而一班遺老們，妄稱康雍之治，歌功頌德，以爲漢人就從此屈服的厚誣了。世宗這一道上諭，是因曾静之事而發的。曾静是湖南人。先是浙江有一個吕留良也是志存光復的。曾静使人求其遺書。此時静使其徒張熙説岳鍾琪，鍾琪將其事舉發，遂遭逮治。連吕留良也剖棺戮尸。可見得士大夫階級中，民族主義亦未嘗絶，不過直接行動，不如平民階級的容易罷了。

　　白蓮教在北方，是一個很大的祕密結社。自清朝入據後，其反抗亦迄未嘗絶。高宗乾隆四十年（一七七五），教徒傳布事覺，教首劉松遣戍甘肅。其黨仍祕密傳布。五十八年（一七九三），黨魁劉之協，奉王發生爲主，詭稱明裔。事覺，發生遣戍新疆，之協遁去。六十年（一七九五），之協等舉事，至嘉慶七年（一八〇二）始平，前後共歷八年，蔓延四川、湖北、河南、陝西四省。此即所謂川楚教徒之亂。嘉慶十八年（一八一三），又有天理教之變，其首領林清，至能連結内監，圖攻宫城，可見其勢力之大。天理教亦白蓮教支派，可見其光復之志，始終不渝了。然和亡清對抗的，究以南方爲較久，遺老志士，流落其間的更多，所以反清的祕密結社，南方更較北方爲盛。

　　南方的祕密結社，始終抗清的，當以天地會爲大宗。天地會的歷史，略見於日本平山周所著的《中國祕密社會史》。商務印書館本。平山周係隨孫中山從事革命的。據其説，其會中的傳述：謂福建莆田縣九連山中，有一個少林寺，相傳爲達尊神所創，此當係指禪宗的始祖達摩。故下文使蘇洪光再生時，稱達摩大師。已歷千年。寺中的和尚，都懂得武藝、兵略。康熙時，或説是乾隆時，西方有個西魯國造反，官軍大敗，清主乃懸賞，説有能征服西魯國的，他要什麼，便把什麼賞他。少林寺徒黨中，有個唤做鄭君達的，同一百二十八個和尚前往應募，把西魯國打敗。回兵之後，清主問其所欲，諸和尚都一無所欲，依舊還山。惟鄭君達留爲總兵。此時朝臣中，有兩個唤做陳文耀、張近秋的，意圖篡位，而怕僧兵的強，乃進讒於清主，説僧兵若懷異志，必非國家之福。清主聽信了他，使他倆帶兵去剿滅少林寺。翰林學士陳近南諫，不聽，遂棄職，歸隱湖廣。少林寺僧中，有個唤做馬儀福的，藝居第七，會中人諱言七。而性好漁色，曾引誘鄭君達之妻郭秀英及君達之妹玉蘭，因此爲衆僧所逐，懷恨在心，乃引清兵到寺。四面密埋火藥，堆積柴草，用松香做引綫，放起火來，僧人都被燒死。幸得達尊神遣朱開、朱光兩個天使，引導十八個和尚逃出。清兵後追，路經黃泉村，十三個和尚戰死，剩下五個，唤做蔡德忠、方大洪、馬超興、胡德帝、李式開，是爲會中所稱的前五祖。清兵進入黃泉村，有五個人，唤做吳天祐、方惠成、張敬照、楊仗佐、林大江，對他們説：五個和尚已經死了。前五祖乃得逃去。吳天祐等五人爲會中所稱五勇士。前五祖逃到沙灣口，有船户二人，唤做謝邦恒、吳廷貴，留他們住宿船中，再逃到惠州長沙灣。後面又有追兵，而前面爲河所阻。達尊神乃再使朱開、朱光，一持銅板，一持鐵板，架作橋梁。前五祖乃得渡過，至寶珠寺，輾轉到石城縣的高溪廟。食用缺乏，天使又加以接濟，到前五祖起行後，寺廟便都消滅了。意爲該寺廟係幻化而成。前五祖逃到湖廣，到了一處地方，唤做丁山，其地有一個小港口。無意中遇見郭秀英、鄭玉蘭，和郭秀英的兩個兒子，一個唤做鄭道德，一個唤做鄭道芳。此時鄭君達已被陳文耀用紅絹絞殺，乃同往祭其墳。而清兵適至。鄭君達墓中，忽然躍出一把桃劍。柄上刻有反汨復汩四個字。汨字乃清字，汩字乃明字的代替字，天地會中文字都如此。秀英持劍亂揮，斬首無算，遂得脱險。事爲張近秋所聞，帶兵前來搜捕，郭秀英早得消息，把劍傳給兩個兒子，令其速遁，自己却和鄭玉蘭投三合河死了。謝邦恒尋得其尸，把她葬在河邊陵上，還替她立了一塊石碑。前五祖匿身林中，趁張近秋經過，突出把他殺掉。張近秋所帶的兵又來追。幸得吳天成、洪大歲、姚必達、李式地、林永超五個人來救，乃得脱險。此五人即會中所謂後五祖，亦稱五虎。前五祖欲復還高溪廟。再過寶珠寺，寺已化爲烏有。既無飲食，亦無歇宿之所，困苦殊甚。而忽與陳近南相遇。陳近南自辭職歸後，在白鶴洞中研究道教，會中人相遇，問自何處來？必答言是白鶴洞來。後又以代和尚報仇，賣卜江湖。至此與前五祖相遇，迎之歸家。後以所居狹隘，移於下普庵後的紅花亭。一日,前五祖逍遥河上,見水中一物浮來,近視之,乃一大石香爐,爐底亦有反汩復汩字樣。另一行,注明其重爲五十二斤十三兩。會中白鐵鼎之重如此。五人既得香爐,乃取樹枝樹葉,以代香燭,注清水以代酒,祭告天地,誓必報少林寺之仇。祭時,樹枝樹葉忽自焚,前五祖歸告陳近南。陳近南説:這是汩代將覆,汩朝復興之兆,乃即舉兵。有一少年,自來投效,兩耳垂肩,雙手過膝。訊知姓朱,名洪作,爲明思宗之裔。乃共奉爲主,以甲寅年七月二十五日,在紅花亭盟誓,稱爲洪家大會。至今其會員皆以是日爲生日。是夜,天顯異兆,南天光耀,作文廷國式四字,遂以爲元帥旗。旋東天復發紅光,紅音同洪,故用以爲姓。把洪字拆開,則爲三八二十一,即用以爲符號。陳近南乃用一個喚做蘇洪光的爲先鋒,以前後五祖爲中堅,遣五勇士至龍虎山中募兵爲後備。明日進攻,時清兵方强,洪家戰敗,退至萬雲山。遇萬雲寺寺長萬雲龍,雲龍係浙江太昌府人,本名胡得起。陳近南引其覲見幼主。雲龍即歃血爲誓,矢志覆汩興汩。八月二十日再戰,雲龍手持兩棍,日向清軍攻擊,不幸於九月九日,中箭而死。兵皆潰散。前五祖潛匿。兵退,焚其尸,裹以紅絹,葬之山下,陳近南尊之爲達宗神。蓋以配達尊神。相與尋求幼主,不得。陳近南謂汩運尚未至覆亡之時,勸諸兄弟暫散,廣結徒黨,以爲後圖。數年之後,會衆聚集於高溪廟,此時諸頭目僅存一個蘇洪光,未幾亦死。欲舉兵,苦於無人統率。忽傳蘇洪光復生,事緣思宗死時,縊於煤山柏樹上。內監黄丞思,冀得附帝以葬。而樹無別枝,又不敢與帝同縊,乃縊於帝足而死。尋得帝尸之人,反指爲叛逆,棄其尸不葬。游魂無歸,達摩大師乃將其附合蘇洪光身上,借尸還魂,名之曰天祐洪,爲三合軍司令,連戰連勝,共得七省之地。後來戰死於四川。三合軍乃四散,七省之地,復爲清所據。平山周説:"哥老會及其他祕密社傳説,雖各有差異,然其爲焚燒少林寺,斃僧多人,以逃出之五僧,作爲五祖,圖復仇於萬一,則均確信不易。"可見此會支派之廣。又説:"三合會或稱天地會,世人以此名之,會中人亦即以自名,遂成爲通稱。或曰即三點會。凡清水會、匕首會、雙刀會等,皆其支會。"又説:"三合會之成立,在康熙十三年(一六七四),相傳以少林寺僧人,被官焚殺,志在復仇。"案康熙十三年,歲在甲寅,與其所載天地會傳説創立之年相合。又此傳説中早稱郭秀英、鄭玉蘭投三合河,而其軍亦稱三合軍。二會之即一會可知。又可見其確爲此項結合的嫡派。會中歷史,久經傳述,事迹自不免繆悠。凡故事口相傳述,大抵文學的意味增加,歷史的成分減少。況天地會傳説,本有影射,并非真實事迹。所以外觀幾同評話了。然其姓名似多有寓意,又或非不知文學的人所能杜撰,洪家之稱,謂由天發紅光,恐係諱飾之辭,或則傳僞所致。其本意，似係指明太祖的年號洪武而言。朱開、朱光、蘇洪光等名字，顯見其均有寓意。吳廷貴等姓名，即非江湖上人所能造。其稱蘇洪光恢復七省，顯係影射明桂王盛時，曾據兩廣、雲貴、四川、湖南、江西之事。平山周説："觀其尊信一種祕密儀式，知爲僧道所創無疑。"然則説雖繆悠，中必暗藏一段明代志士，兼及方外，圖恢復而未成，匿跡民間，廣結徒黨，以爲後圖之事。惜乎其無可考了。

　　三合會成立之後，反清之事，連綿不絕。據平山周説：其事以乾隆五十二年（一七八七）臺灣林爽文之亂爲倡始，此事在當時，是震動全臺的。其後嘉慶十四年（一八〇九）清水會會員胡炳耀等十七人，在江西崇義縣被捕，治以叛亂煽惑之罪。二十二年（一八一七），三合會會員又增至千餘人，有犯事被刑的。二十三年（一八一八，原誤作三十二年），又大敗於梅嶺。然常稱兵以與廣東官吏相抗。在江西的會員亦頗多，常干涉行政，地方官極怕他。道光十二年（一八三二），兩廣、湖南傜族起事，傳言爲三合會所煽惑。後傜族退入山中，三合會獨當前敵，被殺的很多。二十一年（一八四一），中英戰端既開，三合再起覆清興明之望，曾與海峽殖民地政府協商。三十年（一八五〇），三合會騷擾兩廣各地，太平軍乃因之起事。咸豐七年（一八五七），中英釁起，英人在香港預備攻擊廣東，以八百苦工編成教練隊，苦工俱係客民，大都屬於三合會。其中幾個頭目，以驅逐滿洲之故，曾向英軍協商一切。鄒魯《中國國民黨史稿》第一篇第一章説："國內會黨，常與官府衝突，故猶不忘其與清廷立於反對地位。而海外會黨多處他國自由政府之下，其結會之需要，不過爲手足患難之聯絡而已，政治之意味殆全失。反清復明之語，亦多不知其義者。鼓吹數年，乃知彼等原爲民族老革命黨也。"據平山周説，道光時，江西、兩廣、臺灣一帶，三合會頗跋扈，而以福建一省爲醞釀之所，并有挾此主義，自閩廣往馬來及南洋各島，或暹羅、印度各地的。無論其爲貧病死傷扶持而入，或爲求免諸種壓制而入，或爲好奇而入，或爲種族革命而入，或有所利而入，而皆同抱一傾覆滿政府之念，血誓以後，即衆志團結。然則鄒魯的話，不過一部分的情形，并不能以此概海外會員的全體了。作始也簡，將畢也鉅，在先民創始天地會之時，又安能預料其如此發達呢？不過行其心之所安罷了。然而其發達竟如此，後來孫中山的革命，還是利用會黨的。民國紀元，上距天地會創始之年，凡二百三十九年，卒奏光復河山之烈，有志者事竟成，先民有知，亦可以含笑於九泉了。當辛亥光復時，吾鄉常州西門外，有吳姓或胡姓（因吾鄉人讀此二字音相同，故無從知其正字）老而無子。其遠祖於明亡時，遺有明代衣冠一襲，命子孫世世寶藏，光復時著以祭告，此人并一衣之而出，謂吾雖無子，眼見漢族光復而死，我的祖宗也可以無遺憾了。此事知之者甚多。惜當時干戈擾攘，未能訪得姓名居址，及其先世事迹。觀於此，可知抱民族主義的，實不乏其人。

第二節　太平天國的興亡

　　太平天國天王洪秀全，廣東花縣人。生於清嘉慶十七年，即一八一二年，恰在民國紀元之前百年。天王少嘗讀書，應童子試，不售，為塾師，有大志。要想結合徒黨，宗教自然是良好的工具，而廣東通商早，受西方文化的影響較深，所以其所創之教，以基督教為藍本，陳恭祿《中國近代史》云：“相傳上帝會創於湖南人朱九濤。清文宗曾訪拿其人，疆史覆奏，稱其為狗頭山取藥的妖人。其被捕的徒弟，身有符咒。《平定粤匪紀略》記九濤之言，謂鑄鐵香爐成，可駕以航海。其人殆為白蓮教餘黨。”稱為上帝教。稱上帝為天父，基督為其子，稱天兄，自稱上帝之子，基督之弟，馮雲山首先信之。又得楊秀清、蕭朝貴、韋昌輝、石達開，共六人，結為死黨。秦日昌、羅大綱、林鳳祥等先後來歸。馮雲山，天王同縣人，為天王中表。楊秀清，先世廣東人，後還廣西，居桂平的大黃江，以製炭為業。蕭朝貴，武宣人，天王妹夫。韋昌輝與楊秀清同鄉，監生，出入公門，與胥吏結交。石達開，貴縣人，頗有家財。秦日昌係苦工出身，羅大綱為廣東海盜，林鳳祥亦貴縣人。天王雖懷光復之志，然其用意，并不與三合會同。他曾説：“復明似是而非，既光復河山，自當另建新朝。”舉兵之後，三合會頭目有軍械的，多歸向他。旋以教義相異，不久即散去。所以平山周説：“世人認天王為三合會首領，實在是錯誤的。”道、咸時，三合會在廣東舉事的，仍揭反清復明的旗幟，亦見《中國祕密社會史》。

　　清宣宗道光二十七年（一八四七），廣西大饑，羣盜蜂起，鄉民多辦團練以自衞。先是天王偕馮雲山到廣西桂平、武宣間的鵬化山去傳教，歸向的人頗多，多係貧苦的客民，而辦團練的，則多係較有身家的土著，彼此之間，頗有衝突。教徒亦團結以自衞。到道光三十年（一八五〇），天王遂起兵於桂平的金田村。

　　清朝派向榮等到廣西去攻剿，不利。向榮係固原提督。又有雲南提督張必祿，文宗命其赴廣西。旋必祿戰死。時廣西巡撫鄭祖琛，年老諱盜。文宗起林則徐為欽差大臣，播巡撫事，赴廣西。則徐行至潮州病死。代以李星沅，而以周天爵為巡撫，加總督銜。星沅與天爵不和，又罷之，以賽尚阿督師。文宗咸豐元年（一八五一）八月，天王軍取永安，建國號曰太平天國。天王即位，封楊秀清為東王，蕭朝貴為西王，馮雲山為南王，韋昌輝為北王，石達開為翼王。向榮把他們圍困起來。明年，太平軍突圍而出。走陽朔，圍桂林。因向榮先期入守，不克。乃北取全州，浮湘而下，為江忠源鄉勇所扼，改由陸道入湖南。蕭朝貴以一軍道湘東，攻長沙，中砲而死。天王等悉衆而北，攻長沙，亦不克。乃渡洞庭湖，下岳州，北取武漢，分軍下九江、安慶。先是道州舉人胡孝先,往謁天王於永安,勸其西居關中。天王舉兵後,讀書人還未有來歸附的,得孝先,大喜,置之左右,與共謀議。而楊秀清忌他,出永安後,把他殺死,詐稱爲敵兵所殺。天王到湖南後,初議出常德,取漢中,以圖關中,後雖未果,然及九江、安慶既下,仍欲棄之北上。乃括所得財帛入武漢,欲出襄樊,以攻潼關。旋慮載重行遲,爲清兵所及,而潼關堅不可下,乃仍順流而下,連克太平、蕪湖。太平天國三年(清咸豐三年,一八五三)正月,遂克江寧。是時天王仍欲出江北,破開封,西都洛陽。或言"明太祖亦起金陵有天下,宜先建國,示天下以趨向"。乃定都江寧,稱爲天京。案明太祖起兵時,元朝的腐敗,又非清朝道、咸時之比。其時羣雄崛起,力量亦較此時稱兵者爲厚。然明太祖定羣雄後,仍思暫居南方。後因元朝又有内亂,乃克乘機北伐。這是因舊朝政府,承襲相傳的名義,實力究較新起的革命軍爲強,非將其政治中心摧毁,不易遽令其崩潰之故。清朝此時,守河南的爲琦善。其兵力很腐敗,以太平軍初起時的鋒銳,實足以破之而有餘。這正是大國與清朝,拼一個你死我活的機會;而太平軍顧戀財物,不能舍之疾趨而北,其初起時已不免暮氣了。既定天京之後,上下遂流於驕奢淫佚,更伏下一個失敗之根。

　　太平軍入天京後,向榮追踪而至,扎營於城外的孝陵衛,是爲江南大營。琦善的兵,亦移扎揚州,是爲江北大營,其兵殊不足顧慮。天王再議圖河北,羅大綱説:"欲圖河北,必先都開封,否則宜先定南方,以定基本。然後(一)山東,(二)安徽、河南,(三)漢中,三道北出,孤軍深入非計。且既都天京,則宜多造戰艦,精練水師,然後可戰可守。"楊秀清以爲怯,不聽。乃分遣吉文元、林鳳祥出河南,胡以晃、羅大綱、秦日昌經營長江上流。文元、鳳祥的兵戰鬥很猛,卒因孤軍無援,爲清朝所殲滅。這可説是天國的一大損失。吉文元的兵出浦口,林鳳祥的兵出鎮揚,二師同會河南。其出軍時,天王命其迅速進行,勿貪攻城以致遲延。二人均能奉行軍令,勢甚飄忽。渡黄河,至懷慶,乃爲清軍所阻,文元戰死。鳳祥舍之入山西,旋出直隸。北方天氣寒冷,南兵不能耐,耳鼻凍裂,駐軍時即熾火,潰爛的十六七,戰鬥之力遂衰。逼天津而不能攻,清使僧格林沁拒之。鳳祥退據靜海,時爲天國三年(一八五三)十月。四年(一八五四),楊秀清遣兵攻破臨清,以爲之援,又爲僧格林沁所破。鳳祥欲南下合臨清之兵,不能達,據連鎮,别將李開芳據高唐。至五年(一八五五)正月,而爲清軍所滅。惟西上的兵,北據廬州,南取安慶。并進取九江、漢陽,包圍南昌及武昌。又分兵北去德安,南取岳州。頗足使清朝震動。西上的兵,胡以晃取和州,羅大綱取鎮江,二師同會於廬州,入英、霍、黄梅。大綱之兵取九江,使林啓容守。再西上取漢陽,圍武昌,北出德安,南取岳州。天國四年(一八五四),石達開破桐城,下安慶。後又攻破江西許多州縣。廬州爲清軍所陷,秦日昌復之。賴漢英又攻下皖南。

　　時清兵所至喪敗,清兩江總督陸建瀛,以舟師守武穴,太平軍自武漢東下時,建瀛之兵大潰，江寧遂不能守，建瀛自殺。及太平軍再西上，皖撫江忠源死於廬州。鄂督吳文鎔敗於黄州。楊霈代爲鄂督，與湘軍陷武漢。太平軍再出上流，霈兵亦潰敗。其後武漢再陷，清朝乃以胡林翼巡撫。林翼與荆州將軍官文交歡，得其助力，清朝遂不之疑，武漢形勢，就不易動搖了。非有新兵的武力，已不足支持殘局。論理：自清朝入關至此，業已二百餘年，其氣運已倍於胡元。中國士大夫，該羣起而謀光復。然士大夫階級，本亦是平庸遲鈍的人居多。天王所創的宗教，含有西教意味，尤爲當時士大夫所反對。是時民族主義，尚未昌盛，敵不過忠君的舊教條。而湘軍遂起而爲太平軍的勁敵。湘鄉曾國藩，以在籍侍郎，在長沙辦理團練。國藩知營兵的無用，專用忠實的士人招練誠樸的鄉農，又以太平軍利用長江，非有水師不足以與之角逐，乃練水師於衡州。太平天國四年（清咸豐四年，一八五四），國藩出援湖北，初戰，敗於靖港，憤欲投水，以旁人救援而止。旋其別將援湘潭得利，乃再整軍容，進取岳州。時武昌已下，國藩會湖北兵進陷之，并進陷漢陽。湘鄂之兵，夾江而下，太平軍又敗績於田家鎮，清兵遂進圍九江。明年，太平軍再出上流，敗鄂軍，下武漢。國藩命九江圍軍勿動，自赴南昌，又分兵出崇、通，會鄂軍，以圖上流。太平軍雖解九江之圍，然清軍卒陷武漢，以胡林翼署鄂撫練兵籌餉，倚爲重地，上流的形勢一變了。

　　廣西羣盜張嘉祥，初亦與太平軍有關係，後以與天王意見不合，別爲一軍，降於向榮，改名國樑。向榮衰遲不振，而國樑頗善戰，攻陷太平、蕪湖，又攻鎮江。清提督和春，亦陷廬州，取舒城、巢縣。天王召羅大綱入援，大綱率李秀成、陳玉成等兵東下，敗清兵，大綱亦受傷。楊秀清忌大綱，使醫生將其毒死。大綱多謀善戰，且知大體。其死，天國實失一柱石。天國六年（清咸豐六年，一八五六），秀成、玉成等解鎮江之圍，北取揚州，回攻江南大營。石達開之兵亦至。向榮敗走丹陽，氣憤而死。下流軍事，才有轉機，而天國的内訌又起。

　　天王自入天京後，把政治軍事都交給楊秀清，即章奏亦必先達。秀清荒淫無度，至於造龍車，使侍妾裸曳而行。既專權，陰有篡位之意。是年八月，韋昌輝把他殺掉，并殺其黨三千人。石達開自湖北歸，加以勸阻，昌輝怒，又要殺掉他，達開知之，縋城而遁。昌輝殺其母妻子女。達開走安慶，發兵靖難，至寧國，而昌輝爲天王侍衛所殺。天王命傳其首於達開，達開乃留軍入覲。或勸天王，留達開輔政，而去其兵柄。達開聞之，不自安，復走安徽。先是李秀成出援桐城，陳玉成出援寧國。石達開的遁走，韋昌輝檄李秀成將其縛獻，秀成不聽。昌輝怒，又欲謀害其家屬。其時反復於清軍和太平軍間的李昭壽固始人，本在河南爲盜。投降秀成，秀成因之招致張樂行之衆，號稱數十萬。或勸昌輝，説："如此，秀成必叛，何以禦之？"昌輝乃止。昭壽亦勸秀成，因樂行之衆，西取關中，跨據隴蜀。秀成躊躇，旋得家書，知父母無恙，乃止。至此，又有人勸石達開，説："中原未易圖，不如入川作劉備。"達開從之，使招秀成及玉成。玉成已行，因秀成不肯，亦中止。而達開遂西行，自此別爲一軍，和天國無甚關係了。天國初起時諸人物，至此略盡。天京政治，出於天王之兄仁發、仁達，兩人都極貪鄙，遂無再振之機。江南大營再潰時，李秀成力勸諸王及人民，多出金銀買糧米。仁發、仁達，視爲有利可圖，巧立名目，以征其税。商人裹足不前，天京糧食遂乏。秀成謂爲天京失守的大原因。而李秀成以一身繫軍國之重，支持殘局者又八年。

　　湘軍自取武漢後，形勢日强。太平天國八年（清咸豐八年，一八五八）四月，遂陷九江，守將林啓容死之。啓容堅忍善戰，守九江五年。城破之日，無一投降的。曾國藩深爲嘆服。湘軍遂以水師攻安慶，陸軍攻皖北，陷廬州。自向榮死後，清以和春代之，張國樑幫辦軍務，國樑亦乘天國內亂，攻陷鎮江、句容，再逼天京。天王召諸將入援，多爲清軍所牽，不至。惟李秀成守浦口，保障着江北一條通路，而亦不能進取。秀成以陳玉成之兵最强，勸天王封爲英王，令會集諸將入援。而玉成不善將將，諸將都不聽命。時李昭壽又降於清軍，致書李秀成勸降。秀成得書大驚，兵部尚書莫仕蔡方監秀成軍，急携其書入見天王解釋。而天王已聽流言，命封江阻秀成兵，且繫其父母。仕蔡至，力諫，乃復悔悟，撫慰秀成，封爲忠王，都督中外諸軍，録尚書事，賜尚方劍，便宜行事，主將以下，先斬後奏。秀成乃傳檄諸將，以九年（清咸豐九年，一八五九）二月，大會於樅陽，定斷張國樑糧道之計。時清江北大營不復置帥，歸江南兼轄，琦善死後，託明阿代之。後復代以德興阿。陳玉成破揚州，德興阿被和春劾罷，遂歸和春兼轄。汛地益廣，兵數日增，其餉皆出浙西，由兩江總督駐常州主持。江南營軍，本已驕佚，至是餉無所出，江督何桂清乃命四十五日發一個月的餉，軍心益怨。秀成先與玉成合兵，往援皖北，大敗清軍於三河集，清將李續賓伏誅，圍安慶的兵亦撤退。於是玉成與清軍相持於上流。秀成自寧國、廣德攻破杭州。會合諸將，還攻江南大營，清兵大潰。張國樑戰死丹陽，和春受傷死於常州，天國之兵，長驅取蘇、常，直至嘉興。一月之間，逐北七百里，克城六十餘，兵勢又一振。

　　先是石達開擾閩、浙，清命曾國藩往援，後復命其援皖，國藩回軍，復圍安慶。及蘇、常光復，清以國藩爲兩江總督。國藩使弟國荃圍安慶，而自率兵駐祁門。太平軍四面逼之，不克。李秀成既定杭州，分兵出江西。汪海洋等二十萬衆離石達開來歸。衆遂大盛，多破江西州縣，前鋒抵武昌境，和陳玉成黄州的兵，隔江相望。時玉成以救安慶不克，分兵取蘄、黄、廣濟，欲以致國藩的兵。秀成嘆道："英王錯了，適足使安慶之圍更堅，他有水師以濟餉，安肯救此不急之城呢？"時左宗棠入江西，秀成乃還取杭州，此時滿城未破。復還蘇州，期以十二年（清穆宗同治元年，一八六二）春援皖，而安慶已於十一年（清咸豐十一年，一八六一）九月爲清兵所陷。是時清文宗已死，穆宗繼立。孝欽皇后與肅慎，雖有政爭，然未影響到戰局。安慶既陷，而軍事形勢又一變。陳玉成在廬州，爲清軍所攻，棄之，走壽州，依苗沛霖，爲苗所賣，執送清軍，被殺，時爲十二年（一八六二）四月。玉成起軍中，年十九當大敵，二十四封王，二十六而死，其兵之强，冠於諸將，與曾國藩相持數年，深爲國藩所畏。秀成聞其死，嘆道："吾無助矣。"其時胡林翼亦死。清命曾國藩督辦蘇、皖、贛、浙四省軍事，指揮之責，集於國藩一身。國藩乃薦沈葆楨撫贛，左宗棠撫浙，命李鴻章募淮勇以固蘇、松，曾國荃沿江而下，彭玉麟以水師佐之，以窺天京。時清軍隊重要的，尚有德興阿、馮子材守揚、鎮，鮑超在寧國，張運蘭在徽州，多隆阿在廬州，李續宜在潁州。

　　上海在用兵形勢上，本是個絕地。自海通以來，而其形勢一變。因其後路不易絕，且餉源充裕，而籌餉的人，尚未注意到，頗可倚爲戰守之資。當太平軍入湖南後，清朝一方面，就有倡借用外兵之議的，後來事未果行。議者謂寧波、上海等處，外人駐有舟師以防海盜，可與商派入江助剿，未果行。江寧破後，向榮以長江水師缺乏，檄蘇松太道吳健彰和外人商議，領事答以兩不相助，乃已。此時外人的態度，確然是中立的。健彰粵人，初爲洋行買辦，後援例得官。劉麗川在洋行，亦與之相識，據上海時，其黨露刃以脅健彰，領事館中人挾之去。健彰遂居領事館中，詭稱公出，規脫處分。言官劾其通夷養賊，擅將關稅銀兩運回原籍。奉旨交督撫嚴訊，奏言無其事。惟以與本管洋行商夥往來酬酢，不知引嫌，避居洋行，捏報公出，遣戍新疆。而向榮請留之效力贖罪。《中西紀事》謂其錢可通神。其時外人惡清朝之無信，教士聞太平軍崇拜上帝，摧毀偶像，對之亦多好感。一八五三年，英使文翰至天京，謁太平軍領袖，建議嚴守中立。一八五五年，美使至天京調查亦然。美政府且訓令其委員，可斟酌情形，承認天國爲事實上的政府。惟法使請其政府中立，未能有效。外人以私人資格，在太平軍中服務的亦頗多。太平軍利其槍砲，又其人戰鬥頗勇敢，亦頗厚待之，稱之爲洋大人、洋兄弟，李秀成部下尤多，然亦未能大得其用。

　　咸豐戊午、庚申兩約既成，外人對清朝所得的權利多了，其態度乃一變。然是時清朝對於外人尚多疑忌，未敢遽接受其援助。時法使稱願售槍砲，如欲仿造，亦可派匠役前來。並請在海口助剿。王大臣聞奏，不許。俄使亦言願派水兵數百，與清陸軍夾攻。又稱明年南漕有無阻礙未可知，在上海時，有粵商及美商，願採臺米、洋米運京。如由伊寄信領事，將來沙船、釣船均可裝載,用俄、美旗,即可無事。詔江、浙督撫及漕督議奏。漕督袁甲三,蘇撫薛焕均言不可聽。曾國藩請溫詔答之,而緩其出師之期,總署奏亦謂然。又謂初與換約,拒絕過甚,又恐轉生巨測。宜設法牢籠,誘以小利。法夷貪利最甚,或籌款銷其槍砲船隻,使之有利可圖,冀其暁就爲用。請令曾國藩酌量辦理。代運漕米一節,由薛焕招商運津,華夷一體,無須與該夷會商。至危機漸及上海,而其情勢又漸變。外人助清軍平亂,始於太平天國四年(一八五四)。先是清道光二十九年(一八四九),新加坡陳玉成設三合會支部於厦門,名之曰匕首會。爲清官所捕殺,黃威代領其衆。天國三年(一八五三),佔據厦門,自稱明軍,後以餉械不足退去。而劉麗川據上海。據《中西紀事》:麗川在起事前,曾託領事溫那治先容於太平軍。溫那治遣輪船二溯江西上,至鎮江,爲清船所獲。得溫那治與太平軍書,並洋槍火藥,及劉麗川奏摺。溫那治書言"三月間在南京,蒙相待優厚,並爲照顧貿易之事。我兄弟同在教中,決不幫助官兵,與衆兄弟爲仇。今寄來火器若干件,火藥若干斤,即祈早爲脫售"云云。時兩江總督爲怡良,咨粵督窮治此案,卒亦未果。然太平軍對於麗川,並未曾切實聯絡。麗川亦不能有所作爲。四年(一八五四),英、法兵助清兵攻之。五年(一八五五)正月初一日,麗川亡走,爲清兵所執殺。

江南大營既潰,巴夏禮到天京,請勿加兵於上海,提議劃界百里,彼此各不相犯。此實天國利用外援之好機會,而天王不許,巴夏禮一怒而去。時上海商人設立會防局。有一個美國水手,喚做華爾(Frederick Townsend Ward),因譯人丁吉昌介紹,往見蘇松太道楊坊,坊亦本係商人,吉昌係諸生,從教士習西文。家近蘇州,遭難,乃立志與天國爲仇。許其攻下松江,給以銀三萬兩。華爾募潛逃水手百人往攻,不克。再募菲律賓水手百人前往,美人白齊文(H. A. Burgevine)亦在其內,乃克之。時英海軍大將以華爾誘其水手潛逃,控之於美領事,美領事禁華爾於艦中。華爾泅水而逸。其時蘇撫薛焕及布政使吳煦,均在上海。議欲再募菲律賓人,蘇州人王韜説,募洋兵費多,不如募中國人,而用洋人統帶,教練火器,從之。於是華爾、白齊文,募華兵五百守松江。太平軍攻上海,會同英、法兵敗之。詔賞華爾四品銜,後加至三品。白齊文亦得賞四品銜。其後外國水陸隊及經理稅務商人,屢有傳旨嘉獎的。名其軍曰常勝。太平天國十二年(清同治元年,一八六二),上海官紳籌銀十八萬兩,雇英國輪船七艘,往迎淮軍。至三月杪而畢至。詔李鴻章署蘇撫,薛焕爲通商大臣,專辦交涉。常勝軍歸其節制。李秀成自昆山進攻。淮軍及常勝軍連敗,英、法兵亦敗,太倉、嘉定、青浦次第光復。松江亦將破。此時倘能聚集兵力,將上海問題徹底解決,仍不失爲太平軍的一個機會,而無如天京吃緊,天王又詔李秀成入援。

時曾國荃以天國軍糧均來自巢縣、蕪湖一帶,將其攻破。又破太平府,進逼雨花臺,天京危急。李秀成乃退兵蘇州,使弟揚王世賢先將兵二萬入援。

秀成以敵軍有長江濟餉,而其營壘堅不易拔,欲先取寧國、太平,斷其餉道。而天王以天京糧少,慮不能守,仍促其入援。秀成不得已,率兵進京。八月,國荃軍大疫,秀成、世賢猛攻之,歷四十六日,不能破。世賢獻計:"攻揚州、六合,括其糧至軍。夾江攻國荃,再分兵攻曾國藩於安慶,致國荃往救,然後乘虛攻之。"秀成從其計。出兵江北,欲合張樂行之兵。至六安,聞樂行已死。再用世賢計,回襲清江,想倒擊揚州、六合,然後襲通、泰以連蘇、杭,則鎮江清軍,不擊自退。鎮江既下,可通餉道達燕子磯,則國荃不足慮矣。然所過皆成邱墟,軍無所得食,而國荃又攻破雨花臺,不得已還救。時爲天國十三年(清同治二年,一八六三)六月,至浦口,船少兵多,不得渡,爲楊岳斌、_{初名載福。}彭玉麟水師所截擊,喪失大半,秀成兵力遂衰。既歸天京,請天王親征贛鄂,天王不許。時四方緊急,爭乞秀成往援,天王亦不許。秀成言蘇、杭不守,則天京愈危,力請往援。天王慮糧乏,秀成括家資,又借貸以助餉,然後行。

先是華爾攻寧波,城破,華爾亦受傷而死,_{詔於松江、寧波建專祠。}白齊文代將其軍。曾國荃爲李秀成所攻,李鴻章屢命其往救,白齊文不聽,至上海索餉,不得,毆傷楊坊,奪銀四萬兩而去。李鴻章告美領事,奪其職。改用英人,其人無將略,屢戰皆敗,會英政府許其將校服務清軍,乃改用戈登(Charles George Gordon),定其軍額爲三千。白齊文降李秀成,勸其棄江浙,北據山東、山西、河南、陝西。使清水師無所用,外人亦不能相助。蘇州諸生王畹亦獻計:"以水師出通、泰,掠商船,使貨物不能入上海,其時華人避難上海租界數十萬,必洶懼。外人必懼而求和。否則令精兵數千,僞爲避難者,入居租界。夜中猝起焚劫。外人必逃登軍艦。我乃起而鎮定之,招之使還,外人亦必與我妥洽了。"秀成均不能用。戈登會清軍陷常熟,又陷昆山,於其地設大營。使丁吉昌入蘇州,説納王郜永寬,永寬遂殺慕王譚紹光而降。永寬降時,由戈登爲之保任,許以不死。而淮軍將程學啓將其殺掉,戈登大怒,要攻擊李鴻章,後未果。英政府聞清軍殺降,取消其將校服務於清軍的命令。常勝軍因此解散。_{戈登加提督銜,洋弁受賞星的六十四人。時法人在寧波練洋槍隊,召募華人十餘,由德克碑(D. Aigue Belle)統帶。曾在餘姚、紹興一帶助清軍作戰,旋亦解散。}然蘇州失後,太平軍軍心大亂。無錫、常州俱不能守。左宗棠又攻下浙江諸州縣,並陷杭州。天國事勢,遂無可挽回了。

蘇州失陷後,李秀成棄無錫而去。秀成逆料丹陽、常州俱不能守,與屯丹陽的格王陳時永同進天京,力勸天王乘敵圍未合,出圖贛鄂。否則奉太子出以圖恢復。天王都不聽。而天京附近險要,續有陷落,江、浙郡縣相繼失守。

秀成知事無可爲，乃決計死守天京，與國同盡。是爲天國建立後十四年（清同治三年，一八六四）正月，至二月而天京之圍合，城中糧盡，都吃草根樹皮。秀成日夜登陴撫慰，人無怨言。時曾國荃設局招撫難民，秀成勸其民往求生。人民無願去的，自殺的日數百人。秀成卒請於天王，將其衆放出一批。天王憂憤成疾，四月，駕崩。太子瑱福即位，時年十六。秀成輔政。六月十六日，天京失陷。太后賴氏，以幼主託秀成，投御河而死。秀成奉幼主歸別其母，太子母麾之去，自投繯。世賢解救之。於是秀成奉幼主，世賢奉其母，突圍而出。至方山，秀成爲村民所獲，送之曾國荃軍。秀成以史館實錄盡被清軍焚毀，手寫太平天國事蹟，每日七千餘字，共十日而畢。此即清人所謂《李秀成供狀》。世間所傳的，全被清人改易，非其真相了。秀成旋被清軍殺害，時年四十。

秀成廣西滕縣人，和陳玉成同鄉。起小卒，隨羅大綱、胡以晃軍，以晃舉爲將。自天京內訌後，朝政紊亂，軍事亦散漫，全賴秀成一人支柱，面折廷爭，有古大臣風度。運籌決策，臨敵指揮，尤無愧於古之名將。其人實爲文武全才，非湘淮諸將所能及。其不嗜殺人之風，尤使湘淮軍諸將號稱儒生的，對之生愧。秀成破江南大營後，禮葬張國樑。破杭州後，禮葬巡撫王有齡。滿城中的滿兵，均釋弗殺。得蘇、常後，亂民肆行搶掠，旬日未止。左右請剿辦。秀成説：“人民苦於兵戈，以至如此，何忍加兵？”自帶幾十個人，巡行鄉鎮，亂民千百人，持兵相向。秀成説：“我是忠王。”加以撫諭。皆釋兵羅拜，一日而亂定。召官吏千餘人至，撫慰之，命其願留者留，願去者聽，沒有川資的，都發給他們。農民失業的，給以牛種。貧民則給以資糧，散庫錢十餘萬緡，糧萬餘石。後來去蘇州時，男女老幼，無不流涕。在方山時，爲村民所獲。一人手劍要殺村民，秀成還止之道：“此天絕我，毋傷良民。”村民中一人曾於秀成出軍時供擔役，還跪而自罪，説：“此忠王也，愛百姓厚，吾儕當護之。”要送秀成到湖州、廣德間太平軍中。後因人多不能自主，乃卒被執送清軍。_{時秀成遺寶帶一條於山廟中，使村民回取之，已爲他村民所得，互爭，遂挾秀成送清軍。}其愛惜軍民如此。天京失陷時，飢軍十餘萬人，無一個肯投降的，良非偶然。曾國藩奏疏説：“十餘萬賊，無一降者，至聚衆自焚而不悔。”可見其非厚愛天國者粉飾之辭。大業雖終於顛覆，然留此一段悲壯的事蹟於歷史之上，可使漢族的民族主義，放萬丈的光焰。而忠王的人格，亦永垂於天壤之間，爲後人所矜式了。秀成次子榮發，驍勇有膽略，年十五，隨父軍中，殺敵當先，屢立奇功，秀成以爲護軍。年十六，統兵萬人，屢戰輒勝，軍行常自斷後，隨幼主至徽州，兵敗，孑身逃走，爲左宗棠砲船所得。有一隊官，係秀成舊部，説“這是恩主”，把他藏匿在杭州。

宗棠軍多秀成舊部,送以資糧的不絕。宗棠初以其年少不問,後聞其英鷙得人心,乃殺之,時年十九。

　　忠王的仁義如此,返觀清朝,則其嗜殺,殆非想像所能及。一八六二年,英使普魯斯(Frederick A. Bruce)曾約總署大臣文祥、董恂到使館面談,説:"如赦賊罪,給與公文,承認由其作保,保全降人生命,天國即可自滅。"其參贊威妥瑪,并述天王之兄洪仁玕之言説:"官軍如此亂殺,實於天國有益。"而恭親王竟不許。李鴻章下蘇州後的殺降事件,以今日之眼光論,固屬野蠻,即以舊時的道德論,亦爲不仁不義,而上諭稱其辦理甚爲允協;曾國藩在日記中,亦稱其眼明手快。鴻章受到外人批評後,反説"這裏是中國不是歐洲"。其致彭玉麟書,謂常勝軍"往往破賊,而不能多殺賊,故須我軍偕往,以輔其不逮",豈不駭人聽聞? 李秀成歸天京後,無錫即投降清軍,鴻章又殺其首領。守常州的護王陳書坤,因此決計死守。李鴻章亦明知之。他寫給曾國藩的信,説"蘇錫之役,殲數逆首,自是粵酋死拒困鬥,絕無降意。護酋早欲投誠,茲乃招聚廣東悍黨,嬰城自守"。然其寫給郭嵩燾的信,仍説"蘇州遣回降人千餘,皆可殺者"。這除説他是好殺外,更有何理可説? 鴻章曾告曾國藩,説"粵人即不盡殺,放歸亦無生理"。忠王勸曾國藩,不宜專殺兩廣之人。國藩亦謂"其言頗有可採",然仍殺戮無忌,誠不知其是何居心? 天國四年,曾國藩在大冶戰勝,奏稱"各營生擒逆匪一百二十四名,僅與梟首,不足蔽辜,概令剮目凌遲"。當黃威退出廈門時,清軍入城市、肆意劫殺,童稚亦不能免,刀鈍不能用,則駢搏而投之河。英領事通牒勸阻,不聽。乃命兩軍艦泊於香港,若將干涉者,租界及船埠周圍,才得免禍。其餘各地,則有一日所殺,超過二千人的。當道光三十年(一八五○)時,兩廣各地,三合會蜂起。至太平天國四年,廣州幾被包圍。其軍隊頗有紀律,亦能善待外人。然清軍轉得利用外國旗幟,運餉以接濟廣州,廣州因得不破。旋三合會渙散。其軍中一首領,率衆大半走廣西。清軍乃漸得勢。其明年,廣州城外十數村鎮,悉被清軍攻破,屠殺動輒千百。其餘各縣亦然,或以五千人爲一團,械送省城,或以萬人爲一羣,拘之城内,日殺七八千人。平山周説:"廣東生靈,傷於清軍之手者,百餘萬人。"及英、法兵佔廣州,石達開自湖南走廣西,三合會乘機復起。天國八年(一八五八),大首領陳清康率衆屯於廣州之北,擬俟英、法軍退起事。後其主力仍入廣西。清軍乃賄買其副首領陳政,政殺清康以降。清官欲冒戰勝之功,殺三合會員二千餘人。自是十年之間,三合會員在廣東及其鄰境的,被捕悉處極刑。然其遺族逃到香港的,仍宣傳反清復明主義。血,到底是不能洗血的啊!

　　天京失陷後,李世賢奉幼主到廣德。侍王陳炳文,初與康王汪海洋俱守杭州,至是走江西。扶王陳得才,初屬陳玉成,玉成敗後,自湖北走豫南,入漢中。是年夏間,回救天京,至安徽,聞天京已陷,自殺。世賢尚未之知,勸攻湖州的堵王黃文金,同奉幼主,合海洋、炳文的兵出湖南,北連陳得才。文金必欲破湖州以泄憤。湖州破而清兵大至,文金中砲死。世賢奉幼主入福建,至延平。時汪海洋亦至福建,兩軍相距僅三十里。世賢軍爲清將席寶田所破,與秀成子榮椿俱走海洋軍求救。幼主隨難民行,誤投敵軍,爲清營官蘇元春所得。元春要將他釋放,而事爲席寶田所知,將幼主取去,有人對寶田說:"你的禍不遠了,曾國藩奏稱洪氏無遺類,你却擒獲了幼主,他怎肯和你干休呢?"陳恭祿《中國近代史》云:李秀成言天王家人皆死,實爲免禍之計。左宗棠獲其養子,知其母、妻、幼子,均免於難。見左氏《奏疏》,據聞其子收養於外人,今尚存在。寶田乃將幼主送交沈葆楨,爲其所殺。世賢匿民間,奉秀成母以終。陳炳文爲汪海洋所殺,海洋以是年十二月,戰死於廣東嘉應州。石達開自別爲一軍後,出没於安徽、江西、福建之間。太平天國九年(一八五九),敗於南安,入湖南,又爲巡撫駱秉章所敗,入廣西。明年,入廣東,出没湘、粵間。十一年(一八六一),入四川。清以駱秉章爲四川總督禦之。達開入貴州,十二年(一八六二),再入四川,轉入雲南。十三年(一八六三),再自雲南入四川。將渡大渡河,爲清兵所扼,又賄土司絶其退路。達開對手下的人說:"吾一人自赴敵軍,爾等可免死。"乃張黃蓋,服黃袍,乘白馬,從數人入清軍。至成都,見駱秉章,說:"吾來乞死,兼爲士卒請命。"清人礫達開於市,而使諸將圍殲其兵二千餘人。

太平天國自起兵至滅亡,前後共歷十五年。兵鋒所至之地,共十七省。內地十八省,惟甘肅一省未到。但得城多不能守,所恃爲根據地的,實止自天京至九江、武漢的一綫,及皖南北若干州縣。其後九江、武漢皆失,僅恃安慶與天京相犄角,而皖南北亦日受攻擊,形勢就更危險了。太平軍在軍略上的失策:(一)未能於初起時全軍北上,與清人爭一旦之命。(二)在南方又未立定規模。(三)初起時藉長江的便利,未久即下天京,後來水師之利反爲清人所有。至其軍隊,初起時確甚優良。廣西軍人,强悍善戰,其紀律頗嚴,并無姦淫殺掠之事,所以人民頗爲歡迎。清張德堅撰《賊情彙編》稱:"賊至則爭先迎之,官軍至皆罷市。此等情形,比比皆然,而湖北爲尤甚。"可見光復軍興時,簞食壺漿的盛況。此時太平軍軍隊未甚多,其首領的驕奢淫佚亦未甚,所破州縣,到處都有蓄積,取之已足敷用,人民亦有自動進貢以求免禍的,故其財政寬然有餘,無事誅求。其後財政漸窘,軍隊中舊兵漸少,脅從漸多,軍紀亦漸壞,擄掠焚殺之事,遂不能免。天國四年,曾國藩奏疏云:"前此官軍有騷擾之名,賊匪有要結之術。百姓不甚怨賊，不甚懼賊，且有甘心從逆者。自今年以來，賊匪往來日密，搶劫日甚。升米尺布，擄掠罄空。焚毀屋廬，擊碎瓦缶。百姓無論貧富，恨之刺骨。"軍紀的好壞，影響於民心的向背和士氣的盛衰，這確是天國失敗的一個大原因。

　　至於政治，則天國諸人都起下層社會中，知識不足，所以其所定制度，多極可笑。大凡下層社會中人，都抱有均貧富及平等的思想，起事之後，乃表現於其宗教及政治制度中。上帝會規制，入會的男稱兄弟，女稱姊妹，一律平等。天京建後，創立田制，分田爲九等，<small>上上，上中，上下，中上，中中，中下，下上，下中，下下。上上田一畝等於下下田三畝。</small>各地方有無相通，<small>此處不足，則遷彼處，彼處不足，則遷此處。又此處荒，則移彼豐處，以振此荒處，彼處荒亦然。此即所謂移粟移民。</small>民年十六則受田。自食有餘，概歸公庫。二十五家立一庫，婚喪等事，均用庫中款項。軍士有得財貨的，則概歸天朝聖庫。又立女館，凡處女、寡婦及從征軍士眷屬，均居於其中。禁烟、禁酒、禁賭。又禁女子纏足。禁妾媵及娼妓。並禁賣買奴婢。其思想不可謂不正。案當隆古部族時代，人民生活，本有一定規則，此時內部安和，而對外亦能講信修睦，即孔子所謂大同。其後各部族接觸日多，漸以兵力相爭奪。戰敗的，固夷爲農奴及奴隸。戰勝的，亦因其生活日流於淫侈，並且專以爭鬥爲事，<small>讀《禮記·文王世子》篇可知。這一篇是述古代公族，即國君的同族的生活的。</small>而其風紀日趨於敗壞。此即所謂封建時代。然部族時代良好的規則，仍有存留，民間生活，仍有其合理的軌範，即貴族亦不能不俯就其範圍，此即古人所謂禮。<small>古代的所謂禮，並非指應對進退等，此乃所謂儀。知儀的，古人亦謂其不能冒稱知禮。《左氏》議論魯昭公的話，即其一例。所謂禮，實指大眾生活的軌範，如凶荒札喪之歲，貴人的生活亦不能不貶損；豐登之年，大眾的生活仍不能奢侈等等便是。</small>所以《禮記·禮器》說："年雖大殺，眾不恇懼，則上之制禮也節矣。"所以此時的生活，尚非全不合理。封建制度完整之世，孔子亦稱爲小康。封建時代之後，再加以資本主義的侵蝕，生活的軌範，無人留意及之。即有覺其不安，欲去其泰甚的，其所欲建立者，讓步已至極點，然仍不能實行。此實爲社會不安的根本原因。此等病根，上中流社會中人，因其處於壓迫地位，生活較爲優裕，往往不能覺得。只有下層社會中人身受切膚之痛，會有矯正的思想。歷代藉宗教以煽惑人民的，除迷信的成分外，總尚略能改正經濟制度，示人民以生活的軌範，即由於此。<small>如漢末的張魯便是。可看《三國志》本傳《注》引《典略》。</small>這個并非迂闊，實可說是社會真正而且迫切的要求，但其事經緯萬端，斷非遽行直遂的手段所能有濟。起於草澤的英雄，思想雖純，而學識不足，運用其簡單的思想，直率的手段，想達到目的，無怪其不能有成了。天國諸人，宗教思想頗爲濃厚，凡事皆欲稱天以濟之。故其國稱天國，京稱天京，軍稱天軍，法律亦稱爲天條。軍行所至，輒設高臺講演，謂之講道理，又印行講道的書頗多，那更陷入極端的觀念論了。嘗開科以取士，所命題目，亦極可笑。其命的題目，有《貶妖穴爲罪隸論》等。案天王嘗有詔，貶直隸省爲罪隸省。其官制，則有天、地、春、夏、秋、冬六官，又有丞相、軍師、錄尚書事等名目。外官有州牧、郡守、縣令，又有行省。軍制以五人爲伍，五伍爲兩，四兩爲卒，五卒爲旅，五旅爲師，五師爲軍。又有監軍、總制、將軍、指揮、點檢等名目。今古雜糅，一望而知爲鄉曲學究所定。此等制度，亦多未能實行。實際的政治，則因天王入天京後，百事不管，朝內又無能主持之人，以至十分紊亂。總而言之，天王之爲人似只長於宗教，而短於政治及軍事。天王手下，亦無此等人才，只有一個李秀成，而用之太晚，且不能專，實爲太平天國失敗最大的原因。且如天王的宗教思想，在當時，決不能得多數人的贊同。民族革命之義，如能始終標舉，是可以引起一部分人的歸向的。太平軍出湖南時，亦曾發佈討胡之檄，後竟未曾再提，而仍欲推行其不中不西、不古不今的政教，即此就可見得不認識環境，難於有成了。然事雖失敗，畢竟替民族革命播下了一粒深厚的種子。到孫中山革命時，其餘黨還有存留海外的。

第三節　捻黨始末

當太平天國和清軍在江域相持時，直、魯、豫、蘇、皖間，又有捻黨。捻黨的起源：有的說是鄉民逐疫，"裏紙燃膏"，後來因而行劫，故稱爲捻。有的說皖北人稱一聚爲一捻，因稱爲捻。二說未知孰是。其起源頗早，清仁宗嘉慶年間，河南巡撫已經奏定"結捻"三人以上，加等治罪了。然此時所謂捻黨，人多勢盛之時，偶出攻打州縣，官軍到又回原居，和平民無異，並不正式和官軍對敵。到天國興起後，而其勢乃漸盛。其渠魁張樂行居雉河集，即渦陽縣治，捻平後設縣。李兆受居霍丘。清官令人民築寨自保。諸寨既無力抵抗捻黨，而官軍又殘暴，乃依違於兩者之間。又有本係土匪，亦借團練爲名的，局勢益複雜。壽州苗沛霖，本係諸生，後爲練總，反側於太平天國和清軍之間，曾受天國之封爲北平王，尤爲跋扈。

捻黨雖據數省，其最大的根據地，則尤在安徽。清朝迭派大員進攻，都無效。清朝初命周天爵駐徐、宿，旋代以袁甲三，駐潁、亳，又命牛鑒駐陳州，而以河南巡撫英桂總其成。太平天國五年，即清咸豐五年（一八五五），罷袁甲三，命英桂進攻安徽。明年，又起甲三助英桂。至七年(一八五七),勝保督安徽軍務後,仍命袁甲三管蘇、魯、豫三省事。均無功。太平天國七年(清咸豐七年,一八五七),命勝保總督安徽軍務。張樂行走依李兆受。兆受僞降,苗沛霖亦陽受撫,然其蟠踞恣肆如故。勝保所帶馬隊,且有降於捻黨的,捻黨行動益敏捷。天國九年(清咸豐九年,一八五九),出擊山東,還道河南,攻周家口。十年(清咸豐十年,一八六〇),陷清江。清漕督等皆遁走。是年,英、法和議成。清命僧格林沁移兵而南。初戰亦不利,後乃自魯南入蘇北,進至亳州。天國十二年(清同治元年,一八六二),苗沛霖合太平軍攻潁州,爲湘軍所敗。陳玉成走依沛霖,沛霖將其執送清軍,被殺。安徽局勢稍定。而陳得才合捻衆入陝西,攻商、華。勝保及多隆阿奔命。勝保旋遭逮治。降捻宋景詩因之叛於鄱陽,聲稱爲勝保訴冤,自山西入直隸,附從者甚多。清調劉長佑督直,到明年才把他打平。是年,僧格林沁亦陷雉河集,殺張樂行。又殺苗沛霖。樂行從子宗禹入鄂豫。又明年,陳得才回援天京。至英、霍間,聞天京已陷,自殺。遵王賴文光、魯王任柱,_{柱本名化邦,亳州人,最勇猛善戰。據《太平天國戰紀》:僧格林沁伏誅後,宗禹等共矯天國幼主詔,封宗禹爲沃王,柱爲魯王。}均與宗禹合。於是捻黨得天國之名將以指揮之,而其用兵的方略一變。

　　遵、魯二王和張宗禹既合,再道湖北入河南。天京陷之明年(清同治四年,一八六五)入山東。時清倚僧格林沁爲主力,而僧無將略,專恃蒙古馬隊,和捻黨相馳逐。步不及馬,駑馬不及良馬,其隊伍遂參差不齊。軍行不賚糧秣,專責成州縣供應,州縣因兵荒不能具,則剽掠於民間,因行淫殺。人民控訴的,僧格林沁概置不理。人民恨之切骨。捻黨知其如此,專引之東奔西走,以疲敝其兵力,而僧格林沁不悟。是年,兩軍相遇於曹州。宗禹弟小黑,年十九,與任柱猛攻之。僧軍發砲,彈如雨下。小黑及任柱不顧,令馬隊脫銜猛衝。僧兵大敗,僧格林沁伏誅。案捻黨之誅僧格林沁,事見羅惇曧《太平天國戰紀》。此書係將韋昌輝嫡子以成所著《天國志》刪潤而成,於天國亡後所記事極疏略。蓋由無記注,專恃傳聞記憶而然。然僧格林沁的伏誅,係兩軍爭鬥中的一大事,所記捻黨一方面的軍情,該不會有誤。況且《戰紀》說僧格林沁係墮馬爲亂兵所殺,宗禹兄弟至,又刃碎其尸;而清薛福成所撰《僧格林沁死事略》,亦說其死在麥塍之中,身受數傷;二說符合,可見《戰紀》之不誣。僧格林沁是科爾沁郡王,因攻捻晉爵爲親王的。科爾沁是蒙古諸部中最早投降清朝的,清人與之世通婚姻。清朝的宗旨是要封鎖東三省及蒙古地方,合滿蒙二族之力,以制漢族的。僧格林沁一軍,尤爲當時清朝所倚恃的勁旅。任柱、張小黑,功雖不成,然能殲此渠魁,亦足以寒猾夏者之膽了。

僧格林沁死後，清朝命曾國藩總督直隸、河南、山東軍務。曾國藩説：捻黨已勢成流寇，與之馳逐非計。主張"以有定之兵，制無定之寇"。乃以徐州、臨淮關、濟寧、周家口爲四鎮。自沙河、賈魯河，北抵汴梁，南接運河，築成長墙一道，自周家口下至正陽關守沙河，上至朱仙鎮守賈魯河。朱仙鎮經開封抵黄河，掘濠而守。實行其所謂"圈制"之法。而捻黨的厄運乃漸至。捻黨將其汴梁一段防綫突破，進攻運墙，不克，乃分爲二：任柱、賴文光東行，張宗禹西上。天國亡後二年（清同治五年，一八六六），曾國藩回兩江總督本任，李鴻章繼其任。左宗棠督辦陝西軍務。明年，東捻突破運防。清軍反守運河西岸。旋又扼之膠萊河及濰河之東。其濰河一段，仍爲捻黨所突破，然卒不能越運河而西，乃自魯南入蘇北。清軍雲集，任柱死於贛榆，賴文光在揚州被執，東捻亡。西捻入陝西後，渡渭而北，入延、綏，自宜川渡河。下河東，入豫北。天國亡後四年（清同治七年，一八六八），入直隸。左宗棠隨之而東，李鴻章亦北上會攻，令直隸人民築寨自保，實行堅壁清野之法。又沿黄、運二河，自天津至仕平，築長墙以蹙之。西捻乃被困於黄河、徒駭河之間而滅。案《太平天國戰紀》説：僧格林沁死後，捻黨議仍入漢中。左宗棠扼河築長墙拒之，乃仍入汴。文光等聚謀，言"敵軍甚衆，江南我兵絶跡，不如渡黄河，直搗燕京，成則取其國都，不成死耳"。乃履冰而過，清兵逐之，一戰大敗。任柱、小黑皆死，宗禹不知所終。此其記事自極疏略，然賴文光等當日有直搗燕京之志，事當不誣，不過有志未遂耳。賴文光逃揚州被獲，《戰紀》并不諱飾，則其謂張宗禹不知所終，事或得實，而清朝一方面的記載，謂其赴水而死，恐實不足信了。

綜觀捻黨，自太平天國滅亡以前，和天國滅亡以後，其用兵的方略絶不相同，即可知其能縱橫馳驟於直、魯、山、陝、豫、鄂、蘇、皖八省，使清朝的君臣爲之旰食者數年，實由天國的名將指揮駕馭而然。當天京淪陷，幼主殉國之後，而天國的餘威猶如此，可見天國初起時，不能悉衆北上，及其後天王不從李秀成之言出征贛鄂的可惜了。清朝攻擊捻黨時，其殘暴仍與其攻天國時無異。曾國藩奏疏説："官兵騷擾異常，幾有賊過如箆，兵過如洗之慘。民圩仇視官兵，於賊匪反有恕辭。"西捻再入直隸時，左宗棠寫給他兒子的信説："大名、順德、廣平一帶，和山東、河南接壤各處，民團專與兵勇爲仇，見則必殺，殺則必毒。"清人所自言如此，倘使其敵國方面，有人執筆記載，未知又當如何？太平天國和捻黨，不免有殘暴的行爲，我們誠亦不能爲諱，然至少並不甚於清兵，則是事實。而從前論史的人，都把這一個時期的破壞，專歸罪於天國及捻黨方面，真可謂虜朝的忠臣了。

中國近百年史概論

前　　言

　　《中國近百年史概論》是抗戰年間呂思勉先生在常州鄉下輔華中學(今常州市第三中學)任教時的通俗講稿。太平洋戰争爆發以後，上海光華大學停辦，呂先生於一九四二年八月回到故鄉常州，應邀在遊擊區的青雲中學(抗戰時蘇州中學常州分校)、輔華中學講學。當時缺乏課本，爲了教學上的需要，呂先生編寫了這本近百年史概論，從明末西力東漸講起，直到北伐勝利，完成全國統一爲止。

　　《中國近百年史概論》現存油印稿一册，上面有呂先生的訂正和改筆。二十世紀八十年代中期，呂翼仁先生曾做個一次校訂。《中國近百年史概論》最初收入華東師範大學版的《呂著中國近代史》(一九九七年九月出版，有删節)，后又收入上海古籍出版社"呂思勉文集"《中國近代史八種》(二〇〇八年八月出版)、①武漢出版社"歷史看得見系列"的《呂著中國近代史》②(二〇一二年七月出版，删改未恢復)、北京金城出版社的《中國近代史》③(二〇一三年三月版)、吉林人民出版社"中國學術文化名著文庫"的《呂思勉 中國近代史》④(二〇一四年一月出版，删改未恢復)等。⑤

　　此次我們將《中國近百年史概論》收入《呂思勉全集》重印，按原油印稿做了校對增補，除了錯字外，其他都按油印稿刊印。原稿的雙行夾註現全部改

---

　　①　即呂先生的《中國近代史講義》、《中國近世史前編》、《中國近百年史概説》、《中國近百年史補編》、《中國近代文化史補編》、《日俄戰争》、《國恥小史》和《中國近代史表解》八種著述的合刊。

　　②　即呂先生的《中國近代史講義》、《中國近世史前編》、《中國近百年史概説》、《中國近代文化史補編》和《日俄戰争》的合刊。

　　③　即呂先生的《中國近代史講義》、《中國近世史前編》、《中國近百年史概説》、《中國近百年史補編》、《中國近代文化史補編》、《日俄戰争》、《國恥小史》和《中國近代史表解》的合刊。

　　④　即呂先生的《中國近代史講義》、《中國近世史前編》、《中國近百年史概説》、《中國近代文化史補編》和《日俄戰争》的合刊。

　　⑤　有關《中國近百年史概論》的再版、重印情況，詳見《呂思勉全集》之《呂思勉先生編年事輯》附錄二《呂思勉先生著述繫年》)的記録。

爲單行注，原文中的年號紀年和民國紀年仍沿用不改，僅在括弧中標出公元年份，以方便讀者的閱讀。

李永圻　張耕華
二〇一四年七月

目　　録

第一章　總　論

　　從民國三十二年(一九四三)上溯一百年，爲淸宣宗道光二十二年(一八四二)五口通商之明歲。此百年中，爲中國歷史變動極劇烈之時代。

　　推原其故，蓋因西歐各國於此時期內興起，其影響及於全世界。物之靜者，非加之外力則不動，社會亦然。而能影響他社會，使之大起變動者，又惟文明之國爲然。中國前此與歐西各國關係較疏，而於葱嶺以西承受希臘文化之諸國及印度、大食，關係實密。但其關係止於精神的及零碎之技術的，無甚深之物質基礎，故社會不受大影響，不能起大變動。在此情勢之下，其交通自亦時斷時續。至近世，則西洋人因得羅盤針故，而能爲遠洋航行，遂能越好望角而來，繞西半球而至。加以科學發達，引起產業革命及交通狀況之改變，而世界之聯結，遂不可復斷。於斯時也，因(一) 彼輩距封建之時代近，習於列國紛爭，有尙武好鬥之性質。(二) 又歐洲自古注重商業，習於航海，故其人富有冒險遠游之性質。(三) 自產業革命以後，既有種種利器，加以組織之精嚴，而經濟又迫其向外尋求市場及原料產地，寖假而輸出資本，遂發展爲帝國主義，成爲侵略者。而我國則猶是閉關獨立之舊，人民不好與聞外事，亦不甚關心國事。加以政府腐敗，近代之文明，亦非旦夕所能輸入，種種近代之利器，遂多欠缺，富力亦相去懸殊，遂至成爲支離破碎之局。

　　然體段大者，其變化難，而其成就亦大。我國有高度之文化，民族人口之衆多，甲於世界，幅員大而地形複雜，其位置則西北負陸，東南面海。交通之發達，必自遠洋進入大陸之中心。亞洲之中部，實爲世界上最閉塞之地。而我國今日西南、西北之開發，適當其衝。熱帶及副熱帶無限物資之利用，我國所踞之形勢，亦甚利便。前途之大有希望，實無疑義。然欲達此希望，則又必先完成目前之一大事，凡我國民，不可不勉。

第二章　中西交涉之初期

舊世界文明聯絡之通路：(一)自中國緣海，出麻六甲海峽，入印度洋，經波斯灣、紅海，以入地中海。(二)自中國越葱嶺，經西亞以至歐洲。若夫浩渺之大洋，則在前此罕能通航。其自蒙古、新疆經里海、黑海以入歐洲，則爲野蠻民族侵略之路。自西伯利亞入歐俄，則寂寞荒涼，經由之者更鮮，而其影響亦愈微矣。乃至近世而形勢一變。此宋仁、英、神三代間，十一世紀後半期。塞爾柱突厥興，歐亞兩洲間之航路，爲其所中斷。自歐入亞之道路，本有三條：(一)自叙利亞經阿付臘底斯河。(二)自黑海至亞美尼亞上陸，出底格利斯河，皆入波斯灣。(三)自亞力山大里亞溯尼羅河，絕沙漠出紅海。(一)(二)皆爲突厥所斷。(三)則絕漠不便，故須別覓新航路。於是歐人不得不別覓新航路以通東方。適會是時，羅盤針輸入西方，歐人遂能爲遠洋之航行，此事亦在十字軍時。十字軍起於公元一〇九七至一二七〇年，當北宋哲宗紹聖四年至南宋度宗咸淳六年也。前此西人實亦僅能爲緣岸之航行，地中海航業特盛，北海、大西洋能涉之者頗鮮。而海道之形勢一變。俄人漸次興起，轉能侵略亞洲，而自古無足輕重之西伯利亞，遂成爲亞洲東北的一大威脅，從此陸路之形勢亦一變。

歐人自海道東來，初佔勢力者爲西、葡。葡人以明憲宗成化二十二年(一四八六)越好望角，孝宗弘治二年(一四八九)至印度，世宗嘉靖三十五年(一五五六)至廣東，穆宗隆慶元年(一五六七)得澳門爲根據地。是爲歐人來中國通商，得有陸上根據地之始。西人以弘治六年(一四九三)至美洲。武宗正德十四年(一五一九)而麥哲倫始作環球航行。西人之至中國者，爲葡人所阻礙。其所經營之馬尼剌，則頗爲繁華。中國人之前往者頗多，蓋西人之經營南洋也，以政治之力，中國人則以民間之力。南洋在政治上爲西人所佔，雖在是時，而中國人向南洋之拓殖，亦即在是時也。西、葡之勢力，其後漸爲英、荷所奪，然英人之至中國者，仍爲葡人所阻礙，惟在印度，則逐漸得勢。鴉片之輸入，遂代天方泛指阿拉伯。而轉盛，伏下中英衝突之機。荷人以初據臺灣，後爲鄭成功所奪，清人嘗約其夾攻鄭氏，許其每八年一至廣東，然其貿易，亦無甚足觀。惟在南洋,亦次第得勢,而爪哇一島,尤爲繁盛扼要而已。

歐人之自海路來此,其與中國之舊關係,爲通商、傳教兩問題。以通商問題言,則(一)歷代對外收稅之官吏,夙極黑暗,設市舶司時較清明,及歸地方管理時,黑暗乃甚,此亦見中央集權之效。而商人之欺詐剝削亦甚,此時猶一仍其舊。(二)近代西人東來,又多冒險之野心家及水手,行爲皆極惡劣,足以引起華人之畏惡。(三)中國人雖發明火藥,而近代之槍砲,則西人實創爲之,其製較中國爲精,其船舶亦較中國高大而堅固,以歐人是時航行遠洋,而中國止爲緣岸之航行故也。更足遭中國人之疑忌。(四)於是在政治上、在民情上與貿易無關係之人,皆不欲與歐人貿易,至少欲加以限制,而與貿易有關係之官吏、商人及其他人等,則因顧其私利而不肯,然又畏政治上及輿論上之監督,不得不設爲相當的限制。於是(1)貿易爲公行所專。(2)而官吏即委以監督保護外人之責,使不與人民發生衝突。以是時之官吏,固不通外情,不能自負此責也。於是(A)商人得有剝削外人之機會。(B)而管理外人之苛例繁興,西人不知中國情形,乃欲訴諸中央政府,殊不知是時之中央政府,其欲限制外人,乃較地方官吏更甚。此所以乾隆二十二年(一七五七)英人舍粵趨浙,而浙海關旋遭封閉。其後,五十七年(一七九二)及嘉慶十五年(一八一〇)兩次遣使赴京,要求改良通商章程,而卒無效也。至於傳教問題,其足引起中國人之畏惡,殆較通商爲尤甚。以通商僅在一隅,傳教則遍及全國也。近世基督教之東來,乃由其所謂耶穌會者爲先鋒,此會頗能提高基督教之教育程度,故科學亦隨之輸入。惟(一)宗教本有排外之性質。(二)中國人對宗教之迷信不深,政府亦向不重視宗教,對於西人傳教之熱心,及其教會之出巨款補助,不能了解,遂生疑忌。其科學之輸入,雖爲一部分人所歡迎,而大多數人則因此而疑忌更甚。讀楊光先《不得已》書可見。此書見解,在今日讀之,似覺其僻,然在當日,實大多數人之見解,此書特其代表耳。清聖祖頗好科學,任用西教士極多,然亦言西洋各國,中國千百年後,必受其害,實亦是此等見解也。故教禁屢施屢解,至康熙五十六年(一七一七)卒仍遭受禁止。近代基督教之入中國,始於利瑪竇至澳門,時在明神宗萬曆九年,一五八一年。二十八年即一六〇〇年,利瑪竇入朝,神宗許其建立教堂。利瑪竇死而教禁起,後因與滿洲戰爭,召其人製造大砲而解。時中國曆法舛誤,徐光啓薦湯若望修曆,曆成,未及頒行而明亡。清人入關,湯若望上書自陳,清人即用其曆,名《時憲曆》。康熙初,楊楊光先所攻,得罪,鬱鬱而死。光先代湯欽天監監正,後以推步舛誤見黜,仍用南懷仁。康熙一朝,任用教士極多,然至末年,卒仍佈教禁,其人除在京當差者外,皆勒歸澳門。各地天主堂,悉改爲公廨。自此至《北京條約》立時,教禁迄未嘗弛,然其祕密傳教如故。則以西人傳教,多有款項周恤教徒,而中國行政無力故也。

俄人之與中國,則自始所發生者,即爲政治關係。俄人之脱離蒙古羈軛而自立，事在明憲宗成化十六年（一四八〇），其後可薩克族附俄，爲之東略，而西伯利亞盡入其手。至明清之間，侵略遂及黑龍江濱，於是兩國構兵，而有康熙二十七年（一六八八）尼布楚之約，規定西以額爾古訥河，東以外興安嶺爲界。是歲，準噶爾襲擊喀爾喀，聖祖爲出兵攘斥，而外蒙古馴服於清，於是蒙俄之疆界問題生。至世宗雍正五年（一七二七），乃有恰克圖之約，規定沙賓達巴哈以東之蒙俄疆界。至高宗乾隆二十至二十四年（一七五五至一七五九）平定準噶爾及回部，葱嶺以西諸國，多來朝貢，而中國西北，與俄分界及藩封誰屬之問題又生。俄人與中國之交涉，雖以政治問題爲重，然通商方面亦非無關係，《尼布楚條約》定後，清聖祖嘗許俄人三年一至北京貿易，人數以二百、居留以八十日爲限，皆免稅。此實後來中俄邊界貿易百里內皆免稅，及陸路通商減稅之根源也。《恰克圖條約》以恰克圖及尼布楚爲互市之地。乾隆二年（一七三七），高宗命停北京貿易，專在恰克圖。蓋欲加以封鎖，然其源既開，其流即不可塞。故至五口通商之後，而此封鎖卒又被突破焉。

山雨欲來風滿樓，中西衝突之情勢，醞釀復醞釀，而卒爆發五口通商之役，此役看似因燒烟而起，實則通商上種種的癥結，鬱而必發，燒烟特其導火綫耳。其結果，中國因兵力不敵，定海、寧波先陷，上海繼之；英人復入長江，封鎖鎮江，逼迫江寧；清人不得已，於江寧議和，訂立條約。（一）開廣州、廈門、福州、寧波、上海五口通商。（二）英人得任意與華人交易，無庸拘定額、設行商。（三）進出口稅，則秉公議定。（四）中外官員來往體制平等。所以破英人在陸上無根據地、口岸任意開閉、稅則繁苛、商人剝削，及官吏妄自尊大之習。又（五）割香港。（六）索償烟價及商欠。因英人本有在中國緣海佔一據點之議，而此二事，又爲後此割地賠款之先河焉。

中英條約既立，法、美、瑞典繼之。俄人要求在伊犁、塔爾巴哈臺、喀什噶爾通商，中國許伊、塔兩處，於道光三十年（一八五〇）立約，而海口通商，則遭拒絕。《尼布楚條約》定時，俄人在東方之實力，不逮中國，此時則適得其反。俄王任穆拉維約夫爲東部西伯利亞總督，銳意經略，黑龍江外之地，殆悉爲所佔，并自由航行黑龍江。時俄外交大臣尼塞勞嘗致書中國理藩院，請遣使勘定恰克圖約中未定之界，中國數度遣使，卒未與俄外交部所派之使相遇，此亦外交上之失機也。中國無如之何也。時英人在廣東，銳意欲入省城，耆英以欽差大臣在粵辦理通商事宜，業已許之。時耆英與英人立約，許舟山羣島不割讓他國，且許英人入城，而英人交還虎門砲臺。而粵民執乾隆時西洋商人不許入省城之諭以拒，且自辦團練，以禦英人，耆英知交涉難辦謀內召。徐廣縉、葉名琛爲督撫，皆有虛驕之氣，英人闖入省河，團練列兩

197

岸以拒,英人慮激成事端,遽退,廣緝乘機與英人立《廣東通商專約》,以不入城列入約中。事聞,朝旨大獎之,然此等不省外情,又無實力之交涉,卒不可持久。廣緝去,名琛代爲總督,以亞羅船事件與英人齟齬。時廣西亦發生殺法教士事,俄美二國又欲改訂商約。於是俄、美遣使,英、法派兵至廣東。英、法兵遂攻陷省城,執名琛而去,時文宗咸豐七年(一八五七)也。四使北上,至江蘇。時清人務避中央政府與外人直接交涉,命英、美、法使回廣東聽候查辦,而以俄事委黑龍江將軍。四使不聽,仍北上,朝廷不得已,遣使至天津,與之立約,是爲咸豐八年(一八五八)之《天津條約》。明年,英、法使臣來換約,清人方在大沽設防,命其改走北塘,不聽,闖入大沽,爲砲臺守兵擊退,狼狽走上海。美使後至,道走北塘,換約而去。然各約皆有最惠國條款,故英、法約後,所有權利,美人仍得享之也。朝命廢約重議。又明年,英、法兵遂陷北京,文宗先已走熱河,其弟恭親王奕訢留守,以俄使居間,與英、法別立《北京條約》,承認《天津條約》,又有增加,凡(一)領事裁判。(二)關稅協定。(二)内地(A)游歷,(B)通商。(四)傳教。(五)各國遣使及(六)最惠國條款。均於此兩約中確定。此兩約爲前此諸條約之整理,而又有增加,後此中國與西洋各國所訂之條約,悉以此爲藍本,故中國與西洋初期之交涉,實至此而告一段落也。

　　俄國《津約》亦許(一)海口通商。(二)傳教。(三)又許自北京至恰克圖之公文,有臺站行走,於是北方之藩籬突破矣。(四)又許查勘邊界,因此乃有(A)是年之《璦琿條約》割去黑龍江以北,而以烏蘇里江之東爲兩國共管之地。(B)十年(一八六〇)中俄《北京條約》,則(甲)並割烏蘇里江以東,(乙)又許(1)於庫倫設領,(2)自恰克圖至京,經過庫倫張家口,零星貨物,亦許銷售。(3)又開喀什噶爾。(4)自沙賓達巴哈以西之界,規定大概,以俟測勘。其後同治三年(一八六四)乃本此而立界約,(子)科布多,(丑)烏里雅蘇臺,(寅)塔爾巴哈臺所屬,均會勘完竣,立有界牌。(卯)惟伊犁所屬,因回亂未克完竣,遂釀成俄人佔據伊犁後之交涉。

第三章　中國此時之情形

中國既遭遇曠古未有之變局，是時之情形如何，自應加以檢討，今分社會及政治兩方面述之。

社會方面：（一）中國人對外之觀念，本屬寬大。《尚書大傳》述越裳氏來朝，周公謂政教不加，君子不受其貢贄，此爲古代之見解。降及漢代，匈奴呼韓邪單于來朝，蕭望之不欲其受臣禮，猶沿此等見解之舊。自五胡亂華，中國人頗受其壓迫，對外之觀念稍變。遼、金侵入，漢人之受壓迫彌深，見解之變亦彌甚，遂有所謂尊王攘夷之説。尊王攘夷之觀念，發生於北宋之世，實晚唐時裂冠毀冕之反響，亦沙陀、契丹等侵人，有以激之使然也，至南宋而此觀念益形發達。胡安國之《春秋傳》，可以爲其代表。對外之觀念，浸流於偏狹。（二）且民族主義，須有智識以行之。民族主義，推至極端，實有弊害，惟有能受理性之支配，方可收其利而不受其害。而宋學末流入於空疏，加以科舉之流毒，空疏更甚，遂至於外情茫無所知，而一味盲目排斥，幾與愚民無異。（A）且如古代交通不便，各地方之風俗亦不同，以君主一人之野心，勞民傷財，妄事開拓，實無益而有損，故以勤遠略爲戒。然後世（甲）防禦，（乙）防禦性質之攻戰及要點之據守，則迥非其倫矣。乃至清代，西人東來後，有以講究邊防，研求外情之説進者，迂儒猶以爲勤遠略而反對之。（B）又如古代工業，墨守成規，而其時社會，嚴禁奢侈，故有作奇技淫巧以疑衆者殺之説。歐西機械，或益民用，或資國防，迥非其倫，乃亦以爲奇技淫巧而妄加反對。此等錮蔽之見解，深入其心，加以（子）外力之壓迫，（丑）宗教之畏惡，動於感情，劫於羣衆，其見解之牢不可破也遂彌甚。士人如此，愚民受其誘導，其盲目自更不待言矣，遂至新機之啓闢甚難，仇外之風潮屢起。

政治方面，則以槪沿閉關時代之舊，於競爭極不適宜。其最甚者，（一）行政機關組織之不善，蓋自貴族階級崩潰以後，官僚代之而居治者之位置，凡階級之性質，恒欲剝削他階級以自利，君主之責任，則在調和兩者之間，而求其平衡，故爲治最要之義，在能監督官吏，不使虐民太甚，政治遂偏向此路發達。

治官之官日多,治民之官日少,夫無治民之官,則無治事之官,而百事皆廢矣。況於真正辦事者,尚非官吏,而實爲人民自己。近代親民之官,必稱州縣,州指散州言。實即古代之國君,僅能指揮監督,而不能真辦事,何者,勢有不及,力亦不給也。真辦事者,實惟縣以下之自治職,而(a)官吏每向此等人壓迫,以圖自利。(b)又平民生活,極爲痛苦,其狡猾者,乃與官僚階級相結託,以魚肉平民。於是地方自治之職,本古士大夫之流,日受壓迫,淪於厮養,自治之權,漸入土豪劣紳之手,凡有興作,無不詁害於民,言治者遂以清静不擾爲惟一之方術,寖至百事皆廢,其或迫於時勢,必須有所舉辦,亦皆有名無實,所謂紙面上有,實際則無也。(A)政治組織機關之壞,至清代而達於極點,因(1)督撫,(2)藩臬,(3)自藩臬分出之道,(4)府直隸州廳,(5)縣及散州廳,實際乃有五級,抑壓甚而展布難,親民之官,即使按法奉事上司,已覺不給,況乎非法之伺應而婪索多耶?(B)又清代政治偏於安静,不肯擢用奇才異能及年少有爲之士,而專以例督責其下。此由鑒於明代之弊而然。例非吏不能悉,遂至大權操於胥吏之手,而欲有所興作益難。(二)至於爲官吏之人,則以正途爲尚。(甲)明清兩代,所謂正途者,率由科舉出身,科舉本屬良法,惟在唐宋時代,已不能盡切於實用,至明清又將前此之分科,悉併爲一,事實上科舉已非普通人所能應,乃不得不放棄一切,而只看幾篇四書文,而其所謂四書文者,又別成爲一種奇異而不合理之體制。即四書亦不必真通,而其體制,却頗足消磨精力,士人遂至一物不知。(乙)清代又因籌款屢次開捐,末年更裁減其價,以廣招徠,於是仕途之流品益雜。其知識及道德水準,較之正途出身者,更形低下,末年官方之大壞,職此之由。(三)以兵力論,則(A)中國承平時代,只可謂之無兵,何者?凡事必有用,人乃能聚精會神以赴之。若其爲用渺不可知其在何時,未有不以怠玩出之,而寖至於腐敗者也。此爲心理作用,受時勢之支配,無可如何之事。歷代注重軍政,若宋、明之世者,其兵力雖云腐敗,兵額尚能勉强維持。清代則文恬武嬉,兵額多缺,而爲武員侵蝕其餉。存者亦不操練,一以武員之怠荒,一以兵餉太薄,爲兵者不得不兼營他業以自治,更無操練之餘暇也。(B)近代火器發明,實非人力所能敵,亦爲兵事上一大變。(四)兵事如此,(甲)邊防自更廢弛,(乙)對於藩屬之控制,亦自更粗疏矣。(五)又中國近代,富力與西洋各國相差太遠,社會經濟落伍,賦税之瘠薄隨之。清代經常收入,恒不過四千數百萬,即其末造,亦不過七八千萬,尚安能有所舉措耶?

在此情勢之下,不能不遭一時之困難也決矣。

第四章　外力侵入時代中國之情形

凡民族之文化，發展至一定程度者，雖因（一）社會内部之矛盾，隨文明之進步而深刻。（二）舊時國民與國家關係之疏鬆，一時爲外力所侵入，然其光復舊物之力，終潛伏而不至消亡。（A）其在上層社會，則從事教育及文學爲精神上之留詒。（B）在下層社會，則從事於祕密結社，爲實際的行動。前者如宋、明的遺民故老，其著述事蹟，有傳於後者皆是。後者如元末之革命，首先北伐者，實爲白蓮教徒劉福通，可知是時之白蓮教，業已滲入民族主義之成分矣。書缺有間，其詳已不可考。至明清之際，則爲時較近，其事之傳者亦較詳。其大略見日人所著之《中國祕密社會史》。以舊時國民與國家關係之疏鬆，而種種爲虎作倀之惡勢方盛，不得不潛伏以待時機。乾隆時表面雖稱全盛，實則政治黑暗，社會風俗亦日益奢侈腐敗，漸入於民窮財盡之境，於是先有川楚教民之起事（乾隆六十年至嘉慶七年，一七九五至一八〇二），繼以天理教徒之密謀（嘉慶十八年，即一八一三），略與川楚教民同者，東南又有艇盜（大略自乾隆五十四年至嘉慶十年，一七八九至一八〇五），人心動搖，治安岌岌不可保矣。然此尚限於局部，至道光三十年（一八五〇），乃有太平天國起。太平天國起於廣西，出湖南，下武漢，抵南京，定都焉。復分兵西上，北出之兵，戰鬥力甚銳，以孤軍無援，卒爲清人所滅。西上者連下安慶、九江，復取武漢。然天國諸豪都是下層社會中人，天王洪秀全蓋長於宗教，而短於政治及軍事，非如歷代開國之主，能駕馭英雄，收率賢才也。大權乃落於楊秀清之手。楊則器小易盈，驕暴淫佚，遂至天京内訌始起，諸王互相殘殺，石達開較有雄略，別爲一軍，遠出不復歸。下游僅餘一李秀成，竭力支柱，而資淺望輕，卒難挽救。清朝則胡林翼先佔定武漢，曾國藩又辦團練於長沙，出境征伐。林翼死後，國藩總攬全局，負發縱指示之責。李秀成雖破蘇、松，下浙、贛，卒爲李鴻章率淮軍所阨，而太平天國遂亡。清穆宗同治三年（一八六四）。其起事於蘇皖魯豫之間，至天國亡，餘衆與之相合，而聲勢驟盛者，爲捻匪。捻匪多馬隊，本易成爲流寇,而曾國藩創圈制之法,其所築運河、賈魯河間之長墻,雖爲捻黨所突破,分爲東西,然卒爲李鴻章及左宗棠所撲滅。東捻亡於同治六年,一八六七年,西捻亦回竄東方,亡於其明年。回亂起於雲南(清文宗咸豐五年,至穆宗同治十一年,一八五五至一八七二),雲南回亂爲岑毓英所平。西北則馬化龍、白彥虎亂於甘肅。妥得璘亂於新疆,敖罕復乘機入犯,其將阿古柏,廢所奉回教教主之裔而代之,滅妥得璘,幾盡據新疆之地。英、俄、土耳其皆與通使,英人復爲之請封。朝議欲棄其地,左宗棠堅持不可,於捻亂平定後,出兵先肅清陝西、甘肅,繼平天山北路,進平南路,阿古柏不能抗,其本國敖罕,復於是時爲俄所滅,乃自殺。馬化龍前死,白彥虎與阿古柏子伯克胡里均奔俄,而新疆平(清德宗四年,一八七八),僅伊犁一隅尚爲俄人所據。

綜觀清代咸、同之間,幾於無一片乾凈土,而卒能次第平定,無怪當時之人志得意滿,頌爲中興也。推原其故,蓋由:(1)諸起事者,僅太平天國少有宗旨,然其始起諸人程度本屬不足,其所設施,均不足以成大事。太平天國初起時,曾發佈討胡之檄,使專以此爲宗旨,自較易得士大夫之贊成,顧其所謂上帝教者,非驢非馬而帶西教之色彩甚重,是時西教爲全國大多數人所厭惡,其易引起反感者勢也。無可如此逕直推行之理,此固中外平民革命之通蔽,不能專爲太平天國咎,然其不能成事則無疑矣。以軍事論,抵武漢後,宜悉衆北上,此時清朝尚無預備,其力亦薄弱不堪,使能直抵北京,則全國震動,而清朝亦失其發號施令之中樞,局面與後來大異矣。乃緣江而下,先據東南富庶之區,遂流於驕奢淫佚,使北上之孤軍,戰鬥雖烈,卒遭殲滅,此實其失策之大者。觀其既據金陵後,北上之軍,猶能縱橫馳驟,直薄畿甸,則知其初苟能全軍北上,其形勢必大非後來之比矣。逮湘、淮軍兩路攻逼,形勢已危,仍有勸其悉衆向西北者,謂其地爲清長江水師勢力之所不及,且難得外人援助也。而太平天國又不能用,此亦爲其最後之失策。而出江以後,脅從日衆,初起時之略具農民革命性質漸變而爲游民革命,凡游民亦有其所欲成就之理論,如太平天國類乎社會政策之設施是也,然其見解浮淺,手段太逕直,決無可成之理。又游民之本身多不肯刻苦工作,且耽於享受,流於淫奢,亦爲其失敗之原因。且其定都天京以後,自廣西來的誠樸壯健之農民日少,而湘、淮軍初起,却專用此等人,亦其成敗所由異也。遂至一敗塗地。(2)而清朝是時之政事,確比歷代滅亡時爲清明。(3)湘、淮諸將帥中,又頗多人傑,固無怪其能後延數十年之命運也。然是時清室之君臣,以之應付舊局面則有餘,以之應付新局面則不足,故對內雖能削平變亂,對外則着着失敗,終至不可收拾焉。

清文宗蓋一多血質之人,即位之初,頗有意於振作,後睹時局之艱難,遂亦心灰氣短,恣情安樂。載垣、端華、肅慎因而蠱之,以竊其權。三人中肅慎頗有才能,能贊文宗任用漢人,實爲削平變亂之本,然驕橫亦最甚。文宗死於熱河(咸豐十一年,一八六一),子穆宗立,年幼,肅慎等自稱受顧命。穆宗生母葉赫那拉氏與恭親王奕訢密謀,定回鑾之計,至京,猝誅殺三人,那拉氏遂與文宗后鈕鈷祿氏同垂簾聽政,實權皆在那拉氏手。那拉氏頗聰明,能聽斷,守文宗任用漢人之策不變,用克削平內亂,然(一)自此流於驕淫,政事日形腐敗。(二)又其新智識不足,對於世界情勢,茫無所知。(三)且性好專權,以納后事,與穆宗不協,穆宗鬱鬱,遂爲微行,致疾以死(同治十三年,一八七四)。醇親王奕環之妻,那拉氏之妹也,實生德宗,那拉氏違衆立之。然德宗既長,復與那拉氏不和,遂爲晚清朝局變亂之本。

中國初與外人交接時,於外情茫無所知,只知一味排斥。至湘、淮軍諸人物,則經驗較富,其時上海方面,曾藉洋兵之力,以却太平軍,後因用外人教練中國人,謂之常勝軍,收復東南,頗得其力。因知外人軍事之長,亦知交涉不當一味深閉固拒,又知欲敵外人,不能不學其長技,然其所知者,亦但在軍事方面,因此而及於製造,又因製造而涉及科學而已。陸軍改練新操,謀建設海軍,設製造局,派幼童出洋留學,及於國內設廣方言館等,均在此時。此等改革,其於大局不能發生影響可知。外交上革新之機,起於同治六年(一八六七)派志剛、孫家穀出使各國,實則主持其事者,爲美人蒲安臣,對歐美諸國,申明以後交涉,當本於公道,不可倚恃强力,與美人曾立約八條,於歐洲各國,則未及立約,此次使事未終而蒲安臣死,亦其進行停頓之一原因也。惜後來未能本此進行。此時主持交涉者,爲總理各國事務衙門,其中人物,智識大都錮蔽,且多溺於敷衍之習,罕肯留意講求外情,對於外人仍存深閉固拒之見,外國遣使來求立約者,多拒絕其登岸。外人乃詐稱爲已立約國公使之親戚,由其迎入使館,然後由該公使代爲請求,謂之介紹,中國又不能不允。其所立約稿,則即由介紹國之公使,爲之代擬,多即以該國之約爲藍本,不平等條約之束縛,因之愈積愈深。至光緒元年,一八七五年,與秘魯立約,乃思有所挽回,條文稍異於舊。然與此等小國所立之約,不能有何影響也。

此時交涉之驚心動魄者,第一爲中俄之伊犂交涉。同治十年(一八七一),俄人乘回亂佔據伊犂,清人與之交涉,俄人漫言亂定即還,意謂中國必不能平新疆也。及新疆既平,中國復求交還,俄人無詞以拒,乃欺使臣崇厚之無識,僅與我一空城,盡奪其四周險要,且索廣大之權利以去。中國下崇厚於獄,派曾紀澤使俄求改約,雖亦有所爭回,然所喪失者,固已多矣,約成於光緒七年,(一八八一)。此爲西北之侵略。俄人先於同治元年,即一八六二年與中國訂立《陸路通商章程》,同治四年(一八六五)、同治八年(一八六九)又兩次修改,許俄人於兩國邊界百里內無稅通商,中國設官之蒙古地方亦然。未設官者,則須有俄邊界官之執照,乃許前往。由陸路赴天津者,限由張家口、東壩、通州行走。張家口不設行棧,而許酌留貨物銷售,稅則三分減一。崇厚之約,肅州、吐魯番、科布多、烏里雅蘇臺、哈密、烏魯木齊、古城均許設領。紀澤之約,限於肅州、吐魯番,其餘五處,訂明俟商務興旺再議,而將蒙古貿易擴充至不論設官未設官處,均許前往。凡設領之處及張家口,均放造舖房行棧,天山南北路通商,亦許暫不納稅。案中國是時所急者,不在索回伊犁,而在續行勘界,界綫定,則伊犁不索而自回矣。急於收回一城,反致受人要挾,實失策也。

其西南之侵略,則始於同治十二年(一八七三),許英人自印度入雲南。光緒元年(一八七五),英員行至蠻允被殺,交涉幾致決裂,卒於其明年立《芝罘條約》,許英人(A)自北京經甘肅或四川入西藏,自藏入印度。(B)又或自藏印邊界上前往。後印度半島諸國,安南、暹羅、緬甸為大。安南在近世,有新舊阮之爭,舊阮為新阮所覆,中國弗能正,明成祖永樂六年,即一四○八年,平安南。宣宗宣德二年,即一四二七年,復棄之,其時王安南者為黎氏。世宗嘉靖七年,即一五二七年,為其臣莫氏所篡,走保東京。神宗萬曆二十年,即一五九二年,覆滅莫氏。明以莫氏受都統使之職,為內臣,來討,且立其後於高平,黎氏亦如莫氏,削國號,受明都統使之職,事乃已。自是黎莫并立。清聖祖康熙十三年,即一六七四年,黎氏覆滅莫氏。黎氏之復國,多得其臣阮氏之力,而任用外戚鄭氏,阮氏遂南據順化,形成獨立,惟對黎氏尚稱臣而已。高宗乾隆五十二年,西貢豪族阮文惠兄弟滅順化之阮氏,是為新阮。順化之阮,則稱為舊阮。新阮遂入東京,滅鄭氏,篡黎氏。明年,清高宗出兵征之,為所敗。又明年,遂因其請降而封之。其王乃走海島,介法教士乞援於法。法人亦僅使軍官之具有志願者援之而已。事成,舊阮恢復之主名福映,其滅新阮,在嘉慶七年即一八○二年,仍請封於中國,并請改號為越南,許之。顧依原約求割地,越南弗與,且以傳教事屢與法人齟齬,終至啓釁,越南屢敗,割地乞和。同治十三年(一八七四),法與越南立約,認為自主之國。光緒九年(一八八三)又以為保護之國,中國弗認,出兵援越。時越南政府不能控制全國,其東北境仍有戰爭。兵之出雲南、廣西者皆不利,李鴻章與法使定約天津,承認法越前後條約,旋以撤兵期誤會,復起衝突,法軍襲福州,敗我海軍,然攻臺灣,不克。我馮子材復有諒山之捷,而李鴻章仍與法言和,認越南歸法保護。是役也,論者多為中國惜,然是時之外交,非對一國一事之問題,即專就此役論,一勝亦未必可恃,亦不得以是為鴻章咎也。然光緒十三年(一八八七)所訂條約,開龍州、蒙自、蠻耗通商,二十一年(一八九五)之專約,以河口代蠻耗,復開思茅,且許越南鐵路得接至中國,則窺伺及於滇桂矣。緬甸在明代,尚為中國之土司,故明初西南疆域,實包舉伊洛瓦諦江全流域,而兼有薩爾溫、湄公兩江上游。其後平緬、麓川之思氏亡,而緬甸遂強,而中國實力,西僅至騰衝,南不越普洱,遂漸成今日之境界。自英據印度,緬與之鄰,兵釁時啓,緬人累敗,割地孔多。光緒十一年(一八八五),英人乘中法相持,遂滅之,中國無如何,亦於其明年立約承認。暹羅以英、法相持幸存,然亦非復我之藩屬矣。光緒二十三年(一八九七)《中緬條約附款》,復許緬甸鐵路通至雲南,此西南剝妝及膚之大概也。

俄人之侵略東北及西北,其聲勢之浩大,實爲可驚,顧猶未能全力進行,至英、法之於西南,則其進行更緩,且西南地勢閉塞,其足影響大局,又非北方比也。至風雲起於東亞,而形勢乃一變。東方大國,沐浴我國文化者有二:一朝鮮,一日本是也。顧兩國之國情不同,朝鮮右文,日本尚武。社會學之定律亦如物理然,力有所蘊者,必罄泄之而後已。故日本而盛强,其影響終必及於朝鮮,而且必不能止於朝鮮;而日本之發展,以東洋爲其主要地帶,一展拓,即與我最繁榮發達之地相觸,其形勢自又與西洋諸國不同。日本之與我立約,始於同治十年(一八七一),彼此皆限定口岸通商,領事裁判權彼此俱有,關稅亦皆爲協定。此時日人頗有與我相提携以禦西方各國之意,顧誠欲與我相提携,則應開誠佈公,商訂一平等之條約,以爲模範,不應思以泰西各國與我所訂不平等條約爲藍本,不得所求,則怏怏不樂。而中國於是時亦應與日本開誠佈公,商訂一平等之條約,不應沾沾然,以失之於泰西者,不復失之於日本自憙。兩國之外交家皆無遠大之眼光而僅計較枝節之利益,此實使中日交涉走入葛藤之途之第一步也。然欲求東亞的安定,端在中國之富强,中國一時不能興盛,而日本顧發展甚速,則兩國間之葛藤,遲早必起。故此次交涉,雖不善,然即有眼光遠大之外交家,能規永久之利益,而以後此兩國發展之參差,亦終必至於引起葛藤,亦不足爲此一事咎也。日本之外交喜恃强,於是有同治十三年(一八七四)因臺灣生番殺害其漂流人,派兵入臺之舉。光緒五年(一八七九)又縣兩屬之琉球,我爭之無效。前此三年(光緒二年,一八七六),日已與朝鮮立約,認爲自主之國。李鴻章乃勸朝鮮與美、英、法、德次第立約,以圖牽制。約中均訂明朝鮮爲中國屬國,國際法上之解釋,遂生兩歧。然是時,亦非復法律能解釋之問題矣。光緒八年(一八八二),朝鮮內亂,中國派兵前往鎮定,日本亦派兵而後至,無所及,中國兵遂留駐朝鮮。十一年(一八八五),日使來,與李鴻章定約天津,約定彼此皆撤兵,嗣後如欲派兵,必互相知會。中、日在朝鮮,遂立於同等地位。據李鴻章言,此約因將士遠戍苦累,又外交事件應付非易,軍人駐扎於外,或恐轉致糾紛而然。中國是時,欲經營朝鮮,兵力人才,固均苦不足也。光緒二十年(一八九四),朝鮮復內亂,求救於中國,中國兵至,亂已平,日人亦多派兵,中國要日俱撤兵,日本不可,而要中國共同改革朝鮮內政,中國亦不許。兵釁遂啓。日先襲敗我海軍,其陸軍渡鴨綠江,陷遼東緣海城邑,別軍攻遼西,又陷旅順,犯山東,燄我海軍於威海衛，又南窺臺灣、澎湖。明年（一八九五），李鴻章如日本，定和約於馬關，（一）中國認朝鮮自主，（二）償款二萬萬兩，（三）割遼東半島及臺、澎，（四）改訂商約，悉照泰西各國之例，（五）開沙市、重慶、蘇、杭爲商埠，（六）許日人在通商口岸從事製造。第四項乃日人求之多年，而中國未肯允許者也。旋以俄、德、法三國干涉，乃許我以三千萬贖還遼東，自此戰後東方之形勢大變，而中國之積弱，更暴露於天下矣。

　　時李鴻章主聯俄，俄人乘機以誘之，於是有光緒二十二年（一八九六）之中俄密約，許俄人建造東省鐵路。此係條約上之舊稱，近時書籍多稱爲東清鐵路，乃日本人所用之名詞也。其明年，德佔膠州灣，立租借九十九年之約，且許其建造膠濟鐵路及開採鐵路緣綫三十里內之煤礦。於是俄人租借旅順，并得展築東省鐵路支綫；英人租借威海衛，法人租借廣州灣皆在光緒二十四年，即一八九八。遂以分割非洲時所用勢力範圍之名詞，移而用之於中國。要求我國宣言某某地方不割讓，各國即認爲其勢力範圍，而各於其中攘奪權利焉。瓜分之論大熾。明年，美國務卿海約翰以開放門戶，保全領土之旨，照會英俄法德意日六國，六國覆文皆贊成之。其辦法，則（1）各國對於他國之利益範圍，或租借地域，及他項既得權利，彼此不相干涉。（2）在其範圍內之各港，遵守中國海關稅率，并由中國征收。（3）對他國船舶所課入口稅，不得較其本國爲昂，鐵路運費亦然，所謂均勢之論也。自清末至民國初年之外交，則均勢瓜分兩力之消長而已。

第五章　變動中之中國 上

　　從五口通商至甲午之戰，爲中國受外力壓迫之時代；自甲午之戰以後，可謂中國受外力壓迫而起變革之時代。革新之原動力有二：（一）士大夫，（二）平民也。前者恒側重於政治之改革，後者則較易注重於社會方面，亦易傾向民族主義。前者，康有爲等之主張變法維新代表之。後者，孫文之革命代表之。革命之事體較大，久靜之社會，驟難大動，故躍登舞臺者，以前者爲先。

　　中國學術，本重經世，宋學者尤饒有此種精神，惜其末流學問失之空疏，又因附和者多，寖成叫囂之習。空疏者昧於事勢，叫囂者惟便私圖，遂至釀成黨爭，既爲明主所不容，亦爲輿論所厭惡，學術界之風氣，遂一變而爲清代之考據，饒有爲學問而學問之精神。然與世務，則幾無關係矣。物極必變，而清中葉以後，時勢之艱難，又有以驅迫之，於是龔自珍、魏源等之學，乃寖寖復重經世，至康有爲乃大發揚其光輝。士大夫結合莫便於講學，清代久懸爲屬禁，至其末葉，政治之力既弛，講學之風復起。康有爲講學於廣東，門下頗多達者。甲午戰後，有爲立强學會於北京，爲言官所劾，被禁。其弟子梁啓超辦《時務報》一種旬刊之名。於上海，風行海內，變法維新之論遂爲開通之士大夫所共贊。清德宗頗聰明，而亦懦弱，爲太后所制，不能有爲。中俄密約既立，德宗感時事之亟，決意變法圖强，不次擢用康有爲等，乃有戊戌之變法（光緒二十四年，一八九八）。舊黨愬之太后，太后再垂簾，幽帝，殺六君子。譚嗣同、康廣仁、林旭、楊銳、劉光第、楊深秀。康有爲、梁啓超走海外，太后欲捕之不得，欲廢德宗，又爲輿論及外國公使所尼，遂至激成義和團之變。

　　義和團者，代表中國極舊之思想者也，其意以爲（一）外人之可畏者惟槍砲；（二）外人可拒絕之使勿來；（三）欲拒絕外人，端賴中國人民之團結，因少數客籍必不能敵多數土著也；（四）會黨本以反清復明爲宗旨，然此等人對於史事本不明晰，加以是時外力之壓迫綦重，對清人之仇恨遂稍淡忘，反清復明之團體乃一變而爲扶清滅洋。在朝廷上，（Ａ）頑固大臣之見解，亦有與此種極舊之見解無殊者，即太后亦不能免；（B）太后因圖廢立，立端郡王載漪之子溥儁爲大阿哥，載漪欲其子亟登大位，宗戚中亦有欲立擁戴之功者，既爲輿論所不與，又受公使之警告，乃冀於亂中取事；（C）疆臣又或不敢有所主張，惟朝命是聽，遂至縱容拳民，毀鐵路，拆電綫，仇視外人，並及華人之習新事物者。後遂攻擊使館，並與各國同時宣戰。其結果，京城爲英、美、德、法、奧、意、俄、日聯軍所陷，太后及帝走西安，仍起李鴻章與各國議和。賠款至四亿五千萬兩；劃定北京公使館界址，專歸外人保護；毀大沽口及自北京至海口之砲臺，許各國在一定地點駐兵，保護自北京至海口之通路。是爲庚子事變及《辛丑和約》。其流毒，蓋至今未已也。方難作時，東南督撫，相約不奉僞命，與各國領事立互保之約。而黑龍江出兵攻俄，三省要地，多爲俄所攻陷，挾奉天將軍以號令所屬。和議起，俄人謂東三省情形特殊，當別議，暗脅中國訂立條約，英、美、日等又向中國警告阻止，清廷左右爲難。俄人迫於國際輿論，乃與清廷訂立《東三省交收條約》（光緒二十八年，一九〇二），約分三期撤兵，而仍不踐約，遂至激成日俄之戰（光緒三十年，一九〇四）。俄師敗績，與日議和於美之朴次茅斯（光緒三十一年，一九〇五）。（一）俄認日在韓國政治上、軍事上、經濟上之卓越利益。（二）將旅大轉租於日，東省鐵路支綫自長春以下割歸於日，即日人所稱爲南滿洲鐵道者也。約中關涉中國之條款，由中日訂立《會議東三省事宜協約》承認之，並另開商埠多處，日人所設安奉軍用鐵路，許其改爲商用，又許其採伐鴨綠江材木，東北之情形一變矣，而直北與西南，亦於此時多事。

　　中國歷代之征服外國，看似出於君主之野心，實則思患預防之意多，開疆拓土之意少，所謂守在四夷也。歷代管理外國，不外（一）就其通路，加以保護，如漢於西域設都護，以護南北兩道是也。（二）擇其要點，設官駐兵，以諸屬部加以管理，使不至漸形桀驁，寖開犯順之端，又或互相聯合，或獨立併吞，馴至富強終成坐大。如唐於屬地設都護府是也。此皆所以防此等外藩侵犯中國，而非防更有強敵侵犯此等藩屬，至近代，則情勢迥異矣。然中國之對待藩屬，仍係遵循舊法。當是時，欲圖改革，亦有難焉者，何也？中國之實力不足，則不能禦敵，欲求實力充足，必有所經營佈置，而欲有所經營佈置，則或非屬部所樂，轉易引起內訌矣。爲中國計，當是時，惟有採用聯邦之法，於軍事、財政、經濟、交通、外交犖犖大端，操諸中央之手，而其餘則一聽其自由，（一）所求者簡，則中央易於爲力。（二）變動不大，則藩屬不至反對。（三）告以我之措置，又凡事與之和衷協商，則藩屬必欣然從我矣。無如此等新政治，非中國秉政者所知。非放任不問，即欲遽置諸我管理之下，於是有蒙藏改建行省之議。而不知蒙藏之情形，與新疆及東三省不同也。先是俄人頗欲勾引達賴喇嘛，英人惎之，乃於光緒三十年（一九〇四）乘日俄戰争，派兵入藏，達賴出奔。英人與班禪立約，（一）西藏不許外國人駐兵殖民。（二）土地、道路、礦産等不得抵押與外國或外國人。清廷再三與之交涉，卒於三十二年（一九〇六）立約，承認英藏所訂條約爲附約，但於約中聲明，（1）所謂外國及外國人者，中國與中國人不在其内。（2）英國不干藏政、佔藏地。中國亦不許他國干藏政、佔藏地而已。先一年，駐藏幫辦大臣鳳全爲藏番所戕，中國因將川邊之地改縣。及其末年，用聯豫爲駐藏大臣，與達賴不協，調兵一千五百人入藏，達賴出奔印度（宣統二年，一九一〇），清人革其封號。前此達賴對英深閉固拒，藏英交涉，累煩中國之維持調護者，至此，達賴反暱就英以拒中國，而交涉彌棘手矣。對於蒙古，則清末用三多爲駐庫倫辦事大臣，妄用嚴厲手段，俄人遂誘活佛獨立，並攻陷呼倫貝爾（宣統三年，一九一一），分崩離析之象益亟。

然爲中國之癌腫者，畢竟仍在東北。當日俄戰前，侵略東方者爲俄人，與俄利害最不相容者，自爲英、日，而德、美次之，以德在東方，亦自有野心，而美亦不欲此大好之市場爲他國所壟斷也。因此而有光緒二十八年（一九〇二）之英日同盟，日本恃是，乃敢與俄開戰，而戰時亦頗得此同盟之力。至戰後，則日、俄創南北滿之名，隱然劃定其勢力範圍，東北之逐鹿，遂不在此兩國之間。《東三省交收條約》既立，中國擬借英款造新法鐵路，日人指爲南滿路之平行綫，尼之。中國不得已，如其意，而要求他日若造錦齊鐵路，日不反對；後又欲延長之至璦琿，俄人出而阻撓。美人乃有滿鐵中立之議，欲合若干國，共同借款與中國，俾中國將東北鐵路贖回；在借款未還清時，鐵路暫由借款諸國共同管理，禁止政治上軍事上之使用，又因日俄兩國共起反對而罷。至革命之年，中國乃有向英、美、德、法銀行團訂立幣制借款及東三省興業借款之議，以各省新課鹽稅及東三省之烟酒生產消費稅爲抵。此蓋有深意存焉，惜乎未及成而清亡，而此項借款，後遂遞嬗爲善後大借款，而四國銀行團，亦遞變而爲六國、五國也。見後。

《辛丑和約》既成，那拉后及德宗復還北京，政權仍在那拉后之手，至此亦覺無以自解，乃復貌行新政，以敷衍人民，然國民此時對清朝業已絶望，於是立憲革命之論大熾。光緒三十二年（一九〇六），清朝下詔預備立憲，視預備之成績，以定實行之期。三十四年（一九〇八），定預備之期爲九年。是年，德宗死，那拉后立溥儀，以載灃攝政，后亦旋死。宣統二年（一九一〇），因人民要求，定於三年之後開設國會，然是時之民意，又非復君主立憲所能滿足矣。

第六章　變動中之中國 下

中國地分南北中三帶，北帶本爲政治之重心，然遭異族之蹂躪，又水利不修，生業憔悴，在近代，文化反較落後。中帶是五胡亂華以來，即爲中國文化之保存者，又爲全國產業之重心，然其發展，偏重產業、文化方面，政治上、軍事上之力量不足。惟南帶地勢崎嶇，交通不便，發達較遲，故社會之矛盾不深，其民氣最爲樸實強毅。近代對外之交通，而南最早，故其漸染新文化亦較早。清末兩大派之改革者，（一）士夫派之康有爲，（二）平民派之孫文，（三）及前此雖不成而究爲空谷足音之民族革命者太平天國，皆起於南方，非偶然也。

孫文之革命思想，萌芽於中法戰後，光緒十八年（一八九二）始立興中會。中國之社會本較散漫，惟會黨略有組織，故初圖革命時，所思利用者爲會黨。然會黨雖含有革命種子，究之江湖豪傑之意味多，不甚足用也。日俄戰後，文以赴日留學者多，乃如日本，改興中會爲同盟會（光緒三十一年，一九〇五）。士人之加入者始多，此等士夫，雖云在野，而於中國政治上實饒有聲勢，後來入新軍中運動者亦此曹。於是政治軍事上之重心，稍暗移於革命黨之手。辛亥之歲（一九一一）武昌起義，其勢力非復前此偏隅起事之比矣。顧新軍之力，雖較會黨爲強，然欲藉武昌之義師，以推翻清朝，則實力究嫌不足。各省雖云次第光復，其力亦未足以會師中原也。其時清朝早已徒有其名，而懷挾野心之袁世凱遂乘機頓兵，與南方議和，而迫清室於中華民國元年（一九一二）二月十二日退位。孫文先已被舉爲臨時大總統，就職南京，實力既未足勘定北方，乃不得不爲調停之計，讓位於袁世凱。民黨中人欲使世凱就職南京，免在北京爲舊勢力所包圍，不克。時同盟會已改組爲公開之政黨，稱國民黨。孫文知政治一時無清明之望，欲退居在野之地位，專辦實業，而國民黨不能聽其指揮，在國會中，政府與國民黨之議員，遂立於對立地位。袁世凱專務排除異己，政治既不清明，對外交涉尤多失敗。清末之四國銀行團，英、美、德、法恐排除日、俄之不妥，勸其加入，變爲六國銀行團，承借中國政府之政治借款。美國總統以其要挾太甚，命其國之銀行團解散，又變爲五國團。民國二年（一九一三）四月，中國以關鹽餘之全數爲擔保，成立善後大借款二千五百萬鎊。是舉也，於北京鹽務署設稽核所，産鹽地方設分所，審計處設稽核外債室，實啓財政部分監督之端。然（一）北方兵力本較强，（二）財力亦較充足，（三）人民是時尚未能盡了解新説，國民黨不能宣傳政見，反以叫囂取厭於人，是時之新勢力，遂不爲民情所與。起於上海、南京及安徽、江西、湖南、福建、廣東五省之二次革命，遂告失敗。袁世凱乃無所顧忌，迫脅國會，選爲總統，旋解散國民黨，國會因之不足法定人數，遂於明年加以解散，改《臨時約法》爲《中華民國約法》，以參政院代行立法院職權。國會既已解散，無人能監督外交，而蒙、藏之交涉，遂均於屈辱中解決。先是，革命消息傳至西藏，藏人起而驅逐駐兵，達賴返藏，藏人進兵川邊。川滇出兵剿辦，已獲勝利，而英人提出抗議，不得已改剿爲撫。三年（一九一四）四月，與英人定約於西摩拉，英人承認中國對西藏之宗主權，而中國承認外藏之自治權。内外藏本無此名詞，徒以紅綫畫於地圖上而已，而此所畫界綫，又爲我所不能承認，其事遂成爲懸案。俄人亦與外蒙立約，允代其保守自治，不許中國派官、駐兵、殖民，而別訂《商務專約》，攫廣大之權利以去。四年（一九一五）六月立約，俄承認中國在外蒙之宗主權，中國承認其自治權，十一月，並認呼倫貝爾爲特別之區域。三年（一九一四）六月歐戰起，日與英攻陷青島，日人并佔膠濟鐵路及青島海關。明年，我國要求撤兵，英兵即撤退，而日人提出五號二十一條之要求，於五月七日發出最後通牒。我於九日承認，後於五月二十五日立約。外交之失敗如此，人民自難心服。袁世凱顧圖帝制自爲，嗾其黨羽設立籌安會，妄云從學理上研究國體問題，電各省軍民長官及商會，派代表入京，在京又有所謂公民團者，請願於參政院，要求變更國體，參政院主開國民會議解決。及開，全體贊成君主立憲，於是委託參政院，推戴袁世凱爲皇帝，世凱遂加以接受。於是蔡鍔起護國軍於雲南，北方兵力雖强，顧無爲世凱效力。貴州、廣東、廣西、浙江、湖南先後獨立，陝西、山東亦有民軍起事，英、俄、法、意、日又提出警告，世凱不得已，於五年（一九一六）三月二十二日，下令取消帝制；而護國軍要求世凱退位，彼此相持不下。六月六日，世凱死，此問題乃告解決。

　　清室至道、咸時，實已不能自立，所以能復延數十年之命運者，實皆湘、淮軍諸將帥爲之效力也。故自號中興以還，寖成外重之勢。湘、淮軍諸將帥至光緒朝稍凋落，惟李鴻章最老壽，隱然爲政治重心，繼起無人。袁世凱乃以詭譾之姿，強承其乏，其才本不足爲首領，況復見解陳腐，妄思帝制自爲，終以自賊邪？然袁世凱在，究尚有一形式上的首領，所謂北洋系軍人者，不能公然叛變。及世凱死，則形式上之首領也失之，而所謂北洋系軍人者，爭思割據地盤，篡竊政權焉。此蓋歷史上數千年來軍閥割據之局之復演，社會之情狀不能驟變，政局之形勢自亦不能驟變也，顧國家則深受其害矣。自西力東侵以後，中國與日本均思變法自強，中國之能講求外情，且在日本之先，顧日本之維新成功甚速，中國則累遭頓挫者，日本是時正自分裂而趨於統一，中國是時，則適自統一而趨於分裂，此爲近數十年兩國強弱不同之大原因。其原因全在政治上。昧者或謂其民族性有優劣，則大誤矣。社會全爲環境所鑄造，人之性質程度，不論其爲何種何族，均相等。所謂民族性者本係一空洞無物之觀念也，世豈有環境變而處於環境中之人能久而不變者邪？袁世凱既死，黎元洪以副總統入京代理，恢復《臨時約法》，召集袁世凱所解散之國會。以政治論，以法律論，全國本可相安，顧元洪非北洋系中人物，所謂北洋系軍人者，遂羣思排擠之。六年（一九一七），德國宣布無限制潛艇戰爭，梁啓超說國務總理段祺瑞參加歐戰，冀可提高國際地位，於是始而抗議，繼而絕交，更進而謀對德宣戰。而國會中人，加以反對，總統府中人，亦有與國會相結者。段祺瑞一方面，乃又有收買所謂公民團者，迫脅國會，要求通過對德宣戰案，激起國會方面之反對。時北洋系中之人物，以安徽省長倪嗣冲最爲狂悖，而其督軍張勛，則出身低微，自謂能效忠於清室。段祺瑞召集各省區督軍、都統在京開會，各督軍、都統乃攻擊國會所定憲法草案，分呈總統、總理，要求不能改正，即加解散。旋同赴徐州開會。未幾，黎元洪免段祺瑞職，安徽遂離中央而獨立，各省區紛紛繼之，元洪無如何，令張勛入京，共商國是。勛至天津，脅元洪解散國會，然後入。七月一日，勛奉溥儀在京復辟，黎元洪走使館，令副總統馮國璋代理；以段祺瑞爲國務總理。祺瑞誓師馬廠，十二日復京師。元洪辭職，由馮國璋代理。復辟之役，蓋非張勛一人所爲，道路傳言，皆謂在徐州開會時，張勛提出此問題，多數省區皆簽字贊成，故張勛敢於以少數軍隊入京，冒天下之大不韙。段祺瑞持正之功，爲不可沒矣。然祺瑞與南方積不相下，復激成護法之役。

　　國會之解散也，廣東、廣西宣言，不受非法內閣干涉，重要政務，逕行秉承元首。雲貴及海軍第一艦隊繼之。民國既復，南北本可從事調和，而南方謂民國業中斷，可仿元年之例，召集參議院，於是國會開非常會議於廣州，議決軍政府大綱，選舉孫文爲大元帥，後又改舉政務總裁七人，以諸部長爲政務員,贊襄政務會議,以行軍政府之職權。北方則召集參議院,修改國會組織及選舉法,由之產生新國會,選舉徐世昌爲總統。南方乃由舊國會委託軍政府代行國務院職權,以攝行總統職務。先是南北頗有戰事,徐世昌就職後,下令停戰議和。八年(一九一九)二月,開和會於上海,至五月,卒決裂。

是時之外交,亦更形敗壞。馮國璋入京後,即對德宣戰,段祺瑞之政策目的已達,本可一意進行,乃又急於内爭,欲以武力征服異己,於是名爲參戰,實僅招募華工赴歐而已。是時北洋系又分裂爲皖直兩系,段祺瑞大借日款,以練參戰軍,而未曾用諸參戰。七年(一九一八),俄國革命後,單獨對德議和,協約各國,有出兵西伯利亞之舉,我國亦派海軍隨之,又與日本訂立《共同防敵海陸軍協定》,日兵之入吉、黑者遂多。八年(一九一九)一月,歐洲各國開和會於巴黎。先是日本與英、法、俄、意祕密交涉,須於戰後保證其接收德國在山東之權利,彼乃承認我參戰,四國皆懼而從之。而章宗祥與日人訂立《濟順高徐借款預備契約》,附以照會,許膠濟鐵路所屬確定後,由中日兩國合辦,覆文中有欣然同意字樣。至是,中國要求青島由德交還我國,日本則主張由彼接收,英、法因有約在前,不得不袒日,美總統威爾遜雖贊成我之主張,而以章宗祥之覆文,事在七年(一九一八)九月,其時歐戰已停,日本不能再迫脅中國,遂至無能爲力。事聞於中國,輿情大憤,學校罷課,商店罷市,要求懲辦章宗祥、曹汝霖、陸宗輿三人,所謂五四運動也。而山東問題,卒如日意解決,我國遂未簽字於對德和約,僅有總統以命令宣布對德戰爭已止。惟對奧和約,我仍簽字,故仍爲國際聯盟之一員焉。自歐戰起,俄國無暇東顧,蒙古遂於八年吁請取消自治,呼倫貝爾亦隨之,是時本爲我收復外蒙之好機會,而段祺瑞以其心腹徐樹錚爲籌邊使,仍用高壓手段,遂再引起蒙人之離心。俄人當民國八、九年(一九一九、一九二〇)時曾兩次宣言,放棄舊俄帝國用侵略手段在中國取得之土地及特權,我亦未能與之交涉,此皆段祺瑞當國時外交之失敗也。

時北方皖直兩系矛盾日深,而奉天張作霖亦思入關發展。九年(一九二〇),直系第三師師長吳佩孚自衡陽撤防北方,時參戰軍已改爲邊防軍,衝突於近畿,邊防軍敗,段祺瑞乃辭去職權,於是曹錕爲直魯豫巡閱使,吳佩孚副之,王占元爲兩湖巡閱使,張作霖爲東三省巡閱使,兼蒙疆經略使,並節制熱、察、綏三區。邊防軍駐外蒙者,爲蒙人所攻,内地置諸不問,庫倫遂爲俄白黨所陷。南方之軍政府内部亦多問題,孫文等皆離廣州,陳炯明初以粵軍駐扎福建之漳、泉,是年十月還粵。軍政府首席總裁岑春煊宣言,撤銷軍政府,徐世昌據之,下令接收。孫文等否認,回粵再開政務會議。十年(一九二一)四月，國會選文爲總統，五月五日就職，乃將軍政府撤銷。吳佩孚資格雖淺，而以實際論，則爲是時直系之中心人物，佩孚亦抱武力統一之見解。湖南軍隊攻入湖北，王占元戰敗去職，佩孚擊湖南軍，却之，進佔岳州，遂繼占元爲兩湖巡閱使。十一年（一九二二）四月，直奉戰作，奉兵敗退出關，東三省省議會舉張作霖爲聯省自治總司令，吉、黑兩督軍副之，與中央脫離關係。於是段祺瑞蟄居天津，而皖系人物，到處活動者仍不少，盧永祥尚據浙江，遂成爲皖奉兩系與南方結合，以傾直系之局面。

先是十年（一九二一）十一月，美國召開太平洋會議於華盛頓，内分限制軍備、遠東問題兩組。限制軍備問題，英、美、法、日成立《海軍協定》，《英日協約》因此作廢。後來英、美、法、日、意又成立《海軍協定》（一九二三），又立《海軍公約》（一九三〇），規定英美日三國之海軍比例爲五：五：三，其期限均至民國二十五年（一九三六）爲止。故論者均稱是年爲世界之危機也。遠東問題，中、美、英、法、意、日、荷、葡、比九國訂立公約，又立《九國中國關税條約》。《九國公約》列舉四原則：（一）尊重中國之主權獨立及領土行政之完整。（二）與中國以完全而無障礙之機會，以發展並維持穩固之政府。（三）確立並維持工商業機會均等之原則。（四）不得利用現狀，攫取特殊權利，並不得獎許有害友邦安全之舉動。巴黎和會以後，山東問題，日本求與我國直接交涉，我國主張提交國際聯盟，及是，亦即在華府會議外解決，於十一年（一九二二）一月訂立條約，青島由日人交還，膠濟路限期十五年，由我贖還。其本於二十一條之要求所立之條約，中國要求作廢，日本不可，但聲明將第五號要求撤回，以租税擔保之借款，及南滿、東蒙借款，開放於國際銀團，共同經營。其後乃由參衆兩院通過，咨請政府，於十二年（一九二三）照會日本，聲明作廢焉。庫倫之白黨，於十一年（一九二二）七月，爲遠東共和國所誅滅，外蒙古先已在恰克圖立有政府，至是遂移於庫倫，以活佛爲皇帝。十三年（一九二四）活佛死，乃改爲共和國焉。是歲，中國與蘇俄訂立《解決懸案》及《暫行管理中東路》兩協定大綱，認外蒙古爲中國領土，尊重中國之主權；中東路許我出資贖回，訂於一個月後開會，決定辦法。其後延至十四年（一九二五）八月始開，而是時東三省對中央獨立，會議遂無結果。蘇俄與奉天別立《奉俄協定》。要之，自第一次歐戰停後，外交上頗有可乘之機，而我國忙於内爭，未之能乘也。

直奉戰後，徐世昌辭職。是歲六月，十五省督軍請黎元洪入京復職，補足任期。元洪既入京，取消六年六月解散國會之令，國會再開，亦無甚成績。是時直系内部復生分裂，曹錕左右，謀舉錕爲總統，與奉系言和，因是與吳佩孚不睦。十二年(一九二三)六月,北京軍警包圍總統府索餉,黎元洪出走,國會遂舉曹錕爲總統,於十月十日就職,並制定憲法,於是日公佈之,然人皆視爲沐猴而冠也。吳佩孚勾結陳炯明,謀傾南方政府。孫文初在桂林籌備北伐,十一年(一九二二)四月,將大本營移於韶關,陳炯明走惠州。五月,北伐。六月,粵軍叛,文走上海。歲杪,在廣西之滇軍及桂軍討陳炯明,炯明再走惠州,文回粵,以大元帥名義主持軍務。

第七章　國民政府之奮鬥

　　二次革命失敗後，孫文走日本，立中華革命黨於東京，袁世凱死後，移於上海，改稱國民黨。孫文歷年以護法爲號召，然終鮮成功，蓋議員多政客之流，絕無特操，欲利用軍閥，軍閥又多跋扈，只便私圖，鮮明大義。逮蘇俄革命告成，文知其所能成功者，實在黨軍兩端之改革，乃於十二年（一九二三）十一月，將國民黨改組。十三年（一九二四）一月，開全國代表大會於廣州，改大元帥府爲國民政府。六月，設黃埔軍官學校，軍隊中皆設黨代表，以宣傳主義，於是南方之壁壘一新矣。

　　十三年（一九二四）九月，江浙戰起，直奉繼之，吳佩孚統大軍與奉軍相持於九門口，而馮玉祥與胡景翼自前綫回軍，與駐守南苑之孫岳，改稱國民第一、二、三軍，入北京，佩孚自海道入江，走漢口，直系之勢力瓦解。奉軍躡之入關，馮玉祥、張作霖共推段祺瑞爲臨時執政，祺瑞要孫文北上，共謀解決時局。文主開國民會議，祺瑞亦有所謂善後會議及國民代表會議者，顧人民團體，無一得與，文戒國民黨員不得參加。十四年（一九二五）三月十二日，文卒於北京。初文與陳炯明相持於廣東頗久，及文卒，蔣中正肅清東江，又平滇桂軍之反側者，廣西先來聯合，湖南之唐生智亦輸誠，於是改組政府，廢元帥，代以委員制，南方之勢力轉強。北方以張作霖爲東北邊防督辦，馮玉祥爲西北邊防督辦，改督軍之稱曰督理某省軍務善後事宜，以胡景翼督理河南，景翼卒，岳維峻繼之。其時西北河南皆凋敝，實力惟關外爲強。楊宇霆督蘇，姜登選督皖，李景林督直，張宗昌督魯，又皆奉系也。初直系之齊燮元督蘇，皖系之盧永祥督浙，先第二次奉直之戰而戰，所謂江浙戰爭也。初相持，旋直系之孫傳芳自閩入浙，盧永祥敗走，未幾而吳佩孚敗，奉軍南下，齊燮元亦走。孫傳芳仍據浙江，奉系未能除。十四年（一九二五）十月，傳芳自稱浙閩蘇皖贛五省總司令。北師奉系之在蘇皖者皆走，傳芳北取徐州，吳佩孚亦起漢口。奉軍在關內者，郭松齡叛，出關攻張作霖，以兵行遭阻，敗死，作霖乃得幸免。

時吳佩孚無復實力,藉靳雲鶚招集雜軍,以攻山東,未克。馮玉祥攻李景霖,景霖力拒久之,乃棄天津,走山東,依張宗昌。是時奉系幾成衆矢之的,而吳佩孚忽聯奉以攻馮。十五年(一九二六)一月,玉祥宣言下野,佩孚合奉軍下南口,又遣兵攻西安,未克,而國民軍北伐矣。

十五年(一九二六)六月,南方以蔣中正爲總司令,北伐,入湖南,克長沙,吳佩孚來援,敗績,國民軍遂下武漢,入江西,敗孫傳芳之兵,分軍爲左右,夾江東下。其留守東江之軍克福建,入浙江。十六年(一九二七)二月,遂入南京。馮玉祥自西北回師,解西安之圍,入河南。三月,國民軍有清黨之舉,軍事稍停頓。孫傳芳之敗也,走北方見張作霖,與之合,及是乘機南下,渡江之龍潭,國民軍擊却之。九月,山西軍攻奉軍,奉軍退河北。十七年(一九二八)一月,國民政府再起蔣中正爲總司令北伐,五月一日入濟南,三日而慘案作,我軍乃繞道德州北伐。六月三日,張作霖退出關,四日至皇姑屯,遇炸死。東三省因此歸心國民政府,至十二月而統一之業告成。

國民政府雖努力於靖內禦外,然積漸之勢,終非一時所克挽回。內之則統一以後,編遣會議未能有成,仍不免有戰爭,又因國共不和,仍歲鬥爭。外之則廢除不平等條約,關稅自主,收回領判權,廢租借地,除租界等,亦多徒有其名,而外交上之形勢,且相煎愈烈,直到最近,乃克一心一德,共於死裏求生焉。

日俄戰争

前　言

　　《日俄戰爭》完稿於一九二七年，一九二八年十月收入商務印書館"新時代史地叢書"初版印行，有學者稱此書是我國學界有關日俄戰爭"最早的研究性著作"。① 《日俄戰爭》出版後很受讀者的歡迎，次年十月收入商務印書館"萬有文庫"(第一集)，一九三三年五月又刊印國難後的第一版。自二十世紀九十年代後，《日俄戰爭》先後收入於華東師範大學出版社出版的《呂著中國近代史》(一九九七年九月出版，有刪節)、上海古籍出版社出版的"呂思勉文集"《中國近代史八種》(二〇〇八年八月出版)，②武漢出版社"歷史看得見系列"的《呂著中國近代史》③(二〇一二年七月出版，刪節未補)、北京金城出版社的《中國近代史》④(二〇一三年三月出版，刪節未補)、吉林人民出版社"中國學術文化名著文庫"的《呂思勉　中國近代史》⑤(二〇一四年一月出版，刪節未補)等。⑥

　　此次我們將《日俄戰爭》收入《呂思勉全集》重印，以一九二八年商務版為底本，除訂正初版的勘誤或錯字外，行文遣句、概念術語等，均未作改動；各版的刪節，也按原文恢復補上。

李永圻　張耕華

二〇一四年七月

---

　　① 王剛：《日俄戰爭研究狀況述評》，刊於《文史知識》二〇〇五年第八期。

　　② 即呂先生的《中國近代史講義》、《中國近世史前編》、《中國近百年史概說》、《中國近百年史補編》、《中國近代文化史補編》、《日俄戰爭》、《國恥小史》和《中國近代史表解》八種著述的合刊。

　　③ 即呂先生的《中國近代史講義》、《中國近世史前編》、《中國近百年史概說》、《中國近代文化史補編》和《日俄戰爭》的合刊。

　　④ 即呂先生的《中國近代史講義》、《中國近世史前編》、《中國近百年史概說》、《中國近百年史補編》、《中國近代文化史補編》、《日俄戰爭》、《國恥小史》和《中國近代史表解》的合刊。

　　⑤ 即呂先生的《中國近代史講義》、《中國近世史前編》、《中國近百年史概說》、《中國近代文化史補編》和《日俄戰爭》的合刊。

　　⑥ 有關《日俄戰爭》的再版、重印情況，詳見《呂思勉全集》之《呂思勉先生編年事輯》附錄二《呂思勉先生著述繫年》的記錄。

目　　録

第一章　東北形勢總論

甚矣哉,近世西力東漸之局之可畏也。雖以亞洲東北,素與世界風雲隔絕之地,而亦遂無一片乾净土也。

所謂亞洲東北之地者何也? 曰:我國之關東三省,及割界俄國之阿穆爾、東海濱兩省,及朝鮮、日本是也。此一區域也:其在大陸,則西以內興安嶺與蒙古爲界,西北以雅布諾威、斯塔諾威與西伯利亞爲界,與沙磧不毛及窮朔苦寒之地,截然劃分。然其地氣候,亦頗偏於寒;又山嶺崎嶇,交通不便;其附近文明繁盛之鄉,厥惟中國內地;而自此區入中國內地,惟山海關一道,自昔通行;其自黑、吉經蒙古東部入內地之道,雖平坦,然爲游牧種人所薦居,由之者不多也。《魏書‧勿吉傳》:使者乙力支,溯難河而上;至太瀰河,南出陸行;度洛孤水,從契丹西界達和龍。即此道也。難河,今松花江、洮兒河間之嫩江。太瀰河,即洮兒河。洛孤水,今老哈河。和龍,今朝陽也。職是故,此區之人,遂不獲多與中國之文化相接觸;而我國對此區域,亦有鞭長莫及之勢焉。此區域之近海者,有三大半島及五大島,然堪察加及庫頁,北土,亦偏於北。朝鮮、日本,雖因海道之往來,與我接觸較易,然在遠洋交通未發達之世,航行大海,究與航行河川及沿岸不同。故其與我之關係雖較多,究亦不能十分親密也。

明思宗崇禎十六年(一六四三),俄人始逾外興安嶺而南,自黑龍江入海。旋築雅克薩順治七年(一六五〇)。及尼布楚,順治十年(一六五三)。屢侵滿洲。清聖祖既定三藩,舉兵征之。是時俄人在東方之勢力,尚極微薄,乃介荷蘭與我議和,聖祖許之,於是有康熙二十八年(一六八九)尼布楚之約。舉外興安嶺以南之地,悉歸之我。俄人之據雅克薩也,復於其河口築阿勒巴金城。遂順流東進,過松花江口,至烏蘇里江口,建哈巴羅甫喀。烏蘇里江口之部落,有乞援於寧古塔者,寧古塔都統以兵至黑龍江岸,侵俄塞,爲俄將喀巴羅所敗。喀巴羅恐清兵再至,乃棄哈巴羅甫喀,而築布拉郭威什臣斯克,使斯特巴諾守之。順治十五年,即一六五八年,寧古塔都統沙爾瑚達與戰於松花江、呼爾哈河之間,斯特巴諾敗死,殘衆走尼布楚及雅庫次克。波蘭人智爾尼哥斯克者,以罪竄西伯利亞。康熙四年,即一六六五年,募兵,復占阿勒巴金。二十四年,即一六八五年,聖祖乃命都統彭春,以水軍五千、陸軍一萬攻克之,毀其城。俄將圖爾伯青復據其地。明年，璦琿將軍薩布素以兵八千圍之。垂克，而俄帝大彼得介荷蘭與中國議和，請先釋雅克薩之圍。聖祖許之，兵乃解，此清俄戰事之大略也。然俄人侵略之心，未嘗以此而遂已也。迨尼古拉一世立，多放犯罪貴族於西伯利亞，而恢復黑龍江之議遂盛。尼古拉一世，立於道光五年，即一八二五年。《尼布楚條約》之成，俄人以爲出於迫脅。因我國是時盛陳兵衛，以爲使臣之援助也。道光二十七年（一八四七），尼古拉一世以穆拉維約夫爲東部西伯利亞總督。穆拉維約夫以爲開發西伯利亞，必藉黑龍江。命一中將航行，始知庫頁之爲島。俄人前此誤以庫頁爲半島，則欲入黑龍江，必航鄂霍次克海；而鄂霍次克海冰期甚長，頗覺不便。至是則有韃靼海峽可航，黑龍江之價值大增，侵略之心益亟。始築尼科來伊佛斯克，占德喀斯勒灣，遂南下據庫頁島。咸豐四年（一八五四），英、法助土，與俄開戰。穆拉維約夫藉口防英、法，多自黑龍江運兵械。中國不能阻。明年，尼古拉一世卒，亞歷山大二世立。界穆拉維約夫以與我劃界全權。會我廣東人民與英齟齬，燒英、法商館。英兵陷廣州，旋與法俱遣使北上。俄、美二國，亦遣使與偕。至上海，致書中國政府，求改訂商約。中政府以英、法、美事委兩廣總督，以俄事委黑龍江將軍。穆拉維約夫乘機屬俄使布恬廷，停止交涉，而自與黑龍江將軍奕山相會。乘我内憂外患之交迫，以開戰相恐嚇，遂於咸豐八年（一八五八），定條約於璦琿。割黑龍江以北，而以烏蘇里江以東，爲兩國共管之地。十年（一八六〇），復以英、法聯軍入京之故，俄使伊格那提也夫，周旋於恭親王及英、法二使之間。事平，自以爲功。復定約於北京，盡割烏蘇里江以東。而俄人自明以來，侵略黑龍江之志遂矣。

黑龍江以北廣大之土地割矣！海參崴建爲軍港矣！是俄人之東略，不徒奄有西伯利亞廣大之平原，且可控制鄂霍次克海及日本海，以南下太平洋也。亞洲之東北，其將遂爲白人之世界乎？未也。西力之東漸，本海厚而陸薄；新機之啓發，亦島國易而大陸難。故俄定《北京條約》，未及十年，而日本明治天皇立，同治七年（一八六八）。維新之治成焉。維新之治既成，則必求擴充其勢力於外。日本而求擴充勢力於外，則朝鮮其首衝，而東三省其次衝也。於是日本與朝鮮之交涉起，寖至釀成中日之戰，而日俄之交涉起焉。

西人之至朝鮮，亦在明末。朝鮮人惡其教，而頗喜其學。湯若望爲中國所定曆法，朝鮮亦行之。哲宗時，見英、法軍陷我京城，俄人割我黑龍江以北之地，乃大懼，而閉關之志始堅。日本自豐臣秀吉之亡，久與朝鮮通好。朝鮮既主閉關，見日本與西人往來，畏而惡之，遂絶。明治既維新，使對馬守宗重正往修好，日本將軍執政時，與朝鮮交涉，本委對馬守宗氏。朝鮮以其國書自稱皇帝，拒之。自是屢遣使往，皆不得志。時朝鮮大院君以日本與西人交通，目爲禽獸，定法：與日人交接者死。日本西鄉隆盛等因唱征韓之論。卒以國力未充，不果。而隆盛一派由此怨望，遂釀成西南之亂。而俄艦又至元山津求通商。是時執朝鮮國政者，則李太皇之父大院君昰應也。素主排外，而力不能拒。或謂"俄近法遠，不如聯法以拒俄"。大院君韙之，使至中國，招向所逐法教士還。已復中變，殺之。朝鮮自純祖以降三世，政權皆操於外戚金氏之手。及哲宗崩，憲宗之母趙氏乃定策立李太皇，而使大院君協贊大政。朝鮮第二十二代主曰正祖。正祖殂，子純祖立。年幼，太后金氏臨朝。純祖長而多疾。末年，子昊攝國政。純祖殂，昊前卒。昊子憲宗立。金后仍臨朝。憲宗無子，金后定策，立哲宗。哲宗亦無子。昊妃趙氏，欲立李太皇。朝鮮稱國王之父曰大院君。金氏謂朝鮮有國以來，大院君無生存者。今昰應猶在，不可。昊妃不聽，卒立之。而畀昰應以協贊大政之名。蓋以奪金氏權也。大院君性剛愎，既執朝權，專恣自用。趙氏又惡之。李太皇性愚懦，而其妃閔氏通書史，明治理，亦欲攬政權。其兄升鎬等，亦相與擠大院君。大院君孤立，乃於同治十二年（一八七三）辭職。於是閔妃代執政權。稍變閉關之策。李鴻章者，以聯甲制乙爲外交長策者也。知閉關之終不可久，亦詔書朝鮮太師李裕元，勸其與各國結約，俾互相牽制。於是光緒元年（一八七五），日本軍艦過江華島，守兵砲擊之。日人使問罪，朝鮮乃與日本立約通好。美、德、英、俄、意、法、奧繼之，而朝鮮與世界相見之局成矣。初大院君之殺法教士也，法人以詰我。我以"向不干預朝鮮內政"答之。後美商航大同江，船人爲朝鮮所殺。美人亦以詰我。我答之如答法。日本聞之，乃於同治十一年（一八七二）使副島種臣來聘，且問："貴國總署告美使之言確乎？"我應之曰："然。"及是，與朝鮮訂約，遂申明："朝鮮爲獨立自主之邦。與日本往來，禮皆平等。"始不以朝鮮爲我藩屬矣。朝鮮既與各國立約，新進之士，頗有欲效日本變法自强者，乃聘日人以練兵。光緒九年（一八八三），被裁之兵作亂，奉大院君爲主，襲日本使館，殺所聘中將崛本禮造。閔妃走忠州，密使求救於我。李鴻章使北洋水師提督丁汝昌、廣東水師提督吳長慶代平其亂。長慶遂留鎮朝鮮。又派袁世凱總理朝鮮通商、交涉事宜。於是閔妃及在朝諸臣頗倚我。新進之士惡之，遂有所謂獨立黨者，欲倚日本。十年（一八八四），獨立黨作亂。日本公使竹添進一郎，稱奉朝鮮王命，以兵入衛王宮。閔妃走吳長慶軍，王從之，長慶平其亂。日公使焚使館走仁川，謂我兵砲擊其使館。明年，使伊藤博文來，與李鴻章定約天津。約"兩國皆撤兵。嗣後如欲派兵，必彼此相照會"。中日在朝鮮，始立於平等地位矣。迨二十年（一八九四），朝鮮有東學黨之亂，乞援於我。我國派兵往援。未至，亂已平。日本亦派兵往。我要日俱撤兵。日人不可，而要我共改革朝鮮內政，我國亦不許，遂至開戰。我師敗績,償款二萬萬,割遼東、臺灣、澎湖以和。俄人合德、法二國,起而干涉。而日俄之衝突於是始。

```
                      ┌恩彦君裀—全溪大院君壙—(25)哲宗昇
                      │                       (咸豐二年)
                      │(22)正祖算      (23)純祖玬
莊祖愃────────────────┤(乾隆四十三年) (嘉慶七年)  —文祖旲—(24)憲宗焸
                      │                              (26)太皇帝熙
                      │恩信君禛(養子)—南延君球—興宣大院君昰應—(同治五年)
                      └   (27)坧
                          (光緒三十三年)
```

第二章　日俄開戰之原因

俄羅斯,以侵略爲國是者也。當彼得大帝時,即築聖彼得堡於波羅的海之濱。遺言又欲以君士坦丁堡爲都,以出黑海及地中海。扼於英、法,志不得逞。乃略中亞細亞,欲自印度出海,又爲英人所拒。而其東方侵略,則漸告成功。光緒十七年(一八九一),俄皇亞歷山大決築西伯利亞鐵路,命其太子尼古拉二世,行興工之禮於海參崴。明年,西方亦同時興工。而東亞之風雲變色矣。而日本於是時,亦力圖擴張向外。兩國之勢力,遂相遇於滿洲及朝鮮。

抑日俄之交涉,不自滿洲、朝鮮始也。前此因庫頁及千島,固已爭執累年矣。當十八世紀末、十九世紀初,即我國乾隆末年、嘉慶初年,俄人即已進至千島,迨黑龍江以北之地割,而俄人之至庫頁者亦日多,與僑居其地之日人,時有衝突。日人屢請劃界,俄迄不應。迨光緒元年,即一八七五年,乃定議:以千島歸日,庫頁歸俄。然是時,日本國力未盛,未能與俄爭;而庫頁、千島,究爲荒寒之島嶼,其關係尚不甚大也。至滿洲、朝鮮,則異是。夫日本既欲擴張其勢力於國外,則宇內之情勢,已不容閉關獨立可知。閉關獨立之世,可恃四面皆海以自固;瀛海大通之日,則不然矣。設使有國雄據滿洲、朝鮮,以肆其侵略,其勢殆終非日本所能禦。而日本人口歲有增殖,本國土地有限,而海外之地可容其移殖者,滿洲、朝鮮而外,亦更無他處。此日人所以視滿洲、朝鮮之所屬,爲其國之存亡問題也。至於俄國,既一舉而割中國萬里之地,似亦可以少安。然俄人之所汲汲者,欲出海也。海參崴固爲良港,然自此入太平洋,韃靼、宗谷、津輕、對馬四海峽,必經其一。韃靼水道狹而且淺,僅容吃水 12 英尺之汽船。宗谷夏多霧,冬多風雪。津輕全在日手。對馬亦爲日所扼。且海參崴冰期長,水又淺,前無屏蔽,易爲敵所襲,實非十分良港。故俄人欲逞志於太平洋,不能以得海參崴及東海濱省爲已足。然則滿洲、朝鮮,決非其所能忘懷;而日人乃一戰而並攘之,此俄人之所以痛心疾首,而不能已於干涉者也。

李鴻章者,以聯甲制乙爲外交長策者也。當中日交涉起時,已與俄使喀

227

希尼,有所商洽。於是駐日俄使,往訪日本外務大臣陸奧宗光,問:"中國撤兵,日本亦撤兵否?"日人答以:"中國允許日本要求,或日本獨任改革朝鮮内政,中國不妨害;則中撤兵,日亦撤兵。"俄使遂致書日外務省,稱"朝鮮通告各國公使,稱内亂已平,要求各國援助,促中、日兩國撤兵。俄國特向日本勸告。如中國撤兵而日不撤,則日當獨負其責"云。日人答以"非不撤兵,但時機未至"。又申明"決無侵占朝鮮土地之意,亂事平静兵即撤"。俄使覆牒,言"日本申明不占朝鮮土地,亂定即撤兵,俄國甚滿足"。旋又照會日本,謂"日本對朝鮮要求,苟違反朝鮮與列國所訂條約,俄國決不承認"。俄人於是時,蓋已有躍躍欲試之勢矣。然日本政策已定,不爲動。

　　迨中日已開戰,俄人無復置喙之地,乃暫沉默以待時。及光緒二十一年《馬關條約》之定,三月二十日,即一八九五年四月十四日。李鴻章先將條款電告各國公使。俄人乃於三月十五日(即陽曆四月九日)開海陸軍大會,問:"俄能防日陷北京否?"僉言:"陸軍不能制日。若合俄、法在東洋之艦隊,則足以制日於海上而有餘。"法者,俄之同盟也。而德人於是時,亦欲伸長其勢力於東方,且藉此與俄聯絡。遂有三國聯名,勸日本還遼之舉。

　　三國以三月三十日(即陽曆四月二十四日),由駐日使臣訪日本外務省,言"遼東半島割,則中國之國都危;朝鮮獨立,亦有名無實。實於遠東平和有礙。三國以友誼勸告日本勿割遼東"云云。日本聞之,大震。時日本陸軍精銳,盡在遼東;海軍主力,萃於臺灣。微論擊敵,即防守沿海,亦虞不足。而俄人於其間,下令太平洋艦隊各歸本港,又調陸軍聚集海參崴。時日皇在廣島,首相伊藤博文等乃就行在開會議,籌商或許或拒,或付列國會議。衆意取第三策。外相陸奧宗光,方養疴舞子,伊藤夜走告之。陸奧大反對,謂:"交列國會議,俄、法、德外,他國能到與否不可知。即能到矣,而列國各顧其私,所議者必不能以遼東問題爲限。夜長夢多,全約將悉生變動矣。"於是日政府電其駐英、美、俄公使,以"中日和議,本由美介紹,望美始終其事,勸俄不必干涉";"求英援助,願給報酬";而以"俄、日國交,素稱輯睦,求俄再行考慮"。英、法皆不許相助,俄且亟亟備兵。日人乃於四月七日(一八九五年五月一日),電駐俄公使,照會俄國政府:"願棄遼東半島,而求割一金州。"俄人不許。日本不得已,於十三日(陽曆五月七日),電駐三國使臣逕許之。日本是時,以處心積慮之大欲,勞師費財而得之,無端爲人劫去;且備受脅迫,大失國家之體面。其深怒積怨於俄,宜也。

　　日本之勢力既退,俄人之勢力遂進,一方以還遼之舉,索我報酬;一方以助我拒日,甘言爲餌。李鴻章使俄時,寄總署密電云:"俄户部微德(Witte)來談東三省接路。緣自尼布楚至□□道紆,不若由赤塔過寧古塔之捷而省費,且可藉紆倭患。中國自辦,十年無成。鴻章謂代薦公司,實俄代辦,於華權利有礙,各國必效尤。彼謂若不允,自辦又無期,俄擬築至尼布楚,以俟機會。但俄從此不能再助中國矣。"又一電云:"向例遞書後不再見。今俄皇藉回宮驗收禮物爲名,未正接見。引至便殿,賜坐暢談。謂俄國地廣人稀,斷不侵占人尺寸土地。中俄交情,近加親密。東省接路,實爲將來調兵捷速;中國有事,亦便幫助,非僅利俄。將來倭、英難保不再生事,俄可出力援助等語,較微德前議和厚。"又一電云:"昨羅拔邀赴外部晚飯,與微德會議。該君臣皆以東省接路爲急。微謂三年必成。至俄皇所稱援助,羅謂尚未奉諭,容請示後再行面商。大意以若請派兵,須代辦糧餉。華有事俄助,俄有事華助。總要東路接成乃便云云。"又一電云:"頃羅拔奉俄主命,擬具密約稿,面交轉奏,其文云云。"又一電云:"俄今願結好於我,約文無甚悖謬,若回絕,必至失歡,有礙大局。"皆俄人以甘言相餌,又以危詞相脅之鐵證也。是歲四月十四日(一八九六年五月二十六日),爲尼古拉二世加冕之期。我國派王之春往賀。光緒二十年(一八九四),俄前皇之卒,我國派之春爲吊賀使,是時故再派之。俄使喀希尼乃揚言曰:"皇帝加冕,俄之大典也。之春資輕,殊不足當此任。能當此任者,其惟李中堂乎?"於是中國改派李鴻章爲賀使,畀以全權,協議一切。遂成所謂《中俄密約》者。此約世間所傳,凡有兩本:其一爲上海《字林西報》所譯登。廣學會所纂《中東戰紀本末續編》,又從而譯載之。約中所載,中國斷送於俄之權利,可謂廣大已極。然由後來觀之,此本不足信。又其一則後來上海《中外日報》,探得李鴻章與總署往來密電六通。其中第五電,載有羅拔奉俄主命所擬約稿。所謂《密約》,即照此簽字。廣智書局《近世中國祕史記》"第一次中俄密約"一篇,並載兩次約稿。今參照前清總理衙門舊檔案錄其正文如下:

第一款,日本國如侵占俄國亞洲東方土地,或中國土地,或朝鮮土地,即牽礙此約,應立即照約辦理。如有此事,兩國約明應將所有水陸各軍屆時所能調遣者,盡引派去,互相援助。至軍火糧食,亦盡力互相接濟。

第二款,中俄兩國既經協力禦敵,並由兩國公商,一國不能獨自與敵議立和約。

第三款,當開戰時,如遇緊要之事,中國所有口岸,均准俄國兵船駛入。如有所需,地方官應盡力幫助。

第四款,今俄國爲將來轉運俄兵禦敵,並接濟軍火糧食以期妥速起見,中國國家允於中國黑龍江、吉林地方接造鐵路,以達海參崴。惟此項接造鐵路之事,不得藉端侵占中國土地,亦不有礙大清國大皇帝應有權利。其事可由中國國家交華俄銀行承辦經理。至合同條款,由中國駐俄使臣與銀行就近商訂。

第五款，俄國於第一款禦敵時，可用第四款所開之鐵路運兵運糧運軍械。平常無事，俄國亦可在此鐵路運過境之兵糧。除因轉運暫停外，不得借他故停留。

第六款，此約由第四款合同批准舉行之日算起照辦，以十五年爲限。屆期六個月以前，由兩國再行商辦展限。

光緒二十二年四月二十二日，

俄曆一八九六年五月二十二日訂於莫斯科。

專條

兩國全權大臣議定本日中俄兩國所訂之約，應備漢、法文約本兩份，畫押蓋印爲憑。所有漢文、法文校對無訛。遇有講論，以法文爲證。

第一第二條，乃中俄兩國訂結攻守同盟。夫以我兵力之弱，俄人果何利而與我結此同盟？亦何愛於我，而與我結此同盟哉？則其意不在第一二條，乃在第三四條，而第四條，尤其主要也。

《中俄密約》係在俄京簽字。俄方代表爲其外交大臣羅拔（Prince Robanor-Rostovski）及財政大臣微德（Count Sergins Witte），中國代表則爲李鴻章。駐華俄使喀希尼並未參與會議，外人稱此約爲"喀希尼條約"（Cassinipact），誤也。微德之筆記近已正式發表，對於結締此項密約之會議情形，記載甚詳，茲節述其一二要點於下。

方李鴻章之奉命西行也，俄人慮其先至西歐，爲他國外交家所操縱，故派烏克東斯奇親王（Prince Ukhtomski）迎候於蘇伊士運河左近。俟李一到，即迎入俄政府所備之專船露雪芽（The Rossiya）號，直航俄特沙（Odessa）。西歐各國邀請繞道參觀之電，雖紛如雪片飛來，而李鴻章卒爲俄人所包圍，未能先赴他國。既至俄境，俄人以極隆重之儀節款待之，並派大隊兵士爲之扈從，迎之迤入俄京。俄皇以外交大臣羅拔不諳華事，故令微德當交涉之衝，因其方經營西伯利亞鐵路，對於遠東問題極有研究故也。經數星期之折衝，乃得口頭之約定，然後報告外交大臣，隨即擬就草約。約中有三要點：

（一）中國允許俄國在華境內造一鐵路，由赤塔達海參崴成一直綫，不再紆迴繞道。但此鐵路必須由私人所組之公司承造，不能任俄國國家出而經營。

（二）爲便於鐵路之建築及經營起見，中國准俄人使用鐵路兩旁之地若干里。在此境內，俄人得設護路警察，行使充分職權。

（三）中俄兩國領土，若受日本之攻擊時，有互相出兵援助之義務。

李鴻章對於在華境建築鐵路之議，初甚反對。微德乃奏請俄皇邀李入宮面談。即李致總署密電所謂"引至便殿,賜坐暢談"也。其結果,李容許俄人在華境建築鐵路之議;但堅決反對該鐵路由俄國財政部管理,故改由私人所組織之公司出面承造。其實此公司完全受俄政府之管轄與指揮,不過假用私人名義而已。

更有一事,吾人應加注意,即攻守同盟所包括之範圍是也。當草約起稿時,本言明專防日本。不料外交部將約稿轉奏俄皇核准,送還微德時,已將日本二字刪去,變成無限制之攻守同盟。微德以爲專對日本則俄國之責任有限,倘無論何國侵犯中國領土,俄國皆須出兵援華,則不但勢有所不能且甚危險。然外交大臣資深望重,其所主張,微德不便面爭,乃密奏俄皇,請其自行作主。其後俄皇告微德業與外交大臣談過,已照第一次原稿修正矣,故微德不再提及此事。正式簽字之日,雙方全權按時出席,典禮非常隆重。外交大臣以正約一份,交李鴻章,聲言約中文字業經校核無誤,本可立即簽字,但爲慎重起見,請再細閱一次。同時以另一份交與微德署名。微德正待提筆作書,忽然發現攻守同盟一條,仍係泛指各國,並非專對日本,不覺大驚。乃暗促外交大臣離席,至無人處,問其何以未照俄皇之意修改。外交大臣方始憶及俄皇之言,搔首自語曰:"天乎,奈何竟忘却令祕書修正此條耶!"然而不動聲色,回至席間,出録示人曰:"已過午矣,我等可先進膳,再行簽字不遲。"遂邀衆人至別室午餐,但留書記二人立即另繕約稿,將攻守同盟一條修正,限於專對日本。及餐畢重入會議室時,舊稿業已換去矣。雙方乃就新繕之約簽字,李鴻章並未發覺約稿之更換也(參看 Mac-Nair: *Modern Chinese History Selected Readings*, pp. 550-560)。

照微德筆記所述,俄人當時之目的在以鐵路政策侵略我土地,非有所愛於我而欲出兵助我,故結此攻守同盟也。外交界之機變險詐,亦殊可畏。

查俄國西伯利亞鐵道,本擬經黑龍江之北,沿烏蘇里以達海參崴。路綫既長,所經又多不毛之地。唯獨侵略東三省,不如直貫黑、吉之便;即以養路論,其原路綫亦遠不如後來所定之中東路綫也。故《中俄密約》實賣寇兵,資盜糧,舉三省而置之俄人勢力之下者也。是年(一八九六)七月,駐俄公使許景澄,與俄政府訂立《華俄道勝銀行契約》,復與該銀行訂立《中國東三省鐵路公司條約》,以築路之事委之。俄政府又頒《華俄銀行條例》,舉凡收稅、鑄幣、募債、經營實業之權,悉以委之。而東三省幾非我有矣。明年,復有德占膠州灣之舉。俄人亦發艦入旅順,迫我訂租借二十五年之約。東省鐵路,更築一支綫以連絡之。俄人乃以其地爲關東省,置總督,以中將亞歷塞夫(Admiral

Alexiev)任之,並兼太平洋艦隊總司令官,以旅順爲治所。亞歷塞夫者,俄人迫日本還遼時,太平洋艦隊之司令官也。其爲人有才氣,好進取,主侵略尤亟云。俄人在滿洲之勢力,至是如日之中天矣。

中日戰後,中國在朝鮮之勢力,蕩焉以盡。日本宜可視朝鮮爲囊中物,乃不轉瞬而日人在朝鮮之勢力,轉不敵俄。螳螂捕蟬,黃雀又隨其後。衆生之相齟相殺,豈不悲哉？當中、日開戰時,日本即與朝鮮結攻守同盟。朝鮮自是稱獨立國,改號曰韓,然實多受日干涉。日本乃以井上馨爲駐朝鮮公使,貸朝鮮以三百萬元,以充改革之費。井上氣矜之隆,頗爲朝鮮所不喜,即各國公使亦頗惡之。而俄使威拔機警善操縱,熟於韓國内情,韓、俄之接界,自俄割我烏蘇里江以東之地始。其立約在光緒十年,即一八八四年。威拔於是時即任駐韓公使,並兼總領事。故威拔旅韓最久。其夫人又善閔妃,其勢力隱植於宮掖之間。時日人起大院君攝政。韓人之排日者,皆奉閔妃,倚俄國,以反對之。光緒二十一年(一八九五)八月,大院君入覲,以日人所訓練之兵自隨。日本公使三浦梧樓,又以使館衞隊繼之。閔妃遇弑。各國輿論大嘩。日本乃召還公使及館員,錮之廣島,而不究其事。彼中所謂廣島疑獄者也。明年,排日派起兵春川。漢城之兵攻之。俄水師由仁川入漢城。韓皇走俄使館,一年乃歸。日本無如何。於其間,與俄人訂立協商。日本駐韓公使小村壽太郎,與威拔所訂立。"俄許於無事時勸韓皇還宮。日許查辦'俠客'。俄許日於釜山、京城間,置兵百人,以保護電綫。如遇朝鮮人攻擊,可在京城置二中隊,元山一中隊,以資保護。俄人置兵,不得超過日本所置兵數。俟無虞攻擊時,兩國各撤去之。"尼古拉加冕時,日派山縣有朋爲賀使。又與俄政府立一議定書。訂明"朝鮮欲募外債,兩國政府當合力援助。軍隊及警察,兩國皆不干涉。日本於所占電綫,得繼續管理。俄國亦得架設自韓京至俄國境之電綫"。於是日、俄對韓,權力殆相平等矣。約既立,日人設《渡韓限制法》,以嚴治其所謂"俠客"者。而俄人遽嗾韓人,辭退所聘日本士官,並廢其所立軍制,而以俄官代之。又欲迫韓人,聘俄人爲財政顧問,以英人反對乃已。日本於是時,則惟吞聲忍氣而已。蓋中、日之役,日爲戰勝國;而俄人聯合德、法,迫日還遼,實爲戰勝"戰勝國"之國;其聲勢既已不敵。而韓人又排日而親俄,日人固無如何也。迨光緒二十四年(一八九八),俄人以方盡力經營滿洲,於朝鮮之事,一時力有未及,乃由其駐日公使羅善,與日人訂結第二協商。"兩國相約,確認韓國之主權及其完全獨立;不干涉其内政。軍事教練及財政顧問,非先商妥,不擅處置。俄國不因日本在韓商工業之發達,及其居留臣民之漸多,而於日韓間之工商業有所妨礙。"蓋認日在韓之工商業,而於政治則兩國仍立於平等之地位也。在韓之商工業,俄人或不能與日爭。但使政治、軍事,其力足與日侔,則俄在滿洲之形勢既強,廢棄此約,如土茸耳。故此協商,俄人雖似較前退讓,而實則無所退讓也。

　　日俄兩國之戰禍,至此可謂已不能免,特俟機而發耳。

第三章　日俄戰前之交涉

日、俄之戰,既有一觸即發之勢;而當是時,復有爲之作導綫者,則我國庚子之亂是也。是歲,光緒二十六年(一九○○)。我國既與各國宣戰,東南督撫聯合以拒僞命,而東三省將軍,皆出兵向俄人攻擊。俄人乃命阿穆爾區之兵,攻吉林以北;其所謂關東省之兵,攻鐵嶺以南。阿穆爾區之兵,分爲四道:第一道陷璦琿。第二道之兵與之合,同陷墨爾根、齊齊哈爾。第三道之兵,陷哈爾濱、三姓。第四道之兵,陷琿春、寧古塔。四道兵會於呼蘭,進陷吉林。其所謂關東省之兵,又分爲二:一西北陷錦州。一北陷牛莊、遼陽,遂陷奉天,進陷鐵嶺。又西陷新民,東陷安東,挾奉天將軍增祺,以號令三省。於是東三省全落於俄人掌握之中。

先是俄人既築東省鐵路,又由比公司出面,攫得京漢鐵路之建築權,山西商務局又借道勝銀行款,以築正太鐵路。於是俄人之勢力,彌漫北方。英人乃要求承造津鎮、<small>後來改爲津浦</small>。九廣、浦信、蘇杭甬,及自河南至山西五路,以爲抵制。俄人要求承造山海關以北鐵路,英人又使匯豐銀行與中國政府訂立《關外鐵路契約》以抵制之。於是英、俄兩國,鑒於形勢之惡,乃於光緒二十五年(一八九九)三月,在聖彼得堡換文。英認長城以北鐵路歸俄,俄認長江流域鐵路歸英。同時英、德銀團在倫敦商定,英認黃河流域,除山西及由山西至河南之鐵路,可與京漢綫相接;並得更築一綫,接至長江流域外,皆爲德人勢力範圍。德認山西及長江流域,爲英人勢力範圍,而將津浦鐵路瓜分。於是美國務卿海約翰,有開放中國門户,而保全其領土之宣言。於是歲七月二十八日(一八九九年九月二日)通牒俄、日、英、法、德、意,要求:"在中國有勢力範圍之國,承認三條件:(一)各國在中國所獲利益範圍,租借地域,及別項既得權利,彼此不相干涉。(二)各國勢力範圍内之各港,對他國商品,遵照中國現行海關稅率收稅。(三)各國勢力範圍内各港,對他國船舶所收入港稅,不得較其本國爲高。其鐵路對他國所收運費亦然。"蓋中國稅率,係屬協定;各國條約，又皆有最惠國條款；無論不重，即重亦係各國一律。若有勢力範圍之國，於其勢力範圍之內，而破壞此辦法，則其勢力範圍以內之地，即為其所獨占，他國不能與爭。通牒第二，第三兩條，即係防止此等手段。此即所謂門戶開放，非防我自閉關，乃防他人代我關閉門戶也。而各國所以能主張此等權利，乃係根據其與中國所訂條約而來。設使中國領土而有變更，條約即歸消滅，一切無從說起矣。此開放門戶，所以必合保全領土而後完也。此等辦法，原不過攘奪中國權利之國，立一互相妥協之約；於中國今日，所謂"廢除不平等條約"，"解脫帝國主義之束縛"者，了不無干涉。然使此說而果能實行，則固可暫止各國在中國之爭攘，俾中國得免瓜分之慘，而徐圖自強，於遠東之平和，世界之平和，皆未必無益。乃俄人又首謀破壞之。當美國通牒之發出也，六國無辭以拒，悉覆牒承認。及庚子之變，俄人獨據東三省，雖向各國宣言："意在保護鐵路。俟事平即行撤兵。"而其後遂久據不撤。於是東三省遂有為俄人獨占之勢，均勢寖以破壞矣。當是時也，英人方有事南非，獨力不能制俄，乃與德人訂立協約，申明開放門戶，保全領土之旨，通知俄、日、美、法、意、奧六國。五國皆覆牒承認。惟俄主張"該協約之效力，僅及於英、德勢力範圍，而東三省不在其內"。其獨占之心，昭然若揭矣。德人在東方關係較淺，遂承認俄之主張。英人則宣言否認。日本亦贊成英議。俄卒不悛，和議既開，猶堅持東三省事由中俄兩國另議。又藉口兩宮未回鑾，無從交涉，遷延時日，而實促中國訂立密約。此光緒二十六七年間事也。和議之開，在光緒二十六年十一月初二日（一九〇〇年十二月二十三日）。成於二十七年七月二十五日（一九〇一年九月七日）。當開議時，即有俄人脅增祺訂立密約之說。其後又有俄政府與我駐使楊儒訂立密約之說。日、英、德、奧、意、美諸國，皆向中國政府警告。中國為所懾，俄人亦為所牽制，乃未成。英人既鑒於德之不足恃，思在極東更求與國；而日人亦怵於獨力不足禦俄，乃於光緒二十八年正月四日（一九〇二年二月十一日），在倫敦成立同盟。約中申明："承認中、韓兩國之獨立。英對中、日，對中、韓之利益，因他國侵略而受損害時，各得執行必要之手段。因此與一國開戰，同盟國須嚴守中立。若所戰之國，有一國或數國加入，同盟國即當出兵援助。"約既成，英國輿論頗有排擊其政府者，而日本則舉國歡欣。蓋英在遠東利害關係雖切，究不如日人有生死存亡之關係也。於是日本一方，聲勢驟壯。俄人乃於二月三日（陽曆三月十二日），向各國發表"俄、法兩國在極東利益受侵犯時，兩國政府得取防衛手段"。蓋將俄、法同盟之效力，擴充至遠東方面，以抗英、日同盟也。日、俄戰爭以前，外交之形勢如此。

俄人併吞東三省之志，既為各國所非難，乃於是歲三月一日（一九〇二年四月八日),與中國訂立撤兵之約。以六個月爲一期。第一期撤盛京以西南之兵。第二期盡撤奉天省内及吉林全省之兵。第三期撤黑龍江省之兵。第一期於是歲九月十五日期滿(陽曆十月十六日),俄人先期半月,即將應撤之兵盡行撤退。第二期到期,爲光緒二十九年三月十五日(一九〇三年四月十二日)。俄人非徒不撤,反向我提出要求:(一)東三省之地,不得割讓或租借與他國。(二)俄撤兵之地,不得開作商埠。(三)東三省軍事、政治,不得聘用他國人。(四)(五)牛莊公務,任用俄人。稅關歸道勝銀行經理。(六)東三省衛生事務,聘用俄人。(七)俄得使用東三省電綫。日、英、美皆向中國政府警告。俄人乃將要求撤回。迨五月間,又易他項條件提出。蓋俄人是時已決與日本開戰,故爲此以挑釁也。

　　中、日戰後,俄人之勢力彌漫於朝鮮,已如前述。日本之安全,固與朝鮮有關係;而朝鮮之安全,又與滿洲關係極密。自有史以來,滿洲之形勢而强,朝鮮未有能保其獨立者。漢武之能開朝鮮爲四郡,以是時遼東之形勢强也。前漢末年,遼東漸弱,而句麗、百濟遂鴟張。自後漢末至晋初,公孫度、毌丘儉、慕容廆,相繼雄張遼東。句麗屢爲所破,幾至滅亡。慕容氏衰而遼東弱。句麗乘勝并其地。是時句麗甚强大,對北魏已不恭順。隋、唐時更桀驁。隋煬帝、唐太宗發大兵攻之,而皆不克。雖曰中國之用兵有失策,亦以遼東既失,運兵轉餉皆須跋涉千里,有鞭長莫及之勢也。其後句麗、百濟皆内亂,高宗乃乘機,自山東發兵滅之。此乃彼之自亡,非用兵恒軌。自武后以後,中國不復能經營遼東,而滿族迭興。渤海盛時,以麗、濟舊地荒棄,未與新羅直接。金、清興而半島遂爲之臣屬。元時,屬於其地置行省,干涉其内政,受禍尤酷。其初,亦因征討遼東之叛人而起也。況乎近世,侵略之策略,用兵之規模,益非古昔比邪。嗚呼!日本户水寬人之論也,其言曰:"以日本人口之增加,勢不能不圖殖民於外。而欲圖殖民於外,則世界沃土,悉已爲白人所占據。能容日人移殖者,滿洲、朝鮮而外,惟有南美。然亦不能多。何則?移民苟多,則將與土人衝突,而爲美國之門羅主義所干涉也。故能容日人移殖者,實惟有滿洲、朝鮮。然朝鮮全國,亦不過能容數百萬人而止。移民者百年之大計,規模豈容如此狹隘。故爲日本生存計,滿洲決不容放棄也。況俄苟據滿洲,必不能忘情於朝鮮。即謂俄能忘情,亦必日棄朝鮮而後可。否則日據朝鮮,自俄人視之,如日屬利刃於其所據之滿洲之側,而又橫亘於旅順及海參崴之間,以阻其海上之聯絡,未有能自安者也。況乎朝鮮夙媚俄,將助俄以排日邪?"户水此論,蓋爲當時主張"滿韓交換論"者發也。滿韓交換,誠爲日本之失策。然以日本是時,與俄國開戰,究屬險事。故其國民雖竭力主戰,當俄國第二撤兵期屆而延不撤兵時,日人即主張開戰。户水寬人、富井政章、金井延、高橋作衛、小野塚啓、原次寺尾亨、中村進午七博士,共見内閣總理桂太郎,力言滿韓交換之非計。其國民又組織對外同志會,要求政府迺促俄國撤兵。如俄國不聽,即與開戰。而政府猶遲遲勿行,未能全忘情於滿韓交換之論也。

　　就近年所發現關於日俄戰争之史料觀之,當時俄國士大夫對於遠東問題之主張亦分兩派:一主急進,一主緩和。急進派領袖爲關東總督亞歷塞夫(Alexiev)及俄皇之樞密參贊(State-Couneillor)倍索白拉索夫(Bezobrazoff)。而緩和派領袖則陸軍大臣苦魯伯堅(General Kuropatkin)也。倍索白拉索夫頗得俄皇信任。因其經營採木公司於東方,爲謀該公司利益之擴張,力主積極侵略滿、韓,與亞歷塞夫暗相呼應。而苦魯伯堅,則因戰略關係,主張慎重。苦魯伯堅就任陸軍大臣以後,檢查全國軍力,覺俄國在遠東,一時尚不能與日本開戰。據其估計,若一旦用兵,日本方面可調動之軍隊約有四十萬人,數日之内,即可以半數渡海作戰,而立刻加入前綫者總在七師以上。而俄國當時駐遠東之軍隊,自海參崴沿鐵路綫直達旅順,全數不過八萬人。俄國國内軍隊雖多,然因西伯利亞鐵道尚未完全築成,運至遠東作戰,必須極長時間。"遠水不能救近火",必爲日本所乘無疑。外交之進展與軍事之準備,必須互相援應,而後可以收功。今外交之進展過速,軍事之準備雖努力追隨,終望塵莫及,倘使戰事爆發,俄軍必多不利,是以苦魯伯堅力阻急進政策。彼以爲此時俄人不但不應干預朝鮮之政事,即朝鮮之商業亦宜暫行放棄,蓋經濟上利害之衝突,亦恐引起戰禍也。參看苦魯伯堅所著 *The Russian Army and Japanese War* 第一卷第七十三頁、第一百二十三頁及第二卷第二十六頁。A. B. Lindsay 英譯本。

　　俄國陸軍大臣之見地雖如此,而樞密參贊倍索白拉索夫之意見則不然。倍索白拉索夫注重商業之利益與經濟之侵略,對於滿、韓絲毫不肯放鬆。一八九六年以後,俄商以"輔助朝鮮抵抗日本"爲名,取得北韓之森林採伐權,得於鴨綠、圖們兩江之左岸經營林業。繼復於一九〇二年得中國同等之承認,准其在上述兩江之右岸伐木。於是組織大規模之採木公司,以倍索白拉索夫爲督辦,參謀本部要員麥橘托夫(Lt. Colonel Madritoff)爲經理。據日人調查,俄皇及俄京貴人多爲該公司股東,即關東總督亞歷塞夫亦與該公司有經濟上之關係。公司所採之木皆由鴨綠江運至大連,鋸成材料,分銷各處。於是在大連設一極大之鋸木廠。更以鉅款建築商場船埠,使成商業之中心。再進一步,乃移軍費以經營大連。大連商場之建築日益宏麗,而旅順之防禦工程轉因經費之減縮,遲遲不能完成。且大連爲一自由商港,全無防禦工作,一旦日本來攻,絲毫不能抵抗,大連若失,旅順亦必受其牽動。大連之商業愈發達,俄人不肯放棄滿洲之心亦愈堅決。然而旅順之軍事預備費,竟減少三分之二,由五千六百萬鎊減至一千六百萬鎊。致俄國雖有强占滿洲之野心,而無保持滿洲之實力。

不寧唯是，此採木公司不但移軍費以經營商港，且直接干涉軍事計劃，而以軍隊擁護其商業之利益。其明顯之例，即倍索白拉索夫請調精兵一隊駐扎鴨綠江口，以保障其採木之權利。且言一旦與日本開戰，此軍隊可利用鴨綠江天險，以防阻日軍之進行。陸軍大臣苦魯伯堅則以爲此少數之軍隊，遠駐韓邊與大隊不能相呼應，必爲日本之主力軍隊所乘，而歸於消滅，徒損軍威，無補於事，故極力反對之。然以關東總督亞歷塞夫力護採木公司之建議，調兵進駐鴨綠江口，竟成事實。

亞歷塞夫亦一軍事專家也，而其見地與苦魯伯堅不同。彼既爲關東總督，實握遠東軍事全權，遠東艦隊亦由其指揮。彼以爲俄國艦隊足以防阻日軍在渤海灣或西朝鮮灣登陸。故日本只能由朝鮮運兵，且須避至俄艦勢力不及之處上岸。照此估計，則宣戰之後，日本經三星期之久，始能運兵三師至朝鮮；再隔一周，然後可以增運三師；抵朝鮮後，必須半月左右方可攻入滿洲。而依庚子年所得經驗，則俄國不難於短期之內，集中十萬軍隊於滿洲，故足以與日本對抗。若支持至六個月，則俄國可以十四萬五千人與日本十二萬二千人在東清鐵路附近交戰。

當一九〇三年亞歷塞夫受命爲關東總督時，苦魯伯堅即與細商遠東軍事計劃。據亞歷塞夫之意見，日、俄若竟開戰，中國或將助日。其時關外有華兵二萬左右，似曾受日本軍官之訓練，關內更有華兵五萬，可以出爲後盾。故與日本作戰必須同時防止華兵參加。且日本進兵必先占朝鮮，繼攻旅順，故擬定軍事之布置如下：（一）以俄兵一萬二千駐守旅順；（二）以俄兵七千防護海參崴；（三）以大部軍隊分駐滿洲各重要地段，一方保衛鐵路，一方監視華兵；（四）以精兵一萬九千攜大砲八十六尊進駐鴨綠江沿岸，以阻日軍之猛進；其餘軍隊則集中於沈陽、遼陽、海口三處，以資策應；（五）一旦開戰俄軍必須占領營口，以防日軍由彼登陸。蓋亞歷塞夫以爲鴨綠江有天險可憑，俄國駐兵必能於此防阻日軍之侵入滿洲，即使衆寡不敵，亦可退守分水嶺諸山，以與後方大隊相聯絡；倘日本進攻旅順，則分水嶺之兵可以從側面攻擊，斷其歸路。

然此種布置，初非苦魯伯堅所敢深信。故其上俄皇之奏摺中，聲明俄國在遼東之軍備雖有增加，而日本方面之布置亦未嘗懈怠。官報中雖得估計日本出戰之兵約有步槍十二萬六千，指揮刀五千，大砲四百九十四門，實際決不止此數。當時業有海陸軍官各一人密報俄皇，日本常備軍雖屬有限，而後備兵極多，一旦開戰，均可加入前綫，日本之戰鬥力必因之大增，殊非遠東所駐俄軍所能抵禦。惜乎宮廷內外滿布主戰派之心腹，此種密報竟未使陸軍大臣過目；故苦魯伯堅所言，僅為其個人之估計。然彼業已看破日本海陸軍力之驟增，故明告俄皇，駐扎鴨綠江邊之俄兵力量單薄，恐遭敵人重兵之襲擊；假使俄國艦隊不能控制海面，使日本大隊得以穩渡，則危險尤甚。蓋日本如能將其可用之軍隊完全送登大陸，則俄國決無保守南滿之希望。苟欲使俄軍不為日本零星攻破，則非集中兵力，退駐哈爾濱，以待大隊之後援不可。此時旅順必至孤立無援；而旅順之防禦工程既欠完整，所駐兵力亦不敷用，前途殊無把握。但主戰派方極力粉飾本身之弱點，以冀達其雄霸東亞之雄心；苦魯伯堅之言，竟以等閑置之。陸軍大臣不能主持和戰之大計，而聽群小包圍俄皇，亦足徵當時俄政之腐敗矣。

主戰派根本之錯誤，即亞歷塞夫及其僚屬過信俄國遠東艦隊之戰鬥力，以為決不至敗於日本。該艦隊之總參謀魏格夫特（Admiral Vitgeft）堅決表示，以日、俄兩國在遠東艦隊之戰鬥力相較，俄海軍決不至戰敗；俄海軍若不戰敗，日兵決無在牛莊或西朝鮮灣中其他海港登岸之希望。亞歷塞夫贊許此說，以為東自仁川、西至威海衛皆為俄國艦隊勢力所及之地，日本決不能於此運兵。彼等認定日軍只能在仁川以東之朝鮮海岸登陸；由此進至鴨綠江邊，須經過二百英里以上之長途，其間層巒疊嶂，人跡甚稀，僅有一路，可以通車。此路由仁川，經朝鮮京城至安東，路既狹隘，年久失修，運兵極不便利。再由安東，進窺旅順，其間復隔一百七十英里。每經大雨，或當溶雪之時，南滿、北韓之路皆成泥窪，極不易行；人行尚且不易，何況重砲及其他軍需品之搬運。照此理想推算，無怪其錯認日軍不能急切侵入滿洲。

俄國海軍將佐，但知比較雙方艦數及噸數，以定兩軍海上之戰鬥力；對於其他重要條件，如軍艦之速度，武裝之新舊，海港之形勢，船員之訓練等等一概抹殺不問，此為失敗之總因。當時俄國在遠東之戰艦雖多，然真能上前綫以充分之力量作戰者不過十一艘；而日本方面則有十四艘之多。俄艦每小時行十六海哩又三分（16.3 knots），日艦每小時行十八海哩又三分（18.3 knots）。俄艦所有超過六吋口徑之砲僅四十二尊，而日艦則有五十五尊。俄艦有六吋口徑之砲一百三十八尊，日艦則有一百八十四尊。俄國在遠東只有海軍根據地二處，一為海參崴，港中僅有船塢一座可以容納大戰艦，一為旅順，則其唯一之船塢實嫌過小，難容戰艦之大者，雖有種種擴充之計劃，尚未能見諸實行；而日本方面則有海軍根據地六處，每處皆有大船塢六七座，可以容納大戰艦，此外尚有魚雷艇根據地及建有防禦工程之海港數處，均可供海軍之使用。最不利於俄方者，即日本之海軍根據地三處與朝鮮海峽相近，將旅順與海參崴隔斷，使不能互相呼應；加以海參崴天氣過寒，每年十二月至三月，全港爲冰所鎖，除用鏟冰船衝開一路，軍艦不能出入，而俄國戰鬥力最强之四艦皆定泊於此，冬季開戰，何等不便！至於艦員之訓練，俄艦人員服務期間雖較日艦爲長，而俄艦之一部分僅爲預備隊，每年入大海操練僅二十天，其餘時間，則均閑泊港中，等於“駐兵之浮家泛宅”(floating barracks)而已。

俄國海軍少佐謝米諾夫（Commander Semenoff）於所著“功罪録”(Rasplata)一文中述及關東總督亞歷塞夫之態度，頗足表示當時驕兵悍將誤國之情形。其言曰：

“苟艦長真心愛護其所管之戰艦，則艦中雖有極細之缺點，亦不可稍稍忽視。彼應立刻報告長官，亟圖補救，以免臨陣發生危險，蓋最小之缺點每足引起最大之不幸也。然而駐扎旅順之艦長若照此原則履行其職務，則將被認爲‘不適宜之屬吏’(Inconvenient Subordinate)，其行爲於長官有所不便。蓋關東總督極不願聞彼所管轄之艦隊有何缺點。故彼在任一日，各艦長必須於報告中説明艦中一切盡善盡美，以便總督轉奏俄皇，彼所統率之艦隊準備完整，隨時可以作戰而克敵奏功也。”Rasplata 一文在 R. U. S. I. Journal for 1609—1610 雜志中發表。

俄國海軍之不足恃，已如上文所述，則欲其阻止日本在朝鮮灣一帶登陸，事實上效力無多。故亞歷塞夫對於日本行軍之計劃皆不可靠。而俄國駐在遠東之陸軍，不僅兵力單薄，將校亦復輕敵不肯用命。例如苦魯伯堅曾訓令俄軍東路司令官，爲集中兵力起見，其部隊必須且戰且退，一方阻礙日軍之猛進，一方仍不可與退後集中之主力軍失聯絡，以免陷於孤危之境。而司令官查蘇立(General Zasulich)聲言：曾受聖喬治勳章之武士，但知進戰克敵，素無退縮避敵之習慣。苦魯伯堅亦無如之何。軍令不行，安得不敗！

俄國駐遠東將校虛驕之氣益張，則國内急進派之聲勢亦愈大。蒙蔽俄皇，粉飾本國之弱點，使朝野皆不知滿、韓形勢之真相。遂造成劍拔弩張，岌岌不可終日之局面。苦魯伯堅爲慎重起見，故親游日本，以觀虛實，於光緒二十九年五月九日（一九〇三年六月四日）抵東京。當時傳説不一，有謂其此來係訂滿、韓交換條約者，實則考察形勢耳。苦魯伯堅旋赴旅順，集俄官，開大會，閏五月十二日即一九〇三年七月六日。駐中韓公使、關東總督、道勝銀行總理、駐滿洲各軍之參謀長皆與焉。此次會議，意見初不一致，亞歷塞夫等皆主急進，苦魯伯堅獨持異議。及其歸國，力主撤兵，不但放棄南滿，益須放棄旅順。見

C. Ross：*The Russo-Japanese War* 第三十八頁。作者何所根據，尚待查考。無如苦魯伯堅甫歸，倍索白拉索夫繼至，極力向各方游説，推翻放棄滿洲之主張。當時俄國要人多與遠東實業發生關係，一旦撤兵，與其本身利益不無損害，故均力助倍索白拉索夫，使俄國政府對於陸軍大臣之提議重加考慮。其結果不但不撤回駐滿洲之軍隊，且在滿洲境内、鴨緑江沿岸，及朝鮮邊境極力擴張其經濟勢力，以與日本爭雄。

六月十三日（一九〇三年八月五日），俄合阿穆爾及關東省，設極東大總督府。以關東總督亞歷塞夫爲大總督，得指揮阿穆爾區及關東省之陸軍、太平洋之海軍，宣戰、講和皆許便宜行事，駐東洋之外交官，皆聽命焉。識者早知滿、韓交換之論之必無成，而日、俄之戰事，必不可免矣。參閲苦魯伯堅所著《俄國軍隊與對日戰爭》一書英文譯本，*The Russian Army and Japanese War* 及洛斯 Ross 所著英文《日俄戰史》。

果也，俄人於是時，對韓國提出要求，欲租借龍岩浦，並迫韓履行逾期作廢之《森林條約》。韓人以受日、英警告，不敢許。俄人乃强築砲臺於龍岩浦，改其名曰尼古拉，架電綫通安東。其挑戰之行爲，可謂極顯著。然日人猶欲與俄和平商略，乃以是歲六月間，命其駐俄公使栗野慎一郎，訪俄外務大臣藍斯都夫，申明"兩國在極東之利益，願協商和平辦法"。俄人許之。小村乃製成《協約草案》，命栗野向俄廷提出。

（一）尊重中、韓兩國之獨立，保全其領土。對於兩國之商工業，彼此互守機會均等主義。

（二）俄認日對韓之卓越利益。日認俄對滿洲經營鐵道之特殊利益。

（三）以不違反第一條爲限，日對韓，俄對滿洲，不妨礙締約國之商工業活動，韓國鐵路，延長至滿洲南部，與中東路及山海關、牛莊鐵路相接時，俄不阻礙。

（四）爲保護第二條所述之利益，日對韓，俄對滿洲派兵時，所派之兵，不得超過實際必要之數。事定即撤。

（五）俄認日對韓改革，有與助言及助力，並含軍事上援助之專權。

俄國此時，蓋欲使亞歷塞夫當此交涉之任。藍斯都夫乃託言將從俄皇出巡，請由駐日俄使羅善當交涉之任；並請由俄國亦作一提案，與日本所提出之案，同作爲交涉基礎。日人不得已，許之。八月中旬（一九〇三年十月上旬）羅善與亞歷塞夫會商後，提出對案。其第（一）條，但言尊重韓國之獨立，保全其領土。第（二）條，限於不違反第一條，承認日在韓之卓越利益。而於日第五條之對韓援助,限制之於民政,並删含軍事上援助之語。第(三)條,俄承認不阻礙日本在韓之商工營業。限於不違反第一條,不反對日本保護工商營業之行爲。第(四)條,對派兵事,亦僅言韓而删滿洲。第(五)(六)(七)三條,爲俄國自提出者。第(五)條,限日於韓國領土,不爲軍略上之目的使用。於韓國沿海,不築有妨自由航行之兵事工程。第(六)條,以北緯三十九度以北韓國之地爲中立地。兩國軍隊,皆不得侵入。第(七)條,日認滿洲及其沿岸,全在日本利益範圍之外。

小村乃提出改革案。於俄提案第(三)條"商工營業",改爲"商工業活動之發達"。"保護商工營業",改爲"保護是等利益"。第(四)條改爲向韓派兵,俄認爲日本之權利。第(二)條之民政,改爲内政,仍加含軍事上援助一語。第(六)條改爲滿、韓境上,各五十啓羅密達。第(七)條全删。改爲(甲)俄對滿洲,尊重中國之主權,保全其領土。不妨礙日本對滿洲之商業自由。(乙)以不反(甲)爲限,日認俄在滿洲之特殊利益。俄國保護該利益之行爲,日認爲俄之權利。(丙)韓國鐵道延長至鴨緑江時,不妨礙其與滿洲鐵路之聯絡。

小村與俄使談判數次。俄使認關於韓國條件之修正,而關於滿洲之條件,終不相下。小村乃更提修正案,承認"日不於韓國沿岸,建築妨害自由航行之兵事要工"。而要求"日於滿,俄於韓,各承認在本國特殊利益範圍之外"。又"俄在韓因條約所得商業及居住之權利,日不妨礙。日在中國因條約所得商業及居住之權利及豁免,俄亦不妨礙"。"日認俄在滿之特殊利益;並認俄爲保護此等利益之必要處分"。而要求"俄亦承認不阻礙日本在韓工商業之活動發達。日爲保護此等利益之行爲,俄不反對"。又"日爲上述目的,向韓派兵時,俄認爲日之權利"。餘與第一次提案第(一)第(五)條,及對俄案第(六)條之修正,並删改俄案第七條之兩項相同。

羅善接此案後,將全文電俄京請命。小村亦命栗野向俄政府申明,"日所要求爲正當"。蓋日本已視此爲最後讓步矣。時藍斯都夫已隨俄皇游歷法、德而歸。栗野往訪之。藍斯都夫乃出以延宕之手段。栗野往訪數次,皆不得要領。至十月二十三日(陽曆十二月十一日),俄公使忽向小村提出第二次修正案。(一)仍只承認保全韓國之獨立,及其領土。(二)於日本對韓之援助,仍只認其限於民政;並删軍事上援助之語。(三)(四)於日本所要求"俄國承認日在韓之工商業之活動發達;暨保護此等利益之行爲;及因此向韓派兵,俄認爲日之權利",俄皆承認之。(五)(六)而仍執俄原提案之第(五)第(六)兩條。於滿洲則一字不提。

　　小村於第(二)第(五)兩條，加以修正。第(六)條全行刪除。並申言"滿洲置諸約外，萬難承認"。

　　十一月十九日(一九〇四年一月六日)，俄使覆文：於第二條之修改，承認日本之要求。(五)(六)兩條，皆仍原文。另提"滿洲及其沿岸，日本承認在己國範圍之外。但日本或他國，在滿洲依條約獲得之權利及特權，俄不反對"一條。

　　交涉至此，業已山窮水盡。於是小村再促俄使反省。俄使不答。兩國交涉，遂因停頓而破裂。

第四章　日俄兩國戰前之形勢

語曰："善陣者不戰，善戰者不敗，善敗者不亡。"至哉言乎！天下無論何事，其成其敗，皆決於未著手之先。一著手，即已無可挽回矣。兵，凶器也；戰，危事也；以人之死爭勝，蹶而不振，則悔之無及也。故今世戰役，無不其難其慎，力求知彼知己者。不獨當事之國，即旁觀之比較其强弱，而逆度其勝負者，亦無微不至也。今試比較日俄二國，戰前之形勢如下。

戰事之勝敗，不獨兵也；然戰固不能無用兵，故言戰争之勝敗者，兵事必首及焉。日本之軍，爲徵兵制。民年十七至四十，皆有服兵役之義務。先充常備兵，其中又分現役及預備。現役，陸軍三年，海軍四年。預備役，陸軍四年又四個月，海軍三年。常備役滿，退爲後備兵五年。再退爲補充兵，再退爲國民兵。其組織，以師團爲最大，合步兵二旅團，一旅團分兩聯隊，一聯隊分三大隊。騎兵三中隊，砲兵六中隊，工兵、輜重兵各二中隊而成師團。一師團萬有二千五百人。有近衛師團一，第一至第十二師團十二，凡十三。共合兩師團而稱軍團，則戰時之編制也。十三師團之外，有騎兵二旅團，戰時爲騎兵獨立師團；又有野戰砲兵六聯隊，此日本之常備兵也。其數約十六萬。預備兵：步兵五十二大隊，騎兵十七中隊，砲兵十九中隊，數約五萬。後備兵及國民兵，數皆倍於預備兵。故日本全國陸軍之數，在四十萬左右。其政令，掌於陸軍大臣。司作戰之計劃者，則參謀本部也。於東京置中、東、西三部都督。東部都督，轄第一、第二、第七、第八師管區。中部都督，轄第三、第四、第九、第十師管區。西部都督，轄第五、第六、第十一、第十二師管區。

其海軍：有一等戰艦六，二等戰艦三。一等巡洋艦六，二等巡洋艦九，三等巡洋艦七。三等海防艦十。一等砲艦二，二等砲艦十四。通報艦四。驅逐艦十九。水雷母艦一。水雷艇六十二。海軍現役三萬一千餘人。其中在各艦者一萬六千餘人，餘在鎮守府及各要塞。預備四千餘人。後備約二千人。海軍之政令，掌於海軍大臣。作戰之計劃，定於海軍司令部。海軍區分爲五：

曰橫須賀,曰吳,曰佐世保,曰舞鶴,皆設鎭守府。惟室蘭一區未設。

俄國之制：國民服兵役之期限爲二十三年,自二十一歲至四十三歲。其在歐俄,充常備五年,預備役十三年,後備五年。在亞洲,則常備七年,預備十年,後備六年。在高加索,則常備三年,預備五年,後備十五年。在哥薩克,則常備三年,預備十五年,後備五年。陸軍編制,以軍團爲最大。一軍團有步兵二師團,一師團有二旅團,一旅團有二聯隊,一聯隊有四大隊,一大隊有四中隊,一中隊有四小隊。騎兵一師團,加以砲兵、工兵、築城兵、電信隊、架橋隊、鐵道隊、馬匹補給隊,合計士官一千零三十人,兵士四萬七千六百五十三人,馬一萬六千九百六十五匹,砲一百二十門。全國有師團五十二,分爲二十九軍團,故有不足二師團之軍團。而在東西伯利亞者二。此外又有近衞兵、芬蘭兵、哥薩克兵、高加索兵,皆爲特別編制。又有補充隊、要塞守兵、鐵路守備兵等。故俄陸軍之數,實甲宇内云。戰時可擴充至四百萬。全國分軍區五十三,皆有司令,而直轄於陸軍大臣。陸軍大臣下有六部：（一）高等軍事會議。（二）高等軍法會議。（三）參謀本部。俄之參謀本部,隸屬陸軍省,不獨立。（四）七監部。1. 砲兵監。2. 工兵監。3. 監督監。4. 醫務監。5. 教育監。6. 法官監。7. 哥薩克兵監。（五）陸軍省經理局。（六）監軍部。此外騎兵監、射擊監,亦隸陸軍省。

其海軍：有戰艦二十八。一等巡洋艦十四,二等巡洋艦十三,三等巡洋艦十。海防艦十。一等砲艦四,二等砲艦二十七。驅逐艦三十九。水雷母艦十。水雷艇二百零七。將卒凡四萬人。海區分爲四：曰波羅的海,曰黑海,曰里海,曰太平洋。海軍艦隊有四：曰波羅的海艦隊,曰黑海艦隊,曰地中海艦隊,以屬於波羅的海之艦編成。曰太平洋艦隊。除黑海艦隊,以達達尼爾海峽被封鎖,無出海之望外,餘皆可作戰於東洋者也。海軍最高之官曰海軍元帥,以皇族任之。海軍大臣爲之佐。其下有（一）海軍本部會議。（二）海軍軍令部。（三）水路處。（四）艦政處。（五）技術會議。（六）海軍高等軍法會議。（七）司法處。執行高等軍法會議議決之事。（八）衞生處。（九）官報房。掌理簿册。呈奏之報告書,由其編輯。法令裁可,由其執行。（十）紀錄局。（十一）恩給局。（十二）印行局等。各海區皆有軍港,分一二等。一等有司令長官,二等有司令官。太平洋海區有軍港二：一海參崴,一旅順也。皆爲二等。俄國海軍,又分海戰、陸戰二部。在海稱艦隊,在陸稱海軍團。一海軍團,自七至十五中隊。一中隊一百五十人。一戰艦四中隊。餘各以艦之大小爲差。

以上就兵數及兵制言之也。若以兵之優劣論,則據當時之評論,日俄二國,亦互有短長。日兵所受教育較深,其訓練亦較勤。故其軍隊整齊嚴肅,實不愧爲訓練節制之師。俄國則軍政頗爲腐敗。軍餉既薄，上官又從而克扣之，且役使之。當時駐扎滿洲之兵，多有聽其自營生業，名在伍而實不在伍者。此等既各自營生，多不願歸營，更無鬥志。而軍中將卒，亦多不輯。此日之所長，俄之所短一也。日人種族單純，舉國一致。其國民，既富於忠君愛國之心，又承武士道之流風餘韻，國小而迫，人人皆有危亡之懼，以故上下一心，軍人皆有死不旋踵之慨。俄人則種族錯雜，國民教育之程度亦較低，多不知國家與己之關係。又以種族之惡感，政治思想之不同，有不願爲國家效力者。故其師多而鬥士不逮。此日之所長，俄之所短二也。日人舉動，類多敏捷活潑。俄兵則較重滯。此日之所長，俄之所短三也。日人生活程度較低，行軍時求得供給較易。俄人則非面包不食，非肉不飽，行軍時求供給較難。此日之所長，俄之所短四也。然俄人體格魁梧，膂力強健；又生長大陸，不畏酷寒。日人則軀幹較小，體力亦不逮俄人，島國之氣候較優，使與俄軍周旋於滿、韓，殊覺其相形而見絀。此俄之所長，而日之所短一也。俄國馬隊，多而且良，以之馳驅於大陸，實爲一種特色。日兵則遠弗逮。此俄之所長，日之所短二也。日人雖敏捷活潑，而以性情粗樸、欲望簡單論，則不如俄人。凡性情粗樸、欲望簡單之兵，最易驅使。脫遭挫折，但能以術鼓勵之，使之再振亦易。兵之智者，則與是相反。此俄之所長，日之所短三也。若以兵數論，則俄十倍於日而不止，其優劣尤不待言也。

語曰："小固不可以敵大，寡固不可以敵衆。"日、俄兵數，相懸若此，而日人竟敢與俄宣戰者，何哉？則恃其運輸之捷，有非俄人之所能逮者在也。俄國西伯利亞鐵路，本係單綫。貝加爾湖一段，日俄戰時，尚未竣工。其西伯利亞之駐兵，調至滿洲，據庚子之經驗，爲期不過一月許。然在貝加爾湖以東之兵，僅十一萬，勢不能與日敵，則必調用歐洲之兵。而歐洲之兵，非六七十日，不能至奉天。日本則與朝鮮僅一葦之隔，幾於朝發而夕至。京釜鐵路，又以日、俄戰前急速竣工，故其調兵至朝鮮甚捷。即赴奉天，至多亦不過四十日耳，故以運輸而論，日人實有足彌其兵少之闕憾，而俄之衆，亦有非旦夕所能用之者。此日本所以敢悍然與俄開戰也。雖然，日本此等計劃，固亦有其冒險之處。何者？俄國運輸雖遲，然所經皆國內之地。即入中國境內，直至奉天，亦毫無抵抗。或謂滿洲住民頗惡俄；所謂馬賊，或起而擾其後，亦不過留少數之兵，維護鐵路，則足以防之矣。日本則運兵必由海道，苟非敵人海軍殲滅，或受巨創，全失其活動之力，則時有被襲擊之虞。故其運兵雖捷，而於若干時期內，果能運兵若干至韓，實難確答。若其至奉天，則沿途不能無抵抗，必須且戰且進。既且戰且進，則不能無所損失；而時日亦愈難確定矣。又日、俄此次作戰，皆在他國之境。然俄本國距戰地甚遠，其繁榮之區，距戰地尤遠。日人即盡據滿洲，俄國疆土，仍絲毫未動也。況日必不能盡據滿洲乎？日人所能攻擊者，惟東海濱省沿岸。然冰期甚長，攻擊亦不易。故俄之地勢，實可謂進可以戰，退可以守。若日則戰區離本國較近，兵一敗於外，本國即有被迫之虞。而沿海海綫甚長，隨處可以攻擊。即能守禦，已屬被人封鎖，束手待斃，況守禦不易乎？故以地勢論，日本實處於有進無退之地位者也。故日、俄此次之作戰，雖恃陸軍以決最後之勝負，而海軍之所繫，實尤巨也。

　　兩國海軍之優劣，前已略述其概要矣。今所欲言者，即是時之戰爭，以戰艦爲中堅，裝甲巡洋艦及裝甲砲艦爲之輔，驅逐艦以資活動。尋常巡洋艦作戰之力已小。至舊式之海防艦等，則大而無當，除用以防禦沿海外，幾於無所用之矣。海軍勢力之優劣，實以此等主力艦之多少優劣而決。日、俄此次作戰於東洋者，日本戰艦六，俄七。日本裝甲巡洋艦八，俄四。日本裝甲砲艦四，俄二。日本驅逐艦十九，俄十三。以艦數論，日固優於俄。若論其優劣，則方面甚多，一時殆難斷定。是時軍事學家，有一簡便判決之法，以估計其大略，時曰觀其"艦齡"。艦齡者，各艦造成年代之多少也，艦力之强，在（一）艦體之完固，（二）行動之敏捷，（三）武器之新式。凡是三者，後成之艦，固必視先造之艦爲優。是役，日、俄在東洋之軍艦，艦齡大抵在十年以下，惟俄有十一年者二。又以速率論，則俄皆在十七海里以下，而日有一二在十八海里以上。故以在東洋之海軍力論，日實優於俄。即以俄人在東洋之艦數而論，亦不如日本。當時俄艦調至東洋者：戰艦七，一等巡洋艦四，二等巡洋艦六，海防艦二，一等砲艦二，二等砲艦八，驅逐艦十三。惟海參崴冰期長，不慮襲擊，已述如前；旅順亦天險，易防守；故俄軍艦可多派出。日人海戰設不大利，即不能勝。然當時列國論者，多謂日海軍之精練，較勝於俄。日人亦云然。又謂俄儲煤不足；艦渠不完；艦船操縱之術，亦不及日。

　　以上所述，日、俄二國之兵力，殆各有短長，故勝負之數，當時實無人能爲之預決。所能勉言者，則曰"日利速戰，俄利持久"而已。此戰前兵事之形勢也。

　　財政一端，亦爲戰事之命脈。財政不足，則不特戰事不能持久；即短時間之戰事，亦有受其牽制，而至於敗績失據者矣。今試再就兩國財政情形比較之如下。

　　俄國面積，凡五十六倍於日；其人口，則三倍於日；歲入則七倍於日。日本是時之歲入，在二萬萬五千萬左右。若是乎，日本之財政，殆遠不足與俄敵也。然俄人之財政，實未有以大優於日。以戰時之財政，每視其平時基礎之穩固與否；以及臨時周轉之敏活遲滯，及羅掘之難易以爲衡。不能以土地面積，人口多少，及平時收入之數爲定也。故二國之國力，貌若相差甚遠，而二國之財政，則實相伯仲。一言以蔽之，平時尚可敷衍，一臨大戰，則皆覺其竭蹶而已矣。

日本戰事之經驗，惟甲午一役。是時預計戰時之財政者，自當以甲午之役，爲計算之根據。而其結果，則有樂觀、悲觀二派。悲觀派之言曰："中、日戰時，日本所費之款，凡二萬萬元。一日支出最多之數，爲六十八萬元。日、俄戰時，戰術已較中、日戰時爲進步。戰術愈進步，則所費愈多。故昔之支出六十八萬元者，此時非支出百萬元不可。而日、俄戰爭，難期其如中、日戰爭之速了。假令延長至三年，則戰費將達十萬萬。外債固不易募；內債縱能發行，而爲數過多，亦足擾亂金融，影響於國民之生業。則惟有出於加稅之一途。戰時國民負擔之力，必不如平時，姑置勿論，即能將全國租稅，普加全一倍，只僅得一萬萬三千萬耳。當一年之戰費，僅及三之一。其將何以支持？"此持悲觀論者之説也。樂觀論者之計算，則大異於是。彼謂"非常準備金，及特別會計資金，可以借用。事業之已經延宕，及可以延宕者，皆可緩辦。又可停還舊債，增募新債。於租稅，則擇其可增者增之。如是，則不慮取之無途。至於支出，則是時戰術，雖較中、日戰時爲進步，而運輸亦較中、日戰時爲便利。中、日戰時，運輸之費，殆占戰費三之一。運輸既經改良，則戰費可以大省。故此時之軍費，縱不能有減於舊，亦必不至加增。又俄國於戰事，亦非有十分持久之力。假定戰爭期限爲一年，軍費三萬萬元，已爲無可復加之估計。亦非日本所難辦也。"此爲持樂觀論者之説。二説之孰是，誠雖斷定。然即爲樂觀論者之説，已不免捉襟而見肘矣。後來實際之支出，並超出悲觀論者預計之外。可見戰事之不易言。

俄當尼古拉二世時，有一著名之理財家焉。其人爲誰？即與李鴻章商訂《中俄密約》之微德是也。此約雖訂於喀希尼，微德實多有力。微德之受任爲財政大臣也，俄之歲入，僅九萬萬六千萬盧布。微德加以整理，乃至十九萬萬有餘。又發行公債十七萬萬。由是資本大增。築鐵路至七萬里。設製鐵、造船、造械及他工廠、礦場尤多。不知其實在情形者，鮮不驚其技之神。然一詳考之，則其所謂籌款之策者，加稅耳，攫茶與糖爲官賣耳，民間運輸事業，多改爲官營耳。蓋微德以俄偏於農業，以生貨易熟貨爲不利，亟於振興工業；行之過急，遂忘其力之所能任也。當日、俄戰時，俄國債之數，已達一百二十萬萬法郎。

一切官營事業,多虞虧損,鐵路尤甚。又紙幣甚多,一旦開戰,易至下落。故收入之數,俄雖遠過於日,而論財政之基礎,俄尚不如日之穩固也。俄人之所恃者,法爲俄之大債主;俄人破產,於法不利,法不得不維持之。故俄在歐洲募債,較日爲易。然設使累戰累敗,又或戰雖勝而金融紊亂過甚,法人能終可俄助與否,亦屬可疑。而微德顧大言,日俄若開戰,彼能籌出戰費十四萬萬。識者頗爲之隱憂矣。

日、俄戰前,兩國軍事財政之情形如此。夫軍事、財政,有形者也。戰爭之勝敗,固不純視有形之條件而決。即有形之條件,一經開戰之後,因戰局之利鈍,措置之當否,亦有與估計之情形,大相逕庭者。然此皆無從逆料;而無形之條件,當戰前尤隱伏而不見,而無從預行陳論者也。故此章所論,暫止於此。其餘則於日、俄戰事之評論一章詳之。

第五章　日俄戰事(上)

日、俄二國交涉之停頓，在一九〇四年一月初旬，即光緒二十九年十一月中旬之末也。十二月二十一日，即一九〇四年二月六日，日本對俄提出斷絕國交公文，命駐俄使臣歸國，同時命其艦隊出發，襲擊俄艦。二十五日(西曆二月十日)，兩國遂皆下宣戰詔書。

兵法曰:"守如處女，出如脱兔。"豈不信哉？日本甲午之役之敗我也，以其軍事行動之速。甲辰之敗俄也亦然。甲午之役，日本以六月十七日(一八九四年七月十九日)，對我發最後通牒。是日，即命伊東秋亨率聯合艦隊占安眠島附近，以爲根據地。二十三日(一八九四年七月二十五日)，我濟遠、廣乙、操江三艦，護送高升輪船至朝鮮益師，過於豐島附近，日軍遽發砲攻擊。我軍出不意，濟遠遁，廣乙沉，操江降，高升被擊沉，所載兵一千二百人殲焉。我士氣爲之大沮，自此不復能益師朝鮮。平壤、鴨綠，所以一敗而不可收拾者此也。日本之攻俄也亦然。兩國既絕交，其聯合艦隊司令東鄉平八郎即率艦隊出發。二十三日(一九〇四年二月八日)，襲擊俄艦於旅順口外，敗之。俄艦悉走港內，不敢輕出。翌日，其所分遣之艦隊，又擊敗俄艦於仁川。日本之陸軍，遂得穩渡朝鮮矣。

俄人之調度，則較日本少遲。宣戰後七日，乃以馬哥羅夫爲東洋艦隊司令。馬哥羅夫者，俄人迫日本還遼時，以地中海艦隊東來示威者也。宣戰後十一日，以陸軍大臣苦魯伯堅爲滿洲軍總指揮。馬哥羅夫以光緒三十年正月十五日(一九〇四年三月一日)至旅順，苦魯伯堅以二月十六日(陽曆四月一日)至營口，皆在戰事已殷之候。其未到時，代當總指揮之任者，爲極東大總督亞歷塞夫。當陸軍指揮之任者，爲極東第一軍團司令黎涅威治，拳匪亂時，統俄兵入直隸者也。當指揮海軍之任者，則東洋艦隊長官斯陀爾克也。

俄人此時之舉動，雖似稍落後，然當與日交涉時，即已陸續調兵於滿洲。據當時之調查，俄人在滿洲之兵數，實已達四萬有餘云。旅順，步兵一萬一千二百人，砲兵二千零八十一人，工兵八百七十八人。金州，步兵二千人。大連，步兵六千六百人，騎兵九百十八人，砲兵七百五十人。鳳凰城，騎兵九百十八人，砲兵八十人。遼陽州，步兵一千人，砲兵四零八人，鐵路大隊一千五百人。營口，砲兵二百四十八人。奉天，步兵九百一十人。吉林，步兵二千二百人，騎兵一百六十人，砲兵八百三十人，鐵路大隊三千人。寧古塔，步兵二千二百人，砲兵四百五十五人。伊通州，騎兵七百五十人。橫道河子，鐵路大隊一千五百人。巴楊子，騎兵一百八十四人。海拉爾，步兵三千八百六十三人。除齊齊哈爾兵數未詳外，以上共四萬四千五百三十三人。此事日人實落後着。當時論戰事者，頗以爲是日本危。幸日軍之至朝鮮極速，猶能成一日據朝鮮，俄據滿洲以作戰之形勢也。

朝鮮與我接界處爲義州，義州之對岸爲安東。安東爲通商要地。以兵事論，則鴨綠江左岸之形勢，當推九連城；而鳳凰城其次衝也。日兵既破俄艦，乃使其艦隊護送第十二師團，於仁川登岸。正月二十四日（一九〇四年三月十日），向平壤，據之。二月十二日（陽曆三月二十八日），進據定州。定州者，平壤、義州間之要地，高麗王氏築之以禦契丹，且控制女真者也。二月十九日（陽曆四月四日），遂進至義州。時日本又使其近衛師團及第二師團於鎭南浦上岸。先一日，亦至義州。於是合三師團爲第一軍，大將黑木爲楨統之，以向遼東。俄人是時之舉動，頗爲遲滯。日兵至義州時，對岸俄兵尚未大集。聞日軍洊至，乃亟徵調，使其第三、第六兩師團當前敵，皆俄東方之勁旅也。亞歷塞夫欲令其迎頭痛擊，以挫日兵之銳氣云。俄兵主力集於九連城，左翼在水口鎭，右翼在安東之東南。日兵夾鴨綠江，與之相持。至三月十二日（一九〇四年四月二十七日），日乃命工兵築橋，以砲兵掩護之。俄人百計妨害之，而日本工兵冒險前進。十四日夜，三橋俱成。日兵遂渡江。俄人力戰，不能禦。十六日，九連城遂陷（陽曆五月一日），是爲日俄陸軍第一次大戰。亞歷塞夫聞第三、第六師團之敗，爲之奪氣云。各國觀戰者，多謂俄人遇勁敵矣。日兵遂向鳳凰城。

俄人所據奉天之要地，北則遼、瀋，南則旅順也。日本於第一軍規渡鴨綠江時，又使其大將奧保鞏，率第一、第二、第四師團，爲第二軍。以三月二十日（一九〇四年五月五日），自貔子窩登岸。奧保鞏分軍爲二：以其半守貔子窩、普蘭店，以距俄遼陽援軍。而以其半攻金州。金州者，旅順之後蔽也。其通旅順之道，有山曰南關嶺，形勢絕險。其南門外，有山曰扇子山，築砲臺其上。其機關砲，一分鐘能發至六百響云。守禦之固，實有金城湯池之勢。俄人嘗宣言：「日本欲破金州，至速非兩月不可。」非謾言也。奧保鞏既分兵，轉戰至金州城下。四月十二日晨，十一日夜半，陽曆五月二十六日。大雷電以風，繼之以甚雨。日兵乘機猛進。工兵以棉火藥炸其東南二門，毀之。金州遂陷，而南關嶺之守猶固。日人以海軍入金州灣，與陸軍協力，卒攻克之。遂占柳樹屯、青泥窪等處。旅順之後路絶矣。

時俄總指揮苦魯伯堅駐兵奉天。苦魯伯堅之戰略，欲集大軍數十萬於遼、瀋，與日人一戰而挫之。以俄兵運調較遲，非更數月，不能大集；而日兵屆時，必已疲敝；欲徐起而承其敝，以規先敗後勝之功也。故不肯浪戰，坐視日軍之據貔子窩不擊。及是，旅順之形勢危急，俄人多主速援者。其參謀本部爲所動。乃由俄皇電命苦魯伯堅出師。苦魯伯堅不得已，集大兵於得利寺，號稱二十萬。據當時軍事學家之計算，謂俄兵之在得利寺者，實不過三萬。苦魯伯堅蓋故爲是虛聲恫喝，冀以寒日人之膽，猶是其不願浪戰之故智云。日人雖明知二十萬兵之説爲虛辭，然恐曠日持久，俄兵之集者漸多，其力漸厚，則旅順不拔，而金州且危。奧保鞏乃留第一師團守金州，而率第二、第四兩師團，逆擊俄兵於得利寺。五月二日（一九〇四年六月十五日）破之。時苦魯伯堅駐兵大石橋，遼陽守備頗虛。日兵乃沿鐵路而北。八日（一九〇四年六月二十一日）陷熊嶽。二十六日（陽曆七月九日）陷蓋平，苦魯伯堅慮遼陽有失，乃留步兵四師團守大石橋，而自還瀋陽。

大石橋者，遼陽之南蔽也。俄人故以重兵守之，四師團外，又佐以砲兵一中隊，鐵網、地雷遍布，砲兵所據地勢尤勝。日人既決取遼、瀋、旅順，乃使乃木希典組織第三軍以攻旅順，而使奧保鞏專攻遼陽。奧保鞏之兵，以六月初旬進攻大石橋。俄兵抵禦極力，其砲火尤猛。日兵不得進。日砲兵屢易陣地攻之，皆無效。日人不得已，乃不顧損失，督兵猛進。十二日夜（一九〇四年七月二十四日），日兵苦戰，克俄堅壘二。俄人膽落，遂退兵。明日，日兵據大石橋。大石橋既失，營口、海城、牛莊皆不能守，遂於十四日（陽曆七月二十六日）及二十一日（陽曆八月二日）相繼俱下。自此俄兵無復南下之望，旅順之救援遂絶。苦魯伯堅是役，實絶似甲午之役，我宋慶、吳大澂等力戰於海、蓋、牛莊、營口之間而無功。而俄人自旅順被封鎖後，專恃營口祕密輸入軍械，及是，則祕密輸入之路亦絶，而遼、瀋之形勢愈窮。亦絶似甲午之役，遼西戰敗，而山海關遂孤危云。故得利寺、大石橋兩戰，實於日、俄戰役之勝負，大有關係也。

當日本第二軍之自貔子窩登岸也，第一軍亦向西北進。三月二十一日（一九〇四年五月六日）陷鳳凰城。明日，下寬甸。其正兵遂向摩天嶺進。摩天嶺者，鳳凰城、遼陽間之天險也。甲午之役，依克唐阿以三千人守之，日人屢攻不能得志焉。是役也，日人以六月五日（陽曆七月十七日）舉兵猛攻，克之。俄人暫退，旋發奇兵夜襲，不克。越數日，復以七聯隊之兵反攻。以日人接戰甚猛，卒不能下而退。二十日（陽曆八月一日）日兵遂進占本溪湖。距遼陽咫尺矣。

初，日人慮第一、二軍聲援不接，別遣野津道貫率第十師團，由大孤山登岸，以爲策應，時四月初六日也（一九〇四年五月二十日）。後遂編爲第四軍。第四軍以四月二十五日（一九〇四年六月八日）克岫巖，與第一軍聯絡，遂向分水嶺前進。分水嶺在岫巖之北二十七里，乃遼陽、海城之側面也。俄人以三月之功，築成要塞，以步兵五大隊、騎兵二聯隊守之，有砲十八門。其難攻亞於大石橋。日兵以五月十四日（陽曆六月二十七日）力戰克之。六月一日（陽曆七月十三日）遂陷析木城。於是一、二、四三軍，皆逼遼陽矣。

日本乃以大山巖爲滿洲軍總司令，兒玉源太郎爲總參謀，節制諸軍。大山巖者，中、日戰時，以陸軍大臣總前敵；兒玉源太郎，則以陸軍次官，代之留守者也。大山巖以五月十三日（一九〇四年六月二十六日）受命，十八日（陽曆七月一日）啓行。先是在滿洲諸軍，皆受節制於東京之大本營，雖調遣多協機宜，而赴機終不甚捷。至是則旌旗變色矣。兒玉乃劃策：以第一軍爲右翼，出遼陽之東北；第四軍爲左翼，出其西北；而以第二軍攻其正面。以七月十五日前進。俄人亦集全力以守，於要地皆築堅壘，掘深溝。日兵分途苦戰，至二十四日（陽曆九月三日）乃陷駐蹕山。駐蹕山者，唐太宗征高句麗時駐蹕之所，俄陣地之中堅也。日兵力戰，乃奪之，易其名爲破陣山云。明日，遼陽遂陷。是役也，日兵死傷者至一萬七千五百人，實開戰以來所未有也。

遼陽陷矣，旅順被封鎖矣，滿洲之戰事，遂可謂告段落乎？未也。大規模之戰役，最要者，在摧破敵人之主力軍。敵人之主力軍苟未摧破，則小捷雖多，略地雖廣，一旦大戰敗績，仍不免土崩瓦解耳。俄國西伯利亞鐵路，本係單綫；貝加爾湖一段，又未竣工；故其運輸不能甚捷。遼陽陷後，而西方精銳，始集於東方。計其數，蓋達九師團云。於是俄皇以七月二十八日（一九〇四年九月七日）下“更不得後退”之命。苦魯伯堅乃編制諸軍，分爲四隊：以第一、第四、第五軍團爲正軍，使名將塞爾巴夫統之，以攻遼陽。而命列威士統第二軍團，出遼陽之東南，以斷日之歸路。以第三軍團及其餘軍爲總預備隊，以備策應。其意蓋欲一舉而敗日人也。編制既定，集全軍而訓之，謂“兵力已集，破敵在此一舉”云。於是以八月二十日（一九〇四年九月二十九日）下總攻擊令，反攻遼陽。日人亦分軍爲三以逆之。自二十五日（陽曆十月四日），開始接戰。至九月二日（陽曆十月十日），日兵乃漸得勢。又續戰四日，日軍諸路皆捷。俄兵乃退守渾河北岸。是役也，日兵之死傷者一萬五千九百人。俄兵遺棄於戰場者一萬三千人，死者實四萬云。此次反攻之所以無成，(一)以俄兵新至，疲勞未復；(二)以遼左早寒，途中已有積雪，於進攻頗不便也。

然苦魯伯堅固良將也。其在遼陽也，度勢不能守，則下令進攻；於攻勢之中，下退却之令。故其兵不紛亂，損失極微。其後反攻雖無成功，而退守之軍，仍甚嚴整，日軍不能隨而擊破之，其主力固可謂猶在也。然日軍是時，亦已疲憊，且天氣益寒，不利攻擊，乃夾渾河休軍。而於其間，以全力攻下旅順(見下章)。苦魯伯堅則於其間出奇兵，命新到之騎兵團，犯遼西中立地，以攻牛莊、營口。日人出不意，頗狼狽。旋得援軍，拒却之。苦魯伯堅又命克里伯爾克以兵八萬，襲日第一軍，敗之黑溝臺。日人合第二、第三、第八師團往援，乃復其地。是役也，俄軍死傷者，幾二萬焉。日兵之戰鬥，亦可謂勇矣。然俄兵之至者益多。大山巖謂"不擊，將釀成大患"，乃亦續調兵於本國。光緒三十一年乙巳歲首(一九〇五年二月初旬)，新軍陸續至。於是兩軍復大戰。是時俄兵之數，步兵三十八萬，騎兵二萬六千，砲兵三萬，大砲一千三百門。日本步兵二十萬，砲兵、工兵、輜重兵合十五萬，大砲一千一百門。陣地之長四十餘里。實開戰以後未有之大戰也。俄人分軍爲四：以第三軍爲中堅，第二軍陣其左，第一軍居其後，而以第四軍爲總預備隊。日以第四軍爲中堅，第一軍爲右翼，第二軍爲左翼，第三軍爲最左翼，而以川村所統之第五軍，渡鴨緑江新至者爲最右翼。布置既定，兩軍各嚴陣以俟時。大山巖以第五軍新至，鋭氣方盛，命其先進。於是第五軍以正月十六日(一九〇五年二月十九日)向撫順方面進攻，以拊奉天之背。苦魯伯堅誤爲日軍主力所在，命總預備隊往禦之。於是日第一軍以二十四日(陽曆二月二十七日)渡沙河東北趨，以爲第五軍之應援。第二、第四軍，同時向正面進攻。又遣第三軍出俄軍之西北。俄與日正面之軍相持，凡十日，勝負不決。第五軍亦爲俄所拒，不得進。而出西北之軍，爲俄人所不及料，以二十六日(陽曆三月一日)陷新民，繞出俄軍之後方。二月三日(陽曆三月八日)斷奉天以北之鐵路。俄人至此，知全軍形勢已陷於日軍包圍中，不得已下令退却。日正面之兵，乘機猛進。至五日(陽曆三月十日)，遂陷奉天。其出東北面之軍，以先五日陷撫順，與俄兵相持，至此亦與他軍聯絡云。是役也，日軍死傷者四萬餘。俄軍死者二萬，傷者十一萬云。於是俄軍形勢大壞。苦魯伯堅辭職。大將李尼維齊代之，整理敗兵。日軍乘機進據開原、鐵嶺。俄軍一時不能再戰，日兵亦無力再進，而滿洲地方之陸戰，於焉告終矣。

第六章　日俄戰事(下)

　　兩國交戰之際,所恃以縱橫活動者,果何物哉? 曰:海軍也。海軍能制勝,則本國沿岸,不待設防而自固;而陸軍可多輸送以擊敵。海軍不能制勝,則先已立於防禦之地位;且必有防不勝防者。故立國於今日,非有海軍,必不足以言戰,而海軍需費,遠較陸軍爲鉅,實非貧國所能負擔。我國今日,苟欲對外,此其最難之問題也。大陸國且然,何況島國? 夫大陸國而海軍不利,不過陸軍不能多自海道輸送而已。其輸送之路,未必遂絕也。島國如日本者,而海軍失敗,則其陸軍即全不能履敵境。其已抵敵境者,亦救援、接濟俱絕,惟有束手待爲俘虜耳。島國四面環海,防守微論不易;即能防守,而島國土地必小,物資難以供給,是亦束手待斃也。況乎日、俄戰役,俄國陸軍之輸送,實較日軍爲遲。故俄人所最利者,爲海戰時間之延長,海戰苟能延長,則即令失敗,而俄人已於其間將陸軍輸送,布置完畢,不易犯矣。故日本而欲操勝算,其海軍非能破敵,且非破敵甚速不可也。

　　日本知其如此也,故其於海軍,極爲注意。國交尚未決裂,其海軍即大集於佐世保,以修戰備。迨斷交公文提出,聯合艦隊司令東鄉平八郎即以其日率海軍四隊出發,命少將瓜生外吉率第四艦隊凡六艦護送陸軍至仁川,而自率第一至第三艦隊凡十八艦航旅順。越二日而達,即擊俄艦之陳於港外者,敗之,傷其司令坐船,並巡洋艦一。時光緒二十九年十二月二十二日也(一九〇四年二月七日)。明日正午,日海軍又整陣向俄艦攻擊。交戰逾時,俄艦悉退入港內。是役,兩方受損皆微。日艦死四人,傷五十四人耳。然俄艦自是不敢輕出矣。

　　亞歷塞夫及其僚佐以爲東自仁川、西至威海衛皆爲俄艦勢力所及之地,日本艦隊決不能於此範圍內運兵登陸,此種估計之錯誤,前已言之。當東鄉所率艦隊在旅順附近與俄艦交戰之際,瓜生所率艦隊即護送陸軍直達仁川。仁川原有日本三等巡洋艦千代田碇泊,知第四艦隊之來,即迎導入港,其時亦爲陰曆十二月二十二日。仁川方面雖有俄國二等巡洋艦瓦里雅克（Variag）及小兵船數艘駐彼監視，然以衆寡不敵，目睹日軍在彼登陸而不能阻。其翌日，日本艦隊迫俄艦出港，攻之於八尾島附近，俄艦受傷，退入港內皆沉。是役日軍全勝，無一死傷者，軍報既布，士氣爲之一振。

然俄海軍之受創，亦甚細微耳。日本陸軍之輸送，固猶在危境也。俄國艦隊，勢力與日略等。欲一舉而殲滅之，必不可得。日人乃分命上村彥之丞率第二聯合艦隊從事警戒，而命東鄉平八郎以全力對付旅順。

旅順，天險也。陸路既不易攻，海口尤形險要，欲一舉而攻克之，亦必不可得。東鄉乃決行封鎖之策，謀錮俄艦於港內，以保日軍在海上之安全。光緒三十年正月十九日（一九〇四年三月五日）以閉塞艦五，招決死將卒七十九人，乘夜前進。俄人以探海燈照射，日兵目眩，迷其進路。俄兵又發砲猛擊，彈如雨下。然日兵卒不屈，五艦皆進至港口，破壞沉沒。決死隊死一人，傷三人。是役雖達到港口，然以方向之誤，俄軍仍得自由出入。日兵乃於二月十九日（陽曆四月四日），再以艦四，士六十五人，前往封鎖。距港口二海里，俄人始知之，發砲猛攻。日艦冒險入港，爆沉其船。是役，日兵死者四人，傷者九人。其指揮官中佐廣瀨武夫，爲俄砲所中，惟餘片肉如錢大在艦內，全身悉飛入海，死事最烈。日人尊爲軍神，爲鑄銅像焉。然閉塞之目的，仍未全達。

當戰爭緊急時，俄關東總督亞歷塞夫親駐旅順，禁止艦隊出港擊敵，故日艦在海上行動非常自由，及馬哥羅夫（Makárov）奉命代司打克（Starck）爲艦隊司令，全軍精神爲之一振。於是俄艦一變其退守潛伏之舊態，每日出港游弋，以與日艦爭雄於海上。不幸變生意外，竟使馬哥羅夫賫恨而沒。蓋日本艦隊於一九〇四年四月十二日深夜（即陰曆二月二十七日晚間）在旅順口外敷設電機水雷無數，翌晨使巡洋艦數艘出沒旅順附近，以誘俄艦來攻。馬哥羅夫果率數艦出港追逐，竟平安越過日人敷設水雷之海面。旋與東鄉平八郎所率大隊戰艦相遇，始回駛歸港，重經設有水雷之海面，其旗艦沛錯帕洛斯克（Petropavlovsk）被炸沉沒，馬哥羅夫及艦員六百人均及於難。尚有俄國戰艦一艘雖得入港，亦受重傷。自此以後俄艦復取退守政策，不復於港外活動矣。
參看《大英百科全書》日俄戰爭條，暨 Sémenov's Rasplata。

日人對於旅順自行第一次閉塞起，至陰曆三月十五日爲止（一九〇四年四月底），艦隊前後共進攻九次，卒無大功。馬哥羅夫雖死，俄海軍之實力，終未消滅。日軍乃於三月十八日（陽曆五月三日），決行第三次閉塞。凡閉塞艦八，入港沉沒者五；沉於港口者一；又二艦則一觸水雷，一損舵機，皆未抵港口而沉。是役也，俄軍防禦較前此加嚴，大砲猛擊於上，水雷爆發於前後左右；日艦實處極危之境。又適遇大風，故日軍死傷者甚多。其入艦中之決死隊，無一生還者。然閉塞之目的，以此而達矣。此次閉塞後，俄人以炸藥毀其所沉之船。然船内所儲鐵石等，積水底高逾七尺，無法掃除，旅順口水深三十二尺，吃水二十七尺之汽船，遂不能出入自由矣。閉塞敵港之舉，史不多見，或謂實始於一八九八年（光緒二十四年）之美西戰爭。是歲六月三日，美海軍大尉何勃嵩，率義勇兵七人，乘運送船“美利馬克”，向古巴之桑查俄港進航，欲沉没閉塞之。未至港口，已爲西軍砲火所傷，其船半沉。西軍敬其勇，即停砲，派艦救援其人云。當時海軍界傳爲美談，然以比之日本之閉塞旅順，則小巫見大巫矣。故知日本之勝亦非偶然也。

閉塞之目的既達，日人乃命片岡七郎率第三艦隊，在旅順附近從事掃海，以三月二十七日（一九○四年五月十二日）開始。軍艦宮古、初瀨、吉野等數艘皆觸水雷而沉。四月二十三日（陽曆六月六日），搜得水雷四十一。二十五日（陽曆六月八日）又搜得水雷六十二。自此繼續從事，至三十日（陽曆六月十三日）而功成。

是時陸路方面，金州已陷。日本乃以乃木希典率第一、第九、第十三師團爲第三軍，以攻旅順。艦隊則泊於港外，以防俄艦之逸出。五月二日（陽曆六月十五日）大霧，日戰艦二觸水雷而沉，驅逐艇一觸石而沉，其受損頗巨。

五月五日（一九○四年六月十八日），俄軍祕密準備，擬於數日之内出港突擊日本艦隊，無如風聲泄露，日本方面紛調各方戰艦，以備迎戰。五月七日（陽曆六月二十日）清晨八時，俄艦隊奉命令出港擊敵，方升火啓碇，而此項命令忽又取消。然旅順報紙業將命令登出，於是派人四出收没報紙，改排重印。翌晨九時又發命令，艦隊須於午後二時半出港。此項命令旋又取消。而是日午後二時，日本艦隊業已出現於港外。俄國方面撥動預埋之水雷導綫，欲炸日艦；孰知影響全無，蓋所埋水雷已被日本先期掃滅净盡矣。是晚雙方魚雷艇在港外互轟，經夜不息。五月九日上午四時，俄艦全部出港，向東行駛，下碇於俄方埋伏水雷之界綫外，以爲可以安穩作戰。不料此處日本已另埋水雷，幸有一二浮出水面，爲俄國艦隊所發覺，始知已陷入水雷密布之網羅中。及將水雷掃滅，俄艦始得開入平安之海面，其一切行動早被日本觀察明了。俄艦方欲進行，日本巡洋艦多艘已迎頭開到，其主要艦隊亦相衝而來。蓋日本方面已於數日内將海上艦隊全數調齊，雖遠在海參崴者亦均趕到，即古老之鎮遠艦，亦加入戰綫。似此情形，俄艦襲擊之計劃完全揭穿，只有退回港中，堅守不出矣。

257

陸軍方面，乃木之兵以五月十三日（一九〇四年六月二十六日）占歪頭山及劍山，轉戰而前，至六月十一日（陽曆七月二十三日）距旅順僅十餘里。俄人知困守非計，乃爲困獸之鬥。二十九日（陽曆八月十日），俄戰艦六，裝甲巡洋艦一，巡洋艦四，驅逐艦八相銜而出旅順。日以戰艦六，裝甲巡洋艦四，巡洋艦七，遮其路而擊之，萃全力以攻其主力艦。俄艦敗績，遁還港內者半，散走庫頁、芝罘、膠州灣、上海、西貢者亦半。於是旅順艦隊，零落不能成軍矣。

當旅順被圍時，海參崴艦隊出没海上，避實擊虛，頗爲日人之患。先是上村彦之丞於正月十八日（一九〇四年三月四日）以艦七，進攻海參崴。時方嚴寒，日艦鑿冰而進，以二十一日（一九〇四年二月六日）抵港口，加以砲擊。俄艦及砲臺皆不應戰。日兵無功而還。旋其商船奈古浦丸、繁榮丸，皆爲俄艦所擊沉。三月初，上村擬再進攻，集艦隊於元山津。以八日（陽曆四月二十三日）出發，遇大霧，不能進而還。而日艦金州丸運兵至利原者，又以十日（陽曆四月二十五日）爲俄艦擊沉於新浦矣。五月二日（陽曆六月十五日），俄又擊沉日陸軍輸送船和永丸、當陸丸於對馬海峽。越三日，襲擊北海道。十七日（陽曆六月三十日），襲擊元山津。日人皆頗受損害。上村艦隊以五月六日（陽曆六月十九日）奉命搜索。凡四晝夜，無寸功。七月四日（陽曆八月十四日），乃忽與俄艦相遇於蔚山。上村急下令奮擊，沉其戰艦一，他艦之被毀者三。海參崴艦隊自此受巨創，不復能出，海上權全握於日本之手矣。

旅順至此，可謂已陷於勢孤援絕之境，然兵精械良，地勢又險，仍有猛虎負嵎之概。乃木希典以七月中旬（一九〇四年八月下旬），行第一次總攻擊，不克。九月十一日（陽曆十月十九日），行第二次總攻擊。十八日（陽曆十月二十六日），又行第三次總攻擊，仍無功，而士死者多，力竭不能復進，乃續調第七師團爲援。十月二十日（陽曆十一月二十六日），第七師團既至，復行第四次總攻擊。至二十九日（陽曆十二月五日），乃占二百零三高地。自此可俯擊港內殘艦。而艦隊亦發砲助之，以攻陸地。十一月十二日（陽曆十二月十八日），日兵占東鷄冠山。二十二日（陽曆十二月二十八日），占二龍山。二十五日（陽曆十二月三十一日），占松樹山。明日，即一九〇五年一月一日，占望山砲臺。自此可攻擊旅順背面。俄人知不能守，乃降。凡將校八百七十八人，士卒二萬三千四百九十一人，悉爲俘虜，獲堡壘砲臺五十九所，他戰利品無算。俄人所據東洋最良之海軍港，遂落於日本之手。

統觀俄東洋艦隊之海戰，雖敗績失據，然較之我國甲午之戰，實有差強人意者。我國黃海一敗，海軍遂不能復出。俄則旅順艦隊雖被封鎖，海參崴艦隊猶能出沒海上，使日人旰食者半年。即旅順艦隊，亦能作困獸之鬥，突擊以求活路。較諸我國，日軍一臨，束手待斃，海軍提督欲率全艦隊突出，而諸將不可；欲自毀其船，而諸將又不可；且鼓動兵士，向提督乞命者，爲何如也？旅順之天險，在我在俄，無以異也。乃其在俄也，日人合海陸軍之力，縻無限錢財，擲無限生命，而後奪之。其在我也，則委而去之。既已空無一人，而日兵之前鋒，猶不意其去之如是之速而不敢入。嗚呼！人之度量相越，豈不遠哉？夫海軍者，今世國家之所持以自衛者也。國家而無海軍，固不足以言戰，亦且不足以言守。觀於日、俄之戰役，追念我國海軍之已事，眞有不寒而栗者矣。

　　旅順、海參崴之艦隊，皆已殲滅，而波羅的海艦隊，猶能爲神龍掉尾之鬥。雖終敗衄，亦誠所謂大國難測者哉。當海參崴艦隊之殲也，俄皇下令：以波羅的海艦隊爲第二太平洋艦隊。艦數凡四十七，中將羅哲斯德崴斯克率之。以八月二日（一九〇四年九月十一日），自波羅的海出發。於是俄人命其黑海艦隊，於十月間破一八五六年（咸豐六年）之《柏林條約》，通過達達尼爾海峽。英人亦集中地中海艦隊，且設備於直布羅陀海峽以防之。又迫土耳其政府，嚴行抗議。自此至甲辰歲杪，俄艦又通過達達尼爾海峽者三次，然終不敢公然以大隊航行。黑海艦隊，遂不得與於戰事。旅順之陷也，俄人以波羅的海餘艦爲第三太平洋艦隊，命少將尼波葛多福率以東航。尼波葛多福以光緒三十一年正月十四日（一九〇五年二月十七日）出發。兩次艦隊，皆以蘇伊士運河爲英人所掌握，恐遭其妨礙；且恐英人予日便利，使日海軍據紅海襲擊，故皆不敢航行蘇伊士，乃繞好望角而東，集中於法領之馬達加斯加島。第二艦隊以二月二十三日（陽曆三月二十八日）過馬六甲海峽，二十九日（陽曆四月三日）入法領安南之西貢灣。日人向法嚴重抗議。法人促俄艦退出。俄艦不得已，避入西貢北二百七十海里之漢拔而灣。以其地外國船舶至者甚少，可以避人耳目也。四月六日（一九〇五年五月九日），第三艦隊追踪而至，與之合。日人又向法嚴提抗議。俄人乃謀入海參崴。先分隊游弋黃海。日將東鄉平八郎，知俄艦必由對馬海峽而北，先設伏以待之。二十四日（陽曆五月二十七日），俄戰艦八，巡洋艦五，海防艦三，驅逐艦九，假裝巡洋艦一，特務船六，病院船二，果相銜至。日人以戰艦五，巡洋艦十八，海防艦一，驅逐艦二十，水雷艇六十七，要而擊之。接戰未及半時，俄艦遽散亂。日本又集其主力艦於鬱林島附近，夜攻之。俄軍遂大敗。向曉，羅哲斯德威斯克及尼波葛多福皆降。是役也，俄戰艦沉者六，被俘者二；巡洋艦沉者四，遁走者五；海防艦沉者一，被俘者一；驅逐艦沉者五，被俘者一，遁去者三。日失水雷艇三耳。

波羅的海係内海，其艦員不習大海之風濤，故其舉動不能如日兵之鎮静，此爲俄軍致敗之主因。然兵士皆經歷長途，鋭氣盡挫，亦其原因之大者也。日人於此役，得英國之助力，蓋不少矣。

　　東洋艦隊既滅，波羅的海艦隊雖來，亦似無能爲，然俄人必遣之東航。而日人於對馬海戰以前，日惴惴於此役之勝負；而當戰時，東鄉司令且發"皇國興替，在此一舉，將士各宜努力！"之命者。日本是時，可調發之陸軍已竭，而俄國則尚有續調之力。設使此次海戰而不能全勝，萬一俄人續調陸軍，更爲曠日持久之計，則最後之勝負，尚難預測也。至波羅的海艦隊既敗，則俄人更無危及日本之力矣。故議和之調停，遂乘之而起。

第七章　日　俄　和　議

戰爭必終於議和，人之所知也。戰事勝利者，和議亦必勝利，亦理之常也。乃有勝於戰爭，而敗於和議者。君子觀於此，而知外交之變幻不常，而知戰事之非可易言矣。

日、俄和議，發軔於光緒三十一年五月十一日，即一九〇五年六月十三日。是日也，美總統羅斯福始以"謀人類幸福，終止戰事，由兩國直接講和"之議，向二國提出勸告。二國皆許之。日本初以伊藤博文爲全權，已而代以外務大臣小村壽太郎，駐美公使高平副之。俄初以駐羅馬公使謨拉比夫爲全權，已而有疾，代以内務大臣微德，駐美公使羅善副之。議和之地，俄初欲在巴黎，日本不可。以法爲俄同盟國；歐洲輿論，是時又頗袒俄也。乃改在華盛頓。已而以屬耳目者衆，移於其附近之朴次茅斯島。

小村以六月二十六日（一九〇五年七月二十八日）至美。微德以七月二日（陽曆八月二日）至。小村在途時，日本發兵占庫頁島，蓋爲要求割讓計也。微德至美，即宣言"俄所失者，皆羈縻之地，無與安危。日人所要求，若於俄國國威有損，俄人決不承認"云。十日（陽曆八月十日），兩國全權，爲第一次會議。先締結《休戰條約》。然後提出條件。小村所提出之條件案如下：

（一）俄國賠償日本軍費。其數及賠償之時期、方法，由兩國同意協定。

（二）俄國將庫頁及其附屬島嶼，割讓與日。

（三）俄國因遼東租借權所獲之領土、領水，及與之關聯之一切利益，與俄國所建房屋等，均讓與日本。

（四）俄國定期撤退在滿洲之軍隊。又俄國侵害中國主權，妨害機會均等之一切領土上利益，與優先讓與等權利，均行抛棄。

（五）除遼東租借地外，日本所占滿洲土地均交還中國。

（六）中國爲發達滿洲工商業，謀各國公共利益時，日、俄兩國，皆不得加以阻礙。

（七）俄國承認日本對於韓國,有政治上、軍事上、經濟上之卓絕利益。凡行必要之指導、保護,及監督時,俄國不阻礙干涉。

（八）哈爾濱以南之鐵路及附屬鐵路之一切材料與煤礦等,無條件讓與日本。

（九）横貫滿洲之鐵路,限於以工商業使用爲條件,歸俄國管有。

（十）遁走中立港之俄艦,作爲正常捕獲物,交付日本。

（十一）俄國極東之海軍力,加以限制。

（十二）日本海、鄂霍次克海、白令海峽之俄領沿岸濱港、河川等地,許日本臣民有漁業權。

微德接受此條件,即頌言"俄爲戰敗國,非被征服國。割地償金之條件,不能承認"。彼此約七月十二日(一九〇五年八月十二日)會見。及期,乃更改條件之次序,逐條磋議。先議第七條,日本對韓之優越權。微德於日本欲在韓境築塞防守等事大加反對,又欲將會議記事録公布於世。小村反對,乃止。其明日,爲日曜,停議。又明日,議決對韓問題。旋議第四、第五兩條,亦決定。十五日(陽曆八月十五日),議第六條,彼此無異議。旋議第二條,不決。改議第三條,即決定。明日,議第八條。俄使以鐵路等皆私人所有,反對。旋彼此互讓決定。又明日,議第九條。略有争執,旋亦決定。又明日,議第一、第十、第十一三條。争持甚堅,幾至破裂。翌日,改議第十二條,亦不決。乃彼此相約,延期至二十三日(陽曆八月二十三日)再議。及期,小村撤回第十、第十一兩條,而提出日還庫頁島於俄,由俄出金十二萬萬元買收之之議。微德不可,欲决裂。小村復請於二十六日(陽曆八月二十六日)再會一次。微德許之。先二日,微德爲文,發表於通信社,言"日人撤回交付逃艦、限制海軍兩條,而代以十二萬萬元賣却庫頁島之議。名爲賣却,實則賠款。此議若不撤回,不能認日本有和平之誠意"。二十六日(陽曆八月二十六日),小村撤回償金,而求割讓庫頁。微德又拒之。又延期至二十九日(陽曆八月二十九日),小村提出大讓步案,但求割讓庫頁島之南半。微德乃許之。和議遂成。其條文如下:

（一）日俄兩國皇帝陛下,與兩國臣民之間,將來當和平親睦。

（二）俄國承認日本對於韓國,有政治上、軍事上及經濟上之卓絕利益。日本對於韓國行指導、保護,及監理之必要處置時,俄國不阻礙、干涉。但俄國臣民在韓國者,受最惠國臣民之待遇。

兩締約國爲避一切誤解,於俄、韓國境,不爲一切軍事設置。

（三）日俄兩國，互約如下各事：

（甲）遼東半島租借權效力以外之滿洲地域，同時全行撤兵。

（乙）遼東半島租借地域外，現時日、俄兩國軍隊占領之滿洲全部，還付中國；全屬中國行政。

俄國在滿洲，侵害中國主權，及妨礙機會均等主義之領土上利益，又優先及專屬之讓與等權利，概不得有。

（四）中國因使滿洲之商工業發達，爲各國共通一般之設置時，日、俄兩國互不阻礙。

（五）俄國以中國政府之承認，將旅順、大連及其附近領地、領水之租借權，與關聯租借權及組成一部之一切權利、特權及讓與，又租借權效力所及地域之一切公共房屋財產，均讓與日本。但在該地域內俄國臣民之財產權，受安全之尊重。

（六）俄國以中國政府之承認，將長春，即寬城子、旅順間之鐵路，及其一切支綫，並同地方附屬一切權利、特權及財產，與所經營之一切炭坑，無條件讓與日本。

（七）日、俄兩國，於滿洲各自之鐵道，相約限於商工業之目的經營；決不爲軍略上之目的經營。但遼東半島租借地域之鐵道，不在此限。

（八）日、俄兩國，爲增進交通運輸，且使便宜爲目的，使滿洲之鐵道相接續。另訂別約，規定接續業務。

（九）俄國將庫頁島北緯五十度以南之半部，及其附近一切島嶼，與該地方內之一切公共房屋、財產之主權，完全讓與日本政府。但兩國皆不於庫頁島及附近島嶼之自領內，建築堡壘及其他軍事上之工作。又相約不爲有妨害宗谷海峽及韃靼海峽自由航行之軍事上事件。

（十）割讓地域之俄民，願賣其不動產，退歸本國者，聽其自由。願在舊地域居住者，以服從日本法律及管轄權爲條件，受完全之保護。不服從者，日本有自由放逐之權。但其財產權，仍受完全尊重。

（十一）俄國許日本臣民，於日本海、鄂霍次克海、白令海之俄領沿岸，有漁業權。

（十二）兩國《通商航海條約》，以戰爭廢止。兹以戰爭前之約爲標準，從速締結新約。

（十三）本條約實施後，兩國從速還付一切俘虜。各將俘虜之死亡數，及供給俘虜資費之實額提出。俄國急償還日本供給俘虜之過多額。

（十四）本條約經兩國皇帝批准後，於五十日內，日本經法國公使，通告俄國政府。俄國經美國公使，通告日本政府。自雙方通告後，本約全體有效力。

（十五）本約英、法文各作二通。有誤解時，以法文爲主。

上述和案之外，另於附約中規定："兩締約國，爲保護滿洲鐵道，於每啓羅米突（Kilometre 的譯音）得置守備兵二十五名。"而日、俄之和議，遂於此告成焉。

和約之定也，微德電奏俄皇謂："日本政府，已全從我皇之所要求。"頗類戰勝者之口吻。而各國報紙，或譏日本此次和議，爲道德上之大勝利云。消息達東京，日人大憤，遂釀成大暴動之舉。

日本報紙，於和約條件，八月二日（一九○五年八月三十一日）始有登載者。多附激烈之論，或謂外交降伏，或欲拒絶批准。明日，紛擾漸起。又明日，激烈之報紙，公然主張暗殺元老及閣員。議員自行集會，通過要求內閣辭職案。六日（陽曆九月四日），開國民大會於日比谷公園。內務省先令警察閉門。群衆大怒，攻破之。卒開會，議決："伏闕上書，請天皇勿批准條約。電滿洲軍，勿停戰。"人民夜攻內務署，或蓺火焉。警察至，乃驅散之。於是人民與警察格鬥，互有死傷。內務大臣辭職。人民又毀《國民新聞》報館，以其爲政府買收，立論頗祖政府也。是時全國報館，皆攻擊政府。七、八、九三日（陽曆九月五、六、七三日），東京繼續暴動。警察署之毀者三十餘所。市內警察出張所，無一存者。警吏皆蟄伏不敢出。俄教堂在東京者被毀。美以爲調人故，亦波及焉。又以戰爭起因，由於中國，欲毀我留學生會館。我公使請彼政府保護，乃免。東京而外，各地亦風起云涌，如沸如羹。政府以八日頒戒嚴令於東京附近，增調憲兵，以資鎮壓。警務總監及東京郵局，皆歸衛戍總督管轄。一警察出，以四憲兵夾持之。又頒行《新聞紙雜志取締規則》，因此停止發行及科罰金者若干家。十日以後，風潮乃漸平息。是變也，人民之死者十一人，傷者五百七十四，被逮者三百餘。警察之死者四百七十一。其後小村歸國，猶恐或有不利，防衛極嚴，而桂內閣雖有運籌決策戰勝之功，卒以議和不厭衆望，爲不安其位之一因焉。

日本此次外交，無論如何平情，總不能謂爲不失敗。然其失敗，實有不能盡咎當事之人者。何也？日本之失敗，有三大原因焉。兵力之竭蹶，一也。沙河戰時，精銳死傷即已略盡。現役、預備兵，悉已調集。後備年限，延長至十二年。假再續戰，且將無以爲繼矣。財政之竭蹶，二也。日人於宣戰後三日，即募國庫債券一萬萬元。後十日，又命人往英、美運動募債。三月二十四日(一九〇四年五月九日)，借外債一千萬於英、美，以關稅爲抵。四月九日(陽曆五月二十三日)又募第一次公債１億元。兩次公債，皆以國民愛國之心，溢出原額數倍。然國民負擔之力，實已告竭。更募外債，則利息必巨，不免舉戰勝所得，輸之外國；且亦恐更無其途也。外交之情勢，三也。是時歐洲諸國，議論皆頗袒俄。故俄欲會議於巴黎，而日不可。改於華盛頓，日人猶以其衆屬耳目而避之。風聞英、美兩國，有挾債權以迫日本之意，則更非空言袒助者比矣。夫各國之所以袒俄者何也？非有愛於俄也，抑當戰事之初，英美輿論，頗偏袒日，亦非有愛於日也，惡俄之獨專遠東權利云爾。然則日既戰勝，則能專遠東之權利者，不在俄而在日，其好惡易位固宜。抑人種之感情，亦勢所不能免也。日人之戰俄，非以其爲白人，蹂躪中國之黃人而戰之也。然日勝俄敗，爲白人者，素以“天之驕子，有色人種，莫敢侮予”自命，得毋有兔死狐悲之感乎？此又其所以多袒俄也。有此三原因，和議決裂，自非日本之利。即彼俄國，亦豈真有續戰之力哉？困獸猶鬥，而況國乎？苟有續戰之力，豈肯輕易言和？彼於宣戰之明日，即募外債七萬萬法郎於巴黎。至三月八日，又續募八萬萬法郎。其負債之額，蓋不減於日。以其兵出屢敗，續戰之勝算，應亦自覺其不易操矣。然俄在歐洲，財政之活動，究較日本爲易。其兵數則遠較日本爲多。又俄國地勢，易守難攻，並世無比。以拿破侖之雄略，猶犯攻堅之忌而敗，而況日本，距歐俄萬里乎？日本是時，兵力尚未到奉天，即達到哈爾濱、滿洲里，俄人未嘗不可依然負固。日人又將如之何？況日人之兵力，必不能更進取乎？誠欲續戰，日本之形勢，實有遠不如俄者。故或謂“和議之發軔，日人實授意美國出而調停，而伊藤之不任和使，乃知其結果不能滿國民之意，而以爲規避”云。則其處於不利之地位，毋無怪其然矣。語曰：“小敵之堅，大敵之擒也。”徒以國力之不如，國民雖臥薪嘗膽，奮起一致以圖功，究不免於事倍而功半。吾人於此，蓋不能不爲日本國民表理解矣。雖然，國力十倍於日本，而本國之事，不免待人解決者則何如？

此次之堅決就和，蓋皆出於其內閣及元老。日本代表軍閥之內閣，政治上非驢非馬之元老，究竟利國禍國，爲功爲罪？蓋不易言。然此次之拂輿情而主和，則不能不服其排衆難而定大計。何則？如前所論，苟欲續戰，其前途實有不堪設想者在也。設當此時，主持國是者，而亦稍動於感情，或則明知不能和，而懼以一身當攻擊之衝，遂游移而莫決，則遷流所屆，必有受其弊者矣。陸遜之拒蜀漢先主於猇亭也，諸將皆欲出戰，而遜不許。諸將或孫策時舊人，或公室貴戚，各自矜持，不相聽從。遜案劍曰：“僕雖書生，受命主上。

國家所以屈諸君使相承望者,以僕有寸長,能忍辱負重故也。"忍辱負重,此是國民美德。語曰:"有謀人之心而使人知之者危也。"況乎無禦敵之力,而徒撫劍疾視乎? 景延廣十萬橫磨劍,至竟如何? 德之言兵者曰:"政府之難,非在作國民敵愾之心而使之戰也,乃在抑其欲亟戰之心,而使不輕戰。"旨哉斯言。

　　雖然,彼日本國民之所以致憾於其政府者,則亦有由矣。以戰時財政之枯竭,國民亦既備嘗其況味,自不得不望有賠款以潤澤其金融。故議和之初,民間風傳有賠款五十萬萬之説。此固遠於情實,有識者不應如是測度。然亦足見日本國民,跂望賠款之渴矣。久乃知其説爲子虚,猶有補償給養捕虜費若干萬萬之説。一旦真相畢露,乃知一文無著,則不免引起金融界之恐惶。一也。庫頁爲日本所已占,國民滿擬割取;否則當要俄國以重金贖回。而亦僅得其半,而又一文無著。二也。朝鮮主權一款,各報所傳,初甚簡略,日人因疑其後所傳者爲不實。三也。滿洲撤兵條件,兩國相同。則日在滿洲,不占優越地位。撤兵之後,俄在沿邊駐兵,與滿鄰接;日欲運兵滿洲,較爲困難;則日之形勢,反不及俄。四也。日本提出諸條件,無一不放棄者,大失戰勝國之面目。五也。有此五因,則日本之忘生舍死,爲國家攘患却敵,爭生存而增榮光者,軍人耳;其外交家,固未能絲毫自效於國,以慰其民矣。此日本國民之所以深憾而不可解邪? 雖然,禍福固未易以一端言也。日本報紙,當時嘗慰藉其國民曰"勝利不在一途。日本戰勝之酬報,不必逕取之於俄"云。由今日觀之,則斯言驗矣。然則俄之戰敗固幸,日之戰勝,亦豈徒也哉? 嗚呼!

第八章　日俄戰争與中國之關係

銅山西崩，洛鐘東應；一髮牽而全身動，魯酒薄而邯鄲圍。以今世界關係之密切，雖相去萬里，其影響猶將及於我；況乎兩國之作戰，本因我而起；而又在我之土地者乎？其不能無與於我者勢也。今試述日、俄戰時我國之情形，及此戰事與我國之關係如下：

當日、俄戰時，我國之輿論，蓋多祖日。（一）以俄人侵略之情勢已著，而日尚未然。有識者固知日勝俄敗，亦不免於以暴易暴，然頗冀以此姑紓目前之患，而徐圖自强。其無識者，則直以日爲可友，而於一切問題，皆非所計及。與今之指甲國爲侵略，則指乙國爲可友者相同。是則可哀也。又其（一）則由我國歷代，對於北狄，因屢受其蹂躪，遂引起一種恐怖心。俄人之情勢，固與歷代所謂北狄者不同。然當時之人，固無此辨別之力。但以爲世界上之民族，愈北則愈强；敵之起於北者，必皆可畏而已。又俄人疆域之廣，亦足使不明外情者，望而生畏。故我國輿論，向視俄爲最大之敵。鴉片戰爭時，林文忠即有言曰："英、法等國，皆不足爲中國患。終爲中國患者，其俄羅斯乎？"中、日戰後，有自署瑶琳館主者，著《中日之戰六國皆失算論》；謂中、日、英、法、德、美。旋又著《俄國形勢酷類强秦説》，謂"達達尼爾及韃靼兩海峽，猶戰國時之函谷關。秦以此攻諸侯，諸侯亦以此拒秦。必封鎖之，世界乃可無俄患。今中、日之戰，容俄干預朝鮮、遼東之事，則此藩籬撤矣。影響所及，雖美國或且因太平洋之風雲，不能保守其門羅主義之舊，安穩獨立於西半球；況歐亞諸國，與俄鄰近者乎"？此兩論刊於乙未（一八九五）及丁酉（一八九七）之《時務報》。一時士林傳誦，對俄皆覺其惴惴。至日、俄戰時，此等見解，猶尚未變。以爲日雖可懼，終不若俄，我可先擊却其最强者，然後徐圖其次强者也。此亦冀日人戰勝之一因也。當日、俄戰前，以俄人爲不足畏者，惟一嚴復而已。以當時之人，真知世界情形者其少，大抵以舊時讀史眼光，推測今日事也。

日、俄戰前，俄人之所攘奪者，我之權利也。"我縱不能獨力禦之，然當日、俄戰時，我以攘斥俄人故而加入日方，既可表示我非蓄縮受侮者流；而日若勝俄，我國亦不至全受日人之指使；若日爲俄敗，則我即不加入，東三省亦必非我有也。"此等議論，在當日亦有少數人主張之。然其不能成爲事實，則初無待事後而始知。何也？我國之政府，久無實力，焉能爲此一鳴驚人之舉？至民間之議論，非不虎虎有生氣，然亦處士之大言而已。使任規劃，即未必有具體之方案。況即有方案，而當時輿論，勢力極薄，亦必不動政府之聽乎？不寧惟是，我國之外交，處於受動之地位久矣，庚子以後尤甚。苟欲與俄開戰，豈能無與他國協商。而當時我國之情形何如乎？以日本言，多一助戰之國，似當爲其所歡迎。然此特全不知世事之説耳。作戰須有作戰之實力；當時我之兵力，能助日者幾何？至糧食物品之資助，則彼既入我境，固可自由徵發矣。一經共同作戰，則停戰講和，皆須以兩國之同意爲之，是日受我牽制而不得自由也。中爲俄弱舊矣！沿邊數千里，處處可以侵入；海疆數千里，亦處處可以攻擊；是無端將戰綫擴張萬餘里也。日將分兵助我邪？姑無論無此情理；即彼願爲之，亦勢所不及。我無日本爲助，則勢必敗。我敗，日即勝，亦變爲半勝而非全勝；況乎既曰共同作戰，終不能不稍分其力以顧我，則備多而力分，日人本可操勝算者，至此亦將不可保乎？種族之同異，雖非是時國交離合之主因，然感情因此而分厚薄，則終不能免。中日聯合以戰俄，難保不引起黃人聯合以戰白人之感想。日人是時，方亟求世界之同情，尤非其所敢出也。職是故，當時不願我加入者，實以日人爲最。至於歐美諸國，雖無此等關係，然其所求於我者，賠款耳，通商之利益耳。戰事既興，我財政必竭蹶，賠款或至不能照付。又我加入，則戰爭之範圍擴大，商務必至大爲減色。對俄宣戰，固與一概之排外不同。然外人不知我内情，又慮因此而引起我國之盲目的排外，於彼之生命財產皆有妨礙。此其所以亦不願我加入也。内政及外交上，當時之情勢如此。

於是日本公使内田康哉，首先向我國勸告："於日、俄戰時，守局外中立之例。"又通牒英、美、德、法、奧、意，要求其保證俄國不破壞中國之中立。各國皆贊同之。我遂於光緒三十年正月二日（一九〇四年二月十七日），向日、俄二國，發出如下之文書：

日、俄失和，朝廷均以友邦之故，特重邦交，奉上諭守局外中立之例。所議辦理方法，已通飭各省，使之一律遵守。且嚴命各處地方，監視一切，使保護商民教徒。盛京及興京，因爲陵寢、宮闕所在之地，責成該將軍嚴重守護。東三省所在之城池、官衙、民命、財產，兩國均不得損傷。原有之中國軍隊，彼此不相侵犯。遼河以西，凡俄兵撤退之地，由北洋大臣派兵駐扎。各省邊境及外蒙古，均照局外中立之例辦理。不使兩國軍隊，稍爲侵越。如有闌入界內者，中國自當竭力攔阻，不得視爲有乖平和。但滿洲外國駐扎軍隊，尚未撤退各地方，中國因力所不及，恐難實行局外中立之例。然東三省疆土權利，兩國無論孰勝孰敗，仍歸中國自主，不得占據。

兩國皆覆牒承認。美國又向日、俄二國勸告："劃定交戰之地，不侵犯滿洲行政。"於是三國公認交戰之地限於遼河以東，以其西爲中立區域。

當國際法未發達時，學者之論，有所謂完全中立，不完全中立者。今則無復此説。既爲中立，即須完全。而中立條件中，"不以土地供給兩交戰國之利用"，實其尤要者也。今也，日、俄兩國之作戰，皆在我國之地，則我國果得謂之中立矣乎？或引英國國際學者之説，謂"弱小中立國之地，時亦有爲交戰國所占據者。如英、俄開戰，丹麥中立。英、俄或占據其土地，以資利用，丹麥固無可如何。以其無維持中立之實力也"。然彼乃事後之占據，此則劃定於事先；彼之占據，純出强力；我之劃地，則由自認；實不得援以爲例也。無已，則曰："彼之據我土地而作戰，實爲我所無可如何；而我對於二國，實未嘗有偏袒一國之意思。"以是爲中立云爾。雖然，此實爲後來開一惡例。日攻青島之役，即其顯著者也。

戰事既起，我國沿交戰區域之地，屯兵以防兩國之侵入。兩國侵軼之事，雖時或不免，以俄人爲多。幸未有大問題發生。及俄人反攻遼陽失敗後，出奇兵自遼西中立地侵日。我國不能禦。遂以自溝邦子至新民屯之鐵道，爲中立地與交戰地之界。

至於兩國戰時，或徵發我國人民，使服勞役；或則徵收其器物；此爲無可如何之事。我國民且因此受有損失，外人斷不得指此爲破壞中立而責我也。當我國宣告中立時，日外部之覆文云：

除俄占領地方之外，日本當與俄國出同樣之舉措，以尊重貴國之中立。帝國與俄國，以干戈相見，本非出於侵略。若當戰局告終，犧牲貴國，藉以獲得領土，殊非帝國本意。至在貴國領域中，兵馬衝要之區，臨時有所措置，則一以軍事上必要之原因，非敢有損於貴國之主權也。

此所謂無損我國之主權者，衡以純正之法理，疑問自然甚多。然既許他人作戰於我土地，事實上即無可如何。要之許他人作戰於我土地，終不免在國際法上，開一極惡之先例耳。

日、俄之勝負，既已判明，交戰之事實，遂成過去。我國所當汲汲者，則日、俄戰後，我國當如何措置應付之問題耳。當時國內有力之興論，凡得三説：

（一）謂日、俄戰事將畢時，我國宜乘機，將《中俄條約》宣告廢棄。同時與英交涉，將威海衛收回。俄既戰敗，其在滿洲之權利，終已不能維持，與其轉移於日，無寧交還於中。英據威海，本以防俄旅順。旅順既由我收回，威海之占據，即失其目的。況當時威海租借之約，本云與旅順借約年限相同。在法理上，英實無以爲難也。日、英方睦，庸不免於聯合把持。然俄人嫉妒日、英之心，未嘗不可利用。至於日本，犧牲數十萬人之生命，十餘萬萬之金錢，誠不能令其一無所獲。然當由我自主，就無損主權之範圍内，與以相當之權利。不可太阿倒持，由彼爲政也。此主以機速之外交手段謀解決者。

（二）爲中國速與日本交涉之説。此説謂滿洲之地，既由日人奪之於俄，斷不能無條件還我。既曰有條件，與其俟彼提出，或竟由彼與俄處分，尚不如由我提出之爲得。彼之所願欲，無損於我者，不妨開誠布公，與之協商。與之爭持於前，而仍不免放棄於後，尚不如自始即開誠布公之爲得也。此主以光明正大之外交手段謀解決者。主此説者，多欲援中俄伊犂交涉爲前例。

（三）則欲以滿洲爲一立憲王國，由中國之皇帝兼王之，如奥、匈、瑞、挪之例。此説實受外論之影響。當時外論，有欲以滿洲爲永世中立地者。"蓋滿洲之地，利權無限；我國既不能自保，又不克以獨力開發，則終不免於各國之攘奪。而以滿洲地域之廣大，種族之錯雜，各種問題之糾紛，設使一聽各國自由競爭於其間，將不免成爲遠東之巴爾干半島。莫如先由有關係之國，以條約明確保障，使爲永世中立之地，庶可化干戈爲玉帛也。"外人之論如此。我國人士，採擇其意。又以（1）滿洲之形勢，本可獨成一區，欲使之獨立發達。（2）我國是時，立憲之論方盛。全國同時舉辦，勢或有所爲難，清朝又不免於深閉而固拒。欲先推行之於滿洲，觀其利弊，而中原可資爲借鑒；且先推行之於清朝之故鄉，亦可以減少滿人之阻力也。此説謀在内政上爲一大改革，而在外交上，兼可博得國際之同情，以阻一二國鯨吞蠶食之志者。

以上三説，各有理由。當時政府而有精神，外交而有手段，固亦未嘗不可採用。然尸居餘氣之滿洲政府，則何足以語此？亦惟束手以待人之處分而已。迨日、俄之和議既開，而外人處分我之時期乃至。

日、俄議和時，我國曾以公文照會二國，謂"和約條件，有涉及中國者，非得中國之承認，不能有效"云。日本報紙，頗議我爲好強硬之言，又責我不知彼之好意。我國報紙，則反唇譏之曰："我國之權利，皆以軟弱而喪失，馴致貽友邦之憂。苟使事事皆守強硬之宗旨，非以赤血、黑鐵來者，必不放棄，則所

喪失之權利,必不致如今日之多;貽友邦之憂,亦不必如今日之甚也。"又曰:
"涉及我之條件,當得我之承認,非關好意惡意也。假使日本今日,以好意割
讓東京於我,不得我之承認,能有效乎?"此等議論,非不言語妙天下。然空言
抗議,究何裨於實事哉?《日俄條約》既成,小村全權,乃更來我國。以十一月
二十六日(一九〇五年十二月二十二日)與我訂結《滿洲善後協約》如下:

　　中國政府承認《日俄講和條約》第五條、第六條俄國讓與日本各項。

　　日本政府,承認遵行中俄兩國締結之《租借地及築造鐵路諸條約》。

　　由此條約,中國遂將前此斷送於俄之權利,又斷送之於日。案旅、大可轉
租與否,《中俄條約》無明文。然膠州灣、威海衛、廣州灣之租借,咸與旅、大性
質相同。膠約第一章第五條云:"德國將來,無論何時,不得將此項由中國借
去之地段,轉借於別國。"又第三條云:"中國政府,將該地施行主權之權利,不
自有之,而永借之於德國。"旅約第二條云:"租界境內,俄國應享租主之權
利。"此"租主之權利",即德約所云"施行主權之權利"也。然則施行主權之權
利在彼,主權仍在於我。願否將施行主權之權利,另行租借與別一人,係屬主
權之行動;彼安得租借與人? 況乎膠約明定不得轉租,事同一律,可以援引者
邪? 然此時則惟有事實問題,安有從容講論法理之餘地。況夫威海借約,與
旅、大期限相同。旅約苟廢,威約效力即隨之消滅。狡焉思啟封疆者,何國蔑
有? 外交上又生一重困難邪?

　　《滿洲善後協約》又有所謂附約者。其條件如下:

　　(一)中國政府,於日俄二國軍隊撤退後,開下列地方爲商埠。

　　　　(甲)盛京省之鳳凰城、遼陽、新民屯、鐵嶺、通江子、法庫門。

　　　　(乙)吉林省之長春、吉林、哈爾濱、寧古塔、琿春、三姓。

　　　　(丙)黑龍江省之齊齊哈爾、海拉爾、璦琿、滿洲里。

　　(二)如俄國允將滿洲鐵路護衛兵撤退,或中俄兩國,另商別項辦法;日本
之南滿守路兵,亦一律照辦。又如滿洲地方平靜,中國能周密保護外人生命
財產時,日本亦可與俄國將護路兵撤退。

　　(六)中國政府允將安東、奉天間軍用鐵路,仍由日本政府接續經營。改
爲專運各國商工貨物鐵路。除運兵歸國,耽延十二個月不計外,以二年爲改
良竣工之期。自改良竣工之日起,以十五年爲限,即至光緒四十九年止。屆
期,雙方請他國評價人一名,妥定該鐵路各物件價格,售與中國。至該鐵路改
良辦法,由日本承辦人,與中國特派員,妥實商議。

　　所有辦理該路事務,中國政府援照《東清鐵路條約》,派員查察、經理。

（七）中日兩國政府，爲增進交通運輸起見，准南滿洲鐵路，與中國各鐵路，接續聯絡。

（九）已經開埠之營口，暨雖允開埠，尚未開辦之安東縣、奉天府各地方，劃定租界之辦法，應由中日兩國官員，另行妥商釐訂。

（十）中國政府，允設一中日合辦材木公司，以採伐鴨綠江右岸之森林。

（十一）滿韓交界陸路通商，彼此以最惠國之例待遇。

以上各條款，無一不擴充權利於《日俄條約》以外。日人謂不乘機牟利，亦未免食言而肥矣。日人於此次戰役，所犧牲者誠巨。謂其能絲毫不享權利，夫固情理所必無。然必欲一襲俄人之所爲，則未免於以暴易暴，我國政府，何難據理力爭，另行提出條件，與之商辦？於三省可開放者開放之，主權必不容放棄者堅持之。非徒爲我國保權利，亦所以弭爭亂之原，而保世界之平和也。而乃束手無策，唯命是從。此則庸懦誤國之罪，百口莫能自解者矣。

由此條約所生之結果，則日俄二國以長春爲界，瓜分我國之鐵路，而南滿、北滿之名詞生焉。日本既獲得南滿，乃得隴望蜀，更垂涎於内蒙，俄人被限於北滿，則亡羊補牢，思取償於蒙、新。於是東蒙之名詞，繼南滿而生；外蒙之交涉，並新疆而起，皆勢所必至也。遼東西自古爲中國郡縣，合關東三省而稱爲滿洲，已覺不詞。猶可曰：清當入關以前，據遼東西者亦若干年，而盛京且爲其陪都也。若南、北滿之名詞，則亘古未聞。蒙古自古以大漠爲界，分漠南、漠北。即今所謂内、外也。而日人偏自造一東蒙之稱，不亦異乎？日人既攫得南滿之權利，則事事模仿俄人之所爲。光緒三十二年（一九〇六）五月，設立南滿洲鐵道株式會社，資本二萬萬元。其半出自日本政府，即以鐵路及其附屬財産充之。又其半，名爲聽中日兩國人人股，實則中國人無一人股者。此即俄人之東清鐵路公司。七月，又設立關東州都督府，其權限亦與俄之關東省總督無大出入。而又設總領事於奉天，其權限，與其本國之知事相同，此則變本而加厲者也。滿、韓鐵路連接，爲日、俄交涉條件之一。日人必欲達此目的，故於日、俄戰時，趕速造成安奉軍用鐵路。雖曰爲運輸計，亦以爲交涉地也。我既許其改造，則日本之目的遂達。此路照附約，本應於光緒三十二年（一九〇六）動工。而日人延至宣統元年，始行著手。轉以交涉轇轕，於六月二十一日，提出最後通牒，逕行興工，開自由行動之惡例。營口、安東、奉天各商埠，由兩國派員劃定租界，文本明白。乃民國十五年（一九二六），我國欲撤廢奉天"洋土貨專照"，日、英、美領事，竟曲解此條，謂奉天府所轄地面，即爲商埠範圍。豈不異哉？洋土貨專照，爲光緒三十三年（一九〇七）總稅務司所條陳，經稅務處批准者。以當時東三省商務未興，爲招徠外商計，領有此項專照者，均可免其重行征稅。其章程本云試辦，并有"嗣後如有窒礙，仍可變通辦理"之語。今東省交通便利，商賈爭趨。以有此項專照，故我國所失稅款甚多。民國十五年(一九二六)，奉天欲將此項專照撤廢，先從事於整理。乃照會各國領事："自是年十一月一日起，領此項專照者，均須注明商埠之名，不得泛指一城一縣，如瀋陽、安東等類。其有持赴非商埠區域者，即作無效。"日領吉田茂，遂偕英領威爾泌孫，美領索哥敏，向省署抗議，謂"依據滿洲附約第九條，奉天府所轄地面即爲商埠範圍，不得故意縮小。如有所改變，必須兩國官員，會同辦理"云云。其曲解條文，至於如此，亦可異矣。我國雖力向抗議，然撤銷專照之事，卒因此延未實行。**陸路關稅減輕，爲俄人所享之特惠。**我國初與外國通商時，不甚計及征稅之利益；並以陸路交通不便，特示寬大。今則東北一隅，鐵軌四通，實爲全國之冠。而猶留此特殊辦法，爲外人侵略之利器。《九國關稅條約》，欲以"秉公調劑"四字，裁抑一二國獨享之特權，而遷延至今，猶未收效，豈不重可慨邪？陸路通商，始於俄國。咸豐以前之條約，均爲無稅。光緒七年，收回伊犁，重訂《陸路通商章程》。訂明"兩國邊境百里内，爲無稅區域。俄商運貨物至天津、肅州者，照海關稅則，三分減一"。其後《東省鐵路條約》第十條，及條例第三條，皆規定"中國於鐵道交界之地，設立稅關。由鐵道輸出入之貨物，照海關稅率，三分減一"。鐵路竣工之後，中國迄未設立稅關。及《滿洲協約附約》中國許開商埠多處，俄人恐中國在開放之地設立稅關，於彼特權有損，乃要求中國協定北滿稅關章程。三十三年(一九〇七)六月，兩國派員議定大綱。明年六月，由吉林交涉局與俄總領事按大綱訂立章程。"兩國邊境各百里内，仍爲無稅區域。由鐵路輸入之物，照海關稅率，三分減一。其輸入東三省者，通過稅照海關稅率，三分減二。輸入内地者，照海關稅率，三分減一。"日本援之。於民國二年(一九一三)五月，由日使伊集院與總稅務司安格聯，訂立《滿韓關稅減輕協定》，由"滿洲輸出新義州以外，及由新義州以外輸入滿洲之貨物，皆照海關稅率，三分減一。輸入滿洲之通過稅，照海關稅率，三分減二"。十一年(一九二二)一月八日，大總統令："中俄條約及通商章程内規定之三分減一稅法，暨免稅區域，免稅特品各種辦法，自本年四月一日起，毋庸繼續履行。"我國即知會日本，要求廢止《滿韓關稅協定》。而日本援引《滿洲善後協約附約》第九條，謂"英、法在緬、越，亦有減輕關稅辦法。日本此項權利，係根據最惠國條款而來。只能由《九國關稅條約》，秉公調劑"云。案中法陸路通商係根據光緒十二年(一八八六)《越南邊界通商章程》，十三年(一八八七)《續訂商務專條》。中、英滇、緬間，則根據光緒二十年(一八九四)之《中英續議滇緬條約》。規定減稅之率，各不相等，而要不若日本在滿洲所享權利之優。日本在滿洲所享減稅之利益，實足使他國之貨物，無從與之競爭，以他國無從朝鮮輸入貨物者也。故《九國關稅條約》第六條："規定中國海陸邊界，劃一征收關稅之原則，即予以承認。特別會議，應商定辦法，俾該原則得以實行。"即所以對付日本此等特殊利益也。該條約又云："凡因交換局部經濟利益，許以關稅上之特權，而此特權應行取消者，特別會議得秉公調劑之。"則因我國與英、法之約，皆有互惠條款，實與日本無涉也。**凡此皆由此約直接所生之惡結果也。其間接所生之結果尚多，不暇備論。請讀第九章，便可見其大略。**

　　日、俄之戰，又有影響於我國之内政者，則立憲之論是也。是役也，日勝而俄敗，而日之政體爲立憲，俄之政體爲專制。我國民方渴望立憲，遂以政體之異，爲其致勝負之最大原因。其說確實與否且勿論。而日、俄之戰，實與我國主張立憲者以極大之奮興，要求立憲者以有力之口實，則無疑之事實也。於是清廷不能拒，乃有派五大臣出洋考察憲政之擧，_{光緒三十一年（一九〇五）六月。}其後遂下詔預備立憲。行之不得其道，卒致釀成革命焉。我國政體之改變，原因雖多，而日、俄戰爭亦爲懸崖轉石中，加以助力之一事，則衆所公認也。此事非一本書所能詳。讀者但取《中華民國開國史》而觀之，自可窺見其中之關係也。

第九章　日俄戰役之結果及戰後情勢之變遷

語曰:"作始也簡,將畢也巨。"豈不然哉? 日、俄戰役,直接之結果,既如前述。至其間接之結果,則推波助瀾,至今而未有已也。此事若欲詳論,必須別爲專書,原非此編所克包舉。然讀史貴窮其因果。一事也,固不可不知其推遷之所屆。今故提挈其大要,俾讀者於日、俄戰役之影響,可以詳知;而讀他書時,亦可互相參考焉。

日、俄戰役影響之最大者,則日本一躍而爲世界之強國是也。大隈重信者,日本憲政黨之首領也。憲政黨當日、俄戰前,即力主與俄開戰。方滿洲撤兵問題相持未決時,日本國民組織對俄同志會,促政府與俄宣戰,憲政黨員與焉。及戰事既終,復組織清韓協進會,以便侵略中國及朝鮮。憲政黨者,實日本主戰最力,而其言論,最足代表日本與俄戰爭之意思者也。清韓協進會之開會也,大隈演說焉。曰:"所謂強國者,則對於世界問題,有發言權而已。夫世界大矣,焉能事事由吾發言? 則亦曰: 與其國有利害關係之事,必由其容喙而已。東亞者,與日本有利害之關係,且其關係極密切者也,故東亞之事,非得日本發言不可。"又極論扶掖中國、保護朝鮮之法。日人稱其言爲大隈主義,比諸美之門羅主義云。此主義也,即日人以東洋盟主自居;凡東亞之事,不容不徵求彼之意見;而彼且欲把持他國之外交之謂也。彼當歐戰之際,出兵以攻青島,自稱維持東亞之平和;力阻我國加入參戰;又於參戰之後,事事加以干涉者,皆此動機爲之也。日、英攻青島時,中國亦欲加入,日本力阻。又向英聲明:"與中國交涉,必先通知日本。"迨中國加入參戰時,告知日本。日本謂加入參戰,甚爲贊成。但如此大事,不先告彼,甚爲遺憾云。中國非日本之保護國,做事何故須先告日本邪? 日本旋向英、俄、法、意交涉,以承認中國加入,要求四國承認彼"接收山東之權利"。我國青島交涉之終不得直,此事爲之也。外交被人把持之害如此。故日、俄一役,日本物質上之損失雖巨,而其增進國際上之地位,則不少也。

　　夫使日本欲包攬把持，而真有意於東洋之平和，猶可說也。乃彼則惟利是圖，雖因此破壞東洋之平和，而亦有所不恤。於是日俄二國，始以利害之不相容而戰；繼以利害之相同而合；繼則俄國政變，日本遂思乘此侵略俄國；侵略之不成，乃復欲共同以牟利。此則日、俄戰爭以來，兩國國交離合之真相也。

　　當日、俄議和時，微德即以兩國在滿洲之關係，終不能免，主本合作之旨，與日訂立約章，合此及日、俄戰前不欲開戰之事觀之，微德之爲人，真沉鷙可畏已。電奏俄皇。俄皇意在復仇，不許。當日、俄戰事方殷之際，及其初結束之時，日本方期博得世界之同情，不欲以獨占東亞利權之名，爲各國所嫉忌。故光緒三十一年（一九〇五）之"日英新同盟"，三十三年（一九〇七）之《日俄協約》、《日法協約》，三十四年（一九〇八）之《日美照會》，咸以保全中國領土，開放門户爲言。然日、俄二國之勢力，在滿洲既日進不已，中國乃思引進英、美之勢力，以抵制之。於是有借英款築新法鐵路，並延長之至齊齊哈爾之議。日人目爲南滿之平行綫，起而反對，《滿洲善後附約》訂結時，日人要求我國不得築與南滿並行之鐵路。記入《議事録》中。我卒曲從之。但要求我築自錦州經洮南至齊齊哈爾之鐵路，日不反對，記入《議事録》中。英、美聞之，均願借款承造。並擬延長至瑗琿。俄以與其權利有妨礙也，起而反抗，或曰日人實唆之，於是美人有"滿洲鐵路中立"之提議。滿洲鐵路中立者，欲使"各國共同出資，借與中國政府。使中政府以之買收滿洲鐵路。外債未還清前，由出資各國共同管理。禁止政治上、軍事上之使用。使滿洲鐵路地帶，實際上成爲中立"。猶夫"滿洲爲永世中立國"之志也。日、俄至此，均覺其利害與己不相容，遂共同出而抗議，時在宣統元年（一九〇九）。明年，《日俄新協約》成。約中明言："維持滿洲現狀。現狀被迫時，兩國得互相商議。"蓋聯合以抗英、美也。是爲日、俄戰後復合之始。

　　帝國主義之欲，無厭者也。日俄兩國既已攫得滿、韓之權利而瓜分之，其心必不以是爲已足。於是日本思進取内蒙古，俄人則思侵略外蒙及新疆。風傳日、俄訂結新協約時，正約之外，別有密約。俄認日併吞韓國，日認俄在蒙、新方面之行動。證以協約成後，日遂併韓；日當與俄開戰時，由其駐韓使臣林權助，與韓訂立《議定書》，尚以保障韓國獨立及領土完全爲言。迨光緒三十一年（一九〇五）之《日英新同盟》，則但言保障中國之獨立及領土完全，而置韓國於不言，即英承認日併韓也。《朴次茅斯條約》第二條：俄認日在韓之卓絕利益，列強更無執異議者。韓遂於是年成爲日之保護國。《日俄新協約》，以宣統二年五月二十八日，即一九一〇年七月四日發表。是年七月十九日，即陽曆八月二十三日，韓遂合併於日。國之存亡，一任他國外交家之措置，亦可哀矣。俄人對蒙、新方面，遂提出强硬之要求，宣統三年正月至二月十八日，即一九一一年三月十八日，以最後通牒致我，以二十八日爲限。其説當不誣也。於是我國仍思引進他國之勢力於東三省，以抵制日俄兩國，乃有宣統三年(一九一一)之東三省興業借款。言明用以振興東三省之實業，即以東三省各稅爲抵，由英、美、德、法四國承募。四國知日、俄兩國在東三省之勢力既已深厚，欲排擠之，必起反動，乃主招兩國加入，冀謀一共同解決之策，於是四國團變爲六國團。借款未成，革命遽起。民國乃繼續之，以磋商善後大借款。以爭監督財政等條件，美政府命其銀團退出，而六國團又變爲五國團，卒成二千五百萬鎊之大借款。袁世凱利用之以壓平贛寧之變。政爭激宕，迄今未已。而此借款以鹽稅爲抵押，因許設立鹽務稽核所；又許於審計處設稽核外債室，以稽核其用途。開外人監督局部之財政，迄今未能脫除。因外交而影響於內政，其波瀾亦可謂壯闊已，而未已也。俄人既因日本密約之容許，而有蒙、新方面之行動。英人亦以日欲併韓故，第二次《日英盟約》中，刪去保障韓國獨立之語，而以日本承認英在印度附近之行動爲交換。於是有日、俄戰時，英人派兵入藏之舉。其後寖至占據片馬。迨宣統三年，俄人既於蒙、新方面，提出強硬之要求，旋煽誘蒙古獨立。英人在西藏方面，亦亟圖均勢，遂保護出奔之達賴。至民國時代，俄對蒙、英對藏之要求，猶始終取一致之步調，如俄對外蒙，要求我不駐兵、不殖民。英亦欲強分藏爲內外，要求我於外藏不駐兵、不殖民是。皆日、俄、英三國，國交離合之爲之也。其波瀾之壯闊，真可謂匪夷所思矣。是爲日俄兩國，離而復合，各肆侵略之時代。

迨歐戰既起，各國皆無暇東顧，俄國尤甚。日人乘之，對我提出五號二十一條之要求，其中關於滿蒙者多款。又乘俄國西方戰事之不利，迫之於險。於民國五年(一九一六)，大正登極，俄國派使往賀時，迫其訂立《密約》。是爲一九一六年七月三日之《密約》。後爲革命後之俄政府所宣布。承認其在中國之權利利益。兩國利益，苟受第三國損害時，當共同防衛。因此宣戰，亦當互相援助。則進爲攻守同盟矣。蓋恐歐戰停後，英、美等國對日乘機攫取之權利，加以非難，故預以是抵制之也。此約之徒利於日，俄人非不知之，然迫於情勢，無如何也。是爲日俄兩國，貌合神離，而日本獨霸東亞之時代。

曾幾何時，霹靂一聲，俄國革命！是爲俄國一大變局，而亦日人所極震驚。初我國與俄訂立《東清鐵路條約》時，本只許其沿路設警。《日俄和約附約》，乃有每啓羅米突得置守備兵二十五名一款。俄人藉口是條，駐兵至六七萬。歐戰作後，大都調往西方。日人餌以甘言，謂俄"盡可撤兵。北滿及東海濱省沿岸，日人不徒不乘機侵略，且當代爲警備"。蓋欲使俄盡撤東方守備，則日可相機行事也。然日是時，方以與英同盟故，以協約國之同調自居，勢不便與俄翻臉。迨俄國政變，而日人之機會乃至。時則俄、德講和，作戰於前敵之捷克軍，逃入西伯利亞。俄人則藉武裝之德、奧俘虜以制之。各國乃有共同出兵，以援捷克軍之議。日人乃思一箭雙雕之策，欲併我外蒙、北滿之權利而攘之。乘段政府親日之機，與我成立《軍事協定》。訂明"由後貝加爾至阿穆爾省之兵，中由日指揮；由庫倫至阿穆爾之兵，日由中指揮"。看似極爲平等，實則我安能指揮彼；且兵所經皆我之地，其爲不利於我也審矣。於是各國次第出兵，而其所首謀攫奪者，乃在西伯利亞路及中東路。遂由中、俄、英、法、意、美、日七國，立一聯合國鐵路委員會，在海參崴。將兩路置諸管理之下。其後該會技術部長美人斯蒂芬氏，遂有共同管理中東路之議，提出於太平洋會議席上。經我國專使力拒，乃僅爲"中國對於該路股東及債權者，應負債務上之責任"之決議。至該會取消後，列國猶照會我國，重提此決議，表明願與中國共同處置焉。此爲我國因俄事所受之損害。至於俄人，其受日之侵略尤甚。日人當時之兵鋒，蓋曾至伊爾庫次克，擁立反蘇俄之徒謝苗諾夫（Semionnoff）於赤塔，卡爾米哥夫（Kalmykoff）於哈巴羅甫喀。或謂日本當時對於謝苗諾夫及沃木斯克之高爾察克（Koltschak）皆訂有讓渡滿、蒙一切權利之密約云。日人是時，實欲併外蒙、北滿及東海濱省，悉據爲己有也。

　　然東方之捷克軍，卒不可輔。白黨之舊勢力，亦決非各國所能維持。民國八年（一九一九）歲杪，高爾察克之兵，既已全爲蘇俄所掃蕩；而捷克軍亦已出險；各國乃議決撤兵。九年（一九二〇）一月，美兵首先撤退。英、法、意諸國繼之。日人獨留。四月，尼科來伊佛斯克有戕殺日人之舉。日人乘機，發兵占據其地，並占哈巴羅甫喀、海參崴及庫頁島北半。俄人謀立遠東政府，日人則盡力阻礙之，劫制其所占領之地，不許加入組織。然遠東政府卒成立，敗謝苗諾夫之兵，恢復赤塔。日人乃復召謝苗諾夫至大連，資以軍械。謝遂遣其將恩琴陷庫倫，以外蒙爲根據地，反對俄國。於是外蒙問題，在中俄間復行引起。先是俄國政變後，外蒙失所憑依，業於一九一九年十一月，取消獨立。及是，蘇俄屢以外蒙之事，抗議於我。我不能辦。蘇俄乃復誘外蒙，以一九二一年三月二十三日獨立。與之共平庫倫。一九二四年五月四日，活佛死，外蒙遂全變爲蘇俄式之政治。蘇俄既與立約，承認其獨立於前（一九二一年十一月五日）。其後與我訂立《協定》，又云認外蒙古爲我國領土之一部，且尊重我之主權。其誰欺？欺天乎？俄外交總長翟趣林在執行委員會宣言："認蒙古爲中國之一部，其自治權則決不認中國侵犯之。"此等宗旨，與舊俄時代初無以異，不知《協定》之言，竟作何解也。此則因日人圖略外蒙以害蘇俄，而使我國受池魚之殃者也。

其後蘇俄之基礎日益鞏固，遠東共和國，亦與之合併。日人知無復侵略之餘地，乃於一九二五年二月，與俄訂約而撤兵。《協定》第六條：許日本在西伯利亞，有關採礦產，採伐森林，及其他富源之租借權。《議定書》二：許其租借北庫頁之石油田，其面積爲百分之五十，期限四十至五十年。並得採伐企業所用之樹木，興辦各項便於運輸材料及產品之交通事業。而其尤要者，則承認朴次茅斯之《條約》，仍爲有效。此約爲日本取得南滿權利之根據也。以上爲俄國政變，受日人侵略之時代。

天下事之最可痛心者，莫甚於聽他人之協以謀我，尤莫甚於使他人協以謀我。東三省之形勢，久成覆水之難收。此梁任公在清末語。當時以言之稍激，大爲國人所反對。然迄今日，東三省之形勢，究如何也？嗚呼！所冀者，他國之勢力，不相聯合，並可互相牽制，容我徐圖補救耳。當俄國初革命時，舉世欲翦滅之而後快。不徒求一友邦不可得，並欲求一與之通商之國，以暫紓目前之困而不可得。其時願與我恢復邦交之心蓋甚切。使我能開誠布公，與之商辦，則各事皆易就範。乃我國受人牽鼻之外交，遲遲吾行，並停止舊俄使領之待遇而有所不敢。俄國革命，在民國六年（一九一七）三月。我停止舊俄使領之待遇，乃在民國八年（一九一九）九月。其中舊俄使領，以無所代表之資格，而受我之承認者，兩年半也。俄之與我接洽，遠在其與日接洽以前，而《中俄協定》之成，反在日俄訂約撤兵之後，《中俄協定》，成於一九二四年五月三十一日。無怪日、俄協商以處置我之局面，依然持續矣。英、美二國，當歐戰停後，蓋亦仍有意於保持東方之均勢。故一九一八年十月，協約國之勝利既定，英使朱爾典，遂首唱中國鐵路統一之議，其議欲使各國將獲得之鐵路權，均行交還中國。共同另借新債與中國，俾中國將舊債還清，藉以取消各國之勢力範圍。猶是美人開放門戶之旨，及滿洲鐵路中立之辦法也。而美人和之。以交通系所設之鐵路協會竭力反對，議未有成。其後美國發起英、美、日、法四國新銀團。日人堅持"滿、蒙除外"，久之不決。卒由美銀行家拉門德氏代表三國銀團赴日。議定（一）南滿與其現有支路，及（二）吉會，（三）鄭家屯、洮南，（四）開原、吉林，（五）吉長，（六）長洮，（七）新奉，（八）四平街、鄭家屯諸路，皆不在新銀團經營範圍之內。日本放棄（一）洮熱，（二）洮熱間某地至海兩路。而議乃有成。時一九二〇年五月十一日也。是歲九月四日，四國公使通告我以新銀團成立。"希望中國早有統一政府，俾銀團得將四國政府贊助中國之意旨，表現於實際。"忽忽又七年矣。此七年中，中國若能利用之，滿、蒙之形勢，亦必有以異於今日。乃以政局不定故，一切事皆無從說起，而新銀團借款之舉，亦遂延擱至今。我無借款之資格，人之急於放款者，不能深相諒而久相待也。於是今年（一九二七）九月，有拉門德赴日之事；而南滿洲鐵路會社，同時以借外債六千萬元聞。時則正值日本向北京之張作霖政府要索東三省築路之權最緊急之際也。交涉之真相及結果，雖尚未可知，而美人欲投資於我而不得，乃轉而與日商略，則形勢既可見矣。而同時復有日、俄成立某種諒解之説。甚者至謂俄舉中東路之管理權，讓與日人，而由滿鐵會社，酬以四千萬元，表面作爲借款焉。俄人雖力自辯白，然亞洲東北方之地，實非俄人實力所及，前章已言之。彼自革命以來，西伯利亞之富源，且不惜分贈之於日人，而何有於北滿？此於彼固無大關係，俄人即把持西伯利亞及北滿，一時亦無實力經營。日人即得西伯利亞及北滿，亦斷不能經營之至能迫害俄人之程度也。然於我則如何？今者報紙所傳，日、俄如何如何云云，雖亦未敢遽以爲信，然其必有協商；其協商必有合而謀我之勢，則無疑也。他事我縱不自悔，獨不記《中俄協定》第九條，蘇聯政府曾允我贖回中東鐵路，而於協定簽字後一個月内舉行之會議中，解決其款額、條件及移交之手續乎？而何以迄今不聞也？此亦無與人商辦之資格，而迫人使與我之敵合者也。彼日本今日，既以安奉、南滿、吉長、吉會諸鐵路，聯絡南滿、朝鮮而成一方環矣。其滿鐵會社，亦既儼如英之東印度公司矣。若復讓渡之以俄在北滿之權利，輔助之以美人雄厚之資本，豈直爲虎傅翼而已。此最近日、俄兩國，由離而合，而復有協以謀我之形勢之真相也。嗚呼！予欲無言。

第十章 結 論

日、俄戰役，日以區區三島而勝，俄以泱泱大國而敗，果何故邪？是不可不一評論之。

首言兵力。俄之兵數，固遠優於日。然其調度較遲，直至遼陽陷後，陸軍之精銳始大集於奉天。其前此作戰之兵力，初未能較日爲優也。然此非俄兵之致命傷也。俄之弱點，在於編制之無法，調度之乖方。俄之精兵，本在歐而不在亞。俄之騎兵最著名，然哥薩克騎兵在亞洲者，亦不如其在歐洲者；又其人雖勇悍，而頗愚魯。反不如日本騎兵之嫻於戰術也。他種軍隊，則在亞者尤不如在歐者矣。然俄以防德、奧故，在歐之精兵，終不敢盡行徵調。此亦俄軍一弱點也。當其戰時，集各地之軍，加以編制，大抵彼此相雜，故兵將不相習，兵與兵亦不相習，短者未能掩其所短，長者却已失所長；自歐來之兵，又不習東方之地勢；遂以致敗。或謂俄軍之作戰，仍以鴨綠江之役第三、第六兩師團爲最優，蓋以其編制純也。然則俄陸軍之失敗，陸軍當局之從事於編制者，不能辭其責矣。此言其編制之乖方也。至於戰略，則日之得策，在於神速，在於縝密，而俄則反之。日自絕交以後，即迅令海軍擊破俄之艦隊，將陸軍運至朝鮮。當時俄之陸軍在滿洲者，亦已數萬，何難迅速前進，與日本爭持於平壤之東？乃日軍已占據義州，而鴨綠江西岸之俄兵，尚未大集。嗣是若旅順，若遼陽，無不坐待日之攻擊者。《軍志》曰："先人有奪人之心。"此役也，日人之調度，固已占一先著矣。俄則亞歷塞夫之調度，絕無足觀，殊負俄皇之重任。苦魯伯堅之戰略，則專在集重兵以爭最後之勝利。其時戰事業已受挫，或亦有不得不然之勢。然最後之勝利，果有把握乎？俄之精兵，固未悉集；即集，果能駕日兵而上之乎？是最後之大戰，亦屬孤注之一擲也。爲俄人計，於戰勢不利之中，仍宜設計多取攻勢，以牽制日兵之前進。雖未必有功，然日兵之進攻，必不能若是其易。較之徒在奉天、遼陽附近，多築防禦工事者，勝之遠矣。雖然，苦魯伯堅，名將也，豈其見不及此？苦氏於此戰，能指揮如意者，不過數月。故戰事之失敗，實不能歸咎苦氏。毋亦自審己之軍隊，精神實力，皆不如敵，故不敢出此策乎？然而日本軍隊作戰之勇敢，計劃之周密，概可見矣。

海軍之分爲四隊，實爲俄人失策之最大者。俄在東洋，海軍之力，固較日本爲薄，然合其海軍力之全體，則較日本爲優。當干涉還遼時，俄之所以懾日者，海軍也。是時日本之軍艦，凡二十五隻，五萬四千六百噸。俄當中、日開戰時，僅有艦十三隻，一萬六千七百噸，而至干涉還遼時，則已擴充至二十三隻，五萬二千二百噸。合德、法則有艦八十隻，二十四萬五千噸。論艦數三倍於日，論噸數四倍於日而强。故日人不敢與争。故當戰後，汲汲於擴張東洋艦隊。日、俄戰時，俄人之議論，頗以海軍爲制敵之要著。日人亦惴惴焉。俄人之論，謂“派陸軍於東方，不如日本之易。日軍苟多，俄軍即不得不退。惟有加增東洋艦隊，阻日不得登岸；即登岸，亦可絶其後援。”且曰：“克里米亞之役，俄多用水雷以防黑海，英、法已大受其窘。此時若能多用潛航艇，以襲擊日本之運船，日人亦必爲之大阻也。”日人之計劃，在嚴守對馬海峽，妨害海參崴、旅順之交通，使俄艦不能縱橫海上，並警備臺灣海峽，使其西方艦隊之東來者，有所顧慮。戰事如後來之順利，非始願所及也。夫兵凶戰危，必先爲不可勝之形，乃可以待敵之可勝。使俄當是時，將全國海軍之力，合而爲一，游弋於太平洋上。日海軍雖强，殊覺無用武之地。即能出奇制勝，以擊破俄軍，俄軍亦必不致一蹶不振。則日本陸軍之運用，不能如後此之自如，戰事全局改觀矣。失此不圖，坐令日人對旅順、海參崴、波羅的海之艦隊各個擊破，而陸軍遂不得不以獨力禦敵。自始至終，海軍未能一牽制敵人於海上，此則俄軍之最大失策也。苦魯伯堅評論戰役，謂“海軍之失敗，實爲最可痛心之舉”。信然。

以上論戰事得失，皆摭拾當時軍事學家極普通之議論。其稍涉專門者，亦間或散見各報章雜志，不多。愧非鄙人所能知，亦非普通讀史者所需要，故不復採輯。

戰事之得失，大略如此。雖然，戰之勝敗在兵，而其勝敗之原因，則不在於兵也。關於此點，當時海内外議論甚多。今歸納之，得如下之三事。

（一）日本於此戰，迫不得已，俄國則否。俄之所以戰者，爲侵略屬地耳。得之固佳，失之亦無大損。日則一戰敗，滿、韓即盡入敵手。自海參崴至朝鮮，海疆數千里，聯成一綫，以與日本相對；而更以强大之陸軍陳其後，日人亡無日矣。故日於此戰，舉國一心，義無反顧。俄則國論不一，有所謂文治派者，又有所謂武功派者。武功派中，又有主張經營近東者，有主張經營小亞細亞者，有主張經營極東者。日、俄之開戰，特經營極東之主戰論，偶然戰勝耳。其國中不贊成者尚多也。與我訂結撤兵條約時，雖曰外交上之形勢使然，亦由其時文治派未盡失勢，不欲用兵極東也。案俄國之侵略，往往出於一二人之野心。不特其國中輿論不贊成，即政府中人亦有深致反對者。方穆拉維約夫要求我國割讓黑龍江北之地時，其外務大臣尼塞勞原反對之，乘其疾，致書中國政府，謂“格爾必齊河上流，境界未定，請派員協定界碑”。時咸豐三年，所謂一八五三年六月十六日俄國樞密院畫境文案也。及咸豐五年(一八五五)九月，我所派畫界大員，與穆拉維約夫相會。穆拉維約夫要求以黑龍江爲界，我以樞密院文案示之。彼遂無辭。使我能善爲因應，舊界固未必不可維持也。即如日、俄之戰，微德亦始終不贊成。老子曰："抗軍相加，哀者勝矣。"天下事惟出於不獲已者，其力至大而莫可禦。此韓信用兵之術，所以置之死地而後生也。日本當日之情勢，幾合舉國而爲背水之陣，此其所以制勝也。大隈重信嘗論日俄戰事曰：歐洲各國，以聯合之力，禦俄於巴爾干半島，限俄於黑海。列國之利害，不能常相一致，其力似强實弱。日以獨力禦俄於滿、韓，國是一定，即無更變，其力似弱實强。

（二）則日本戰士之效命，非俄國所及。抗軍相加，迫不得已者勝，似矣。然從古亡國敗家相隨屬，當其敗亡之時，孰非處於迫不獲已之境？爲國民者，亦孰願其國之亡？然而終已不救，則知徒有志願而無實力，終無濟於事也。日人則不然。當封建之時，有所謂武士道者，其爲人則重然諾，輕生死，抑强扶弱，忠實奉令。又以立國適值天幸，千餘年來，未嘗被外敵征服；其皇室亦迄未更易，故其忠君愛國之念極强。夫禍福倚伏，事至難言。日人今後，此等偏狹愛國之心，愚魯忠君之念，或且爲其前途之障礙，亦未可知。然在當日，則固足以一戰矣。金州丸之沉，歐洲報紙或議之，謂"國家養成此等將卒，所費不少。一朝自殺，實爲極大之損失。不如暫時降敵，徐圖自效也"。日報辯之曰："日本於是役，所失者船艦、器械、將卒之身體，所保存者大和魂也。大和魂無價。"俄則種族錯雜，日、俄戰時，俄國百人中，斯拉夫人七十三，土耳其、韃粗人九，芬蘭人五，猶太人三。其餘十人，爲各種錯雜之種族。政治乖離。波蘭人，爲俄所夷滅者也。猶太人，遭俄之虐殺者也。方且伺隙而圖變，豈肯助俄以摧敵。中亞細亞、西伯利亞之民，亦與俄休戚無關。虛無黨人，又日以圖謀革命爲事，於戰事之勝敗非所計。故當作戰之時，日人舉國上下，一致對外。俄則芬蘭總督被殺矣，內務大臣遇刺矣。圖刺俄皇，乘隙舉事之説，又日有所聞。極力鎮壓之不暇，安能如日本政府之舉一事，即人民無不協助哉？此又日之所以勝，俄之所以敗也。

（三）則日本之政治，較俄國爲整飭。吾國先哲，有一治兵、治國之精言焉，曰："能以衆整。"蓋衆而不整，決不足以敵訓練節制之敵。而衆力既聚，必有所泄，則失敗於外者，往往轉其向而梗令破壞於內，則本國之秩序，不能維持；對敵之作用，彌以脆弱。此實用衆者數見不鮮之事也。日本之於戰事，固籌劃已久。明治天皇爲英武之君主，首相桂太郎、陸軍大臣寺內正毅、海軍大臣山本權兵衛，皆曾受高等軍事教育，富有軍事知識者。其餘如元老，如政黨首領，如銀行家，亦莫不通力合作，各效其能。日本議院，於開戰之前兩年，否決海軍擴張案。前一年，以彈劾內閣解散。及開戰後，召集，全國選舉，皆極安靜。議員開會後，第一次議決臨時軍費三萬萬餘；第二次擴充至七萬萬餘；其後陸續增至十七萬萬元；皆略加審查，即行通過。其贊助政府，可謂至矣。故其舉措，若網在綱，有條不紊。俄則本兵之地，弱點頗多。尼古拉二世，本優柔寡斷之人。其祖亞歷山大二世爲虚無黨人所殺，其父亞歷山大三世目睹慘狀，痛恨虚無黨人。侍從武官部沙富賴沙夫起自寒微，爲人强力，有心計，能組織忠君黨，以密探虚無黨人之行爲，爲所發覺者不少。亞歷山大三世甚信任之。尼古拉二世立，亦有寵焉。或謂其人曾在朝鮮組織林礦公司，不願朝鮮落於日人之手，故主戰最力。吾人誠不敢以小人之心度人，然此人實爲主戰有力之人物，則無疑也。又俄國是時，皇族中有權力者甚多，如陸軍元帥彌加威爾、步兵大將彼得堡軍管區都督烏拉節彌爾、莫斯科軍管區都督柴奇阿斯、海軍元帥亞歷克斯，於俄皇皆爲父行，而皆主戰。亞力塞夫尤好功名，部沙富賴沙夫助之，俄皇特以爲極東大總督，得節制海陸諸軍，北京、東京公使，外交亦遵其指示，關於外交，極東總督與外交大臣，權限上頗有疑問也。俄人稱爲副王焉。惟微德一人不欲戰，乃使去藏相而任内務之職。嗚呼！天下事之可患者，無過於莫或能必其成，且莫或能保其無患，而上下相欺，莫肯直言。觀於俄廷當日唯諾之風，而知其慮患之不周矣。諤諤元老，忠言逆耳；吾謀適不用，勿謂秦無人；微德乎，微德乎，能無太息於繞朝之贈策哉！

以上三端，皆日、俄所以勝敗之大原因也。俄國之侵略屬地也，往往先據其地，而後徐圖整理。而其侵略之也，則委任一人，責其後效，而不問其所爲。其於中亞細亞，於西伯利亞皆如此。此等手段，用之古代可也；用之今日，則殊不相宜。何則？今世紀殖民政策盛行，大抵殖民所至，即實力所及也。即如滿洲、朝鮮，俄國雖鷹瞵虎視，而其實力，實不能與之相副。據戰前調查：日人在朝鮮者近三萬，而俄人則不及百。日本與朝鮮貿易，年額在千萬元内外，俄則不過二三十萬元，則其實力，實與日相差甚遠。不特此也，俄人對滿洲之貿易，本年爲入超，並有各國貨物，經滿洲輸入西伯利亞者，自築中東鐵路，乃强輸其國之貨物以代之。於是日、美在滿洲之貿易大減。日本當光緒二十六年（一九〇〇），輸入滿洲之貨物，爲一百八十三萬。明年，減爲一百四十二萬。二十九年（一九〇三），又減至一百一十四萬。此等封鎖之政策，安得不招人嫉忌？日、俄戰時，俄人口一萬萬二千萬。其中九千五百萬在歐俄，九百萬在波蘭，二百六十萬在芬蘭，九百萬在高加索，在西伯利亞者僅五百七十萬，中亞細亞者僅七百七十萬耳。故爲俄計者，當盡力開發其所已得之地，而不必更垂涎於所未得。而舊時侵略所用之手段，亦宜亟改變。即如俄前此委任之總督，其地位介於中央政府與府縣之間，與駐外大使比肩。當交通不便，中央政府鞭長莫及時，用之可也。及其交通發達，指臂相聯，其制即成刍狗。

故西伯利亞鐵路之成，有謂黑龍江總督亦可廢者。俄人顧於其時，復設一極東總督，崇其權位，比於副王。主設此等制度，願居此等地位者，其必貪權喜事之人，不能有益於國審矣。故日人謂"俄人之專制爲蒙古式的，其武力亦蒙古式的。日在亞洲，而爲歐洲之新式國。俄在歐洲，而爲亞洲之舊式國。以日戰俄，乃以新戰舊，其勝實爲理數之必然"云。亦不能謂其說之無理也。

抑予觀於日本之已事，而有感不絕於予心者，則日人之愛國，之武勇，皆爲世界所罕見，其致勝決非偶然也。請略述其情形，並採擷其軼事，以資觀感而備談助焉。當干涉還遼之後，有一俄人游於日本，憩牛乳肆。見數日童自塾歸，與語，愛之，贈以糖果。日童懷之去。已復還，曰："君俄羅斯人乎？"曰："然。"曰："若然，則吾不受君糖果。今玆還遼之役，吾國深受俄國干涉。俄吾仇也，將來當與之戰，忍受君糖果乎？"擲之而去。俄人大驚，以爲日本不可侮也。此事在乙未（一八九五）丙申（一八九六）間，當時外報載之，吾國報紙，即有譯之者，似係《時務報》。吾國之人，亦以爲談助而已。惡知實爲日本勝俄之遠因邪？尼古拉二世之爲太子也，游於日，至琵琶湖，樂其風景，謂左右曰："何時得築離宮於此乎？"左右皆諛之，曰："不出數年耳。"警吏津田左藏通俄語，憤甚，即發槍擊俄太子，傷首。幸得愈。日、俄戰時，俄皇猶以當時頭扎絅帶之攝景，頒發軍中，以作士氣云。津田雖椎埋乎，其愛國亦可風矣。及戰事既開，則日人愛國之行爲，尤有悉數難終者。東鄉之初塞旅順也，招決死將卒七十七，應募者二千餘。其後閉塞之事彌艱，而願往之士益衆，末次乃至二萬餘。攻南山時，俄國砲火猛烈。日砲兵屢易陣地攻之，無效。司令官乃下令猛襲。一聯隊長聞令，號於衆曰："今日之事，吾儕不死，則事不集。願決死者，皆從我來。"舉軍無不舉手從之者。此猶慷慨捐軀也。金州丸之沉也，第三十七聯隊第九中隊步兵百二十人在焉。大尉椎名氏，與他將校出甲板觀敵勢，歸語衆曰："彼優勢之海軍也，我陸軍也，妄動無益。其靜以俟死。"衆皆泰然，列坐不動。已而俄一士官來，復去。椎名謂衆曰："死期至矣！宜呼帝國萬歲，從容就死。"語未既，水雷發。船裂，水入。艦衆皆立甲板上，大呼帝國萬歲，唱聯隊之歌。已而以束手就死，心有不甘，議決發槍射擊，槍突發。俄人大驚，急退其艦，而發大砲水雷沉之。日兵皆從容射擊，彈盡，或自殺，或兩人相殺，或沉於海。其入海得片板而生者四十五人。所謂從容就義者非邪？非有勇知方，孰克當此，此以言乎其軍隊也。至於人民，聞將開戰，多退職輟業，求爲志願兵，有檢查體格不合而不肯去者。名在預備、後備者七十餘人旅於美，召集令不之及。七十餘人者，不欲幸免，皆棄職歸。舊金山之報館，聞其事而壯之,皆索其攝影,登諸報端,題曰"赴國難之勇士"。而非戰員之所以鼓勵其戰員者尤至。父送其子,則曰:"吾家尚未有死國難者,汝其死於敵,以爲家之榮。"未婚妻送其夫,則曰:"君若戰死,當爲君守空房,養父母。若敗歸,請絕。"新潟縣刈羽郡枇杷島村小林久二郎方合巹,召集令至。即引杯酌新婦,又自酌也,遂去。凡送戰士之人,無不祈其戰死者。其士戰多死不旋踵。豈惡生樂死,皆異於人之情哉?還則無生人之趣,即謂其無生還之路可也。兵士之出征也,有財者往往厚贈其行,或以時存恤其家。工商主人,或給庸值之半,若三之一,四之一。農民之鄰里,則結約代耕其田。醫者於出征軍人之家,自往視其疾,且給以藥。示賣者於軍人之父母妻子,多減其值。有戰死者,全國報紙記其事,載其像,又或懸其像於有關係之地。其尤烈者,則爲鑄銅像,尊爲軍神,以其姓名,名其所居之地,又必瞻恤其遺族。故其人多慷慨從軍,無以家事爲憂者。人情莫不念父母,顧妻子,豈其獨異於人之情哉?知社會於戰死者必不沒其勞,而後顧無可憂也。其尤異者,高松市新町中川虎吉,所蓄僅紙幣十五元,盡舉以供軍費。橫濱石川伸町大川政憲,年八歲,以父母及叔父所予之款,積至四元三角二分九厘;宇都宮尋常小學校二年級生林祥太郎,儲金一元;皆以獻。紀伊國邊町中野徹輔,年十歲,自開戰後,散學則負煎餅賣之,得金一元,以獻。香川縣木田郡冰上村上田千一,爲高松商業學校預備一年級生,以星期日徹夜造草鞋五十雙,獻於陸軍省。神奈川縣伊佐衛門,年六十五,盲十年矣,以造草鞋爲業,盡售所積,得金十五元,以獻。福岡縣遠賀郡津田甚七之母,年八十二,造草鞋四百雙以獻。山形縣北村山郡西鄉村,舉村之人,皆戒吸烟,而日納資一角。此外典田宅,鬻衣服,脫簪餌,捐時計以助軍費者,不可勝數。婦女則縫戰衣,囚徒亦增工時。天皇則出宮內之古金銀,交銀行以爲兌換之本。嗚呼!以視覆巢將及,而猶日事搜括,備作猶太富人者,何其遠邪?何其遠邪?日本之戰勝,又何怪也?讀者聞吾言,且將嘩然曰:"此帝國主義,此封建思想。"將非笑之,怒罵之矣。吾敢正告今日之士曰:人類之武德,無時而可消滅者也。姑無論今日,尚未至講信修睦,干戈絕跡之時。即謂已至其時,而人類與天行之戰爭,終無時而或絕。所以捍禦天行,征服天行者,亦人類之武德也。不然,則人類文明將不可保,而或幾於息邪?而況今日,距大同之世猶遠邪?夫人類之所當垂念者在將來,而其所當慎保者,尤在現在。且無現在,安有將來?即謂有之,而一失現在之地位,有較保持現在犧牲至十百千萬倍,而猶未能恢復者。"我寧山頭望廷尉,不能廷尉望山頭!""一失足成千古恨,再回頭是百年身!"其念之哉!世界大同,人類平等,其理論非不高尚,其志願非不宏大,然行之自有其程。一誤其程,則滋益世界之糾紛。我不自保,而人亦受其弊。慎毋矚千里而忘其睫,慕虛名而受實禍也。

抑更有一言,爲當世正告者,則今日帝國主義之國家,謀侵略亞洲東北區者,亟宜自戢其威焰。而吾國亦宜亟圖自強。謀自保以禦外侮,即所以維持世界之和平也。俄人之侵略東北,其爲帝國主義,無待於言。即日之戰俄,藉口自保,其實又何嘗非帝國主義者? 自勝俄以來,其所行者,較俄且變本加厲矣。夫日人之侵略東北,其所藉口者,曰:待以解決人口問題也。然人口問題,何法不可解決? 何必定如今日之所爲? 民國十六年(一九二七),日人對北京之張作霖政府提出要求時,其滿鐵社長山本氏之言曰:"日本人口之增加,年近百萬。必自滿、蒙輸入七萬萬元之原料而後可。滿、蒙者,吾日人待以解決人口及食糧問題者也。"其言似矣。然韓人屯墾我國者,自昔有之,亦未嘗不足以謀口實,而何必如日人,必欲提出土地所有權、租借權等條件;且僑民所至,隨以警察何爲? 平和貿易,吾人豈嘗拒絕? 而何必如今日之把持鐵路,專謀壟斷? 抑日人有求於滿、蒙者,將遵兩利之道,俾滿、蒙日益開發,而彼亦得以解決其人口及食糧之問題邪? 抑仍如帝國主義之殖民政策,專瘦人以肥己也? 由前之說,則吾國內地,人滿之患,不下於日。吾人今日,固不必效法美國,拒日人之來;日人亦豈可喧賓奪主,轉欲拒吾之往,且絕我故居滿洲之民之生路? 由後之說,則直自承其爲侵略可耳,而何喋喋呫呫爲?

蓋日本之爲國,軍國主義之國家也,亦軍閥執政之國家也。彼國自古爲島國,故其國民,偏狹的愛國之念甚強。王政復古以前,藩閥本大有勢力。維新之業,又成於長、薩兩藩之手。故兩藩在日本,實有大權。日本之海軍,握於薩藩人士之手,陸軍握於長藩人士之手,此略通日本政情者所能知。日本之民衆,未能參與政治;即其所謂政黨者,亦有名無實;而惟官僚及所謂元老者,實尸政治之執行與操縱。亦略通日本政情者所能知也。夫元老亦軍閥之代表也。元老之名,憲法無之。其人居樞密院中。樞密院之職,不過備天皇之諮詢。然其人既有資格聲望,其言自有效力。事實上內閣更迭之際,天皇恒諮詢元老,以定繼任之人。故元老不居政治之衝,而實有操縱政治之力。又當光緒三十年,即一九八四年,山縣內閣以樞密院令,定海陸軍兩部必以現役中將以上之軍人長之①。一九一三年,改以預備及退伍之同級軍人爲限。軍人在實際,恒聽命於參謀部及海軍軍人會。組閣者之意見,苟與軍人不合,軍人無肯出就海、陸長之職者,內閣即無由成。既成之後,意見不合,海陸兩長辭職,內閣即復瓦解。民國元年(一九一二),西園寺內閣因不贊成朝鮮

---

① 原稿如此,疑有誤。光緒三十年實當 1904 年。又據井上清《日本歷史》,第二次山縣內閣于 1900 年 4 月明確規定日本陸海軍大臣必須由現役軍人擔任。

增加兩師團之策,致關海、陸長而辭職,即其事也。故日本全國之政治,實握於軍閥之手者也。夫一種人物,至能獨立而成爲閥,蓋亦非偶然。此必非但顧私利者所能爲;彼必略有福國利民之心,亦必頗能舉福國利民之實,此觀於日本之已事,吾儕決不否認者也。雖然,凡事不可過於其度。過於其度,則向之功德,今遂轉而爲罪惡。日本今日之軍閥,得毋有爲其自身之權利勢位計者乎?抑誠鑒於國家之情勢,而以擴張軍備爲急也?夫謀國而徒知擴張軍備,在識者已議其偏。若略有維持其階級之心,則推波助瀾,更不知其所屆矣。民國十一年(一九二二)之秋,日本與俄國,方在大連開會議之時,忽有所謂"密售軍械事件"者。初列國在西伯利亞撤兵時,有軍械十九車,交由日本保管此軍械,或曰"實舊俄帝國之物,購自歐美,價約三萬萬元。因畏德人潛艇襲擊,繞道太平洋,運至西伯利亞,然後轉入歐俄",或謂"即捷克軍物"。未知孰是。當各國共同出兵時,此項軍械,即由各國共同保管。其後各國兵皆退,而日獨留,乃即以其事委諸日。當其委托時,由日、法、捷克三國官員,會同封識。及是,忽有軍械由海參崴密運滿洲,售諸張作霖。有數起爲税關所發覺,或疑所運即是此械,乃相與啓封檢驗,則械已全空;捷克封識,亦不知何往矣。衆皆謂"日軍官有意爲之,而參謀本部實主其事"。或以質其參謀總長上原氏。上原氏直認不諱,曰:"吾將使狄弟里聯合張作霖,在日、俄之間,建一緩衝國。張作霖所缺爲械,狄弟里所缺爲糧,吾故使之互相交換云。"狄弟里者,俄國王黨,時在海參崴,亦俄舊勢力受日本保護者也。且曰:"不建此緩衝國,則日本帝國之前途,惟有滅亡,更無他説。"此言一出,列國大嘩。即日本國民亦無不異口同聲,攻擊其軍閥者。夫日本此等行爲,亦得謂爲人口食糧故,不得已而出此者乎?蓋日本今日之軍閥,其眼光太覺偏於武力,此實其識見不免流於一偏之弊。而無論何等階級,及其權勢既盛,亦無不有維持其階級之私心。此不期然而然,無可避免者。日本今日軍人之舉動,謂其全無增加軍界權勢及軍人利益之心,無論何人,不敢作是語也。國家之政策,貴在統觀各方面以審其因應之宜。若舉國惟一階級之馬首是瞻,一意孤行,寧免亢龍之悔。遠者且勿論,俄人當日、俄戰前,豈非泱泱大風,專以侵略爲志者乎?即日、俄戰後,寧不亦遺威餘烈,炙手可熱乎?曾幾何時,遂轉爲他人所侵略,豈非不遠之鑒哉?而奈何不遠而復者之少也。

蘇俄國情,與日本異,其主義自不得皆同。今之論蘇俄者,每謂其陽借扶助弱小民族之名,陰行帝國主義侵略之實。吾人誠不欲作此苛論。惟亦有宜知其兩端:(一)則俄人之宗旨,既爲舉世所不容,則其達之也難,而其手段遂有所不暇擇。（二）則其國既爲舉世所排擯，必求所以自衞之策。其自衞之手段亦或出於急不暇擇是也。《管子》曰"鳥飛準繩"，言欲達目的者，恒不能不紆其途也。觀此，則知"行一不義，殺一不辜，而得天下，有所不爲"，徒爲理想之談，非實際所能有矣。蘇俄誠有扶助弱小民族，掃除帝國主義之誠意與否？吾殊不欲深論。即謂有之，而其所行，亦勢不能處處與他民族之利益相一致，此事勢使然也。況無論何種主義，何種策略，均不能不隨四周之情勢而變。況蘇俄自立國以來，其舉措之變易者，業已不少邪？

　　歐人之性質，有與吾異者。吾國當內亂之時，恒不暇措意於外侮，以致每爲異族所乘。歐人則內亂愈烈之時，民氣亦愈奮，愈可利用之以禦外侮。法國革命之際，一戰而逐普、奧，其明證也。俄人亦然。當其國體甫革之時，敵國乘於外，舊黨訌於內；土地多被占據，兵財兩極困窮，幾於不國矣。乃俄人一呼而集農工爲兵，四年之間，衆至五百三十萬。俄人之創設紅軍，事在一九一八年三月至一九二一年一月，其數凡五百三十萬人。是爲蘇俄兵數最多之時。此後內亂外患皆平，兵數次第裁減。今常備軍只餘五十六萬二千而已。以之戡定內難，攘除外敵，再離寒暑，遂奏膚功焉。其力亦足畏矣。凡物不能不隨環境而變，其自身亦不能保其無變動。俄人初革命時，嘗以選將及議決作戰計劃之權，畀之軍士，已而知其不適用，悉廢之。改用舊時軍隊集中權力之法，將校亦多用舊人。故俄之軍隊，其性質已潛變矣。此種軍隊，他日爲何種勢力所利用，殊未可知。而要之非不可用以侵略者，則斷然也。

　　近人有言曰："滿洲者，東方之巴爾干半島也。"豈不信哉？當日、俄戰前，美、日國交本輯。及戰局既終，美人乃轉而袒俄。日本所派議和專使小村。深受不良影響而歸，美、日始交惡。其後以美國下院通過《移民律》，禁止日人入美，彌爲日人所惡。而美國擴張軍備，縣夏威夷，據菲律賓，亦爲日人所嫉忌。感情本易變之物；國際間之感情，尤常隨利害爲轉移。日、美間之感情所以終不得融洽者，實以日、俄戰後，日本勢力驟張，與美在太平洋之權利有衝突故也。日、美戰爭之論，甚囂塵上，亦有年矣。日本國力與美國相差太遠，戰爭之事，短時間蓋難實現。然滿洲之權利，日人必欲一手把持，美人未必遂甘放棄。俄國既難與日調和，英人又將與美並駕；則此問題彌以錯雜，而其情勢滋益糾紛，真將成爲東方之巴爾干半島矣。夫巴爾干半島則何能爲？雖然，今人又有言曰："滿洲者，東方之阿爾薩斯、洛林也。"阿爾薩斯、洛林之已事，稍讀世界史者所知也。一阿爾薩斯、洛林，而其推波助瀾，貽禍之烈，至於如此，況十倍於阿爾薩斯、洛林者乎？然則喪阿爾薩斯、洛林者固憂，得阿爾薩斯、洛林者，未必遂爲福也。

　　吾非爲大言以恐嚇欲侵占滿洲之人也，吾敢正告世界曰：凡侵略、獨占、封鎖諸名詞，一時見爲有利，久之未有不受其弊者。凡謀國者，孰不欲計萬年有道之長，而患恒出於其所慮之外。此非人智之所及料也。向者滿洲人之入據華夏也，慮其故鄉爲漢人所移殖，而後無所歸；又恐其民與漢人接觸，失其强武之風，不能保其征服者之資格；則舉滿洲而封鎖之，凡漢人出關者有禁。又不徒舉滿洲而封鎖之也，乃並蒙古而亦封鎖之，凡漢人至蒙古墾荒者亦有禁。而己則貌崇黃教，與結婚姻，以買蒙人之歡心。聯結滿、蒙，以制漢人，實清代惟一之政策，以是爲二重之保障也。在清人豈不自謂可高枕而臥乎？即預慮其失敗，亦不過曰“漢人膨脹之力，終非滿、蒙所能禦；此等防綫，仍爲漢人所突破”而已。豈知有所謂“西力東漸”者，自海自陸，兩道而來，而滿、蒙遂爲極衝；向者“限民虛邊”之政策，適以自貽伊戚，喪其祖宗丘墓之地，而並貽滿、蒙人以大禍也哉。漢人拓殖之力，究非滿人所能制限。故清初之禁令，不久遂成具文。其後清廷遂默認其開放；久之，且有官自開放，招漢人前往者矣。然漢民移殖之力，究爲所抑制，其速率不免大減也。夫自今日觀之，滿人封鎖之失策，固已洞若觀火矣；然在當日，豈能逆睹乎？然則今日封鎖滿洲之人，安知異日不有出於意料之外之禍，一如西力東漸，爲清人之所不及預料哉？故好矜小智者，未有不終成爲大愚者也。此則帝國主義者流所宜猛省也。

　　雖然，我國之人，實有不容以此自恕者。夫我國文化之漸被於東北也亦舊矣！勿吉、室韋，當唐時，非皆我之羈縻州乎？明初，我國勢力，實猶達今鄂霍次克海及日本海沿岸。明初所設野人衛，實今吉、黑二省極東之地，亦即清初所服之東海部也。永樂七年（一四〇九），曾設奴兒干都司於今黑龍江口。清光緒十一年（一八八五），曹廷杰奉命考察西伯利亞東偏，嘗於特林地方在廟爾以上二百五十餘里，混同江東岸。廟爾者，黑龍江附近之市也。發見明永樂敕建及宣德重修永寧寺碑，皆太監亦失哈，述征服奴兒干及海中苦夷之事。苦夷，即庫頁也。然則我國盛時，聲威不可謂不遠。而卒之日蹙百里，不自爲政，而貽遠東大局以東方巴爾干之憂，能無反省焉而自愧乎？世惟不自有其權利者，乃致喪失其權利，而啓他人爭奪之端。爭權者以强而召禍，喪權者以弱而遭殃，其罪惡異，其爲罪惡均也。我國人其深念之哉。

中國近世文化史補編

前　　言

　　《中國近世文化史補編》的題目系編者所加,分商業、財産、征権、官制、選舉、刑法、學校七節,其中前六節原爲《中國社會史》商業、財産、征権、官制、選舉、刑法各章近代部分的叙述。學校一節原系單篇油印稿,也有吕先生的訂正和改筆。

　　一九八五年五月,吕先生的《中國制度史》由上海教育出版社初版發行,其中商業、財産、征権、官制、選舉、刑法各章中的近代部分,都删去未刊。① 這部分删余的稿子及單篇的學校一節,由編者匯編成《中國近世文化史補編》,最初收入華東師範大學出版的《吕著中國近代史》(一九九七年九月出版),但官制一篇有較多的删節。《中國近世文化史補編》后又收入上海古籍出版社"吕思勉文集"《中國近代史八種》(二〇〇八年八月出版)、②武漢出版社"歷史看得見系列"的《吕著中國近代史》③(二〇一二年七月出版,删節未恢復)、北京金城出版社的《中國近代史》④(二〇一三年三月出版)、吉林人民出版社"中國學術文化名著文庫"的《吕思勉　中國近代史》⑤(二〇一四年一月出版,删節未恢復)等。⑥此次我們將《中國近世文化史補編》收入《吕思勉全集》重印,按

----

　　① 《中國制度史》收入"吕思勉文集"和"吕思勉全集"時,已改名爲《中國社會史》,删節文字均已恢復。但《中國制度史》的各種重印、翻印本,删節文字均未恢復。

　　② 即吕先生的《中國近代史講義》、《中國近世史前編》、《中國近百年史概説》、《中國近百年史補編》、《中國近代文化史補編》、《日俄戰争》、《國恥小史》和《中國近代史表解》八種著述的合刊。

　　③ 即吕先生的《中國近代史講義》、《中國近世史前編》、《中國近百年史概説》、《中國近代文化史補編》和《日俄戰争》的合刊。

　　④ 即吕先生的《中國近代史講義》、《中國近世史前編》、《中國近百年史概説》、《中國近百年史補編》、《中國近代文化史補編》、《日俄戰争》、《國恥小史》和《中國近代史表解》的合刊。

　　⑤ 即吕先生的《中國近代史講義》、《中國近世史前編》、《中國近百年史概説》、《中國近代文化史補編》和《日俄戰争》的合刊。

　　⑥ 有關《中國近世文化史補編》的再版、重印情況,詳見《吕思勉全集》之《吕思勉先生編年事輯》附録二《吕思勉先生著述繫年》的記録。

原稿做了校對增補，除了錯字外，其他都按油印稿刊印。原稿的雙行夾註現全部改爲單行注，編者按語做頁下注，原文中的年號紀年和民國紀年仍沿用不改，僅在括弧中標出公元年份，以方便讀者的閱讀。

李永圻　張耕華
二〇一四年七月

目　　録

第一章 商業篇

市舶司之設，元明二代亦皆有之。元設於上海、澉浦、杭州、慶元、温州、泉州、廣東，凡七處，時有省置。明洪武初設於太倉黃渡，尋罷，復設於寧波以通日本，泉州以通琉球，廣州以通占城、暹羅及西洋諸國，諸國皆聽時至，惟日本限其期爲十年，人數爲二百，舟爲二艘，以金葉勘合表文爲驗，以防作僞，以其時止值倭寇爲患也。嘉靖初給事中夏言言，倭患起於市舶，遂罷之。嘉靖三十九年(一五六○)鳳陽巡撫唐順之議復三市舶司，部議從之。四十四年(一五六五)，浙江以巡撫到畿言仍罷，福建開而復禁，萬曆中悉復。永樂中又嘗設交阯雲南市舶提舉司。明之設司，意不在於收税，而在以此撫治諸夷，消彌釁隙，以其時倭寇方張也。在當時未嘗不收制馭之效，然習之久，而畏惡外人之心日增，歐人之傳教，又頗與華人習俗相違。清嘉慶時，又有西北教匪、東南艇盜之禍，遂幷攘夷排教御寇爲一談，中西之交涉，生出無窮膠葛焉。原因雖多，而倭寇滋擾，致中國之視海客咸有畏惡之心，亦其中之一也。《明史·食貨志》曰："明初東有馬市，西有茶市，皆以馭邊省戍守費。海外諸國入貢，許附載方物，與中國貿易，因設市舶司，置提舉官以領之。所以通夷情，抑奸商，俾法禁有所施，因以消其釁隙也。"明之與外國通市，其意皆非以爲利，故永樂初西洋刺泥國回回哈只馬、哈没奇等來朝，附載胡椒，與民互市，有司請徵其税，成祖不許。武宗時提舉市舶太監畢真言"舊制泛海諸船，皆市舶司專理，近領於鎮巡及三司官，乞如舊便"。禮部議"市舶職司進貢方物，其客商及風泊番船，非敕旨所載，例不當預也"。夫許外國互市而曰入貢，許附載方物貿易，而市舶司且若以接待貢使爲職，永樂三年(一四○五)又置驛於三市舶司，以待諸番貢使，豈真以其來爲入貢而不爲貿易哉？夫亦曰必入貢而後許貿易，則不至與沿海之民私相市，而官司無所稽考，以是爲制馭之一策云爾。此等辦法似乎多事，而亦不能盡謂爲不然。蓋客強主弱，乃亡清中葉以後之情形，前此則適相反。故嘉靖倭變，朱紈訪知"由舶主皆貴官大姓市番貨，皆以虛值轉鬻牟利，而值不時給"。而史且謂"市舶既罷，日本海賈往來自如，海上奸豪與之交通，法禁無所施"也。蓋市舶官吏原來未嘗不有贓私之行，然視土豪勢家，則終有間矣。

北方游牧民，雖時與中國以兵戎相見，然通市亦恒不絕。史所載雖不詳，亦可考見其盛者，則如漢設馬邑之權，匈奴單于覺之而去，自是絕和親，攻當路塞,然尚"樂關市,嗜漢財物,漢亦關市不絕以中之";又如唐殺突董,九姓胡死者千人,突董回紇毗伽可汗叔父也,而毗伽謂唐使:"國人皆欲爾死,我獨不然。突董等已亡,今又殺爾,猶以血濯血,徒益污。吾以水濯血,不亦善乎!爲我言有司,所負馬值百八十萬,可速償我也。"若寬仁能以德報怨者,實貪馬值不能絕耳。明初設馬市三,一在開原南關,以待海西;一在開原城東;一在廣寧,以待朵顏三衛。正統三年(一四三八)始設馬市於大同以待也先,其後王振裁其馬價,遂有土木之變。也先桀驁,固終必反,然非裁馬價有以激之,其叛或不至於是其速也。其後北撫俺答,東馭女直,亦藉大同馬市、遼東義州木市。努爾哈赤之攻尼堪外蘭,明人不能討,顧開撫順、清河、寬甸、靉陽四關,許其互市。論者謂滿洲之致富厚、習華事實於此有關焉。蓋中國與外夷通商,不徒資其困乏,亦足牖其文明矣。蠢彼建夷,不思木桃之報,而爲封豕長蛇,薦食上國,其罪可勝誅乎!

第二章　財　産　篇

　　吾國雖久行私産之制，然貧富之相去，實不可謂之懸殊。（一）因封建久
廢，有廣土者甚少。（二）則財産久由各子均分。大家族在後世既已罕見，即
有巨富之家，一再傳後，財産亦以分而日薄。（三）則恤貧抑富，久爲政治家所
信奉。人民亦能互相救恤。（四）則地處大陸，人事之變遷甚劇。每一二百
年，輒有大戰亂。貧富之變易較易。此吾國民所以久有均貧富之思想，而數
千年來，卒能相安無事者也。然今後之情形，則非復曩昔矣。

　　今日生計之情形，所以大異於昔者，在舍器械（有口曰器，無口曰械，合二
字，爲凡用具之總名），而用機器。器械僅能少助人力，且其爲物單簡，一人能
用之，則人人皆能用之；一家能有之，則家家皆能有之。故衆人生利之具，無
大不同；其所生之利，亦略相等。至於機器，則非復人人所能製，亦非復家家
所能有。於是購機器，設工廠，不得不望諸資本家。其物必合衆力而後可用，
則其業必集多人而後可營。而管理指揮，遂不得不有企業者。資本家安坐而
奉養甚厚，勞動者胼胝而飽暖猶艱，則易致人心之不平。企業者之利害，恒與
資本家同，其於工人，督責既嚴，猶或肆行朘削，則易爲工人所怨恨。舊日商
工之家，師徒如父子之親，主傭有友朋之誼，至此則皆無之矣。況手工造物，
皆略有樂趣。機器既用，所事益簡，終日反覆，不出一兩種動作，則易生厭倦
之情。於是勞資相疾如仇矣。吾國之用機器，蓋起於同、光之朝。初辦者爲
軍事（如江南製造局，福州船政局），後漸進於交通（如汽車、汽船），又漸進於
開礦、紡織等業（如漢冶萍煤鐵礦廠公司，李鴻章所設上海機械織布局，張之
洞所設廣東繅絲、漢口織布、製麻等局）。其初多由官辦，或官督商辦，其後民
業漸起。而外人亦投資中國，經營一切。中日戰後，又許外人設廠於通商口
岸。於是新式事業，日增月盛。勞資相軋，遂日甚一日矣。今之論者，每謂中
國人只有大貧小貧，而無所謂富。人民只患失業，不患業之不善。此誠然。
然此特今日內亂不息，百業凋敝之時爲然耳。一旦戰事息而國內安，人民率

其勤儉之習，以從事於實業，將見財富之增，一日千里。美利堅自赤貧以至富厚，不過五十年，況於吾國，人口本庶，國土久闢者乎？《詩》曰："迨天之未陰雨，徹彼桑土，綢繆牖户。"今日之勞資，雖若未成階級，然其成爲階級甚易，固不容不早爲之計也。

社會主義，派別甚多。約其大旨，不越兩端：一主各盡所能，各取所需。人之盡其能否，固無督責之人。其取其所需，不致損及他人，或暴天物與否，亦復無人管理，一憑其良心而已。此非民德大進，至"貨惡其棄於地，不必藏於己；力惡其不出於身，不必爲己"之時，未易幾及。程度不及，而欲强行之，將有後災，豈徒説食不能獲飽而已。一則主按勞力之多少，智識技藝之高下，以定其酬報之厚薄。其主張急進者，欲以國家之力，管理一切。主張漸進者，並只欲徐徐改良而已。此則於現在情形爲近。馬克斯氏曰："新社會之所須者，必於舊社會中養成之。"今欲行社會主義，所須者何物乎？以人言：一曰德，一曰才。以物言：一曰大規模之生産器具，一曰交通通信機關。必有大規模之生産事業，而後生産可以集中；而後可由公意加以管理。否則東村一小農，西市一小工，固無從合全國而通籌并計也。大規模之生産器具，交通通信機關，既非一時所能有。人之經營擘畫之才能，又非既有此等事，無從練習。其公德心，亦不能憑空增長。則人我不分之理想，斷非今日所能行，無俟再計矣。故今日者，以"各盡所能，各取所需，合全世界而通籌并計，以定生産之法，分配之方；而人之生産，仍無一不爲公，其消費則無一不仰給於公，與部落共産時代無以異，爲最終之蘄向。而且前則暫於較小之範圍内，求生産之漸趨於協力，分配之漸進於平均，隨生産之漸次集中，徐圖管理擘畫之才能之增長；日培養公德心使發達，而徐圖盡去其利己之私"。則進行之正規也。

無政府主義，我國無之。近人或以許行之説相附會。案許行之説，乃欲取法於極簡陋之國家耳，非無政府也。説見《政治史·政體篇》。[1] 至於憑藉國家權力，大之則制民之産，謀貧富之均平；小之則扶弱抑强，去弊害之大甚。則我國之人，夙有此思想。以政治放任既久，幅員遼遠，政府之威權，不易下逮，奉行之官吏，難得其人，故迄未能行耳。然其思想，則未嘗消滅也。試引王安石、龔自珍兩家之言以明之。

王安石《度支副使廳壁題名記》曰："合天下之衆者財，理天下之財者法，

---

① 見《吕思勉全傳》之《中國社會史·政體篇》

守天下之法者吏也。吏不良，則有法而莫守。法不善，則有財而莫理。有財而莫理，則阡陌閭巷之賤人，皆能私取予之勢，擅萬物之利，以與人主爭黔首，而放其無窮之欲；非必貴強桀大，而後能如是；而天子猶爲不失其民者，蓋特號而已耳。雖欲食蔬衣敝，憔悴其身，愁思其心，以幸天下之給足而安吾政，吾知其猶不得也。然則善吾法而擇吏以守之，以理天下之財，雖上古堯舜，猶不能毋以此爲先急，而況於後世之紛紛乎？"此爲安石變法，首重理財之故。蓋國不能貧富予奪人，則貧富予奪之權，操於豪強，國家欲有所爲，其事恒不得遂。然國家所行，多爲公義。豪強所行，多爲私利。國家所欲不能遂，而豪強則所爲必成，則公義不伸，正道滅絕，社會將永無太平之日矣。安石之言，自有至理，後人或訾其挾忿戾之心，以與豪暴爭，誤也。

　　龔自珍《平均篇》曰："有天下者，莫高於平均之尚也。其遂初乎？降是，安天下而已。又降是，與天下安而已。又降是，食天下而已。最上之世，君民聚醼然。三代之極其猶水，君取盂焉，臣取勺焉，民取巵焉。降是，則勺者下侵矣，巵者上侵矣。又降，則君取一石，民亦欲得一石。故或涸而踣，石而浮，則不平甚。涸而踣，則又不平甚。有天下者曰：吾欲爲遂初，則取其浮者而挹之乎？不足者而注之乎？則群然咮之矣。大略計之：浮不足之數，相去愈遠，則亡愈速。去稍近，治亦稍速。千萬載治亂興亡之數，直以是券矣。人心者，世俗之本也。世俗者，王運之本也。人心亡，則世俗壞，則王運中易。王者欲自爲計，蓋爲人心世俗計矣。有如貧相軋，富相耀，貧者阽，富者安。貧者日愈傾，富者日愈雍。或以羨慕，或以憤怨，或以驕汰，或以嗇吝。澆漓詭異之俗，百出不可止。至極不祥之氣，鬱於天地之間。鬱之久，乃必發爲兵燹，爲疫癘。生民噍類，靡有孑遺。人畜悲痛，鬼神思變置。其始不過貧富不相齊之爲之爾。小不相齊，漸至大不相齊；大不相齊，即至喪天下。嗚呼！此貴乎操其本原，與隨其而劑調之。上有五氣，下有五行，民有五醜，物有五才。消焉，息焉，淳焉，決焉，王心而已矣。是故古者天子之禮，歲終，太師執律而告聲；月終，太史候望而告氣。東無陼水，西無陼財，南無陼粟，北無陼土，南無陼民，北無陼風，王心則平。聽平樂，百僚受福。其《詩》有之曰：秉心塞淵，騋牝三千。王心誠深平，畜產且騰躍衆多，而況於人乎？又有之曰：皇之池，其馬歕沙，皇人威儀。其次章曰：皇之澤，其馬歕玉，皇人受穀。言物產蕃庶，故人得肆威儀，茹內衆善，有善名也。太史告曰：東有陼水，西有陼財，南有陼粟，北有陼土，南有陼民，北有陼風，王心則不平。聽傾樂，乘欹車，握偏衡。百僚受戒。相天下之積重輕者而變易之。其《詩》有之曰：相其陰陽，觀其流泉。又曰：度其夕陽。言營度也。故積財粟之氣滯，滯多霧，民聲苦，苦傷惠。
積民之氣淫，淫多雨，民聲囂，囂傷禮義。積土之氣耗，耗多日，民聲濁，濁傷
智。積水積風，皆以其國瘥昏。官所掌也。且夫繼喪亡者福祿之主，繼福祿
者危迫之主。語百姓曰：爾懼兵燹乎？則將起其高曾於九京而問之。懼荒飢
乎？則有農夫在。上之繼福祿之盛者難矣哉！龔子曰：可以慮矣，可以慮，可
以更，不可以驟。且夫唐虞之君，分一官，事一事，如是其諄也。民固未知貿
遷，未能相有無，然君已懼矣。曰：後世有道吾民於富者，道吾民於貧者。莫
如我自富貧之，猶可以收也。《詩》曰：不識不知，順帝之則。夫堯固甚慮民之
識知，以違吾則也。水土平矣，男女生矣。三千年以還，何底之有？彼富貴至
不急之物。賤貧者猶且筋力以成之，歲月以靡之，舍是則賤貧且無所託命。
然而五家之堡必有肆，十家之村必有賈，三十家之城必有商。若服妖之肆，若
食妖之肆，若玩好妖之肆，若男子呫唔求爵祿之肆，若盜聖賢市仁義之肆，若
女子鬻容之肆，肆有魁，賈有梟，商有賢桀，其心皆欲併十家五家之財而有之。
其智力雖不逮，其號既然矣。然而有天下者更之，則非號令也。有五抱五注：
抱之天，抱之地，注之民。抱之民，注之天，注之地。抱之天，注之地。抱之
地，注之天。其《詩》曰：抱彼注茲，可以饙饎。豈弟君子，民之父母。有三畏：
畏旬，畏月，畏歲。有四不畏：大言不畏，細言不畏，浮言不畏，挾言不畏。而
乃試之以至順之法，齊之以至一之令，統之以至澹之心。龔子曰：有天下者，
不十年幾於平矣。"《定盦文集》。此篇大意，以貧富不齊，爲致亂之原。而以操其
本原，隨時調劑，責諸人主。蓋古者國小民寡，政府之威權易於下逮。而其時
去部落共產之世未遠，財產之分配，較爲平均。此等情形，習爲後人所謳歌，
所想往。後世雖以時異勢殊，政府不克復舉此責，然特爲事勢所限，以理論，
固無人謂政府不當舉此責；且皆以克舉此職，爲最善之治也。故藉國家之權
力，以均貧富，實最合於我國之國情者也。

　　然藉國家之力以均貧富，亦必行之以漸，而斷非一蹴所能幾。何也？藉
國家之力，以均貧富，則國家之責任必大。爲國家任事者，厥惟官吏。服官之
成爲謀食之計舊矣！監督不至，焉不朘民以自肥？監督苟嚴，又慮"厩長立而
馬益瘦"也。況夫監督官吏者，亦官吏也。任事之官吏不可信，焉得可信之官
吏，而任以監察之責乎？借使大業皆由官營，挾其權力，以爲身謀，民之疾之，
猶其疾資本家也，猶其疾企業者也。其自視，徒爲求食故而勞動，而絕無勸功
樂事之心，與今日之工人同也。安保其不反抗？而是時一反抗，即涉及政治，
較之今日勞資之爭鬥，愈可憂矣。且今日欲圖生利，必借外資。借用外資，必

所興舉之事，皆能獲利而後可。否則有破産之憂矣。前清末葉，議借外資。即有人謂：宜以銀行承受之，而轉貸於民者。以民業較易獲利，必多能復其本；其規模不如官業之大，即有虧敗，成功者多，足以償之；非若官業，一失敗，即有破産之虞也。然如此，則有助長資本之憂。若一切由國家自營，又慮官吏之不足任，而破産之終不可免也。何去何從？若何調劑？誠可深長思矣。

第三章　征　榷　篇

　　光緒三十四年(一九〇八),赫德病歸,以布雷頓代理。宣統三年(一九一
一),赫德歿,以安格聯繼之。庚子賠款以海關稅爲擔保,其時海關稅入僅二
千萬,《辛丑條約》乃將各通商口岸常關暫撥洋關管理,清末鎊價高漲,又益以
常關五十里內各分口。民國十五年(一九二六)一月十九日,汕頭海關監督兼
交涉員馬文車以洋關及通商口岸常關所入,已足敷賠債所需,而砲臺口司事
王盛唐舞弊案,牽涉副稅務司馬多隆,呈請東征軍總指揮批准,於是日將潮海
關五十里內各分口,派員收回。稅務司提出抗議,國民政府以馬氏事前未得
政府許可,手續不合,於二月五日撤銷之。

　　今日海關行政,全在外人手中。據近來調查,稅務司四十三,英人二十
七;副稅務司三十,英人十八;幫辦一百五十七,英人六十二。華人之爲副稅
務司者,惟清季亞東關有一人,民國五年(一九一六)有一人,至民國十五年,
華人之升稅務司者乃得一人(思第),升副稅務司者得三人云(粵海常關、秦皇
島、嘉興分關)。各海關本有監督,然條約上稅務司係受命於總稅務司,故監
督命令,稅務司不之聽,必呈財政部,由部咨稅務處轉,由總稅務司下令也。
稅務處設於光緒三十二年(一九〇六),有督辦稅務大臣,總稅務司以下,皆受
管轄,後併入度支部。民國以來,亦歸財政部管轄,各關監督有專任兼任之
分,專任監督兼管所在地之常關,兼任者以道尹爲之。

　　關稅存放,民國以來亦成爲一問題。我國以關稅擔保債款,由來已久。
咸豐八年、十年(一八五八、一八六〇)英、法賠款,即以關稅指撥(至同治四年
[一八六五]清訖),同治六年(一八六七)甘肅軍事借款,亦以關稅擔保。其
後,甲午俄、法、英、德各款及庚子賠款,亦均以關稅爲擔保。清時關道有庫,
海關收入皆交關道指定之中國銀錢號,由關道指撥道庫,海關自身並無經營
收付之權也(即海關經費,亦向關道具領)。應付債賠各款,由關道按期(或按
月或半年)將本息交付銀行或銀團,平時則分存上海各銀錢號,其時收入,年

約四千餘萬。上海銀錢號得此大宗存款，頗足以資周轉。辛亥革命，銀行錢莊倒閉，關款始有虧欠。先是庚子賠款，因海關收入不足以償，分攤之於各省，各省所認亦悉交上海道。及是各省或則不認，或雖認而解不以時，償賠各款始有拖欠。各外銀行乃在滬組織委員會，以清理積欠爲名，爲處分押品之計，擬具辦法八條，呈諸外交團。外交團略加改動，於民國元年（一九一二）一月，由領衔駐使交我政府，勒逼照行。該委員會係以對一九〇〇年以前，以關稅作保而現未清償之債款及庚子賠款，有關係之銀行，即匯豐、德華、道勝分存，總稅務司應將關稅淨收入報告該委員會，至中國政府能付債賠各款爲止。民國二年（一九一三），政府恐内地稅款收解之權，亦落外人之手，由外財兩部及稅務處組織關稅委員會研究此事，結果與稅務司商定征收稅款，統交中、交兩行，訂立合同九條，然稅務司只認爲中、交兩行營業之關係，不認爲關稅與國庫之關係，故積有成數，即照解匯豐，存行之期，至多不過七日，爲數至多不過十萬而已。

現在海關稅存放辦法，係每月按期平均分作三份，以三分之二存於匯豐、道勝兩行，爲債之擔保。該兩行即以所收數目支配於以下五項：（一）一八九八年四厘半金債，每月撥匯豐。（二）一八九六年五厘金債，每月撥匯豐。（三）一八九五年四厘金債，每年於六月及十二月撥道勝。（四）由總稅務司以命令照撥之關餘。（五）彌補庚子賠款，按月撥入庚子賠款項下。此外三分之一，則存入匯豐之總稅務司海關收入保留項下。通商口岸五十里以内之常關稅，係在匯豐，爲賠款之擔保，記入總稅務司常關稅存款項下，以定率分作八份，每月按四期分配於以下兩項：（一）庚子賠款項下（此項尚有由海關稅按月撥入者），向分存正金、匯豐、荷蘭、華比、花旗、道勝、匯理七銀行。歐戰起，英、法、美、日、俄、意、比等國以我加入參戰之故，自一九一七年起，准我停付庚子賠款五年，我即以此停付部分擔保七年公債基金，悉以關銀折算存入總稅務司，擔保七年短期内國公債項下，而以總稅務司之命令，分存於正金、匯理、華比、花旗、道勝、匯豐六銀行。（二）總稅務司常關收入保留項下，向爲撥存德華銀行，以抵（甲）償還奧賠款，（乙）部分的德國賠款之用，自對德、奧宣戰停付後，即改由匯豐保管，其中關於德國部分已移充民三、民四兩種内國公債之擔保，奧國部分則撥中國銀行，充作兩稅關稅借款之擔保。所謂關餘者，係關稅所入，支配上項各款，尚有盈餘，然後再交政府者。故關餘名詞，實始於一九一七年也。現在關稅存放支配之權，完全操諸外人，而外人復有改善稅款存放之主張，即（一）取利益均沾主義，須分存與中國有關係各銀行，不能由一二銀行壟斷。（二）特組稅務銀行，由海關當局及各債權關係國派人共同管理。華會之際，日本代表會有希望將海關稅，由日本銀行保管一部分之要求，並另附有意見書，法代表贊同日代表主張，亦有同樣之書面聲明。比國、意國代表並與日、法代表聲明，取同一態度。我國自華會決定加稅之後，因外人議及存放問題，始知其關係重大，乃始加以研究，有（一）應由中央金庫保管說。（二）指定銀行保管說。主此說者，以中央金庫之銀行，往往對政府濫行借債，致失信用，不如分存各商辦大銀行，由稅務司指定較爲可靠，亦少流弊。（三）國民銀行保管說。欲集全國商會，共同發起組織。（四）新舊稅分管說。主此說者，以舊稅向存外國銀行，抵償外債，已成慣例，一旦收回，恐不易辦。新附加稅，則必爭歸本國銀行保管。（五）舊稅亦必撥存本國銀行一部分說。主此說者，以關稅按月有盈，盈餘部分及已退還之賠款，亦應爭回。（六）組織關稅保管委員會說。以財長稅務處督辦總稅務司審行公會會長總商會會長組織之。

又按關款之充債賠款者，英、葡由匯豐存付，美由花旗存付，俄由道勝存付，日由正金存付，法、西、瑞典由東方匯理存付，意由華義銀行存付，比由華比銀行存付，荷由荷蘭銀行存付，最近道勝又以倒閉聞矣。

最近關稅問題，皆因《辛丑條約》及《九國關稅條約》而起。《辛丑條約》賠款負擔既重，我國要求加稅，各國乃以裁厘爲交換條件。英約第八款，許我裁厘後，進口貨稅加至值百抽十二又五，出口貨稅不逾值百抽七又五，其中絲斤不逾值百抽五（美約第四款、日約附加第一款、葡約第九款略同）。並許我裁厘後對土貨征銷場稅、以常關爲征收機關，常關以載在《清會典》及《戶部則例》者爲限。惟（一）有海關無常關，（二）沿邊沿海而非通商口岸，（三）新開口岸，皆可增設。出廠稅。本款第九節已見前，美約略同。美約附件又許我抽出產稅。照英約本應於一九〇四年一月一日實行。然政府既憚裁厘，又習於因循，迄未籌備，厘金所病者，華商至外貨入中國內地，本有半稅可代，且通商口岸愈增，則內地愈少，故外人亦迄未提及。光緒三十四年（一九〇八），外務部乃向各國提議加稅，英、日謂我於原約未曾履行，遂又延宕。至華府會議開會，中國代表提出關稅自主案，其結果乃有所謂《九國中國關稅條約》者，最近之關稅會議，實根據此約而來者也。九國者，美、比、英、華、法、意、日、荷、葡也。

（一）修正一九一八年十二月十九日上海修正稅則委員會所定海關進口貨稅表，以期切實值百抽五。此項委員會，由上開各國及列席華府會議各國承認之政府，曾與中國訂有值百抽五之稅則之條約，而願參與修正之各國代表組織之。本案議決之日起，四個月以內修正完竣。至早公布後兩個月實行。

（二）由特別會議立即設法，以便從速籌備，廢除厘金，並履行一九〇二年九月五日《中英商約》第八款、一九〇三年十月八日《中美商約》第四款第五款及一九〇三年十月八日《中日附加條約》第一款所開之條件，以相征收各該條款內所規定之附加稅。特別會議由簽字本約各國之代表組織之，凡依據本約第八條之規定，願參與暨贊成本約之政府，亦得列入。該會議應於本條約實行後三個月內，在中國會集，其日期與地點由中國定之。

（三）特別會議應考量裁厘，履行第二條所載各條約諸條款所定條件之前，所應用之過渡辦法，並應准許對於應納關稅之進口貨，得征收附加稅，其實行日期用途及條件，均由特別會議議決之。此項附加稅，一律值百抽二又五，惟某種奢侈品，據特別會議意見，能負較大之增加，尚不至有礙商務者，得將總額增加，惟不得逾值百抽五。

（四）中國進口貨海關稅表，按照第一條，立即修改完竣。四年後，應再行修正，以後每七年修改一次，以替代中國現行條約每十年修改之規定。

（五）關於關稅各項事件，締約各國應有切實之平等待遇及機會均等。

（六）中國海陸邊界，劃一征收關稅之原則，即予以承認，特別會議應商定辦法，俾該原則得以實行。凡因交換局部經濟利益，曾許以關稅上之特權，而此種特權，應行取消者，特別會議得秉公調劑之。一切海關稅率，因修改稅則而增加者，與各項附加稅，因本約而增收者，陸海邊界均應一律。

（七）第二條所載辦法，尚未實行以前，子口稅一律值百抽二又五。

（八）凡締約各國，從前與中國所訂各條約，與本條約各規定有抵觸者，除最惠國條款外，咸以本條約各條款爲準。

所謂切實值百抽五者，吾國關稅雖協定爲值百抽五，然因貨物估價之關係，實只值百抽一二。《辛丑條約》乃有切實值百抽五之説，於是年修改一次。民國七年（一九一八），因加入參戰，對協約國要求實行值百抽五，又將稅則修改一次。據熟於商情者評論，其結果亦不過值百抽三又七一五而已。其時歐戰未平，貨價異常，外交部及各國駐使均備文申明，俟歐戰終結後二年，再行修改。《九國條約》改定修改稅則委員會，於十一年（一九二二）三月二十一日在上海開會，我國派蔡廷幹爲委員，與會者有英、法、意、荷、西、葡、比、丹、瑞、挪、瑞士、美、日，凡十三國。並中國。所修稅則於十二年（一九二三）一月十七日實行。近人云《南京條約》後，入口稅則，共修改四次。出口稅至今未改，或云一八五八年，即咸豐八年，曾隨進口稅修改一次，未知然否？又云我國出口稅，皆係從量，故隨物價之變，征稅輕重，大有不同。如茶自一八〇六年以前，由中國壟斷，其時茶價最高，自此以後，遂逐漸降低。而茶之從量征稅如故，則加重。又如絲價逐漸高漲，而其從量征稅如故，則減輕是也。我國出口稅率，無原料、製造品……分別，概從一律協定，以致欲免某物之稅，或欲加重某物之稅，以圖保護，皆有所不能，實一大缺點也。

關稅特別會議，民國十一年（一九二二）十二月五日派顧維鈞爲籌備處處長，八日許顧辭，以王正廷代之。先是五月間，黑河華僑商會請召集各省商會各派代表在京開關稅研究會議，財農兩部從之。九月九日成立商會，所推副會長張維鏞，又邀各商會代表及全國商會聯合會駐京評議員開商約研究會，於十月一日成立。

關稅研究會中，所爭論最大者，爲產銷稅問題。商會代表欲廢產銷稅，以營業、所得兩稅代之。其理由謂現有常關四十三，又五十里內常關十九，合分關分卡，約三百四十一—三百五十，其收入五十里內常關五百餘萬，五十里外常關七百餘萬。實爲厘金之變相，存之仍不免留難。又英約常關以《清會典》所有爲限，沿邊及有海關處，雖可添設，內地則可移動而不能增設。關既有限制，征收必難普遍公平，且厘局長由省委任，要求撤換較易，關監督由中央委任，呼吁赴訴更難也。邊遠省份尤爲不便。又英約無出產稅，日約第一款雖有出產字樣，而訂明悉照中國與各國商定辦法，毫無歧異，則出產稅可辦與否尚屬疑問。至於銷場稅，則如何辦法，約文未言。當時總署飭赫德，即謂未知議約大臣意旨所在，難以擬具。何者，厘既裁矣，查驗爲約文所禁，有限之常關，斷不能遍征全國之銷場稅也。政府之意，主就條約所許，存留常關，以征產銷兩稅。財部所擬辦法，產稅於起運後第一常關征收，銷稅於最後常關征收，惟特種大宗貨物得就地征收產稅。此據英約第八款第三節第七第八節。又產稅得於最後常關征收，並征銷場稅。距常關遠者，並得由當地商會代征。補征產稅亦然。通商口岸現有海關而無常關者，沿邊區域包水、陸、沿海三者。及內地自闢商埠，一律添設。各常關管轄區域另定，有海關處，常關仍照現在辦法，輪船由海關收稅，民船由常關收稅。其稅額，產稅爲百之二又五，銷稅競爭品、如絲茶。需要品如糧食。百之二又五，資用品百之五，奢侈品百之七又五。此省運至彼省，途經通商口岸，在海關完過出口稅者，如已滿產銷兩稅總額，即免征銷場稅，否則照不足之數補征。將稅司兼管五十里內常關之權解除，而照英、美約，由省長官在海關人員中選一人或數人爲常關監察員。不限外人。當時政府及商會代表爭持不決，後乃融通定議，謂趕於兩年以內，將所得稅、營業稅、出產稅、銷場稅等同時籌備，而究行何稅，則俟特別會議議定。土貨出口稅，照約尚可加抽二又五，合爲七又五之數，商會代表要求分別貨物之性質，原料競爭品、手工製造品等。以定或應減輕，或應全免，議決由政府與商民合組商品研究會，隨時討論施行。《九國條約》第六款，所謂關稅上之特權，應指中英續議滇緬條約及中法會議越南邊界通商章程續議專條內，彼此允讓之利益而言，議決此事，須爲進一步之要求於特別會議，提出局部經濟交換之利益，與最惠國條款不相衝突。各國對於商約中關稅部分，不能引機會均等各例，要求利益均沾，如此辦法並可由單制協定漸入於複制協定。迭次修改稅則，派員協定貨價，時間每慮匆促，辦理易致遷延。議次各財政討論會所議，預定公布洋貨進口貨價辦法，由政府於上海、漢口、天津、廣州、大連五口設立調查機關，求平均之貨價，供隨時之修改。按此案後僅辦到上海一處。過渡期內值百抽二又五之進口附加稅。華會宗旨欲以整理外債，或可提出一部爲行政必要經費及教育公益事業之處，商會代表欲存爲裁厘擔保。議決將來會議時，如能擬出擔保或裁厘辦法，地方長官不致顧慮反對，則亦可將增收之附加稅，撥充整理公債之用。

　　民國十四年（一九二五）八月五日，九國公約批准文件全到華盛頓，按該約第十條，該約即發生效力。政府乃於八月十八日召集各國開特別會議，十月二十六日開會，我以王寵惠爲全權代表，與會者凡十二國。會中組織四委員會，第一委員會處理關稅自主問題，第二委員會處理關稅自主以前應用之過渡辦法，第三委員會處理其他有關事件，第四委員會爲起草委員會。當一九二二年太平洋與遠東問題委員會開第十七次會議時，中國委員宣言，對於關稅條約，雖予承認，並無放棄關稅自主之意，召集照會中即報此，再行提出。關稅會議既開，中國政府提出：（一）與議各國向中國政府正式聲明，尊重關稅自立，並承認解除現行條約中所包含之關稅束縛，並中國國定關稅條約於一九二九年一月一日發生效力。（二）我國政府允裁厘，與國定關稅定率條例同時實行。（三）未實行國定關稅定率條例以前，於現行值百抽五外，加收臨時附加稅。普通品值百抽五，甲種奢侈品，即烟酒值百抽三十，乙種奢侈品值百抽二十。（四）臨時附加稅條約簽字後三個月開始征收。

　　關於（一）十四年（一九二五）十一月十九日，在第一二委員會議合通過，中國亦公布關稅定率條例。據某當局談話云：實附有數種保留條件，其時法、意代表知會我國代表團，謂法、意政府，只能照下列條件贊同上項議案，即(1)已納關稅之洋貨，不得加征捐税。(2)各種條件互相維繫。(3)裁厘應由雙方承認與實行。(4)意國單獨提出整理外債互惠稅率問題。駐京日使館與外交部於十五年（一九二六）一月二十日、二十七日先後換文兩次，文內所列原則：(1)此互惠辦法之施行，係爲締約國雙方之利益。(2)締約國之某種貨物，得享互惠稅率之利益。(3)互惠協定期間之規定，必須能符合締約國兩方經濟變遷之情形之需要。(4)互惠協定一俟中國關稅定章實行，即行有效。（二）中國政府曾正式聲明，盡十八年一月一日前切實辦竣。又宣言抛棄不出之土貨之出口稅，復進口半稅，以爲裁釐初步。關於（三）中國嘗公布烟酒進口稅條例，日主實行華約第三條第二段，美主立即征收二又五附加稅，奢侈品可值百抽五，水陸一律。_{英亦主水陸一律。}又日欲於過渡期內，議訂新條約，規定某物互惠的協定稅率與國定稅率，同時施行。海關施行附加稅後之進款，美主（1）只補各省裁釐損失。（2）各省違背裁釐復行征稅，對於被稅者予以賠償。（3）整理無抵押借款。（4）中央行政費。後各國允將附加稅增至"收入可增至七千萬元至九千萬元之間"之數，未能正式決定。政變作，我國代表多不能出席。七月三日英、美、法、意、日、比、西、荷、葡宣言，俟中國代表能正式出席時，立即繼續會議。我國政府乃修正關稅會議委員會組織條例，派蔡廷幹、顧維鈞、顏惠卿、王寵惠、張英華、王蔭泰爲全權代表，然各國代表多已出京，迄今未曾開會。會中提出者，又有（一）外僑納稅案。自與各國通商以來，無論何項條約，均未許外人在租界內稅界外免納稅捐。邇年中國推行稅務，外僑輒藉口租界，托詞未奉本國政府訓令，抗不交納，租界外鐵道附屬地亦然，華人住租界鐵道附屬地者，亦不令納稅。中國政府不得已，暫在租界及鐵道附屬地周圍，設卡征收，於外國商務，實亦有關礙。故政府宣言，凡外僑在中國領土居住者，無論在租界內或租界外，或鐵道附屬地及其他區域，均與中國人民同一服從中國政府公布之辦法，負擔其一切捐稅。（二）從前遍訂貨價，亦出協定（1）集會愆期，（2）會議中間停頓，（3）已訂施行遲延，以致多所延擱。華府會議業經要求先收回調查貨價之自由，並應用自動修改之原則，今者一九二九年一月一日後當然修改，亦依中國法令，在此過渡期間，仍依據華會精神，擬具修改稅則章程草案提交關會第二委員會，希望予以同意。

　　南方對於關餘。民國八年至九年（一九一九——一九二〇）三月之關餘，本曾分付廣東政府，_{占全額百分之十三又七。}後因七總裁意見分歧，政府瓦解，遂仍付諸北方。九年底南方政府恢復，要求照撥，並還以前積欠。總稅務司暨外交團謂須請示本國政府，後美政府電謂應交外國所承認之政府，關餘遂盡歸北方。十二年（一九二三）九月五日，南方政府照會北京外交團，請"各使訓令代理關稅各銀行，將關餘撥交總稅務司，由本政府訓令總稅務司，分解南北，並令總稅務司以政府轄境內之關餘，須另行存儲，並將一九二〇年三月以後之關餘補撥，否則將另委員海關總稅務司"。外人疑南方政府將干涉海關行政，外交團令駐華海軍赴廣州，電領事團轉復南方政府，謂關餘爲中國所有，外交團不過保管人，如欲分取，當與北京政府協議云云。此事遂未有結果。_{當時實業}

界，因民國十年北方政府曾定以關餘爲内國公債基金，頗反對南方分用。據南方政府之言，則謂此項基金，尚可以一千四百萬元鹽餘及一千萬元烟酒税充之，且北方政府本不應自由處置南方應得之關餘也。迨五卅案起，廣東又有六月廿二日之沙基慘案，粤人封鎖港澳。十五年（一九二六）中央政治會議第二十六次會議，決定征收入口貨之消費税，普通貨物百分之二又五，奢侈品百分之五，以爲解除封鎖最低限度，交換條件於十月十一日施行，照會中仍申明無意干涉海關行政。封鎖亦即於是日取消。駐粤首席總領事曾稟承駐京首席公使之訓令，向粤政府提出抗議，粤政府以不能承認北京首席公使駁覆之。領袖公使亦曾向北方政府提出抗議，以廣東與山東及其他地方官吏并言。

歐戰後，中國於對德和約未曾簽字，十年（一九二一）五月二十日所結中德協約第四條，兩國有關税自主權，惟人民所辦兩國間或他國所産未製已製貨物，其應納之進口出口税，不得超過本國人民所納税率。奥約則我仍簽字，奥放棄一九〇二年八月二十九日關於中國關税之協定。中俄解決懸案大綱協定第十三條，兩締約國政府允在本協定第二條所定之會議中，訂立商約時，將兩締約國關税税則，採取平等相互主義，同意協定。

内地常關，清季惟崇文門左右翼及張綏各邊關直隸中央，此外均由各省派員征收。民國二年（一九一三）將淮安、臨清、鳳陽、武昌、漢陽、夔、贛等關改歸中央，等派監督管理。三年（一九一四）設局多倫，四年改爲税關。又將舊屬於省之潼關、辰州、潯州、成都等關改簡監督，雅安、寧遠兩關改歸部轄。廣元、永寧兩關屬之成都，打箭爐關屬之雅安。

厘金。清咸豐三年（一八五三），太常寺卿雷以諴餉軍揚州，始倡之於仙女廟，幕客錢江之謀也。本云事定即裁，後遂留爲善後經費，由布政使派員征收。厘局之數，據前數年之調查，全國凡七百餘處，但只指總局而言，分局及同類之稽征局不在其内。

直隸	十五	奉天	三十四	黑龍江	三十一	甘肅	四十三
新疆	十一	山西	四十二	山東	十	河南	三十二
江蘇	五十八	浙江	四十二	湖南	三十四	四川	二十
福建	四十五	廣東	二十九	廣西	三十	貴州	四十四
吉林	四十四	江西	四十七	安徽	四十二	陝西	三十
湖北	二十五	雲南	四十四	共七百三十五厘局。①			

其收入，光緒初年爲二千萬兩，據云實有七千萬，餘皆被中飽。清末預算所列爲三千五百萬兩，民國初年預算所列爲二千四百萬兩。最近之調查則如下：

---

① 原稿如此，疑有誤。

厙金收入調查一

一九一二年	三千六百五十八萬四千零五元
一九一三年	三千六百八十八萬二千八百七十七元
一九一四年	三千四百一十八萬六千零四十七元
一九一六年	四千零二十九萬零八十四元
一九一九年	三千九百二十五萬一千五百二十二元

厙金收入調查二

直隸	六十八萬一千二百九十五元	浙江	四百二十二萬五千五百三十二元
山西	六十二萬三千五百零四元	甘肅	九十九萬五千八百零六元
黑龍江	五十三萬七千零八十七元	廣西	九十八萬二千七百八十四元
江西	二百六十五萬一千九百三十六元	熱河	三十一萬九千六百二十一元
湖南	二百五十九萬八千八百七十二元	山東	二十二萬七千八百八十八元
新疆	三十九萬一千零七十九元	奉天	四百一十六萬九千七百三十三元
廣東	二百五十四萬五千五百六十八元	江蘇	五百七十九萬一千一百一十三元
貴州	五十二萬五千五百六十一元	湖北	五百零四萬九千八百一十九元
吉林	一百二十六萬七千零八十七元	陝西	九十三萬三千七百九十一元
安徽	一百五十九萬九千四百一十二元	四川	六十三萬六千九百八十九元
河南	六十一萬五千五百五十三元	雲南	三十九萬八千元
福建	一百二十三萬八千七百三十七元	察哈爾	二十五萬零八百九十四元
總計　三千九百二十五萬七千五百一十八元①			

（譯自日本《中華經濟》）

　　厙金之中飽，據各方面之調查，皆云超過歸公之數。其病民在於設卡之多，一宗貨物經過一次，厙卡收稅即不甚重，而從起運以至到達，究須經過幾次，能否免於重征，初無把握。厙本百分抽一之謂，據調查實在百分之五至百分之十之間，且皆非從價而從量，蓋因征收者之無能也。又有七四厙捐、抽百之一又一。九厙捐抽千分之九。等。凡抽稅，何者為稅之物？何物稅率如何？必有一定之法，並須明晰榜示。即如《清會典》與戶部關稅云：凡貨財之經過關津者，必行商大賈挾資貨殖以牟利者乃征之。物有精粗，值有貴賤，利有厚薄，各按其時也，以定應征之數，部設條科，頒於各關，刊之木榜，俾商賈周知，

而吏不能欺……至小民日用所需,擔負奇零之物,皆不在征榷之條,以歷代之通法也。惟厘金不然,開辦雖須得中央核准,然辦法則并無一定,稅品稅率以及征收之方法,皆由各省官吏,各自爲政,其可隨時改變。據調查江蘇一省,即有八種不同之辦法云。各省後來亦謀改良,然其所謂改良者,大抵名異而實則相差無幾也。下表爲民國四年(一九一五)以後各省所行之厘稅。

省　名	稅　　名	稅　　率
直　隸	厘金(一次抽收)	天津百分之一・二五 大石高黃百分之一
奉　天	産銷稅	普通貨物百分之二 糧百分之一 豆百分之三
吉　林	銷場稅	運銷本省貨物百分之二
黑龍江	銷場稅	值百抽五
甘　肅	統捐落地捐	統捐值百抽五　落地捐值百抽二・五
新　疆	統捐	值百抽三
山　西	厘金(一次抽收) 落地捐	百分之一・二至二・四 百分之一・五
陝　西	統捐	百分之五至百分之六
山　東	厘金地捐	厘金約百分之二
河　南	厘金(一次抽收)	百分之一・二五
江　蘇	寧屬厘金 認捐 落地捐 蘇屬統捐(二次抽收)	約一分外加出江捐一道 百分之二・五 百分之二
安　徽	統捐 厘金 落地捐 包捐	百分之二
江　西	統捐(四次抽收)	百分之三至二・五
湖　北	過境稅 銷場稅 落地捐	百分之二 百分之五 百分之二至四
浙　江	統捐(兩次抽收) 落地捐	約百分之五 百分之二・五

省　名	税　　名	税　　　率
湖　南	厘金(一次或兩次抽收) 落地捐	百分之三至一‧五
四　川	統捐(一次抽收)	百分之五
福　建	厘金(四次抽收)	百分之十
廣　東	厘金(二次抽收)	内地百分之二 沿海百分之一至一‧六
廣　西	統捐	梧州賀縣百分之二‧五至五,糧石百分之三‧五至五,他地普通貨物值百抽五。
雲　南	征厘加厘	百分之五
貴　州	厘金	未詳

統捐即一次征收。産銷税照例産地在本省,而銷地不在本省者,即不征銷税;銷地在本省而産地不在者,即不征産税;但通過者,即兩税皆不征。過境税則又不然。落地税者,繳銷子口單之拘,承買商人直指銷貨地點,完税一次。征收方法,除由官吏征收外,又有認捐及包捐,認捐由本業中人與税務機關商定,認數由財廳核准;包捐則由業外之人爲之。此兩法可免檢查之煩,及節省征收費,然認包之人所有之權太大。鐵路興後,有寓征於運之議。民國二年(一九一三),通過國務會議,擬先從國有鐵路試辦,苟有成效,再推及其他各路及他種運輸業。五年(一九一六),交通部擬裁路厘,創辦一特別運輸税,皆未能行。

最近政府已在特別會議宣布裁厘,財政善後委員會所擬辦法,厘金、統捐、統税、貨物税、鐵路貨捐以及名異實同之通過税,商埠五十里内外常關正雜各税之含有通過性質者,海關征收之子口税、復進口半税及由此口到彼口之出口税,均在裁撤之列,合計所裁之數爲七千五百餘萬元。裁厘自是善政,然以此與加税爲交換條件,則不當。何則?厘乃内政,苟以裁厘與列國交換,當以各國減輕中國貨物之入口税爲條件也。且有謂裁厘,決非三數年間所能辦到者,其説由美之産業税,行之百餘年,無人不以爲惡税,亦能於三年内裁之邪?

鹽税自擔保借款以來,於主權亦頗有關繫。現在鹽務行政,由財部附設之鹽務署主管。督辦由財政總長兼任,署長由次長兼任。署中設總務

處及場産、運銷二廳,總務處司鹽務人員之任用及考績,場産廳司建造鹽
場倉棧及緝私之事,運銷廳司運銷,此外有鹽運使十人、副使四人、總場長
二人、鹽場知事一百二十七人,権運局九所、官硝總廠一所、掣驗局二所、
蒙鹽局一所、揚子總棧一所、運銷局一所。爲擔保善後大借款,故於署内
設稽核總所,總辦由署長兼任,會辦聘外人任之。産鹽地方設稽核分所,經理由
華員任之,協理亦聘外人任之。鹽税均存銀行,非總會辦會同簽字,不能提用
也。該借款契約且訂明本利拖欠逾展緩近情之日期,即須將鹽政事宜歸入海關管理。

鹽産地	引　　地
兩淮　十五場海鹽	江寧舊寧屬六縣南通及如皋、泰興兩縣及揚州府屬(以上爲淮南食岸),淮安府屬及今徐海道(除銅山豐沛蕭碭,以上爲淮北食岸),湖南殆全省(淮南湘岸),湖北武昌等三十一縣(淮南鄂岸。另鍾祥等三十縣與川鹽并消),江西南昌等五十七縣(淮南西岸),安徽懷寧等五十縣(淮南皖岸)
兩浙　二十九場海鹽	浙江全省,江蘇鎮、蘇、常、松、太、海門二十五縣,安徽休寧、廣德、建平等八縣,江西玉山等七縣
雲南　十二場井鹽	雲南殆全省,貴州普支等四縣
陝西　四場土鹽	即産鹽之朝邑、蒲城、榆林、富平四縣附近
長蘆　三場海鹽	京兆直隸及河南之開封、陳留等五十二縣
山東　六場海鹽	山東全省,江蘇之銅山及豐沛蕭碭,安徽之渦陽、宿縣,河南之商丘、寧陵、鹿邑、夏邑、永城、虞城、睢縣、考城、柘城
福建　十二場海鹽	福建殆全省
四川　二十三場井鹽	四川全省,貴州之殆全省,湖北恩施等八縣,雲南昭通、宣威等八縣
河東　一場池鹽	本省四十五縣,河南伊陽等三十二縣,陝西長安等三十五縣
東三省　七場海鹽	東三省全部
兩廣　十九場海鹽	兩廣及湖南永興等十一縣,江西興國等十七縣,福建長汀等八縣,貴州下江等十一縣
甘肅十四場	甘肅殆全省,陝西甘泉等四十七縣

税率輕重不等，最重者，每百斤至四元七角及三兩。最輕者不滿一元。因生產運輸之費不同，以此調劑之。鹽稅當擔保庚子賠款時，每年收入不過一千二百萬兩，近年則在九千萬元左右。除善後大借款外，民國元年（一九一二）之克利斯浦五百萬金鎊借款，亦以鹽稅爲擔保。民國十年三月，北方政府指定每年鹽稅中，撥一千四百萬元爲内國公債基金。鹽稅自擔保大借款後，征稅之地，均能交中交兩行，每十日由中交兩行匯交就近外國銀行，再匯至匯豐、道勝、德華、正金、匯理五銀行。對德宣戰後，由四行經理。民國十一年（一九二二），因關稅收入增加，借款本息均以關稅支付，鹽款實際已與借款無關，然此項辦法仍未變更。民國十五年，道勝銀行停業，稽核所令道勝經理之款，概交匯豐，匯往倫敦，名爲：鹽務稽核總所撥備歸還俄發債券本息賬。其德發債票向由道勝匯出者，亦令該三行分匯倫敦，經閣議議決照辦。但令該財部對三行聲明：“對於道勝經理中國各種外債之權利，政府保留自由處分移轉之特權。”

民國二年（一九一三），財政部頒行鹽稅條例，除蒙古、青海、西藏外，產鹽銷鹽各地方割爲兩區，第一區爲奉天、直隸、山東、山西、甘肅、陝西、江蘇之淮北各產地及吉林、黑龍江、河南、安徽之皖北各銷鹽地方。第二區爲江蘇之淮南、兩浙、福建、廣東、四川、雲南各產地，安徽之皖南、江西、湖北、湖南、廣西、貴州各銷鹽地方。三年（一九一四），第一區百斤稅二元，第二區仍照從前稅則，四年（一九一五）以後，與第一區同，此爲第一期辦法；至第二期，則均改爲二元五角。其後此項稅率未能實行。

清時茶稅，隨地附加之捐頗多。故各省稅率互有輕重，一省之中亦彼此互殊。咸、同以後，原定引制，漸成具文；光、宣之交，各省或設統捐，或抽厘捐，或又按引征課，稅率亦不一致。大較西北重於東南。民國三年（一九一四）十月，因華茶運銷外洋者江河日下，將出口茶葉向來每擔征銀一兩二五者減爲一兩，而湘鄂皖贛洋莊紅茶求減輕茶厘，則未能實行。

烟酒牌照稅，係民國元年（一九一二）熊希齡以總理兼財長時所辦，整賣年稅四十元，零賣分十六元、八元、四元三等。紙烟輸入，當清光緒二十六年（一九〇〇），年僅三千元，民國元年已達三千萬元。現在一萬萬七千萬元。當時舉辦烟酒稅，意在對外國輸入之卷烟加以抽收，而結果僅辦到牌照稅而止。民國四年（一九一五），政府曾於京兆設烟酒公賣局，定有暫行章程十四條，旋又定全國烟酒公賣局暫行章程二十條，立全國烟酒事務署，以紐傳善爲督辦，各省皆設烟酒公賣局，由商人承辦分棧，前此各省所收烟酒稅如烟葉捐、烟絲捐、刨烟捐、釀造税、燒鍋税之類。及烟酒牌照税,均歸並征收。傳善去後,張壽齡繼之,於民國十年(一九二一)八月三日,與英美烟公司立聲明書十一條:凡自通商口岸運入內地者,無論其自外洋運來,抑在中國所製,除海關税及北京崇文門税外,均完一內地統捐,分四等,第一等每五萬支,完 12.375 元,次 7.125 元,次 4.125 元,次 2.25 元,完過此項統捐者,各省厘金及各種税捐均免。在華製者,每五萬支另完出廠捐二元,其在通商口岸或商埠銷售者,出廠捐外,不完內地統捐,各省各有更税者,得以捐單爲據,抵繳此項應納捐款,惟營業税、牌照税不在此例。另以公函聲明,廣東、廣西、湖南、云、貴五省爲例外。遂於上海設全國紙烟捐總局,津、漢設捐務處,前此各省自抽之零星紙烟捐税陸續取消,均歸滬局征收。收入年約二百餘萬元。而浙江於十二年(一九二三)三月開辦紙烟特税,江蘇、安徽、江西、湖南、湖北、直、魯、豫、川、陝等繼之,或稱銷場税或營業税,其税率大約爲百分之二十,仿光緒初等洋藥税厘并征之額也。英美烟公司,遂以此抵繳烟酒事務署所收之捐,英美公使亦迭向外部提出抗議。汪瑞闓爲全國紙烟捐務督辦,欲修改聲明書,令英美烟公司於原有二五捐外,加捐若干,撥歸各省應用,而使各省取消特税。曾於民國十三年(一九二四)與英領事及江蘇所派委員,在江蘇省公署協議,議未有成。十四年(一九二五)三月,督辦全國烟酒事務姚國楨,與英美烟公司續訂聲明書四條,於十六日呈奉段執政核准。據該續訂聲明書,公司於先所認捐項外,加征保護捐一道,其額爲百分之五,照紙烟所銷售之省份,撥歸該省,以抵補特税。倘各省於此外,再行征收,得將所征之數,於應繳該省數內扣抵,扣抵不足,仍得將應繳烟酒署之捐扣抵,此項辦法於各省取消特税時發生效力。烟酒署與英美烟公司所訂聲明書,據輿論之批評,損失頗大。(一)通商口岸及商埠定爲免捐區域。續訂聲明書時,據烟酒署云:烟公司已允實行,時通商口岸及商埠,均貼印花。然係口頭聲明。(二)出廠税例,征百分之五,今校最下等內地統捐之數,尚覺不及。(三)出廠捐條文云"在華製造行銷各省",因之運銷國外者海參崴、南洋群島等。均不納税。(四)海關税除外,而五十里內常關漏未提及,以致外商投報常關扣抵應納之捐,而其關係尤大者。(五)子口税本所以代內地厘金,故在英文爲 Transit Duty 沿途税。光緒二十四年(一八九八)總署咨准洋商進口貨物領有税單者,自通商口岸至單內指定之地,允免重征,既至該地後,子口税單即應繳銷,子口税單既經繳銷,即與無單之貨無異。故落地税等,我國向來自由征收,絕不受條約限制。浙江之洋廣貨落地捐,江蘇之洋廣貨業認捐等是。質言之,我國受條約限制者,惟(A)國境税及(B)國內税之通過税。厘金及類似厘金之税。今乃許其將厘金及各種稅捐概行免納,是併國內稅而亦與協定也。又(六)該聲明之第九條,公司聲明條約應享之權利,毫不拋棄。然則條約所享之權利優,即以條約為據,條約外之權利,又可以聲明書攫得之,設使各種商業而皆如此,條約將等於無效矣。(七)烟稅各國皆重,美國五萬支抽至美金百元,日本值百抽二百。實為良好稅源,若與外人協定,姑不論他種捐稅,外人踵起效尤,即就烟稅而論,已失一筆大宗收入。日本至一萬數千萬元。(八)至續訂聲明書所加稅率,亦僅百分之五,此乃汪瑞闓在江寧省署協議時,烟公司已允,而我方未之許者,且此事之得失,不在稅率之重輕,苟與協定,即稅率加重,在彼方猶為有利也。(九)聲明書期限為八年,財部宣布,照會英使時,曾聲明如實行加稅,修改稅則,不受此聲明書有效期間之限制,然除此以外,吾國改訂稅法,則不能不受其限制矣。然此項聲明書實係違反約章,故以法律論,當無效力之可言。各省開辦卷烟特稅,英、美提出交涉,謂聲明書允免重征,據吾國人之解釋,則此項捐納,乃所以代子口半稅,子口半稅,則所以代厘金,故所免者,亦應以厘金及與厘金同性質之稅捐為限。各省所辦非營業稅,即銷場稅性質,營業稅聲明書且已除外,銷場稅據《馬凱條約》,必入口洋貨加征至百分之十二又五時,乃限制僅可征於土貨,否則固當任我征收也。或謂營業稅係行為稅,當按商店純益,用累進法征收,性質與所得稅相似。今按值百抽幾,對貨征收,明明非營業稅。江蘇官場解釋,謂日本營業稅以(1)售出貨價,(2)賃房價格,(3)店夥人數為征收之標準。我國省略(2)(3)兩項手續耳。又我方謂免納限於英美烟公司。今營業稅,取之營銷店鋪,間接取之吸戶。營業者為我國人營業店鋪之物,實為我國之物。彼謂批發商大都公司代理人,貨物仍係公司財產。我方約章外商不得在內地開設行棧,我惟認為中國商人,故許其在內地營業,且製造、營銷合為一人時,兩稅當分別征收,固各國之通例也。又議決本省單行條例及省稅,為省議會之職權,中央亦不能干涉。各省所辦紙烟特稅,成績不甚佳良。浙省除開支外,僅得數十萬,而中央所收,為烟公司扣抵者百餘萬,蘇省初云招商包辦,實多業外之人化名承充,尤屬嘖有煩言。民國十四年(一九二五),湖北督軍蕭耀南曾派軍需課長與公司交涉,就廠征稅,訂立草合同。蕭卒後,吳佩孚派軍警督察處長李炳煦,將草合同修正,即派李為湖北全省紙烟捐務總辦,於十五年(一九二六)三月十六實行。原設特捐總處分局及包,概行取消。土產酒類公賣章程行後,久經征稅,各省稅率且逐漸增加。洋酒自民國四五年後輸入日多,華洋商人,又多在華仿製者,近年政府乃頒行機製酒類販賣條例,於京兆設機製酒類征稅處,向販賣洋酒商店征收。

漁稅向視為雜稅之一,沿海州縣間或征收。此外則吏役埠頭需索,水師營汛私費而已。日人既據大連、青島,遍設水產組合所,向中國漁民索取組合費,不納則禁其捕魚,而彼在中國沿海却肆意濫捕,又將所得組合費作為經營漁業之資。大連水產會社水產試驗場、滿洲漁市場、東洋捕鯨會社、青島漁業會社等經費,不下數千萬元。據報載多出自組合費,費之變相漁稅。又據報載農商部嘗與日本締結漁業借款六百萬元,以七省領海劃作數漁區爲抵押品。長此以往,我國沿海漁民必將失業,難免不流爲海盜,甚可慮也。近年農商部始公布漁業條例,"非中華民國人民不得在中華民國領海採捕水產動植物及取得關於漁業之權利"。第一條。然日本漁輪仍有利用我國人,巧立名目,朦混注册者。歐美日本對於領海,均有捕魚區域及禁區域之別,凡屬民船採捕之地,漁輪機船不許羼入,所以維沿海漁民之生計也。臺灣此項區域,以沿海島嶼燈塔向外量起,自十海里至六十海里不等,平均計算離島嶼約三十五海里。民國十年(一九二一),外海兩部匯訂領海綫,以各島潮落,向外起算三英里爲界。江浙漁會曾函上海總商會,擬議擴充。

烟酒牌照稅爲營業稅之一。此外屬於營業稅者,有牙稅、有領帖費,有常年稅,自十餘元至數百元。當稅、特種營業執照稅。民國三年(一九一四),定分十三種,計其資本抽百分之二又五。

登錄稅分契稅及注册費兩種。契稅所包甚廣,凡產業移轉有契爲憑者,皆稅焉。注册費分(1)輪船,(2)鐵路,(3)商業,(4)公司,(5)礦業,(6)律師,(7)著作權七類。

清代鑒於明末礦稅之弊,各地之礦,有司多奏請封閉,惟雲南有銅礦,戶工二部恃以鑄錢。此外率多私採。民國乃定礦稅條例,分爲礦區稅、礦產稅,視其種類及礦區之大小,礦產之多少而定。

印花稅民國二年(一九一三)所行者,第一類發貨票、銀錢收據十五種,第二類提貨單、股票、匯票等十一種。三年(一九一四)八月,續頒人事憑證帖用印花條例,爲出洋及内國游歷護照、免稅單照、官吏試驗合格證書、中學以上畢業證書、婚書等。

牲畜稅及屠宰稅本係雜稅。清初凡貿易之牲畜,值百抽三,屠宰無稅,季年東南各有屠宰稅,民國因之。民國三年(一九一四)冬,財政部調查各省牲畜稅爲騾、馬、驢、牛、羊、豕六種,西北多於東南。四年(一九一五)正月,財政部頒屠宰稅簡章,以豬、牛、羊三種爲限。

房捐起於清末,清初大興、宛平有鋪面稅,仁和、錢塘有間架房稅,江寧有市廛鈔,北京琉璃、高瓦兩廠有計標輪稅之法,新疆烏魯木齊亦有鋪面稅,康、雍間先後奉旨豁免。由各地方自辦,民國亦有仍之者。

第四章　官　制　篇

民國肇建，臨時政府組織大綱定行，改設五部，曰外交，曰内務，曰財政，曰軍務，曰交通。後修改刪此條，設陸軍、海軍、外交、司法、財政、内務、教育、實業、交通九部，時採美制，不設總理。孫文既遜位，袁世凱就職於北京，《臨時政府組織大綱》改爲《臨時約法》，設總理，析實業爲農林、工商二部。三年（一九一四），袁世凱開約法會議，修改《臨時約法》爲《中華民國約法》，即所謂《新約法》。復廢總理，設國務卿，並農林、工商二部爲農商部。世凱死，黎元洪爲總統，復設總理。外官：民軍起義時，執一省之軍權者，曰都督，司民治者，曰民政長，廢司道府州，但存縣。袁氏改都督曰將軍，民政長曰巡按使，設道尹。護國軍起，掌軍者復稱都督，黎元洪爲總統，改都督將軍，皆曰督軍，巡按使曰省長。凡督軍皆專一省之兵，侵及民政，論者固有軍民分治議，不果行。其所轄跨數省，或兼轄數省者，則稱巡閱使云。此民國以來，北京政府官制之大略也。

古代地方自治之制，久廢墜於無形。清光緒末葉，既定行立憲，乃從事預備，城鎮鄉自治爲第一年應行之事，於是，於光緒三十四年（一九〇八）十二月頒布章程。府廳州縣治爲城，此外人口滿五萬曰鎮，不滿五萬曰鄉。宣統元年（一九〇九），復訂京師地方自治章程。民國以來各省有自訂章程試辦者，三年（一九一四）二月袁世凱通令停辦，十二月公布重訂地方自治試行條例，明年四月復公布其施行細則，然迄亦未行。

官禄至近代而大薄，實爲官吏不能清廉之原因。古者禄以代耕，以農夫一人所入爲單位，自士以至於君，禄或與之埒，或加若干倍。在位者之所得，在一國中居何等，較之平民相去奚若，皆顯而易見，此爲最善之法。後世生計日益複雜，此等制度自不易行。然歷代官禄多錢穀并給，或給以田，至明世始專以銀爲官俸，而其所給，乃由鈔價轉折而來，穀薄出於意外。清代制禄，顧以此爲本，而銀價又日落，官吏恃俸給遂至不能自存矣。漢代官禄：大將軍、三公奉月三百五十斛，中二千石奉月百八十斛，二千石奉月百二十斛，比二千石奉月百斛，千石奉月八十斛，六百石奉月七十斛，比六百石奉月五十斛，四百石奉月四十五斛，比四百石奉月四十斛，三百石奉月四十斛，比三百石奉月三十七斛，二百石奉月三十斛，比二百石奉月二十七斛，百石奉月十六斛。漢一斛當今六十斤，則中二千石月得今百餘石，即百石亦近今十石，而賞賜又在其外。元帝時，貢禹上書：“臣爲諫議大夫，秩八百石，奉錢月九千二百，廩食太官。又拜爲光禄大夫，秩二千石，俸錢月萬二千。禄賜愈多，家日以益富。”案前漢官禄，亦錢穀并給，見於此。漢時穀價石僅數錢，黄金一斤值錢萬，而當時賞賜金有至千斤者，亦可謂厚矣。二千石以上致仕者，又得以三分一之禄終其身。成帝綏和二年詔。案宣帝時，嘗以張敞、蕭望之言，益百石以下俸十五。是年又益三百石以下俸。後漢則千石以上減於西京，六百石以下增於舊秩。其能優游盡職，而無後顧之憂，宜也。漢禄之重如此，然荀悦已議其輕於古矣。見《申鑒·時事》。晉制，尚書令食俸日五斛，春秋賜綿絹，百官皆有職田，一品五十頃，遞減五，至九品十頃。又得蔭人爲衣食客。隋制，正一品食禄九百石，每差以百，至從四品爲二百五十石，自此差以五十，至從六品爲九十石，自此差以十，至從八品五十石而最微。隋九品官不給禄。刺史、太守、縣令則計户數爲九等之差。州以四十爲差，自六百二十石至三百石。郡以三十爲差，自二百四十石至百石。縣以十爲差，自百四十石至六十石。内官初給廨錢，回易生利，後罷之，改給職田。外官罷，給禄一斛，給地二十畝。唐制，略因隋舊。宋代給賜名目尤多，亦有職田，又有祠禄，以養罷劇告休之臣。要之，歷代制禄厚薄雖有不同，其足以養其身，贍其家，使其潤澤及於九族鄉黨而猶有餘裕，則一也。自元代以鈔制禄，明時鈔法既廢，而官禄顧折高價以給之，又罷其實物之給，而官吏始蹙然無以自給矣。《日知録·俸禄》條曰：“前代官吏，皆有職田，故其禄重，禄重則吏多勉而爲廉，如陶潛之種秫，阮長之之芒種前一日去官，皆公田之證也。《元史》：世祖至元元年八月乙巳詔，定官吏員數，分品從官職，給俸禄，頒公田。《太祖實録》：洪武十年十月辛酉制：賜百官公田，以其租入充俸禄之數。是國初此制未廢，不知何年收職田以歸之上，而但折俸鈔。原注：《實録》、《會典》皆不載。其數復視前代爲輕，始無以責吏之廉矣。”又曰：“《大明會典·官員俸給》條云：每俸一石，該鈔二十貫；每鈔二百貫，折布一匹。後又定布一匹，折銀三錢。是十石之米，折銀僅三錢也。”自古官禄之薄，未有如此者。而清定官禄，顧以此爲本，正一品歲俸銀百八十兩，至從九品僅三十兩，給米斛數如銀兩之數，然米實不給，銀又多折罰以盡。雍正後雖加養廉，猶不足自贍。於是京曹望得總裁、主考、學政等差，以收門生而取其贄敬，或抽豐於外官，收其冰敬、炭敬。御使不肖者，參劾可以賣買。

部曹之取費於印結，則明目張膽矣。上官取於屬員，時曰辦差；小官取諸地方，則曰陋規。清節既瘠，貪風彌肆，人人蹙然若不可終日，官官以私利相護，委差缺則曰調劑，有虧累則責令後任彌補，若市儈求勾然，無復以爲怪者。今日中國之官吏以好賄聞於天下，明清制祿之薄，固有以使之也。或曰："財産私有之世，人孰不求利，既求利豈有限極，而不聞亭林之言乎？亭林曰：'天啓以前，無人不利於河決者。侵尅金錢，則自總河以至於閘官，無所不利。支領工食，則自執事以至於游閑無食之人，無所不利。其不利者，獨業主耳。而今年決口，明年退灘，填淤之中，常得倍蓰，而溺死者特百之一二而已。於是頻年修治，頻年沖決，以馴致今日之害，非一朝一夕之故矣。……不獨此也，彼都人士，爲人説一事，置一物，未有不索其酬者；百官有司，受朝廷一職事，一差遣，未有不計其獲者。自府吏胥徒至於公卿大夫，真可謂同心同德者矣。苟非返普天率土之人心，使之先義而後利，終不可以致太平。愚以爲今日之務，正人心急於抑洪水也。'《日知録・河渠》。此不啻爲今日之官吏寫照也。夫人心不正，則雖厚官吏之祿，亦安能使之不貪乎？若曰祿厚則人重其位，不敢爲非也。吾見夫爲非者未必誅，守正者未必賞也。既上下交征利，則此必相護，爲非者安得覺。且祿厚則其位極不易得，必以賄得之，以賄則必取償於既得之後，吾見其貪求乃愈甚耳。今之居官富厚者，孰不足以贍其身家及於數世，其孰肯遂止。況於侈靡之事所以炫惑誘引之者，又日出而不窮乎？厚祿豈有益哉！"是固然，然則待至財産公有，人人不憂凍餒，不私貨利，而後任官乎？處財産私有之世，欲人自不嗜利，終不可得，勢不能已於監察，然亦必祿足以贍其身，而後監察有所施。不然，雖管、葛復生，無益也。人之度量，相越固遠，衆雖嗜利，固必有一二人不嗜利者，今日所冀，則此不嗜利之人獲處於監察之位，使衆嗜利之徒有所憚而不敢肆耳。重祿者所以使監察有所施，非謂恃此而遂已也。趙廣漢請令長安游徼獄吏秩百石，其後百石吏皆差自重，不敢枉法妄繫留人，楊綰承元載汰侈，欲變以節儉，而先益百官之俸，可謂知所務矣。

第五章　選　舉　篇

　　考試爲中國固有之良法，然歷代任官，由於考試者，實僅科舉一途而已，猶未盡其用也。及孫文乃大昌，其義列爲五權憲法之一焉。案自國民政府成立以前，各省已有舉行考試者，以縣長佐治員，教育、警察、衛生各行政人員，會計人員，司法員吏管獄員、承審員、承發吏等。爲多。使領館職員，外交部亦曾舉行考試，然非定法也。十八年（一九二九）一月一日，國民政府乃公布考試法，分考試爲普通、高等、特別三種。普通考試在各省區舉行，高等考試在首都或考試院指定之區域舉行，每年或間年一舉。初試國文、黨義，次分科試其所學。其事由典試委員會任之，以主考官爲委員長，普通考試，主考官由國民政府簡派，高等考試特派。監察院派員監試。應試及格者，由考試院發給證書予以登記。舉行考試之前，先之以檢定考試，在各省舉行。二十年（一九三一）三月，公布特種考試法，以試候選及任命人員及應領證書之專門職業或技術人員而定其資格。定以是年四月至六月爲檢定考試之期，七月十五日舉行高等考試，其普通考試分區巡迴舉行。分全國爲九區，區設典試委員會，以次分赴各省。江蘇、浙江、安徽、湖南、湖北、江西六省爲第一區，河北、山東、河南、山西、察哈爾、綏遠六省爲第二區，遼寧、吉林、黑龍江、熱河四省爲第三區，陝西、甘肅、青海、寧夏四省爲第四區，四川、西康、雲南、貴州四省爲第五區，廣東、廣西、福建三省爲第六區，新疆爲第七區，蒙古爲第八區，西藏爲第九區。第一次甘肅、寧夏、青海三省，四川、西康兩省皆合併舉行，新疆暫行委託考試，蒙古、西藏則暫緩。定於是年九月十五日舉行，高等考試既畢，大水爲災，交通艱阻，展期至次年一月至六月間，因國難又未果，展至七月至十二月間，至十二月乃有山西省舉行。明年河北、綏遠、河南繼之。二十三年（一九三四），首都及浙江乃又行之焉。軍興以來，需材孔亟，而平時典試等法，至此或難盡行。二十八年（一九三九）十月二十八日，乃公布非常時期特種考試暫行條例，規定特種考試由考試院視需要隨時舉行，分類分科及應考資格亦由院規定。其試法得分初試再試,而二者又各得分爲若干試,亦有院定之。得不設典試委員會,由院派員辦理。與普通考試相當者,得委托任用機關行之。高等考試及普通考試,亦頗得援用其法。考試院又擬訂戰地任用人才考試辦法,先分地調查,次分類籌備,乃指定後方地點,派員巡迴舉行。又制定全國人才登記規程,有應高等、普通考試資格者,或由調查,或因申請,予以登記其學歷經驗,優者或介紹工作,或舉行獎學考試,以資鼓勵。其特種公務員郵電、路航、關鹽等。及專門職業技術人員考試之法,亦在擬訂之中。前此數嘗舉行,惟未有定法。高等考試是年十月一日分在重慶、成都、昆明、桂林、皋蘭、城固、永康七處舉行,先是中央政治會議議決,此後高等考試分初試及再試,初試合格者一律入中央政治學校訓練,期滿後舉行再試,及格乃依法任用。及是依以舉行初試及格者,皆送中央政治學校訓練,訓練之期定爲一年,期滿由院再試,及格則發給證書,依法任用。不及格者得再試一次。訓練期內,膳食、服裝、講義均由學校供給,並月給津貼三十元焉。其普通考試,戰後廣西、雲南、陝西,皆嘗舉行。二十九年(一九四〇)十二月十六日公布縣參議員及鄉鎮民代表候選人考試暫行條例,分試驗、檢討二項,試驗科目由考試院定之,檢討除審查資格外,得舉行測驗或口試,其辦法亦由考試院訂定。

　　高等考試之分科,有外交官、領事官、教育、衛生、財務、行政人員,有會計、統計人員,有司法官、監獄官、律師,有西醫師、藥師,其條例皆十九年(一九三〇)公布;有警察、行政人員、工業、農業、農林技術人員,其條例皆二十年(一九三一)公布。後又有建設人員普通考試,科目有普通行政人員,教育、衛生行政人員,監獄官、書記官,其條例皆十九年(一九三〇)公布,警察、農林行政人員,工業、農業技術人員,其條例皆二十年(一九三一)公布。後又有審計人員。二十八年高等考試分(一)普通行政,(二)財務行政,(三)經濟行政,(四)土地行政,(五)教育行政,(六)司法官,(七)外交官、領事官,(八)統計人員,(九)會計、審計人員九項,後又加合作行政人員一項。特種考試,有監所看守,有圖書管理員,有助產士,有牙醫,有商品檢驗技術人員,有郵務人員,有中小學教師,檢定。有引水人,其條例皆二十年公布。戰後財務、交通、電信、路政、郵務、會計、工程、地方行政、農業推廣、土地呈報、教育視察、氣象測候,皆嘗舉行考試。蓋有所求,則試之無定限,已公布之條例,或亦不能改廢也。

　　十九年(一九三〇)十一月二十九日,國民政府公布考試復核條例,京內外各官署,在考試院舉行考試以前,遵照中央法令所舉行之考試,均依該條例加以復核,如考試章程是否根據中央法令,或經中央核准考試方法,是否依照考試章程考試科目,是否與所任職務相當,成績是否及格是也。二十年(一九三一)一月乃呈請,嗣後各省請舉行考試者,一律停止。各項考試概歸考選委員會呈院核奪施行焉。惟仍有由各機關自辦而呈院核準備案者,建設委員會於普通工程及事務人員,即嘗行之。

　　銓叙部設登記、甄核、育才三司及銓叙審查委員會,以審查公務員資格成績,任免升降轉調俸給年金獎恤撫恤本屬内政及司法行政部。及規劃公務員補習教育及公益之事。十九年(一九三〇)四月,公布現任公務員甄別審查條例,印就表格及證明書發交中央各院部會及各省市政府,請轉發所屬各機關,限期填送。是年六月開始審查,分資格、成績兩項,資格分革命功勳、學歷、經歷、考試及格四項,成績由長官加具考語,分甲乙丙丁四等。報部之期本定是年十二月,後展期五次,至二十二年(一九三三)六月乃截止,然未填送者,實尚十之六七也。審查既竣,乃行登記,舉審查合格者而籍録之,是曰初次登記。其後升降調免及其他事項如死亡等。一一籍録,謂之動態登記焉。二十八年(一九三九)十二月八日,公布非常時期公務員考績條例,分工作、操行、學識為三項,工作占五十分,操行、學識乃各占二十五分,總計滿六十分為及格留任,惟工作不及三十分,操行、學識不及十五分者,仍以不及格論。不及格者降級或免職,在八十分以上者晉級。二十九年(一九四〇)十二月二十日,公布各機關人事管理暫行條例,規定各機關就原有經費及人員中,設置人事處司科股或指定專任人員辦理送請銓叙,進退遷調,考核獎懲,其他人事登記,訓練補習,撫恤公益等事項焉。

　　法不難於立而難於行。二十二年(一九三三)四月,考試院祕書處致考選委員會公函,内附周邦道等條陳云:兩年來第一届高考及格,依法任用,呈薦試署實授者,只三十四人,内已遭罷免者十人,現在任用者,不過二十四人,皆有備員之名,而無得官之實。公務員任用法雖已施行,能否推行盡致,尚不可知。且依該法施行條例,有輪班選補三名叙一之法則,如教育部分發,尚未任用者有六人,即令今後歷任長官均能守法不渝,亦須候至第十六個缺,第六人始能進叙,實非一二年所能,其他機關情形,亦多類是云云。考試及格者,任用之難可以想見。二十七年(一九三八)二月四日譯報載《字林西報》云,中國目前引用私人非常普遍,文官考試實已不存。六月二十八日《文匯報》轉載《新華日報》《保衛武漢與第三期抗戰問題意見》一文,其第五節,解決一切問題之中心樞紐云:一是黨派門户成見未能全泯。二是個人親故私情時常發生作用。抗戰之時如此,平時可知。今之所謂公務員任用法者,核其實,已難盡如人意,而其行之之難,猶如是。昔人所謂去河北賊易,去中朝朋黨難,其理亦不外是也。

第六章　刑　法　篇

宣統元年(一九〇九),定《法院编制法》。預備立憲案定光緒三十六年頒布《新刑律》,三十九年實行。是年頒布《民商律》,《刑民事訴訟律》,四十一年實行,同時編訂法律。[①]　民國成立,因而改良之,仍設修訂法律館,頒布單行法多種。如《國籍法》、《商會法》、《商標法》、《商業注册條例》、《公司注册條例》、《商事公斷處章程》、《證券交易所章程》、《物品交易所章程》、《會計師暫行章程》、《森林法》、《狩獵法》、《礦業條例》、《著作權法》等。然根本大法未立,吾國之根本大法,萌芽於民軍起義時,各省都督府代表所定臨時政府組織大綱,參議院成,修改之爲《臨時約法》,其五十四條,規定憲法由國會制定。建國會開,而贛寧之役起,於是有先選總統,後定憲法之議。總統選出,而國會解散。袁世凱召集約法會議,修改《臨時約法》,名之曰《中華民國約法》,世稱之曰《新約法》。黎元洪爲總統,恢復《臨時約法》,召集國會,憲法會議亦續開。未幾張勛逐元洪,解散國會,議員自行集會於廣州,又開憲法會議,迄亦未成。直奉戰後,徐世昌去位,黎元洪復職,撤銷解散國會之令,國會再開,至十二年(一九二三)十月一日而憲法乃成。時直系曹錕爲總統,南方諸省拒之,曹錕敗後,段祺瑞爲執政,召集國民代表會議。其《條例》第一條云:臨時政府爲制定憲法及其施行附則,召集國民代表會議云云。則亦未承認國會所定之憲法也。民、刑、商法亦未完善,《新刑律草案》係清末修訂,法律館所擬,光緒三十三年(一九〇七)八月成,由各部各省加以簽注,憲政編查館核訂,資政院通過,其總則宣統二年(一九一〇)十二月頒行。民國元年(一九一二)三月十日大總統令,從前法律及《新刑律》,除與國體抵觸各條外,均准暫行援用。其《民法》清末擬訂未成,而《民刑事訴訟法》則成於光緒三十二年(一九〇六),而未頒布。《商律》起光緒二十九年(一九〇三)三月,命載振、袁世凱、伍廷芳擬訂,是年商部成《商人通例》及《公司律》,民國皆修改頒行。三十二年又成《破產律》,則民國亦迄未頒行也。民國十年十一月十四日大總統令,將《民刑事訴訟條例》,施行於東省特別法院。明年一月六日又令,自是年七月一日起,通行全國,二十五日又公布《民刑事簡易程序暫行條例》,其後國務會議,又議決准法制局呈。民國十四年修訂法律館所擬《民律案總則編》、《民律草案續編》、《票據法案》,及清宣統元年修訂法律館所擬商律商行爲法案,海船法案,及民國四年法律編查會所擬《破產法案》,均准參酌採用,仍飭修訂,法律館將該項法案分别妥爲厘訂,呈請頒布。而《懲治盗匪法》、三年(一九一四)十一月二十七日頒行,十一年(一九二二)

---

①　光緒卒於一九〇八年,即光緒三十四年。此處光緒三十六年、三十九年、四十一年係指公元一九一〇、一九一三、一九一五年。

十二月司法部以部令廢之,而河南、湖北、江蘇各軍事長官反對。十二年(一九二三)三月三日大總統
又以命令復之,懲治盜匪審訊全由縣知事,京兆呈准司法部,外省呈准省長執行。高級軍官駐處,距審
判廳、縣公署在百里以上,或時機緊急時,亦得審訊,呈准最高級直轄長官執行。《治安警察法》、
三年(一九一四)三月二日頒行,所以限制結社集會公衆運動,收藏軍器等,輕者由警廳,重者由法院處
理。《戒嚴法》、元年(一九一二)十二月十五日頒布戒嚴,由司令官發布。《出版法》等,三年
(一九一四)十二月四日頒行,十五年(一九二六)廢,此法規定警察官得沒收出版物。頗傷峻刻;兼
之警察權限太廣,違警罰法,四年(一九一五)十一月七日頒布,罰則有六:曰訓誡,曰罰金,曰拘
留,曰没收,曰停止營業,曰勒令歇業。罰金自一角至十五元,拘留自一日至十五日,然涉及二款者,罰
金得增至三十元,拘留得增至二十日,京師又倍之。第二十六條,與警署以逮捕之權,而無立訊、取保、
待傳等規定,則人人可以細故被拘已。中國警察,普通者爲京師警察、地方警察、縣警察,謂省會及商
埠之警察也。其官制,皆三年(一九一四)八月二十九日所公布。《治安警察章程》公布於六年(一九一
七)九月二十六日,此外有司法警察,有水上警察,而鐵路稅務處、鹽務署、烟酒事務署等,亦皆得行警
察權。警察處分爲行政處分,只能訴之上級行政官,而不能訴之普通法庭也。頗損人民之自由,
尚有待於改訂也。

　　審判之法,清季所行爲四級三審制。四級者,大理院、高等審判廳、地方
審判廳、初級審判廳。三審者,初審在初級廳,上訴止於高級廳;初審在地方
廳,則上訴終於大理院也。惟内亂、外患、妨害國家三罪,以高等廳爲初審,大理院爲復審,爲
四級二審。審判廳皆與檢察廳並設,大理院及總檢察廳設於京師,高等審判、檢察廳設於各
省,大理院得就高等廳内設分院,高等、地方皆得設分廳。蓋採德、日之法也。鼎革以還,亦
就其法而加以改進,未設審判廳處,皆於縣署附設審檢所。民國三年(一九一
四)裁之,並及初級審判廳,減地方廳之權,而就縣公署設簡易庭,以承審員、
縣知事司審判。其條例係民國三年(一九一四)四月五日公布,縣知事受高等審判廳長監督,承審
員由縣知事呈請高等廳長任命,其上訴在鄰近地方廳及高等廳。非新式法院,律師不得出庭。見民國
二年(一九一三)二月十六日司法部令。其制迄今未革。民國六年(一九一七)五月嘗
命全國各縣皆設縣司法公署,以理初審事件,不問事之輕重,以司法部考試合
格者,與縣知事並行其事,然設者寥寥也。東省特別法院,設於民國九年(一
九二〇)十月三十一日,初以治俄人,其後凡無領事裁判權國之外人,皆歸審
理焉。高等及地方審判廳各一,在哈爾濱;分庭三,在滿洲里、海拉爾、橫道河子。平政院爲民國
所創設,凡行政訴訟及訴願至最高級行政長官,而仍不服者,則控訴於此。私人
對政府主張權利,仍歸普通法庭。審判處設於内、外蒙古。處長爲簡任職,得以道尹兼;審理員
若干人,由都統選任,由司法部長呈請任命。熱、察、綏、庫倫、恰克圖、烏里雅蘇臺、科布多、唐奴烏梁
海皆設之。新疆則沿清末所設之司法籌備處,不服縣之判決者上訴焉。再上即至
大理院。在内地省長有監督司法行政之權,在内、外蒙古,則由熱、察、綏都統,

外蒙古宣撫司監督。司法官、考試章程係民國六年(一九一七)十月十八日公布。書記官、考試章程民國八年(一九一九)六月二十日公布。承發吏、民國九年(一九二〇)五月十六日公布。縣司法公署審判官、民國六年(一九一七)五月一日公布。承審員，民國八年(一九一九)六月二十日公布。皆考試而後任用。律師公會之法，係民國六年(一九一七)十月十八日頒布，無領事裁判權國之律師，得代理其國人之訴訟，有暫行章程。係民國九年(一九二〇)十二月十四日所公布。

　　新刑律所用刑罰分主刑及從刑，主刑可以獨科，從刑則必隨主刑。主刑五，曰死，用絞刑於獄中行之；曰無期徒刑，除假釋赦免外，終身監禁；曰有期徒刑，一等自十年至十五年，二等自五年至十年，三等自三年至五年，四等自一年至三年，五等自二月至一年；曰拘役，自二日至一月；曰罰金。從刑二：曰沒收，違禁之物，犯罪用之物，犯罪所得之物，以無他人之權利者爲限。曰褫奪公權。其類有六：一服官，二選舉，三受勳章，四入軍籍，五爲學校職教員，六爲律師。褫奪有一部、全部之分。時間亦有遠近，必犯徒刑以上刑，始得褫奪公權。

　　美國太平洋會議時，中國曾提出撤銷領事裁判權案，議決與會各國各派委員一人，組織委員會，考察在中國領事裁判權之情形及中國之法律、司法制度、司法行政，將考察所得報告各國政府，其改良之法，以及他國輔助中國改良，及漸次撤銷領事裁判權之法，委員會認爲適宜者，並得建議於各國政府。惟採用與否，各國皆得自由。所謂各國，中國亦在內。此案議決於民國十年(一九二一)十二月二日，原定閉會後三個月即行組織，其後遲至十五年(一九二六)一月十二日，始在北京開會，至五月十日出京調查，歷漢口、九江、江寧，抵上海，更經青島至哈爾濱及吉林，參觀其法院、監獄、看守所，九月十六日將報告書簽字。全書凡分四編：第一編述各國在華領事裁判權之沿革及其現在情形；第二編述中國之法律及司法制度、司法行政；第三編加以評論；第四編則建議也。就其第三、四編觀之，實足爲我他山之石焉。按該報告書所不滿於我者，曰無根本法。總統發布法律，係根據《約法》，而今《約法》失效，則凡所發布之法律，皆無根據。曰軍事法令及審判權力太大。案：我國審理軍人者，曰陸海軍高等軍法會審，設於陸海軍部審理，將以上陸海軍軍法會審就軍隊所駐之地設之，陸海軍別有刑事條例，然非軍人而犯此條例者，亦適用之。而軍人則只由軍法審判，是平民受治於軍法，而軍人不受治於法庭也。加以戒嚴之權在於軍人，其審訊也，既無律師出庭，並且禁止旁聽，又無上訴機關，並無解嚴之後，得由普通法院復審之規定。而得施棍刑，至於六百，平民權利，存者亦僅矣。曰重要法律多未制定，而已公布之法，多援引未公布之法，使人無所適從；又施行細則頒布太遲，或竟不頒布。委員會建議宜速修正者爲《刑法》，速頒布者爲《民法》、《商法》、《銀行法》、《破產法》、《專利法》、《公證人法》、《土地收用法》。曰各省多自定章程頒行。如當時東三省自定僞造操縱軍用票者處死刑之法。曰以行政官監督司法。謂省長等。曰新式法院太少，當時共一百五十。兼理訴訟之縣知事太多。合計約一千八百。新式監獄之數，當時爲六十三所，此外則法院附設看守所，以羈禁刑事未決之犯及民事被告，典獄長、看守所長由檢察長監督，職員亦由考試任用，其餘皆舊式監獄矣。承審員由其選用，律師又不許出庭，判決多由口頭，而罰金自六十元，拘役自三十日以下，只許行政訴訟，人民權利無所保障。曰警察得行檢察權，得爲行政處分，又多越權受利之事。警察得逮捕人民，又得與檢察官同時從事偵查。曰人才太乏、經費太少，以是薪俸未足養廉，監獄官尤甚，又以此故，法院不能多設。統計須四百萬人，乃有一新式第一審法院，三十萬人乃有一縣知事公署，且多以地方廳攝初級廳，高等廳攝地方廳之事。平政院則全國只有一所，交通又極不便，訴訟太難。曰未決犯人之保釋太難，拘押民事被告太無限制。曰內地用刑訊及虐待囚徒之事尚多。曰國民不甚了解新法律，故新法雖頒，舊法依然通行。其所痛心疾首者，尤在軍人。謂其戒嚴，初不宣布，軍事裁判既操其手，又多侵越司法之權，即殺人多用斬刑，可見其肆無忌憚。案：除《懲治盜匪法》外，無斬刑。其所最稱許者，則爲新式法院及監獄，謂誠足以治理歐美人而無慚色也。觀於他人之評論，而我當知所以自奮矣。

領事裁判權爲法權未明時之遺制，十七世紀即絕迹於歐洲，而存於地中海東南岸諸國，其根據由於積習相沿，而在遠東，則概由於條約。如中國、日本、朝鮮、暹羅。中國之畀外人以領事裁判權，始於英，《五口通商章程》十三款。又咸豐八年（一八五八）《天津條約》，光緒二年（一八七六）《芝罘條約》。而美國，道光二十四年（一八四四）《條約》第十六、第二十一、第二十四、第二十五、第二十九各款，又《天津條約》及光緒六年《條約》。法國道光二十四年（一八四四）約第二十七、第二十八款，《天津條約》第三十八、第三十九款。繼之其後。各國得此權者，還有德國、《天津條約》第三十五款。俄國、《天津條約》第七款。瑞典、道光二十七年《廣州條約》第二十款，又光緒三十四年《條約》。挪威、意大利、同治五年（一八六六）《天津條約》第十五、十六、十七款。丹麥、《北京條約》十五款。荷蘭、同治二年《天津條約》第六款。比利時、同治六年《北京條約》第十六款。瑞士、民國七年（一九一八）六月三日條約，此中國畀外人以領事裁判權最後者。墨西哥、光緒二十五年（一八九九）約。巴西、秘魯、《天津條約》第十二條。日本同治十年（一八七一）之約，兩國皆有此權，中日戰後，乃爲彼所獨有。等國，事有先後，約文亦不一律。然各約多有最優待國之條，彼此得互相援引，故其辦法略有一定也。

凡原、被告均係外國人，而其國籍同者，即由其國領事審判。若均爲外人而國籍異者，則由該兩國自行立約辦理，中國不過問。通常亦係向被告之領事控訴。

原、被告有一人爲華人，則華控洋在其國之領事，而中國官員得觀審。洋控華在中國官署，而其國領事得觀審，此皆定之於條約者也。觀審之權見於條約者，爲光緒六年（一八八〇）《中美條約》第四款，惟歷來所行，亦多由習慣，而至不盡根據於條約也。無約國人控有約國人，當向有約國領事自不待言，其有約國人控無約國人，或兩無約國人相控，則仍歸我國審判，惟邀一外國官員陪審，此則《洋涇浜設官會審章程》見下。階之屬也。

我國自設新式法院，不許外人觀審，律師亦限用中國人，外人如必欲行其觀審之權，則只有就行政官起訴耳。然多樂就新法庭者。民國八年（一九一九）五月二十三日始公布《無領事裁判權國人民民刑訴訟章程》，九年（一九二〇）十月三十日及《比利時條約》宣告廢棄後，嘗兩次修正章程，規定此項審理均歸新式法院，無者須送附近之新式法院；路遙或有不能移送情形者，呈報司法部核辦管收及監禁，亦用新式監獄及拘留所，無者則以適宜房屋代之。

咸豐八年（一八五八）《中英條約》第二十一款規定，外人住所、船隻非經其國領事許可，不得搜查，即有中國罪犯潛入其中者，亦必照會領事，查明實係犯罪，然後交出。外人以住屋、船隻庇護逃人，實基於此。至外人所雇傭之華人，亦必領事許可，然後可以逮捕。則又條約所無，而《洋涇浜章程》階之屬者也。又照條約，中國警察本得逮捕外人，惟逮捕後須交該國領事。惟租界警察由外人辦理，逮捕之權，遂爲所有。至上海則雖欲逮捕居住租界之中國人，亦必經領事簽字，由會審公廨預審，方能解交中國官署矣。故租界不除，即領事裁判權撤銷，我國法權亦尚不能無損也。又咸豐八年《中英條約》第九款，《中法條約》第八款，均規定外人之至內地者，領事裁判權亦不喪失，故苟犯罪，亦必須送交就近領事官，沿途只得拘禁，不得虐待。此亦外人之至內地者，所以恒爲人民所疾視也。

《中英通商章程》謂兩國人民相控，領事應先行調處，他國之約亦多有此說，於民事多用之，而在上海之法人，用之尤多。大抵始由領事調處，不能寧息，則由領事會同中國官員調處。所會同之官，初無一定，自交涉員以下皆可。凡外人控訴華人者，如不服判決，舊以上海道爲上訴機關，後易之以交涉員，領事亦得觀審。更不服，則法無上訴機關，惟可移至京師，由該國使臣，與外部交涉耳。華人控外人而不服領事之判決者，可依其國之法上訴，惟事不易行耳。

領事裁判之名，初不符於事實，《中英天津條約》第十六款，明言英國人民有犯事者，由英國領事官或委員懲辦。當時華文譯本，但稱由英國懲辦而已。
其後《芝罘條約》，於此特重加聲明。第二款。英、美、意、挪威、日本，在我國皆
設有法院，英有高等法院在上海，係於一九〇四年所設；美以上海領事兼法院司法委員，其等級與地
方審判廳同，每年至天津、漢口、廣州各一次，亦得至各領事館開庭，其制始於一九〇六年；意國法院附
設於領事館中；挪威則上海總領事即爲法院法官，以有法官資格者爲之；日本領事亦有一定資格，其審
級與初審法院同。餘則皆以領事判決，或派會審員副之。上訴或在其本國，或在
中國附近。如法在河內、西貢，葡在澳門、卧亞。終審除荷在巴達維亞，日本在旅順、漢
城、臺灣外，僑寓東三省之日人，上訴在關東高等審判廳，終訴即在該廳內之最終上訴庭；在間島
者，上訴在漢城之高等審判廳，終訴在漢城大理院；在中國南方者，上訴在臺灣高等審判廳，終訴亦在
該廳之最終上告庭；在中國中部者，上訴在長崎高等審判廳，終訴在其本國之大理院。皆在其本
國。英、美、法、日皆有監獄，以禁短期罪犯。他國罪犯，或寄此四國獄中，或
寄上海租界西牢，或送致其本國，法律皆從其本國，亦有參酌地方習慣，或用
條理，或依國際法。用外國法者，領事亦有因該國法律許可，得定章程，令僑
民遵守者。各國律師均得出席於其本國之法庭，在他國則以相互爲條件。此
在我國各國領事裁判權之大致也。

　領事裁判權之行於近東，以彼此所奉之教不同爲口實，然虐待異教徒，
土耳其等國有之，我國無有也。或謂由彼此習尚不同，則我於彼，亦應有此
權矣。又靳而不與，何也？故其所藉口，仍在我法律及司法制度之不善也。
其所列舉，約有數端：刑罰殘酷，一也；監獄不善，二也；司法行政不分，三也；官吏歧視外人，四也；連
坐之法累及無辜，五也；罪未定而先用刑訊，六也。此説誠非盡誣，然此制之存於我有
害，於彼亦未必有利。其害於我者，則主權之受損，一也；外人之橫行，二也；
領事官究非法官，用法不盡能持平，不免偏袒其本國人，華人又不諳其訴訟
程序，不免受損，三也；華人及其財產，在領事館注冊，即不受中國法律治理，
四也；有外籍者，欲享外人所不能享之權利，則自稱華人，逮其犯事，又請外
國領事保護，五也；外人以其住宅船舶庇護中國之逋逃，六也；中國與各國無
交還罪人之約，各國之間亦然，以致罪人往往漏網，外人亦有逃入華界及他外國人
住宅者。七也。彼之不利，則法律錯雜，一也；兩造爲原被告異，其權利義務異。除停
止審理及移交其本國領事外，無懲治原告之法，原告或藐視被告國之領事，
二也；被告反訴，即須在別一領事處，兩領事判決或不同，則窒礙難行，待之
則遲延已甚，三也；數國人共犯一罪，必由數國領事，各自分別審理，不便尤
甚，四也；上訴太遠，即如英、美在中國有法院者，相距較遠之僑民，赴訴亦甚
不便，五也；證人證物遠不能致，即赴訴，亦甚難審理。領事所轄太廣，即初訴亦甚遙

遠,六也。如意在中國領事有五,上海領事兼管蘇、皖、閩、浙、山東之僑民,漢口領事兼管兩湖、四川、江西、河南、陝、甘,天津領事兼管直隸、山西,哈爾濱領事兼管東三省,廣州領事兼管兩廣、云、貴,以此而言,赴訴誠覺遠哉遥遥,雖云領事可至他處開庭,然其事亦甚難行也。且外人之來,本爲通商,通商之局,今後決不能限於數口岸。然領事裁判權不除,中國終不能許外人雜居内地,則尤其大不利者也。職是故,領事裁判之制,固我之所痛心,亦彼之所疾首也。

辛丑和議成後,重訂商約,英、第十二款。美、第十五款。日第十一款。三國皆有俟我法律完備,司法制度改善,即棄其領事裁判權之條。光緒三十四年(一九〇八),《瑞典條約》第十款則謂,各國皆允棄其領事裁判權,瑞典亦必照辦。民國七年(一九一八),《瑞士條約》同。民國十年(一九二一)九月二十六日墨西哥照會,允於將來修改。一八九九年《墨西哥條約》,明載放棄領事裁判權條文。民國四年(一九一五)二月二十八日《智利條約》,於領事裁判權,未曾提及。民國九年(一九二〇)六月 日《波斯條約》,則明定無領事裁判權。歐戰後德、俄、奧、匈諸國喪失其領事裁判權者,亦皆於條約中訂明。即日本以兵力脅我,所訂民國四年(一九一五)五月二十五日之約,亦有南滿、東蒙地方司法改良,日僑即統歸中國審理之語。故領事裁判權之廢遲早必有其事,不過如我國今日司法情形,而欲外人之即肯放棄,則非如俄、德等之遭遇事變,恐亦難旦夕期之。爲我計者,當盡力改良司法,而交涉則宜各別爲之。巴黎和會、太平洋會議兩次提案,一則空言無補,一則轉使人協以謀我,則殊爲無謂耳。調查委員之來,南方政府以領事裁判權應即撤廢,無待調查,拒之是也。

領事裁判權而外,又有所謂會審公廨者。其事起於同治七年(一八六八)之《洋涇浜設官會審章程》,而其事權旁落於外國領事之手,至今華人訴訟,亦受外人干預,則鼎革之際,華官之棄職爲之也。初上海之既開埠也,兩江總督、江蘇巡撫會奏,令蘇松同知移駐上海,專管華洋事件。是時士大夫多深惡洋人,稱租界曰夷場,以涉足其間爲恥,居其地者,僅極貧無籍之民,租界甚寥落也。逮太平軍起,沿江之民避難者多至上海。咸豐三年(一八五三)劉麗川又陷上海縣城。於是上海之民,亦多避入租界者,租界居民始繁。其時中國官吏遁逃租界内,居民無治理,英、美、法領事乃自定條例以治之,並進而裁判華人案件矣。同治七年上海道與三國領事訂定章程十條,遴委同知一員,常駐洋涇浜,管理華洋訴訟,即俗所稱華洋同知者也。其《章程》第一條云:"遴委同知一員,專治洋涇浜,管理各國租地界内錢債、鬥毆、竊盜、詞訟各案,立一公館,此即後來所謂公廨者。置備枷杖以下刑具,並設飯歇。凡有華民控告華民及洋商控告華民，無論錢債與交易各事，均准其提訊定斷，照中國常例審訊，並准其提訊定斷及發落枷杖以下罪名。"第二條云："凡遇案件牽涉洋人必應到案者，必須領事官會同委員審問，或派洋官會審。若案情只係中國人，並無洋人在內，即聽中國委員自行訊斷，各國領事官，毋庸干預。"權限原自分明，惟第三條規定受雇於洋人之華人及第六條規定無約國人民之訟案者，不免喪失國權耳。當時此項章程，係由上海道稟陳兩江總督，由兩江總督奏請，飭下總署，照會英使，然後由上海道宣示，不過行政處分，在內非法律，對外非條約，本可由行政官署更改廢棄者也。此後除租界所生刑事案件，捕房解至公廨者，亦由領事派員參與，上海人稱之曰早堂。其民事案，由華員獨審，則稱晚堂。爲越出權限外，餘皆照章辦理。公廨經費由上海道撥給，上訴亦在上海道，固純然中國法庭也。《洋涇浜章程》之訂定也，法領事謂其第十條與條約衝突，故未簽字，明年就法領事署，別設會審公廨，然其章程亦多援用滬道所定。光緒二十四年（一八九八），租界地址擴充，三十一年（一九〇五）以領事要求，各國公使商決，續訂《章程》十一條，未爲中國所承認，然實則多已照行。與於此役者，爲英、美、德、奧、意、俄、荷、比、日、韓十國。是歲停止刑訊，乃以五年以下之徒刑爲公廨發落之限。其實舊時徒刑，最重不過三年。所謂枷杖，乃指違警之輕罪。杖以笞代。舊時罪重於此者，均歸上海縣審斷。命案亦由縣相驗。以知縣品卑於同知，而爲正印官也。此次之改變，公廨越權多矣。然亦未滿足其遂，爲外人侵我法權之很也。辛亥擾攘之際，外人乘之侵我主權，會審官變爲由各領事會同聘用華會審官正一人，副四人，洋會審官一人或二人，華人民事案，亦由其會審，除無期徒刑及死刑預審後移交中國外，其餘悉由其判決。徒刑有至二十年者，上訴在公共租界，或即由原審官，或則易人重審。在法租界，則以資格較深之員復審，亦不復上訴上海道尹與交涉員矣。審理雖以租界爲限，然停泊上海之船隻，亦在審理之內。別有檢察處，類中國法院之書記廳。處長一人，員十二人，皆由工部局推薦旅滬外人，由各領事會同委用。內分交保處、收支處、總寫字間、洋務案處、車務案處。總寫字間者，辦理刑事案件者也。屬於華官者，有華官辦公處，官祕書一人，科長三人，書記若干人。廨官俸給，均在上海道存款內劃交，其他費用在罰金中提取。華會審員既非法官，洋會審員亦徒熟華事，不知法律。所用法律既雜，又或參酌習慣，判決先後互異，律師非遍通各國之法，不能承當，需索特甚，訴狀堂供皆須兼用中英文，所費既多，辦理尤滯，案積如山，民事有延至一二月，然後審理者。恃強攘權而又不能善其事，即外人亦莫不齒冷也。

領事之攘奪會審公廨，其所藉口者，曰革命之際，代我管理。然則民國政府成立，即應交還，本無待於交涉。乃始因各國尚未承認民國而擱置，及承認之後，外交部照會公使，請其交還。領衔英使朱爾典反謂公廨自外人代管以後，較勝華人自管之時，必須酌改辦法，方可交還。當時報載朱爾典所提條件，有會審官參用外人，一切罪名，均可判決。上訴亦由原機關復審，監獄收支，均須用外人管理等，説未知確否？民國四年（一九一五）八月三日外交部擬定辦法五條，照會領衔美使，以歐戰起，中國又迭遭政變擱置。十一年（一九二二）十月二十六日，外交部又將前定五條辦法酌改，大致民事案件專由華官審理，刑事案件許洋員會審，但以與租界治安有關者爲限。案：案件之究爲民事抑刑事極難定，本民事也，在狡猾者不難使之牽涉刑事，或變爲刑事，故此項辦法，當時論者頗以爲不安也。照會領衔葡使，亦無成議。□□年五月三日，領衔荷使照會我國外部，謂苟欲交還公廨，則公廨經費必須有着，公廨判決，中國法庭均須承認，其辦事亦須予以協助，案：自外人代管公廨之後，大理院判例，均以其判決爲無效；司法部亦訓令各司法機關，不許予以協助。並須承認推廣上海租界云云。中國不許。而德人受英、美、意、日等國所委會審官審理，亦提出抗議。對中國外交部。"五卅"案起，滬人以交還公廨列爲十三條要求之一，外部趁機廢原擬五條辦法，別提新案，外人又不可。時則東省特別法院業已設立，於是議仿其制，亦設特別法院於上海，議未就，而孫傳芳使淞滬商埠總辦丁文江、特派交涉員許沅商諸各領事。自十五年（一九二六）五月至八月，與英、美、挪、荷、日五國領事會商者，凡七次，乃改會審公廨爲臨時法院。（一）有關租界治安之刑事，（二）犯《洋涇浜章程》及其附則者，（三）有領事裁判權國之人所雇傭之華人爲被告，均許其觀審。（1）有約國人及工部局爲原告之民事，（2）有約國人告訴之刑事，則准其會審於法庭中。別設上訴庭，庭長由臨時法庭庭長兼任，初審許觀審者，此時亦許觀審，許會審者，至此亦許會審，刑事上訴即於此。民事案則以交涉員爲上訴機關，由交涉員約同領事會審，租界内檢驗，由推事會同領袖領事所派之員爲之，適用法律須顧及本章程所定及公廨訴訟慣例，有約國人之傳票、拘票及搜查其住所，仍須領事簽字，監獄由工部局警務處管理，法庭庭長得派員會同領袖領事所派之員視察，司法警察由工部局警務處選派，工部局警務處所拘捕之人，二十四小時内須送交臨時法庭。事務會計歸書記長管理，書記長由領袖領事推薦，此皆《交還公廨章程》所定也。別以換文申明：（甲）以前公廨判決及此後臨時法庭判決，蘇省政府視爲與他法院判決效力相同。（乙）刑事發生於外國船上，外國人所有之地，屬於工部局租界外馬路及上寶區内，均臨時法院管轄。（丙）無領事裁判權國之人民爲刑事被告，由第三國領事觀審。（丁）庭長、推事之名，須通知領袖領事。(戊)許觀審之案，外國律師均得出庭，原被告訴狀答訴狀，均別備英文者一份。(己)法院須雇用外國人十名，由工部局選派。(庚)江蘇省政府指定法院之補助費等項，法院庭長、推事，均由省政府任命。十年以上徒刑交還後一年之内仍否，另以換文申明。及死刑，經省政府核准，死刑在租界外官廳執行，亦規定於章程中。此章程施行期限爲三年，三年之内，中央政府如別有辦法，即行廢止，否則續行三年，唯期滿六個月前，省政府得通知領事團，提議修正。後以換文申明領事團亦有此權。又在此期限之中，中國如撤銷領事裁判權，不受此約拘束。《章程》以八月三十一日簽字，公廨於明年一月一日交還。初設特別法庭於上海之議之起也，論者謂中國新式法院向不許外人觀審，苟在上海許之，則又生一惡例，故在上海設法院亦不當許其觀審。外人苟不棄其觀審之權，則當令其在上海縣公署起訴，而以交涉公署爲上訴機關；又傳票、拘票之送致，判決之執行，必不容領事簽字，且不當用租界警察。孫傳芳所定約，實未暇計及此，迄今亦未有善其後也。國民政府頒行新刑律後，許觀審之刑事，以新舊比照定之。而鴉片罪案，彼即棄其觀審之權，以其太多也。

　　以上爲洋涇浜會審公廨之始末，至法租界之會審公廨，則根據條約，必由外交部交涉方可解決也。又會審公廨，漢口及廈門亦有之，漢口之會審公廨權興於光緒二十一年(一八九五)，是年改洋街保甲局爲洋務會審公所，初襲保甲局彈壓委員成規，專管租界警務，後亦審理華洋案件，馴至純係華人案件，亦許其會審。徒刑至二年以上，其初羈押皆在夏口縣署。民國元年(一九一二)始自設拘留所，期長者猶禁湖北省立模範監獄，七、八年間因多獄隘，不能容，遂並押公所之拘留所。爲廈門之會審公廨權興於光緒二十八年(一九〇二)《鼓浪嶼公共地界章程》，第十二、第十三、第十四三條。革命時事權落入外人之手，與上海同。迄今尚未有辦法也。

第七章　學　校　篇

　　書院之設肇於唐、五代之間，宋初有所謂四大書院者：曰白鹿，爲南唐昇元中所建，在廬山白鹿洞；曰石鼓，唐元和間衡州守李寬所建；曰應天，宋真宗時府民曹誠所建；曰岳麓，開寶時潭州守朱洞所建。此據《通考》。《玉海》有嵩陽而無石鼓，嵩陽在登封縣太室山下，五代時建，宋太宗賜額。朝廷皆賜之額。此外賜額、賜田、賜書者尚多。純出人民自立者，尤不可枚舉。元制：先儒過化之地，名賢經行之所，好事之家出錢粟贍學者，並立爲書院，蓋亦因乎俗也。太宗八年（一二三六），楊惟中從皇子庫春伐宋，收集伊洛諸書送燕京，立宋儒周敦頤祠，建太極書院，延儒士趙復、王粹等講授其間，此元建書院之始，亦理學行於北方之始也。明太祖因元之舊，洪武元年（一三六八）立洙泗、尼山二書院，其後各省亦皆有書院。世宗嘉靖十六年（一五三七），御史游居敬疏，南京吏部尚書湛若水倡其邪學，廣收無賴，私創書院，乞戒諭以正人心。帝慰留若水，而令所司毀其書院。十七年（一五三八）吏部尚書許瓚復言，撫按司府多建書院，聚生徒，供億科擾，亟宜撤毀，詔從其言。神宗萬曆十年（一五八二）張居正以言官之請，概行京省查革，然亦不能盡撤。後復稍稍建置，其最著者，京師曰首善書院，江南曰東林書院。閹禍起，首毀京師書院，而天下之書院隨之矣。《野獲編》："嘉靖末年徐華亭以首揆爲主盟，一時趨附者，人人自托吾道。凡撫臺莅鎮，必立書院，以鳩集生徒，冀當路見知，其後間有他故，駐節其中，於是三吳間竟呼書院爲中丞行臺矣。今上初政，江陵公痛恨講學，立意剪抑，適常州知州施觀民以造書院，科斂見糾，遂遍行天下拆毀，其威令之行，峻於世廟。江陵敗，而建白者力攻，亦以此爲權相大罪之一，請盡行修復，當事者以祖制所無折之，其議不果行。近來理學再盛，爭以臯比相尚，書院聿興，不減往日。"《春明夢餘錄》曰："京師有首善書院，不知者統謂之東林，當日直借東林以害諸君子耳。蓋東林無錫書院名也，宋儒楊時建，後廢爲僧寺。萬曆中吏部考功郎顧憲成罷歸，即其地建龜山祠，同志者爲構精舍居焉。乃與行人高攀龍等開講其中，及攀龍起爲總憲，疏發御史崔呈秀之贓，呈秀遂父事魏忠賢，日嗾忠賢曰：東林欲殺我父子。既而楊漣、左光斗交章劾璫，璫益信呈秀言不虛也，遂首毀京師書院，而天下之書院隨之矣。"馬貴與曰："州縣之學，有司奉詔旨所建也，故或作或輟，不免具文。鄉黨之學，指書院。賢士大夫留意斯文者所建也，故前規後隨，皆務興起。"蓋官立學校，士多以利祿而來，私家所設之書院則不然，故其效較著。然至講學之風盛，而依附者咸爲名譽之所歸，則來者不復皆潛修之士，重以黨禍之激蕩，遂至胥天下而有毀學之禍矣。書院所講學術，率隨時尚爲轉移，自宋迄明，多講理學；清代考證學盛，書院亦隨之，如詁經精舍、學海堂、_{阮元所立。}南菁書院、_{黄體芳立。}廣雅書院_{張之洞立。}等是也。《清會典》："直省會城立書院，府州縣立義學、社學，選擇生徒肄業其中，聘薦紳宿儒學問淹貫者爲之師，束脩膏火之費，官爲供備，以宏樂育。"然以地方公款所立之書院，各府州縣幾多有之，其陋者則亦課八股文爲應舉之備而已。新教育興，乃皆改爲學校。清學制與明大同，其由府州縣學入國學者，亦有歲貢、恩貢，又有優貢、拔貢。優貢提督學政_{清提督學政於京堂翰詹科道部曹中差，盛京以奉天府尹，臺灣、瓊州以巡道兼}於歲科試訖，就教官所報優生中擇優送部考試。_{官增生准作貢生附學，及武生准作監生。}拔貢每十二年由國子監疏請行之。_{例以酉年。}合歲科兩試之優者，_{府學二，縣學一。}欽命大臣會同督撫_{盛京奉天府尹}復試，送吏部再應廷試，廷試一二等者，引見候旨録用，三等入監，舉人惟副榜入監，謂之副貢，俗總稱爲五貢。除拔貢一二等外，皆當入監肄業，然實無入監者。又有功貢，則諸生從軍有功者爲之，事不恒有。監生有優監、蔭監、例監。蔭監又分恩蔭、難蔭，恩蔭京官四品、外官三品以上，武官内外皆二品以上，公、侯、伯視一品，子視三品，男視四品；難蔭無限制。蔭生入監三年，難蔭六月即得銓選，然實亦不入監也。恩蔭銓選視其父之品級，難蔭亦然，而其選途嘗較優於恩蔭。

京師有宗室學、_{左右翼各一。}覺羅學，_{左右翼各四。}皆屬宗人府，以王公一人總其事。宗室學有總副管，覺羅學有副管，皆有清漢書騎射教習，派京堂官稽察課程。_{盛京有宗室學、覺羅學各一，以將軍府尹總其事。}咸安宮學十六，景山學六，皆以教内府三旗幼丁。_{正黄、鑲黄、正白。}八旗義學以教八旗子弟，皆以進士、舉人、恩拔副貢爲漢教習，翻譯生員及因公挂誤而通知翻譯之廢員爲滿教習。_{近支親王、貝勒、貝子、鎮國公得在上書房讀書。萬善殿漢書學以教幼年内監。}

講新學之學校，肇於清末同治元年（一八六二），江蘇巡撫李鴻章始就上海設廣方言館，後移於製造局，就其中設翻譯館，譯出西書頗多。_{當時口譯者如林樂知、傅蘭雅，筆述者如華蘅芳、徐壽，類多學問淹貫之士。}六年（一八六七），總署奏設同文館於京師，有英、法、俄、德四國語文及天算。光緒二年（一八七六），沈葆楨設船政學堂於福州，學生分肄英、法文。肄英文者習駕駛，肄法文者習製造，是時以爲西人之所長者兵事及械器而已。甲午戰後，輿論乃一變，戊戌變法，詔廢科舉，設學校。政變後皆復故。庚子以後，乃復議興學，初以張百熙爲管學大臣，奏定大學堂章程，設大學於京師，旋命與張之洞會定一切學堂章程，實多出之洞。以總理學務大臣統理全國學務。管學大臣改爲京師大學堂監督，後改官制乃設學部。教育始於蒙養院，其上爲初等小學堂，五年畢業，又其上爲高等小學堂，四年畢業；中學分文、實科，五年畢業，其上爲高等學堂，三年畢業；又其上爲大學堂，政法、醫科四年，餘三年畢業。大學堂之上曰通儒院，期限五年。與初等小學並設者，有藝徒學堂；與高等小學並設者，有初等實業學堂；與中學並設者，有初級師範、中等實業學堂；與高等學堂並設者，有優級師範、高等實業學堂及譯學館。畢業年限與初、高等小學、中學、高等學堂同，惟譯學館爲五年。大學分八科，一經學、二法政、三文、四醫、五格致、六農、七工、八商。高等小學畢業，由道府會同考試，送學政復試，最優等作爲廩生，優等增生、中等附生。中學由道府考送，督撫學政會同復試，最優等爲拔貢，優等爲優貢，中等爲歲貢。高等學堂畢業者作爲舉人，咨送學務大臣復試，以內閣中書知州、最優等。中書科中書知縣、優等。部寺司務通判中等。補用。大學畢業者，給與進士出身，以翰林院編修檢討、最優等。庶吉士、優等。分部主事中等。用，下等爲同進士出身，留堂補習一年。其餘學堂亦皆有獎勵。猶未脫舊時學校貢舉之制也。民國肇建，改學堂之名皆曰學校，去獎勵之法，初等小學四年，定爲義務教育；高等小學三年，與並設者曰乙種實業學校；中學四年，與並設者爲師範學校四年，預科一年。及甲種實業學校。分農工商，三年。其上爲專門學校，三或四年。高等師範學校三年，預科一年，大學三年或四年。廢清之高等學堂，而設大學預科，亦三年。民國六年（一九一七）改爲預科二年，本科一律四年。廢通儒院，大學畢業後從事研究者無年限。民國十年（一九二一），全國教育聯合會開第七次會於廣東，議改革學制。明年又開會於濟南，教育部因之召開學制會議，改初等教育爲六年，得分四年、二年兩級，仍以四年爲義務教育，視地方情形得延長之，又得展小學之期爲七年；中學六年，分前後期。或前四年後二年，或前二年後四年，或皆三年。高級中學普通科外，得設農、工、商、師範、家事等科。乙種實業學校改爲職業學校。收高等小學畢業生。甲種實業學校或改職業學校，或改高級中學農工商科。師範學校前後期各三年，亦得但設後期，收初級中學畢業生。大學設數科或一科皆可，設一科者曰某科。大學畢業期限四年至六年。法、醫二科最少五年。高等師範收初級中學畢業生，四年畢業，若收高級中學畢業生，而畢業期限仍爲四年者，則稱師範大學。專門學校畢業期限三或四年，醫科必須四年。亦收初級中學畢業生，若改收高級中學畢業生，亦得改稱某科大學。此自清末至民國北京政府學制之大略也。

游學亦始清末同治末年。曾國藩奏請派遣幼年學生赴美,由香山容閎率之往,別設正副監督以監護之。光緒七年(一八八一)裁撤,以學生多暱美女子信基督教也。甲午後各省派遣及自費留學外國者乃驟增,其時往日本者最多。時留學生亦有獎勵,考取者分別給以舉人、進士出身,後亦冠以所學科名,稱某科舉人,某科進士。光緒三十一年(一九〇五)美國退還庚子賠款,明年設游美學生預備學校於清華園,自是以後游美學生,乃日增月盛焉。

近代史表解

前　　言

　　《近代史表解》大約寫於一九五二年，是呂先生結合政治學習和教學實踐，參考他自己多年搜輯的近代史資料撰寫而成，以備他自學之用，或也是他為擬編一部較翔實的近代史著述而做的準備之一。先生搜輯的近代史資料甚多，抗戰時期，曾寄放於寺院，後因經手人去世而無從找尋。《近代史表解》原無章節，現根據內容分設十八章。其中，第一至第八章，系讀范文瀾《中國近代史》時所錄，原稿上抄錄范書的章節標題和頁碼，現將范書的標題注明於各章標題之下，括弧中所錄的系范書的頁碼，現仍按原稿的方式附在文字之後。第九章至第十八章，系讀李劍農《中國近代政治史》（商務印書館版，第九章至第十四章）、胡華《中國新民主主義革命史》（新華書店版）、葉蠖生《中國革命史話》（開明書店版）時所錄，也無章節標題，括弧中系李書、胡書和葉書的頁碼，現按原方式附在文字之後。

　　《近代史表解》最初收入上海古籍出版社出版的“呂思勉文集”《中國近代史八種》（二〇〇八年八月出版），①后又收入北京金城出版社的《中國近代史》②（二〇一三年三月出版）。此次將《近代史表解》收入《呂思勉全集》重印，我們依據呂先生的手稿重新做了校對，行文遣句、概念術語等，均依手稿整理付印而未作改動。

李永圻　張耕華

二〇一四年七月

---

　　①　即呂先生的《中國近代史講義》、《中國近世史前編》、《中國近百年史概説》、《中國近百年史補編》、《中國近代文化史補編》、《日俄戰爭》、《國恥小史》和《中國近代史表解》八種著述的合刊。

　　②　即呂先生的《中國近代史講義》、《中國近世史前編》、《中國近百年史概説》、《中國近百年史補編》、《中國近代文化史補編》、《日俄戰爭》、《國恥小史》和《中國近代史表解》的合刊。

目　　録

第 一 章　鴉 片 戰 争①

---

① 第一章第一次鴉片戰爭。

第二章　太 平 天 國[①]

反滿暗流之未絶(93、102)　　中國祕密結社史　　白蓮教　　更遠之追溯

宗教與革命(105—110、141)　　歸納爲一神及閻羅妖(108、141)　　冒不韙
而毀孔(106)　　廢甘王廟(110)　　黃巾毀房祀　　佛道等取相反路
綫　　網羅衆神

素樸的平等思想　　男兄弟女姊妹(107)　　得衣物表散平民(127)　　後
來之制度見下　　張魯　　黃巢　　楊幺

鬥爭性質　　殺官幕吏役豪紳地主富農僧道(127)

一時的原因　　(一) 政治黑暗與人民困苦(99—101)　　(二) 因對外屈辱
引起之不平(91、92)　　(三) 過嶺運輸者之失業(120)　　(四) 廣西團
練與貧戶之對立(103)

初起時人物

洪秀全　　教主

馮雲山　　傳教者　　　　廣東

楊秀清　　　　　上帝

　　　　　雲山入獄後　　附身　　廣西(117—111)

蕭朝貴　　　　　耶穌
韋昌輝

　　　　　豪傑　　廣西

石達開

洪大全　　天地會首領　　湖南

教權入廣西派　　馮雲山死　　廣西派中蕭朝貴爲秀全妹夫又死　　故大

---

① 第三章太平天國革命。

346

　　權入秀清　　而昌輝、達開與之鬥争　　昌輝死後秀全系人不信達開，
　　故達開出走。

天地會本奉明裔並不固執（115）　　其勢力大可利用而不能利用（123、124）

太平軍之成分（118—120）

太平軍之紀律（146、191）　　此貧民之本質加以宗教結合故嚴肅　　但上級
　　腐敗　　後新兄弟亦不能然

太平天國制度

　　思想根源　　人民反封建之思想　　落第秀才之空想（大同，周禮的制
　　度）　　借於外教之平等思想（147）

　　男女平等　　分田　　應試　　當兵（152、153）

　　分田之法（143、144、147）

　　從無私財公共消費至征稅（121、146、147、148）

　　鄉官民選（146）

戰事始末　　從永安到南京（121—125）　　建都南京之失策（126）　　棄地
　　不守（126）　　北征失敗（130、131）　　徒争奪上游又因内訌而敗
　　（132—134）　　案此時非全力北上，則應再打游擊。然全力北上，尚不
　　如且打游擊，劉福通與黃巢前車可鑒也。都南京要爲最下策

各地爆發不能組織　　案各地爆發爲打游擊運動戰之好機會

因考慮外力未能東征（135—140）　　清朝富源未能破壞　　上海尤其
　　太平帶西教色采，本有建立外交關係之可能。

江南大營初敗（137）　　此時内訌以致任其再建

内訌後石達開西走（147）　　始起諸王皆盡　　權入洪仁發、洪仁達
　　（156、170、180）　　韋後失援而武昌陷（156）　　清李續賓陷九江
　　（160）　　再建江南大營（160）　　李秀成破江北大營　　陳玉成破
　　李續賓（161）　　曾、胡定計攻安慶（161、162）　　玉成、秀成會破江
　　南大營（162）　　玉成救安慶不克死壽州　　秀成攻破祁門（164）
　　攻湖北回江西、浙江，亦不能解安慶之圍（165）　　胡林翼死曾國藩
　　署江督（169）　　左宗棠、沈葆楨、李鴻章分任浙贛蘇軍事（173—
　　175、177、178、181—184、221—223）　　北走不果之失策（180）
　　此時仍可打游擊　　且偏僻地方發展之機會仍多　　主要在離長江
　　及外力能及之地

黃文金奉洪福（193）　　李世賢　　汪海洋（194）　　石達開（159）

第三章　捻黨起義

第四章　第二次鴉片戰爭[1]

人民的武裝反抗（81—90）　　政府不信人民（49、57）　　後受政府摧殘（214—216、219、248—252）　　以上爲廣東情況天津見後（253、254）此失敗爲政府不能利用　　乃其本質使然　　其流爲後此之敎案至義和團

內地仍閉（210）　　長江尤不肯開放（227）　　萬年和約與章程（227）　　惡敎（226）　　爭朝見跪拜　　不欲公使入京　　未知周公於越裳、蕭望之於單于之義

英法美助淸攻太平（221—224、241—243）　　海關仍有入款（222、237）觀其交還廣東以爲不欲土地（237）

廣州入城問題（214）　　亞羅船事件（216）　　求改約不得

英法出兵美俄偕（217）　　葉名琛被俘　　津約　　令走北塘闖大沽而敗（231）　　英欲轉圜上諭廢約（232）　　僧軍敗績（233）　　虜酋逃熱河（234）　　京約

開北洋口岸及長江　　入內地傳敎游歷通商　　外國兵船得游弋　　領判權　　最惠國　　一律直百抽五，洋貨加二·五免釐（229）　　割九龍還敎產（235）　　設總署（239）

俄割地（212）　　以上宜看《中西紀事》、《通商始末記》、《淸朝全史》

---

① 第二章中國人民的反類反滿鬥爭，第四章第二次鴉片戰爭。

第五章　洋　務　運　動[①]

極端排外（31、55）　　此民族嫉惡之見　　頑固派以那拉氏爲首領（255）
此派知識陳舊　　清議派（257）　　此陳舊之知識與宋明遺習之合流
中法戰後稍息甲午敗後盡矣　　士大夫之腐敗（256）　　無中堅階級此
爲維新君憲舊民主革命不成之原因　　中國與日本自此走上歧途

求新知之起點（17、22、23）　　後爲湘淮軍中人物可看曾李議論（213、258）
但此派專由官辦，雖籍商辦亦官督，與之合流者則買辦（264、269—272）
彼輩亦知民辦之可恃（247）　　而不能從旁輔助，反以官力摧殘致成軍
閥買辦把持之局，此爲中國走不上資本主義路綫之一因

當時所辦　　語文　　製造因此及科學　　練兵　　製火器　　造船
漸及電報、鐵路、輪船　　初但强兵後稍轉到求富（240、245—247、260—
263、265）　　海軍腐敗爲其腐敗之一例（290、294、295）

此太無成效　　一由僅以餘力興辦——此戊戌主全變之本　　二李鴻章仍
受掣肘　　三則洋務本身之腐敗　　故李鴻章遇事力主隱惡（294）
此不能訾其軟弱　　中法戰爭爲典型之一例

此時期外交　　（一）失琉球（274）　　（二）馬嘉理案（276—278）
（三）中法戰爭　　英取緬　　此外各國紛紛訂約，皆以天津、北京兩約
爲本

---

① 第五章洋務派的自强與第一次割地狂潮。

350

第六章　甲午戰爭①

---

① 第六章甲午戰爭及第二次割地狂潮。

第七章　戊戌變法^①

---

① 第七章第一次改良主義運動戊戌變法。

第八章　義和團運動[①]

---

① 第八章對抗瓜分運動的義和團運動。

第九章 辛亥革命

天國餘波　　民族　　民權　　興中會（一八八六年——一八八八年）　　旅
　　歐　　民生　　一九〇五年同盟會成　　孫黃起仆　　亦有非同盟會員
保皇　　梁革命折入康君憲
　　《民報》、《新民叢報》對抗
一九〇六年下詔預備立憲
一九〇八年德宗、孝欽死，溥儀立、載灃攝。　　袁世凱（軍機兼外部）回籍
　　宣元諮議局，二資政院請願速開國會，許宣五。
武昌起義　　會黨新軍　　鐵路國有（資本輸入——鐵道　　中央集權
　　乘機貪污）　　排漢
袁世凱起（載灃退位）
臨時政府（南京）　　大元帥黎，副元帥黃——代行　　孫總統南北議和
　　國民會議議決國體　　孫就職　　直接電商　　清退位
孫薦袁於參議院　　使南京就職臨時約法內閣制　　國務員同意　　京津
　　保兵變北遷　　同意問題屢嘩　　宋案
幣制東三省興業借款　　英、美、德、法　　加入日、俄　　美退出　　善後
　　大借款（二千五百萬鎊）

第十章 二次革命

贛寧之役(二次革命)　　時厭國民黨暴烈,高級者亦只重民族
先舉總統

通電督長反對憲法草案

解散國民黨　　撤清國民黨國會議員　　解散國會(三年[一九一四]一月十
　　日)　　解散省議會　　停辦地方自治

開約法會議修改臨時約法——新約法——國務卿參政院(總統委)　　代行
　　立法院職權

三年(一九一四)歐戰起,七八月間日占青島及膠濟路。　　四年(一九一五)
　　一月十八日提廿一條　　五月九日承認

第十一章　護　國　運　動

八月古德諾發表論文　　楊度立籌安會　　請於參政院　　參政院請由國
　　民代表會議決　　全體贊成君憲且推戴袁

護國軍起滇黔　　兩廣應之　　陝西鎮守使陳樹藩應之　　山東亦有民軍
　　舉事

袁取消帝制　　南方欲其退位且戴黎元洪爲總統　　四川陳宧、湖南湯薌銘
　　獨立。　袁死　　黎復舊國會及約法　　軍務院撤銷

段不欲恢復舊約法舊國會　　因海軍第一艦隊亦加入護法　　乃不得已而
　　恢復

時梁啓超説段參戰　　而段信交通系(曹汝霖)欲借日金錢軍械　　又欲以
　　內閣專權佐以徐樹錚之一意孤行與黎起衝突　　馮開南京會議　　張
　　勛誘其代表至徐州成省區聯合　　段倚爲背景

六年(一九一七)二月德宣佈潛艇戰争　　美、德絕交　　中國繼之　　五月
　　提出宣戰案　　公民團包圍議院,衆院停會,閣員有辭職者,國會將案
　　退回

督軍持藉口憲法草案不適國情要求解散國會

黎元洪以伍廷芳副署免段

皖、魯、豫、陝、直、奉、閩、浙脱離中央

黎召張勛調停　　勛迫使解散國會乃入

七月一日復辟　　黎走日使館　　命馮代總統、段爲總理　　段誓師馬廠復
　　京城

八月十四日對德奥宣戰

段系謂中華民國中斷　　主放民元召集臨時參院,改國會組織選舉法,選新
　　國會

第十二章　護法運動

孫中山起護法之師,請國會黎總統至粵　　黎不出,國會不足法定人數,乃開
　非常會議　　設軍政府舉孫大元帥,陸榮廷、唐繼堯副元帥
段以傅良佐入湘直系軍人叛之　　吳光新(長江上游總司令)入川以制滇黔,
　重慶熊克武敗之　　仍以督辦參戰事務之名借日款(西原借款)以練參
戰軍　　與日訂共同防敵條　　召集新國會
七年(一九一八)三月段再任總理　　吳佩孚取長沙、衡山
時中山亦無權五月辭大元帥　　國會改選七總裁　　推岑春煊爲主席實權
　在桂系　　中山雖亦總裁之一迄在滬也
北舉徐世昌爲總統十月十日就職,下令停戰言和
八年(一九一九)二月在上海開和平會議　　時歐戰已結束(七年[一九一八]
　十一月)　　五月四日歐洲和會山東問題不利　　有運動和會亦然破裂
歐戰停後,段改參戰軍爲國防軍,已又改爲邊防軍　　歐戰結束時外蒙亦取
　消自治

第十三章　孫中山領導北伐

九年(一九二〇)三月吳佩孚自衡山撤兵(湘軍資以餉而吳讓防)　　七月段
　　改邊防軍爲定國軍以討曹、吳敗績、奉軍亦於此時入關

八月陳炯明以粵軍自閩還粵　　岑春煊棄走　　中山回廣州

十年(一九二一)國會選爲總統(五月五日就職)　　六月克廣西　　至桂林
　　謀北伐　　陳炯明倚其後

十一年(一九二二)中山還粵　　四月陳走惠州

先是(十一年[一九二二]七月)湘軍攻鄂,兩湖巡閱使王占元走北,以吳佩孚
　　繼之,取岳州,敗川軍,東下者於宜昌(後以孫傳芳爲長江上游總司令)。

及是年(十一年[一九二二])直奉戰奉軍敗走出關(後三省宣言自治)時五月
　　也　　六月徐世昌去職

時南方亦北伐　　兵入江西,粵軍叛於後中山回粵　　六月十六日粵軍圍攻
　　總統府,中山再走滬

直系請黎元洪復職,復六年國會

十二月廣西滇桂軍攻陳炯明,粵軍亦或應之

十二年(一九二三)一月陳炯明再走惠州　　二月中山回粵(稱大元帥)

六月軍警索餉迫走黎元洪　　國會舉曹錕爲總統　　十月十日就職且宣布
　　憲法

第十四章　國共第一次合作

十三年(一九二四)一月中國國民黨改組　　先是二次革命後孫中山立中華
　　革命黨於日本東京,強調服從黨魁,此時爲地下組織,八年(一九一九)後
　　稱中國國民黨。　　俄國革命,中山頗慕其黨紀,宗旨上亦爲所動。
　　十二年(一九二三)乃定改組國民黨　　是月二十日開全國第一次代表
　　大會於廣州　　其宗旨在造黨以建國(開會詞)　　所謂民族者兼廢不
　　平等條約　　民權主直接(普選　　創制復決罷免)　　民生則平均地
　　權(最重地價稅)節制資本　　五權者三權外加考試、監察　　對外則聯
　　俄　　其思想頗進步(宣言見李書六二〇至六三五)
　　　　時則共産黨員聲明以個人資格加入,亦從事國民革命(非以黨之資
　　格變國民黨爲共産黨)　　乃立陸軍軍官學校於黃埔(十三年[一九二
　　四]五月)
然廣東爲滇(楊希閔)桂(劉震寰)軍所把持　　養東江之寇以自重　　各占
　　防區把持稅收
時吳佩孚爲直魯豫巡閱使、齊燮元蘇皖贛、蕭耀南兩湖　　而盧永祥浙、何豐
　　林淞滬護軍使　　九月江浙戰起,奉直二次戰繼之　　孫傳芳(閩浙邊
　　防督辦)入浙,盧永祥、何豐林敗走。　　而馮玉祥、胡景翼、孫岳倒戈。
　　吳佩孚走,奉軍入關,曹錕見幽(十月)
時孫中山亦通電討曹自至韶關　　欲將諸軍調出,使廣東整理稅收也,然滇
　　桂軍不受命,商團團長陳廉伯(匯豐買辦)且叛於後。　　欲扇民團斷廣
　　州韶關間交通　　雖學生軍將其交械　　然北伐無功矣
張作霖、馮玉祥舉段祺瑞入京　　段邀中山入京共商國是　　中山主開國民
　　會議,段亦曰先開善後會議,繼以國民代表會議　　孫曰善後會議必有
　　人民團體(農工商會、教育會、學生會、政黨等),段不可(孫命國民黨員弗
　　與)十四年(一九二五)三月十二日孫卒於北京　　段所謂善後會議者,

議決國民代表會議、軍事、財政善後會議三條例而已

吳佩孚敗後　　馮玉祥爲西北邊防督辦　　胡景翼豫督、孫岳豫省長　　劉
鎮華憨玉琨出關而敗,胡景翼亦卒　　孫岳兼豫陝甘剿匪司令　　奉系
則以李景林督直　　盧永祥宣撫蘇皖,張宗昌以兵從之　　（十四年[一
九二五]）一月齊燮元敗走　　奉系張宗昌督魯,鄭士琦督皖,後易以姜
登選,而以楊宇霆督蘇　　五卅慘案後奉軍又駐上海　　而直系孫傳芳
仍在浙

是秋孫傳芳兵起（自稱浙閩皖贛蘇司令）　　奉軍在上海蘇皖者皆退走
孫北據徐州　　吳佩孚亦至漢口,使靳雲鶚攻山東　　奉軍郭松齡叛
（駐灤州）出關爲日本人所礙,敗走　　而國民軍攻李景林,景林敗走山東
此時奉系勢力到處瓦解　　而吳佩孚以（十五年[一九二六]）與張作霖合而
攻馮玉祥　　馮軍退熱察綏甘肅,馮走俄　　李景林再回天津　　段祺
瑞退　　曹錕雖復自由亦引退　　北方惟有攝閣而已

（民六）（一九一七）俄國革命（十月革命[俄曆]在中國爲十一月）始有無産階
級革命（此後在資本主義國當以無産階級爲主力軍　　殖民地半殖民地
被壓迫民族爲同盟軍）　　異乎資産階級之民主主義革命已（所謂新民
主主義革命,也當以無産階級領導,以工農聯盟爲基,以聯合人民大衆
反帝反封建及十六年以後之官僚資本主義）

民八（一九一九）我在巴黎和會失敗（二十一條件於一五六、一五七、一五八歸
還山東權利云不在和會範圍內,七項取消特權希望案不討論）於是有五
四運動（交長曹汝霖、駐日公使章宗祥、幣制局總裁陸宗輿免。六月二十
八日,我代表不簽字和約）　　後變爲文化運動,提倡德謨克拉西、賽因
斯、新文學　　共産黨理論開始輸入（陳獨秀、李大釗）　　然以知識分
子爲主（無工農）,故走上資本主義路綫,而贊成社會主義者寡焉

然是時勞動階級日漸壯大（城市勞動者約千二百萬　　鄉村雇農　　城市勞
動者多來自鄉村,故二者便於聯絡）而民族資産階級亦望反帝排軍閥,而
小資産階級同之（雖二者皆動搖）,故新民主主義革命之基已具

（民十）（一九二一）七月一日中國共産黨開成立大會（始上海,因巡捕搜查移
嘉興南湖）　　此時左派欲行無産階級專政（不參加資産階級民主運動）
右派但主理論宣傳　　毛澤東言此時仍是資産階級民主革命（非社會主
義革命,但應由無産階級領導,是爲新民主主義革命,以走上社會主義,
必資本主義發達,而中國正缺此也）　　主以黨外合作佐孫中山而主發

展工人(中山所領導國民黨爲資產階級民主勢力)(《中國新民主主義革命史》,胡華,第二章第一節)

(是年)(二月)美國召開太平洋會議　　主九國公約(英美法意荷比葡日中國)規定英美日太平洋艦隊比率爲五五三　　廢英日同盟　　中國人兢兢於均勢與獨霸之間

(民十一)(一九二二)七月共產黨開第二次全國代表大會(上海),決定反帝反封建(應聯合民主主義,後來云資產階級民主革命,亦云國民革命)孫中山亦定聯蘇(反帝)聯共扶助工農(依人民,利用帝國,軍閥自此罷),重新解釋三民主義(舊民主至新民主)

(民十二)(一九二三)三月鮑羅廷來聘爲軍事顧問　　六月共產黨開第三次全國代表大會於廣州右(陳獨秀)主專力扶助工農　　左(張國燾)不欲與國民黨合作　　毛主與國團結建立革命統一戰線,於是有十三年以個人資格加入國民黨之舉(即黨內合作　　國民黨由此注入新血液)

(民十四)(一九二五)五卅慘案起,反帝氣焰益形高漲

此時國共合作第一軍成武力中心　　二月破東江,六月回師平滇桂軍　　十月再平東江　　李宗仁、黃紹雄來附

(民十五)(一九二六)湖南唐生智亦來附

然國共開始分裂　　是年(民十五[一九二六])三月十八日,蔣迫共黨退出第一軍　　五月十五日提出黨務整理案　　規定共產黨人不能任中央各部部長(此時毛主與爭,陳獨秀不可)(胡書四章二節)

第十五章　北　伐　戰　爭

（十五年[一九二六]）六月國民政府以蔣中正爲總司令北伐　　八月敗吳佩孚之兵於汀泗橋　　時孫傳芳自稱蘇皖贛閩浙總司令　　國民軍入江西又敗之　　別將自廣東入福建以攻浙東　　國民軍又自上流夾江而下（十六年[一九二七]）三月遂入南京，四月抵上海　　孫傳芳北走與張作霖合　　馮玉祥回國，兵自潼關出攻河南　　山西之閻錫山亦來附然國共之分裂亦起於是時　　時國民軍所至收回漢口、九江英租界，工人有糾察隊，農民有協會，帝國主義者恐怖　　江浙財閥亦懼　　時蔣中正在南昌，乃由虞洽卿往與接洽，許其到達寧滬後，予以款六千萬元，而以反共爲條件（胡書四章四節）　　蔣本不慊於共黨，即許之　　上海之下，實得工人之力（四月十二日）　　蔣收買流氓襲擊工人糾察隊，誣稱工人内訌解散，糾察隊工人往閘北請願，大遭屠殺　　又稱遷都南京，在南京方面舉行清黨　　十七日武漢方面開除蔣黨籍免其職　　五月蔣北取徐州，武漢方面亦任唐生智北伐，取鄭州、開封，　　蔣調皖北軍西上脅武漢　　時第三國際説武漢國民黨（一）實行土地革命，（二）創立新軍，（三）改造國民黨　　於是武漢方面亦動搖　　六月五日解鮑羅廷顧問職，與馮玉祥商議（十日鄭州會議）河南方面軍事由馮擔任，調唐生智回武漢　　馮玉祥又與蔣中正會議於徐州　　於是寧漢復合　　七月十五日武漢方面亦清黨，而國共遂分離　　此爲民族資産階級之叛變（買辦階級與帝國主義結合），小資産階級之上層分子隨之，其下層分子（雖不免旁皇），則與工農仍從事於革命
此時共産黨中路綫亦開始分裂　　先是共産黨派毛澤東至湖南考察農民運動　　其報告言農民之力甚大　　主張加强土地鬥爭　　而陳獨秀慮資産階級退出　　國民革命無由成　　反對與地主衝突　　是年四月二十四日共産黨在武漢開第五次全代會，毛澤東加强土地鬥爭之提案遂

未獲討論　　清黨後工農皆遭解散　　八月七日共產黨開緊急會議清除陳獨秀（自此進行合法運動後遂出黨）　　決行土地革命以武裝反抗國民黨　　以鄉村包圍城市之論亦起於此　　是歲八月一日賀龍（獨立第十五師）、葉挺（第十一軍第二十四師）、朱德（教導團）起義於南昌，後以是爲建軍節　　後走潮汕　　十二月十一日葉劍英（教導團）又起義於廣州（葉挺爲總司令）亦不克　　而毛澤東秋收起義，自湖南入江西寧岡縣之井岡山焉

寧漢之分裂也　　孫傳芳乘之反攻至龍潭，爲國民軍所敗　　（十七年［一九二八］）國民軍再北伐　　四月取濟南，日人起而阻撓，我軍繞道北伐張作霖遂出關　　六月三日遇炸死於皇姑屯　　十二月張學良宣言易幟　　國民政府形式上遂統一

蔣政府之統治，乃大地主大資產階級之統治，包括地主買辦（江浙財閥其尤），官僚軍閥流氓　　對外則投降帝國主義　　對內則厲行法西斯，戕殺無辜（工農青年）　　重稅大借內外債從事內戰（十九年與閻、馮戰尤劇）

共產黨則於（十七年［一九二八］）七月開第六次全代會　　否認陳獨秀之投降與軍事上之盲動　　而決定方針爲非進攻而爭取羣衆　　毛澤東制定戰術曰：敵進我退，敵駐我擾，敵疲我打，敵退我進

（二十年［一九三一］）十一月七日第一次蘇維埃大會在瑞金召開，舉毛澤東爲主席，朱德爲紅軍總司令

（十八年）（一九二九）經濟大恐慌作　　世界風雲益急　　內之則厲行法西斯，外之則肆行侵略　　（二十年［一九三一］）九・一八變起　　（二十一年［一九三二］）復有一・二八之變　　（二十二年［一九三三］）日占山海關　　陷熱河　　進攻長城各口　　結果立塘沽協定　　畫冀東爲非武裝區　　我不駐兵彼亦撤退至長城綫　　然至二十四年（一九三五）日復藉口中國軍隊侵入非武裝區，結果立何梅協定，取消河北平津國民黨黨部　　撤退河北駐軍　　十月殷汝耕遂立冀東防共自治政府　　內蒙德王亦與日人勾結，欲立自治政府　　蔣則設冀察政務委員會，畫冀察平津別爲一區　　儼然承認其地之特殊焉　　是歲意侵阿比西尼亞，世界風雲益急已

第十六章　國共第二次合作

蔣於此時方注意於所謂剿共　　（十九年［一九三〇］冬）與閻、馮大戰方畢，（二十年［一九三一］五月）（七月）（二十一年［一九三二］六月）（二十二年［一九三三］十月）圍攻者五次皆不克　　而第五次紅軍或輕敵主迎戰地遂日蹙，（二十三年［一九三四］）九月紅軍乃西征，歷福建、廣東、湖南、廣西、貴州、雲南、四川、西康　　（二十四年［一九二五］）十月達陝北（時張國燾主走新疆，毛主至陝北抗日）

先是中共屢表示抗日之意　　及在西征途中，又在遵義開會　　決定抗日之旨（廿四年［一九三五］一月），又發表宣言（八月）（求國停內戰，全國不分階級黨派，合組國防政府）　　既抵陝北又修改土地政策（十二月）（二十五年［一九三六］）（五月）發停戰議和一致抗敵宣言　　旋停止對國民軍攻擊　　於是國民黨軍隊亦動搖　　蔣中正自至陝西督張學良東北軍、楊虎城西北軍剿共，（十二月）（十二日）張、楊執之　　是時日橫行太甚，英美亦忌之　　蔣亦思倚英美以抗日　　日欲中國大戰乘機入犯　　何應欽倚之下令討伐，派飛機往西安轟炸　　英、美不欲混戰，主對張、楊和平　　孔、宋主之，中共調停其間，（二十五日）張學良送蔣回南京

是年德意干涉西班牙內戰

第十七章　抗　日　戰　争

（二十六年［一九三七］）（一月）國民黨開三中全會　　共産黨提出抗日合作：
　　（一）停一切內戰，（二）釋放政治犯，（三）給人民言論集會結社自由，
　　（四）召開各黨各派各軍各界代表會議　　共亦停止：（一）對國民黨之
　　武裝鬥爭，（二）及沒收土地　　國民黨通過接受合作
（七・七）盧溝橋變起　　（八・一三）上海戰事起　　改紅軍爲八路軍，在南
　　方者爲新四軍　　（九月）中蘇訂互不侵犯條約　　（自八月至十一月）
　　河北、山西、歸綏、山東皆陷　　（十一月）上海陷　　（十二月）南京陷
（二十七年［一九三八］）有臺兒莊之捷，然徐州終陷（五月十九日），國民黨乃
　　炸鄭州東北花園口黃河大堤，乃得阻止日軍　　日人溯江西上，又以海
　　軍攻廣州　　（十月）廣州陷　　武漢亦後撤
此時或悲觀，或持速勝論不勝亦流入悲觀，毛澤東作論持久戰以闢之　　而
　　在敵後建立根據地（最後有十九處，見胡書二四〇頁）
蔣政府則把持參政會（本亦不過建議機關）壓迫民衆　　監視八路軍消耗雜
　　牌軍　　而其黨大發國難財　　英美仍做軍火買賣，其政策則冀中日兩
　　敗俱傷，出而壓迫日退讓中妥協而收漁人之利　　日則一方面欲安既得
　　之地，一方面近衛提出遠東新秩序及三原則：（一）中日合作，（二）共同
　　防共，（三）經濟提攜　　（十二月十八日）汪精衛走河內
（二十八、二十九年［一九三九、一九四〇］）日皆務掃蕩我敵後根據地　　（二
　　十八年［一九三九］）日出兵較大者一〇九次，用兵力至五十萬，小者不計
　　（二十九年［一九四〇］）（八月至十二月）我軍各路同時反擊（是爲百團大
　　戰），破壞鐵路一千里，公路一千二百里　　日之對蔣於（二十九年［一九
　　四〇］六月）陷沙市、宜昌　　時英法與德之戰已作（二十八年［一九三
　　九］五月）日迫之封鎖滇越滇緬兩路　　蔣顧限八路軍、新四軍悉撤至
　　河北

(三十年[一九四一])一月顧祝同襲擊新四軍於涇縣,俘葉挺,殺項英,蔣遂下
　　令取消新四軍(共以陳毅爲軍長)　　三月南京僞組織成,以汪爲主席
　　四月日陷寧、紹、福州　　蔣亦但云恢復七七前元狀而已　　此後且使
　　其軍隊投僞(謂之曲綫救國),合僞擊共　　如僞一旦崩,則就地反正而
　　拒共

(卅一年[一九四二])去年日以岡村寧次爲駐華總司令　　用兵力八十三萬
　　在彼所謂治安區者,實行連坐法、清鄉、路旁掘溝、築碉堡,對解放區則肆
　　燒殺　　八路軍自約四十萬減至三十萬　　人口自一萬萬減至五千萬
　　爲抗戰最困難之一年　　其對蔣管區亦陷浙贛全路(七月),且陷溫州

(三十三年[一九四四])蘇始反攻,美則越島進攻　　日乃圖打通大陸(三月)
　　陷鄭州洛陽(六月),陷長沙(八月),陷衡陽(十一月),陷桂林柳州(十二
　　月),至獨山乃敗退　　然南寧與越北會師

共提改組國民政府及統帥部,成立民主聯合政府

(卅四年[一九四五])(五月八日)蘇入柏林　　(八月)美投原子彈(八日)蘇
　　出兵(十四日)日降　　蘇出兵之翼日,共即下令全綫反攻,而國民黨令
　　日勿降共　　(八月二十八日)毛至重慶,(十月十日)成《雙十協定》
　　召開政治協商會議　　共棄蘇南、皖中、皖南、浙江、湖北、湖南、河南
　　美(不放棄,不直接,而援蔣)　　使馬歇爾來

第十八章　解　放　戰　争

（卅五年［一九四六］）一月成停戰協定　　立軍事調處執行部於北平　　國
　共美（美爲主席）　　然東北除外，美空運兵至北，且供軍械　　政協雖
　開而無效　　時國正規二百萬　　其中四十五師美訓練全數四百三十
　萬　　共總百二十萬正規軍五十萬而已　　（五月四日）共決土地改革
　（卅六年［一九四七］九月發表土地法大綱草案）　　敵欲陷黃河山東，軍
　抽出合晉冀魯豫，中間突破入大別山，敵計遂破

（卅五年［一九四六］）（三月）蔣占瀋陽，（五月）入四平後取長春、吉林

（卅五年［一九四六］）蔣全面進攻　　（十二月）取安東

（卅六年［一九四七］）三月入延安

（五月）共軍反攻　　時陳毅戰山東　　蔣兩路向河北　　而劉伯承度河南
　向大別山　　陳賡、陳毅亦南下　　敵遂回軍　　（十月）共克石家莊

（十二月）共取四平、營口　　國棄吉林、守長春、瀋陽、錦州

（卅七年［一九四八］）（五月）取長春，（十月）殲廖耀湘，（十一月）二日取瀋陽
　師遂入關　　北取張家口

（卅八年［一九四九］）（一月卅一日）北平降

此時南已興淮海戰　　蔣師聚殲　　蔣引退　　李宗仁議和無成　　（四月
　廿日）共軍渡江　　（廿三日）入南京　　此路東至上海　　肅清蘇、浙、
　皖　　（八月）取福州　　林彪向漢，此路後殲敵衡、寶

彭德懷取西安（五月廿日），入甘肅、寧夏，（九月）新疆來歸　　（十月）自湘南
　向廣東取廣州　　（十一月）向廣西，（十二月）取邕寧　　（同時）自鄂
　西、湘西向川黔　　向川者取重慶　　向黔者入貴陽亦向川　　胡宗南
　自成都乘飛機逃（臺北）　　其軍向西昌、雅安，被圍殲　　雲南（一九五
　〇）（二月）入昆明

大同釋義

前　　言

　　《大同釋義》原名《中國社會變遷史》，撰寫于一九三三年暑假前，系一九三三、三四年間吕思勉先生在光華大學授課時的講稿。一九三五年夏，《文化建設（月刊）》主編以孔子學説爲題向吕先生征文，先生遂改此篇爲《孔子大同釋義》，交《文化建設（月刊）》雜志，於是年第一卷第十、十一期刊出。二〇〇九年四月，《大同釋義》收入上海古籍出版社“吕思勉文集”《中國文化思想史九種》（個別有删改）。《大同釋義》正文分八小節，現存有《文化建設（月刊）》的刊印稿；跋一篇，尚存有先生的手稿。此次我們將《大同釋義》收入《吕思勉全集》重印出版，按刊印稿重新做了校對整理，原注釋均改爲文中夾注，編者按語注於頁下，删改之處做了補正，又改正了刊誤和錯字，其他如行文遣句、概念術語等，均按先生原刊印稿或手稿刊印。

李永圻　張耕華
二〇一四年七月

目　　録

《文化建設月刊》編者以孔子之思想，徵文於予。夫孔子之思想，其大不可以一言盡也。抑後人之立説者，莫不自附於孔子，究之孰爲孔子之真傳？孰爲後人所傳益？又不易辨也。然今日闡發孔子之思想，所急尚不在此。蓋聖哲之立説，必因乎其時；即後人之所傳益者亦然。説之宜於一時者，未必其宜於異時，此泥古之所以病也。孔子治天下之法，具於《春秋》。《春秋》大義，在張三世。三世者：曰亂世，曰升平世，曰大平世，實與《禮記·禮運》大同、小康之義合。孔子謂世運之降，由大同入小康，由小康入亂世；欲逆而挽之，進於升平，更進於大平也。孔子教義，傳於後世，及後人所推闡者，皆以治小康之法爲多；其説不盡宜於今，遂爲今人所詆訾，若將大同之義，闡而明之，則其廣大精微，而無所偏黨，尚有非今人所能逮者，絕無陳舊不適於時之誚矣。然大同之義，非可以空言釋，非根據社會科學，闡明孔子思想之所由來，固無以服今人之心；抑非此，亦不足以闡明孔子之説也。茲篇之作，意在於是。學識陋劣，安能有當，尚望當代通人，惠而教之。民國二十四年五月，武進呂思勉自識。

一、論大同究實有其事抑係
孔子想望之談

　　大同爲治化最高之境，在今日已無疑義；所爭者，果爲往古實有之事，抑孔子想望之談耳。想望之談，原非必不可見諸實事，然較之曾見諸實事者，其難易終有間矣。故就此問題，加以討論，實於世人對大同之信心，頗有關係也。

　　大同之說，以予觀之，當係實事。諸子百家，論世運升降，多以皇帝王霸，分別隆汙；如《管子·乘馬》云“無爲者帝，爲而無以爲者王，爲而不貴者霸。”《兵法》云：“明一者皇，察道者帝，通德者王，謀得兵勝者霸。”又如《史記·商君列傳》，載商君見秦孝公，初說之以帝道，繼說之以王道，終乃說之以霸道。且皆同仞邃古之世，曾有一黃金世界；一也。孔子曰：“大道之行也，與三代之英，丘未之逮也，而有志焉。”鄭注曰：“志，謂識，古文。”此以識字釋志字；又申言之，謂所謂志者，即係古書也。識字讀。古文爲東漢人稱古書之辭，見王靜庵《漢代古文考》。三代之英，指禹、湯、文、武、成王、周公，皆實有其人；其事亦皆布在方策；安得論大同之世，獨爲想望之談？二也。人之思想，不能無藉乎境。所謂聖哲，亦其識高願弘，不論處何境地，總覺有所不足，而思有以改正之耳。謂其能超出境地之外，憑空樹一新說，無是理也。故大同必實有其事者也。

二、論大同之世當在何時

　　然則所謂大同者,當在何世邪?社會演進,自有定法。既仞大同之世爲實有之事,自當根據社會演進之理,求之故籍矣。

　　人類之仁暴,恆因其所處之境而異;而其資生之具,則食爲尤急。故社會學家分別演進之等級,有以其取得食物之法定之者。曰蒐集,曰漁獵,此取物以自養者也。曰牧畜,曰耕農,此育物以自養者也。蒐集之世,無足言已。漁獵之民,習於殺伐;然因食物不足,不能合大群,故不能爲大患。牧畜之民,生事已較饒足,然所需土地亦多;其所合之群較大;而便於移徙;又多兼業射獵,漁獵之世,殺伐之氣未消,而其技亦甚閒;故其人多好侵略,而其勢亦特強。惟農耕之民,所事既極和平,生計又最寬裕。有協力以對物,無因物而相爭。群之內甚爲安和,於群以外,亦不事侵略。社會最善之組織,乃於此出見焉。孔子所謂大同,蓋指此等社會言之也。

　　昔時言社會演進者,多謂人類之生計,必自漁獵進於牧畜,自牧畜進於耕農,其實不然。漁獵之或進爲牧畜,或進爲農耕,蓋亦視乎其地。以歐洲之已事言之:大抵草原之地,多進於牧畜;山林川澤之地,則進於農耕。吾國亦然。古帝事蹟,足以考見社會演進之跡者,莫如巢、燧、羲、農。巢、燧事蹟,見於《韓子·五蠹》篇,其爲漁獵之世,了無疑義。伏羲,舊説謂其能馴伏犧牲,故稱伏犧;又謂其能取犧牲,以充庖廚,故又曰庖犧;實皆望文生義。伏羲乃"下伏而化之"之義,見於《尚書大傳》。其時生計,則《易傳》謂其:"爲網罟以佃以漁。"《尸子》亦曰:"燧人之世,天下多水,故教民以漁;伏羲之世,天下多獸,故教民以獵。"其在漁獵之世,亦無足疑。"神農"二字,本農業之義。《禮記·月令》:季夏之月,"毋發令以妨神農之事。水潦盛昌,神農將持功"。神農氏亦稱烈山氏。烈山,即《孟子》"益烈山澤而焚之"之烈山,謂其起於湖北隨縣之屬山者,繆也。八蜡之祭,始於伊耆。伊耆氏或以爲堯,或以爲神農,皆農業始於神農時之證:繫世之職,掌於小史,其傳於後者,世次雖不完具,記載要非虛誣。燧人風姓,見鄭注《通卦驗》。伏羲亦風姓,其後有任宿,須句,顓臾,見《左氏》僖公十一年,神農姜姓,則其後裔之存者甚多,不勝徵引矣。繫世雖主記名氏世次,於行事之大者,亦不得無傳,如《史記‧夏殷本紀》,僅記傳授,蓋即本於繫世,然於殷代諸主,亦略記其時盛衰;又如大康失國,雖不言其所由,然亦言其"昆弟五人,須於洛汭"是也。假使風姓姜姓,嬗代之間,有如阪泉、涿鹿之役,古史不應無跡可求,今也不然。又《商君書‧畫策》篇曰:"神農之世,男耕而食,婦織而衣;刑政不用而治,甲兵不起而王。神農既殁,以彊勝弱,以衆暴寡。故黃帝内行刀鋸,外用甲兵。"此爲炎帝之族好和平,黃帝之族樂戰鬥之鐵證。炎黃之際,蓋古史之一大轉折矣。

有巢氏治石樓山,在琅邪南,見《遁甲開山圖》。燧人氏出暘谷,分九河,見《春秋命歷序》,魯有大庭氏之庫。爲神農遺跡,見於《左傳》。地皆在今山東。伏羲氏都陳,亦距山東不遠。漢族文明,蓋起黃河下游泰山兩側,正山林川澤之地。黃帝之族,蓋起於河北。黃帝邑於涿鹿之阿。涿鹿,張晏謂在上谷,蓋因漢世縣名傅會;不如服虔説謂在涿郡之可信。涿郡即今河北涿縣,正平坦宜於牧畜之區也。黃帝"遷徙往來無常處,以師兵爲營衛",其爲遊牧之族可見。東至海,西至空同,南至江,北合符釜山,亦非遊牧之族,不能有此遠跡。教熊羆貔貅貙虎,又可見其兼事射獵。阪、泉涿鹿之戰,蓋以野蠻獵牧之民,克文明農耕之民者也。

然黃帝雖以兵力,擊炎帝之族而破之,至於文明,則一切採自炎族。何以言之? 案吾國最古之文化,起自漁獵之世,而遞嬗於耕農之世,有誠證焉。明堂者,古政教之府也。明堂亦稱辟雍。辟即璧,玉肉好若一曰璧,蓋言水之周環。雍今壅字。西北積高,故稱雍州,則辟雍者,水中積高之處也。漢武帝時,公玉帶上《明堂圖》,水環宮垣,爲復道。上有樓,從西南入,名爲昆侖。見《史記‧封禪書》。古無島字,洲字即島字。州、洲同字,尤顯而易見。人所聚曰州,水中可居者亦曰洲,隆古島居可見。明堂之水環宮垣,築城之必鑿池,蓋皆其遺象也。古代一切政令,皆出明堂,讀惠定宇《明堂大道錄》可見。其要義,一言蔽之,在於順時行令。顏淵問爲邦,孔子首告以行夏之時,精意實在於此,非徒爭以建寅之月爲歲首也。夫順時行令,則農業國之要義也。農耕之世,政令之樞,實沿自漁獵之世,河南民族,爲自漁獵逕進於農耕,概可見矣。明堂者,唐虞之五府,夏之世室,殷之重屋。《史記‧五帝本紀》《索隱》引《帝命驗》。晚周之世,遺跡猶存。齊宣王問孟子:"人皆謂我毀明堂,毀諸? 已乎?"孟子曰:"夫明堂者,王者之堂也,王欲行王政,則勿毀之矣。"可見羲農之族,政教之府,仍爲黃帝之後所嚴畏。此爲黃族文化因仍炎族之最大端。又《世本作》篇,紀制度器物之原,十九皆在黃帝之世,雖曰古代傳言,率多不審,不足深考,然何以託之某人,某世,亦必仍有其由。凡諸制度器物,雖不必皆始黃帝時,而黃帝時之能盡其用,則較然可知。世豈有發明之事,如是其風起雲涌者哉?其必採自異族,無可疑矣。故炎族者,東方之希臘,猶太,黃族則羅馬也。

蚩尤姜姓,炎帝之族也。古書多言蚩尤作兵,而易傳言黃帝弦木爲弧,剡木爲矢,兩族文明程度之高低,亦於此可見。

　　古帝世系,可徵者蓋始黃帝,故《太史公書》,託始於是。黃帝,顓頊,帝嚳,身相接否,不易質言,然相去必不能甚遠。堯、舜、禹之相接,夏、殷、周之遞嬗,則無可疑者矣。顓頊、帝嚳兩代,無甚事蹟可考。黃帝以後,治化蓋以唐虞爲隆。《尚書》虞夏同科,治法當無大異。夏傳子與周同,殷人顧兄弟相及,類於後世之句吳,二者疑非同族。然興朝之治法,多取諸勝國,治化之同異,實與民族之同異無干,猶遼、金、元、清,薦居上國,未嘗不襲宋明之法也。儒書雜引四代之制,無不小異大同,羲農之族之治化,有演變而無廢墜可知。然則大同之世,雖文獻無徵,固可於小康之世之遺跡求之矣。

三、論大同之世之情形

大同之世之情狀，果何如乎？請據後世之事以推測之。

孔子述大同之制曰：“男有分。”分謂分地，蓋井田之制，爲大同之世之遺法也。土地之不容私有，理極易明；而其非可私有，亦事極易見。井授之法，特以耕作不容不分，故家界之以若干畝；非謂土地爲其所有，是以有還受之法焉。其授田也，與其謂畀之以業，毋寧謂責之以役。“肥饒不得獨樂，磽角不得獨苦，故三年一換主易居”，《公羊》宣公十五年《解詁》。蓋亦後世之事。何者？惟所穫皆藏於己，然後肥饒者見爲樂，磽角者見爲苦；若其不藏於己，則肥瘠皆公衆之肥瘠耳，何苦樂之有哉？

群之內土地之法如此，群與群之間，雖各有疆界，亦不相侵奪。《春秋》曰：“器從名，地從主人。器之於人，非有即爾。地之於人則不然，俄而可以爲其所有矣。”《解詁》曰：“凡人取異國物，非就有，皆持以歸。爲後不可分明，故正其本名。土地各有封疆里數；後王者起，興滅國，繼絕世，反取邑，不嫌不明；故不復追錄繫本主。”桓公二年。孟子謂慎子曰：“周公之封於魯，爲方百里也，今魯方百里者五，子以爲有王者作，則魯在所損乎？在所益乎？”《告子下》。國與國之疆界，原於部落與部落之疆界，侵奪者必歸本主，此古部落之間土地之法也。亦講信修睦之一端也。

田以外之土地，古人總稱爲山澤，無分賦之法，以其用之無須分也。其用之有定法當守，如數罟不入汙池，斧斤以時入山林是也。所以惜物力也。

簡易之器，人人能自爲之；其較難者，則有專司其事之人。《考工記》曰：“粵無鎛，燕無函，秦無廬，胡無弓車。粵之無鎛也，非無鎛也，夫人而能爲鎛也。燕之無函也，非無函也，夫人而能爲函也。秦之無廬也，非無廬也，夫人而能爲廬也。胡之無弓車也，非無弓車也，夫人而能爲弓車也。”注：“言其丈夫人人皆能作是器，不須國工。”東印度農業共產社會，木工、陶工、理髮工，各有專職，不事種植，禄以代耕，見波格達諾夫《經濟科學大綱》，施存統譯本。知後世之工官,原於古之共產社會也。此乃分職之一,非以牟利。

　　商業行於群與群之間。群之内皆公產。無所謂交易也。隆古社會,生活必須之物,率能自給。有求於外者,非凶荒札喪之日,則干戈擾攘之年。鄭之遷國,與商人俱,《左氏》昭公十六年。衛爲狄滅,文公通商;《左氏》閔公二年。即由於此。商人所求,皆大衆必須之物;而其求之也,又非以己之資本經營,而因以牟利;則是時之商人,特跋涉山川,蒙犯霜露,且冒寇盜侵略之危,爲其群服役耳。固消費者之友而非其敵也。商亦分職之一也。

　　《王制》曰:"冢宰制國用,必於歲之杪。五穀皆入,然後制國用。用地小大,視年之豐耗,以三十年之通制國用。量入以爲出。"所謂三十年之通者?下文云:"三年耕,必有一年之食;九年耕,必有三年之食。以三十年之通,雖有凶旱水溢,民無菜色,然後天子食,日舉,以樂。"《漢書·食貨志》曰:"三載考績,三考黜陟,餘三年食,進業曰登。再登曰平,餘六年食。三登曰大平,二十七歲,遺九年食。然後王德流洽,德化成焉。故曰:如有王者,必世而後仁。"知古之所謂大平者,不過有菽粟如水火而已。然人既受豢於群,而群之生計,寬裕如此,則真無一夫不獲其所矣,安得不謂之大平? 宰者,掌財政之官。自天子至於大夫皆如是。故《王制》制國用者爲冢宰,《周官》亦然;冉求爲季氏宰而爲之聚斂;《論語·先進》。孔子謂顏淵亦曰"使爾多財,我爲爾宰"也。《史記·孔子世家》。戰勝之族,賦斂之司,安能恤民如是? 其必大同之世制用之規,概可見矣。非徒通業力而合作,亦且合前後而通籌;自有贏餘,以備空乏,又安用攘奪他人爲哉? 此其所以能講信修睦也。

　　講信修睦之遺規,亦有可見者。一無遏糴。葵丘之盟,以是列於載書。《穀梁》僖公九年。《孟子·告子下》。晉饑,乞糴於秦,秦伯謂百里:"與諸乎?"對曰:"天菑流行,國家代有。救菑恤鄰,道也,行道有福。"《左氏》僖公十三年。此所謂道,蓋亦大同之世之遺也。二曰更財。澶淵之會是也。諸侯相聚,而更宋之所喪,曰:"死者不可復生爾! 財復矣。"《公羊》襄公十四年,《穀梁》義同。此猶今之保險,惟只彌補其損失,不須豫付保費耳。三曰代耕。孟子曰:"湯居亳,與葛爲鄰。葛伯放而不祀。湯使人問之曰:何爲不祀? 曰:無以共犧牲也。湯使遺之牛羊。葛伯食之,又不以祀。湯又使人問之曰:何爲不祀? 曰:無以共粢盛也。湯使亳衆,往爲之耕。"《滕文公下》。此在後世之人,非謂爲湯之陰謀,即以孟子爲誕謾。殊不知陰謀貴使人不覺,立說亦必求取信;如後世之俗,湯何以能使其民? 民安肯聽於湯? 若孟子妄爲此説,亦何以見信於人也? 則知代耕本古之所有;孟子時雖無其事,而古者曾有其事猶爲衆所共喻;故孟子於此,亦不如瞽叟北面之斥爲東野人之言,血流漂杵之有不如無書之歎也。此所謂力惡其不出於身,不必爲己者邪?墨子曰:"今有能信效孫仲容曰:"讀爲交。"先利天下諸侯者:大國之不義也,則同憂之。大國之攻小國也,則同救之。小國城郭之不全也,必使修之。布粟之絶則委之。幣帛不足則共之。"《非攻下》。齊桓公伐山戎以救燕;卻狄以存邢衛;合諸侯而城杞;戴公之盧於曹,歸之乘馬,祭服五稱,牛、羊、豕、雞、狗皆三百,與門材;歸夫人魚軒,重錦三十兩;猶其事也。而曷怪湯之於葛哉?然則所謂王霸之道者,皆大同之世,講信修睦之遺規之稍以陵夷者爾。

　　群與群之間如此,而況於群之内?《説文》曰:釂,"合錢飲酒也"。此即所謂群飲也。《酒誥》曰:"群飲,汝勿佚,盡執拘以歸於周,予其殺。"其嚴如此。然終不能絶也。漢世所謂賜酺者,即弛群飲之禁耳。以是爲惠,可見民樂群飲之深。其樂之深何哉?習不易變也。孟子述晏子之言曰:"師行而糧食。"糧同量。量食者,度其口實所需,餘悉歸諸官,趙宋之世所謂"括糴"也。在晏子時固爲虐政,然實計口賦食之遺,猶可想見隆古食物公有之制。日食皆仰於公,安用家家自爨?然則隆古之世,必曾有合群共食之時也。《詩》曰:"言私其豵,獻豜於公。"非謂小者可以自私也;小者爲一人所能盡,雖獻諸公,及其分賦,亦還以畀諸一人,則不如許其遂私有之耳。然而公産之制,稍以陵夷;有食無食,家家不同;美食惡食,人人而異;則合食之法,不復可行;然而飲酒所以取樂也,獨樂樂,不若與人;與少樂,不若與衆;是以合食之制雖替,群飲之俗猶存。群飲其合食之餼羊哉?合食之世,則所謂貨惡其棄於地,不必藏於己者也。如是,則其分賦,視其有求焉爾與否而已矣,不論其有功焉否也。所謂"食志"非"食功"也。《禮記·王制》曰:"瘖、聾、跛、躄、斷者、侏儒、百工,各以其器食之。"注曰:"使執百工之事。"殆非也。荀子亦有《王制》篇,與《禮記》相出入,但曰"五疾上收而養之"而已,不曰使執百工之事也。"食"字固有引申之義,《左氏》文公十八年"功在食民"是也。然則"百工各以其器食之",猶言百工各以其器共其用耳。一人之身,而百工之所爲備,雖瘖、聾、跛、躄、短者侏儒,無所闕焉,是則所謂鰥、寡、孤、獨、廢疾者皆有所養也。此必大同之世之遺規,至於後世,雖稍以陵夷,猶未盡湮滅者也。若必執百工之事而後食之,則亦其自養而已,而何謂收而養之哉?《樂記》曰:"强者脅弱,衆者暴寡,知者詐愚,勇者苦怯,疾病不養,老幼孤獨,不得其所,此大亂之道也。"雖小康之世病之,曾謂大同之世而有是乎?嗟乎!如《樂記》之言,雖號稱治平如漢唐,富强如今日之歐美,曷嘗能免於大亂之誚哉?

陳相道許行之言曰：“滕君，則誠賢君也。雖然，未聞道也。賢者與民並耕而食，饔飧而治，今也，滕有倉廩府庫，則是厲民而以自養也，惡得賢？”孟子譏之，此未達許子之意者也。蓋所謂政府者，有威壓之性質焉，有鰲務之性質焉。風俗既薄，人之以私害公者多，人與人亦日爭，政府乃不可無威權，而其事務亦日繁。若其不然，人人以善意相與，莫或背公黨私；人與人亦不相爭；外之則“鄰國相望，雞狗之聲相聞，民各甘其食，美其服，安其俗，樂其業，至老死不相往來”。據《史記·貨殖列傳》引。今見於《老子》書者，辭小異而意大同。案此特謂彼此不相爭門；亦不以相往來故，而風俗隨之而變耳。蓋兩社會相往來，而至於交受其弊，率由艷人之所有而思奪之；或者群起慕效他人，風尚大變，至於與舊習不相容。漢與匈奴通，匈奴時時入盜邊，而漢受其弊；匈奴變俗好漢物，爭著長城下，賈生乃欲以五餌之策制之，而匈奴亦受其弊。今者中西交通，西人恃其富强，以陵轢我，朘削我，我又從而慕效之，遂至國蹙民貧，不可終日。事與古異，理實相同。老子但謂無此患耳。非真不相往來也，不可以辭害意。無詐欺也，無爭奪也；雖並耕而食，饔飧而治，亦何不給之有。今偏僻之地，固猶有俗美風淳，終日無事，令長持坐嘯臥治者，豈得以南京、上海不然，而疑其無此事乎？烏桓大人，各自畜牧營產，不相侵役。《後漢書》本傳。吐谷渾無常稅，調用不給，乃斂富室商人，足而止。《晉書》本傳。古之選賢與能，亦若是則已矣。《周官》三年大比，使民興賢，入使治之；使民興能，出使長之。此持比長閭胥之類，在邃古則皆一部落之君長也。並耕而食，饔飧而治，夫何不可行？而亦安得有倉廩府庫乎？爲此説者，出於爲神農之言者許行，益知蕩然無等級之大同之世，乃古農業公產之小社會也。

大同之世之情形，可據後世之事推測者如此。

四、論大同之世如何降爲小康

假使地表之情形，只能營農業以自養，而畜牧射獵，皆非所許，則人類社會之情形，必與今日大異。何則？農耕社會，內安和而外信睦，戰鬥非其所樂，農耕社會之戰爭，主於守禦，所謂"重門擊柝，以待暴客"也。墨子非攻而主守禦，其遠原蓋在於此，即或征伐，亦必無係累殺戮之事。古有所謂義兵者，其說略見《呂覽·懷寵》、《淮南·兵略》兩篇，蓋亦此時代之事。《史記·司馬穰苴列傳》，謂《司馬法》閎廓深遠，雖三代征伐，未能竟其義，如其義，夫三代固已入於小康之世矣。使舉世而皆如是，則各社會相遇之時，或能有和平之法，以互相結合；而惜乎其不能也。有好和平之族焉，有好戰鬥之族焉，二者相遇，兵爭斯起。有兵爭則有勝敗；有勝敗，則有征服人者，有服於人者；而等級起，而德化衰矣。

黃族征服炎族，遺跡最易見者，厥惟國人野人之別。炎族古居洲渚，說已具前，黃族則似居山。黃帝邑於涿鹿之阿，其一證也。章太炎有《神權時代天子居山說》，蓋黃族之古制。古有畦田，有井田。井田行諸野，畦田行諸國中。故孟子說滕文公，"請野九一而助，國中什一使自賦，卿以下必有圭田"，圭田即畦田，亦受諸國中者也。國中行畦田，野行井田者？野平正而國崎嶇也。古者"國主山川"，《國語·周語》。故曰："王公設險以守其國"；《易·坎卦象辭》。故曰"域民不以封疆之界，固國不以山谿之險"也。《孟子·公孫丑下》。國必居山險者？征服人之族，於此屯聚自守，而使所征服者，居四面平夷之地，任耕種，出稅賦焉。古者兵嘗近國都，故陽虎作亂，壬辰戒都車，令癸巳至。說本江慎修，見《群經補義》。今文家說：天子畿方千里，公侯皆方百里，伯七十里，子男五十里；天子公侯之國，百倍相懸；而其兵，則天子六師，方伯二師，諸侯一師，三倍或六倍而已。古文家說：公方五百里，侯四百，伯三百，子二百，男百，則天子地四上公而百男，然王六軍，大國三軍，次國二軍，小國一軍，兵數之多少，亦與封土大小不相應。蓋大國之所多者爲農民，其本族任戰之民，相去初不甚遠也。《周官》之制：五家爲比，五比爲閭，四閭爲族，五族爲黨，五黨爲州，五州爲鄉。其兵制：五人爲伍,五伍爲兩,四兩爲卒,五卒爲旅,五旅爲師,五師爲軍。蓋家出一卒。此任戰之民,以什伍制之,其本,征服人之族也。《尚書大傳》:古八家而爲鄰,三鄰而爲朋,三朋而爲里,五里而爲邑,十邑而爲都,十都而爲師,州十有二師焉。此野鄙之民,因井田制其邑居,不與征戍;其本,服於人之族也。夫野鄙之民,非不任戰也,特不用以征戰,僅使保衛本地方爾。如鞌之戰,齊侯見保者曰:"勉之,齊師敗矣!"此猶今日大軍戰敗於外,勉民團以自守也。戰鬥之事,悉由戰勝之族任之,此猶高句麗之俗,"有敵,諸加自戰,下戶儋魚米飲食之"矣。故曰"四郊多壘,卿大夫之辱;地廣大,荒而不治,士之辱"也。《曲禮》士初指戰士,其後則大夫以上世官,戰勝之族爲之;士無爵,由農民中選舉,《周官》興賢興能之制是也,可參看《癸巳類稿·鄉興賢能論》。服於人之族,雖不事征戰,然兵賦實其所出,今文家言:十井出兵車一乘,《公羊》宣公十五年,又昭公元年《解詁》。古文家據《司馬法》,而《司馬法》又有兩說,一說以井十爲通,通十爲成,成十爲終,終十爲同,《周官·小司徒》鄭注。又一說以四井爲邑,四邑爲丘,四丘爲乘,鄭注《論語》"道千乘之國"用之,見《小司徒》疏。雖爲法不同,而其與井田相附麗則一,可見賦爲野人所出。然利器不以界之,故僅寓兵於農,世多以寓兵於農,爲以農夫爲兵,此誤解也。寓兵於農,乃謂以農器爲兵器。其制,詳見《六韜·農器》篇。此自野人言之,可謂藉寇兵齎盜糧矣。古者野無守禦,故列國兵爭,大軍入境,輒直傅國都;而攻圍大邑,歷時始下如長葛者,則《春秋》重而書之。《公羊》隱公五六年。此野人之所以易制也。屬王暴虐,起而逐之者國人,以其故爲戰士。若野人,則"逝將去女,適彼樂土",以逃亡圖苟免而已。三代以前所以無叛民也。陳勝之起,賈生說爲揭竿斬木。漢世大盜,猶多先刧庫兵。江慎修曰:"齊有士鄉,其中賢能者,有升選之法。"亦見《群經補義》。此即《周官》三年大比興賢興能之制。蓋古惟戰士可以入仕,農工商皆不然也。士、仕實一字。詢國危,詢國遷,詢立君;皆曰賢然後察之,見賢焉然後用之;皆曰不可,然後察之,見不可焉,然後去之;皆曰可殺,然後察之,見可殺焉,然後殺之。與政治者,亦皆以國人爲限,未問謀及野人也。此自大同降入小康所生之等級也。

炎黃二族,社會之組織,亦本有異。周家特重適長,殷法則弟兄相及,其後吳人猶行之;楚國之舉,恆在少者;《左氏》文公元年。知南方之族,不甚嚴宗法也,然宗法非始於周也。世謂宗法始於周者?(一)以自殷以前,其制無可徵。(二)則殷既兄弟相及,五帝又官天下,然君位之承襲,本與家族承襲之法,不能盡符。女真非無傳子之法,而生女直部族節度使之承襲,太祖以前,皆以景祖之命定之。蒙古大汗之立,與其家族承襲之法無干,則尤易見矣。故五帝之官天下，不能爲其時無宗法之徵。況夏人固父子相傳矣。又周世宗法，制極嚴密，亦非行之未久者所能至也，然則宗法蓋黃族所固有，民之初生，必以血脈相搏結。始焉，凡血脈相承者，皆搏結爲一，是爲姓。不論其從女抑從男。後稍析而爲家。家之大小，略有一定。蓋不獨親其親，不獨子其子之風既逝，則老者非其子莫之養，幼者非其父母莫之長；而人之情不能無妃匹；是以一夫上父母，下妻子，家人之數，率自五口至八口。然此五口至八口中，强壯善戰鬥者，惟一夫耳。有血脈之親者，臨事相集，素無統率；亦又心力不齊，不能必集；故無宗法之制者，戰鬥之力，不能甚强。有宗法者則不然。小宗五世而遷，所統率者已非寡弱；大宗百世不遷，則所統彌衆矣。試讀《禮記·文王世子》一篇，則知周天子之有庶子官，其初蓋專以訓齊其族人，與異族競爲務。《禮·喪服傳》曰："禽獸知有母而不知父。野人曰：父母何算焉？都邑之士，則知尊禰矣，學士大夫，則知尊祖矣。諸侯及其大祖，天子及其始祖之所自出。"此古征服人之族有宗法，所征服之族無宗法之證。炎黃成敗，此其大原矣。宗法之制，有分土，無分民。戰勝之族之酋豪，使其子弟，統其所征服之衆，舜命象，"惟兹臣庶，女其予於治"是也，故知封建之原，所由來者遠矣。特使分治理之勞，其統率之權仍在。故古卿大夫多以私甲從王事；諸侯之勤王，其事殊，其義一也。後屬疏遠，相攻擊如仇讎，然其初，固已收指臂之效矣。百足之蟲，死而不殭，周之東遷，晉鄭焉依其事也。

男女之不平等，亦以黃族爲甚。孔子論大同之世曰："男有分，女有歸。"則男子實爲權利之主，女子特有所依附耳，亦非全平等也。然以視小康之世，則逈不侔矣。古者一群之中，男女無適儷匹，其相媾合，惟論行輩而已。是以民知其母，不知其父也。其後蓋以爭色致鬥亂，而同姓不昏，乃懸爲屬禁。《禮記·郊特牲》："取於異姓，所以附遠厚別也。"此爲同姓不昏之真原因。"男女同姓，其生不蕃"等説，皆借以恐怖人，以行其教令而已。異姓之昏，在農耕社會爲聘取，在遊牧社會，則爲刼略，《世本》言伏羲始制儷皮爲嫁娶之禮，譙周亦云然。見《禮記·昏義》疏。此即六禮之納徵。六禮多用雁，雁守一雌一雄之法最謹，知羲農之族，本無妾媵之制。《鹽鐵論》謂古者一男一女，而成家室之道，蓋指是時也。《散不足篇》，古書言一夫一婦者，予所見惟此一條蓋其制破壞久矣。黃族則不然。黃帝二十五子，而得姓者十有四人，其多妻婦可知。堯以二女妻舜，實即以姪娣從之制，《堯典》重堯女舜，故不及其姪耳。帝嚳四妃，見《禮記·檀弓》"舜葬於蒼梧之野"注。文王則百斯男，無不以多妻婦多子孫相誇耀者，何譏於後世之羌與匈奴也？《記》曰："繋之以姓而弗別，綴之以族而弗殊，雖百世而昏姻不通者，周道然也。"足見殷代昏姻之制，與周不同。楚王妻妹，《公羊》桓公二年，楚有江芉，見《左氏》文公元年。吳亦以女女魯昭公。蓋三苗立國江域，殷人亦化被九夷，故南東之國，禮俗猶與周異。觀其同姓不昏之禁，不如周人之嚴，則知其略取妻婦之風不甚，同姓昏媾，卿或聘諸名族，妻皆與我匹敵，男女之間，無由不平等，亦無由多得妻婦也。以力劫掠，斯不然矣。女謁之禍，不絕於後世，儻亦黃族野蠻之俗，有以使之然歟？

凡此，皆足見黃族之文化，本不如炎族；而戰勝之後，又頗壓制炎族，封豕長虵，薦食上國，以理揆之，古代文化之區，且將黯無天日，然不至是。自西周以前，雖暴君代作，而亦有其治平之時；以大體論，猶克稱爲小康者？則以野蠻民族，陵暴文明民族，一時雖肆其凶燄，究不能搖動其社會組織之根柢；閱時稍久，凶燄衰而文化之力復張，則野蠻民族，且去其故俗，而自同於文明民族矣。遼、金、元、清之同化於中國，職此之由。黃族之漸化於炎族，亦若是則已矣。

孟子曰："夏后氏五十而貢。"又引龍子曰："貢者，校數歲之中以爲常。樂歲，粒米狼戾，多取之而不爲虐，則寡取之；凶年，糞其田而不足，則必取盈焉。"此制自後人思之，殊不可解。然亦何難解之有？此乃戰勝者，責令所征服之地，按年包納租稅若干，而其他皆非所問耳。可謂無功而受祿矣。然亦以此，而所征服之族固有之良法美意，得以保存而弗失。舉此一端，餘可推測也。

戰敗之族困苦之深，必由戰勝之族朘削之甚。然自西周以前，即孔子所謂禹、湯、文、武、成王、周公之世者，則此弊尚不甚烈。蓋戰勝之族，多起瘠薄之區，其人本習於儉；儉者之不可使遽奢，猶奢者之不可使遽儉也。《詩》曰："曾孫來止，以其婦子，饁彼南畝，田畯之喜。"鄭箋以爲成王與其后、太子巡行南畝，饟食農夫與田畯也。後人多疑之，其實此何足疑？周之初，亦西戎間小國耳，此事固理所可有，讀《金史·昭肅皇后傳》，則知之矣。昭肅后，唐括氏，景祖后，《傳》曰："景祖行部，輒與偕，政事獄訟，皆與決焉。景祖歿後，世祖兄弟，凡用兵，皆稟於后而後行，勝負皆有懲勸。農月，親課耕耘刈穫。遠則乘馬，近則策杖。勤於事者勉之，晏出早歸者訓勵之。"不獨此也，孟子引晏子之言曰："天子適諸侯曰巡守。""春省耕而補不足，秋省斂而助不給。夏諺曰：吾王不遊，吾何以休？吾王不豫，吾何以助？"然則巡守之初，亦係勸農之政，特如朱梁之世，張全義之所爲，至於方岳之下而朝諸侯，蓋遊牧之族酋長之所爲，非羲農之族所有，故其說僅著於《堯典》焉，堯北教八狄；舜野死蒼梧；禹會諸侯於塗山，歿葬會稽；五帝三王之間，多有遠跡，其後遂不聞有是，以去遊牧之世遠，不復能以師兵爲營衞，遷徙往來也。穆王欲肆其心，周行天下，則欲行黄帝、舜、禹之事者也。巡行田野，勸農聽訟之遺規，則未嘗廢。故夏有遊豫之諺，成王有饁農夫田畯之事焉。召伯行部而聽訟於甘棠之下，亦猶金景祖行部而決獄訟耳。古聽訟本於棘木之下也。此豈如後世之人君，深居宮禁之中，能極萬方玉食之奉者哉？又不獨此也。孟獻子曰：“畜馬乘，不察於雞豚，伐冰之家，不畜牛羊，百乘之家，不畜聚斂之臣。與其有聚斂之臣，寧有盜臣。長國家而務財用者，必自小人矣。彼爲善之，小人之使爲國家，菑害並至，雖有善者，亦無如之何矣。”朘削不已，終至自斃，此古征服之族，所鑑觀遂事，深引爲戒者也。又不獨此也，戰勝之族，必有剛健不溺晏安之德焉；亦必有哀矜惻怛，不忍所征服之族之仁焉。彞秉之良，人所同具，固不能至於戰勝之族而絶無；此在上者所以能行仁政之原也。凡此，皆所以限制戰勝之族之誅求，使不至於過甚者也。

　　益進，則征服之族，且將慕悦所征服之族之文明，而捨己以從之焉。孔子之告賓牟賈曰：“獨未聞牧野之語乎？武王既克殷，反商，未及下車，而封黄帝之後於薊，封帝堯之後於祝，帝舜之後於陳，下車而封夏后氏之後於杞，投殷之後於宋。封王子比干之墓，釋箕子之囚，使之行商容而復其位，庶民弛政，庶士倍禄，濟河而西，馬散之華山之陽而弗復乘；牛散之桃林之野而弗復服；車甲釁而藏之府庫而弗復用；倒載干戈，苞之以虎皮；將帥之士，使爲諸侯，名之曰建櫜；然後天下知武王之不復用兵也。散軍而郊射，左射貍首，右射騶虞，而貫革之射息也。皮弁搢笏，而虎賁之士説劍也。祀乎明堂，而民知孝；朝覲，然後諸侯知所以臣；耕籍，然後諸侯知所以敬；五者，天下之大教也。食三老五更於太學，天子袒而割牲；執醬而饋，執爵而酳；冕而總干；所以教諸侯之弟也。”其言武王克殷，偃武修文之速，容或失之太過。然周公東征，製禮作樂，然後歸政，上距克殷之時，亦不過十稔耳。其慕效大邦殷之文明，亦可謂亟矣。武王周公之營雒，得毋有元魏南遷之意邪？夫周之作五官有司，而邑別居其民，乃自古公以來耳。然則前乎此，雖曰后稷、公劉，世隆農業，實誠如蘇子瞻之言，與狄人無以異也。而知自進於文物聲明，如此其速，則知黄帝之族，慕效羲農之族之文明非難也。《荀子》曰：“父子相傳，以持王公；三代雖亡，治法猶存，官人百吏之所以取禄秩也。”《榮辱》。知戰敗之族之治法，爲戰勝之族所保持者多矣；有賢王作，舉而措之，猶反掌也，《春秋》通三統之法，由此來也。抑《春秋》之義：諸侯用夷禮則夷之，進於中國則中國之。然則當時之蠻夷，自同於上國者多矣。匈奴、鮮卑、突厥、女真、蒙古之倫，所由一入中國，而遂泯然無跡也。觀於今，固可以知古也。

《記》曰：「禮無不答，言上之不虛取於下也。上必明正道以道民。民，道之而有功，然後取其什一。故上用足而下不匱也。是以上下和親而不相怨也。」《燕義》。只此數語，君民之故爲兩族，躍然紙上，知是義也，則上必有勞而後可以食於下，以視五十而貢之世，歲之豐凶，民之飢飽，悉非所問，惟責其歲納租稅若干者，逈不侔矣。又進，則君亦盡於天官之責，而爲社會筦百事之樞焉。《荀子》曰：「君者，善群也。群道當，則萬物皆得其宜，六畜皆得其長，群生皆得其命，故養長時則六畜育；殺生時則草木殖；政令時則百姓一，賢良服，聖王之制也；草木榮華滋碩之時，則斧斤不入山林。黿鼉魚鼈鰌鱣孕別之時，罔罟毒藥不入澤，春耕，夏耘，秋收，冬藏，四者不失時，故五穀不絕，而百姓有餘食也。汙池淵沼川澤，謹其時禁，故魚鼈優多，而百姓有餘用也，斬伐養長，不失其時，故山林不童，而百姓有餘材也。」《王制》，古書中此類甚多，此特引其一而已，《淮南·主術》、《史記·貨殖列傳序》等皆可參看。此皆大同之世固有之良規，世及爲禮之大人，引爲己任，而修明之保守之者也。記曰：「先王能修禮以達義，體信以達順。」《禮運》。其斯之謂歟？

《記》曰：「歲之成，百官齋戒受質，然後休老勞農。」《王制》。又曰：「孟冬之月，天子乃祈來年於天宗，大割祠公社及門閭，臘先祖五祀，勞農以休息之。」《月令》。又曰：「蜡也者，索也；歲十二月，合萬物而索饗之也。黃衣黃冠而祭，息田夫也。既蜡而收民息己，故既蜡，君子不興功。」《郊特牲》。此古者農功既畢，施惠於民之事，所謂「百日之蜡，一日之澤」也，《雜記》。又曰：「祭者，澤之大者也，是故上有大澤，則民夫人待於下流，知惠之必將至也。」《祭統》。此國有慶典，施惠於民之事也。雖上之所施，固爲下之所有，奪之而又以施之，近乎朝三暮四，然此亦充類至義之盡之言，終勝於屯其膏而不施者矣。

然則是時也；井田之制仍存。山澤猶爲公有。文王之囿，芻蕘者往焉，雉兔者往焉是也。《王制》：「名山大澤不以封。」注：「與民同財，不得障管。」蓋封建之制初行時猶如此。工官制器，以共民用，非以矣利也。商業，大者猶行諸國外；其在國中者，《考工記》「匠人營國，面朝後市」是也，《孟子》言「市廛而不稅」。所謂廛，蓋國中之地。則監督之者甚嚴；《王制》「有圭璧金璋」一節是其遺制。在田野者，則何邵公所謂「因井田而爲市」，《公羊》宣公十五年《解詁》。孟子所謂「求龍斷而登之」之賤丈夫，《周官》所謂販夫販婦者耳，固不能牟大利。自士以下，至於府史胥徒，祿亦僅足代耕，除有土之封君外，固無甚貧甚富之差，雖多一寄生之蟲，病狀猶不甚劇也，夫是之謂小康。

五、論小康之治如何降爲亂世

　　《莊子》曰："藏舟於壑，夜半，有力者負之而走。"《齊物論》。社會之遷流，夫固非人所能逆睹；抑且身丁其境而不自知哉！

　　野蠻民族，侵犯文明民族，自當時視之，固爲一大變，然不久而患即平，何也？社會之根柢，未嘗動搖，則其組織不生遷變；野蠻民族，既欲入居文明民族之中，而享受其所有，其勢即不得不順從其組織，而與之俱化也，至於社會之組織，自起變遷，而其勢非復如此矣。

　　社會組織之遷變，何自起哉？則起於交通日便，生齒日繁，通工易事之範圍，隨之而日擴。從來論世風之升降者，每致慨於民德之日澆。其實民之秉彝，古今一也，而何以古人仁而後人暴？古俗醇而末俗澆？則必有使之然者矣。蓋古者社會小，易以人力控馭，故其組織，皆足當今人之所謂合理。Rational。後世則體段太大，控馭無從，遂一聽其遷流之所至也，人莫不隨所處之境而轉移。處於合理之社會中，居心自不得不善。而不然者，則亦將如江河之日下而不可遏止。故風俗之澆醇仁暴，社會之組織實爲之；而社會組織之不善，亦可云人之智力不逮，僅能控馭其小者，而不能控馭其大者使然也。古代農業社會，有所需求，率由自給。一社會中，分職如何，至易見，亦至易定也。隆古之世，人有協力以對物，而無因物以相爭，人處此境界中，自私之心，固無由而起。及生齒繁而拓地廣，交通便而來往頻，則各甘其食美其服之社會，遂不免互有關係。古之公產，公諸部落之內，非公諸部落之外也。部落之內，人受豢於群，作務亦皆以爲群，至於部落之外，則有所取必有所以爲酬，而貿易之事以起。人孰不欲多得利？不相往來之世，某物必須自造，某物當造若干，著爲定則，確不可易者，至此，則可不造而求諸人，或多造以與人易；向者之分職，遂不復合理，而漸次隳壞於無形。又人莫不愛異物。當不相往來之時，所見者皆習見之物，貪求之心，無自而起也；至於與異部落接，而異物日呈於目，則有勃然不能自遏者矣。人之好異物，自古已然。歷代嶺南官吏之所以多貪污，原

388

因固多,多見異物,亦其一也。《禮記·禮器》曰:"三牲魚腊,四海九州之美味也。"以多致遠方之物爲孝,則三代以前,已如此矣。夫公産之世,無所謂私産也。且無私産,何從有私産之禁?與異部落接,愛其異物,遂不免多造本土之物,以與之易;所易得者,自然爲所私有;於是公産社會之中,有私産者漸多。至於固有之分職,破壞已盡,則人不能受養於群;其所作爲,亦非以爲群;交易之事,向僅行諸部落外者,今遂行諸部落之中;向僅以屬貪求之欲者,今遂非此不能生活。人人當勞力以自養,人人莫或顧恤人,遂變爲貨力爲己之世界矣。夫能壞人心術者,莫交易若也。赤子之心,不知人我之別也,使之適市,賣者多所求焉,買者則靳之;人之厚,則我之薄也;人厚若干,則我薄若干,其數適相當也,再三往焉,而人己利害之相反,昭然若揭矣。此等教育,既有私産以後,人人童而習之;少成若性,習貫自然,此其壯而行之,所以造次必於是,顚沛必於是也。豈無一二賦性獨厚之人;以人之利,爲己之利;以人之害,爲己之害?然此等人胡可多得?其滔滔者,則皆惟利是視而已。有權力者,遂不恤糜爛其民而戰之,所謂"謀用是作,而兵由此起"也。古代論兵爭者,咸以爲出於人之情性,所謂"自含齒戴角之獸,見犯則校,而況於人"也。然以爭利而動者,實亦甚多。墨子非攻,所以斤斤計較於所得所喪之多寡也。孟子曰:"爭地以戰,殺人盈野;爭人以戰,殺人盈城;此所謂率土地而食人肉。"其説亦隱與墨子相通矣。爭利不必土地,人民、金玉重器亦昔人所視爲利,列國兵爭,率以略得免,即由於此。虞公以寶劍亡身,囊瓦以裘馬覆國,讀史者莫不笑之;然今之好骨董,愛飾物者,果有虞公、囊瓦之權力,能保其不爲虞公、囊瓦乎?郅治之極,必貴清静寡欲,亦自有至理也。

財之爲用,語其究竟,終在消費,此理之自然也。世之先貧後富者,怵於貧而習於儉,恆斤斤不敢自肆,然飲食服用,終必有逾於初,即由於此。一再傳後,創業之艱難,已非後人所深悉;而人之情,由儉入奢易,由奢入儉難,始焉視爲奢侈者,繼則以爲當然矣;寖假明知其奢而不能自克矣;淫昏之子,又有不知奢之爲惡;或雖知之而肆行無忌者;此其所以始漸陵夷,終若山頹也。古代貴族,降而愈侈,亦由於此。其人既有權力,則有所不足於己,必也虐取於民,而大同之世之遺制,爲所破壞者多矣,井田其一也。

井田之制,非必暴君污吏之所破壞也,而不能不謂暴君污吏,有以促其成。何也?夫人私心既起,則凡物皆欲據以自私。土地者,利之原也,安得不思私之乎?然土地之不可私,理至顯也,亦安敢遽私之乎。此則暴君污吏,有以助之矣。古者阡陌溝洫,占地甚多。生齒既繁,土田稍感不足,則不免稍破壞之,此本君與吏之所當禁;然爲君與吏者,或利土地闢而税收可多;或又侵奪人之土田,於封疆亦利改造;則陰許之,且陽唱率之矣。世皆以開阡陌爲商鞅咎,然自秦以外,井田誰實破壞之邪?故知當時,壞井田之民,及許民壞井田之暴君污吏，徧天下矣。古之民，十九以農爲業，井田壞，地權不均，農乃失職矣；乃有所謂閑民。乃有離鄉輕家，如鳥獸者；而民乃不可治，而風化乃日壞。

山澤故公有也，後乃障管焉，《管子》之官山海是也。《管子》之官山海，其意固以爲公，然必先有障管山澤者，而《管子》乃爲是言；而其時之障管山澤者，其意非以爲公，則彰彰明甚也。何也？漢世山澤，自天子至於封君，各自以爲私奉養，苟非晚周之遺法，漢人其敢一旦行之哉？人君障管山澤，不能自用之也，乃或以賜佞幸，如漢文帝以銅山賜鄧通。或利饋獻，以賜企業之家，如戎王多與烏氏倮畜，畜至以谷量。必不徒賜之畜，蓋其量畜之谷，亦取之戎王矣。其地遂漸入私家之手。《史記·貨殖列傳》所載事牧畜、種樹、煮鹽、開礦之人是也。古之侵民地者，多以供遊樂馳騁，孟子所謂“壞宮室以爲汙池，棄田以爲苑囿”是也。齊宣王郊關之内，有囿方四千里，殺其麋鹿者，如殺人之罪，猶是如此。此等苟有賢君，弛以與民易耳；爲企業之家所據，則難變矣。董仲舒謂漢世富人，田連阡陌，又專川澤之利，筦山林之饒，由此也。

工官之制，亦稍廢壞。蓋新器日出，不必皆由官營；其舊有者，或不給於用；或雖給用，而不如私家所造者之良；則國工稍以陵夷，而私家之業製造者顧日盛。漢世郡國，有工官者無幾，可見考工之制久廢也。王莽行六筦之詔曰：“夫鹽，食肴之將。酒，百樂之長，嘉會之好。鐵，田農之本。名山大澤，饒衍之藏。五均賒貸，百姓所取平，仰以給澹。鐵布銅冶，通行有無，便民用也。此六者，非編户齊民，所能家作，必仰於市。雖貴數倍，不得不買。豪民富賈，即要貧弱”，蓋不能家作之具，皆有人焉，起而經營之矣，漢世所謂商人者，其中實多工業家，鹽鐵酒酤，其最顯者也。

其專以買賤賣貴爲事者，是爲名副其實之商人。《管子》曰：“歲有四秋，農事作爲春之秋。絲纊作爲夏之秋。五穀會爲秋之秋。紡績緝縷作爲冬之秋。物之輕重，相什而相百。”《輕重乙》。又曰：“歲有凶穰，故穀有貴賤；令有緩急，故物有輕重。然而人君不能治，故使蓄賈遊於市，乘民之急百倍其本。”《國蓄》。所謂令有緩急者，古稅斂多以實物，上以是求，下不得不以是應，而或非其所有，則不得不求之於市，《輕重甲》篇所謂“君朝令而夕求具，有者出其財，無者賣其衣屨”者也。古惟王公貴人之家，爲能多所蓄藏；如《管子》謂丁氏歲粟，足食三軍之師，見《山權數》篇。又商賈所挾珠玉金銀等，惟王公貴人，爲能消納之；故商人多與王公貴人爲緣。子貢結駟連騎，以聘享諸侯，非必以其官而尊之，亦由平時本有交接也，晁錯謂當時商人，交通王侯，力過吏勢，由此。

商人非徒買賤賣貴也，亦兼爲子錢家。《管子》曰：“使萬室之都，必有萬鍾之藏，藏繦千萬；便千室之都，必有千鍾之藏，藏繦百萬；春以奉耕，夏以奉耘；耒耜械器、種饘糧食，畢取澹於君，則大賈蓄家，不得豪奪吾民矣。”《國蓄》。明當時農夫耕耘之資，皆取諸大賈蓄家也。《管子》又曰：“養長老，慈幼孤，恤鰥寡，問疾病，弔禍喪，此謂匡其急。衣凍寒，食饑渴，匡貧窶，振罷露，資乏絕，此謂振其窮。”《五輔》。又《幼官》：再令諸侯，令曰：“養孤老，食常疾，收孤寡。”省耕省斂之法既廢，匡急振窮之政又亡，嗟嗞吾民，不於大賈蓄家取之，而誰取之哉？且爲人君者，亦或躬爲子錢之家焉。孟嘗君使馮煖收責於薛是也。非別有用心，而肯如陳氏之厚施於國者鮮矣。夫子錢，最易使人淪於饑寒之淵者也。《管子·問》：“問鄉之良家，其所牧養者，幾何人矣？問邑之貧人，債而食者幾何家？貧士之受責於大夫者幾何人？問人之貸粟米有別券者幾何家？”良者，對賤而言。牧養人者爲良，所牧養者，自然爲賤，此俘虜而外，奴隸之所由起也。貧人謂凡民，貧士則故以仕官爲業者，失職而受責於大夫，此四公子之徒所由以養士名也。

《史記·平準書》曰：“自太昊以來，則有錢矣。”未知信否。要即有之，亦爲用不廣。又云：“太公爲周立圜法，錢圜函方，輕重以銖。”《說文》曰：“古者貨貝而寶龜，周而有泉，至秦廢貝行錢。”蓋後世之所謂錢者，實始於周而專行於秦。周雖有錢，猶兼用貝，殷以前可知也。物無不可爲易中，然利儲藏，便分割，實惟金屬具有此德；故以金爲幣，而幣之用始弘。然泉幣之興，固使利源易於流通，亦使利源易於專錮。何也？物過多則無用，故苟有菽粟如水火，過客必饜，非難事也。有泉幣則易易爲他物，物不可盡，而人之欲隨之無窮矣。生計學家言：“昔歐洲教會所以能布施，以所有者多日用必須之品故。”豈惟教會，今鄉僻之富人，所以能好行其德者，蓋亦由於此焉；而古王者所以能省耕省斂，匡急振窮，其故亦從可思矣。錢幣興而可致之物多，而興發之事始少矣。又無用之物，可轉化爲資本，以貸於人，而子錢家之業亦益盛。漢景帝之世，七國之叛也，長安中列侯行從軍，皆齎貸子錢。子錢家以爲侯國邑在關東，關東成敗未可知，莫肯貸；獨無鹽氏出捐千金貸。一歲，其息什之。假使無黃金銅錢，寧有貸粟帛而行者哉？故曰：錢幣之用弘而子錢家之業益盛也。而其利於商人之廢居，更不俟言矣。

閭閻之民如此，其在鐘鳴鼎食之家，亦因爭鬥之日烈，而亡國敗家相隨屬。亡一國，則國族皆夷爲庶民；敗一家，則家人悉淪爲皁隸。“要下寶珠青珊瑚，可憐王孫泣路隅。問之不肯道姓名，但道困苦乞爲奴”。在後世則見而哀之，其在弑君三十六，亡國五十二之世，又何足異也？此曹豈能槁項黃馘，安於耕鑿，老死於牖下哉？挾其所長，敖遊王公之間，優於文者爲儒，長於武者爲俠。豈無誦法孔子，進以禮，退以義；服膺墨翟，勤其生，薄其死之人？然其多數，則貪飲食，惰作務，爲盜跖之居民間者而已矣。曲學阿世，豪桀務私，自此昉也。

　　人心之仁暴，風俗之澆醇，豈不以其境哉？社會之組織既殊，而世風亦於是乎一變。

六、論自大同至亂世人心風俗之變遷

　　自來論世運之升降者，每致慨於風俗之澆漓；以爲欲躋治道於隆平，必先振人心之陷溺。其實所謂人心者，分而觀之，則若不可測；合而觀之，其升降自有定則。處於何等境界中，即有何等思想；合衆人而相熏相染，而一世之風俗以成焉。不知改良社會，以振救人心；而欲先振救人心，以改良社會；因果倒置，本末誤持，此其所以萬變而不當也。然此惑之由來舊矣。今故追論大同之世，降逮小康，以迄亂世，一一舉其變遷之所由，以釋世論之惑焉。

　　古代之風俗，有以爲極美者，如孔老大同郅治之說是也。有以爲極惡者，如《管》《商》書《君臣》、《開塞》二篇是也。二者果孰是？曰：皆是也。人也者，自動物進化者也。惟其自動物進化，故好生惡死，先己後人，一切與動物無異。飲食男女之欲，有所不遂，即不免賊人以自利。然人也者，亦進化之動物也。惟其爲進化之動物，故其相仁偶之心，非凡動物所及；而其智能燭事，又能將其措置妥帖，使人我之利害，不相衝突，亦非凡動物所能。人在進化途中，係走至此一步，不必妄自菲薄，亦不容過事誇張。古人謂人之所以異於禽獸者幾希，實最得其情也。惟其然也，故除少數聖哲外，率先己而後人；而苟非境遇迫之，則亦不肯戕賊人以自利。又人也者，群居之動物也。社會之組織既定，一人處於其間，其能自由之境極微，故中材之轉移，率視乎其所遭直。人類社會之情狀如此。

　　隆古之世，人有協力以對物，而無因物以相爭。斯時也，因其捍患之力甚弱，凡物皆足以爲害；又因其智識愚昧，不知害之所自來，而無從豫防；是以其對物極殘酷。而人與人之間，則極爲和平。以其利不存於剝削人，而存於與人相合力也。淺演之民，往往殘暴仁慈，兩臻其極，自文明人觀之，殊覺其不可解，其實無難解也。彼其殘酷，蓋視人如物；其仁慈，則視人如人。凡人皆與我相仁偶，而能害我之人，則概視爲物，蓋斯時之人之意念然也。夫其對人固和平矣，對物雖恐懼猜疑，然因不明其性質，不能知患之所自來而豫防之，故在平安無患之時，即亦寬閑自適；遠慮非斯時之人所有也，況於機械變詐？此皇古之世，風俗所由淳厚也。《白虎通義》稱三皇之民曰："卧之詁詁，行之盱盱；饑即求食，飽即棄餘。"蓋其狀也。

斯時之民，爭奪相殺，不起於群之中，而恆起於群之外，故當漁獵遊牧之世，口實不足，生活堪虞，往往釀成爭鬥殺戮。至於耕農之群，生計饒足；人與人之關係，仍極和平；而其對於物也，亦因抗禦之力漸強，不憂其爲害，而殘酷之情漸減；人類之黄金世界，遂於此出見焉。此即孔子所謂大同，老子所謂郅治也。

老子曰："失道而後德，失德而後仁，失仁而後義，失義而後禮。"此非虚言也。道也者，宇宙自然之則也。德也者，知此則而能遵循之之謂也。手能持，足能履，道也。知持必以手，履必以足，手當如何持，足當如何履，德也。人之初，則行乎其所不得不行，止乎其所不得止而已；未嘗知有所謂宇宙定律者，而遵循之也；蓋猶未知物我之别也；此所謂道也。至於知有宇宙定律，而有意於遵循之，縱其所行，能悉與定律合，而已知有物我之别矣；已不如物我不别之淳矣；故曰失道而後德也。仁也者，人相人偶之謂也。至於知人之當相人偶，而又有人我之别矣。義也者，事之宜也。人之相人偶之心無窮，而或格於事，不能遂，則須斟酌於其處置之方；或割小以全大焉；或忍目前以濟將來焉。蓋人不能盡相人偶，故所處之境，遂有迫之使不得兩全者也。然當是時，猶人人思酌度乎處置之宜，以全夫人與人之相人偶也，至於不恤損人以利己，則非有軌範以限制其行爲不可，而所謂禮者起矣。故曰：失德而後仁，失仁而後義，失義而後禮也。老子之言，看似玄妙，然以社會風俗升降言之，固極平易之解也。

大同之世，如何降爲小康邪？曰：其必自愚智之分始矣。古之人，厚於仁而薄於智。與多費一分心，寧多出十分力。有能指揮而統率之者，則歡喜擁戴之；必不曰"爾何以當指揮統率我，我何以當受爾指揮統率"也。古代傳説，率視其酋長爲聰明才智，首出庶物；而文明社會，才能不過中庸之子，一入蠻夷，即能爲之大長，實由於此。夫如是，在上者而欲濫用威權，在下者固無如之何；猶能噢咻而撫摩之，則父母不翅矣。故小康之世，在上者之道德，曰仁與智。在下者則利於愚，所謂安分守己也。又有所謂臣者，愛豢養於君；助之戰鬥，爲之服役焉。其道德曰忠。忠也者，盡力以衛其君，及其家人，與其子姓；使保其財産及榮名，其初意如此而已矣。有安社稷臣者，以安社稷爲説；

君而死亡也，視其所爲死亡者，爲己死，爲己亡，非其親暱，莫之敢任；此君臣
之義既進化後之説，非其朔也。臣民之義固異，後稍相淆，合忠與愚而一之；
忠不叛其上，愚不慊於己，是以上下之位，若天澤之懸殊；其奉養，尤什百倍蓰
而未有已；而猶可以相安也。征服者與所征服者，其初未嘗不相怨嫉。然古人疏於慮患，在上
之噢咻撫摩，雖僞而亦易以爲誠；且無書史記載，過去之事，亦極易忘耳。清之陷江南也，下薙髮之令，
民奮起抗之，至喪其身而不恤；然不及三百年，民國光復，又有以髮辮爲吾所固有，而冒死欲存之者矣；
此前事易忘之明徵也。今世如此，況於古初？征服者與所征服者之怨嫉，不一再傳而消失，固其宜矣。
上下之分既立，推之父子兄弟夫婦長少主僕，莫不皆然。在上者利其然而鼓
厲之；雖在下者，亦忘卻萬人平等，亦可相安，而誤以爲欲維社會之治安，非立
此上下之分而嚴守之不可也。上下合力，維持此人與人間之關係，而小康之
世之倫理，遂歷千載而不敝焉。今日深入乎人心，視爲是非善惡之準者，大抵
此時代之所留遺也。曾國藩《陳岱雲妻墓銘》曰：“民各有天惟所治，燾我以生託其下，子道臣道
妻道也；以柱擎天臂廣廈，其柱苟頹無完瓦。”最足見小康時代之思想。彼皆視此等倫紀壞，則社會將
不可一日居，而不知非其朔也。

　　“父慈子孝，兄友弟恭，夫義婦聽，長惠幼順，君仁臣忠”。此《禮運》所謂
人義，即小康時代之倫理也。使能謹守其畔而不越，各盡其分而無斁，原亦可
以小康。然而人莫不欲利，利在前而權在手，總不免於濫用，此事之無可如何
者也。在下者則將譎以自免。於是上虐其下，下欺其上矣。至於上虐下欺，
而父子兄弟夫婦長幼君臣之道苦矣；而小康之世之倫紀，本實先撥矣。雖曰：
彝秉之良，無時或絕；人與人相人偶之心，未嘗不存於衰世；然而恆人之情，恆
先己而後人；不能人人皆殺身成仁，行菩薩行；則在一定情形之下，其道德心，
亦必僅能維持至一定限度；其情形有變遷，其道德心，亦必隨之而爲消長；此
勢有必至，理無可疑者也。人與人之利害，既相衝突矣；損人以自利之事，既
不可免矣；則必有公㓝之法；而此法亦必有强力以守之；於是刑政生焉。然刑
政必有人司之；司之者亦人也；在一定情形之下，其道德心，亦必止能維持至
一定限度；其情設有變遷，其道德心，亦必隨之而爲消長；亦勢有必至，理無可
疑者也。於是禹、湯、文、武、成王、周公之治，亦終不可久，而暴君代作焉。

　　商人者，民治主義之師長也。何以言之？曰：欲行民治主義，必有較計利
害之心。必能自度曰：爾之才智，果逾於我邪？爾所以統治我，我當受爾統治
者，果才智爲之邪？抑亦地位爲之邪？抑爾之命令文誥，若皆爲國爲民者，其
果然邪？抑亦口雖云然，而嗜利固無以異於小人邪？知較計及此，則上之所
以臨下，不過地位爲之；下之從上與否，亦惟視其利害以爲衡；較然可見矣。
此等較計利害之心，徧於天下，而民不可以端拱而治矣；而人與人之相處，其

道亦益苦矣。

何謂貧？貧者，不能全其生之謂也。然此至難言也。尋常所謂貧，則皆相形之下，覺其不足耳。與我相形者無窮，則我之自覺其不足亦無窮。故曰："萬取千焉，千取百焉，不爲不多矣，苟爲後義而先利，不奪不饜。"故曰："民之饑，以其上食稅之多。"歷代大亂之前，以物力論，必遠較大亂之後爲豐，然人心恆覺虋然不可終日；及大亂之後，赤地無餘，願彼此相安焉；此所謂足不足者，不在於物之多寡，而係於彼此相形之鐵證也。

人也者，有遠慮者也；不惟顧恤現在，亦且懸念將來。然人之爲力至微，非合群相保，其陷於饑寒死亡至易。既已人自爲謀，莫或相顧恤矣，安得不汲汲皇皇，惟利是圖，惟力是視？太史公曰："賢人深謀於廊廟，論議朝廷，守信死節；隱居巖穴之士，設爲名高者；安歸乎？歸於富厚也。是以廉吏久，久更富；廉賈歸富；富者，人之情性，所不學而俱欲者也。故壯士在軍，攻城先登，陷陣卻敵，斬將搴旗，前蒙矢石，不避湯火之難者，爲重賞使也。其在閭巷，少年攻剽椎埋，劫人作姦，掘冢鑄幣，任俠并兼，借交報仇，篡逐幽隱，不避法禁，走死地如鶩，其實皆爲財用耳。今夫趙女鄭姬，設形容，揳鳴琴，揄長袂，躡利屣，目挑心招，出不遠千里，不擇老少者，奔富厚也。遊閑公子，飾冠劍，連車騎，亦爲富貴容也。弋射漁獵，犯晨夜，冒霜雪，馳阬谷，不避猛獸之害，爲得味也。博戲馳逐，鬥雞走狗，作色相矜，必爭勝者，重失負也。醫方諸食技術之人，焦神竭能，爲重糈也。吏士舞文弄法，刻章僞書，不避刀鋸之誅者，没於賂遺也。農工商賈，畜長固，求富益貨也。此有知盡能索耳，終不餘力而讓財矣！""天下熙熙，皆爲利來；天下攘攘，皆爲利往。"人人懷利以相接，安有能善其後者邪？

則有因人欲利之心以驅使之者。管子曰："利之所在，雖千仞之山，無所不上；深淵之下，無所不入。故善者，勢利之在，而民自美安；不推而往，不引而來；不煩不擾，而民自富。如鳥之覆卵，無形無聲，而惟見其成。"《禁藏》。斯密亞丹《原富》之精義，此數語括之矣。又曰："湻然擊鼓，士忿怒，輿死扶傷，爭進而無止，非大父母之仇也，重禄重賞之所使也。故軒冕立於朝，爵禄不隨，臣不爲忠；中軍行戰，委予之賞不隨，士不死其列陳。故使父不得子其子，兄不得弟其弟，妻不得有其夫，惟重禄重賞爲然耳。故不遠道里，而能威絶域之民；不險山川，而能服有恃之國。發若雷霆，動若風雨；獨出獨入，莫之能圉。"《輕重甲》。今帝國主義之所以侵略人，得毋有合於是邪？夫因自然之勢以使其民，則誠"下令於流水之原"矣；然而勢處於必亂，則亦熟視而無如何。何也？自然之勢在敵也。故曰：“民不畏死，奈何以死懼之。”夫人孰不畏死，然進亦死，退亦死；進則其死抒，退則其死迫；人孰不爭死敵？非不畏死也，正畏死使然也。違死之衆，孰能圍之？夫誰使之自視以爲退不能生，寧進而死者邪？則與其人之生活程度，大有關係矣。故曰：“民之輕死，以其奉生之厚。”

人之情，莫不先己而後人，故處境窘則親愛之情薄，親愛之情薄，則責望之心深。韓非曰：“今世之學士，語治者，多曰與貧窮地，以實無資。今夫與人相若也，無豐年旁入之利，而獨以完給者，非力則儉也；與人相若也，無饑饉疾疚禍罪之殃，獨以貧窮者，非侈則惰也。侈而惰者貧，力而儉者富。今人徵斂於富人，布施於貧家，是奪力儉而與侈惰也。”《顯學》。何其與遠西論卹貧者之言，如出一口也？夫人與人之相若，豈易言哉？今姑勿論此，而“母之於子也，賢則親之，無能則憐之”。《禮記·表記》。貨力不私，孰與爲侈？又豈不能養數無能之人乎？然則民去大同之世而入於小康，猶去慈母之懷，而立諸嚴師之側也；入亂世則委爲奴虜矣。

且衰世之刑罰人，豈當其罪哉？莊周曰：“柏矩之齊，見辜人焉。推而强之，解朝服而幕之，號天哭之，曰：子乎！子乎！天下有大菑，子獨先罹之。曰莫爲盜，莫爲殺人。榮辱立然後覩所病，貨財聚然後覩所爭。今立人之所病，聚人之所爭；窮困人之身，使無休時；欲無至此，得乎？匿爲物而愚不識，大爲難而罰不敢，重爲任而罰不勝，遠其途而誅不至，民知力竭，則以僞繼之。日出多僞，士民安取不僞？夫力不足則僞，知不足則欺，財不足則盜。盜竊之行，於誰責而可乎？”《則陽》。天災人禍，其非一人之力之所能禦同。然天災之爲害也，有定而可以豫測，人禍則不然。天災也，可合人力以禦之，人禍則禍我者，正我所欲與協力之人也，又誰與禦之乎？然則人禍深於天災也。舉衆所共造之孽，責諸一人之身，而刑戮之，人復何以自免乎？

淮南王曰：“仕鄙在時不在行，利害在命不在智。”《齊俗》。豈不信哉？韓非曰：“古者丈夫不耕，草木之實足食也；婦人不織，禽獸之皮足衣也；不事力而養足，人民少而財有餘，故民不爭，是以厚賞不行，重罰不用，而民自治。今人有五子不爲多，子又生子，大父未死，而有二十五孫。是以人民衆而貨財寡，事力勞而共養薄。故民爭。雖倍賞累罰，而不免於亂。堯之王天下也，茅茨不翦，採椽不斲；糲粢之食，藜藿之羹；冬日麑裘，夏日葛衣；雖監門之服養，不虧於此矣。禹之王天下也，身執耒臿，以爲民先；股無胈，脛不生毛；雖臣虜之勞，不苦於此矣。以是言之，夫古之讓天下者，是去監門之養，而離臣虜之勞也，古傳天下而不足多也。今之縣令，一日身死，子孫累世絜駕。故人重之。

是以人之於讓也，輕辭古之天子，難去今之縣令者，薄厚之實異也。"《五蠹》。士之毁方而爲圓，又曷足怪哉？古之人之於朋友也，"久相待也，遠相致也"。其後至於"入門各自媚，誰肯相爲言"，以此。

　　約束人使不敢肆者，莫如輿論之力之强。子曰："孝哉閔子騫，人不間於其父母昆弟之言。"《論語・先進》。孟子曰："暴其民甚，則身弒國亡；不甚，則身危國削；名之曰幽厲，雖孝子慈孫，百世不能改也。"《孟子・離婁》。毁譽之不可枉如此，是以能使人知所畏。故曰："斯民也，三代之所以直道而行也。"《論語・衛靈公》。然而其後則有不能盡然者矣。"色取仁而行違，居之不疑，在邦必聞，在家必聞"。《論語・顔淵》。則知世有違道干譽之人，"行何爲踽踽涼涼？生斯世也，爲斯世也善，斯可矣"。《孟子・盡心》。則知世有枉道避謗之士。至是而毁譽不足憑矣。故鄉人皆好之，鄉人皆惡之，皆有所未可也。《論語・憲問》。論者必曰："古國小，人民少，又重遷徙，所謂大國，不過如後世之僻邑而已。一言一行，恆爲衆所周知，無所逃於指摘。毁譽所被，榮辱隨之；榮辱所在，利害隨之；是以輿論爲衆所嚴憚。至於後世，四海一家，士不北走胡，則南走越。'異域之人，瑕疵未露'，雖或負累，猶得自容；而社會情形複雜，士亦或爲高世之行，非恆人之所能知；毁之或以爲喜，譽之或以爲憂；故毁譽不復能爲是非之準，寖至失其裁制之權。"斯固然也。然而評論果本於良心，即應以己所聞知者爲限。殊方異域之士，"道不同不相爲謀"之人，皆應置諸不論不議之列。如是，是非何由淆亂？是非之淆亂，非其智之不及，實其心之不正。知其人之惡也，而憚於勢，則不敢毁；受其恩，則不肯毁；與之爲朋黨，則且可矯情以譽之。知其人之善也，而以其有負俗之累，以欲避嫌，則不肯譽。知其事之有害也，而己有利焉，則可以肆行簧鼓。知其事之有益也，而己有害焉，則可以胥動浮言。要而言之，不以所毁譽者之善惡爲憑，而以己之利害爲準，此是非之所以紛然淆亂也。天下之人，非皆可欺也，且皆極不易欺。所以可欺，全因其先爲私意所中。故毁譽之不正，實由人與人之關係，先失其常也。夫如是，得天獨厚之士，安得不孤行其是，以毁爲喜，以譽爲憂哉？蓋至獨行之士興，而知其時之輿論之爲反社會者矣。

　　不徒輿論之爲反社會也，法律亦然。法律者，所以裁制反社會之行爲者也。何謂反社會？不道德是已。故法律與道德當合一。然而不能然，今有居心不可問，而法律顧無如之何者，俗稱其言曰官話。官話者，合乎法律之言也。然則合乎法律者，不合乎道德也；然則合乎道德者，不必爲法律所保護，或且爲其所懲治；不合乎道德者，不必爲法律所懲治，或且爲其所保護也。是則法律自為反社會者也。法律之反社會，何自始哉？曰：觀於決獄者不問居心，但論行為，則知其所由來矣。是非善惡，當論居心，本無疑義。所以不是之問者，非謂其不當問，乃以人之居心，多不可問；且亦無從問耳。子曰：“聽訟，吾猶人也，必也，使無訟乎。無情者不得盡其辭。”《禮記·大學》。曾子曰：“如得其情，則哀矜而勿喜。”《論語·子張》。《王制》曰：“凡聽五刑之訟，必原父子之親，立君臣之義以權之；意論輕重之序，慎測淺深之量以別之；悉其聰明，致其忠愛以盡之。疑獄，氾與眾共；眾疑赦之。”古之人聽訟，所以其難其慎者，凡以求其情也。夫豈不知人藏其心，不可測度，求其情，釋其行，將不免於失出失入。然而有失出失入之害，亦有維持人之良心，使之能以善意相與之利；利害相消，而利猶覺其有餘；此鄭鑄刑書，晉作刑鼎，叔向仲尼，所由斷斷以為不可也。見《左氏》昭公六年，二十九年。然此亦必風俗猶未甚薄，輿論猶未甚枉之世乃能行之。如其不然，則適為貪官污吏舞文弄法之資而已。故至後世，遂無以是為言者也。然至此而法律之反社會，亦彌甚矣。

輿論法律，皆失其約束裁制之權，則所以畏怖人使之不敢為非者，惟在宗教。嗟乎！宗教果足以維持民德，扶翼民德，使之風淳俗美，漸臻上理邪？宗教者，社會既缺陷後之物，聊以安慰人心，如酒之可以忘憂云爾。宋儒論佛教，謂其“能行於中國，乃由中國禮義之教已衰，故佛之說，得以乘虛而入；亦由制民之產之法已敝，民無以為生，不得不託於二氏以自養”。斯言也，世之人，久目為迂闊之論，莫或措意矣。然以論宗教之所由行，實深有理致，不徒可以論佛教也。世莫不知宗教為安慰人心之物，夫必其心先有不安，乃需有物焉以安慰之，此無可疑者也。人心之不安，果何自來哉？野蠻之民，知識淺陋，日月之運行，寒暑之迭代，風雨之調順與失常，河川之泛濫與安流，皆足以為利為害，而又莫知其所以然，則以為皆有神焉以司之，乃從而祈之，而報之，故斯時之迷信，皆可謂由對物而起。人智既進，力亦增大；於自然之力，知所以禦之矣；知祈之之無益，而亦無所事於報矣；此等迷信，應即消除，然宗教仍不能廢者，何也？則社會之缺陷為之也。“出師未捷身先死，長使英雄淚滿襟”；“但恨在世時，飲酒不得足”；無論其為大為小，為公為私，而皆有一缺陷隨乎其後。人孰能無所求？憾享用之不足，則有託身富貴之家等思想焉；含冤憤而未伸，則有死為厲鬼以報怨等思想焉；凡若此者，悉數難終，而要皆社會缺陷之所致，則無可疑也。人之所欲，莫甚於生，所惡莫甚於死；其不能以人力彌補其缺憾者，亦莫如生死。故佛家謂生死事大，無常迅速，藉此以畏怖人；天國淨土諸說，亦無非延長人之生命，使之有所畏有所歆耳。然而死果人之所畏邪？求生爲人欲之一；而人之有欲，根於生理。少之時，血氣未定，戒之在色；及其壯也，血氣方剛，戒之在鬥；及其老也，血氣既衰，則皆無是戒焉。然則血氣漸減而至於死，亦如倦者之得息，勞者之知歸爾，又何留戀之有？《唐書·党項傳》謂其俗"老而死，子孫不哭，少死，以爲夭枉，乃悲"。此等風俗，在自命爲文明之人，必且誚其薄，而不知正由彼之社會，未甚失常；生時無甚遺憾，故死亦不覺其可悲也。龜長蛇短，人壽之修短，固不繫其歲月之久暫，而視其心事之了與未了。心事苟百未了一，雖逮大齊，猶爲夭折也。曷怪其睠戀不捨？又何怪旁觀者之悲慟哉？夫人之所欲，莫甚於生；所惡莫甚於死；而不能以人力彌補者，亦莫甚於生死；然其爲社會之所爲，而非天然之缺憾猶如此；然則宗教之根柢，得不謂之社會之缺陷邪？儒者論郅治之極，止於養生送死無憾，而不云死後有天堂可昇，净土可入，論者或譏其教義之不備，不足以普接利鈍，而惡知夫生而有欲，死則無之；天堂净土之説，本非人之所願欲邪？故曰：宋儒論佛教之言，移以論一切宗教，深有理致也。

　　程明道曰："至誠感天地，人尚有不化，豈有立僞教而人可化乎？"斯言可謂極其透澈。伊古以來，各種宗教，設爲天堂地獄之説，以畏怖歆羨人，亦多方矣，然終不能維持世道人心者，其説固無驗，人不可以盡誑也。一種宗教盛行之時，往往能使若干人赴湯蹈火而不顧，此非虛無之説，真足誑惑人也。世固有殺身成仁者，爲宗教而殺身之士，豈盡冀身後不可知之報哉？又社會之迷信甚，則信教者自可得若干利益，其事固真實不虛也。中國人性頗務實，故所以歆羨畏怖之者，不在死後虛無不可知之境，而在生前可目驗之事。曰天道福善而禍淫。不於其身，則於其子孫，故曰："積善之家，必有餘慶；積不善之家，必有餘殃。"然而福善禍淫，本於賞善罰惡，非天道，實人事也。世愈亂，賞罰愈倒置，善人受禍，淫人獲福者愈多矣。世惟至愚之人，肯信無驗之説。稍明事理者，即不肯信之矣。"使我有身後名，不如即時一杯酒"，抑豈待後世之詩人，而後有此感慨哉？試讀《史記·伯夷傳》，二千年前之人，早知之矣。故欲以宗教維持扶翼民德，乃無聊之極思；聊以是自欺自慰云爾。其無益，三尺童子知之矣。豈無一二至愚之人，爲其所誑？然此等人本不能爲惡，誑惑之何益？徒使其惑於死後猶可得福，猶可報怨，免卻現在之爭鬥，而强者益得自肆也。姑婦之勃谿，夫妻之反目，債權債務之陵迫，屢見弱者懸梁服毒，曷嘗見强者有所畏怖邪？夷齊槁餓，湯武豈以其故廢王哉？

　　輿論不能約束也，法律不足裁制也，宗教不能歆動畏怖之也，世風遂如江

河日下;人人相猜疑,相屠戮,娑婆世界,變爲修羅之場矣。人非故如此也,社
會之組織,實使之然;迫之不得不然也。不正其本,而雖治其末,雖勞心焦思,
胼手胝足,何益哉?

七、論入亂世後之改革

語云："積勞始信閒爲福,多病方知健是仙。"此猶是曾經閒曾經健之人。若有人焉,生而勞苦,從來未識安閒;長於疾疢,自小未知康健;則彼將誤以勞苦疾疢,爲人生之本然矣。後世是也。自大同降入小康,自小康降入亂世,人之相扶相助之意日益微,而其相爭相鬥日益烈。敗者不必論矣,勝者亦如處重圍中,日虞敵人之侵襲。人生百年,無一日釋其重負;偶或開口而笑,則所謂苦中作樂者也。生人之趣復何在? 然而大同之世云遙矣,人不復知人之性固相扶相助,而非相爭相鬥者也,則以爲世界本不過如此;人生本不過如此而已。豈不哀哉? 先秦之世則不然。其時去大同之世未甚遠,去小康之世則更近;其遺跡蓋猶有存者;即故書雅記,亦不得無徵;故孔子謂大道之行也,與三代之英,丘未之逮,而有志焉。夫以爲人生之固然,則無可如何,知其爲疾病,未有不思療治者也。此先秦言治之家,所以多欲舉社會之根柢,撥亂而反諸正也。

諸家之中,言改革最澈底者,爲道家與農家,皆欲撥亂世逕反諸大同者也。道家之旨,在歸真反樸。此意爲後人誤解,以爲欲舉晚近之風俗,還諸皇古之淳,必將一切文明,悉行摧毀,而其事遂不可行。殊不知風俗之薄,由於人與人利害之不相容,與其駕馭天然智力之增高,了無干涉。如謂駕馭天然之智力增高,其對於人,亦必增其殘暴詭譎,則古來學問之士,必且爲鬼爲蜮,不可鄉邇矣,然按其實,不徒不如是,而其仁慈誠信,轉遠非不讀書無知識者所及,何也? 今人莫不知與之交涉,易於受虧者,爲醫師與律師。然惟請醫師治病,延律師訴訟時爲然。若與醫師閒談病理,請律師講演法律,未聞其作誑語以欺人也。此可見人與人之相爭鬥,由其利害之不相容,非由其智識之相越也。今使舉文明國中,凡學自然科學之所資者,悉移而致之野蠻部落中,其人之能通其學,必與文明人同,無待變其社會之組織,而後其學可通,無足疑也。至於社會科學,處於風淳俗美之社會中,容或不能瞭解。然社會科學之

精深，本係社會病狀，日益增劇之所致。今者錢幣亦成爲專門之學矣，然無交
易，安有錢幣？且無錢幣，何從成爲學問邪？故苟能使今日人與人之關係，其
利害相同而不相異也，一如大同之世，人之相親相愛，未有不一如大同之世者
也。雖欲不如是，而不可得也。老子曰："民之難治，以其上之有爲。"此言最
有理致。治人者必用智，用智，夫亦知用智矣，智者詐愚，由是起也。治人者
必用權力，用權力，夫亦知用權力矣，勇者侵怯，由是起也。夫民日以勇相侵，
以智相詐，上之人坐視而無以治之，不可也；欲治之，安得不用智用權？在都
市中豈能去警察，罷遣偵探，裁法院，廢刑罰哉？然而老子不云乎？"聖人不
死，大盜不止；剖斗折衡，而民不爭"。夫豈謂殺傷人之案日出，而先去警察，
裁法院？剖斗折衡者，斗衡指爭奪之原言，非指平爭之具言也。人之相殺傷，
自有其原，塞其原，又何殺傷人之有？又安用警察與法院？道家之意如此，其
理至平易也，而數千年以來，皆以爲迂闊難行之論，信乎慣於病者之不復可語
夫健哉！

　　神農之言曰："賢者與民並耕而食，饔飧而治。"此即剖斗折衡之謂。所謂
政府，本有兩種作用：一以治事，一以鎮壓。人之利害，既相與同矣，莫或爭
奪，焉用鎮壓？至於治事，只對天然，非以治人，亦極易簡。雖並耕而食，饔飧
而治，固無虞其不給也。治人之事，愈複雜愈難，治物則不然。治三軍者，必不如管理小學校之
易也；用大機器者，則不必難於用小機器。今工商等業，管理之難，亦皆在對人，非在對物也。人與人
之相與，無虞無詐，悉以誠，生產運輸等規模，雖合全世界爲一，猶無改其簡易也。《荀子》曰："或
祿以天下而不以爲多，或監門御旅，抱關擊柝，而不自以爲寡。故曰：斬而齊，
枉而順，不同而一，夫是之謂至平。"《榮辱》。斯言也，自古至今，視爲不易之論，
而惡知夫任大任小，實由其度量之相越，初非由歆榮名厚利而爲之；苟無其
人，雖懸重賞，終莫之致哉？而美惡相形，人必歆於美而不肯自安於惡，而爭
奪之原，遂自此起，此即老子所謂斗衡也。故爲神農之言者，欲使五穀布帛多
寡長短同，則價相若。孟子謂巨屨小屨同價，人豈爲之？以爲質之不同，猶其
量之有異，而惡知許子之意，正欲使人莫爲其精者，然後豔羨之原去，爭奪之
禍泯哉？或謂如此，是毀社會之文明，而復返於野蠻也。殊不知衆人之生活
程度皆增高時，物之精者將自出；而因享用不平，浸至釀成大亂，僅有之文明，
旋復摧毀，進寸退尺之禍，則無之矣。合全局而衡之，吾見文明之進益速，而
未見其遲也。夫今日社會之難理，益倍蓰十百於古矣，然人之才智，未能倍蓰
十百於古也。欲臻斯世於治平，非人之才智，倍蓰十百於今日，則必事之易
理，蓰倍十百於今日而後可。由前之說，生物學明其無望矣。由後之說，則社

會本係如此，而後乃失之者也。譬諸身，康健時本不勞療治，所以見爲難治者，皆病狀日深，以致諸醫束手也。復於康健，飲食起居，人人能自調護，何待於醫？更何待國手哉？故真欲臻斯亂世於治平，非還諸淳淳悶悶之境不可；而欲求認真反樸，則必改變社會之組織，使人與人之利害，相同而不相背。道家農家，固皆深知此義者也。

　　儒家亦慨慕大同，然其議論，其主張，皆欲先復小康之治。蓋欲由是漸進於大同，非以小康爲止境也。何以知儒家非以小康爲止境也？《記》曰："禮，時爲大。"其釋時爲大之義曰："堯授舜，舜授禹，湯放桀，武王伐紂，時也。"古之所謂禮者，非徒動容周旋，節文度數之末，一切人事，靡不該焉。故禪讓放伐，乃禮之最大者也。禮也者，"因人之情而爲之節文"。人情猶素，節文猶繪。故曰"繪事後素"。禮家之貴，在繪事之得其宜，素之美惡，非所問也。不徒非所問，禮也者，因人情而有，人之情變而禮不變，禮則有罪焉。違人情以存禮，非製禮之意也。此小儒之所以不可語於通方也。禮莫大於禪讓放伐，禪讓放伐，猶因人情而變，況其下焉者乎？然則一切小康之制，不容拘守審矣。宋儒羅處約，謂"六經之教，化而不已，則臻於大同"，見《宋史·文藝傳》。可謂知言。彼疑大同非孔子之言者，不亦拘於墟哉？

　　儒家出於司徒之官，故最重教化。然教必先富，儒家於此義最明。故孟子斤斤於制民之產。"樂事勸功，尊君親上，然後興學"；《禮記·王制》。未聞救死不贍，顧責之以治禮義也。儒家富民之策，首重平均地權；勿奪其時；食之以時，用之以禮。其意在於生之者衆，食之者寡；爲之者疾，用之者舒。故必合生產消費而通籌，非如今之言生計者，但汲汲於生產也。儒者之於工商，主市廛而不稅，關譏而不征，似與春秋戰國時情勢不合。然讀《禮記·王制》、《鹽鐵論·散不足》篇，即可知其主張之所由。蓋如儒家之意，居民上下，一舉一動，皆當率循乎禮；如此，淫佚之事，自莫敢爲；莫敢爲淫佚之事，安所用淫佚之物？商人自無所牟大利；儒家治國之制而誠行，末蓋有不待抑者矣。此論固不易行，然議論則不能謂其有誤。如今苟能使人民日用飲食，一守閉關之世之舊，豈慮入口貨之日增？又焉用關稅以爲壁壘也？今之論者，率謂生產果多，則消費雖增而無害，故奢侈惟在貧乏時當禁，在富裕時即不爲惡德。此以言布帛菽粟、日用必須之物則可。何者？其消費之量，自有定限也。若人炫垂珠，我求和璧，相高無已，安有足時？不特此也，雕文刻鏤者衆，則操末耟者寡矣；刺繡纂組者多，則事女紅者少矣；即使生產既多，奢不爲惡，而生產未多時，奢不能禁，生產又何緣而多也？故教有二義：衣食饒多矣，設爲庠序學校以教之,使樂禮義而不爲惡,教之一義也。衣食未足時,與生活程度不相稱之物,禁不得爲,與生活程度不相稱之費,禁不得用,教之又一義也。二者不可偏廢,此義漢世儒者,猶多知之。《坊記》言禮之精義曰:"使民富不足以驕,貧不至於約。"今之貧者,固欲求其約而不可得也,物力限之也。然惟富者不能驕,而後貧者可以無約,狗彘食人食,則終必於途有餓莩矣。雖有仁人,不能躬耕以食之也;即能躬耕以食之,又何策保吾所穫之粟,不爲以人食之狗彘者之所奪也。此政之所以不可不立也。夫梁惠王,一國之君也,特狗彘食人食而不知檢而已,未嘗躬以人食食狗彘也,孟子猶非之。今上海,乃有日市牛肉於番菜館,以養其狗者,辦公畢,則自駕摩託車往,取之而歸。此等事,實行儒家之禮教,能否自由?世徒訾禮教之殺人也,殺人果由禮教乎哉?舊禮教未嘗無殺人者,然救人者皆不行,惟殺人者獨存,且變本而加厲也,又豈禮教之咎乎哉?

　　法家之義,異於儒家。儒家重平均地權,法家重節制資本。蓋古工業皆官營;山澤皆公有;省耕省斂,補不足,助不給,亦皆仰賴於上;故齊民莫能相併兼。至山澤爲私家所有;工業亦爲私家所營;交易漸廣,賣者與買者,亦不得直接,而必藉商人爲之介;而其情勢大異矣。法家之所以處置之者:曰官山海,所以收山澤之利,使不爲私家所障管也。曰收輕重斂散之權,所以抑商人也。曰收借貸之權,所以制今之所謂高利貸者也。其說具見於《管子》。《管子·國蓄》曰:"使萬室之都,必有萬鍾之藏,藏緡千萬;使千室之都,必有千鍾之藏,藏緡百萬;春以奉耕,夏以奉芸,耒耜械器,種饟糧食,畢取贍於君,則大賈蓄家,不得豪奪吾民矣。"大賈者商人,蓄家即今所謂高利貸者也。

　　當春秋戰國之世,有蒿目時艱,不爲高論,惟以救世爲急務者,時爲墨子。墨子之所行,乃古凶荒札喪之變禮也。《記》曰:"歲凶,年穀不登,君膳不祭肺,馬不食穀,馳道不除,祭祀不縣,大夫不食粱,士飲酒不樂。"《曲禮》。凶荒則當謀節省,而節省當全社會而通籌,大同之世,本係如此;即小康之世,亦有能行之者,衛文公大布之衣,大帛之冠;齊頃公七年不飲酒,不食肉皆是。越句踐臥薪嘗膽,蓋亦猶行古之道,而傳者過甚其辭耳。"庖有肥肉,廐有肥馬,民有飢色,野有餓莩",此禮制既壞後事,古之人無是也。莊子譏墨子曰:"其道大觳,違天下之心,使人不堪。墨子縱能獨任,奈天下何?"然則飲食衍衍,而坐視民之飢而死,反諸人之相人偶之心,能堪之乎?莊子其以此爲人之本性邪?《荀子·富國》篇曰:"不足非天下之公患也,特墨子之私憂過計也。"其說若甚辯。然亦思荀子富國之策,非以有政故乎?其政,非即古之所謂禮乎?荀子所言,平世之禮也;墨子所言,凶荒札喪之變禮也;當凶荒之時,而行平世之政,則蔡京之豐亨豫大爾。抑墨家之言,尤有可深長思者。《荀子·正論》述宋子之言曰:"情欲寡。"今之人,皆以人性爲好奢也;其儉者不得已也。誤

405

於是説，變本加厲，故非所欲，習與性成，而奢侈之事，遂相引於無窮。其實人之有欲根於生理；飢飽寒煖勞逸，皆自有其度。過儉固非所堪，過奢亦非所欲。人之本性，惟在得中。道家養性之説，所以貴"適情辭餘，以性爲度"也。見《淮南・精神訓》。禮之不背人性，實以此爲本原。必明乎此，然後知爲仁義者，非戕賊人，若戕賊杞柳以爲杯棬也。墨家用夏，夏之政忠。以哀矜惻怛之心，行勤生薄死之事，正所謂忠也。儒家亦曰：三王之道若循環。救周之文敝，莫若以忠。知孔墨必相爲用矣。

先秦之世，言改革之家如此，皆欲舉社會組織，革其變以復其常，非徒曰修明政事，維持治安，以求一時之安云爾。夫思想者，事實之母也。有是思想矣，一時雖若受挫折，遲早終必見諸事實。先秦之世，有志之士，公認社會之當改革如此，其必不能免於改革，亦審矣。

改革當在何時邪？力征經營之世，自未暇及此，一統之後，則其時矣。世皆以秦始皇爲徒暴虐，事佚遊，此語大失其實。始皇之罷侯置守，開干古未有之弘規；其燔詩書百家語，令民欲學法令，以吏爲師，亦得古者政教合一、官師不分之意。其所行是否，別是一事，要不可謂非無意於根本改革者。始皇怒侯生等曰："吾前收天下書不中用者盡去之。悉召文學方術士甚衆。欲以興大平。方士欲練，以求奇藥。"求奇藥不足言。興大平必有所作爲。以始皇之威嚴，輔之以李斯之覈實，苟有興革，或能較新莽爲切於事情，不致引起大亂，亦未可知。惜乎運祚短促，其力盡於鎮壓反側，攘斥夷狄，而未能及於致治清濁之原也。秦滅漢興，劉邦故無賴子；一時將相，非刀筆吏，則椎埋少文者流；不足語於改革。然蕭曹爲相，填以無爲；高后女主，政不出房户，而刑罰罕用，民務稼穡，亦得蕭曹遺意。自此至於景帝，凡七十年，漢之爲政，皆可謂守黃老之道者；而文帝之節儉，亦墨家之遺意也。而天下卒以不治者，何也？道家之要，在於無爲。無爲非無所事事之謂也。爲之言化也。淺演之世，民皆蠢愚，摶心一志，以聽於上。斯時之民，本不能爲惡；爲淫侈之事，以敗壞風俗者，皆在上之人，故老子曉音瘏口，欲一悟之；欲其守小國寡民之俗。此猶今日告川滇土司，令勿效法漢人耳。以此語南京、上海之市長，則慎矣。以南京、上海，爲淫侈以敗風俗者，不在市長也。漢世則猶是也。后之衣，富人以衣婢妾；而文帝所幸慎夫人，衣不曳地，何益？墨家之言節儉，亦非謂躬自儉，坐視人之淫侈，而不爲之法度也。是時欲用老墨，必先大變天下之俗，俗既淳矣，無不守法度者矣，在上者乃守之以儉，填之以靜，乃爲有益。否則猶治病者，不去其病，而欲養其體，必不可得之數也。故自蕭曹至文景之安靜節儉，除政府不自擾民，不自導民爲非外，更無他益。《史記》述武帝初之富庶，至於"都鄙廩庾盡滿，而府庫餘財；守閭閻者食粱肉，爲吏者長子孫"。然又曰："網疏而民富，役財驕溢，或至兼併。"夫兼併行於窮困之日，豈有行於富庶之時者哉？而顧如此，可見是時富者自富，貧者自貧也。故蕭、曹、文、景之安靜節儉，必不足以致太平也。武帝起，用桑弘羊。弘羊，世徒以爲賈人子，工心計，此又誤也。其人湛深於學術，所行皆管、商遺教，讀《鹽鐵論》可知。夫不務扶植貧弱，而務摧抑豪强，以治業已傾危之社會，似得之矣。然而亦無驗者，私家商工之業已盛，弘羊所行之策，固不足以制之也。常平之法，即所以收穀物輕重斂散之權，後世迄未廢絕，然不能平穀價者，穀物之市場已廣，在官之資本甚微故也。他事視此。且其所用多賈人子，以自私牟利之心，行抑制併兼之政，其不能善其後，無俟再計矣。讀《鹽鐵論·水旱篇》可知。又況是時，縣官大空，急於聚斂，平準之法，悉成爲搜括之策哉？先秦之世，言社會改革者，不過儒、道、法、農、墨五家。農家之旨，與道家同。至是，則四家之説，皆已行之而無驗矣。儒亦當時顯學，必將有所藉手，勢也；況復經武帝之表章乎？故自宣、元以後，而儒家之説遂獨盛。

儒家言治，本先富後教。此義在後世稍以湮晦，漢儒則猶具知之。而教有二義：一漸之以仁，摩之以義，輔之翼之，使自得之，必在衣食饒足之後。一爲之法度，禁其逾侈，必奢侈越禮之事絕，而後民可得而足。則在今日，知者亦少，然先秦兩漢之世，凡儒者無不明於此也。民之好侈，非有憾於物之不足，皆憾與人相形而見其不逮耳。不然，飢寒爲切身之患，人人所知；奢侈必致飢寒，亦人人所知；當有不待誥誡，自知警惕者。然每當承平數十年，論者必以風俗漸奢爲患，雖誥誡亦無益，何哉？或引於前，必或逐於後，民之性則然，非空言所能挽也。夫入逾於出，雖貧必富；出逾於入，雖富必貧；理至易明，而實不可易。故欲求足民，必能節用，徒能多生利無效；欲言節用，必能禁奢，徒善言勸導無效。足民之策，儒者重平均地權。行之急者，爲新莽之王田。行之徐者，爲董仲舒、師丹之限民名田。教化之義，主於輔翼者，欲興庠序，設學校，劉向、王吉等主之。見《漢書·禮志》。主立法度者，以翼奉爲最急，欲遷都以更化。然皆未及行，至新莽乃行之。然新莽之所行，又非純儒家言也。蓋儒家言詳於平均地權，略於節制資本，此在東周之初，商工之業，尚未大盛，其説或可用；至於漢世，鹽鐵酒酤之家，履絲曳縞，乘堅策肥，千里敖游之流，其勢力，曾不下於有土之君；居民上者不摧抑之，終不足以言治，其事正明而易見矣。故新莽更制，實兼儒法。田爲王田，賣買不得，儒家平均地權之義也。五均六筦，法家官山海，制輕重斂散之意也。凡有所爲者，無不當自占納税於上；而民欲祭祀喪紀無費，若欲治產業者，上以是貸之。物周於民用而不讎者，均官以本價取之，而治產業者不虞消乏；物昂過平價一錢，以所取者平價賣與民，而仰給者不病貴廉。不殖，不毛，浮游無事者有罰；不能得業者，亦得尤作縣官。其計劃可謂周且悉。然而反以召亂者？大同之世，去之久矣；雖小康之治，亦云遥矣，人皆挾自爲之心，習私産之俗，徒恃在上者之力，操刀代斲，未有能善其後者也。新莽之敗，非新莽一人之敗，乃先秦以來言社會改革者之公敗。何也？莽所行，非莽之私見，乃先秦以來言社會改革者之成説，特假手於莽耳。自此以降，無復敢言根本改革者，皆委心任運，聽其遷流之所届耳。其善者，不過彌縫補苴，去其泰甚，而成否猶視乎其所遭；成不成，乃其幸不幸耳，非必其善不善也。而“治天下不如安天下，安天下不如與天下安”之語，遂爲言政治者之金科玉律。

八、論大同之可復

予年九歲，始讀陶淵明《桃花源詩》。當時父師詔我，以爲是寓言也，予亦誠以爲寓言而已矣。及年十四，讀《經世文編》，於其第二十三卷中，見喬光烈所撰《招墾里記》，述其地風俗之淳，與桃花源曾無以異，頗疑淵明《詩序》，亦非寓言。元文亦云："予小時讀《桃花源記》，特以爲出於作者之寓言，及觀於是，始歎與淵明所云，未有異者。"其後測覽所及，此等記載，見於諸家著述中者，尚不可一二數，惜當時未知群治變遷之義，未能一一錄存，及今日，遂如大海撈鍼，無從繙檢耳。然民國二十二年十一月某日，上海《申報》，載是月十五日山東費縣通信，[①]述蒙山居民之俗，謂其室用巨石壘築，甚寬大而無門，此則孔子所謂外戶不閉者也；又謂其服裝及婚嫁儀式，類似明代；問其年代，尚不知有民國，此則淵明所謂"不知有漢，何論魏晉"者也。元文云："蒙山縣亙魯南臨郊、費嶧、蒙泗、新萊各縣，東西二百餘里，南北百餘里：泉水清洌，森林徧山。産名藥異果鉛錫等礦。因交通滯滯，百年來鮮有入山開墾者。山內人民，尚有野人風。不知耕稼，僅採山藥及銀花，易粟而食。其人面色黝黑，聲剛而鈍。不履，足底岡子，有二分厚，登山攀樹捷如猿。居石室內，每村十家數十家不等。皆推舉年長有力者，管理村事，頗似部落酋長。凡有糾紛，均訴請解決。婚嫁儀式，與明代無異。民性極蠻橫。山外人除採購藥材外，不得久居山內，否則必遭暗殺。山居不知歲月，梅花盛開便過年。秋夏工作之餘，村長即率全村人民，在山下跳躍聚樂，且唱山歌。有婚娶者，全村前往幫忙慶祝。居山洞或石室內。室用巨石壘築，高丈許，甚寬大，無門。在壁上留洞，以透日光。室內敷草爲牀。全家均睡一室。用薄石板爲桌。鍋碗由內地購往。服裝類似明代，均以土布爲之。婦女尚纏足。服裝與男子無異，惟頭裹粗布帕。言語行動，與內地類似，但無識字者。問其年代，尚不知有民國也。"岡子，元注云："俗名。"案蓋謂足繭也。風俗蠻橫，蓋其對外人則然，其自相與，和親康樂，必有非吾儕所能想像者。登山攀樹如猿，儼然三國時之山越，知當時目爲深山化外之民，强出之以充軍伍者，其中風淳俗美之地，爲不少矣。山越之名，晉後罕見，實則晉南北朝所謂蠻，皆三國時之山越也，特易其名耳。蠻與山越，其蔓衍，蓋徧今秦豫湘鄂皖贛兩浙之境，而在湖南者，同化尤晚，桃源蓋亦其一也。彌以徵淵明所記，非寓言矣。足

---

① 《魯南蒙山人民生活——衣食住行尚有野人風，不知字亦不知有民國》，見《申報》一九三三年十一月十八日第十版。

徵淵明所記，非寓言矣。觀此，知人心隨境而變；有何等境地，即有何等風俗；無所謂世風不古；亦無所謂古今人不相及。苟能使社會組織，與古風淳俗美之世無以異，必將求今人之不爲古人而不可得也。

孟子曰：“大人者，不失其赤子之心者也。”此語最好。人欲求智識，當增益其所本無；而欲求進德，則但當去其舊染。以凡惡皆是“後來没把鼻生底”，朱子之言。無一爲生初所固有也。惟社會亦然。一切惡俗，皆由惡制所致；而制之不善，則皆人類駕馭天然之力未足，因之，人與人之關係，亦失其正耳。佛説：“凡事皆因緣際會所成，無自性。”無自性，則知其爲業力所造。黑業造成之事，無不可以白業祛除之者，大同之必可致，吾儕當有此信念也。惟今後所謂大同，有與古之大同異者。古之大同，乃處境優良所致，而此境非其所自造，故境變，制即與之俱替，俗亦隨之而壞焉。今後則經歷萬難，明知前此之惡，而有意造出一善境，乃可入於不退轉地。故古之大同赤子，今後之大同，則爲大人。赤子者，環境所造之大人，大人則自力回復於赤子者也。

今後之大同，其情狀果何如邪？曰：人與人之利害，全然一致。其於物也，亦因其智識之高，防禦及利用之力之强，蒙其利而不蒙其害，見其可愛而不見其可畏。至於一切不可遂之欲，則本非人性所固有，皆社會之缺陷，有以致之；社會無缺陷，人自無此等欲念矣。如是，人遂有樂而無苦。夫物不可窮也，人有樂而無苦，則易不可見，而乾坤或幾於息邪？曰：不然。人類是時之所爭，乃在道德。甲行仁而乙自媿其勿如，乙行義而丙自慚其不逮。夫如是，則愈競爭而愈得和平。人類至此，所視爲大敵而欲克服之者，乃不在外物而惟在其心。夫如是，一切學術宗教中最高之義，乃能爲萬人所領受，亦能爲凡人所享用，非如前此，説雖甚深微妙，實徒有極少數人能知之能行之也。夫是之謂大同。

大同之不可致，皆囿於小康之治者爲之。人類既有階級，則兩階級之利害，必不能相容。小康之治，本因兩階級對立而起。其一切制度，皆所以維持其時之社會組織者，能自此更進一步，自可臻於大同；抑人類本自大同之境，墮落至此也。乃世之小儒，必執此時之制度爲天經地義。明知其不盡合於人性也；不免毁此階級以利彼階級也；乃以爲人性本惡，非此無以治之，釋此則世事將更不可問。本爲人而立制度者，其極，乃殺人以維持其制度焉。今所謂舊禮教食人者，其禮教皆此類也。今若詰責之，彼且衍衍有辭曰：“子不見夫人心風俗之惡，雖跂就見制度，尚覺其不及邪？”於是彼輩乃日以正人心、移風俗爲務。以爲人心既正，風俗既淳，制度乃可繼之而變也。而惡知篤守今日之制度，人心永不可得而正，風俗永不可得而移邪？孟子曰："待文王而後興者，凡民也，若夫豪傑之士，雖無文王猶興。"尋常之人，不能自振於惡劣環境之下，此義古本明白。譬諸居室，棟折榱崩，處其下者皆覆壓焉，苟非力士，孰能掀牆而起？惡得曰：凡處其下者，吾皆將待其自起焉，而不自外爲之去其瓦礫也？故治化之不能進，不知恆人之心恆制於境者實爲之。此義明，凡惡無不可去，凡善無不可臻矣。故今後救世之務，不當空言改革人心，而當努力改革社會。循是而行，大同之世，雖去今猶遠乎，固未嘗不可以漸致也。

孔子果聖人乎？較諸佛、耶、回諸教主，亞里斯多德、柏拉圖、康德諸大哲如何？此至難言也。吾以爲但論一人，殆無從比較。若以全社會之文化論，則中國確有較歐洲、印度爲高者。歐印先哲之論，非不精深微妙，然或太玄遠而不切於人生；又其所根據者，多爲人之心理；而人之心理，則多在一定境界中造成；境界非一成不變者，苟舉社會組織而丕變之，則前此哲學家所據以研究，宗教家所力求改革者，其物已消滅無餘矣，復何事研求，孰與變革也？人之所不可變革者何事乎？曰：人之生，不能無以爲養。又生者不能無死，死者長已矣，而生者不可無以送之。故"養生送死"四字，爲人所必不能免；餘皆可有可無，視時與地而異其有用與否焉者也。然則惟"養生送死無憾"六字，爲真實不欺有益之語，其他皆聊以治一時之病者耳。今人率言：人制馭天然之力太弱，則無以養其生，而人與人之關係，亦不能善；故自然科學之猛晉，實爲人類之福音。斯言固然。然自然科學，非孤立於社會之外，或進或退，與社會全無干係者也。社會固隨科學之發明而變，科學亦隨社會之情形，以爲進退，究之爲人之利與害者，人最切而物實次之。人與人之關係，果能改善，固不慮其對物之關係不進步也。中國之文化，視人對人之關係爲首要，而視人對物之關係次之，實實落落，以"養生送死無憾"六字，爲言治最高之境，而不以天國淨土等無可徵驗之說誑惑人；以解決社會問題，爲解決人生問題之方法，而不偏重於個人之修養；此即其真實不欺，切實可行，勝於他國文化之處。蓋文化必有其根原，中國文化，以古大同之世爲其根原，故能美善如此也。今之人，亦知慕效西洋文化，不免有弊矣，而欲反諸舊文化者，又多爲人訾議，其主張，亦誠有可訾議之處，遂至皇惑而無主。予謂此由其所提倡者，多小康世之倫紀耳；若知小康之法，本非了義；其說或不可行於今；或雖不能遽去，亦如蘧廬可一宿而不可久處；不必愛戀衛護，視爲天經地義；所蘄嚮者，一以大同之義爲依歸，則中國文化，美妙殊勝，但可愛慕，無可非議矣。下士聞道大笑之，吾願其深觀世變，勿拘於墟也。

　　挾泰山以超北海,非人力所能爲也。然鑿巴拿馬地峽,開蘇彝士運河,與挾泰山以超北海,亦何以異? 是知人之筋力有限,其心力則無限也。精誠所至,金石爲開;子又有子,孫又有孫;爲山九仞,方覆一簣,進吾往也,何事不成? 二乘聾瞽,雖能生天,不到佛地;四海皆秋氣,一室難爲春;既聞高義,安可不勉? 請誦兩大賢之言,以結吾書。曾子曰:"士不可以不弘毅,任重而道遠。仁以爲己任,不亦重乎? 死而後已,不亦遠乎?"張子曰:"爲天地立心,爲生民立命,爲往聖繼絕學,爲萬世開太平。"

跋

　　此書爲民國二十二三年間，予在光華大學所講，二十四年夏，樊君仲雲主編《文化建設月刊》，以孔子之學説徵文於予。予謂惟孔子之説，中國人人童而習之，今生徒雖不讀經，然其父師皆讀經之人，不患無所聞。抑學説之行既久，則化爲凡民之日用行習，雖不聞其説，固已知其義矣。衆所共知之義，固無俟贅陳，抑且不免有弊。其亟待發揮者，實在湮晦之高義。無論何種學説，傳述者率以中材爲多。仲尼没而微言絶，七十子喪而大義乖，劉歆攻擊今文師之言，誠不盡可信；然《春秋》文成數萬，其指數千，今讀其書，有其文無其義者甚多；則知歆雖訾謷，此言初不盡誣。書缺有間，口説何獨不然，安得執今之所傳者，爲足盡孔子之道乎？況學説恒隨時勢爲變遷乎？孔子之道，蓋久非其朔矣。世之自謂護衛孔教，而轉使孔道蒙垢，詒害於世者，實由執小康之義；甚至所執者，爲治亂世之法，有以致之。欲拯其弊，非昌明大同之説不可。此義惟康南海最明，然皆以空言説經，不知社會變遷之情狀，固無以使人起信。其所想望之大同，遂亦如海上三神山，可望而不可即，固不可無以補正之也。乃復將講稿，略加删正，以覆樊君焉。

　　此書之意，主於考古，特欲明孔子所謂大同者確有其世爲何如世，並明其不可復耳。至於如何復之，則一致百慮，同歸殊途，固非可以一言盡，亦非淺學所能言。然私見所在，亦有不妨爲讀者一言之者。予謂中國今日，欲言救正社會，古人之策劃，仍宜注意者有三焉。其一，中國之革命，當注重農人，不當偏重工人；而其牖啓農人，則當以耕作使用機械爲要義。今之迷信蘇俄者，輒曰革命當以工人居前列，以其有團結，能鬥爭，習公産；農人則反是，且皆錮蔽難啓發也。然中國之民，十八九業農，新式工業，惟通都大邑有之耳。將不革命邪？抑坐待資本主義之成，而後爲之計也。夫自私之制之下，不足以言公心久矣，今日之大弊，即在於是。故欲正農民，非革土田私有之制不可。然土田私有之制，非□□□簡單之强力均田之法所能革也。果其能之，則新莽王田之法早行。北魏均田之令,唐租庸調之法,亦久存而不廢矣。害於其事者,必先生於其心,心不革,事固無由而變;雖強變之,亦必旋復也。然心又非可以空言革也。人之心,恒隨乎境,故生活實爲最大之教育。惟耕作使用機械,然後土地割裂,乃覺其不利,而共同耕作之法,乃可以徐行。制曰公,則人之公心,亦油然而生焉。此則俄國集合農場之制,實深可取法者也。其二,孔子所謂大同者,乃古農業共產社會。此等社會,其規模小,故其事之是非利害易見而易於措置;其人數少,故其和親之情深;而偶有桀驁不馴者,社會裁制之力亦強。在今世固無由斷其聯結,復反於孤立之境,而人之相人偶,亦惟在其利害之相同,而不繫於孤立與否,此義篇中已言之矣。然當撥亂反正之時,古者度地居民之制,仍不可以不講。人之居處,自有其天然之則。人之性,皆樂群居,空山之叟,聞足音猶爲之色喜,自非有大不得已之苦衷,未有樂絕人逃世者,此吸合人使之聚者也。然人雖樂群居,其所能與接爲構者,究有定限,處於萬人如海之都會中,將不覺其樂,惟苦其囂矣。此又限制人使聚集不能過甚者也。生產之規模,則用力少,成功多,此吸合人使之聚集者。然今所生產,皆爲商品,商品必求其價廉,故寧忍居處之苦,以求生產規模之大。至於分配之制異於今日,人尚忍居處之不適,以就生產之機械乎? 此則未必然矣。此又限制人使聚集不能過甚者也。今之都會,其緣起非以戰守,則以工商業;又以富人貴族聚居淫樂之事多,守衛之力亦強;人或貪逸樂,托庇護,又窮人衣食者爭托跡焉,皆社會之病態,非天然之規律。今之政治,徒聞自上鎮壓下,不則訓練其民以禦外,或事侵略,亦治者之自私;而聯合人共善其事,共樂其生之義,反日益廢墜矣。苟欲撥亂世返諸正,非依自然之情勢,兼地理與人民風俗言。割爲若干區;區各自善其事,未有足語於真聯結者。不聯結則不同矣,而況於大乎?[1]

---

[1]　此跋似未完,參見本卷第四九七至五〇二頁。

中國社會變遷史

前　　言

　　《中國社會變遷史》是《大同釋義》的白話文稿。《大同釋義》撰寫於一九三三年暑假前，先生自言："天賦之愚，篤於自信"，極想將自己的"一得之見"芹曝於全社會；因慮讀書者"和白話接近者較多，和文言接近者較少"，而爲"求其傳佈較廣，收效較弘"，於一九三三年暑假後，將文言文稿改寫爲白話文。開學後隨講隨編，期間又"因病中輟"，直至一九三四年九月全部寫成。先生認爲孔子所説的大同、小康、亂世，足以代表中國社會變遷的三個時期，遂改原題《中國社會變遷史》爲《大同釋義》。

　　《中國社會變遷史》最初收入華東師範大學出版社出版的《吕思勉遺文集》(改題爲《大同釋義》，一九九七年九月出版，有删改)。稍後，此書收入上海古籍出版社"吕思勉文集"《中國文化思想史九種》(二〇〇九年四月出版)，爲了與文言文之《大同釋義》相區分，編者仍沿用先生最初的書名《中國社會變遷史》。《中國社會變遷史》尚存先生手稿四册。此次將《中國社會變遷史》收入《吕思勉全集》出版重印，我們按先生手稿重新做了校對，除訂正錯字外，其他如行文遣句、概念術語等，均按先生手稿刊印。

李永圻　　張耕華
二〇一四年七月

目　　録

自　序

　　從前的人，總説知易行難；孫中山先生卻獨説知難行易；這兩種説法，究竟哪一種對呢？我説：這兩種説法，各有其立場。從實行上説，自然是知易行難。不論怎樣壞的人，總沒有不知好壞的。卻到該遵照道德律而行時，就有許多説法，替自己辯護，寬恕自己了。"子路有聞，未之能行，惟恐有聞"，果有這種勇猛精進之心，盡其所知而行之，已足成其爲聖賢，爲豪傑。所以知易行難之説，確有其理由。但是從處事的方法上説，卻就不然了。要把一件事情措置得妥貼，必須先把這件事情的本身，弄個明白，這是自然之理，誰也不會反對的。然而弄明白一件事情，談何容易？古往今來，不少自以爲明白的人，而其所謂明白，究竟確實與否？徹底與否？從後人看來，往往很有可疑。古今不少熱心任事的人，而其對於事情，往往不能措置得妥貼；甚至轉益糾紛，即由於此。從這一點而言，行易知難，又不能不謂之真理了。我們對於事情，不能明白，其受病的根原，究竟在哪里呢？

　　《易》曰："窮則變，變則通，通則久。"這句話，是一個很普徧的法則。不但社會上一切事情如此；即社會的本身，亦是如此。社會必有其環境；環境本不是恒常不變的，社會的力量；又多少能使環境改變；環境既變，其影響復及於社會；而社會中的各分子，亦是互相影響的；所以社會的分子——人與物，無時不在變遷之中；社會的本身，自然要不絶地變化了。治法乃人所以對付事物之工具。事物一變，工具當然隨之改變，這亦是自然之理，人人都能明白的。然而抽象地説，如事物現放在眼前，就大不同了。人們往往在理論上承認變革爲當然，而在事實上，卻固執變革爲不可，尤其是社會的組織，不但固執爲不可變，並有不知其爲可變遷之物的。於是一切爭執，從此而起。提倡變革之人，往往因之而遭戮辱、殺害。其在一枝一節的事情上，固然未嘗不爲有意之改變。然而社會全體，是互相關聯的。變其一，不變其二，不但不能得所預期，甚至所得者轉出於所預期之外，或與之相反，天下就從此多事了。

　　自歐亞大通後，我們遭遇着曠古未有的變局。我們的不能不變，數十年來，亦逐漸爲衆所共認了。然而其變之始終不得其法，迄今日，仍在流離顛沛之中；這是什麼理由呢？分而言之，其説可以更僕難盡。總而言之，則由於我們不明白我們自己的社會。不明白社會的現狀，則不知今古之異，而欲執陳方以藥新病；不明白自己社會的性質，則不知人我之異，而强欲以他人所有者，施之於我；遂到處見其扞格而難通。數十年來，不論守舊維新，莫不言之成理，而行之無不碰壁，即由於此。然則我們的社會，情形究竟如何，必須弄一個明白，看似迂闊，實係目前至急之務，且爲自救根本之圖了。

　　現在是不能説明現在的，要明白現在，必須溯其原於既往。此書之作，是我從民國廿二年到廿三年，在上海光華大學所講，原名《中國社會變遷史》。吾國史料之流傳，自以秦漢以後爲多；而社會的變遷，則實以三代以前爲烈。秦漢以後，我們現在的社會漸次形成，根本上沒有什麼大變動了。固然，晚周、秦、漢之世，爲這種社會形成之初，人心上還覺得不安；還要想把他回復到已往的狀況。果其熟悉這一時期的歷史，亦可見得社會本來不是如此；因而悟到社會不是恒常不變之物。然而前此的史材，所傳太少了，又多隱晦難明；很難給人以充分正確的知識。人們就很容易誤會：社會是恒常如此的。即使不然，亦以爲社會之爲物，只能聽其遷流，而不容易以人力加以改造。大家懷抱着這種思想，社會所以永無改革之望，即一枝一節之改革，亦多扞格而難通。然則將社會的本身，探本窮原，弄一個明白，確實是根本之圖，而亦是至急之務了。此書雖然不足以語此，卻是有志於此的。此書原名《中國社會變遷史》，所以改定今名者，我認爲孔子所説的大同、小康、亂世，確足以代表中國社會變遷的三大時期。大同，不但是孔子，亦是人人心中所想望的。孔子在二千年前，指示我們以這最高的模範，闡明而光大之，自是後死者之責。亦且大同、小康、亂世，三者相因，明其一，亦即能明其二；不明其二，亦終不能明其一的；所以舉一可以概三。我們所求明白者，爲自大同時代直至現在的情形；我們心所嚮慕而蘄其實現者，則尤在大同時代；故而改定今名，以志蘄嚮。

　　既然想把中國的社會，弄個明白，自然該從最古的時代，直説到如今了。而此書卻止於兩漢之際，這是何故？原來中國的社會，體段太大，所關涉的方面太多，情形太復雜了。要徹底説明它，自然非短時期所能。而在今日，需要精詳研究之書，亦似不如説明大體之書之切。因爲中國的社會，以前是怎樣一個經過，現在是怎樣一個情形，爲什麼有此經過，成此情形，還全在茫昧之域。必須有大概的知識，然後可作精詳的研究。所以此書係用鳥瞰之法，説明中國社會變遷大端。一枝一節之處，都不之及，以免蕪雜之累。東漢以後的社會，根本上無大變遷，所以就略而不及了。雖然如此，稍枝節的考證，總是不能免的。所以我在行文時，都力求置之附注之中，以免正文蕪雜。全書的綱領，自然要借重於現在社會學家的成說，可是由我考據所得，亦不能謂之絕無。我雖然不敢以有學問自居；可是所讀的書，也還相當；立說也還謹慎；牽強附會，是生平所不肯出的；於這一點，頗希望讀者注意。至於闡明中國社會的真相，這麼一個大題目，自非如我之淺學，所能擔當。我不過覺得此類的書籍，還很缺乏，希冀拋磚引玉，以此爲大輅之椎輪而已。全書在去年暑假前，本已用文言寫成。正文不足三萬字。以簡要論，自勝於現在的白話本，但我天賦至愚，篤於自信，一得之見，頗想對於全民族以芹曝之獻，覺得現在讀這一類書的人，和白話接近者較多，和文言接近者較少。求其傳布較廣，收效較弘，暑假後，乃將文言之稿毀棄，改用白話，隨講隨編，將次完竣，因病中輟。直至昨日，始行全部寫成。“家有敝帚，享之千金”，我並無此勇氣。不過天賦至愚，篤於自信，總以爲不至一無可取而已。其大部分，自然是燕石。如有錫以指正，使我不至終寶其燕石的，敬當禱祀以求，馨香以祝。

　　自歐洲學術輸入中國之後，社會學的學說，要算最爲風行。這也有個理由，社會是整個的，不是片斷的。不論什麼社會現象，都是整個社會上的一種現象。離開了社會的全體，都無從解釋的。從前的人——不論東西洋——都不知此義，所以其對於一種現象的解釋，都不能真確；而其所擬的對策，亦多不可行。現在就不然了，人類的知識進步到能闡明社會學，確是人類的福音。中國人之傾心於這種學問，亦固其所。但是社會進化的程序，雖然大致相同；而其小節偏端，以至於現在所達到的地位，則不能劃一。所以研究可以借資於人，而硬拉了人家的問題，以爲亦是我們的問題；甚至硬鈔人家解決的方法，以爲亦就是我們解決的方法，則必不免無病而呻，削足適履之病。所以把中國的社會，研究明白，實在是至急之務，而亦是根本之圖。

　　世界進化到極點，我相信：人類是只有相親相愛，相扶相助，而沒有互相爭鬥殘殺的——人類有餘的勢力，要求消耗，都用之於對自然的抗爭了。然而未至其時，則欲求自存，亦必須有相當的強力。古來許多夭殤的社會，其組織，豈必皆不良？然而其結果，反被野蠻之族所征服，即由武力太缺之故。我國古代，從文化上說，主要的有炎黃兩族。炎族組織較優良，黃族武力較強盛。其後，炎族遂爲黃族所征服。說具篇中，茲不更贅。天幸！黃族征服炎族之後，沒有把它優良的組織，盡行破壞；而且還爲相當的保存；甚且能夠發揚光大；我國遂爲一文化優越之民族，以迄於今。在現在世界上，中國文化，確實是有相當的價值的，然亦靠黃族的武力，東征西討，使中國成爲大國，乃能保存此優越之文化。否則古代與我同時並存之民族，安知其文化沒有足與我大同時代媲美的呢？然則世界未進於大同，文事武備，確乎兩者不可缺一。我們今日，遐稽古史，也不必贊美炎族的文明，而痛恨黃族的憑陵了。

但是武力的超越，亦要靠文化維持。“大同”二字，就字面講來，就是全體利害相同，更無衝突的意思。我們現在，爲什麼不競於人？是武力的不逮麼？我們的陸軍，並不少於日本；海空軍及其餘一切戰備，固然自愧不如，但在戰略上，亦並非無補救之法；卻爲什麼不能抵抗？這是內部的問題呢？還是外部的問題？“一二八”之役，以及今日華北戰區，爲什麼會有所謂內奸？內奸的利害，是和國家民族的利害相同的呢？還是相反的？爲什麼我們社會裏，會有和全體利害相反的人？固然，內奸是各國都有的。然而號稱强盛之國，是不是其內奸較少，而亦不能發揮其力量？而號稱衰亂之國則反之？吳三桂、洪承疇，是不是此等內奸的擴大？然則要爭民族、國家的自存，雖不必侈語大同，而其所謂同者，是否應保持一最小的限度，而今日所謂强盛之國，苟其內部的不同，愈擴愈大，是否有不能保持現狀的危險呢？這真是可以深思的問題了。民國二十三年九月二十六日，武進吕思勉自序。

第一章　發　　端

今日的世界，到底是什麼世界？機關槍、大炮、坦克車、毒氣，日造殺人之器，日以殺人爲樂，恬不爲怪。雖説是施諸異族異國，實未嘗不施諸同族同國。大之如内戰；小之如軍警之於盜賊，盜賊之於人民。這是有形的。其無形的：則想藉勞力以自活的人多，而位置少，一人得業，即必有一人失業。想藉工商等業以牟利的人多，而購買力薄，一家得利，必有他家失利。如其都能得利，則消費者受其剥削。這都無異紾人之臂而奪之食。總而言之，人類奉生之具，出於天然。而天然之物，非勞力不能得。所以爲人類計：“本應協力以對物，不該因物而相争。”因爲因物而相争，即對物之力薄了。然而人類之生存，有一部分，實建築於剥削他人之上。此事究極言之，實無異於人相食。在人相食的世界中，自然是强者爲刀俎，弱者爲魚肉。然而物極必反。所謂强者弱者，只是根據某種條件而分。假使據以競争的條件變了，則强弱可以易位。這便是所謂反亂。我們知道：嚮來的歷史，是每隔數十年或數百年，便要有一次反亂的。亂非少數人所能爲，如其大多數人，都不要亂，少數人決無法强他。所以歷代的反亂，都以大多數人不能安其生爲真原因。合前後而觀之，即是人因求食而競争，因競争而相食，失敗之徒，迫得另取一法以自衛。萬事根於人心，人心而思亂，決無法可使之治的。人，似乎是最難測的東西，然而人人而觀之，則係如此。若合大多數人而觀之，則其程度略有一定。從來隨時隨地，不患無才；只患無用兵之將，不患無可用之兵；只患綱紀廢弛，風氣頹敗，無所謂某國某族之民，簡直不足與有爲；即由於此。此其故，由於上智下愚，在各社會中，皆居少數；其大多數，都是中材；凡中材，恒視其環境爲轉移。蘇子瞻説：“有人人之勇怯，有三軍之勇怯。人人而較之，則勇怯之相去，若梃與楹；至於三軍之勇怯則一也；出於反覆之間，而差於毫厘之際，故其權在將與君。人固有暴猛獸而不操兵，出入於白刃之中而色不變者；有見虺蜴而卻走，聞鐘鼓之聲而戰栗者；是勇怯之不齊，至於如此。然閭閻之小民，争鬥戲笑，卒然之間，而或至於殺人。當其發也，其心翻然，其色勃然，若不可以已者；雖天下之勇夫，無以過之。及其退而思其身，顧其妻子，未始不惻然悔也。此非必勇者也，氣之所乘，則奪其性而忘其故。故古之善用兵者，用其翻然勃然於未悔之間；而其不善者，沮其翻然勃然之心，而開其自悔之意，則是不戰而先自敗也。"亦於此理見及其一端。前此致亂的原因，如其不去，其結果是決不能免的。社會的弱肉強食，固然已歷數千年，然而嚮來的範圍，未嘗如此其廣；其鬱結，亦未嘗如此其甚。我們知道：三代以上之所謂內亂，不過如鄭國的萑苻之盜，匿居山澤之中，偶或殺人越貨而已。大之如盜跖、莊蹻，就不免飾説而非事實。然而秦一天下之後，便爾揭竿斬木，徧於山東；蒼頭異軍，蔓及百越；新安降卒，並命大阬；咸陽宮室，付之一炬；其波瀾之壯闊，斷非戰國以前之人，所能想像了。然則交通的範圍愈廣，禍亂的規模亦愈大，勢有必至，理有固然。鑒觀往古，懸念將來，真可爲不寒而栗。人類的將來如何？這真是厝火積薪之下，而寢其上，火未及燃，因謂之安。人將如何脱離這修羅的世界，而進入天國呢？

第二章　論所謂大同者究係實有其事抑理想之談

"金丹換凡骨，誕幻苦無實"。耶教的天堂，佛教的净土，不是我們所敢希望的。我們所希望的，只是孔子所説的："老有所終；壯有所用；幼有所長；鰥寡孤獨廢疾者，皆有所養。"更簡而言之，便是"養生送死無憾"六個字。

這究是實有的世界呢，還是孔子的希望？假如是實有的，則人類所失去的故物，自可以人力恢復之。歷史上的已事，業經證明我們有建造黄金世界的能力，可使我們的膽氣一壯。如其僅係理想，理想原非必不可實現，然而其可能性，就較薄弱了。

説大同是實有的世界，照現在的情形看起來，似乎萬無此理。然而（一）古人論世運的升降，把皇帝王霸，分作數等的甚多。儒家此等語，固人所習見，即各家亦多有之。今舉一二爲例。如《管子·乘馬》云："無爲者帝，爲而無以爲者王，爲而不貴者霸。"又《兵法》云："明一者皇，察道者帝，通德者王，謀得兵勝者霸。"又《史記·商君列傳》，載商君見秦孝公之事曰：因孝公寵臣景監以求見，既見，語事良久，孝公時時睡，弗聽。罷，而孝公怒景監曰：子之客，妄人耳。安足用邪？景監以讓衛鞅，衛鞅曰：吾説公以帝道，其志不開悟矣。後五日，復求見鞅。鞅復見。孝公益愈。然而未中旨。罷，而孝公復讓景監。景監亦讓鞅。鞅曰：吾説公以王道，而未入也。請復見鞅。鞅復見孝公。孝公然之，而未用也。罷而去，孝公謂景監曰：汝客善，可與語矣。鞅曰：吾説公以霸道，其意欲用之矣。誠復見我，我知之矣。衛鞅復見孝公。孝公與語，不自知膝之前於席也。語數日不厭。景監曰：子何以中吾君？吾君之歡甚也？鞅曰："吾説君以帝王之道，比三代，而君曰：久遠，吾不能待。且賢君者，各及其身，顯名天下，安能邑邑，待數十百年，以成帝王乎？故吾以强國之術説君，君大説之耳。然亦難以比德於殷周矣。"此等蓋傳其事者的飾説，非必事實。然分治法爲數等，則確有此理。蓋將社會徹底改革，其功大，其效自遲。若但圖略加整理，或改革一枝一節，其規模小，其程功自易。這是古今一轍的。譬如今日，欲徹底推行社會主義，其事自較難；追隨帝國主義之後，苟圖富强，其事自較易也。這固然是理想之談，不能徑認爲事實。然而諸子百家，大都認皇古的治化，較後世爲隆；大都認隆古之世，曾有一黄金世界。假使全係理想之談，似不易如此符合。這其間，似當有事實的暗示。（二）古書的記事和寓言，很難分別，這誠然。然非竟無可分別。《禮運》孔子論大同小康一段，按其文體，固明明莊論而非誕辭。孔子説："大道之行也，與三代之英，丘未之逮也，而有志焉。"鄭注説："志，謂識，古文。"這是把識字解釋志字；更申言之，謂所謂志者，即係漢人所謂古文。志即現在口語中的記字；下筆或作記，或作志；古人則作志作識，都係名動詞通用。古文則東漢人通稱古書之辭。王静庵《漢代古文考》論之頗詳。_{予昔撰《中國文字變遷考》曾駁之。但所駁者，限於西漢的初期，至東漢以後，則確有此語。}孔子所謂"三代之英"，即指禹、湯、文、武、成王、周公六君子之世。這是歷史上明有其人，明有其時代的，不能指爲子虛烏有之談。然則所謂大道之行者，在今日雖文獻無徵，而在孔子當日，則必薄有所據；所以與三代之英，同稱其有志。此"志"字，必不能釋爲"志之所之"之"志"。_{因志之所之，只可有一，不容有二。若釋爲"志之所之"之"志"，則孔子既志於大道之行，又志於三代之英，於理爲不可通矣。《莊子》"《春秋》經世，先王之志"的"志"，與此相同。}准此看來，所謂大同者，實當確有其世。但① 這究在何世？ ② 以何因緣，而能有此黄金世界？ ③ 又以何因緣，而不能保守？ ④ 而在現在，又究竟能否恢復呢？ 這都是我們急於要問的。諸君且慢，聽我道來。

第三章　論人類仁暴之原

邃古的情形，到底是怎樣？古書所載，有說得文明的，亦有說得極野蠻的。

其說得極文明的，如《禮運》所載孔子論大同之言，業已人人耳熟能詳，無待再舉。又如老子說："郅治之極，鄰國相望，雞犬之聲相聞，民各甘其食，美其服，安其俗，樂其業，至老死不相往來。"此數語見《史記·貨殖列傳》，其見於《老子》書者，辭小異而意略同。老死不相往來，用現在人的眼光看起來，固然不是美事。然而甘其食，美其服，安其俗，樂其業，卻是不易得的。這頗可與孔子論大同之語，互相發明了。而如《淮南子·本經訓》說："古者機械詐偽，莫藏於心。"而以"分山川溪谷，使有壞界；計人多少眾寡，使有分數；築城掘池，設機械險阻以爲備；飾職事，制服等，異貴賤，差賢不肖，經誹譽，行賞罰"，爲後世之事。尤與孔、老之言，若合符節。總而言之：分界限而別人我，異善惡而定是非，因之以行賞罰，都不是至治之事。孔、老皆不認爲真善。老子所以貴道德而賤仁義者以此。觀孔子論大同之言，則孔、老宗旨，並不相背；不過孔子所論，以小康之治爲多，而大同不過偶一及之罷了。古人學說傳者，皆闕佚已甚。或孔子對於大同，多有論列，而所傳者僅此，亦未可知。

其說得極野蠻的，則如《管子·君臣下》篇說："古者未有君臣上下之別，夫婦妃匹之合；獸處群居，以力相征。於是智者詐愚，强者陵弱；老幼孤獨，不得其所。"這是說社會內部的情形的。又如《商君書·開塞》篇說："天地設而民生之。當此之時，民知其母而不知其父。其道親親而愛私。親親則別，愛私則險。民眾而以別險爲務，則民亂。當此時也，民務勝而力征，務勝則爭，力征則訟。訟而無正，則莫遂其性也。"性同生。這是說各社會相互的情形的，與孔老之說正相反。

二說果孰是？我說："皆是也，皆有所據。"

原來人是從動物進化來的，而亦是進化的動物。惟其是從動物進化來的，所以好生惡死，有己無人。飲食男女之欲，苟不得遂，即不恤殺人以自利。

427

惟其是進化的動物,所以有深厚的同情心,爲他動物所不逮。又其知力發達,凡能使人起衝突的事情,都能把他措置得妥帖,使衝突因之消滅。人在生物進化途中,是走到這一步了。所以今人説:"人有神格,亦有獸格。"這實在就是古人所説:"人之所以異於禽獸者幾希。"所以人之性,是仁暴並存的。既有愛人之心,亦有利己之念。而普通的人,愛人的心,恒不敵其利己之念。苟非先有以自遂,即不免賊人以自利。事實證明,不論哪一個社會,上知下愚,總居少數;其大多數,總是中人。所以人類的仁暴,恒視乎其所處之境。

然則人所處之境,又是如何呢?

人之資生,不能無藉乎物。衣食住行,都是如此。而四者之中,食爲尤急。所以人類處境之豐嗇,可以其取得食物的方法定之。取得食物的方法有兩種:一是取天然之物以自養,一是育天然之物以自養。取天然之物以自養,是爲搜集及漁獵。育天然之物以自養,是爲畜牧及農耕。

搜集這一個時期,昔人不大注意,其實與初民的生活,關係極大。緣漁獵亦必有相當的械器,初民則并此而無之。搜集則採取植物,或捕捉小動物,又或拾取大動物的尸體。總而言之,是較漁獵更爲易於取得之物。《周官》大宰九職,八曰臣妾,聚斂疏材。其所做的,即是搜集時代之事。《禮記·月令》:仲冬之月,"山林藪澤,有能取蔬食,田獵禽獸者,野虞教道之"。這是搜集與漁獵並行。《管子·八觀》説"萬家以下,則就山澤",可見其養人之衆。春秋戰國時代,尚且如此,古代就不必論了。

人類所恃以爲生之食物,僅能用較漁獵更粗拙之方法取之,則此時代之人,其饑窘可想。然即進而至於漁獵時代,其人亦未嘗不饑窘。因爲此時代之人,多恃動物以自養,而動物之生殖力有限。即使不虞闕乏,亦爲時節所限。如大雪封山,即不能獵;川澤凍結,即不能漁。所以此時代之人,仍以饑窘爲苦。後世饑荒的情形,在其時,蓋爲恒有之事。漁獵時代的人,所操的本是殺伐之業,而又爲饑餓所迫,便不免以其對物之殺伐,移而對人。管、商諸子所説古代野蠻的情形,大抵即在此時。

漁獵進而爲畜牧,而人類生活的情形一變。此時養命之原,本已不全靠天然,而多少可參以人力。然而所需牧地,面積甚廣,而又時患水草的缺乏。而這種人的生活,本是便於移動的,且這種人大抵兼事射獵,漁獵時代殺伐的技能,既未忘卻;殺伐的性質,亦未消除。所以在歷史上,游牧民族往往成爲侵略者。游牧民族殺伐之性質與技能,本沿自漁獵時代。特漁獵時代因食物闕乏,不能合大群;又其所居,率在山澤之地,非如游牧民族之處於平原,故其爲患,不若游牧民族之烈。在我國歷史上,海藏高原的羌人,不如蒙古高原的匈奴、突厥等可畏,即由於此。又游牧民族,有時不能敵耕稼工商之國者,以其文明程度太低,供戰鬥用之械器太劣;部勒編制之法,又非所知也。若其漸次進化,而達於一定的程度,則文明國民,往往轉非其敵。此事證據甚多,特在此不暇徧舉耳。世每譏我國屢遭北族之蹂躪爲不武,其實羅馬之困於日耳曼,印度之困於伊蘭高原諸民族,與我之見陵遼、金、元、清,又何以異? 今日白種人勢力之盛,似乎野蠻民族決無翻身之理。然亦其進化之時間,尚未許此諸種人,達到可與歐美人爭衡的程度耳。然遲早總有達到的一日。到這時候,現在所謂文明民族,將處於怎樣的地位,真正可爲寒心。所以人類若不從速回頭,專借武力財力,以相陵暴,必有今日所不能想像的大禍在其後。現今得意洋洋的人,屆時受禍必酷。這並非我好爲咒詛。我若專做一篇文字,舉史實以證明此理,正見其理極平常,絲毫不足爲怪也。這才是老子所說的:"天網恢恢,疏而不失。"

　　從游牧再進到耕農,則人類的生活,益形寬裕;而其性質,亦因之大變。這實緣其所操事業之平和,而其生活程度,亦遠高於舊時之故。孔、老所想望的境界,大抵即在此時。

　　人類生活的情形,及其性質的轉變,略説如上。以下再舉史實以明之。

第四章　論古代進化的大略和大同小康的遞嬗

　　從來講社會學的，多説社會經濟的進化，是從漁獵到畜牧，畜牧到農耕，其實亦不盡然。社會經濟的進化，蓋亦視乎其地。就歐洲的已事看來，大抵草原之地，漁獵之民，多進爲畜牧；山林川澤之地，則進爲農耕。中國古代，似亦如此。

　　中國古代，進化之跡，稍有可徵的，當推巢燧羲農。巢燧事蹟，見於《韓非子》的《五蠹》篇。《五蠹》篇説："上古之世，人民少而禽獸衆，人民不勝禽獸蟲蛇。有聖人作，構木爲巢，以避群害，而民説之，使王天下，號曰有巢氏。民食果蓏蚌蛤，腥臊惡臭，而傷害腹胃，民多疾病。有聖人作，鑽燧取火，以化腥臊，而民説之，使王天下，號曰燧人氏。"其爲漁獵時代的君長，顯而易見。伏羲氏亦作庖羲氏。後人望文義，遂生出"馴伏犧牲"、取犧牲以充庖厨諸曲説，釋爲游牧時代的君長。其實伏羲乃"下伏而化之"之義，明見《尚書大傳》。巢燧羲農之稱，皆後人據其所做的事業而名之，並非其人當時的稱號。伏羲之畫八卦，古人蓋視爲一大事。所以《易·繫辭傳》説："古者庖犧氏之王天下也：仰則觀象於天，俯則觀法於地。觀鳥獸之文，與地之宜。近取諸身，遠取諸物。於是始作八卦，以通神明之德，以類萬物之情。作結繩而爲網罟，以佃以漁。"説作八卦之事甚詳，佃漁之事較略。蓋古代政教合一，畫卦之事，爲宗教上一大發明；即在政治上有大影響。所以以"下伏而化之"之義，爲之立名。這是就宗教政治上的事業言之，與有巢、燧人、神農，就其利物前民的事業以立名者不同。至其事蹟，則《易·繫辭傳》明言其"作結繩而爲網罟，以佃以漁"。《尸子》亦説："燧人氏之世，天下多水，故教民以漁。伏羲之世，天下多獸，故教民以獵。"其爲漁獵時代的君長，更信而有徵。謂爲游牧社會的首領，卻除附會字面、妄生曲解外，更無證據。

　　伏羲氏歿，神農氏作。"神農"二字，確爲農業的意義。神字有變化之義。又《説文》："神，天神，引出萬物者也。"農業必待種子的變化發生而後成，所以稱爲神農。《禮記·月令》：夏季三月，"毋發令，以妨神農之事。水潦盛昌，神農將持功，舉大事，則有天殃"。此"神農"二字，即農業之義。與"伏羲"二字，必待曲解，乃成爲畜牧的意義者不同。神農又號烈山氏。

烈山，即《孟子》"益烈山澤而焚之"的烈山，乃今社會學家所謂"伐栽農業"。後人謂因起於隨縣北之厲山，故以爲氏，則因厲、烈同音而附會耳。其實春秋時魯有大庭氏之庫，實爲神農遺跡。神農的都邑，固明明在山東而不在湖北也。

　　還有一個證據，足以證明我國古代的農業，是從漁獵時代進化來的。我國最古的建築物，名爲明堂。是古代政治之樞，亦是古代神教之府；爲一切政令教化之所自出。讀惠定宇《明堂大道錄》可見。阮芸臺說得好，明堂是最古的建築物。其時文明程度尚低，全國之中，只有這一所房屋。天子就住在裏頭，所以就是宮殿。祭祖宗於此，所以就是宗廟。古代的學校，本來是宗教之府，所以明堂就是辟雍。其時並無諸多官府，所以一切政令，都自明堂中出。後世文明程度高了，一切事都從明堂中分出。於是明堂僅成爲一個空空洞洞的東西；久之且不知其作何用，而有欲毀之者，如齊宣王告孟子"人皆謂我毀明堂"是也。至此時而返觀古代的明堂，乃於政治教化，無所不包，就覺其神秘不可思議了。然而其在上古，自爲極重要的機關。明堂亦稱辟雍。辟即璧，乃肉好若一的圓形的玉。圓形的玉所以稱爲璧，則因辟的一音，本有周圍的意義。人若兜一個圓形的圈子，即稱還辟。《下曲禮》："大夫士見於國君，君若勞之，則還辟再拜稽首；君若迎拜，則還辟不敢答拜。"雍、壅同字，是積高之意。雍州之名，即因其積高而得。明堂的建築，漢武帝時，公玉帶上其圖。"水環宮垣。爲複道，上有樓，從西南入，名曰昆侖"。見《史記·封禪書》。這明是島居的遺象。蓋古人對於猛獸等，無防禦之力，所以藉水爲屏障以自衛。後來雖能居於平地，仍不忘其遺制。不但明堂，築城必鑿池，亦是從此蛻化而來的。古無島字，洲字即島字。洲、島同音。《禹貢》"島夷皮服"，"島夷卉服"，島皆當作鳥，謂鳥語也。《僞孔傳》讀鳥爲島，則其行文亦作鳥，今本徑改爲島，非是。洲、州之爲一字，尤顯而易見。然則"人所聚"和"水中可居之地"，同用一語，可謂島居的確證。明堂行政，精義何在？一言蔽之，在於順時行令。行令何以必順時，則全因重視農業之故。因爲非時興作，最足以妨農功；而古人有許多輔助農業的政令，若其當行而不行，亦於農業有害也。《論語》：顏淵問爲邦。孔子告以"行夏之時，乘殷之輅，服周之冕，樂則《韶》舞"。這四句話，似乎很爲迂闊。其實行夏之時四字，已包括一篇《月令》。一年之中當行何事，當於何時行之，以及何時不可行何事，悉具其中。舉而措之，一國大政，業已綱舉目張矣。並非徒爭以建寅之月爲歲首也。至於乘殷之輅，乃爲尚質之事舉其例；服周之冕，則爲尚文之事引其端。樂則《韶》舞，乃功成治定後事。故此四語，包蘊甚富。然則漁獵時代，政治之樞，神教之府，至農業時代，仍然不失其尊嚴。古代農業，係從漁獵時代進化而來，也大略可見了。

　　古有所謂三皇五帝者，雖然異說紛如，要以《尚書大傳》燧人、伏羲、神農爲三皇，《史記·五帝本紀》黃帝、顓頊、帝嚳、堯、舜爲五帝之說，爲較可信。三皇異說有四：(一)司馬貞《補三皇本紀》引《河圖》及《三五曆》：謂天地初立，有天皇氏，兄弟十二人，各一萬八千歲。地皇十一人，亦各萬八千歲。人皇兄弟九人，分長九州。凡一百五十世，合四萬五千六百年。緯候荒怪之説，不甚可信。(二)《白虎通》正説同《尚書大傳》，或説以伏羲、神農、祝融爲三皇。(三)《禮記·曲禮》、《正義》説：鄭玄注《中候敕省圖》，引《運斗樞》，以伏羲、女媧、神農爲三皇。(四)《史記·秦始皇本紀》：丞相綰與博士議帝號，説：“古有天皇，有地皇，有泰皇，泰皇最貴。”案伏生係秦博士之一。《尚書大傳》：“燧人以火紀，火太陽，故托燧皇於天。伏羲以人事紀，故托羲皇於人。神農悉地力，故托農皇於地。”則第四説與《大傳》同。《補三皇本紀》説“諸侯有共工氏，與祝融戰。不勝，而怒，乃頭觸不周山，天柱折，地維缺。女媧氏乃煉五色石以補天”云云。前稱祝融，後稱女媧，則祝融、女媧係一人。《白虎通》或説，與《運斗樞》同。燧人風姓，女媧亦風姓，總之與伏羲係同一族的酋長也。五帝異説，只有鄭玄注《中候敕省圖》引《運斗樞》，加入一少昊，謂“實六人而稱五者，以其俱合五帝座星”也。案《後漢書·賈逵傳》：“逵奏《左氏》之義，長於二傳者，説：五經家皆言顓頊代黄帝，而堯不得爲火德。《左氏》以爲少昊代黄帝，即圖讖所謂帝宣也。如令堯不得爲火，則漢不得爲赤。”蓋秦漢之世，有五德終始之説。一説從所不勝。水勝火，土勝水，木勝土，金勝木，火勝金。秦人以周爲火德，故自以爲水德。漢初亦主此説，故自以爲土德。後來改主相生之説。木生火，火生土，土生金，金生水，水生木。漢人自謂堯後，故必以堯爲火德。舜土，禹金，殷水，周木。秦爲閏位，不列於行序。至漢則復爲火德矣。自堯以上追溯之，黄帝之黄，係中央土色，故黄帝爲土德，不能改動。黄帝之後，顓頊爲金德，帝嚳爲水德，則堯當爲木德。今加入一少昊，稱爲金天氏，以當金德，則顓頊爲水德，帝嚳爲木德，而堯恰爲火德矣。此係古文《左氏》家，與今文《公羊》家及先立學之古文《穀梁》家争立學的手段，不足爲據。所以《尚書大傳》三皇之説、《史記·五帝本紀》五帝之説，最爲可信。《五帝本紀》之説，與《大戴禮記》同，亦今文經説也。前於三皇者，大抵荒渺難稽。三皇以後，則漸有氏姓世系可考。燧人氏，鄭注《通卦驗》説是風姓。伏羲氏亦風姓，其後有任、宿、須句、顓臾等國，見於《左氏》僖公二十一年。神農氏爲姜姓，和黄帝以後的世系，則衆所共知，不煩徵引。知道古帝王的氏姓世系，固然不能算在古史上得有多大的知識，然而氏姓世系，乃《周官》小史之職，有此，即知其人爲歷史上之人物，而非神話中之人物。古史雖然簡略，於興亡篡弑等大事，不能置之不提。如后羿篡夏之事，《史記》雖不載其詳，然亦言太康失國，昆弟五人，須於洛汭。《史記·夏殷本紀》，大略只載世系，便是根據小史所記帝系、世本一類之書的。假使燧人、伏羲、神農遞嬗之間，亦有如阪泉、涿鹿争戰之事，古史中不應無形跡可求。而今竟絶無形跡，這可推想，自燧人至神農，實在平和之中，由漁獵進化到耕稼了。

至其地域，則有巢氏治石樓山，在琅邪南。見於《遁甲開山圖》。人皇氏，即燧人，出暘谷，分九河，見於《春秋命曆序》。伏羲都陳。神農亦都陳，徙魯；見《史記·五帝本紀》、《正義》所引諸説，都在今河南山東。可推想這一群漁獵之民，實根據山東半島的山地，和魯西豫東一帶川澤之地，後乃進於耕農。

從燧人到神農，雖然保持和平的關係，然而神農氏數傳之後，卻有一軒然大波，起於河北，是爲炎、黄二族的争鬥。黄帝，《史記·五帝本紀》，稱其“遷徙往來無常處,以師兵爲營衛"。即此二語,已可想見其爲游牧之族。又稱其東征西討,"東至海;西至空同;南至江;北逐葷粥,合符釜山"。此等遠跡,亦非游牧之族不能至。"黃帝邑於涿鹿之阿"。涿鹿,山名。服虔説在涿郡。張晏説在上谷。服説蓋是。張説恐因後世地名而附會。涿郡,即今河北的涿縣。這一帶,正是平坦適於游牧之地。《商君書・畫策》篇:"神農之世,男耕而食,婦織而衣;刑政不用而治,甲兵不起而王。神農既殁,以强勝弱,以衆暴寡。故黃帝作爲君臣上下之義,父子兄弟之禮,夫婦妃匹之合。内行刀鋸,外用甲兵。"這數語,可爲炎帝之族尚平和,黃帝之族好戰鬥的鐵證。推想古時,似乎河南之地,適於農耕;河北之地,宜於畜牧。所以炎、黃兩族,因地利之不同,生事遂隨之而異。一旦發生衝突,愛好平和的農耕之民,自非樂於戰鬥的游牧之民之敵;而阪泉、涿鹿之役,炎族遂爲黃族所弱了。農耕的共産小社會,内部的組織,最爲合理;相互的關係,亦極平和。孔子所謂大同,老子所謂郅治,實在就是指這一種社會言之。自爲游牧之民所征服,於是發生階級。上級之人,剥削下級的人以自養。其善者,不過小康之治。並此而不能維持,就入於亂世了。世運的升降,大略如此。

第五章　論大同之世的情形

大同之世，究竟是怎樣一個情形？在今日已文獻無徵，只得從小康時代的情形中，推想其大略了。

原來征服之族，雖能征服人而吸其膏血，而自居於寄生者的地位，然而社會的組織，以及其餘諸文化，則必因仍被征服之族之舊。因爲征服之族，不過妄吸取被征服之族之膏血，若把它的社會，徹底破壞，則被征服之族，成爲枯臘，而征服之族，也無所施其吸取了。遼、金、元、清所以不敢大破壞漢族的社會組織，即由於此。蒙古滅金後，太宗近臣別迭説：漢人無益於國，不如空其人，以其地爲牧地。又速不臺攻汴時，想城破後全行屠戮。耶律楚材力爭，説：奇巧之工，厚藏之家，都在於此，乃已。俱見《元史·耶律楚材傳》。我們固不敢説征服者絕無同情心，只是替自己打算。然而這種心理，亦不能説沒有的。

把一部《世本》看起來，黃帝之世，真是一個黃金時代。遠而天文、律曆，大而井田、封建，小而舟車、弓矢、醫藥、衣服，莫不肇始於此時；甚至荒誕的神仙家，亦以黃帝爲口實。固然，古代的事，往往把許多無名的英雄抹殺了，而强附諸一有名的人。又或把衆人所做的事，硬栽在一個人身上，然亦決沒有一時代之中，發明家如此其多之理。因此可知：黃帝時代的文明，必係採取他族，而非其所自爲。然則採自何方呢？可不問而知其爲被征服的炎族了。"周因於殷禮，所損益可知也"，而世都稱周公製禮作樂，更沒人追想到殷朝。這和黃帝掠取羲農之族的文化，而獨尸創造之名，正是同一情況。

黃帝以後，傳顓頊、帝嚳二代而至堯舜。顓頊、帝嚳無甚實事可見。《大戴禮記》和《史記》小異大同，所以稱揚他們的，都只是幾句空話。大約這兩代，在五帝之中，是比較無關係的。舜之後是禹，便是三王之首了。堯舜時代的政治，大約和夏代差不多。殷因於夏，周因於殷，雖有損益，大體總是相沿的。夏殷似非一民族，夏周或較近，看君位繼承之法可知。殷之繼承法，與句吳很相像。然是否同一民族是一事，其治法相襲與否，又是一事。因爲較野蠻之族，征服較文明之族，多少是要採取其治法的。而當時所謂天子之國者，其文化程度，必較侯國爲高。所以民族之同異，與其治法之相沿與否，並無關係。所以三代的治法，必有一部分，是保存羲農以前之舊的。我們正好因此推想大同時代的情形。

然則三代的治法，哪一部分是羲農以前之舊？哪一部分是黃帝以後所改革的呢？我說凡社會組織，表現自由平等的精神的，必係大同時代的舊制。其表現階級性，和顯分人我之界的，必是黃帝以後，逐漸創造，或添設出來的。我們試本此眼光，把三代的制度，作一分析。

誰都知道：古代社會的根柢是農業。大同時代的農業，卻是怎樣情形呢？我說：很均平的井田制度，必是大同時代的遺制。孔子說大同時代"男有分"，分即是各人所分得的田。使用起來，雖有此分配之法，而田初非其所有，所以有還受之法。又可以換主易居。而每一個人，其爲社會服務，亦有一定的年限。《漢書·食貨志》："民年二十受田，六十歸田。七十以上，上所養也。十歲以下，上所長也。十一以上，上所强也。"案十一歲未能耕田，古人言語粗略，過十歲即可以云二十，過六十即可云七十。如以今人言語述之，當云："民二十一受田，六十歸田。六十一以上，上所養也。二十以下，上所長也。"可參看《禮記·曲禮》"人生十年曰幼"一節《正義》。《公羊》宣公十五年《解詁》："上田一歲一墾，中田二歲一墾，下田三歲一墾。肥饒不得獨樂，墝埆不得獨苦，故三年一換土易居。"按這是爰田的一法。《漢書·食貨志》："上田夫百畝，中田夫二百畝，下田夫三百畝。歲耕種者爲不易，上田；休一歲者爲一易，中田；休二歲者爲再易，下田。三歲更耕之，自爰其處。"這又是爰田的一法。《漢書》之說是本於《周官》遂人的。大約地廣人稀之處，可行後法。地狹人稠之處，則行前法。若使征服階級的士大夫，來定起制度來，怕沒有如此寬大了。

田，平地以外的土地，古人總稱爲山澤。這是作爲公有的，不過使用起來，要守一定的規則而已。《王制》："林麓川澤，以時入而不禁。"又："獺祭魚，然後漁人入澤梁。豺祭獸，然後田獵。鳩化爲鷹，然後設罻羅。草木零落，然後入山林。昆蟲未蟄，不以火田。不麛，不卵。不殺胎，不殀夭，不覆巢。"古人所以如此，乃爲珍惜物力起見。《孟子》所謂"數罟不入汙池，魚鱉不可勝食，斧斤以時入山林，材木不可勝用也"。《荀子·王制》亦說："養長時則六畜育，殺生時則草木殖。"《淮南·主術》亦說："草木之發若蒸氣，禽獸之歸若流泉，飛鳥之歸若烟雲，有所以致之也。"因其使用本無須乎分也。

工業：簡單的器具，人人會自製的，本不成其爲專業。較難的器具，則特設專司其事之人，製造以供衆用。這是後來工官之制所本。《考工記》說："粵無鎛，燕無函，秦無廬，胡無弓車。粵之無鎛也，非無鎛也，夫人而能爲鎛也。燕之無函也，非無函也，夫人而能爲函也。秦之無廬也，夫人而能爲廬也。胡之無弓車也，夫人而能爲弓車也。"注："此四國者，不置是工也。言其丈夫人人皆能作是器，不須國工。"然則非人人所能作之器，其必須國工，更無疑義了。

所以《考工記》又説："知者創物，巧者述之，守之世，謂之工。"案波格諾達夫的《經濟科學大綱》説："東印度的農業共産社會，紡織是家内副業，由各家族分別經營。其鐵工、木工、陶器工、理髮師等，則由共社任命，不從事農業。把公費來維持生活。"據施存統譯本。大江書鋪出版，第三章第五節。這正是後世的工官，原始共産社會的一個好例。

　　破壞共産制度最利害的，要算商人，説見後文。然而此時的商人，則是生産消費者之友而非其敵。因爲這時候，本部落之中，無所謂交易，交易是行於部落之外的。自給自足的社會，在平時，必能自給自足，斷無求之於外之理。《鹽鐵論·水旱》篇説："古者千室之邑，百乘之家，陶冶工商，四民之求，足以相更。故農民不離畎畝而足乎田器，工人不斷伐而足乎陶冶，不耕而足乎粟米。"《管子·權修》説："市不成肆，家用足也。"都可見古者各個小社會，都能自給自足。如此情形，在平時自然無甚貿易了。其有求於外，必係凶荒札喪之日，或則干戈擾攘之年。當此之時，若無商人以求得必要之物於外，本部落的情形，勢必不堪設想。此時的商人，既非以自己的資本，把貨物屯積下來，然後出賣，則其損益，都是歸之於部落的。在商人，不過代表本部落出去做交易而已，必要的消費品，萬一缺乏，固非商人求之於外不可，過剩的生産品，亦非商人運輸出外，不能得較大的利益。如此，商人跋涉山川，蒙犯霜露，且負擔寇賊劫掠的危險，代表本部落出去做賣買，而自己不與其利，如何不是消費、生産者之友呢？《左氏》昭公十六年。鄭子産對韓宣子説："昔我先君桓公，與商人皆出自周，庸次比耦，以艾殺此地，斬之蓬蒿藜藿而共處之。"遷國之初，所以要帶着一個商人走，就因爲新造之邦，必須之品，庸或有所闕乏之故。衞爲狄滅，而文公注意通商——閔公二年——亦與此理。

　　此等小社會，其生活的基礎，全靠農業，所以其經濟的規劃，全以農業的收穫爲標準，《禮記·王制》説："冢宰制國用，必於歲之杪。五穀皆入，然後制國用。用地小大，視年之豐耗，以三十年之通制國用，量入以爲出。"所謂"三十年之通者"，下文説："三年耕，必有一年之食，九年耕，必有三年之食。以三十年之通，雖有凶旱水溢，民無菜色。"不但通衆力而合作，亦且合前後而通籌，自有贏餘，以備荒歉，自然用不到從事於掠奪了。宰是征服之族，管理財政之官，實在是被征服之族的榨取者。不論家與國，管理財政的，都謂之宰。所以冉求爲季氏宰，而爲之聚斂。見《論語·先進》。《孟子·離婁上》篇則謂其"賦粟倍他日"。孔子亦對顏淵説："使爾多財，我爲爾宰。"見《史記·孔子世家》。然而其財政計劃，有條不紊如此。謂非大同時代，有組織的社會的遺規，其誰信之？《漢書·食貨志》："三考黜陟，餘三年食，進業曰登。再登曰平，餘六年食。三登曰泰平，二十七歲，遺九年食。然後王德流洽，禮樂成焉。故曰：如有王者，必世而後仁。"知古之所謂太平者，不過蓄積有餘，人人皆能豐衣足食而已。

　　既無所謂私産，其分配，自然只論需要，而無所謂報酬。所以不能勞動的人，其分配所得，亦和衆人一樣。《王制》説："喑、聾、跛躃、斷者、侏儒、百工，各以其器食之。"鄭注説："使執百工之事。"好像現在對於殘廢的人，一一爲謀職業者然。恐非記者之意？《荀子》的《王制》篇和《禮記》的《王制》篇相出入，而荀子説："五疾上收而養之。"然則"百工各以其器食之"，亦是説百工各以其器，供給他用。食字原有引伸的意思，如《左氏》文十八年之"功在食民"是，本不專指飲食。若定要責令他執百工之事，何謂"收而養之"呢？現在的人，看見外國有所謂盲啞學校等等，對於殘廢的人，亦能爲謀職業，便五體投地，不勝佩服，趕快要想學步。我要問：資本主義的國家，一食而罄貧民終歲之糧，一衣而費中人十家之產的何限？是何理由，這幾個殘廢的人，不能養活他，定要迫令執業呢？迷信的人，一定説：盲啞的人，閑得難受，亦要做些事情，消遣消遣。請問：教他們學習執業的動機，是爲他們閑着難受，替他謀消遣的麼？話是由得你説。然而撫心自問，吾誰欺，欺天乎？《禮記·樂記》上説："强者脅弱，衆者暴寡，知者詐愚，勇者苦怯；疾病不養；老幼孤獨，不得其所，此大亂之道也。"幾個盲啞的人，不能養活，定要迫令執業，我只認爲是"疾病不養"而已。

　　社會的内部如此，就彼此相互之間，也都表示着好意。我們都知道：古代有所謂乞糴，就是一個部落，糧食不足，向他部落討取之謂。人，最要緊的是活命；活命，最要緊的是飲食。人和人，是最應當互相人偶的。所以没飯吃，向人討，這是最平常的事。有飯吃，分給人，這是最應當的事。然而現在，卻變爲最難開口、最爲罕見的事。"上山擒虎易，開口告人難"。一飯之恩，至於要相詒以冥報。儻使不習於社會病理的人，驟然見之，真要失聲痛哭了。大同時代則不然。齊桓公葵丘之盟，"無遏糴"是其條件之一。《穀梁傳》僖公九年，《孟子·告子下》。"晉饑乞糴於秦。秦伯謂百里：與諸乎？對曰：天災流行，國家代有。救災恤鄰，道也。行道有福"。《左傳》僖公十三年。不但口實，襄公三十年，"晉人、齊人、宋人、衞人、鄭人、曹人、莒人、邾婁人、滕人、薛人、杞人、小邾婁人會於澶淵，宋災故。諸侯相聚，而更宋之所喪，曰：死者不可復生爾，財復矣"。《公羊》、《穀梁》云："其曰人何也？救災以衆，何救焉？更宋之所喪財也。"這同現在的保險，是一樣的意思。不論天災人禍，一人獨當之，往往至於不能復振，若其攤在衆人身上，原算不得什麼。所以現在有保險的辦法，一人受損，衆人彌縫。在事實上，固能減少受損者的損失，甚而至於不覺得損失，然而在道德上，必須先出了保費，才有人來填補你，還只算自己保自己。這許多，固然是小康時代的事。然而其規制，一定是大同時代遺傳下來的。我相信：在大同時代，行起來，還要徹底，還要普徧。

不但危難之中，互相救援而已，即平時，亦恒互相幫助。《孟子》説："湯居亳，與葛爲鄰。葛伯放而不祀。湯使人問之曰：何爲不祀？曰：無以供犧牲也。湯使遺之牛羊。葛伯食之，又不以祀。湯又使人問之曰：何爲不祀？曰：無以供粢盛也。湯使亳衆，往爲之耕。"《滕文公下》。這件事，用後世的眼光看起來，簡直是不可解。信他的人，一定説：這是湯的一種手段，利用葛伯殺掉餽餉的童子，然後去征伐他。不信的人，就要説孟子採聽謠言，或者編造鬼話了。殊不知造鬼話要造得像。採謠言，亦要這謠言有些像。假使古代社會，本無代耕的習慣，孟子豈得信口開河？亦豈得無識至此？可知孟子的時代，雖未必有代耕的事，而古代社會，可以有代耕之事，這一層還是人人能瞭解的。不然，孟子的話，豈不成爲傻話呢？又使古代的社會，本無代耕的習慣，湯算用的什麼手段？豈不要給旁人大笑？司馬昭之心，路人皆知，豈非弄巧成拙？而且亳衆也何能唯唯聽命，不視爲怪事呢？可知代人家做事，吃自己的飯，做人家的事，在古代原不算得什麼。"貨惡其棄於地也，不必藏於己；力惡其不出於身也，不必爲己"。在古代，只因事實上，各部落互相隔絶，所以推廣的機會很少。論其時的人的心理，原是無間於彼此的。

《墨子》説："今若有能信效孫詒讓《閒詁》："效讀爲交。"先利天下諸侯者：大國之不義也，則同憂之。大國之攻小國也，則同救之。小國城郭之不全也，必使修之。布粟之絶則委之。幣帛不足則共之。"《墨子·非攻下》。這也並不是空話。齊桓公合諸侯而城杞，僖公十四年。就是所謂城郭不全使修之。衛爲狄滅，立戴公以廬於曹。齊桓公"歸公乘馬；祭服五稱；牛羊豕雞狗皆三百；與門材。歸夫人魚軒，重錦三十兩"。《左傳·閔公二年》。就是所謂"布粟之絶則委之，幣帛不足則共之"。"大國之不義，則同憂之，大國攻小國，則同救之"。一部《春秋》之中，更是不勝枚舉。這些，都該是大同之世，留詒下來的，這就是孔子所謂"講信修睦"。

人類是不能没有分業的。政治也是分業的一種。説太平世界，就能够没有公務；或者把公務拆散了，變做私務，人人自己去辦，這是無此情理的。然而世界上，政治往往成爲罪惡，政治家往往成爲罪惡的人，這是什麼原故？這並非政治是罪惡；亦非一經手政治，便要成爲罪惡的人。實緣我們所謂政治者，性質不純，本含有罪惡的成分在内。怎樣叫我們的政治性質不純呢？原來我們的政治，含有兩種元素：一是公務，一是壓迫。惟其常帶權力壓迫的性質，所以政治會成爲罪惡，而政治家亦成爲罪惡的人。若其不然，政治只是衆人的事務所聚集起來的公務而已，則亦如我們幾個人的結社，委托一人爲幹事。以何因緣，而今成爲罪惡？而這個人，亦何須特別的身份？何須吃特別的俸祿呢？許行説："賢者與民並耕而食，饔飧而治。"《滕文公上》。這並非故爲高論，在古代原是如此的。烏桓大人，"各自畜牧營產，不相徭役"，《後漢書·烏桓傳》。便是一個證據。孔子説大同時代，"選賢與能"，所選舉出來的賢能，其地位，亦不過如此。"神農"兩字，是農業的意思，已見前。神農之言，即農家之學。爲神農之言，即治農家之學。所以《漢書·藝文志》論農業，説："鄙者爲之，欲使君臣並耕，悖上下之序。"這話明是指許行。許行是治農家之學的人，是無疑義的。許行之言，即農家之言。其所主張，正是大同時代的治法。大同時代的文化，是農業的文化，得此又添一證據。

或者疑惑：既要經手公務，又要耕田和做飯，哪得這許多功夫？殊不知國家擴大了，公務才繁忙，才有一日二日萬幾之事。小小的一個社會，其治者，不過如今日村長閭長之類，有何繁忙，而至於沒有工夫？況且並耕而食，饔飧而治，原不過這麼一句話。其意思，不過説當時的治者，既無權力，亦無權利。並非説一定要耕田，一定要做飯。依我看：耕田是當日普通的職業。治者既沒甚繁忙，自用不着廢掉耕種。至於做飯，則在當時，怕本沒有家家做飯自己吃這一回事罷？

我們知道：後世還有所謂醵。醵是什麼？《説文》説："合錢飲酒也。"飲酒爲什麼要合錢呢？何不獨酌？我們又知道：飲酒全無禁令，只是近數百年來的事，前此是沒有蕩然無禁的。而愈到古代，則其禁愈嚴。一個人在家獨酌，政治無論如何嚴酷，都不能户立之監。群飲就容易犯法了。漢世所謂賜酺，就不過許人群飲，並不是真有什麼東西，賞給人吃。這個也算作恩典，可見當時的人，對於群飲嗜好之深。最可怪的：《書經·酒誥》上説："群飲，汝勿佚。盡執拘以歸於周，予其殺。"酒禁之嚴如此，真使人聞之咋舌，如此，何得有群飲的人？這句話還説他做甚？然而既説這句話，就見得當時的風氣，實還有群飲的可能。爲什麼如此敢於冒法呢？我説：這不過習慣之不易改，習慣之不易改，則因古代本是合食慣了的，並非家家自己做飯吃。到後來，私產制度行了，有飯吃，無飯吃，家家不同；吃好的，吃壞的，人人而異；自然只得各做各吃，然而吃酒，古人是不常有的事；而且當作一件尋歡樂的事。"獨樂樂，孰若與人？與少樂樂，孰若與衆"？所以共食之制度雖廢，共飲的習慣猶存。習慣既入之已深，就任何嚴刑峻法，一時也難於禁絕了。食料的作爲公有，也是古人共食的一個佐證。《詩經》説："言私其豵，獻豣於公。"《豳風·七月》。這是田獵時代的規則,小者自私,大者公有。小者自私,並不是承認你有自私的權利。只爲小者可以獨盡;歸公以後,再行分配,也還是分給一個人,所以樂得省些手續。至於農業時代,一切糧食,亦仍是作爲公有的。所以孟子述晏子的話,説:"今也師行而糧食。"《梁惠王下》。糧即量。量食,就是把全社會的食料,一切作爲公有,再行平均分配。在當時,固然成爲虐政,此近乎宋人之所謂"括糴"。然而追原其始,正可見得古代一切食料公有的制度。一切食料公有,又安有家家自炊之理呢? 我們現在,只家家做飯自己吃,已够表現我們自私的醜態了,而且也不經濟。"破屋明斜陽,中有賢婦如孟光。搬柴做飯長日忙,十步九息神沮傷"。林琴南《戒纏足詩》,今斷章取義引之。人啊! 爲什麽把寶貴的精力,不經濟地花在這瑣屑的事上呢?

第六章　從大同到小康

　　假使地面的情形，和現在大異，人不能藉漁獵游牧以自活，而只能從事於農耕，則人類的歷史，必和現在大異。爲什麼呢？因爲農耕之族，是不樂戰爭的。即使戰爭，亦和漁獵游牧之民戰爭有異。農業社會，不好侵略，止以防他人的侵略爲目的，故其用兵，亦以守禦爲主。所謂"重門擊柝，以待暴客"也。見《易·繫辭傳》。墨子非攻尚守禦，此其遠源。古有所謂義師，蓋亦農業社會戰爭時共認之法。略見《吕覽·懷寵》、《淮南·兵略》兩篇。不以侵略爲目的，用兵本不過如此也。地面上而盡爲農耕之族，則其相互之間，戰鬥的空氣，必極淡薄；而其内部，平和的空氣，却極濃厚。人的性質，是隨環境而變的。處於這種空氣之中，則其性質，必和現在的人類大異。如此，彼此相遇時，或者能本於善意，互相諒解，謀一和平結合的方法，亦未可知。即有戰爭，亦或者能不遠而復，而惜乎其不能也。漁獵游牧之族，戰爭即是其生産的方法。其性質又極活動，在英主指揮之下，易於集合。和農耕民族，性質重滯，安土重遷；平時不甚來往，臨時難於結合的，迥不相同。炎、黄兩族的成敗，其最大的原因，似即在此。炎爲黄弱，我們黄金的大同時代，就成過去，而入於小康時代了。然則小康時代的情形，又是怎樣的呢？

　　略讀古書的人，都知道古代有所謂宗法。大多數人的意見，都以爲此制是起自周朝的，其實不然。此制怕是所謂黄族者所固有，何以見得呢？所謂宗法，是以家族中的一個男子做始祖。其繼承之法，特重嫡長。始祖之嫡長子，是大宗之子。其次子以下，别爲小宗。以後代代皆然。小宗宗子的嫡長子，亦是世代相繼，爲小宗之宗子的。小宗五世而遷，就是説小宗宗人，服從小宗宗子管轄的，以在五服之内爲限。大宗則百世不遷。凡始祖之後，不論親疏遠近，都該服從他。所以有一大宗宗子，則凡同出一祖的人，都能够團結不散。即以小宗宗子而論，亦能團結五服以内的人。較之一盤散沙者，大不相同。所以此制於競争極爲有利。世所以稱爲周制者，（一）因此制至周始有可考；（二）則此制特重嫡長，而五帝皆非父子相傳，殷又行兄終弟及之制之故。然書傳又無可考，不能因以斷定其事之有無。因爲古代的書，傳於後世的，太闕乏了。至於五帝及殷，都非傳子，則君位的繼承，和家長的繼承，本非一事。女真、蒙古，都不是没有父子相傳之法的。而金自景祖至於太祖，生女真部族節度使的承襲，都由景祖以命令定之；蒙古汗位的繼承，和其家族的繼承無關，那更顯而易見了。《金史·世紀》：“景祖九子：元妃唐括氏生劾者，次世祖，次劾孫，次肅宗，次穆宗。及當異居，景祖曰：劾者柔和，可治家務。劾里鉢有器量智識，何事不成？劾孫亦柔善人耳。乃命劾者與世祖同居，劾孫與肅宗同居。景祖卒，世祖繼之。世祖卒，肅宗繼之。肅宗卒，穆宗繼之。穆宗復傳世祖之子，至於太祖，竟登大位焉。”案此事與殷人的兄終弟及頗相類。蒙古自成吉思汗以前，有汗號者凡四世。其第一人爲海都。海都殁後，汗位空闕。至其曾孫哈不勒，乃復稱汗。哈不勒死後，其再從兄弟俺巴孩繼之。爲金人所殺。遺言告其子合答安，及哈不勒子忽圖刺，爲之報仇。蒙古人共議，立忽都刺。見《元秘史》。忽都刺死後，汗位復闕。至成吉思汗强，乃復被舉。蓋有其人則舉之，無其人則闕，與家族繼承之法，了無關係。成吉思汗以諸部族推戴而即汗位。太宗、定宗、憲宗亦皆如此。世祖始不待正式的忽力而臺。忽力而臺者，蒙古語，譯言大會。然仍有若干宗王，貌爲推戴。即位後，立太子真金，始用漢法。真金早死。成宗之立，仍以宗藩、昆弟、戚畹、官僚合辭推戴爲言。武宗亦然。至仁宗即位之詔，乃謂大寶之承，既有成命，非前聖賓天而始徵集宗親，議所宜立者比。舊法至此，始破壞净盡。我國五帝官天下，至夏禹而傳子之局始定，疑亦有此等變遷。孟子説舜禹之立，必待朝覲、訟獄之歸，亦頗和蒙古人的忽烈而臺，有些相像。又案蒙古稱幼子爲斡赤斤，義爲守竈。然太宗時命拔都等西征，諸王駙馬，和萬户、千户，各以長子從行，謂之長子出征。因爲所征的都是强部，長子出征，則兵强而多。於此，可見財産雖歸幼子承襲，統率之權，仍歸長子。蓋年長之子，或早與父母異居，惟幼子則不然，所以在事實上，父母的家庭，自以幼子承襲爲便。長子不異居的，則管理之權，全歸長子。古人本没有所有權的觀念，只有管理之權屬於何人的事實耳。但管理之權，既屬於其人，在事實上，即與財産爲其所有無異，久之，遂變爲長子襲産。至於統率之權，以長子承襲爲便，則事理明白，更無待多言。總而言之，承襲有種種方面，不能一律也。所以自殷以前，王位不以嫡長子承襲，並不能證明自殷以前，不行宗法。而周代宗法，頗爲完整，斷非短時間所能發達至此，卻是顯而易見的。假定周朝當后稷之時，已有宗法的存在。則《帝系》上所稱爲后稷之父的帝嚳，其時代亦不能斷定其無宗法；而帝嚳不過是黄帝的曾孫，我們就可推想，宗法爲黄族的古制了。系世爲《周官》小史之職，已見第四章。《大戴禮記》的《帝系姓》，即此類記載之僅存者。子上説：“楚國之舉，恒在少者。”《左氏》文公元年。楚在江域，或沿三苗之俗，三苗乃姜姓之國。以此推之，似乎炎族並無像周朝一般的宗法。同出一始祖的人，至於年深代遠，則其關係甚疏。所以今《戴禮》、《歐陽夏侯尚書》説九族，父之姓，只以五屬之内爲限。而益以父女昆弟適人者與其子，己女昆弟適人者與其子，己之子適人者與其子。又母族三：母之父姓，母之母姓，母女昆弟適人者與其子。妻族二：妻之父姓，妻之母姓。見《詩·葛藟》正義引《五經異義》。這都是血緣相近，真是《白虎通義》所謂“恩愛相流湊”的。然而没有統率，所以在競爭上，不如宗法之制之適宜。《禮記·文王世子》：“戰則守於公禰，孝愛之深也。正室守大廟，尊宗室，而君臣之道著矣。諸父諸兄守貴室，子弟守下室，而讓道達矣。”即此數語，便見宗法社會團結的緊密，組織之整齊，於競爭上非常有利。《儀禮‧喪服傳》："禽獸知母而不知父，野人曰：父母何算焉？都邑之士，則知尊禰矣，學士大夫，則知尊祖矣。諸侯及其太祖，天子及其始祖之所自出。"天子、諸侯、學士大夫、都邑之士，即所謂國人，都是征服之族。野人則被征服之族。可見其一以團結而獲勝，一以散漫而致敗。宗法之制，不但聚族而居之日，可藉此緊密其團結，整齊其組織，即至彼此分離之後，亦仍可藉此以相聯繫。衆建親戚，以爲屏藩之制，即由此而生。固然"後屬疏遠，相攻擊如仇讎"，然而當其初，不能說沒有夾輔之效。"周室東遷，晉、鄭是依"，即其明證。不然，恐九鼎之亡，不待赧王入秦之日了。衆建親戚，以爲屏藩之制，疑亦黃族舊法，不過至周始有可考。黃帝征師諸侯，與蚩尤戰，疑所征者即係同姓之諸侯，未必異姓之國，眞因炎帝之侵陵而歸之也。

宗法是幾經進化後的制度；要明白宗法，必先知道宗法的由來，有必要追溯到社會原始的狀態。社會原始的狀態，是怎樣的呢？人類當原始時代，是無組織之可言的。不過男子爲一群，女子爲一群，幼童爲一群，此時的人，因爲謀食的艱難，及饑餓時或者至於人相食，能終其天年者很少，所以沒有老者之群。各自逐隊，從事於搜集而已。進而至於漁獵，則男子專務馳逐，而女子多坐守後方，做些較和平的事業。幼孩則多隨其母。於是男女之分業稍顯，而母子的情感益親。然而夫婦之倫，還未立也。此時結婚，大抵專論行輩。此事予昔有一文論之，今節錄於此，以資參考。原文曰：社會學家言：淺演之世，無所謂夫婦，男女妃合，惟論行輩，我國古代，似亦如此。《大傳》："同姓從宗合族屬，異姓主名治際會，名著而男女有別。其夫屬乎父道者，妻皆母道也；其夫屬乎子道者，妻皆婦道也。謂弟之妻爲婦者，是嫂亦可謂之母乎？名者，人治之大者也，可無愼乎？"曰"男女有別"，曰"人治之大"，而所致謹者不過輩行，可見古無後世所謂夫婦矣。職是故，古人於男女妃合，最致謹於其年。《禮運》曰："合男女，頒爵位，必當年德。"《荀子》曰："婦人莫不願得以爲夫，處女莫不願得以爲士。"見《非相》。老婦士夫，老夫女妻，則《易》譬諸"枯楊生華"、"枯楊生稊"，言其鮮也。《釋親》："長婦謂稚婦爲娣婦，娣婦謂長婦爲姒婦"，此兄弟之妻相謂之辭也。又云："女子同出，謂先生爲姒，後生爲娣。"孫炎曰："同出，謂俱嫁，事一夫者也。"同適一夫之婦，其相謂，乃與昆弟之妻之相謂同，可見古無後世所謂夫婦矣。古之淫於親屬者，曰烝，曰報，皆輩行不合之稱。其輩行相合者，則無專名，曰淫，曰通而已。淫者，放濫之辭，好色而過其節，雖於妻妾亦曰淫，不必他人之妻妾也。通者？《曲禮》曰："嫂叔不通問。"又曰："內言不出於梱，外言不入於梱。"內言而出焉，外言而入焉，則所謂通也。《內則》曰："禮始於謹夫婦，爲宮室，辨內外，深宮固門，閽寺守之，男不入，女不出。"自爲宮室、辨內外以來，乃有所謂通，前此無有也。《匈奴列傳》曰："父死妻其後母，兄弟死，皆取其妻妻之。"父死妻其後母，不知中國古俗亦然否；兄弟死，皆取其妻妻之，則亦必如是矣。象以舜爲已死，而曰：二嫂使治朕栖是也。父子聚麀，《禮記》所戒；新臺有泚，詩人刺焉。至衛君之弟，欲與室夫人同庖，則齊兄弟皆欲與之，《柏舟》之詩是也。然則上淫下淫，古人所深疾，旁淫則不如是之甚。所以者何？一當其年，一不當其年。夫婦之制既立，而其刺旁淫，猶不如上下淫之甚，則古無後世所謂夫婦，男女妃合，但論行輩之徵也。今貴州仲家苗，女有淫者，父母伯叔皆不問，惟昆弟見之，非毆則殺，故仲家苗最畏其昆弟云，亦婚姻但論行輩之遺俗也。古語説得好，飽暖思淫欲。這是人和動物一樣的。野禽多一雄一雌，如雁是。家禽或一雄多雌，如鷄是。而人的我執，比動物更強。尤其是男性，占有的衝動，特別強烈。飽暖之餘，遂思占女性爲己有。而女性，也有賣弄手段，坐觀男子爭鬥的惡習。一群之中，爭風吃醋之事，遂時時發生，弄得秩序都要維持不住了。於是在同一團體之中，男女不許發生關係的戒條，遂漸爲衆所共認，而成爲同姓不婚之俗。古人說："男女同姓，其生不蕃。"又說："美先盡矣，則相生疾。"都不是同姓不婚的真原因，因其在生物學及病理學上，並無證據。同姓不婚的真原因，當是由於一姓之中，爭風吃醋，《晉語》所謂"黷則生怨"也。《郊特牲》說："取於異姓，所以附遠厚別也。"厚別則可免於黷，而藉此又可結他部落爲外援，則所謂厚別也。至此，則想覓配偶的人，不得不求之於外，而掠奪賣買的婚姻以起。掠得來，買得來的，自然是屬於個人，而他人自亦不敢輕於侵犯，而夫婦之倫以立。當漁獵時代，大都是聚族而居。夫婦之制，或者尚不能十分嚴格。楚人有同姓結婚之俗，所謂楚王妻妹也。所以據《左氏》所載，楚國有江芊。文公元年，楚是江域之國，或染三苗之俗，說已見前。然則羲農之族，同姓不婚，或者亦不如黃族的嚴格。至於游牧時代，則人須逐水草而生。嚮來聚族而居的，至此都不得不分散。此時女子必隨男子而行。個別夫婦的制度，至此就更形確定了。夫婦之制度既立，則父子之關係亦明。

當夫婦之制未立時，生子自然是從其母而得姓。即至夫婦之制既立，而女權尚未甚墜落時，子女亦還是從其母之姓的。但是到後來，女權日益墜落，男權日益伸張，妻與子，變爲夫與父之附屬物。當此之時，自無更表明其母子之間的關係的必要，只須表明其父爲何人就得了。女系的姓，是純爲表明血統的。男系的姓則不然。因爲人有財產，多欲傳之於子；而子之身份如何，亦與其父大有關係。酋長之子所以仍爲酋長者，以其爲酋長之子也。奴隸之子，所以仍爲奴隸者，以其爲奴隸之子也。然則欲知財產之誰屬；和某一人的身份如何，都有知道其男系的必要。所以男系之姓，是因表示"權力、財產的系統"而設的。於是女系遂易爲男系。

古代的所謂姓，其初沒一個不是從女系來的，而後皆易爲男系。這一個變換之間，正表示着一種男女權遞嬗的遺跡。因爲一個姓，就是一個氏族的記號。氏族的記號，而用女子的系統，即使女權不十分伸張，亦總留有一點以女子爲主體的意思。到改用男子的系統，就大不然了。

夫婦父子之倫既立，而所謂家的團結以生。什麽叫作家呢？我國古書上明示其範圍：是"一夫上父母，下妻子，自五口以至於八口"。這是一個天然的界限。因爲"不獨親其親，不獨子其子"的風氣，已成過去了，則老者非其子莫之養，幼者非其父母莫之長；而人不能沒有配偶，這是不消說的。所以這一個天然的界限，在各親其親，各子其子的時代，不容易擴大，而亦不能縮小。但是此所謂家者，其中實在只有一個強壯適宜於鬥爭的人。要是和異族鬥爭，其力量實在嫌小。所以要有一個以男子爲中心的宗法的聯結。

此等組織的轉變，我們說是男權的伸張，女權的墜落，而在游牧社會爲尤甚。男女的關係，就是在農業共産社會，也不是絶對平等的。孔子説大同時代，"男有分，女有歸"，這便分明是以男子爲主體；在女子，不過人人得一個可依附的男子罷了。所以然者，因爲生産之事，雖和争鬥不同，而亦不能完全不要强力。本來生産也是對自然，甚而至於是對動物的一種争鬥。争鬥，自然以男子之力爲較强。漁獵時代不必論。即畜牧時代，動物亦並不是十分易於馴伏的。農業雖説是女子所發明，男子之贄，卿羔，大夫雁，而婦女之贄爲棗栗，見《禮記·曲禮下》篇。宗廟之事，君親割，夫人親舂，見《穀梁》文公十三年。《周官》職金：其奴，男子入於罪隸，女子入於舂藁。《天官内宰》：上春，詔王后帥六宫之人，而生穜稑之種。這都是農業爲女子之事的遺跡。又《禮記·昏義》："古者婦人先嫁三月，祖廟未毁，教於公宫；祖廟既毁，教於宗室。宗室教成，祭之，牲用魚，芼之以蘋藻。"《毛傳》説《詩經·采蘋》這一首詩，就是這教成之祭。又説：公侯夫人，執蘩菜以助祭；王后則執荇菜。又《左氏》哀公七年，陳乞對諸大夫説："常之母有魚菽之祭。"婦女的祭品，是魚和植物。推想漁獵農耕遞嬗的社會，或者獵是男子之事，漁和農業，是女子之事。然到所謂伐栽農業時代，則所需要的强力亦頗多，亦就漸漸的移於男子手中了。生産既以男子爲主，自然權力亦以男子爲大。所以即在農業共産社會中，男女亦非絶對平等的。然而其關係，總比在游牧社會裏好得多。某社會學者説："中國婚姻之禮，是農業社會的習慣。歐人婚姻之禮，則係游牧社會的習慣。農耕之民，大家安土重遷，住處固定。男女兩人的性情面貌，是彼此互相知道的。即其家族中人，亦彼此互相知道。覺得年貌等等相當，便挽人出來做個媒妁説合。這全是農村中的風習。歐人則男女接吻，便是從動物之互相舐學得來的。新婚旅行，其爲妻由劫掠而來，怕其母族中人再來搶還，所以急急逃避，更其顯而易見了。若非游牧民族，何能如此輕易？"我們須知：男女之數，是大略相等的。苟非略自異方；或者一社會之中，顯分等級，可以多妻者多妻，無妻者無妻，則一夫多妻之制，勢必不容發生。《鹽鐵論·散不足》篇説："古者夫婦之好，一男一女，而成家室之道。及後世，士一妾，大夫二，諸侯有侄娣，九女而已。"可見蓄妾係後起之事。在隆古，曾有一個嚴格的一夫一妻時代。這時代是什麽時代呢？古書説我國嫁娶之禮，始於伏羲。伏羲制以儷皮爲嫁娶之禮，見《世本·作篇》，譙周亦云然。見《禮記·昏義疏》。而六禮之中多用雁。雁是動物之中，守一雌一雄之制最謹嚴的。可見羲、農之族，没有一夫多妻之俗。《鹽鐵論》所謂"一男一女而成家室之好"者，當在此時。至於黄帝之族，則本來是多妻的。所以堯以天子之尊，而降嬪嬪虞，仍守以侄娣從之法。堯以二女妻舜，其一即娣。叙述重於堯之以女妻舜，所以未及其侄。此外黄帝二十五子，而其得姓者十有四人；《史記·五帝本紀》。帝嚳四妃。見《禮記·檀弓》"舜葬於蒼梧之野，蓋三妃未之從也"鄭《注》。文王則百斯男，無不以多妻多子爲誇耀。《鹽鐵論》所謂後世，定是黄族

445

征服炎族之後了。我們又須知，母愛在天演界中，是起源很早，而其根柢亦很深的。至於父之愛子，則其緣起較晚，所以其爲愛，亦不如母愛之深。假使人類有多夫而無多妻，一母所生之子，總是自己懷胎十月，坐草三朝生出來的，則對於夫的感情，雖分濃淡，對於子之愛護，必無大差殊。斷不至如多妻之夫，有殺害其子之事。以母殺子之事，亦非無之，但係受壓迫而然，非其本性。又輿論對母之殺子，似較對父之殺子，責備爲嚴。如《殺子報》等戲劇，即表現此等思想。此正見其壓迫女子之甚耳。"高宗，殷之賢王也"，《禮記·喪服四制》文。而殺孝己。古公亶父亦是後世所頌爲聖王的，而泰伯、仲雍，連袂而逃之荊蠻。晉獻公、漢成帝等昏暴之主，更不必說了。匡章，他的母親，給他父親殺而埋諸馬棧之下，後來以君命，僅得改葬，而猶自以爲"死其父"，"出妻屏子，終身不養"，然而通國的人，還是説他不孝。見全祖望《經史問答》。從父權夫權發達以來，天下古今，不知道有多少慘事。真是佛書説的，生生世世，哭的眼淚，比江海還多。這便是"不獨親其親，不獨子其子"的制度破壞了，然後有的，這便是大同降入小康第一重罪惡。

土地不是該私有之物，理極易明。而土地不是能私有之物，亦事極易見。因爲別的東西，可以搬回去，藏在屋裏，土地是無從的。所以《春秋》説："器從名，地從主人。"《公羊》桓公二年，"夏，四月，取郜大鼎於宋。此取之宋，其謂之郜鼎何？器從名，《解詁》：從本主名名之。地從主人。《解詁》：從後所屬主人。器何以從名？地何以從主人？器之與人，非有即爾。《解詁》：即，就也。凡人取異國物，非就有。取之者皆持以歸爲有。爲後不可分明，故正其本名。宋始以不義取之，故謂之郜鼎。至於地之與人，則不然，俄而可以爲其有矣。《解詁》：諸侯土地，各有封疆里數。今日取之，然後王者起，興滅國，繼絶世，反取邑，不嫌不明，故……不復追錄繫本主。然則爲取可以爲其有乎？曰：否，何者？若楚王之妻媦，無時焉可也。"《解詁》：爲取，恣意辭也。媦，妹也。又《孟子·告子下篇》：孟子對慎子説："周公之封於魯，爲方百里也……今魯方百里者五，子以爲有王者作，則魯在所損乎？在所益乎？"然則照古人的意思，列國侵奪所得的土地，以理論，都應歸還元主的。然而人類資生之具，無一不出於地。取用之餘，稍感不足，於是據土地而私之之念漸生。最初是無所謂個人私有的，只是部落的私有。

什麼叫做部落呢？便是其結合以地爲主，而不盡依於血統。人類最初，親愛之情，只限於血統以內；而其能互相瞭解，亦只限於血統相同的人。因爲這時候的人，知識淺短，凡事都只會照着習慣做，而交通不便，彼此無甚往來，兩個血緣不同的團體，其習慣亦即往往不同之故。這是事實。然而世界是進化的。同一血統之人，勢不能始終聚居於一處。而同一地域之內，亦難始終排斥血統不同的人。既已彼此同居一地，歲月漸深，終必要互相結合，這便成爲部落。部落，固然有同一血統，如《遼史》所謂"族而部"的。又有血統雖不同，而丁單力弱之族，併入丁衆力強之族而從其姓，如《遼史》所謂部而族的。

然而族而不部、部而不族的，畢竟很多。四種部族，見《遼史·部族志》。這是本有此四種，而遼人因之，並非遼人的創制。雖在部落之中，族的界限，自然還是存在。凡强大之族，在戰時及平時，如聯合以作一大工程等，都易處於指揮統馭的地位。又族大則生利之力較大，受天災人禍等影響較難，小族往往要仰賴其救濟。一部落之中，族和族的關係，固然如此。即部落與部落之間，其關係亦是如此。各部落共同作戰，或赴役，亦必有一部落爲其中心。後世的所謂霸主，其遠源，便是從此而來。而部落與部落間主從的關係，固然有由於兵力的不敵，然亦有因債務之故，而陷於從屬地位的。凡弱小的部落，因饑荒窮困，而歸附强大的部落的，都該屬於此類。

　　兩個部落，勢不能不相接觸。邃初的接觸，或者較少。到交通漸便，拓殖漸廣，則其接觸亦漸多。有不能諒解之時，便不得不出於爭戰。爭戰的規模，亦是逐漸擴大的。各部落的關係，日益密切，就不免有合從連衡，擾諸侯以伐諸侯之事了。既有戰爭，就有勝敗。既有勝敗，就有征服者和被征服者。征服者和被征服者的關係，又是如何的呢？

　　其痕跡最顯著的，爲古代國人和野人的區別。第四章已説過：邃古時代的民族，是居於水中洲渚之上的。但這是羲、農之族如此，黃帝之族，是居於山上的。怎見得黃帝之族，是住在山上的呢？黃帝邑於涿鹿之阿，便是一個證據。章太炎有《神權時代天子居山説》，證據搜輯得很多，可以參看。古代有所謂井田和畦田。井田，是把一方里之地，畫爲九區，和我們畫九宮格一樣。這無疑是施行於平地的。畦田，則算學中有一種算不平正之地的面積之法，便喚做畦田法，可見其在山險之地。滕文公要行井田，孟子説："請野，九一而助；國中，什一使自賦。"古所謂國，即都城之謂。都城都在山上，所以説"國主山川"；《國語·周語》。所以説"王公設險以守其國"。《易·坎卦象辭》。野則多是平地，僅靠人爲封疆。所以説："域民，不以封疆之界，固國，不以山溪之險。"《孟子·公孫丑下》。爲什麼要如此呢？這無疑是戰勝之族，擇中央山險之地，設立堡壘，聚族而居，而使被征服之族，居於四面平夷之地，從事農耕了。國的起源如此。古代都城，大略都在國之中央，所以《孟子》説："中天下而立，定四海之民。"見《盡心上》。《呂覽》也説："古之王者，擇天下之中而立國，擇國之中而立宮，擇宮之中而立廟。"見《慎勢》。

　　國中之人當兵，野人則否。怎見得呢？案後世之人，都誤謂古代兵農合一，其實不然。江慎修説得好："説者謂古者寓兵於農，井田既廢，兵農始分，考其實不然。……管仲參國伍鄙之法，制國以爲二十一鄉：工商之鄉六，士鄉十五。……是齊之三軍，悉出近國都之十五鄉，而野鄙之農不與也。五家爲軌,故五人爲伍。積而至於一鄉二千家,旅二千人。十五鄉三萬人爲三軍。是此十五鄉者,家必有一人爲兵,其中有賢能者,五鄉大夫有升選之法,故謂之士鄉,所以別於農也。其爲農者,別爲五鄙之法。三十家爲邑,十邑爲卒,十卒爲鄉,三鄉爲縣,十縣爲屬,五屬各有大夫治之。專令治田供稅,更不使之爲兵。……他國兵制,亦大略可考。……如晉之始惟一軍。既而作二軍,作三軍,又作三行,作五軍。既捨二軍,旋作六軍。後以新軍無帥,復從三軍。意其爲兵者,必有素定之兵籍,素隸之軍帥。軍之以漸而增也,固以地廣人多;其既增而復損也,當是除其軍籍,使之歸農。……隨武子云:楚國荊尸而舉,商農工賈,不敗其業,是農不從軍也。魯之作三軍也,季氏取其乘之父兄子弟盡征之;孟氏以父兄及子弟之半歸公,而取其子弟之半;叔孫氏盡取其子弟,而以其父兄歸公。所謂子弟者,兵之壯者也。父兄者,兵之老者也;皆其素在兵籍,隸之卒乘者,非通國之父兄子弟也。其後捨中軍,季氏擇二,二子各一,皆盡征之,而貢於公,謂民之爲兵者,盡屬三家,聽其貢獻於公也,若民之爲農者出田稅,自是歸之於君。故哀公云:二吾猶不足。……三家之采地,固各有兵。而二軍之士卒車乘,皆近國都。故陽虎欲作亂,壬辰戒都車,令癸巳至。可知兵常近國都,其野處之農,固不爲兵也。"《群經補義》今案封建之制,天子之田方千里,公侯方百里,百倍相懸,而其兵,則《公》、《穀》稱天子六師,諸侯一軍,不過六倍。可知全國之民,是不皆爲兵的。《周官》的兵制:五人爲伍,五伍爲兩,四兩爲卒,五卒爲旅,五旅爲師,五師爲軍。其六鄉的編制:則五家爲比,五比爲閭,四閭爲族,五族爲黨,五黨爲州,五州爲鄉。可知其係家出一卒。平時的比長、閭胥、族師、黨正、州長、鄉大夫,就是戰時的伍長、兩司馬、卒長、旅帥、師帥、軍將。和滿洲人沒有地方官,只有自都統至佐領等軍職一樣。野鄙之民,則《尚書大傳》説:"古八家而爲鄰,三鄰而爲朋,三朋而爲里,五里而爲邑,十邑而爲都,十都而爲師,州十有二師焉。"全與井田之制相應。此等人並不爲兵。非其不能爲兵,乃是不用作正式的軍隊;僅用以保衛本地方,如後世鄉兵之類。鞍之戰,齊頃公見保者曰:"勉之,齊師敗矣。"《左傳》成公二年。便是此等人。此等人是無甚訓練的,亦沒有精良的器械。又其地平夷,無險可守。所以春秋時代,交戰一敗,敵兵輒直傅國都;攻圍歷時的大邑,是很少的。古代大邑很少,所以宋人圍長葛,取長葛,《春秋》特書之。見《公羊》隱公五、六年。

這樣説,戰勝之族,既要出什一之稅,還要服兵役;戰敗之族,名爲九一而助,實則出十一分之一之稅而已。公田百畝,以二十畝爲廬舍,八家各耕私田百畝,公田十畝;私田所入歸私,公田所入歸公,故爲十一分而取其一。而又不要服兵役,豈非其負擔反較戰勝之族爲輕呢？其實不然。須知古代有所謂賦，是野鄙之農出的。出賦之法，今文家謂十井出兵車一乘。《公羊》宣公十五年《解詁》。古文家據《司馬法》，而《司馬法》又有兩説：一説以井十爲通，通爲匹馬，三十家，士一人，徒二人。通十爲成，成十爲終，終十爲同，遞加十倍。又一説以四井爲邑，四邑爲丘，有戎馬一匹，牛三頭。四丘爲甸。戎馬四匹，兵車一乘，牛十二頭，甲士三人，步卒七十二人。前説鄭注《周官》小司徒所引，後説則鄭注《論語》"道千乘之國"引之，見小司徒疏。《漢書·刑法志》，亦採後説。這話不必管其誰是誰非，總之和井田相附麗，可知其爲野人所出。須知古代野鄙之人，是沒有好好的兵器的。所謂寓兵於農，並非謂使農人當兵。古書上的兵字，是不能作軍人講的。所謂寓兵於農，乃謂以農器爲兵器。其制，詳見於《六韜》的《農器》篇。所以要寓兵於農，正因鄉人沒有兵器之故。馬牛車輦都出於鄉人，而兵器則不給他們自衛。自出賦的人言之，真可謂借寇兵賫盜糧了。

所以當時被征服階級，很少反抗的事。被虐得不堪，則逝將去女，適彼樂土，以逃亡爲抵抗而已。從來政治上，亦沒聽見徵詢野人的意見。至於國人，則詢國危，詢國遷，詢立君，《周官·小司寇》。管仲聽於嶔室；《管子·桓公問》。子產不毀鄉校；《左傳》襄公三十一年。孟子説："國人皆曰賢，然後察之，見賢焉，然後用之。""國人皆曰不可，然後察之，見不可焉，然後去之。""國人皆曰可殺，然後察之，見可殺焉，然後殺之。"《孟子·梁惠王下》。都是最初征服之族，築一堡壘，住居於中央山險之地的。即屬王監謗，道路以目，起而流之於彘，亦仍是他們。梁任公説：中國歷代的革命，只有這一次，可以算是市民革命，見所作《中國歷史上革命之研究》。其實古無所謂市民。當兵的國人，起而革暴君之命，亦仍是軍人革命而已。

其在選舉，則俞理初説得好。他説："周時鄉大夫三年比於鄉，考其德行道藝，而興賢者，出使長之，用爲伍長也；興能者，入使治之，用爲鄉吏也。其用之止此。《王制》推而廣之，升諸司馬曰進士，焉止矣。諸侯貢士於王，以爲士，焉止矣。太古至春秋，君所任者，與共開國之人，及其子孫也。……上士、中士、下士，府史胥徒，取之鄉興賢能；大夫以上皆世族，不在選舉也。……故孔子仕委吏乘田，其弟子俱作大夫家臣……周單公用羈，鞏公用遠人，皆被殺。"《癸巳類稿·鄉興賢能論》。古代士字，含有兩種意思：一是戰士，一是任事。士和仕亦即一字。士、農、工、商四種人，其初有入仕資格的，只有士。農、工、商都是沒有的。

財產本非一人所私有，一家的財產，原係家人婦子，合作得來的。然而在習慣上，法律上，都看作家長一人之所有。《禮記·曲禮上》："父母存……不有私財。"《内則》："子婦無私蓄。"後世法律，亦有卑幼不得擅用財之條。案世之論者，率以女子爲分利，此大謬也。上流社會的女子，庸或分利，然上流社會的男子，亦何嘗不分利？總計其消費之量，總較女子更大些，而且女子没有全分利的。爲什麼呢？生產小孩，至少要算作生利的事。下層社會，烟賭等惡習，亦以男子爲多。況且從古到今的社會，不乏杜陵所謂"土風坐男使女立"的。利的大部分爲女子所生，管理的權利依然屬於男子，這除掠奪外，更有何説？總之，私產之興，是無不帶掠奪壓迫的性質的。此無他，管理財產之權，屬於家長一人，則事實上和他一人所私有無異。其初不過事實如此，其後則以爲理所當然了。一部落中，管理財產之權，屬於酋長。於是一部落的財產，亦視爲酋長一人所有。被征服者之財產，是無條件認爲征服者所有的；連被征服者之人身，亦是征服者的奴隸；亦即是戰勝之族之酋長之財產、之奴隸了，"普天之下，莫非王土；率土之濱，莫非王臣"。其思想，就是由此而來的。然則征服之族之酋長，而欲虐取於下，除非事實上受制限，理論上是不受制限的。自然，在事實上，征服之族的酋長，決没有這麼大的消費力，然而可以分給本族的人共享，使之食其入而治其人，這便是所謂封建。至此，而征服之族，乃悉成爲寄生之蟲。

這樣説，被征服之族，必然被壓迫得不堪了。其所過的日子，一定是慘無人道的了。這真是修羅的世界，如何還能稱爲小康呢？這也有個原故。

其一，榨取者的榨取，亦必須保存其所榨取的人，這話第五章中業已説過，此等利害上的計算，並非甚深微妙難懂得的事。即謂不然，而無謂的氣力，總是人所不肯花的。須知征服之族之戰鬥，在彼原視爲生產的一種手段。生產的目的，總是在於消費的。安坐而食，何等舒服？何所苦而再去干涉被征服之族内部的事情呢？因此之故，被征服之族，内部優良的組織，遂得保存。《孟子》説："夏后氏五十而貢。"又引龍子的話，説："治地莫不善於貢。貢者，校數歲之中以爲常。樂歲，粒米狼戾，多取之而不爲虐，則寡取之。凶年，糞其田而不足，則必取盈焉。"《滕文公上》。此法，直是征服之族，勒令被征服之族，包還他多少租税而已，其他則一切不管。這便是征服之族，不干涉被征服之族内部之事的一個證據。禹的時代，離黄帝征服炎族的時代，總該在一百年以外了，而其政策還是如此，可想見黄族征服炎族之初，於其内部的組織，是不甚過問的。

其二，淫侈之習，非一日之致。征服之族，總是處於較瘠薄的地方的。其生活程度，本來不高，習慣非可驟變。奢侈慣了的人，使之節儉，固然覺得難受。節儉慣了的人，使之奢侈，亦一樣覺得難堪。歷代開國之君，所以多能節儉者以此。《甫田》之詩：“曾孫來止，以其婦子，饁彼南畝，田畯至喜。”鄭箋說：這是周朝的成王，帶着自己的媳婦兒子去勸農，請農夫和管理農夫的田畯吃飯的，後來讀詩的人，多不信其説。其實這必是古義。康成先治《韓詩》，所以能知道。試讀《金史》的《景祖昭肅皇后傳》，便知其非瞎説了。鄭箋讀喜爲饎。《金史·景祖昭肅皇后唐括氏傳》：“景祖行部，輒與偕行。政事獄訟，皆與決焉。景祖殁後，世祖兄弟，凡用兵，皆稟於后而後行。勝負皆有懲勸。農月，親課耕耘刈穫。遠則乘馬，近則策杖，勤於事者勉之。晏出早歸者訓勵之。”這是舉其一例。其他類此之事，舉不勝舉的還多。古代征服之族，對於被征服之族，其初期，也該有此情形的。

　　其三，則凡征服之族，必有不好利的美德，和哀矜弱者的仁心。前者，觀於古代士大夫的戒條，如“畜馬乘，不察於雞豚，伐冰之家，不畜牛羊”等，《禮記·坊記》：“子曰：君子不盡利以遺民。《詩》曰：彼有遺秉，此有不斂穧，伊寡婦之利。故君子仕則不稼，田則不漁，食時不力珍，大夫不坐羊，士不坐犬。”便可知之。公儀子相魯，之其家，見織帛，怒而出其妻；食於舍而茹葵，愠而拔其葵。董仲舒對策，見《漢書》本傳。決不是沒有的事。後者則秉彝之良，則無時或絶，戰勝之族之能行仁政，此其根源。此兩者，亦和戰勝之族所以能戰勝，很有關係。因爲誅求無已，不留餘地，人家迫於無可如何，總只得同你拼命，反抗將無已時，爾朱氏之亡，便是其前車之鑒；而且好利太甚，强武之風就要喪失，更何所恃而能戰勝？遼、金、元、清的末運，人家都説他同化於漢族而弱，其實何嘗如此？只是溺於利欲，因而變爲弱者罷了。

　　其四，則文化的性質，足以使人愛慕。此觀於北魏孝文帝便可知之。古代野蠻之族，慕悦文明之族之文化，而捨己以從之，亦必有此等情景。黃帝時代的文化，前經證明爲採自炎族，觀其一時雲蒸霞蔚，所採取者如是之多，其勇決，正不下於北魏的孝文帝了。這不但野蠻之族，對於文明之族如此，便文明之族，對於野蠻之族亦有之。趙武靈王的胡服騎射，是其一例。我們現在，試再引一段《禮記》，以見其概。“且女獨未聞牧野之語乎？武王既剋殷，反商。反，當依《鄭注》讀“及”。未及下車，而封黃帝之後於薊，帝堯之後於祝，帝舜之後於陳。下車而封夏后氏之後於杞，投殷之後於宋。封王子比干之墓，釋箕子之囚，使之行商容而復其位。庶民弛政，庶士倍禄。濟河而西，馬散之華山之陽而弗復乘，牛散之桃林之野而弗復服，車甲釁而藏之府庫而弗復用；倒載干戈，苞之以虎皮；將帥之士，使爲諸侯，名之曰建櫜；然後天下知武王之不復用兵也。散軍而郊射，左射《狸首》，右射《騶虞》，而貫革之射息也。裨冕搢笏，而虎賁之士説劍也。祀乎明堂，而民知孝；朝覲，然後諸侯知所以臣；耕藉，然後諸侯知所以敬；五者，天下之大教也。食三老五更於大學，天子袒而割牲，執醬而饋，執爵而酳；冕而總干；所以教諸侯之弟也。若此，則周道四達，禮樂交通，則夫《武》之遲久，不亦宜乎？"這是《樂記》上孔子告賓牟賈的話。古代的歷史，亦稱爲語，如《論語》、《國語》是也。語以倫，謂將關於孔子的歷史，分類編纂也。《史記》列傳，在他篇中提及，尚多稱爲語。足見其書本名語，太史公乃改其名爲傳，猶表之體原於譜，而史公改其名爲表也。牧野之語，就是當時相傳的武王滅商的一段歷史。此等口相傳述的歷史，固然總不免言之過甚。然而周公東征之後，即行制禮作樂，亦不可謂之遲。以後例前，可見牧野之語所述武王之事，不能全謂之子虛。此可見周民族採取他族文化之速。不但周民族，正恐別一朝亦是如此。不過年湮代遠，文獻無徵，而讓周代的事蹟獨傳罷了。這亦是戰勝之族，所以不肯破壞戰敗之族之文化的重要原因。不但不敢破壞，怕還要移植之於本族；甚至無條件的甘心拜倒於異族文化旗幟之下呢。

如此，則被征服之族，其文化保存的機會，還很多了。我們設想當時的社會：則

（一）井田之制仍存。

（二）山澤還是公有的。《王制》"名山大澤不以封"。注："與民同財，不得障管。"案《孟子》謂文王之囿，芻蕘者往焉，雉兔者往焉，即不障管之謂也。《周官》的山虞、林衡、川衡、澤虞、跡人、丱人等官，尚是此意。

（三）重要的工業，設官製造，仍是爲供給民用起見，非以牟利。《孟子》說："萬室之國，一人陶，則可乎？曰：不可，器不足用也。"《告子下》："度民數而造器。"可見其以供給民用爲目的。雖然爲供奉貴人而設的工官，總在所不免。

（四）商業之大者，仍行諸國外。古代的商人，所以多才智之士，如鄭弦高等，至能矯君命而卻敵兵，即因其周歷四國，深知風土人情之故。《白虎通》："商之爲言章也。"可見其能運用心思，和農工的樸僿大異。其行於國中的：較大的，則國家監督之甚嚴。《王制》"有圭璧金璋不鬻於市"一段，即管理商人規則之一端。《周官》司市所屬，有胥師、賈師、司虣、司稽、質人、廛人等官，亦都係管理商人的。較小的，如《孟子》所謂賤丈夫，《周官》所謂販夫販婦等，則僅博蠅頭，並無大利可獲。《孟子》所說的賤丈夫，只是在野田墟落之間，做小買賣的。壟斷，只是田間略高之處。所登者高，所見者遠，易於被人注目，自己亦易於招徠主顧。

實業如此，其任公職的士及府史胥徒等，亦僅祿足代耕。所以此時，除擁有廣土的封君外，其餘的人，仍和從前相像，並無甚貧甚富之差。

在倫理上，固然階級很爲森嚴。然而此時的人君，亦並非沒有責任的；其責任且很爲重大。《荀子·王制》說："君者，善群也。群道當，則萬物皆得其宜，六畜皆得其長，群生皆得其命。故養長時則六畜育，殺生時則草木殖，政

令時則百姓一，賢良服。聖王之制也：草木榮華滋碩之時，則斧斤不入山林，不夭其生，不絕其長也。黿鼉魚鱉鰍鱣孕別之時，罔罟毒藥不入澤，不夭其生，不絕其長也。春耕夏耘，秋收冬藏，四者不失時，故五穀不絕，而百姓有餘食也。汙池淵沼川澤，謹其時禁，故魚鱉優多，而百姓有餘用也。斬伐養長，不失其時，故山林不童，而百姓有餘材也。"此特舉其一端。其餘類此的，不可勝舉。如《淮南·主術》、《漢書·貨殖列傳序》等，都可參看。

　　大同社會的一切規則，至此，悉由天下爲家的大人管其樞。固然，此等大人，並非大同社會中需要他，把他請得來，是他自己憑藉武力，侵進來的。然而侵入之後，沒有妄作妄爲，把大同社會的規則破壞，而且認此規則爲必要，肯進而自任其責，代管其樞，總還算是被征服的人民的幸運了。周武帝畢竟勝於齊文宣，元世祖也到底勝於金海陵庶人。

　　君民相對之間，自然不免有彼此之見。如《禮記·燕義》上說："禮無不答，言上之不虛取於下也。上必明正道以道民。民，道之而有功，然後取其什一，故上用足而下不匱也。是以上下和親而不相怨也。"只這幾句話，君民之本係兩族，躍然紙上。然而還未敢無功而食祿。如此，聚斂之事，安得不引爲大戒。《大學》："德者，本也；財者，末也；外本內末，爭民施奪。是故，財聚則民散，財散則民聚。是故，言悖而出者，亦悖而入；貨悖而入者，亦悖而出。"又："孟獻子曰：……百乘之家，不畜聚斂之臣。與其有聚斂之臣，寧有盜臣。……長國家而務財用者，必自小人矣。……小人之使爲國家，災害並至，雖有善者，亦無如之何矣。"聚斂必致人民流散，這便是貪小利而招大不利；而且財多則必驕侈，驕侈亦必有後患；此等經驗，古人一定很多，所以諄諄懸爲訓戒。不但不敢聚斂，而且還有施惠於民之事。

　　《禮記·王制》上說："歲之成，……大司徒、大司馬、大司空，以百官之成，質於天子。百官齊戒受質。然後休老勞農。成歲事，制國用。"又《月令》：孟冬之月，"天子乃祈來年於天宗，大割祠於公社，及門閭，臘先祖五祀，勞農以休息之"。又《郊特牲》說："臘也者，索也，歲十二月，合萬物而索饗之也。……黃衣黃冠而祭，息田夫也。……既臘而收民息己，故既臘，君子不興功。"又《雜記》上說："子貢觀於臘。孔子曰：賜也樂乎？對曰：一國之人皆若狂，賜未知其樂也。子曰：百日之臘，一日之澤，非爾所知也。張而不弛，文武弗能也。弛而不張，文武弗爲也。"爲，化也。五穀必待變化而後成。賈生《諫放民私鑄疏》："奸錢日多，五穀不爲多。"下"多"字妄人所加，見王念孫《讀書雜志》。五穀不爲，即五穀不化也。一張一弛，文武之道也。這是古人農功既畢，施惠於民之事。又《祭統》說："凡餕之道，每變以衆，所以別貴賤之等，而興施惠之象也。……祭者，澤之大者也。是故上有大澤，則惠必及下；顧上先下後耳，非上積重而下有凍餒之民也。是故上有大澤，則民夫人待於下流，知惠之必將至也。"這是國家有慶典，施惠於民之事。雖然所施之惠，原是掠奪來的，然而這亦是充類至義之盡的話，總勝於"老羸轉於溝壑，壯士散之四方，而倉廩實，府庫充"的了。《梁惠王下》。

"小人學道則易使"，固然不免於奴隸教育，然而君子學道則愛人，《論語·陽貨》。則所謂君子者，亦漸受戰敗之族文化之熏陶了。這真是所謂"吾且柔之矣"。

然則這時候，除多頂着一個偶像在頭上，多養活一個寄生蟲在身上外，其餘還無甚大苦；病象不甚利害，總還算個準健康體，夫是之爲小康。

第七章　從小康到亂世

孔子説小康之治，數禹、湯、文、武、周公爲六君子，其意蓋謂小康之治，至此而終；自此以後，就漸入於亂世了。

小康之治，爲什麼會變爲亂世呢？

人類無階級則已，苟其有之，則兩階級的利害，必不能相容。固然，人之"相人偶"之心，是無時而或絶的。無論怎樣利害相對立，其"相人偶"之心總還在。然而人，至少最大多數的人，總是先己後人的。見第三章。到人己利害不相容、自己有欲而不能遂時，就不免犧牲他人了。到這時候，除非彼此的權力相等，可以互相限制，否則終不免有以此一階級，壓迫彼一階級的事。古代的征服階級，權力是無限的。他要壓迫被征服階級，被征服階級固無如之何。其初因淫侈之習，非一日之致。見上章。征服者的生活，比較的節儉，所以榨取還不十分利害。但是生産的目的，終竟是在消費。征服者的戰爭，原是一種生産的手段，既因此手段而得到偌大的一分財産，倘使永不消費，這財産又要他做什麼？從來窮人致富，無有不兢兢以節儉爲訓的。一者，追念疇昔的貧窮，有所警惕。二者，其生活習慣於儉樸，驟然使之享用過分，在身體上反覺得不慣，而於心亦有所不安。然而其生活，亦總不免漸流於奢侈。一個富翁，既富之後，其享用，較諸其少小孤窮之時，總不可以同年而語了。這是根據於經濟學上"生産終極的目的，在於消費"的原理的，所以奢侈之事，無論如何，總無法絶對防止。家國一理。所以開國之君，無論怎樣節儉，至其子孫，終必漸流於奢侈。人之情，由儉入奢易，由奢入儉難。既奢侈之後，再增加其程度，更如順流而下。當初覺得享用過度，身體轉覺不便的，至此則非此不可了。當初享用過度，於心即覺蹙然不安的，至此則習爲故常了。如此，統治者奢侈愈增，即其對於所治之人，榨取愈甚。而前章所述，暫得維持的被征服社會内部的優良組織，遂逐漸爲其所破壞。這是破壞小康社會的第一種力。古代的人民，是無甚反抗力的。所以政治不良，論者多歸咎於君大夫；而瘏口嘵音，也只是希望君大夫覺悟。

　　社會的組織而要求其合理，是必須隨時改變的。但這是件極難的事。往往其組織已和其所處的地位，利害衝突，不能相容了，而人還沒有覺得。即使覺得，亦或因種種方面的障礙，憚於改革；或雖欲改革而不能；又或勉強爲之而致敗。古代的大同社會，其組織所以合理，全由其社會小，故其全部的情形，一望可知，而其組織亦極容易。到各社會之間互有關聯，則其社會，已於無形中擴大。此時而欲求合理，即須廢棄舊組織，代以新組織；而此所謂新組織，即應合此互有關係的社會而通籌。此豈可能之事？於是因事實的遷流，舊制度逐漸破壞，新制度逐漸發生；而此所謂新制度，全是一任事勢遷流之所至，無復加以人爲修整的餘地，各方面自不免互相衝突。乃亦聽其遷流之所至，互相爭鬥，互相調和。所求者，不過含有矛盾性的苟安，和前此無一物不得其所的大順世界，全然背道而馳了。所謂大順，是把社會上件件事情，都措置得極妥貼，使無一物不得其所之謂。《禮記·禮運》說：“故事，大積焉而不苑，並行而不繆，細行而不失，深而通，茂而有間，連而不相及也，動而不相害也，此順之至也。”就是表示這等理想的。後世無組織的社會，要能多數人以安其生，已經不容易了。在有組織的社會裏，要使無一物不得其所，是並非不可能的。這就是所謂亂世。亂世是如何開始的呢？其最重要的關鍵，在經濟上。自給自足的社會，需要一物，除自造之外，是別無法想的。《管子·侈靡》說：“偌堯之時，牛馬之牧不相及，人民之俗不相知。不出百里而來足。”“來”疑當作“求”。和《老子》所說“鄰國相望，雞犬之聲相聞”，而“民至老死不相往來”，同爲商業未興以前，自給自足的景象。《鹽鐵論·水旱》篇說：“古者千室之邑，百乘之家，陶冶工商，四民之求，足以相更。故農民不離畎畝而足乎田器，工人不斬伐而足乎陶冶，不耕而足乎粟米。”也還是這等景象。稍進，則不必自造，而可以與他社會相交易。當此之時，就獲利的多少上計算，某物宜於自造，某物不必自造，某物當造若干，……就都發生問題。當此之時，理應將社會的組織改變，以適應新環境。然而人的智力，固不及此。於是舊組織依舊維持着，而此組織，在此時，實成爲獲利、獲最多之利的障礙。人之欲利，如水就下，而此組織，遂逐漸破壞而不能維持。其破壞是怎樣的呢？原來共産社會，雖說共産，只是共之於本部落之中，並非此部落與彼部落相共。其時雖說沒有私産，卻亦未曾禁止人之有私産。不但私産的流弊，此時無從預燭。而且這時代的人，也並不知私産爲何事，既不知私産爲何事，那如何預行禁止呢？而人是最喜歡異物的。歷代在嶺南的官吏，率多貪污；對於外商的誅求，無一代不黑暗。五口通商之役，外人以兵力強迫，實亦有以激之使然。假使歷代的外夷，早有兵力，此等事，就不待清道光之世了。此事甚長，必別爲專篇，乃能論之。欲知其略，可看日本桑原騭藏《提舉市舶西域人蒲壽庚事蹟》本文四的考證十至十六。此書商務、中華，都有譯本。商務改名《唐宋元時代中西通商史》。中華本名《蒲壽庚傳》。此等官吏所以貪污,原因固然很多,而多見異物,亦是原因之一。他部落之物,大抵爲本部落所無有,易於引起貪求之心。就有自行製造,以與他部落相交易的。所易得之物,自然爲其所私有。如此,私産之制,遂潛滋暗長於共産社會之中。共産社會的分職,是很嚴密的。他算定了有若干人,要用若干物品,然後分配若干人去工作。《孟子・告子下》:"萬室之國,一人陶,則可乎? 曰: 不可,陶不足用也。"就是算定了需要之數,以定製造人數的一個證據。假使一個人而荒其分職,其貧乏可以立見。古書多引神農之教,説:"一夫不耕,或受之饑;一女不織,或受之寒。"或,有也。是説一定有受饑寒的人。古有、或二字,同音通用,如九域即九有,並非如後世用或字,作爲游移不定之詞。到與他部落交易之世,其情形,就不如此嚴重了。甚而至於有許多東西,本部落雖亦會造,卻不如外貨之便美,大家就棄而不用,而甘心求之於外。如此,本部落中人所從事的職業,漸漸和本部落的生活,無直接關係,而其組織,遂破壞於無形。驚人的山崩,源於無人注意的風化。這種因交易的逐漸發生,逐漸盛大,而致某種社會組織,爲之破壞的現象,雖然無形可見,其力量,實遠超乎政治之上。因爲前者只行於征服階級與被征服階級之間,後者卻普及於人人了。如此,人類的分工合作,就借着交易的形式而行。遂成爲人自爲謀、而無人和你互相幫助的世界。這是破壞小康社會的第二種力。

　　人和人的相處,其能否和親康樂,全視乎其心理。而人的心理,是環境養成的。最能養成人互相敵對之心的是商業。要是有個小孩,不明白損人利己之道,我們只消叫他去買東西,討價、還價、打折扣,……如此一兩次,他的賬簿上是負,我的賬簿上就是正;他的賬簿上是正,我的賬簿上就是負,就沒有不明白的了。這真是最明切的教訓。比諸父詔兄勉,説什麼損己利人總有好報的話,要容易明白,容易使人相信得多。也有一種人,天天和實事接觸,依舊毫無覺悟,只相信相傳的訓條的。然而此等都是極無用的人,在社會上無甚影響。況且自私自利反社會的經驗,積之久,也總要成爲訓條的。我們現在,人人都受着這種教訓,所以"人己利害不相容"、"寧我負人,毋人負我"等觀念,少成若性,習慣自然;及其壯而行之,自然"造次必於是,顛沛必於是"了。何況還日在"温故知新"之中呢。

　　有商業則必有貨幣。有貨幣,愈能使人己損益之數,爲精確的表現。而貨幣的作用,還不止此。人的貪欲,是因物品的異同,及其量的多寡,而有消長的。明明可欲之物,過多即等於無用。經濟學家説:"歐洲古代的教會,所以能布施,由其所收入的,都是必要的物品。"我國古代的君大夫,以至閉關時代,以及現在的窮鄉僻壤的富人,所以能布施,這至少也是一個原因。至於貨幣之用弘,則此物可以轉變爲他物,因遇多而生厭棄之念,就消滅於無形;而貪求之心，亦如"長日加益而不自知"了。休笑今人喜歡洋貨，這是自古就如此的。"三牲魚臘，四海九州之美味也。"《禮記·禮器》。祭時以能致此物爲孝。可見其所祭的人，生前本有此嗜好了。

人之貪欲是無所不至的。我們現在，發了貪求之心，固未嘗不惕然而知止，這是受慣了環境的壓迫，所以如此。倘使我們的力量而大於現在，則因貪求而起的行動，勢亦必較現在爲强。如此層層推之，"以其所不愛，及其所愛"，以爭土地之故，"糜爛其民而踐之"，《孟子·盡心下》中孟子説梁惠王的話。并非不可能的事。不但如此，就是饑不可食、寒不可衣的寶物亦然。孟子説："諸侯之寶三：土地，人民，政事。寶珠玉者，殃必及身。"《孟子·盡心下》。看這句話，就可知道當時寶珠玉者之多。這也無足怪。現在愛古玩的先生，愛飾物的女士們，不過他們没有古代諸侯的權力罷了。如其有之，安知不如求寶劍的虞公，安知不爲求駿馬名裘的囊瓦。《左氏》桓公十年，定公三年。此等事舉不勝舉。譬如衛國的鞱聵，流離在外多年，好容易得以復國，卻還説："吾繼先君而不得其器，若之何？"又如樂毅賢人，而其《報燕惠王書》，亦説："珠玉、財寶、車甲、珍器，盡收入於燕。齊器設於寧臺，大吕陳於玄英，故鼎反乎曆室。"其稱先王之功，亦説"夷萬乘之强國，收八百歲之蓄積"，可見其視之之重了。權力雖有制限，詐欺是只要有這戲法，無人能加以制限的。於是機械變詐的行爲，就滿於天下。

既已凡事皆以自私之心以行之了，則何物不可以自私？全國最大多數是農民，農民所恃以生活的是土地。要求生產量的增加，自必先求土地面積的擴大，於是據土地而私之之情生。不但如此，人我之界既分，則一切此疆彼界的觀念，繼之而起。用力的淺深，施肥的多少，附離於田土的廬舍、蓋藏、工具等，在在足以生其校計之心。這是隱伏在人心上，土地私有制度的起源。但是雖有此等見解，而積古相傳的制度，苟使没有人明目張膽去破壞，還是不易動搖的。即使偶有動搖，也還易於恢復。這明目張膽破壞井田制度的是誰呢？這便是孟子所説的"暴君污吏"。孟子説："井田不均，穀禄不平"，《滕文公上》。固然是就貴族的收入説。但是貴族的穀禄，建築在平民的租税之上。貴族收入的均平與否，和平民的田地均平與否，反正還是一件事。這可見井田制度，實在是平均貧富的根源。井田制度是怎樣破壞的呢？從前的人都説由於商鞅開阡陌。他們的意思，都以爲阡陌是一種制度，開始於商鞅。據朱子所考，則阡陌乃田間道路，亦即田之疆界；所謂開者，乃係破壞鏟削，以之爲田。朱子的《開阡陌辨》原文説：《漢志》言秦廢井田，開阡陌。説者之意，皆以開爲開置之開，言秦廢井田而始置阡陌也。按阡陌者，舊説以爲田間之道。蓋因田之疆畔，制其廣狹，辨其縱横，以通人物之往來，即《周禮》所謂遂上之徑，溝上之畛，洫上之塗，澮上之道也。然《風俗通》云：'南北曰阡，東西曰陌。'又云：'河南以東西爲阡，南北爲陌。'二說不同。今以遂人田畝夫家之數考之，則當以後說爲正。蓋陌之爲言百也，遂洫從而徑塗亦從，則遂間百畝，洫間百夫，而徑塗爲陌矣。阡之爲言千也，溝澮橫而畛道亦橫，則溝間千畝，澮間千夫，而畛道爲阡矣。阡陌之名，由此而得。至於萬夫有川，而川上之路，周於其外；與夫匠人井田之制，遂溝洫澮，亦皆四周，則阡陌之名，疑亦因其橫縱而得也。然遂廣二尺，溝四尺，洫八尺，澮二尋，則丈有六尺矣。徑容牛馬，畛容大車，塗容乘車一軌，道二軌，路三軌，則幾二丈矣，此其水陸占地，不得爲田者頗多。先王之意，非不惜而虛棄之也，所以正經界，止侵爭，時蓄泄，備水旱，爲永久之計，有不得不然者，其意深矣。商君以其急刻之心，行苟且之政。但見田爲阡陌所束，而耕者限於百畝，則病其人力之不盡。但見阡陌之占地太廣，而不得爲田者多，則病其地利之有遺。又當世衰法壞之時，則其歸授之際，必不免有煩擾欺隱之奸。而阡陌之地，切近民田，又必有陰據以自私，而稅不入於公上者。是以一旦奮然不顧，盡開阡陌，悉除禁限，而聽民兼併買賣，以盡人力；墾闢棄地，悉爲田疇，而不使其有尺寸之遺，以盡地利；使民有田即爲永業，而不復歸授，以絕煩擾欺隱之奸；使地皆爲田，而田皆出稅，以核陰據自私之幸。此其爲計，正如楊炎疾浮户之弊，而遂破租庸以爲兩稅，蓋一時之害雖除，而千古聖賢傳授精微之意，於此盡矣。故《秦紀》、《蔡傳》，皆云爲田開阡陌封疆而賦稅平，蔡澤亦曰：決裂阡陌，以靜生民之業而一其俗。詳味其言，則所謂開者，乃破壞鏟削之意，而非創置建立之名；所謂阡陌，乃三代井田之意，而非秦之所制；所謂賦稅平者，以無欺隱竊據之奸也；所謂靜生民之業者，以無歸授取予之煩也。以是數者，合而證之，其理可見；而蔡澤之言，尤爲明白。且先王疆理天下，均以予民，故其田間之道，有經有緯，不得無法；若秦，既除井授之制矣，則隨地爲田，隨田爲路，尖斜屈曲，無所不可，又何必取其東西南北之正，以爲阡陌，而後可以通往來哉？此又以物情事理推之，而益見其說之無疑者。"讀此，可知人口增加，耕地不足，實爲井田破壞之真原因。不然，歷史上衆所指目以爲開阡陌的，只有一個商鞅，爲什麼其餘六國，井田亦都破壞呢？從來講井田的人，都以爲井田之制，不宜於人衆之時。其意以爲户口日增，土地總只有此數。一朝開國之初，總是承大亂之後，地廣人稀，行井授之法，是沒有問題的。一再傳後，生齒日繁，還是人人都得一定面積的地畝，就勢必至於不給了。殊不知歷代所謂承平之後，田畝覺其不給，都就鄉來視爲田畝之地言之。其實全國之內，可開闢的地方還無限。不過（一）政治上不能領導人民去開墾；（二）人民也願意死守故鄉，或者另尋他業，而不願去開墾；（三）又或因紐於資本，而不能去開墾罷了。這還只算是社會的病態。有人說：你的話是不錯，然而就使社會毫無病態，可以開墾的地方，都盡力開墾；生產技術在可能範圍內，也盡量改良，然而總還是有限制的。而人口的增加，卻是無限制的。那末，終不免有告窮的一日，不過遲些罷了。殊不知人口增加，亦在現社會的狀況之下則然。到那時候的社會，一切都變了，人口是否還是增加，本來是個疑問。若說還是增加；而且其增加的速率，比現在還大，則以那時候的社會，而要講限制之策，一定是很容易的，又何勞我們代抱杞憂呢。**然則開阡陌即是破壞田的疆界。田的疆界破壞了，田就從此分不均平了。**治田要義，在把天下的田疆理好，來分給人，不該隨各人自佔所至，立爲疆界。疆界的破壞，容或出於人民所自爲。然而至少必得君與吏的承認，甚或出於他們的倡導。不然，在當日的人民，是不易辦到此事的。所以孟子把破壞疆界之罪，都歸到他們身上。井田是維持貧富均等的最要條件，疆界是維持井田的最要條件。當"各親其親，各子其子"之日，人民業已隱懷破壞之心；至於"上下交爭利，不奪不厭"之時，君與吏又復恣行其破壞之事，於是"富者田連阡陌，貧者無立錐之地"的現象，董仲舒語，見《漢書·食貨志》。逐漸發生，而離鄉輕家，如鳥獸的人民，晁錯《重農貴粟疏》中語。也日以滋長了。

　　田以外的土地——山澤，在大同小康之世，都是作爲公有的，說已見前。這時候，亦就變爲私有了。山澤私有的起源，依我們的推測，大約是起於有土者的掌管。《管子》的官山府海，就是掌管的一種，不過其目的，爲公而不爲私罷了。必先有掌管的事實，然後有如《管子》等掌管的學説，這是可以推想而知的。而當時掌管的人，其目的，必不能如《管子》的爲公，也是不難想像的。西漢之世的山澤，自天子以至於封君，各自以爲私奉養，見《史記·平準書》及《漢書·食貨志》。這決非當時的人敢於把從古公共的山澤，一旦據爲己有。一定是戰國時代相沿下來的。即此一端，我們可以推想，當時掌管山澤的行爲，是如何普徧了。掌管的行爲，固然由來很久，如孟子所説"壞宮室以爲污池"，"棄田以爲苑囿"，實在也是掌管的一種。《滕文公下》。但是此等專爲游樂的動機，未必人人都有，而且是容易矯正的。苟有賢君，弛以與民，並非難事。至於私人據之，以爲生產之用，那就難説了。私人怎會據有山澤？依我們推測，還是從暴君污吏手裏討得來的。暴君污吏或者憑一時喜悦，把來賞人。如漢文帝以銅山賜鄧通，令其得鑄錢。又或野心之家，用某種條件，到他們手裏去租借，如現在蒙古王公，喜歡把地租給漢人而收其租。就據之經營起畜牧、樹藝、煮鹽、開礦等等事業來。如《史記·貨殖列傳》中所説的人便是。這些人的成爲富翁，自更無待於言了。

　　古代的工官，至此大約早已廢墜。觀漢世郡國，有工官者無幾可知。日用必須的器具，不能家家自造的，勢必取資於交易，自然就有人出來經營此等事業以牟利。王莽行六筦之時，下詔説："夫鹽，食肴之將。酒，百藥之長，嘉會之好。鐵，田農之本。名山大澤，饒衍之藏。五均賒貸，百姓所取平，卬以給澹。鐵布銅冶，通行有無，便民用也。此六者，非編户齊民，所能家作，必卬於市。雖貴數倍，不得不買。豪民富賈，即要貧弱。"《漢書·食貨志》。此等現象，斷非王莽時才有。不能家作的器具，都由工官供給的時代過去，此等現象就開始了。古代製造之家，大概是自製造，自販賣，所以當時總稱爲商人。然而細加分析，實有工業在內。

　　至於專事販運的商人，其得利就更大了。《史記·貨殖列傳》説："用貧求富，農不如工，工不如商。"《前漢紀》説："穀不足而貨有餘。"穀貨，猶言食貨。《漢書·食貨志》説："食謂農殖嘉穀，可食之物。貨爲布帛可衣，及金刀龜貝，所以分財布利，通有無者也。"這是古人所下"食貨"兩字的定義。引伸起來，凡直接供消費之物，都屬於食一類。用作交易手段的，都可以謂之貨。"穀不足而貨有餘"，可見這時候的人，不是爲消費而生產，乃是爲交易而生產了。即此兩言，就可見得當時商業的盛大。當時的商人，大約有兩種：其一種，是專與王公貴人爲緣的。所以要與王公貴人爲緣，則因封建之世，只有他們家裏，才能藏有大宗的貨品。如《管子·山權數》，謂丁氏家粟，可食三軍之師，後世此等藏穀之家亦多有，如《三國志》所載魯肅指困之事是。次則當時交通不便，商人所資之物，貴於輕微易藏，此等都是奢侈品，亦非王公貴人不能銷納。所以《史記·貨殖列傳》引《周書》説："商不出則三寶絕。"三是多的意思。普通用慣了"楚材晉用"這句話，是借貨物以喻人才的。《左氏》載聲子對子木説："晉卿不如楚，其大夫則賢，皆卿材也。如杞梓皮革，自楚往也。雖楚有材，晉實用之。"可見當時將杞梓皮革，從楚國販往晉國之事。平民造房子，固然用不着杞梓；就是皮革，主要也是做軍用品的，平民著"皮屨"的怕也很少。這是珠玉金銀等，所以能成爲貨幣的一個大原因。漢代錢價尚極貴，可知當時平民，決無能用金銀之理。中國貨幣，現在大家都説是銀本位。其實這句話還是勉强的。在三十年代以前，平錢沒有給銅圓驅逐掉的時候，内地如借貸、典押等等，寫立文據，總是以錢論，不以銀圓銀兩論。當時若寫銀圓銀兩，授受兩方，都有些不安心，怕銀圓銀兩的價格變動了，將來出錢或收錢之時，不免要吃虧。因爲大家眼光中，只認銅錢爲貨幣。中國人的使用銀子，據歷史上説，是起於金哀宗正大年間(公元一二二四至一二三一年)，而大盛於明宣宗宣德年間(公元一四二六至一四三五年)。焚毀鈔票之後。到現在，也有好幾百年了。爲什麼還不能確定以銀爲單位呢？因爲銀之起源，是因爲當時銅錢被鈔票驅逐了，零星貿易，無以爲資，乃用來代銅錢用的，並不是爲交易之額大了，銅錢輸送授受不便，而改以銀爲量價之尺的。所以在中國人眼中，始終只認銀子是銅錢的代用品，並不認銅錢是銀子的輔助品。當時要確定銀銅兩幣的比價，如把銀圓上鑄了一千、五千、十千、百千，作爲銅錢的若干倍，是人人可以瞭解的。要説銅錢是銀兩的幾分之幾，懂得的人就少了。對於銀圓，也是如此。所以中國的貨幣，從最近數十年以前，只好説是銅本位。其所以始終滯於銅本位的理由：則因本位不容有二，而以兩種不同的實質，製成貨幣，確定此種爲彼種的若干倍，彼種爲此種的若干分之一，中國人是嚮來無此思想的。這並不是中國人愚笨，因爲這究竟是麻煩之事，何不直截痛快，用了紙幣？所以當唐、宋之間，中國商業社會中，紙幣已應自然的要求而發生了。這本是很順利之事。惜乎後來，因政府攫取其權，借以營利，以致中途摧折了，乃不得已而用銀。變用紙幣而爲用銀，從中國貨幣史上論起來，實在是退化之事。若從各種本位中，擇取其一，則零星貿易，一日不可缺，人人不能無；而大宗的貿易，是關係較小的。所以其勢只能銅錢爲貨幣。所以金銀等物，用爲貨幣，是始終無此必要的。若説其物爲人人所愛，所以取得貨幣的資格，則當初之時，大多數人怕不會要他，因爲其價太貴了，人之欲望，總是先要求必須品。所以金銀等物成爲貨幣，以至今日還轇轕不清，也是奢侈的流毒。王公貴人，懂得什麼生意經？商人和他們交易，大概獲利是很多的。不但如此，還可以因此而獲得勢力。子貢結駟連騎，以聘享諸侯，便是一個適例。《史記·貨殖列傳》。漢代晁錯説當時商人，"交通王侯，力過吏勢"，也是由此而來的。古代政治的力量强，經濟的力量還較後世爲弱。試看漢代賤商的法令和議論，便可知道了。假使此等法令，當時嚴厲執行起來，爲商人者，將如之何？然而絕未聞有嚴厲執行之事。這大概和商人的"交通王侯，力過吏勢"，多少有些關係罷？其又一種，則是專在民間做生意的。《管子》說："歲有四秋，物之輕重，相什而相百。"又說："歲有凶穰，故穀有貴賤；令有緩急，故物有輕重，然而人君不能治，故使蓄賈游於市，乘民之急，百倍其本。""歲有四秋"，謂農事作爲春之秋，絲纊作爲夏之秋，五穀會爲秋之秋，紡績緝縷作爲冬之秋，見《輕重乙》。"歲有凶穰"見《國蓄》。所謂"令有緩急，故物有輕重"者，古時賦斂多係實物，君下令要求此物，人民就不得不出高價買來完納了。《輕重甲》說："君朝令而夕求具，有者出其財，無有者賣其衣屨。"就是指此。這是專做屯塌生意的，即古之所謂廢居。廢居即化居。化即貨，謂將此物轉變爲彼物。居則是屯積不動之意。此種生意，其每一筆的贏餘，或者不如前一種之大，然而其範圍較廣，其交易額也較多，所以其利亦很大。

人是非有資本，不能生利的。既然凡物皆要據以自私，豈有資本獨給人家白運用之理？於是乎有利息。《管子》說："養長老，慈幼孤，恤鰥寡，問疾病，吊禍喪，此爲匡其急。衣凍寒，食饑渴，匡貧寠，振罷露，資乏絕，此所謂賑其窮。"見《五輔》。又《幼官》："再會諸侯，令曰：養孤老，食常疾，收孤寡。"可見古代救濟之事，都由在上者負其責。然而因生活的奢侈，在上者且覺得惟日不足，哪有餘力管到人家？於是小民顛連困苦的，便無可告訴，而在下的豪民，便乘機施其腹削。《管子》說："使萬室之都，必有萬鍾之藏，藏繦千萬；使千室之都，必有千鍾之藏；藏繦百萬。春以奉耕，夏以奉耘；耒耜、械器、種餉、糧食，畢取贍於君。故大賈蓄家，不得豪奪吾民矣。"見《國蓄》。可見此時農民的資本，全是仰給於大賈蓄家了。《史記·貨殖列傳》說："子貸金錢千貫者，比千乘之家。"又說："吳楚七國兵起時，長安中列侯封君行從軍旅，賚貸子錢。子錢家以爲侯國邑在關東，關東成敗未決，莫肯與。"則當時已有專以此爲業的人。在上的人，不但不能照管子的話，防止豪奪，甚而至於自己也做起豪奪的事來。齊景公聽了晏子的話，"大戒於國，出舍於郊，於是始興發補不足"。《孟子·梁惠王下》。這怕是很少有的事。所以後人歌頌，筆之於書。此外除非別有用心，如齊之陳氏，才肯厚施於國。"以家量貸，而以公量收之。"《左傳》昭公三年。雖以孟嘗君之賢，還不免使馮諼收責於薛，《戰國·齊策》。下焉者更不必說了。《管子·問》："問鄉之良家，其所牧養者，幾何人矣？問邑之貧人，債而食者幾何家？貧士之受責於大夫者幾何人？問人之貸粟米有別券者幾何家？"良乃對賤而言之。良家所牧養的人，就是奴隸。此外舉債的，雖然一時還稱爲"人"和"士"，倘使逐步沉淪，恐也不能免於同一的命運？倘使有生性慷慨、不講借貸的關係，而白白養活人家的，那就是所謂"養士"。四公子之徒，要以此名滿天下了。然而所養的，也只能以士爲限，至於民，到底是養不勝養的。而無衣無食之徒，遂徧於天下。而在放債的人，則不必自行勞動，而亦可以安享他人勞動的結果，則其生活愈形優裕。至此則不必有腕力，但須辛勤貯蓄，工於心計，亦可以安坐而食，而社會上乃又多一種寄生之蟲。

經濟的劇變如此，同時政治上，亦因經濟的劇變，而更起變化。小康時代的爭戰，大抵出於權力執着之私。如爭霸是。至此則更以實利爲動機。所以《墨子·非攻》，要斤斤計較於其利不利。如此，爭戰的規模，勢必擴大，而人民的兵役，就要加重。說古代制度的，在儒家有今古文之異。我們知道今文是根據較早的時代而立說，古文是根據較晚的時代而立說。如封建之法，今文說公侯皆方百里，伯七十里，子男五十里；古文則自方五百里至百里，即因其時互相兼併，諸侯之國土，皆已大了，所以立說者所虛擬之制度，亦因此而不同。今文說：師爲一軍；天子六師，方伯二師，諸侯一師。古文則以五師爲軍，王六軍，大國三軍，次國二軍。今文說見《白虎通義·三軍篇》，《公羊》隱公五年《解詁》。古文說見《周官》司馬《序官》。其兵額就擴大了好幾倍。然而這還是正式的軍隊。據前章所引江愼修先生之說，知古代人民，並不是全國當兵的。這並非他們不能當兵，不過不用他爲正式的軍隊，而僅用之以保衛本地方，像後世的鄉兵罷了。《左氏》載鞌之戰，齊侯見保者曰：勉之，齊師敗矣。可見正式的軍隊，雖敗於外，各地方守衛之兵自在。至於戰國，則蘇秦說："韓魏戰而勝秦，則兵半折，四境不守。"各地方守衛的兵，都調到前方，充做正式的軍隊了。此戰國時之爭戰，兵數所以驟增。然而人民的塗炭，則又非春秋以前之比了。兵役只是役之中最重難的。除此之外，因在上者的縱欲，而人民受其塗炭的，還不少。即如秦始皇破六國，寫放其宮室，築之咸陽北阪上。秦始皇的暴虐，是人人知道的。然而觀於此舉，則始皇之前，六國先有六個始皇了。這是舉其一端。此外築長城，略南越，……秦始皇所做的事，六國沒有不先做過的。見《史記》本傳。

這時候的人民，當怎樣呢？我們推想起來，則因井田的破壞，山澤的障管，再加以暴君污吏的誅求，大賈蓄家的剝削，戰爭苦役的死亡繫虜，轉於溝壑，散之四方者，固然已矣，即其僅存者，亦或不能得職，而發生所謂閑民。《周官》："太宰以九職任萬民。""九曰閑民，無常職，轉移執事。"這是以平民言，其征服階級，亦因競爭的劇烈，亡國破家相隨屬。亡一個國，則此諸侯之子弟，悉降爲編氓。破一個家，則此大夫的親戚，悉淪爲皂隸。《禮記·郊特牲》："諸侯不臣寓公，寓公不繼世。"寓公是失國之君，寄住在他國的。照鄭注說，君與夫人，仍得受國君的待遇，至其兒子，即與平民等。君之子如此，其昆弟等可知。國君如此，大夫以下可知。然而這一班人，其生活，其氣質，都是和平民有異的，畢竟不能安於耕鑿，於是舊階級被破壞，新階級即隨之產生，就形成了兩種人：文者謂之儒，武者謂之俠。儒者願望大的，是想説人主，出其金玉錦綉，取卿相之尊，次之者亦想飾小説以干縣令，是想在政界上活動的，所以當其時，遊士徧天下。俠者則因當時列國都行民兵之制，不用募兵，上進的機會較少，乃自成一種特殊勢力於民間。自然有苦心焦思，以救世爲務的，如孔子墨子之徒，或就儒者加以教導，或就俠者施以感化。然而一二偉人的設教，到底敵不過多數人生活上的要求。於是儒者多成爲貪飲食、惰作務的賤儒，而俠者亦多成爲盜跖之居民間者了。

第八章　從大同到亂世社會意識的變遷

"人心之欣戚，豈不以其境哉"？無論怎樣聖哲的人，其思想，總是隨着環境而轉移的。聖哲所以爲聖哲，只是他富於反抗的精神；在什麼環境裏，他都不認爲滿足，總能發見其缺點，而提倡改良，而社會遂因之進化。至於説聖哲的思想，超出環境之外，而發見所謂亘古今中外不易之道，是決無此理的。因爲亘古今中外不易之道，世界上本無其物。

所以社會風俗的變遷，亦可以其時的物質條件，爲其基本。

隆古時代，人有協力以對物，而無因物以相争。這時候的人，對於外界即物的抵抗力極弱；又多不明白其所以然，遇見什麼東西，都慮其足以爲害，而要設法排除他；所以這時候的人，其對於物，是殘酷的，而其對於人，卻甚爲平和。因爲這時候，人的利益，不建築在他人身上，而建築在他人和我協力的基礎上。野蠻人的行爲，往往忽而極其平和，忽而極其殘酷，我們看了，真覺得莫名其妙，其實殊不足奇。他對人的平和，是把人當作人看——和他協力的人。對人的殘酷，是把人當作物看——能加危害於他的物。這時候的人，對於外人和外物，是沒有分别的。我們苟被他認爲是人，則其相互之間，異常平和，充滿了熱情，而毫無猜防之念存於其間。即其對於物，見了雖然害怕，而因不明白其所以然之故，平時卻無從預防；遠慮是這種人所没有的。所以這種人，總覺得俯仰寬閑，天真爛熳。《白虎通》説三皇以前的情形，"卧之詓詓，行之盰盰；飢即求食，飽即棄餘"。就是這種境界。進而至於農耕時代，衣食饒足，生活之計不缺。對於外物，防禦之力漸强；漸能瞭解其性質，殘酷之情漸减，而其對於人，還保持着有協力以對物，無因物而相争的舊關係。人和人相與的黄金世界，就於此出現了。這就是孔子所説的："人不獨親其親，不獨子其子；貨惡其棄於地也，不必藏於己；力惡其不出於身也，不必爲己。"大同時代的情形如此。這時候，人對於人，只有好意。只有好意，就連好的名目——仁，也立不出來，何況斟酌於人我之間，而求其折衷至當的辦法——義

465

呢？彼此都以好意相與，自然沒有加害於人的行爲，更用不着什麼規範——禮。所以《老子》說："失道而後德，或問道與德有何區別？答：道是客觀的道理，存在於宇宙間的，與我無涉。這話在認識上講起來不可通，但當時的哲學思想只得如此，不能以後人之見議古人。德則是有得於己。譬如人，生而手能持，足能履，這是道。知持必以手，履必以足；而且知道持當如何持，履當如何履，而遵守之，就是德。人，最初不過行乎其所不得不行，止乎其所不得不止，并不知道什麼叫做道理，自更無所謂應當不應當。這時候，無所謂德。我與世界，是混而爲一的。尚未知分別我於世界之外，視自身以外之物，爲與我立於相對的地位。至能發覺宇宙間之定律，而有意於遵守之，則不然矣。所以只知有道的時代，較已知有德的時代，更爲淳樸。失德而後仁，失仁而後義，失義而後禮。"這就是大同時代的風俗。

　　大同時代過去了，便入於小康時代。小康時代，已有治者和被治者之分。天下無階級則已，既有階級，兩階級的利害，總是不能相容的。不如此，便不得稱爲階級。但是這時候，在上的人，也并不是只知剝削在下的人，而對於全體，毫無利益。野蠻人是怕用心思的。社會學家說："這等人，你要他用一分心思，他寧可出十分氣力。"所以這時候而有能指導他們的人，他們是異常歡迎的。決不像後世人一般，發生"你爲什麼要指揮我？我爲什麼該受你的指揮"這樣的疑問。古代的酋長，往往被視爲首出庶物的神聖；在文明社會中，一個極尋常的人，跑到野蠻部落中，就做了蠻夷大長，即由於此。這時候，在上者要濫用威權，在下者是無可如何的。如其還能寬仁，那就更要歌功頌德了。所以這時候，在上者的道德，應該是"仁"與"智"。在下者初被在上者征服時，自然壓迫受得很利害。但是這種人，因其慮患之疏，對人仇恨之心，初不甚切。假意的撫摩，也會視爲是真意的。而因其時并無歷史一類的書籍，過去的事情，很容易忘掉。譬如辮髮，本來是中國人所沒有的，當滿人入關，強行雉髮令之時，曾因此抗爭，流血不少，然至近代，反有認辮髮爲故俗的，即其一證。經過若干年後，被征服的歷史，也就忘懷。上下之分，權利的不平等，只以爲生來如此的。向來習慣了的事，是很少有人去問其理由的。何況還有狡黠之徒，造作邪說，以愚弄其民，如中國古說，天子是感天而生的；又如印度的婆羅門，造爲自己的種姓，從梵天之口而生；刹帝利自其脅而生；吠舍自其股，戌陁自其足等等的話呢？所以這時候的人民，是以"安分守己"、"忠實服從"爲美德。其中有一部分人，不事生產，而受統治者豢養的，則專以效忠於統治者的本身，及其繼嗣的人和家族，助其保守產業、地位、榮譽等爲義務，是之爲臣。君臣民的關係既立，推而廣之，則父子、兄弟、夫婦、長幼、主僕之間，也都生出治者和被治者的關係。在上者亦以寬仁能領導爲美德，在下者亦以效忠能服從爲美德。統治者利於這種性質的發達，處處加以獎勵。被治者也忘卻萬人平等，也是可以相安的，以爲社會的秩序，非如此不能維持。近代如曾國藩，即係富於此種思想的人。如其爲曾割臂以療其夫云妻易安人，所作墓誌銘，説："民各有天惟所冶，燾我以生託其下，子道臣道妻道也。以義擎天譬廣廈，其柱苟頹無完瓦。"即可以見其思想之一斑。舊時抱此等思想者，不止國藩一人。總而言之，他們認社會不能無階級；階級間的道德，即係社會所賴以維持。上下合力，維持這一種人與人間的關係，這便是小康時代的道德。

　　假使兩方面真能遵守這道德，君仁，臣忠；父慈，子孝；兄友，弟恭；夫義，婦順；原亦可以小康。然而人，總是要擴張自己的權利的。老實説，人總不免做物質的奴隸。到自己的享用覺得不足，自然不是真的不足。而又有威權在手時，就不免要犧牲他人以自利了。在上者濫用權力，而在下者無可如何，自然也要運用手腕，以求自免。進一步，則不但自免，還可以攫取權利；更進，則上下可以易位。人和人之間充滿着這種"憑藉地位，濫用威權"；或"憑恃智力，運用手腕"的關係，而君臣、父子、兄弟、夫婦之道苦矣。固然秉彝之良，無時或絶，人和人之間，總能維持着相當的正義，然而在一定的情形之下，維持自然只能維持著一定的限度，而且這情形沒有動搖，這限度，也就隨之而有漲縮。維持人與人間的正義，自然是要有個機關的。這機關便是國家。然而國家也要有人代表他的；這代表他的人，也是人而不是神；也是在一定情形之下的，當然也只能將正義維持到一定的限度。

　　當這時代，交換漸次興盛，商業漸次抬頭。商業對於社會，到底是有功的，還是有罪的？這話也很難説。商業使人人覺得人己利害不相容，互相處於敵對的地位，前章業已説過了。然亦正因此故，使人能估量他人的才智；知道所謂在上者，亦是和我一樣的人；他要支配我，我要受他支配，只是地位上的關係，并不是他真有什麼大本領。而且知道人總是要擴張自己的權利的；在上者也是如此。有許多事情，話説得好聽，其内容也只是如此。我對於人，服從與否，當然以我自己的利害爲立場。開始考慮到此，在下者忠實的程度，便要減退。其服從的程度，自然也要隨之而減退。人人明白自己的利害，和他人的利害，是有互相消長的關係的，自然要盡力於自衛，不容他人隨意壓制剥削；自然要求解放。所以也可説商業是民治主義真正的導師。然而在沒有達到解放的目的以前，人和人的關係，自然更趨於尖鋭化。

　　到此，便入於亂世了。風俗大變！人心大變！

　　亂世的風氣，是怎樣的呢？我們且具體的，描寫幾件出來。

　　到底怎樣算做窮？這是很難説的。真正的窮，該是不能維持其生活，如實在凍餓得不能支持之類，然而這界綫是很難定的。普通所謂窮，大抵是相形之下,感其不足,就是所謂相對的窮——比較上的貧窮。雖然在生存上也可以算是無問題的,然而在心理上的不安,則無法遏止。《孟子》所謂"萬取千焉,千取百焉,不謂不多矣",然而"不奪不厭",這都因爲有人和他相形使之然的。相形的對象不消滅,不安的心理,也永不消滅。這便是《老子》所謂"民之飢,以其上食稅之多"。和我相形的人遍於天下,人人互相形,即人人感覺其不足。於是囂然不安之心,亦遍於天下。

人是有遠慮的。不但要滿足現在,還要懸念着將來。而人的力量,是很微薄的。苟非大家互相保障,則陷於飢寒之淵,以至於死亡,是件很容易的事。到這時代,人人是講市道交;人人只顧自己的利益,再没人來保障你了。人人覺得前途的可危,就人人要汲汲皇皇以言利,都覺得惟日不足。

"天下熙熙,皆爲利來;天下攘攘,皆爲利往",而言利遂成爲一種普遍的心理。《史記·貨殖列傳》説得好:"賢人深謀於廊廟,論議朝廷,守信死節;隱居巖穴之士,設爲名高者,安歸乎? 歸於富厚也。是以廉吏久,久更富;廉賈歸富。富者,人之情性,所不學而俱欲者也。故壯士在軍,攻城先登,陷陣卻敵,斬將搴旗,前蒙矢石,不避湯火之難者,爲重賞使也。其在閭巷少年,攻剽椎埋,劫人作奸,掘冢鑄幣,任俠併兼,借交報仇,篡逐幽隱,不避法禁,走死地如騖,其實皆爲財用耳。今夫趙女鄭姬,設形容,挰鳴琴,揄長袂,躡利屣,目挑心招,出不遠千里,不擇老少者,奔富厚也。遊閑公子,飾冠劍,連車騎,亦爲富貴容也。弋射漁獵,犯晨夜,冒霜雪,馳阬谷,不避猛獸之害,爲得味也。博戲馳逐,鬥鷄走狗,作色相矜,必争勝者,重失負也。醫方諸食技術之人,焦神竭能,爲重糈也。吏士舞文弄法,刻章偽書,不避刀鋸之誅者,没於賂遺也。農工商賈畜長固,求富益貨也。此有知盡能索耳,終不餘力而讓財矣!"總而言之,是"人自爲謀,惟力是視"八個字。不論爲衆所尊敬的人,或衆所賤視之人,其内容都不外此。

因爲求利的艱難,所以有時候只好連性命也不要。《管子·輕重甲》説:"渾然擊鼓,士忿怒,興死扶傷,争進而無止,非大父母之仇也,重禄重賞之所使也。故軒冕立於朝,爵禄不隨,臣不爲忠;中軍行戰,委予之賞不隨,士不死其列陳。故使父不得子其子,兄不得弟其弟,妻不得有其夫,惟重禄重賞爲然耳。故不遠道里,而能威絶域之民;不險山川,而能服有恃之國。發若雷霆,動若風雨;獨出獨入,莫之能圉。"《禁藏》篇也説:"夫凡人之情,見利莫能弗就,見害莫能弗避。其商人通賈,倍道兼行,夜以繼日,千里而不遠者,利在前也。漁人之入海,海深萬仞,就彼逆流,乘危百里,宿夜不出者,利在水也。故利之所在，雖千仞之山，無所不上；深淵之下，無所不入焉。故善者，勢利之在，而民自美安。不推而往，不引而來。不煩不擾，而民自富。如鳥之覆卵，無形無聲，而惟見其成。"順着這種機勢，以使其民，真所謂"下令於流水之原"，何爲而不成？何欲而不得？然而反過來，天下處於必亂之勢，你也就無法防止。因爲個個人都和你拚命了。一人致死，萬夫莫當，何況拚命者遍天下呢？這真是《老子》所謂"民不畏死，奈何以死懼之"？人誰不畏死呢？不過退後也是死，還不如向前，可以僥倖於萬一。縱然不能僥倖，也死在將來，退後則死在目下。夫誰使之決定拚命向前呢？這和他自己所定最低限度的生存綫有關係；而最低限度的生存綫的決定，又和其人的生活程度有關係。所以《老子》又說："民之輕死，以其奉生之厚。"

人和人，本來是互相親愛的。但是人，總是先己後人的動物。自己還顧不來，哪裏顧得到別人呢？於是隨着處境的艱難，相親相愛之情，就日益淡薄了。《淮南子·齊俗訓》說得好："仕鄙在時不在行，利害在命不在智。夫敗軍之卒，勇武遁逃，將不能止也。勝軍之陣，怯者死行，懼不能走也。故江河決，沉一鄉，父子兄弟，相遺而走，爭昇陵阪，上高邱，輕足先昇，不能相顧也。世樂志平，見鄰國之人溺，尚猶哀之，又況親戚乎？故身安則恩及鄰國，志爲之滅；身危則忘其親戚，而人不能解也。游者不能拯溺，手足有所急也；灼者不能救火，身體有所痛也。夫民有餘即讓，不足則爭；讓則禮義生，爭則暴亂起。扣門求水，莫弗與者，所饒足也。林中不賣薪，湖上不鬻魚，所有餘也。故物豐則欲省，求澹則爭止。秦王之時，或人菹子，利不足也；劉氏持政，獨夫收孤，財有餘也。故世治則小人守政，而利不能誘也；世亂則君子爲奸，而法弗能禁也。"民國元年，安徽有個人，靠着他的妻在外幫傭，以爲活計。約當春夏之交，他的妻生了一個女孩，因此不能出外幫傭，糧盡援絕。他恨極了，竟把新生的女孩殺死。當時登載報章，輿論嘩然。其實此等事，性質相同，而形式不一——一日之中，大地之上，不知要發生若干次，不過不盡彰露；即使彰露，而社會的耳目，是病態的；有時受人注意，有時放在眼前而不見，置諸耳邊而不聞罷了。以我所知，吾鄉有個讀書人，生女弗育；卻也未曾溺女，但禁止其妻，不許哺乳，偏這女孩餓三天不死。他的妻，忍着淚，在產褥之中，頻頻使人看這無罪的女孩，絕命也未？這真可謂極天下傷心之故了。這是千真萬確的事。"或人菹子"，豈是虛言？這事也是讀書人做的：不能改革社會制度，而空言提唱道德的聽着。

對於親愛的人，尚且如此，何況不知誰何的人？《韓非子·顯學》篇說：

"今世之學士語治者，多曰與貧窮地，以實無資。今夫與人相若也，無豐年旁入之利，而獨以完給者，非力則儉也；與人相若也，無饑饉疾疚禍罪之殃，獨以貧窮者，非侈則惰也。侈而惰者貧，力而儉者富。今人征斂於富人，以佈施於貧家，是奪力儉而與侈惰也。"這真和現在反對恤貧政策的人，如出一口了。不過韓非子到底還是離健全社會不遠的人，還知道以"夫同彼。與人相若"爲先決的條件而已。然而究竟相若不相若，也是很難説的。即使真是如此，而"母之於子也，賢則親之，無能則憐之"。《禮記·表記》。果使全社會而都以善意相與，難道就養不活這幾個較爲懶惰的同胞麽？至於奢侈，則社會制度，果然良好，就有性好奢侈的人，也是行不出奢侈之事來的。譬如沒有賭場，向哪裏去賭？沒有窰子，向哪裏去嫖？用現在的眼光看來，侈惰的人，原只算一種病理。《莊子·則陽》篇説得好："柏矩之齊，見辜人焉。推而强之，解朝服而幕之，號天哭之曰：'子乎！子乎！天下有大菑，子獨先罹之。'曰莫爲盜，莫爲殺人。榮辱立，然後覩所病；貨財聚，然後覩所爭。今立人之所病；聚人之所爭；窮困人之身，使無休時，欲無至此，得乎？匿爲物而愚不識；大爲難而罰不敢；重爲任而罰不勝；遠其塗而誅不至；民知力竭，則以僞繼之。日出多僞，士民安取不僞？夫力不足則僞，知不足則欺，財不足則盜。盜竊之行，於誰責而可乎？"定一條法令，叫全國的人民，都要來射覆，射不中的，剥奪其公民權，這叫做"匿爲物而愚不識"。在長江最闊之處，架一座獨木橋，强迫人走過去，趑趄不前者，推墮江中，這叫做"大爲難而罰不敢"。起重機所起之物，叫人來起，起不起的殺，這叫做"重爲任而罰不勝"。叫人和馬賽跑；或者是追火車，跟汽車；賽不過者監禁；追不到者罰金；跟不上者，罰作苦工，這叫做"遠其途而誅不至"。這合理不合理？然而法竟如此立了；不識、不敢、不勝、不至的人，竟是罪無可逃的。這除"假造成績"、"私更標準"之外，更有何法？這就是所謂"民知力竭，則以僞繼之"。固然，天下作僞的人，并非都處於如此爲難的境地。然而這亦由先有不合理之法，造成作僞的世界，使他們習見習聞，以致不能自拔。尋常人不能自拔於環境之外，原是不足責的。此即所謂"日出多僞，士民安取不僞"。照《莊子》説來，所謂辜人，他自己絲毫不能負責。然則是誰之罪呢？只好説"天下有大菑，子獨先罹之"了。刑傷過犯，和水火刀兵，只是同一的不幸。"誰之罪"？這真是可以深長思之的問題了。

　　"此惟救死而恐不贍，奚暇治禮義哉"？孟子語，見《梁惠王上》。《韓非子·五蠹》篇説得好："古者丈夫不耕，草木之實足食也；婦人不織，禽獸之皮足衣也。不事力而養足，人民少而財有餘，故民不爭。是以厚賞不行，重罰不用，而民自治。今人有五子不爲多；子又有五子，大父未死，而有二十五孫。是以人民衆而貨財寡，事力勞而供養薄，故民爭。雖倍賞累罰，而不免於亂。堯之王天下也，茅茨不翦，采椽不斵；糲粢之食，藜藿之羹；冬日麑裘，夏日葛衣；雖監門之服養，不虧於此矣。禹之王天下也，身執耒臿，以爲民先；股無胈，脛不生毛，雖臣虜之勞，不苦於此矣。以是言之，夫古之讓天下者，是去監門之養，而離臣虜之勞也，古傳天下而不足多也。今之縣令，一日身死，子孫累世絜駕，故人重之。是以人之於讓也，輕辭古之天子，難去今之縣令者，薄厚之實異也。"這可見所謂"廉讓之節"，也全是環境所造成了。朋友相與之間，古人說"久相待也，遠相致也"。《禮記‧儒行》。後世卻變爲"入門各自媚，誰肯相爲言？"《古樂府》中語。亦由於此。

　　廉讓之節既亡，則凡事都可以枉道而行之，而輿論遂變爲無價值。在風氣敦樸之世，輿論是最見得公是公非的。所以孔子說："斯民也，三代之所以直道而行也。"《論語‧衞靈公》。在這時候，好的人，固然不能以曲說毀謗；壞的人，也無從以私意辯護。所以孔子說："孝哉閔子騫，人不間於其父母兄弟之言。"《論語‧先進》。孟子也說："暴其民甚，則身弑國亡；不甚，則身危國削；名之曰幽厲，雖孝子慈孫，百世不能改也。"《孟子‧離婁上》。此等正當的輿論，對於個人，制裁之力最強。古人最重孝，而《禮記‧祭義》篇說孝，是"使國人皆願然曰：幸哉有子如此！可謂孝也已。""懼修名之不立"，自無人敢爲非作歹了。觀以上所引諸文，可知此等風氣，當春秋戰國時，仍有若干存在。然而其崩壞也始於是時。"子張問士，何如，斯可謂之達矣。子曰：何哉，爾所謂達者？對曰：在邦必聞，在家必聞。子曰：是聞也，非達也。""夫聞也者，色取仁而行違，居之不疑，在邦必聞，在家必聞"，《論語‧顏淵》。可見有積極的違道以干譽的人。"行何爲踽踽涼涼？生斯世也，爲斯世也善，斯可矣。閹然媚於世也者，是鄉願也"。《孟子‧盡心下》。可見有消極的模棱以避謗的人。好惡之不公，固然由於干譽避謗者之欺人，亦由大多數操毀譽之權者，自己先有弱點，然後爲其所欺。其弱點在哪裏呢？則由其毀譽，不以所毀譽的人的行爲爲標準，而以自己的利害爲立場。明明知其是壞的，而懾於其勢，則不敢毀；曾受其恩，則不肯毀；要和他結爲黨羽，則甚且矯情譽之。明明知其是好的，而因其人有負俗之累，自己也要干譽，也要避謗，怕譽了他，自己也要被謗，則不敢譽；甚而違心毀他。明明有害之事，而自己有利於其中，則可以曲意鼓吹。明明有益之事，而於私計不便，則可以胥動浮言。總而言之：天下的人，并不是都可欺的，本來大都不易欺的，所以可欺，而且易欺，全由其爲私意所中，而其所以爲私意所中，則全由其以自己的利害爲立場之故。所以毀譽之不正，其根原，乃在人和人的關係，先不正常之中。"子貢問：鄉人皆好之，何如？子曰：未可也。鄉人皆惡之，何如？子曰：未可也。不如鄉人之善者好之，其不善者惡之"。《論語‧先進》。可見是非好惡之紛然淆亂了。至此，才有獨行之士，毅然自行其是。到獨行之士出現時，我們就知道這時代的輿論，是反社會的了。

　　輿論既乏制裁之力，則所以維繫社會的，就要專恃法律。然而法律亦隨社會的變化，而成爲反社會的東西。這是怎樣一回事呢？社會的和反社會的區分，就是道德的和不道德的標準。所以法律而果能維護社會，就要維護道德。質言之，法律和道德，應該是一致的。然而二者之間，久已分歧了。明知其居心不可問，而卻無法駁他，這種話，喚做"官話"。這是舊名詞。換一句現在的話說，就是合乎法律的話。然則合乎法律的話，可能是不合乎道德的。同理，合乎法律的行爲，也可能不合乎道德。而合乎道德的行爲，就可以不爲法律所保護。然則法律是不是反道德的呢？此其轉變，亦在春秋戰國之世。道德與不道德，是判之於其動機的。"正其義不謀其利，明其道不計其功"，到底是顛撲不破的話。所以法律之所保護，所懲治，着眼於其動機與否，就是其合於道德與否的憑證。凡較早的法律論，無有不注重於動機的。譬如說："聽訟，吾猶人也；必也，使無訟乎。無情者不得盡其辭；大畏民志，此之謂知本。"《禮記‧大學》。又如說："如得其情，則哀矜而勿喜。"《論語‧子張》。都有推求其動機，是否合乎道德的意思。必如此，社會的善良風俗——不是現在法律上所謂善良風俗——才能維持得幾分。鄭鑄刑書，晉作刑鼎，叔向、孔子所以要加以劇烈的反對，即由於此。《左氏》昭公六年，二十九年。犯罪與否，以及其罪之輕重，全由在上者斟酌情理而定，固然不能無弊。然在上者苟無私意，則因人人意中標準之不一，以至用刑輕重不倫之弊，與能斟酌其動機，而施以賞罰，因而能維持人與人間的幾分善意之利，兩者相消，而利恒覺其有餘。然此亦以在上者無私意——即其所懷挾者亦爲善意爲限，至操用法之權者，而亦懷挾惡意，其情形就大變了。《禮記‧王制》說聽訟之法："疑獄，氾與衆共之；衆疑，赦之。"輿論的公平，亦是制裁用法者，使之有所憚而不敢放肆的重要條件。到後來，這條件亦消滅了。於是法律亦跟着變化，其所維持不過社會上最低限度的秩序。過此以往，就都不能問了。遂有明知其有利於社會的，而不能加以保護；明知其爲反社會的，而無可如何，而且不得不加以保護之事了。而法律遂自成爲反社會的東西。

　　法律又失效力，所以維持社會的，就要靠宗教了。關於宗教問題，從前人的議論，我以爲宋儒辟佛的話，有相當的理由。他們有一種議論：以爲佛法之行於中國，精神方面，是由中國禮義之教已衰，所以佛教得以乘虛而入。物質方面，則因一切養民之政，都已廢墜，窮人多了，僧道亦成爲一種謀食之方，因而二氏之教盛行。二氏之盛行於中國，其原因，或非宋儒所能盡知，抵排異端，攘斥佛老，在後人也久視爲不成問題。宋儒排斥二氏的話，也誠然有許多不成問題的。但其所論宗教和社會組織的相關，則不能不承認他含有若干真理。宗教是慰安精神之物。精神而需要慰安，必其中先有所不足。最初的宗教，是如何産生的呢？因其時的人，知識程度甚低；外界什麼現象，都不明白其所以然；對於其力之大而足以加害於我的，就不免發生恐懼之心；若其能有益於我的，則又不勝其感謝之念；所以祭祀之義，不外乎"祈"、"報"兩端。這可説：因爲人對於自然的認識自覺其不足，而宗教因之産生的。社會進步，人對於自然的知識增加，抵抗之力亦漸大。對於天行之力，不甚怕他了。而且知道他并不是和有意識的人一般的；其爲益爲害，都非有意的；在他不過行乎其不得不行，止乎其不得不止；既無所用其恐懼，并無所用其感謝。如此，則人對於自然，感情日淡；而其宗教思想，乃純以社會上的缺陷爲其基礎。人生在世，總有不能滿足的慾望；於是有死而昇天，在天上享樂；或來世托生於富貴之家等思想。人生在世，總不能無不能平之事；於是有死爲厲鬼以報怨等思想。凡若此者，悉數難終，而總有一社會組織上的缺陷，潛伏於其後則一。譬如死，是人所最畏懼的，因而宗教上就有不死的思想。靈魂不死，和肉體不死，其不死之方法雖異，其爲不死則同。這到底是天然的缺陷呢，還是社會的缺陷？固然，人無不求生，而且無論如何完善的社會，亦無法令個體不死。然而求生只是慾望之一；而人的慾望，是應乎其生理狀態的。衰老的人，精神氣力，都漸漸完了，自然也無甚慾望。逮其漸滅净盡而死，不過如勞者之得息，倦者之知歸，原也無甚可怕。就旁人看了，也無甚可哀的。《唐書·党項傳》説："老而死，子孫不哭。少死，以爲夭枉，乃悲。"這種風俗，在自稱爲文明的人看起來，一定要誚其薄。然而這正是他們的社會，變態未甚之徵。生時無甚不足，所以至於老死，也不過行所無事。至於我們，"出師未捷身先死，長使英雄淚滿襟"，"但恨在世時，飲酒不得足"，無論爲公爲私，是小是大，人生在世，總覺有許多缺陷。確實，這時代，一個人在社會上，所負的責任，也比以前重了。如爲兒孫作馬牛，即其一例。大同時代，個人的生活，均係社會所保障，此等問題，自無從發生了。如此，到臨命之時，自然要割捨不掉，遺恨無窮。而旁人看到他，也覺得可哀。念他在世上，曾忍受着這些，而今還帶到九泉去。若正常之社會，則何有焉？事事是"常"，事事是"順"，自然生於其中的人，個個能"安常處順"。生老病死，人事之常，有何難割難捨？而亦何可哀之有？"龜長蛇短"。人生的修短，原不是論歲月的久暫，而是論其心事了與未了。然則病態的社會裏，即使活到百歲，也還算不得長壽；也還算不得正命；就等於党項人所謂夭枉，又何怪本人的留戀，旁觀的悲傷呢？而況乎還有連歲月也很短促的。死是人之所大惡，也是最不易用人力彌補的缺憾，然而其成爲缺憾，還是由於社會組織的不良，而不是屬於天然的。然則天然是無缺憾的；一切缺憾，悉由人事之不良。所以我說：宗教的根源，就是社會的病態。

中國人是最講現實的。所以宗教上最重要的信條，就是"行了好心有好報"。而其所謂好報，都在現世。所謂"福善禍淫"；所謂"積善之家，必有餘慶；積不善之家，必有餘殃"，都不外這種思想。使此說而果有威權，固亦足以維持世道人心。然而天下人，究竟是不可欺的。除掉至愚之人，你總得給他一點證據看，他才相信。行了好心有好報，這本是拿不出證據來的。而就經驗所及，卻屢有相反的證據。社會愈壞，則正面的證據愈少，而反面的證據愈多。因爲福善禍淫，基於賞善罰惡，這本是人事而不是天道。所以宗教也并不足以麻醉人。在中國，幾曾見迷信之士，肯忘身捨命，以衛護一種宗教來？在外國，此等事誠然有之，然必其社會，因迷信之篤，而能表見出一種力量來，使信教之士，在實際上或精神上，自覺能得到一種滿足，這實在還是人事，而不是天道，實在是有效驗可見，證據可得，而并非以空話騙人。假使毫無證據，而還肯相信，這一定是極無用的人，本來不能爲惡，麻醉他做什麼？而麻醉了他，徒然使他結想於虛無之中，而忘卻現實的奮鬥和反抗，因而強者更得橫行。姑婦之勃谿，夫婦之反目，債權債務之糾紛，屢見弱者懸梁服毒，投井跳河，幾曾見強者因此而有所畏怖來？程明道說："至誠貫天地，人尚有不化，豈有立僞教而人可化乎？"答佛法果報，係爲下根人說法之問。再不要以爲空話可以騙人。這等虛設之局，不要到現在，幾千年前的人，就看得穿而又穿了。謂予不信，請讀《史記》的《伯夷列傳》。

一班空言提倡道德的人，最喜說宗教可以慰安人的精神，而使之滿足，而其實際的情形是如此，然則所謂滿足者安在呢？"使我有身後名，不如即時一杯酒"，怕也是現代的宗教徒，同有的覺悟罷？不然，爲什麼和尚、道士、基督徒等等，其大多數，語其實，總不過是飯碗問題，甚而至於是享樂問題呢？

亂世的情形如此。請問現在的社會，是不是這樣？

第九章　先秦時代對於社會 改革的諸派

"積勞始信閑爲福,多病方知健是仙"。這還是閑過來、健過來的人。假使有人,生而勞苦,從來未識安閑;生而疾病,從來未知康健,他就要以勞苦和疾病,爲人生的本然了。人的記憶力,是很弱的,不過數十百年,而其事已若存若滅了,何況經過幾千萬年? 習慣於亂世,以爲世界本祇如此;人不過是如此的動物,只會造出如此一個世界;地球之上,再無實現一個樂園的可能: 後世的人差不多通有這種思想。"人有悲歡離合,月有陰晴圓缺,此事古難全",而這世界,就永遠成爲缺陷的世界了。這真如深淵之魚,久而喪其目了。周秦間的人思想則不然。其時去大同之世未遠,離小康之世則更近;雖說已入於亂世,而大同小康時代的遺跡,總還有若干保留的。偏僻地方,多保存舊時代的風俗,是古今一轍的。春秋戰國時代,也有一種議論,說文明之國,反不如野蠻之國,如由余對秦穆公的話,見《史記·秦本紀》。即是此理。觀此,可知當時偏僻未進化之區,必有若干古制存在。故老之流傳,書史所記載,其材料就更多了。社會本不是如此壞的;而當前的社會,只是一個變態,總可以設法使之恢復常態的;也是其時的人,公有的思想。既然如此,當時的學者,對於社會改革問題,當然可有較徹底的意見了。我們現在,把它分爲五家:

第一道家。道家對於社會改革的主張,是最徹底的。他的宗旨,是要想把社會徑挽回到大同世界的。道家的宗旨,在於"歸真返樸"。這四個字,被後來的人誤解了,以爲要歸真返樸,便要把一切物質文明摧毀,而其事遂不可行。其實物質文明的進步,初不必和社會組織的複雜相平行。就現在世界上看,這兩種現象,確是互相隨伴的,然而這不過是偶然的事實,并非其間有必然的道理。人的知識也不是兩者同時并進的。試觀科學家不必定通世故,其在社會上應付的手段,或反較普通人爲拙可知。更試將現在文明國中,學習科學的設備和環境,都移到野蠻部落中去,包管其人也會精通科學。只要其餘的環境,不相隨以俱去,包管其人還是淳淳悶悶。有人說:"學問技術的進步,全是由於私產之故,因爲發明家可得巨大的利益。"這話更荒謬了。到底發明的動機,是愛好真理,還是在牟利? 這要請查一查歷史再說話。世界上的有發明，幾十萬年了。私産制度，則不過數千年。從前人所發明，固然較現代史爲差，然而這是文明累積的結果。試問古人所發明，又誰懸賞爲之獎勵呢？至於社會科學的精深，則本是社會的病態。因爲其所研究的對象，本是社會的病理。譬如貨幣，在現在，也成爲專門學問了。然而没有交換，哪有商業？没有商業，哪有貨幣？貨幣尚且没有，何從成爲專門的學問呢？請問漢以前可有治天痘的方子？南北朝以前，有研究霉瘡的醫書否？這是舉其一端，其餘政治、法律、軍事……可以類推。以我們耳目之所覩記，固然物質文明進步的社會，其組織總要複雜些，而其中之利弊，遂隨之而增多。譬如我們在鄉僻之地，造幾間土墻茅屋，築墻和蓋屋的人，決不能大敲我們的竹杠。要在通都大邑，造幾間華式或洋式的屋子，就不然了。瓦匠、木作、工程師、建築公司，都可以大敲竹杠的。我們竟無可如何，甚且没有知道。然則社會愈進步，知識技藝愈專門；知識技藝愈專門，社會的組織，勢必隨之而複雜。因爲“一人之身，而百工之所爲備”，勢不能皆“自爲而後用之”，勢必請教他人，而要請教他人，則因智識之懸殊，他要敲起竹杠來，勢必至於無可如何，甚且不會知道。然則欲使社會的關係，回到簡單，除將一切物質文明摧毁，更有何法呢？這話差了。大家知道，和人交涉最易上當的，是律師和醫師。然而律師和醫師，所以給你當上，并非由於他智識的專門，而是由於他的利害和你的相對之。你的當越上得大，你的錢越出得多；你的錢越出得多，他的荷包就越裝得滿。假使不在這種情形之下，你和他并無利害關係，只是和醫師閑談病理，請律師講演法律而已，我敢保管他，決不給你當上的。瓦匠、木作、工程師、建築公司和你的關係，亦係如此。同理：若有一種組織，使人的利害彼此相同，則人和人的互相扶助，自無可疑。人的性質，是環境鑄成的。處於互相扶助的社會裏，其性質自然和現在大異。如此，人人遵守道德，連仁義的名目都用不着，決不是不可能的。老子說：“民之難治，以其上之有爲。”這句話最有道理。因爲上之治下，必用權力。用權力，固然可以治好一時，矯正一事，而從此世人就知有權力了，對於比他弱的人，就都要使用起權力來。倘使遇見比他强的，則又變形而成爲狡詐，天下就從此多事了。所以說郅治之世，必是淳淳悶悶的。但這所謂淳淳悶悶，只是指人對於人的關係。彼此都無計劃利害之心，因之不分人我，和天真未鑿的孩子一樣。至於對於自然界的知識，和駕馭自然的能力，還是要求其進步的。哪怕比現在再突進幾百幾千幾萬步，只要社會的組織，能使人之利害，立於共同之點上，地球上就是樂園。

　　第二農家。中國人向來有崇古之癖，這也并非無因而然的。我們的物質文明，在後世，固然總較古代爲進步，而且確是逐漸進步的。然而社會組織，則從大同降至小康，從小康降入亂世，確是逐漸退步。在現在而求社會進步，只有兩條路可走：其一，是人的能力，再比現在增高。不論道德、智識、才能，都要比現在增高數十百倍。夫然後能將現在人所不能措置的艱難複雜的問題，措置得妥妥帖帖。二則社會比現在簡單。一切艱難複雜的問題，都消滅了。由前之說，生物學證明其不可。由後之說，則從前的世界，本係如此的。不過因我們在進化的路上，偶然走錯了一個方向，又未能不遠而復，遂至歧之又歧，迄今還徬徨中野罷了。由人力曾經做到的事，雖然失去，必可以人力恢復之，我們要有這信心。而其方法，則道家之言，深可考慮。農家也是和道家一鼻孔出氣的。只可惜其說無存，只有許行之言，還吉光片羽，保存於《孟子》中罷了。《滕文公上》。然而也是深可玩味的。許行說："賢者與民并耕而食，饔飧而治。"這個，在健全的社會裏，本係如此的。須知我們所謂政府，包含兩種性質，一種是治理公務的性質，我們可以替他取個名字，喚做賬房性質。一種是權力壓迫的性質，亦可以替他取個名字，喚做軍警性質。人和人的利益，互相衝突了，軍警性質，才成爲必要。亦因其利害關係的複雜，賬房中的事務，乃覺其紛繁。若在人人相誠相與的社會中，事務既極簡單；複雜都由人對人的關係而來，統帶一師兵，決不如管理一個小學校容易。管理一件大機器，和管理一件小的機器，卻是無甚區別的。而其法，又不待以權力守之而自固，則所謂政府，不過和現在任何團體中的執行委員一樣，何不可"并耕而食，饔飧而治"之有？再者：從亂世回到小康，從小康回到大同，自然是要經過相當的手續的。道家說："剖鬥折衡，而民不爭。"這話最使人懷疑：明明有爭在這裏，如何能先去其平爭之具呢？殊不知此處的"鬥衡"二字，乃指爭奪之原言之，并非指鬥衡其物。爭必有其原。苟能舉爭之原而去之，哪裏還用得到平爭的器具？爭之原是什麼呢？美惡之相形，即是其中的一事。誠如孟子之言："夫物之不齊，物之情也。"我們無法使人認美惡之物爲同等。然而美惡之物，紛然雜陳，任人各視其力，以從事於爭奪，此等社會制度，則是人力可以防止，可以矯正的。許子之道："布帛長短同，則賈相若。麻縷絲絮輕重同，則賈相若。五穀多寡同，則賈相若。屨大小同，則賈相若。"論量不論質，就是要粗的驅逐精；使全社會之人，享用的程度一律。孟子說：質之不同，尤其量之有異。論量不論質，一定沒有人肯做精的。而不知許子之意，正要如此。這話就駁得不相干了。然而許子之道，決不是使社會退化的。要享用大家享用，這本是人和人相處當然的道理。譬如一家之中，子弟糟糠不飽，而父兄日飫珍羞，可乎？古人說："雕文刻鏤，傷農事者也。錦繡纂組，害女紅者也。"景帝後二年詔，見《漢書・本紀》。現在世界上，就因消費自由，所以製造奢侈品的人多，而從事於必要品的生產的人，就形其不足。倘使行許子之道，社會進化到第一級，大家就只准爲和第一級生活相當的消費；到生活程度進化到第二級，消費才跟着提高一級；三級四級以上，莫不皆然。社會的文明，還是會進步的。而因苦樂之不平，以致釀成亂事，阻塞進化之機，甚至把已造成的成績又毀壞了，這等事都沒有了，社會就進步得更快。

　　第三儒家。儒家的主張，不及道家和農家的徹底。他雖然也夢想大同時代，然而其所提出的辦法，都是根據於小康時代的。他普通的議論，也都稱頌小康時代的幾個人，如禹、湯、文、武、成王、周公等。後來尊信儒家的人，大都即認此項辦法爲滿足。對於更高一層的境界，反加以排斥。此種人居其最大多數。間有少數，承認自此以上，還有一層更高的境界，如《宋史·文苑傳》載羅處約作《黃老先六經論》，説："六經之教，化而不已，則臻於大同。"這種人就是鳳毛麟角了。承認小康之治，即爲登峰造極之境，此等見解，實在是不合理的。因爲天下無階級則已，有階級，則兩階級的利害，總是不能相容的。小康的理論，是等級的高低，比例於其才智的大小。《荀子·榮辱》："夫貴爲天子，富有天下，是人情之所同欲也。然則從人之欲，則勢不能容，物不能贍也。故先王案爲之制禮義以分之，使有貴賤之等，長幼之差，知愚、能不能之分，皆使人載其事，而各得其宜；是夫群居和一之道也。故仁人在上，則農以力盡田；賈以察盡財；百工以巧盡械器；士大夫以上，至於公侯，莫不以仁厚知能盡官職；夫是之謂至平。故或禄天下而不以爲多；或監門御旅，抱關擊柝，而不自以爲寡。故曰：斬而齊，枉而順，不同而一。夫是之謂至平。"這一派議論，是人人認爲合理的。其實所做事業之不同，是各人興趣之各異，并無因此分別報酬厚薄的理由；而人各有能有不能，亦是天生成的性質，難能可貴的事業，并非懸重賞所能養成的。所以荀子此等議論，我們只認爲是社會已分等級後所生出來的一種解釋。至於究極之義，則我們認爲許行的話，是不錯的。并耕而食，饗飧而治，生活不和其所從事的工作相關，更無論因此而分厚薄了。説起來，似乎也很言之成理。然而實際哪有這一回事？總不過憑恃一種力量的人，佔據着社會的上位，因而盤踞不去罷了。以才智的大小，定等級的高低，不過是事實既成之後，所生出來的一種解釋而已。

　　儒家的意思，到底是以小康爲已足，所謂大同，不過心存慨慕，并不希望其實現於後世，亦不以爲可以實現於後世的呢？還是別有一種理論，一種方案，而無傳於後呢？這個問題，在後世，隨各人的主觀，而其答案不同。我們在今日，亦很難作十分肯定的答案。但觀於《禮器》篇中"禮，時爲大"一語，則儒家似乎確有較徹底的主張。"時爲大"的注腳，是"堯授舜，舜授禹，湯放桀，武王伐紂，時也"。禪讓放殺，是就當時的歷史所舉示的一個最顯著的例。禮也者，"因人之情而爲之節文"。有怎樣的人情，就替他定怎樣的節文。至於人情的變更，則是定禮範圍以外的事，禮家可以置諸不問。古代所謂禮，範圍是很廣泛的。政權的授受，也是禮的一種。照《禮運》的説法，"人情而協乎禪讓"，禪讓就是當行之禮，"人情而協乎放殺"，放殺就是當行的禮。然則人情而協乎民主，民主就是當行的禮，人情而協乎蘇維埃，協乎法西斯蒂，無不皆然。然則豈有執定一時之法，而强已變之人情以就之之理？固執舊禮教，以爲天經地義，以致於轉以詒害，如近人所詆舊禮教吃人之類，其非禮教之咎，而爲拘墟小儒之不克負荷，不待言而可明了。無論哪一種學問，盛行的總是普通之論爲多；其中較高的議論，總在若存若亡之間。這（一）因傳述學問之人，中材多而上智少。（二）則接受此傳播之人，更是中材少而下駟多。所以昔人亦説：仲尼没而微言絶，七十子喪而大義乖。劉歆移讓太常博士的話，見《漢書》本傳——《楚元王傳》。劉歆排斥今學家的話，是靠不住的。但這兩句話，卻是事實。從孔子没後，傳至漢朝，儒家的要義，已不知散失多少了。即如《春秋》，"文成數萬，其指數千"，該是條條有義的，可是現在的《公羊》，空存其條文的居其强半，就是一個證據。又致慨於"書缺有間"，"非好學深思，心知其意，固難爲淺見寡聞者道"，《史記·五帝本紀贊》。儒家的議論，其不能執今日所有之書，而自謂足以盡之，就更彰明較著了。但儒家普通的議論，足以匡正社會的，亦復不少。譬如《禮記·坊記》説：有禮則"富不足以驕，貧不至於約"，這可見消費總該有個規範，和世俗有了錢，便可無法無天，任意所欲的，大不相同了。狗彘食人食，而不知檢，孟子因之，嚴切責備梁惠王。然而梁惠王不過不知檢而已，究竟不過一個失察處分。上海早幾年，有人在番菜館裏，天天定購牛肉若干，供給狗吃，而自己坐着摩托車去取，這豈但不知檢而已。此等事可否自由？假使實行儒家的教義，能否自由？然而儒家此等教義，爲什麼都不行，單剩幾條責備弱者的教義，變本加厲，致被禮教食人之譏呢？無他，道德的教條和法律，都是强者的工具，甚而至於是其武器。强者之所便，則變爲不可干犯的天條；其所不便，則變成僵石罷了。這是不論什麼教義，都是如此的，正不必獨爲儒家之禮教咎。

其四法家。法家經濟上的眼光，似較儒家爲進步。儒家但注重於地權，法家則兼注重於資本。社會進步了，"一人之身，而百工之所爲備"，斷不能皆"自爲而後用之"，勢不能不"通工易事"，而交易之事，遂必不能免。交易的初期，"以其所有，易其所無"，各得所欲以去，原無所謂吃虧便宜。迨其日益興盛，而商遂成爲專業，則生產者一方面，非商無以售其有餘；消費者一方面，非商無以給其不足。因爲生產者和消費者，無從直接；且皆不知外面的情形，而所謂市場，遂爲商人所控制。給與生產者和消費者的利益，都只是最小限度；其餘都入於商人。所以當工業資本未興起前，商人是社會上唯一的榨取者，而其餘都是被榨取者。復次，生產技術愈進步，則資本之爲用，愈形重要；而其物不能人人皆有。於是佔有資本的人，在分配利潤時，就可以攫取一大部分；不但其資本所應得的利子而已。此等情勢，當春秋戰國之時，早已開始。所以法家所主張的：第一，凡有獨佔性質的事業，都該歸之於國家，如《管子》所謂“官山海”。《管子·海王篇》。第二，凡輕重斂散之權，宜操之於上。這就是官營商業，使商人無所謀大利。如《管子·國蓄》篇說：“民有餘則輕之，故人君斂之以輕。民不足則重之，故人君散之以重。”“斂積之以輕，散行之以重”，則“君必有十倍之利，而財之櫎可得而平”。如其不然，則“民人所食，人有若干步畝之數矣，然而民有飢餓不食者。何也？穀有所藏也。人君鑄錢立幣，人有若干百千之數矣，然而人事不及，用不足者，何也？利有所并也”。所以“人君非能散積聚，鈞羨不足，分并財利，而調民事”，則雖“疆本趣耕，鑄幣無已”，徒然使“下民相役”，必不足以爲治。《漢書·食貨志》：王莽下詔，說《樂語》有五均”。注引鄧展說：《樂語》是河間獻王所傳。又引臣瓚說：其文云：“天子取諸侯之土，以立五均，則市無二賈，四民常均；强者不得困弱，富者不得要貧；則公家有餘，恩及小民矣。”這便是古代官營商業之事。《管子·揆度》篇所說百乘、千乘、萬乘之國立市之制，亦可參看。第三是借貸之權，當操之於上。人是無資本不能生產的，只得借貸之於巨賈蓄家，而巨賈蓄家，往往因此而邀倍稱之息。於是生產之所得，大都爲其盤剝以去；而勞力的人，依舊不免於飢寒。這就是《管子·輕重甲》篇所說：“萬乘之國，必有萬金之賈；千乘之國，必有千金之賈；百乘之國，必有百金之賈。”“乘其幣以守民之時”，“貧者失其財”，“農夫失其五穀”，遂至於“一國而二王”。《管子》的辦法，則《國蓄》篇說“使萬室之都，必有萬鍾之藏，藏鏹千萬；使千室之都，必有千鍾之藏，藏鏹百萬。春以奉耕，夏以奉耘；耒耜、器械、種餉、糧食，畢取贍於君”，那就“大賈蓄家，不得豪奪吾民”了。國家安得如此巨大的資本呢？則仍恃輕重斂散之術。《山至數》篇說：“國之廣狹，壤之肥饒有數；終歲食餘有數。彼守國者，守穀而已矣。曰：某縣之壤廣若干，某縣之壤狹若干，則必積委幣。於是州縣裏受公錢。”“泰秋，君下令，謂郡縣屬大夫里邑，皆藉粟入若干。”“泰夏，賦穀以市櫎，民皆受上穀，以治田土。”泰秋，再“斂穀以幣”，如此，就循環不窮了。法家經濟的政策，十之八九，存於《管子》書中。對於經濟進化的認識，法家可以說最深，道家可以說最淺，這或者也是時代使然。所以法家之言，也是很可考慮的。自漢以後，深知其價值的，只有一個桑弘羊，惜乎行之不得其法，別見下章。以上是就法家特有之點而言。至於制民之產，要求其平均；消費一方面，要有一定的規範，自然其議論也是和儒家相同的，今不贅及。

　　第五墨家。墨家是卑之無甚高論的。他所提出的，只是一個救時的實行方案。其於高深的學理，是不甚提及的。他主要的辦法是節用。非樂、節葬，是節用的條件。所以鼓動人，而希望其實行的，則是兼愛。天志、明鬼，是達到兼愛的手段。當時莊子譏刺他，說："其道太觳。""墨子縱能獨任，奈天下何？"見《天下篇》。殊不知墨子所陳，乃係凶荒札喪之變禮；即社會遇天災人禍，以致困窮時的辦法。社會當困窮之時，用度應較平時爲減省；而其減省，是應合上下而皆然，古代本係如此。譬如《禮記・王制》篇說："三年耕，必有一年之食，九年耕，必有三年之食。以三十年之通，雖有凶旱水溢，民無菜色，然後天子食，日舉，以樂。"又如《曲禮下》篇所說："歲凶年穀不登，君膳不祭肺，馬不食穀，馳道不除，祭祀不縣，大夫不食粱，士飲酒不樂。"《玉藻》篇所說："至於八月不雨，君不舉。"便是古制之可考的。衛文公遭狄難，而大布之衣，大帛之冠；齊頃公有鞌之敗，而七年不飲酒，不食肉，也還是行此等古禮的。以齊頃之事推之，則越勾踐的臥薪嚐膽，亦不過行此等古禮，而後遂衍爲過甚的傳說罷了。"庖有肥肉，廐有肥馬，……民有飢色，野有餓莩"，《孟子・梁惠王上》。"凶年飢歲，君之民，老羸轉乎溝壑，壯者散而之四方者，幾千人矣，而君之倉廩實，府庫充"，這本是社會規制已廢壞後的現象。假使當倉廩實，衣食足，雖有凶旱水溢，民無菜色之時，而墨子還要勤生薄死，主張非樂節葬，那自然類乎無病而呻。然而春秋戰國之世則何如？這時候，一部分人的用度，雖然奢侈，然合全社會而觀之，是否是凶荒札喪的世界？莊子說"其道大觳"，其如全社會的生活程度，只得如此。滿堂飲酒，一人向隅而飲泣，則四坐爲之不樂，何況"勸客駝蹄羹，霜橙壓香橘；暖客貂鼠裘，悲管逐清瑟"；"朱門酒肉臭"，而"榮枯咫尺異"，啓視門外，便見"路有凍死骨"呢？古人利害共同，報恩和同甘共苦之心，都較後人爲發達。所以宰予要短喪，而孔子詰以"食夫稻，衣夫錦，於女安乎"？又說"女安則爲之"，《論語・微子》。如莊子之言，我們也要用孔子詰問宰予的話，反詰他了。至於荀子，說："不足非天下之公患，特墨子的私憂過計。"照他的說法，只要凡事都有辦法，不足是不成問題的。見《富國篇》。這話說來似乎也很有理。殊不知荀子所說的，是古代的所謂禮，而墨子所提出的，也是古代的所謂禮。禮之隆殺，視乎其時，當凶荒札喪之時，而仍行平世之法，那是蔡京的所謂豐亨豫大了。墨子之政是法夏，而儒家說夏之政忠；又說"救僿莫若以忠"，《史記・高祖本紀贊》。可見儒、墨相通。當社會困窮之時，君臣上下，都應以哀矜惻怛之心，行勤生薄死之事，這原是人心之同然，而亦即是天下之公理。譏刺墨子的人，只是不明於其說的立場而已。墨家還有一句話，可以特別注意的，就是墨家巨子所說的"情欲寡"。見《荀子·正論》篇。現在天下的人,都以爲人之性是好奢的;所以節儉總是違反人的本性的,多少有待於勉强。殊不知享用程度的適宜,應以生理和心理的狀態爲標準。過儉固非所堪,過奢亦非所欲。奢侈衹是在不正當的社會中所養成的惡習慣罷了。所以中是本性,儉和奢都是病態。禮的不背於人性,就以此爲其原理。而道家"適情辭餘,以性爲度"之説,見《淮南子·精神訓》。亦是深知此義的。必知此義,然後墨子之道"反天下之心"之難解,而此義,尤可以破現代人的迷惑。

　　周秦時代的學者,對於社會改正的意見如此。其是非得失,究竟如何?請待下章批評。

第十章　漢代的社會改革

從大同到小康，從小康到亂世，社會的組織，一天天變壞；人生其間的，一天天無所保障，而純靠自力競爭。敗的固然做了犧牲，勝的亦朝不保暮。人生其間，真乃無樂趣而有苦趣了。當這時代，人如何不想改良向上呢？在後世，人習於病態者既久，以爲天下本不過如此，那就無從説起了。在周秦時代則不然，大家還保存着健康時代的追憶，總以爲人不就是這樣的；社會也不該是這樣的。此等心理，滂薄鬱積，自然遲早總有實行的機會。

實行該在什麽時候呢？那自然是統一之後了。因爲（一）前此忙於競爭，無暇顧及治理。（二）而且天下分裂，即有願治之主，亦苦於無法推行。推行於一地方，其效驗是有限的。而且有許多事情，一局部無從行起。所以統一之後，實在是將社會根本改良最好的時機。苦於最初統一的君主秦始皇帝，其所做的事情，專以固威權、圖娛樂爲目的，雖然其外徵，或者也有爲國家立一個長治久安的基礎的意思，不必盡出於侈欲，然而在這時候，實非當務之急；而其所用的手段，也不得當。於是第一個機會錯過去了。

秦滅漢興，該是第二個可以根本改革的時代。這時候，是人民不堪政府的暴虐，起而把政府推翻的。固然，其中還有很複雜的別種原因，然而這總是其中最重要的一個原因。得天下者自然該替民衆想想法子了。然而劉邦是個無賴子。一時的將相，非武夫，即刀筆吏。刀筆吏是祇能做事務官的，建立不出什麽政策來；武夫更不必説了；所以只好一事不辦。後來人都説他們不願意辦，其實與其説不願意辦，無寧説是不懂得，不會辦。這種情勢，直持續到文帝初年。

漢朝到文帝時，才真是可以辦事的時候。因爲前此，中央政府時時猜防着功臣。這時候，内而靠他和功臣相持的外戚已亡；功臣死者前死，僅存的亦垂垂老矣，無復野心；擁有廣土的同姓諸侯，雖然在形勢上很成爲問題，然尚未到決裂的地步，還很有回旋的餘地。所以這時候，是很可以，而且很應該從根本上改革的時代。然而文帝卻祗行了一個似是而非的道家政策。

怎樣説文帝的道家政策，是似是而非的呢？道家的宗旨是無爲。無爲就是不起變化的意思，這在第七章中，已經説過了。道家所以提出此項宗旨，因爲其時代較早，其時的社會，本是好的，只要掌握政權，能使社會起變化的人，不造種種惡業，使社會變壞就够了。這時候，社會變化的機鍵，全在這一部分人手裏，所以道家針對他們説話。至於漢代，情形就不然了。其時社會業已複雜；而又國土廣大，人民衆多；各地方風俗不一。無論從教化方面，或者刑禁方面説，中央政府都不能真成爲全國的重心。和春秋時代，中等國土，令行禁止的情形，已大不同。古代的治理，所怕的是貴族的阻格。法家竭力要擴張君權，就是爲此。倘使政令而能及於人民，人民總是真實奉行的。沒有後世法令成爲具文；廟堂三令五申；文告奏報，都説得堂皇美備；而到社會上一看，卻全沒有這回事的情形。所以古代改良政治，和改良社會兩問題，關係較爲密切。在後世，則政治的力量，僅能維持極粗的治安綫。如不許殺人放火等，較爲積極的事情，都無從辦起了。如其辦之，不是有名無實，就要反生擾累。這是古今政治的一大異點。借政治的力量來改革社會的所以難行。比諸古代的小國寡民，則相去不可以道里計了。此時"富"與"貴"，業已分歧而成兩事。固然貴的人總要富些，然而未必皆富。富的人以法律而論，其地位原不過和窮人一樣，甚且不如窮人。如漢時法律，貴農夫而賤商人。然而在事實上，其權力勢必甚大。政治法律，都無如之何。所以這時候，不但君主一個人，即使凡有政權的人，都能够清静自守，亦無益於治。因爲社會複雜了，能使社會起變化的，并不止這少數有政權的人。而且這時候的社會，久已變壞了，也無待於當時的人，更行作惡而使之變壞。所以這時候的社會，非大加改革不可。必大加改革，使社會的組織成爲合理的，然後以清净無爲守之，乃爲善用道家之學。否則只是牢守着惡習慣，只是隨順著病理，并不能稱爲善於衛生。漢代的用道家之學，不始於文帝。當蕭、曹爲相時，所行的政治，即已合於此主義。呂后雖説不上推行什麼政策，其所行，卻也暗合於此的。《史記·呂后本紀贊》："孝惠皇帝、高后之時，黎民得離戰國之苦，君臣俱欲休息乎無爲。故惠帝高拱，高后女主稱制，政不出房户，天下晏然。刑罰罕用，罪人是希。民務稼穡，衣食滋殖。"文帝以後的景帝，亦能謹守此義。所以此種政策的持續，可以説有七十年。然而其效果，除政府不自擾民，於許多害民的因子中，算是除去了一個之外，其餘都更無所得。這話怎見得呢？請舉《史記》爲證。《史記·平準書》説武帝初年的情形道："非遇水旱之災，民則人給家足。都鄙廩庾皆滿，而府庫餘貨財。京師之錢，累巨萬，貫朽而不可校。大倉之粟，陳陳相因，充溢露積於外，至腐敗不可食。衆庶街巷有馬，阡陌之間成群；而乘字牝者，擯而不得聚會。守閭閭者食粱肉，爲吏者長子孫；居官者以爲姓號。故人人自愛而重犯法，先行義而後絀恥辱焉。"這真可謂國富民安了。然而又説："當是之時，網疏而民富，役財驕溢，或至兼并。豪黨之徒，以武斷於鄉曲。"兼并是該行之於窮困之時的。富庶之日，如何反行起兼并來呢？可見其所謂富者，不過總計全國的富量，有所增加，而并不是均攤在衆人頭上。所以這時候的富人，固然遠較天下初平時爲富，窮人則還是一樣；而貧富相形之間，其懸殊或者反較大亂初平時爲甚。就物質數量而論，大亂之前，無論如何，總較大亂之後爲遠勝。然而當大亂之前，人心必蹙然感其不足，一似不可一日居者。到大亂之後，赤地無餘，倒也罷了。這可見所謂足不足，物質的關係尚淺，而心理的關係實深。所謂貧窮者，實非真正的物質缺乏，而爲貧富相形的問題。歷代當承平數世之後，社會生計，必有蹙然不可終日之憂。議論的人，不過歸咎於（一）人口過多，土地不足。（二）社會風氣漸侈，生產雖增，消費亦隨之增加；其增加的程度，或至超過生產增加的程度。對於第一個問題的計劃，不過移民墾荒，改良農業……對於第二個問題，則大都主張修明禮教，提倡節儉，禁止奢侈。其實第一個問題，通全中國而言之，不論哪一個時代，距真正到來的日子，總還甚遠。這是另一個問題，非此處所能詳論。至於第二個問題，則消費超過了生產，當然是要窮的。對付這種窮，除節儉外，更有何策？這是理論上當然的結果，更無疑義，而亦是大家切身之患。論理，應該大家都知道警惕的。然而歷代行之，總是無效。不論政府的獎懲，民間的勸戒，都是如此，這是什麼理由呢？因爲人心總是好奢的。這所謂奢，并非物質消耗多少的問題，而是人和人互相比較，不甘落後的問題。所以苟有人引誘於前，必有人追隨於後，無論定什麼標準爲消費程度的等差，實際上總是無效的。而歷代的禁奢，莫不承認此等差別之存在，此其收效之所以甚少而幾等於零。真正生產的程度增高了，而後消費的程度，隨之而增高，本來不成問題。所苦者，富力的增加，實在衹偏於一部分，而大多數人的消費，都要勉強追隨於其後，那就成爲很嚴重問題了。然而無嚴切有效的禁令，而希望這少數的富人，顧念一般的生活程度，而自行節制其消費，不超過衆所能堪的水平綫，是萬無此理的。苟有少數人之消費程度增高，大多數人，必將不顧其生活程度，而勉強追隨於其後，又爲勢所必至，而無可如何之事。歷代承平之後，風俗勢必漸趨奢侈；而風俗既趨奢侈，總要成爲生計上嚴重的問題，即由於此。所以講經濟，非兼顧到消費方面，是不徹底的。要兼顧到消費方面，其第一義，即在禁奢。而禁奢的有效政策，是要對着少數有資力的人施行的，勸諭大多數人無效。漢朝的文、景，未嘗不躬行節儉,然而卻未能禁奢。能制民之産而不能禁奢,其政策尚且無效,何況兩者都不能呢? 這是文景的休養生息所以無裨於社會的理由。

文景之後,武帝繼起,重用了一個桑弘羊。桑弘羊這個人,向來不過當他是個言利之臣,以爲是個善於言利的賈人子而已。其實他是個很有學問的人。他所行的,全是管、商一派的學説,讀《鹽鐵論》可見。但是他行之爲什麽不見其利,但見其害呢? 這有兩種原因:第一,他雖有學問,而亦是一個窺時趨勢的佞臣。所行的政策,雖有理由,而其意既注重於籌款,則不免將本意抛荒,而祇成爲一種搜括的政策。其二,這時代的人,久已習於私産了,以私産時代的人的心理,行社會主義的政策,本已無以善其後。而況桑弘羊所用的,又有一部分是商人。商人是最自利的,而亦是最善於牟利的,所以當時所辦的事,其内容實在不可究詰。我們試引一段《鹽鐵論》上賢良文學的話,以見其概:"故民得占租,鼓鑄煮鹽之時,鹽與五穀同價,器和利而中用。今縣官作鐵器,多苦惡;工費不省;卒徒煩而力作不盡。家人相一,父子戮力,各務爲善器;器不善者不集。農事急,輓運,衍之阡陌之間。民相與市買,得以財貨五穀新弊易貨,或貰。民不棄作業,置田器,各得所欲。更繇省約,縣官以徒復作,繕治道橋,諸發民便之。今總其原,一其賈。器多堅硾,善惡無所擇。吏數不在,器難得。家人不能多儲,多儲則鎮生。棄膏腴之日,遠市田器,則復良時。鹽鐵賈貴,百姓不便。貧民或木耕手耨,土櫌啖食。鐵官賣器不售,或頗賦於民。卒徒作不中程,時命助之,發徵無限,更繇以均劇,故百姓疾苦之"。鹽鐵一事如此,其他可以類推了。桑弘羊所行的事情,可以分爲三類:(一)鹽、鐵、酒酤,是官賣性質。(二)算緡錢,舟車,是增税。(三)均輸,是官營商業。官賣的事如此,增税自然更祇成爲一種搜括的政策。官營商業,此時在官的資本,也斷乎控制不住廣大的市場,自然是徒與商人争利而已。我們看《史記·平準書》和《漢書·食貨志》所記載的情形,便可知其所行,社會政策的意思,一點也不存在。

先秦時代,抱持社會政策的思想的,共有五家:道家和農家,宗旨是很相近的。實行道家的學説,縱不能算就是實行農家的學説,也可以説是和農家很爲接近。墨家:因其道大觳,爲治者階級所不堪;又其徒黨爲俠,亦爲在上者所深忌;所以没有見用的機會。然而文帝的節儉,亦可以説略得墨家的意思,不過其無益,亦和其用道家之學一樣。因爲這時候奢侈的人多了,消耗物資,敗壞風氣的,并不是你一個人,單是你一個人甚而至於你的一家能節儉,又有何益? 而武帝時桑弘羊行管商之學又如此。然則先秦五家之學,已經有

四家行之而無效了，雖然不是徹底的奉行，總算能略師其意。以當時人心的
滂薄鬱積，決不能如此而遂止。儒本是東周以來的顯學；自武帝表章六藝、罷
黜百家以來，其在社會上，更有最大的威權；自然其所主張，總有一次實行的
機會。

漢代儒家的議論，傳於後世者最多。這固由武帝以後，儒學專行，亦因作
史的人，如司馬遷、班固等，都是儒學的黨徒之故。我們把儒家議論，歸納起
來，大約可分爲兩點：（一）生計問題，即制民之產的問題。（二）教化問題。
重要的是納民於規範。能納民於規範，則其消費自然合度。所以教化問題，
在生計上說，可以說是包含消費問題的。雖然儒家的教化問題，其範圍并不
如是其狹。

儒家的主張，是富先於教的。此等證據，隨處可見，可以不必再舉。"救
死而恐不贍，奚暇治禮義哉"？此是很淺近易明，而亦是普遍不易的道理。所
以先富後教，在理論上，本無可懷疑。但是亦有一端，要注意的。由貧而致
富，必須要相當的時間，亦必須要相當的辦法。倘使正在進行的中途，而有一
班人，不顧公益，恃其多財，任意消耗；大多數人，勢必追隨於其後。如此，消
費之量，永無節約之時；并生產之事，亦將受其妨礙，富之目的，永難到達；教
更不必說了。所以教在富之後，不過是一句大概的話。在實際上，是不能絕
對分離的。而所謂教，并不單是勸導，運用政治法律的力量，以制止一切逾越
規範的行爲，亦都包含在内。

漢儒的議論，因爲太多了，我們現在不再鈔撮，以避麻煩，僅約舉其大綱
如下：

（一）他們對於生計問題，注重於制民之產；而所謂產者，即是土地問題。
他們所夢想的，自然是井田制度。雖沒有具體恢復的主張，可是通觀他們的
議論，即可知其終極的目的，實在於此。至於調和現實，求其易於實行，以爲
漸進之辦法，則是限民名田。第一個提出的是董仲舒。後來擬有具體辦法的
是師丹。但爲惡勢力所阻礙，未能實行。

（二）他們所謂教化問題，就其全體的規劃言之，是要改良風俗，把人民一
切行爲，都納之於軌範之中。單就生計一方面說，則禁奢尤爲重要之義。其
中賈誼，第一個提出這問題。後來主張得最激烈的是翼奉。他主張非遷都不
能更化，就是因爲舊都之中，惡勢力太深厚了，新法制難於實行。此可見漢儒
言改革的，都以能實施新法制爲要義。

儒家的論生計，對於生產、消費兩方面，可謂都極注意。獨其對於交易方

面,則無甚主張。"市廛而不稅,關譏而不徵",這是一種很陳舊的思想。當各地方交通未便利、商業未發達時,商人是生產消費者之友而非其敵;當這時代,自然要盡力於招徠。到後來,商業資本發達了,商人變爲社會上最跋扈的人。以社會政策論,固然要制裁他。即就財政而論,亦樂得抽他們的稅,且亦很應該抽他們的稅。爲什麼還要拘定"縣官當衣食租稅"而已的舊見解,漢朝卜式的話,見《史記·平準書》。這是隋以前言財政者通有的思想。所以晉初定律,把關於酒酤等的規定,別定爲令。因爲法律不易改動,而令則可以隨時增損。這就是表示天下太平之後,這許多賦稅,應得廢除的意思。見《晉書·刑法志》。隋文帝得天下後,亦把一切雜稅,漸次廢除。可參看《文獻通考·國用考》。中國自唐中葉以前,國家正當的收入,可說是專恃田租、口賦、力役三者。別種收入,只是不得已時的搜括,在理論上,始終沒承認其正當。現在恃爲收入大宗的關鹽等稅,都是創始於唐中葉以後,逐步發展起來的。所以然者,乃因唐中葉以後,土地爲藩鎮所擅,國家收入減少,而用度增加,乃不得不取之於此。宋定天下之後,照前此的成例,是應該一概撤廢的。但因養兵太多,所以沿而未廢。行之既久,大家覺得這些稅,也無甚大害,就無人更主縣官當衣食租稅之論了。這是事實使然,并非人們在理論上有何發見。這可見人們思想的陳舊。反對一切新設的稅目呢?當時所增的新稅,固然擾累特甚,然而實際辦理得好不好是一回事,新稅是否應當增設,又是一件事。儒家的不注意大工商業,我以爲其理由係如此:儒家的意思,人的生活,應守一定的軌範的。而其所謂軌範,卻是比較上陳舊的生活。假使儒家此項目的而能達到,則當時商人所恃以獲利的條件,即根本取消。因爲陳舊的生活,是比較上處於自給自足狀況之下的。如此,商業資本,不必要節制;商人也無待於賤,而這問題自然解決了。譬如今日,我們倘有法子,使全國人的生活,都回到閉關時代,窮鄉僻壤的狀況,洋貨及一切奢侈品,哪得會有消場? 又何勞談什麼節制資本,關稅壁壘……政策呢? 這話并非我胡猜,當時的儒家思想,似乎確係如此。讀《鹽鐵論·散不足》篇可見。然而這實在是落伍的思想。在這一點,我以爲賢良文學之言,不如御史大夫多多了。

凡事總是進步的;而後起的人,尤易奄有前此的衆長。所以王莽雖號稱儒家,而其政策,實已兼該儒法。他所以不肯墨守當時通行的今文經說,而要另創一派古文之學,即由於此。因爲古文之學所舉的書,較爲廣博。其中有一部分,是時代較後,而其辦法,較適切於當時社會的。如他行五均賒貸時,所根據的《樂語》和《周官》,即其一例。

王莽的設施,今約舉如下:

(一)更名天下田曰王田,奴婢曰私屬,皆不得賣買。其男口不盈八,而田過一井者,分餘田與九族鄉黨。

(二)於長安及五都,洛陽、邯鄲、臨菑、宛、成都。立五均官。改長安東西市令,五都市長爲五均司市師。皆置交易丞及錢府丞。

（三）諸司市以四時仲月，定物上中下之價，各自用爲其市"平"。賣買之物，周於民用而不讎者，均官用其本價取之。萬物昂貴過平一錢，<small>因漢代錢價貴，所以如此。</small>則以平價賣與民。

（四）工商能採金、銀、銅、錫、登龜、取貝者，皆自佔司市、錢府，順時氣而取之。

（五）諸取衆物，鳥獸、魚鱉、百蟲於山林，及畜牧者；嬪婦桑蠶、織紝、補縫；工匠、醫、巫、卜、祝，及它方技；商販、賈人、坐肆，列里區謁舍；皆各自佔所爲於其所在之縣官；除其本，計其利，十一分之，而以其一爲貢。

（六）民欲祭祀，喪祀而無用者，錢府以所入工商之貢但賒之。<small>但，徒也。但賒，謂空借，即不取利息。</small>祭祀毋過旬日，喪祀毋過三月。欲貸以治產業者，均受之。除其費，計所得受息，毋過歲十一。

（七）凡田不耕者爲不殖，出三夫之稅。城郭中宅不樹藝者爲不毛，出三夫之布。民浮游無事，出夫布一匹。其不能出布者，冘作縣官衣食之。

（八）五均賒貸，即莽所謂六筦之一。此外還有（甲）鹽，（乙）酒，（丙）鐵，（丁）名山大澤，（戊）鐵布銅冶，亦都收歸官辦，總稱謂之六筦。

王莽的政策，我們綜括起來，是：（A）耕地收歸國有，平均分配。（B）耕地以外的土地——山澤，歸官管理。（C）鹽、鐵、酒、冶鑄之業，收歸官營。（D）商業由官統制。滯銷而有用之物，由官照成本收買，以保護生產和運銷者。此項買進之物，物價高過平價時，即照平價賣出，以保護消費者。（E）此外各項以營利爲目的的事業，都收其稅，以供乏絕者之借貸。（F）不事生產者有罰。但無從得業的，縣官亦得給他雜事做，而供給他的衣食。合各方面而兼籌并顧，真可謂體大思精了。但是（1）此等制度，用何等機關推行？推行之時，用何法保證其有利無弊，或隨時興利除弊？（2）就商業一方面說，在官有多大的資本，能控制市場？這實在是很大的疑問。

關於第一個問題：因人習於私產制度之已久，此種改革，勢必不能自動推行；勢必有待於國家。國家推行一種政策，勢必藉手於官吏。但官吏亦久已成爲一種謀生的職業。人的普通性質，權力沒有限制，總是要濫用的；利總是要盡量攫取，愈多愈好的。官吏是權力在手，可利用之以牟利的人，所以做官與作弊兩個名詞，幾乎常相聯帶。自然，不待監督，而自能清廉奉公的人也是有的，但這總衹是少數。以一般情形論，上文所說的幾句話，總是無對不静的事實。這無所謂世風不古，亦無所謂中國人具有特別的劣根性。以一般情形論,不論古今中外,總是一樣的。這有很堅强的證據,不過在此處無暇評論罷了。——老實說:此等普遍而易知的事實,人人反省而可以自明的心理;已無待於羅列證據的。所以"督責之術不可廢",自戰國已來的法家,久已視爲政治上的鐵則;而我們在學理上、經驗上,確亦承認它是一條鐵則。"舊税是良税",這是爲什麽?因爲(A)習慣了,負擔的人,不大覺得苦痛。(B)而習慣是有最大的勢力的。既已成爲習慣,負擔的人,固然不易解除其負擔;誅求的人,倒也不敢隨意爲逾分的誅求。倘使逾分誅求,被誅求的人,就要因其不合習慣而引起反抗了。新税則不然,故於逾分的誅求最便。這一種原理,是適用於一切誅求上的,不但租税。所以當創制改法之時,行政上的督責,需要更加嚴屬。新莽對於這個問題,卻是如何呢?我們并没有聽見他特設一個監察的機關;亦没聽見他格外注重於監察的事務。只知道他迷信立法,"以爲制定則天下自平。公卿旦入暮出,議論連年不決。不暇省獄訟冤結,民之急務"。甚至"縣宰缺者數年,守兼一切,貪殘日甚"。對於督責一端,反而格外廢弛而已。而其所用的,又有一部分是商人。這個和用桑弘羊同弊。當時行政的情形,就可想而知了。

關於第二個問題:我們雖不知漢代的市場,究有多麽廣大,當時人民的日常生活,必有待於交易者如何。然而自東周以來,商業資本,久已活躍;而以國家之力,控制市場,則只見《管子》一類的書,有些理論,是否實行,很成疑問。即使曾經部分實行,此時也久已廢墜了。況乎并部分實行的形跡而不可見呢?然則國家而要控制市場,這一筆雄厚的資本,從何而來?無資本,則周於民用而不讎之物,用什麽東西去買進?物價高過平一錢時,用何法處置?固然有工商之貢的收入,然而這是要留着預備平民賒貸的。倘使移作控制市場之用,平民賒貸的資金,又無着落了。況且當時工商之貢,究竟收到多少,也很成疑問。即使所收甚多,以當時行政監督的疏闊,能保其不入私囊麽?桑弘羊均輸之法所以能行,因其使各地方都以本地方的出口貨爲賦,不啻增加一種新税,而新莽又不聞有此。然則當時五均司市的資本,從何而來呢?資本之成爲疑問如此,而行政的效率如何,更成爲疑問。史料雖然缺乏,以理度之,恐當時的商業控制,不會有多大的成績;甚而至於不免騷擾。

新莽之所行,是無一不足以擾亂經濟界的。而其尤甚的,怕是改革幣制一事。漢人的日常生活,必有待於交易自然還不如後世的密切,觀其錢價之貴可知。《史記·貨殖列傳》說:穀價應上不過八十,下不過三十。漢代的一石,我們粗算它是現在三分之一,則現在的一石穀,在漢時,只直錢二百四十文。這是經濟常態中最高的穀價了。事實上,宣帝時竟跌至穀石五錢，則現在的一石穀，只直錢十五文。錢價之貴如此，所以當時零星貿易，并不能用錢。《鹽鐵論·散不足》篇説，當時買肉的人，是"負粟而往，易肉而歸"。買肉且然，買菜更不必説了。然而錢在當時，究已成爲人人不能不用之物。觀《漢書·食貨志》所載李悝《盡地力之教》，估計農家一年所穫的穀，直錢幾何；除日食之外，一切開支，用錢幾何可知。固然，這是爲計算的方便，以錢論價；實際使用之時，未必都支出現錢，然而此等支出，其不能全不用現錢，亦可推想而得。即謂不然，大宗交易，現錢亦總不可缺的。而在當時，各種生産，都已和商業發生了密切的關係，這也是無可懷疑的事實。然則貨幣如何好擾亂呢？自秦始皇至漢武帝，幣制變更了好多次。只有漢武最後所鑄的五銖錢，得民信用。這個理由，現在不必深論。而在當時，五銖錢得人信用，則是事實。而王莽卻將幣制改爲五物、六名、二十八品。如此煩雜的幣制，自然是一日不可行的，而莽卻禁漢五銖錢甚嚴。在私産社會中，凡生産，都是爲着交易，所生産的都是商品。到底有用與否，生産的人是并不知道的。不過眼看着市場，什麼東西，向來是有用的，在交易上是可以獲利的，就從而生産之罷了。所以生産的正常，必有待於市場的穩定。以交易爲分配，自然不是分配的好法子。然而這是人人賴以生活，一日不能暫離的。新分配的方法未立，而先將舊交易制度破壞，這不但恃交易以牟利的人，一朝失其所恃；就是從事於生産的人，也覺得無所適從；而在消費方面，除卻真能自給自足的人，這時代恐没有罷。也都陷於困境了。一切誅求擾累的事，無論如何嚴峻，總不易使人人都受其影響的，惟有幣制則不然。《漢書》説新室變法的結果，是"元元失業，食貨俱廢"，其最大的原因，怕即在乎此？這怕是新室政府的致命傷？

因全國經濟界普遍失常而引起的騷亂，自然不是一個政府的力量所能鎮壓的。而新室政府的運命，遂於焉告終。其所懷抱的理想，和其所制定的政策，亦一齊拉倒。

這不是王莽一個人的失敗，實在是先秦以來談社會主義和政策的人公共的失敗。因爲王莽所行的，都是他們所發明的理論，所主張的政策，在王莽不過見諸實行罷了。從此以後，大家知道社會改革，不是件容易的事，無人敢作根本改革之想。如其有之，一定是很富於感情，而不甚瞭解現狀之人，大家視爲迂闊之徒，於社會上絲毫不佔勢力。"治天下不如安天下，安天下不如與天下安"，遂成爲政治上的金科玉律。久而久之，就并社會本來是好的而亦忘掉，以爲本不過如此，視病理爲生理了。自東漢以後，國家更無從根本上平均財産的思想。其有之，則以農田爲限。亦是取去其太甚，逐漸進行的政策。質而言之，兼採限民名田和官授田的兩種政策。晉朝的户調式,北魏的均田令,唐朝的租庸調法,三者是相一貫的。控制物價,亦以食糧爲限,即常平之法是。此外如唐劉晏之所行,則主要的目的,在於財政,顧及社會經濟,至多是其副目的。這兩者,行之都不能收效。不但不能收效而已,常平是現在還有此法的,我們眼見其并不實行。即户調、均田、租庸調等制,究曾實行至何程度,也是一個很大的疑問。自此以外,只有偶或行之的借貸政策,如宋代的青苗法;及規模很小,如宋代的廣惠倉;或者臨時施行,如蠲免租税的救濟政策了。此等和社會經濟的根本,可説是毫無關係的,所以不再叙述。

第十一章　到大同之路

孟子説:"大人者,不失其赤子之心者也。"這句話説得最好。假使有一個成年的人,其道德心,竟和赤子一樣,我們自不得不推之爲大人了。但是大人和赤子,仍有一個異點。赤子是未曾接受環境的影響,所以能保其大人之德的。但其年漸長,受社會的漸染日深,而其道德心,亦即隨之而淪喪。大人則不然。他受環境的影響,已經很深切了。對於惡社會,是很能够瞭解的。隨波逐流,加入作惡的力量,也是有的。因其天性之獨厚,觀察之獨深,不以恆人之所謂幸福者爲幸福;深知福與善必相一致;於是卓然獨立,不爲環境所轉移。既不爲環境所轉移,則多少必能轉移環境,這才不是爲環境所決定的大人;而是靠自己的力量,改造環境,以回復其天德的赤子。必至此,才可謂之入於不退轉地。個人如此,社會亦然。被環境所決定的社會,是靠不住的。古代社會,環境好的,竟能實現出大同世界;其壞的,就野蠻殘酷得更無人理;而組織極好的社會,遭遇壞環境,亦即隨之爲轉移,即由於此。必其經歷萬難,知識增高;知道從前所走的,都是歧路,而自動的有意識地回復過來。這種赤子之心,才能保其不再喪失。這是歷史上的大同時代,和今後的大同時代不同之點,正和赤子同大人的異點一樣。

覺得所處的社會不好,而想把他改造,不是始於現在的。幾千年以前,早有轟轟烈烈的運動了。如前兩章所述。但是爲什麼終於無效呢?

其(一)是由囿於小康,誤以爲所謂禹、湯、文、武、成王、周公之治,即是登峰造極之境,不敢作更進一步之想。不但自己不敢作此想,遇有持此等議論的,亦必力加排斥。宋儒疑《禮運》非孔子之言,即其一例。而不知所謂禹、湯、文、武、成王、周公,即三代之治者,其實是階級之治。既有階級,兩階級的利害,總不能相容。無論自覺地,不自覺地,總處於此肥彼瘠的地位;總不免明爭暗鬥的行爲。此豈言治究竟之義? 無論後人所謂三代之治者,實多半雜以理想,不易達到;即實際上三代的情形,恐亦不易回復。因爲即僅如此,所需"公""仁"之心,也遠較今日社會中人所具有爲多。此等有限量的"公""仁"之心,在後世的社會裏,也是不易實現的。因爲根於自私自利之心而來的制度,總是愈演進而愈形其深刻的。

其(二)後世談社會改革的人,其哲學上的見地太偏於唯心論了。孟子説:"待文王而後興者,凡民也。若夫豪傑之士,雖無文王猶興。"《孟子·盡心上》。又説:"無恆産而有恆心者,惟士爲能。若民,則無恆産,因無恆心;苟無恆心,放辟邪侈,無不爲矣。"《孟子·梁惠王上》。都明明承認多數人總是中材,而所謂豪傑之士,只是少數。少數豪傑之士,固然可以希望他同環境反抗,多數中材,則總須先改造其環境,然後能得到解放。好比壓在頹牆之下的人,苟非力士,必先把壓在他身上之物起去,他才會爬起來。此理在古代,本來人人明白的,所以説到治天下,總要從改革制度一方面着想。在惡制度之下,責人爲善的很少。後人此等觀念,卻茫昧了。對於環境,總不想努力改良;只想在現狀之下,責人以爲善。而不知道大多數人,總是被環境決定的,有怎樣的環境,就只有怎樣的社會。因果關係,絲毫不得差忒,哪有希望的餘地?

其(三)前項所述的弊病,是東漢以後才盛的。大約鑒於新室改革的失敗,所以不大敢談改革制度,而專在人心一方面着想。西漢時代的人,還不是如此,先秦更不必説了。然而從東周至西漢,不論是全局或一枝一節的改革,亦無不終於失敗,這是什麼理由呢? 我説:他們的失敗,亦有兩端:(A) 狃於小康以降的局面,以爲人生來有君子小人之分,小人總是不能自治,要待治於人的。於是一切法子,無不是自上而下。不知領導人民,開發人民,共同從事改革,而一味操刀代斲。人民能瞭解,而且覺得自己需要的事,就辦得好,否則就辦不好,此例在歷史上不勝枚舉。譬如常平倉,是官辦的事業。法雖良,意雖美,到後來便有名無實了。義倉的本意,是令人民自辦的,所以比較上辦得好。然其起原,仍由在上者之提倡;故人民實亦不能自動;管理之權,乃逐漸歸之於官;而其事亦遂有名無實。社倉的起原,可以説是人民自發的,所以成績最好。然而放行之處,並非人民皆能自動,故其好壞,亦即視其能否自動以爲衡。又如役法,是唐宋以來,厲民最甚之政。其實並非唐以後才厲民,不過自唐以後,所傳的史料,才較詳備罷了。以制度言,自宋訖明,以事實言,亦可謂自宋訖今,議論紛紜,竟無良策。而人民能自辦義役的地方,則官事辦而人民亦不受其害。人民的自治,竟能補救政府治理之力之窮了。又如民兵:宋朝神宗時所行的保甲,試讀《宋史·兵志》所載司馬光、王巖叟的奏疏,其有名無實,反滋擾纍的情形,真要令人氣結。然試一讀蘇軾《請存恤河北弓箭社》的奏章,則又令人氣足神旺。總而言之:人民能自立法而自守之,其力之偉大,實非操刀代斲的政治家所能想像。此等例不勝枚舉。(B) 狃於古代自給自足的小社會。不知分工合力的範圍雖然擴大,人和人的聯結雖然因此而密切,但只要彼此利害,不立於敵對地位,而立於共同的地位,人總還是相親相愛,無詐無虞的。

而誤以爲風俗要回到古初之淳,則人對自然的關係,及人與人的關係,亦必須回復到古初一樣,則非將社會倒退數千年,退化其技術,而割斷其人與人間之聯繫不可。這如何可行?《鹽鐵論》的《散不足》篇,最能表現此等思想。漢人講重農抑商,不想出一種新分配的方法來,以代商人的交換,而只想抑制商人。果如其所希望,商人盡反於南畝,豈非分工合力的範圍,驟行縮小?而社會生活程度,將倒退數百千年?

　　新室以前的革命,東漢以後的改良,無不失敗,其重要的原因,大概不外乎此了。然則我們今日,苟反其道而行之,能否使社會逐漸改善,而終至於上理呢?於此,我想先引一篇昔人的文章,使讀者之膽氣一壯。這一篇文章是清代喬光烈所撰,篇名爲《招墾里記》,其文如下:"招墾里,在寶雞南萬山中。去縣郭絕遠,爲人跡所罕至。乾隆初,予令寶雞。按縣版,得其里名。以問吏,吏曰:'是僻處山谷,與外邈隔。前官來此者,雖出行縣,卒未有一往其地,蓋畏其荒險而憚崎嶇也。'予顧謂吏:'知縣事者,凡山川、里居、土風、氓俗,其遠近、多少、饒瘠,若爲澆樸,宜周覽目省麗於政,寧險遠自惜邪?'顧往寶雞。居無何,屬當巡行。因戒吏卒往里中。出郭,渡渭水,至南山下。山盡合,勢不可進。見兩崖間忽豁坼,若扉半啓。土石中裂,類斤斧鑱刻所成。然狹逼甚,望之疑徑道無所通。吏前告曰:'此往招墾路也。'予勇而入。視其間,才容一騎行。導從不得列。羊腸結屈,蛇盤回紆,宛轉循岸壁。仰視天光,如在井底。度行且百里,已日暮,無止舍。得里人穿室山間爲神祠者,僅一楹,就休其中。明日,復行。約五六十里許,連山皆分,境忽大闢。平原廣陌,井聚廬落,悉見馬首。意方豁如。吏曰:'即招墾矣。'里舊編甲凡六,居者數千家。其地宜五種,而菽麥尤盛。其含奧吐腴,而田多膏壤,故歲常登。其材木富而桑柘果蔬足於資。其俗安於耕鑿,供衣食吉凶。里相昏姻,鄰尚和樂,而寡訟鬥。居其間者,蓋幾若自爲一世然。亦以其去城郭之遠,而縣邑之人常不至也,以是絕去華囂之風,而久安樸願。余少時,讀《桃花源記》,特以爲出於作者之寓言,及觀於是,始嘆與淵明所云,未有異者。……里中之民,自少至老,既未嘗以事涉縣廷,見官府;其賦稅亦不勞催科。凡田舍市易,不爲券契,以口成質而已。亦訖無變者。烏乎?是猶太古之餘,而樸未散歟!……"

　　我讀《桃花源記》,在九歲時候。當時父師詔我,說這是寓言;我亦誠以爲寓言而已矣。到十四時,讀《經世文編》,在其第二十三卷中,看見這一篇文字。這一篇文字,無可指爲寓言之理。當時頗因此而疑《桃花源記》之亦非寓言。但當時未有社會思想,《招墾里記》這一篇文字,有何價值?《桃花源記》

是寓言，還是事實？有何關係？自然都不成問題。其實這一類事實，散見在昔人記載中，其數甚夥，正不獨桃花源與招墾里爲獨有千古。即以我的淺陋，披覽之餘，覺得此等記載，遇見的亦不止一兩次。惜乎當時看得不成問題，没有鈔摘下來。到如今，要想蒐羅這一類事實，竟是大海茫茫，無從尋檢。除掉這最初所見的一則，腦筋中的印象，畢竟深些，還能翻檢出來，其餘竟無從蒐索了。無已，再舉一則民國二十二年十一月某日上海《申報》所載是月十五日山東費縣的通信，①以作佐證，原文如下："蒙山綿亘魯南，臨、郯、費、嶧、蒙、泗、新、萊各縣，東西二百餘里，南北……百餘里。泉水清冽，森林徧山。產名藥異果及鉛錫等礦。因交通滯澀，百年來鮮有入山開採者。山内人民，……尚有野人風。……不知耕稼，僅採山藥及銀花，易粟而食。其人面色黝黑，聲剛而鈍。……不履，足底岡子_{元註：}此俗名。案謂足繭也。有二分厚。登山攀樹，捷如猿。居石室内。每村十家數十家不等。皆推舉年長有力者，管理村事，頗似部落時代之酋長。凡有糾紛，均訴請解決。婚嫁儀式，與明代無異。民性極蠻橫，山外人除採購藥材外，不得久居山内，否則必遭暗殺。_{此等僻處隔絶的社}會，對待外人，往往非常殘酷，然無害於其人之性質之和平，及其對内之能相人偶。參看第九章。山居不知歲月，梅花盛開便過年。秋夏工作之餘，村長即率全村人民，在山下跳躍聚樂，且唱山歌。有婚娶者，全村前往幫忙廣祝，頗有合作精神。居山洞或石室内。室用巨石疊築，高丈許，甚寬大，無門。可見《禮運》所謂"外户不閉"，並非虛言。在壁上留洞，以透日光。室内敷草爲牀，全家均睡一室。用薄石板爲桌。鍋碗係由内地購往。服裝類似明代，可見淵明所謂"不知有漢，何論魏晉"亦非虛言。均以土布爲之。婦女尚纏足。服裝與男子無異。惟頭裹粗布帕。言語行動，與内地類似。但無識字者。問其年代，尚不知有民國也。"

這與桃花源、招墾里，又何以異？我所以要抄此兩則，不過見得人全是環境所造成；有怎樣的環境，就成怎樣的人；無所謂世風不古，無所謂古今人不相及。假使我們現在，能把環境回復到和古代一樣，怕慾求今人之不爲古人而不可得呢？

但是此等爲環境所決定的社會，並不足取。一者他是爲環境所決定的，環境變壞，他也要跟着壞。二要造成此等環境，在今日萬萬不可能。即使能之，而將人類對自然的關係，倒退了數百千年，這又何苦？而況乎其萬萬不可能呢？我們要造成，（A）對自然的關係，比現在還要良好，而且繼續進步，永

---

① 見本卷第四〇九頁。

無停滯之期;(B)而人與人之間之關係,則和古代的大同社會一樣;(C)而其
此等環境,又係用自己的意志所造成,並非靠運氣好,偶然遇到。我們就要造
成這樣的社會。

我們當用何法,造成這樣的社會呢?這自然非一言所能盡,而亦非一言
所能決。我的意思,以爲現在世界上,各個社會,有形形色色之不同;其所以
改造之而達於理想的境界,自亦非一途所能盡。執定一種手段,而以爲非此
不可;而以爲惟此一途,是還不免有蓬之心的。《易大傳》説得好:"天下同歸
而殊途,一致而百慮。"歸不可以不同,而途則不能不殊;致不可以不一,而慮
則無妨有百。然則當用怎樣的各種手段呢?這自非淺學如予所能列舉,而亦
非這一部書所該列舉。這一部書只是想考證孔子之所謂大同,實際究竟有無
其事?如其有之,則想考明其是如何一回事,如何而降爲小康,又如何而入於
亂世。簡而言之:其意在於考古,而不在乎策今。然而陳古可以鑒今,我這部
書雖然是考古之書,不容侈陳現今改革的方法;縱談現今改革的理論,以自亂
其例,然而考古之餘,對於今日的社會,自不能毫無意見。竭其千慮之一得,
以供今日言社會問題者的參考,自亦是義所當然。我在這裏,敢提出我個人
的意見。我以爲中國古代的辦法和古人的見解,有仍足供今人參考者三端,
敬陳其説於後:

其一,中國的社會革命,當注重於農人。持馬克思主義的人,以爲社會革
命,必以工人居前綫,而農民則非經長期的教育不能望其改變。因爲農人無
如工人的團結;而且不習於現代生產,倒是固執着私產制度。亦且見聞狹隘,
生活簡單;篤於守舊,難與維新,不易牖啓之故。這話固有相當的理由;觀於
蘇俄的改革,則並有事實爲之證明。然而以農立國的國家如我國,難道就不
想革命嗎?難道坐待我國變成工業國,造成勞資對立的階級,然後再圖革命
麼?這也未免失之太拘了。我以爲以農立國如我國,領導農民革命,正爲當
務之急。領導農民革命,當用何種手段呢?簡單的均田政策,是斷乎行不通
的。因爲他並不能改變農民擁護私產的心理。擁護私產的心理不變,則即使
田經一度之均,亦必不久而仍復其舊。在歷史上,如晉代的户調式、北魏的均
田令、唐初的租庸調法,當其初行之時,田畝總必有比較的平均,然而不久即
復於其舊,即以此故。溝洫疆界,豈能終日陳兵以守之?然則如之何而可?
我們知道,"非意識決定生活,實生活決定意識"。而人的生活,又是隨生產方
法的改變而改變的,然則在今日,努力改良農民的生產方法,就是改變農民心
理最有效的手段。怎樣改變農民的生產方法呢?則耕作使用機械,是其第一

要件。唯耕作使用機械，然後今日寸寸割裂的土地，乃覺其不利。然後擁護私有財產的人，乃自覺其此疆彼界之不利。事實最雄辯，到這時候，農民自然逐漸覺悟，而願將土地整理；而其耕作，自亦漸趨於共同。固然，土地的改正，耕作的共同，未必就是私產制度之廢除。然而積之久，制度日進於公，自私之見，終必隨之而漸化。到此時，再逐漸施以化私爲公的教育，道以化私爲公辦法，那就真如下令於流水之原了。這種辦法，固非旦夕間可以奏效，然而每一事件的進行，總是愈到後來，而其速率愈大，也不得十分遲緩的。正不必用過於急激的手段。這一種説法，偏於激烈的人，或者不贊成；又或者嫌其手段的遲緩，然而我的愚見，頗認爲是農業社會真正的出路。耕作使用機械，足以改變農民的心理，俄國的近事，最足供我們的參考。俄國革命以後，將大地主的土田變爲耕者所自有。農民自私之心很深，不願分其收穫貢諸國家。俄政府至須遣兵征糧，農民則起而反抗，紛擾甚而國家仍苦乏糧。一九二一年，乃征農税而所餘聽其私有。於是富農漸起，社會主義幾於破壞。一九二八年，有馬克維次（Maikevich）者，管理國營農場，以所餘機犁，假諸附近農民，而以共同耕作爲條件，農民從之。是爲集合農場所自始。俄政府乃推行其法於各處。到現在，有耕地、耕具悉數作爲公有；並衣食住亦進而共管的。（詳見張君勱所著《史泰林治下之蘇俄》。）以政令所不能强，口舌所不能爭之事，而生產方法的改變，足以轉移之，馬克思的學説，在此等處，不能説其無效了。而我國古代的所謂“教”，不尚空言，而專注重於改良人民的生活，得此亦足證其自有至理。

其二，經濟上分工協力的範圍，後世較諸古代，已不知其擴大若干倍了。至於今日，則幾將合全世界而爲一。此等業已聯結之局，固然不能像老子等的意見，還想斷其聯繫，而還之於“老死不相往來”的境界，然而要把社會真正整頓好，則仍有分爲若干區域，各別加以整理的必要。現在的趨勢，是各地方的聯結，日見密切；然而此等聯結，實不見佳。我們要聯結，而不要這樣子的聯結。我們要另換一種新聯結。新聯結必須要有良好的基礎，就是被聯結的分子，個個都要健全。要求其健全，則其組織不能十分龐大。我們目前的情勢，是（1）所聯結之分子，本不見佳；（2）而又因聯結之故，更增其惡化。我們的對治之策，是（1）袪除被聯結的分子本身的弱點，（2）改良其聯結之法，使不至因聯結而生出惡果。二者都有將今日之所謂都會者，斲而小之之必要。人類居住區域的大小，亦即每一區域中聚集的人的多少，本因其對自然的關係，而有一個適當的限度。而在今日，人類聚居的情形，大概與天然的形勢不合。簡單則易治，複雜則難理。大則倫敦、巴黎、紐約、上海，固然無可措手；就是京、平、蘇、杭，也已經無能爲力了。依我看，最大的都邑，最好不超過萬家。這種説法，經濟學家，必將聞之而大笑。經濟學的原則是要以最少的勞費，得最大的效益。要以最少的勞費，得最大的效果，則生產的規模，不能不大。如此，人類的居處，勢必隨之而集中。如何能把大都會斷而小之呢？難道想回復到舊式的生產麼？殊不知天下事總要兩方面顧到，不可趨於一極端。人的聚散，自有其一定的法則。過疏固然不好，過密亦非所宜。什麼是人的聚散的法則呢？從人對人的關係言之，則人類相親相愛之情，樂於群萃州處，是把散居各地方的人，吸集到一處去的，如物理學之有向心力。而人對人，雖其本性上可以說是愛無差等，然其行之，則不能不限於其所能交接之人；而人所能交接的人，事實上總有制限。混在萬人如海的社會中，不覺得人之相人偶之樂，而徒苦其煩囂。這又是一種離心力，限制人不能爲無限的集合的。以人對物的關係而言之，人聚得多，則生產的規模大，可以較少的勞費，得較大的效果，這是把人吸集到一處去的原因。而同時，人的密集太甚，又覺得種種不適，又使人感覺到：我們何苦爲省這生產上的一點氣力，而忍受別方面許多苦痛呢？這又是限制人，使不能爲無限的集合的條件。我們對這兩方面的評價，酌度而得其中，便是人的聚居自然的限度。現在的生產，所生產之物都是商品。商品須求其價廉，求價廉，先須減輕成本。所以不得不忍受其餘的苦痛，以就擴大的生產機關。到所生產的非爲商品，情形就一變了。舊式的紡織機，一人一具，是爲人而造械器的。新式的紡織廠，聚集至數千萬人，是以人就械器。兩者都不是好法子，我們要酌乎其中。甲區域適宜於住一百個人，就爲他造一副一百個人使用的械器。乙區域適宜於住三十個人，又替造一副械器，較甲區域所用，小到只有其十分之三。甲乙兩區域住民的情形，如有變更，械器也就因之而改造了。圖生產費的節省，機械總是利於大的，不專在這一標準之下，評論機械，則機械之宜大宜小，就成疑問。即使生產費總是大規模來得節省，我們要利用機械，而不爲機械所支配，亦當如此；況乎現代利用最廣的蒸汽力，未必不可代以他力。如電力。以他力代蒸汽，生產事業規模的大小，和其生產費的大小，其比例，就未必和蒸汽力相同了。至於人與人間的關係，要在較小的區域中，方易於整頓，則其事更顯而易見。因爲人多了，則人和人互相親愛之力不强，而其制裁之力亦薄；事情又複雜而難明；種種惡德惡俗，就都要由此而生了。就都會之起源而言之，無論其在政治上、經濟上，都沒有必須保留的理由，都是隨着社會病態的發展而後有，而後盛的。如因守禦故而築城堡，因成都市；又如亂世，因都市防衛之力較固，人民從而集中，都市因之，愈形發達；這都是政治上的理由。商工業上的大都會，是因爲便於牟利起見而發達的；而大都會中，資力較厚，享樂之事較多，亦有人貪享樂而走集於此；這都是經濟上的理由。然而無一非社會的病態。所以今日，慾進世界於太平，所謂都會者，實有斷而小之之必要。而各地方的人民,各謀解決其本地方的問題,實在是人類把自己的事情,措置得妥妥帖帖的惟一的途徑。我們言治的最終目的,是要全世界風同道一;豐嗇苦樂,均無不同。天然的不平等,我們以人力彌補之。而在著手之初,則不能不有賴於各地方的各有整頓。歐文所提倡的新村,所懷抱的,就是此等理想。雖然他的試驗失敗了,不能説這條路是走不通的;而且這怕是社會改革,一定要走的路。孫中山提倡地方自治,亦是有鑒於此。經濟爲社會的基礎,所以中山的意思,想要以一個地方,成爲一個經濟上的單位,而力謀其基礎的充實。如其所著《地方自治開始實行法》有云:"執行機關之下,當設立多少專局。……而其首要,在糧食管理局。量地方之人口,儲備至少足供一年之糧食。地方之農產,必先足供地方之食,乃准售於外地。故糧食一類,當由地方公局賣買。……衣住行三種需要的生產機關,悉當歸地方支配,逐漸設局管理。"這就很足以表現此等思想。現在各地方的自治,有許多地方,似乎是反而走向大都會之路上去的。這因現在的所謂自治,其根本並不是人的自治;不是想實現人生世上合理的自處之道,而只是想適合現在的某種主義。到人真能實現其合理的生活時,其目的就和現代大不相同;而我所謂人的聚散的法則,就大有考慮的價值了。然則古代度地居民之制,在言社會改革之家,亦大有參考的價值。度地居民,爲司空之職。見《禮記·王制》。其遺法,略見於《管子》的《度地》篇,《漢書·藝文志》"數術略"有形法家。《漢志》説:"形法者,大舉九州之勢,以立城郭官舍。"亦是此法。惜乎其書盡亡了。《漢志》所著録的《山海經》,非今之《山海經》,説見拙撰《先秦學術概論》下篇第九章。世界書局出版。然其本意,爲視地理形勢,以定人民住居。則無可疑的。

　　其三,當從事改革之時,消費的限制,此爲禮之一端,而亦可説是禮之最重要之一端。大有考慮的價值,前兩章中已言之。即使到太平之世,物質豐富,達於極點,無論怎樣消費,總不虞其不足,其實消費毫無制限,生產力無論如何强大,亦總要陷於不足的。所以論經濟,決不能置消費問題於不論。可參看第六章注。而人受生理的限制,要顧及衛生,亦不宜爲逾分的消費。因爲逾分的消費,不但消耗物質,也是消耗人的體力的。而人的慾望,實亦根於生理而發。所以真正健全的人,決不會有逾分的慾望。其人而有奢侈之念,則身心先不健全,必已害了病了。對於此等人,當請醫生爲之治療,豈可以儘量供給其消費,爲其幸福? 這是將來的話,而當改革之時,則禁奢尤爲必要的手段。社會生產的技術,在大體上,總是逐漸進步的。然而後人並不比前人富,或且更窮。這全由於:(A),一部分人,得以奢侈,因而造了許多無用之物。(B),一部分人,消耗太多,他部分人因之感覺不足。否則以中世的生產,供給古代的消費;以現代的生產,供給中世的消費;早已菽粟如水火了。財富的價值,終在消費。禁止之使不得消費,其價值即行消失。所以我們用不着剥奪人家的私產,只要辦到無論何人,消費總只許在一定限度之内,那私產的制度,就不廢而自廢了。這固然近於戲語。

然而消費的限制嚴一分，則私產的效用少一分；而人之貪求之心，亦澹一分；則無可疑之理。有了錢，就可以任意消費，這本是資本主義逐漸興盛，然後如此的。其在前代，本都略有制限。即至後世，逐漸成爲具文，然而具文總還在。禮、律中皆有之。歷代的制限，皆隨貴賤而不同，論者一定要說：這是封建時代，征服之族，暴戾恣睢，壓迫被征服之族之舉。其實與其如此説，毋寧説是被征服之族，本有良好規則，而征服之族，也不得不俯就幾分，若盡率征服者之意而行之，那就要無所不至了。詳見第七章。我們現在，當師古代禁奢之法，參以翼奉遷都之意，逐漸創造出許多新都市、新村落來。在此新區域之中，不論何人，享用都是一律。享用一律平等，似乎是很難的。因爲現存之物，決不能悉數毀棄重造，分配使用起來，就不能平等了。然而亦有調劑之法。如房屋雖有好壞，可以古人分田，"三年一換主易居"之法行之，就不生分配不平的問題了。其餘以此類推。而此享用之限度，則視其地之生活程度以爲衡。今年的生活程度，只是衣布，則一律不許衣帛；明年的生活程度，只是吃菜，則一律不許食肉。必待生活程度進了一級，然後享用的程度，乃得隨之而進一級。又非一地方的生產力，逐漸提高，產品即專供該地方之享用；必須提出一部分，以協濟生活程度較低的地方。此等新區域逐漸推廣，則奢侈之風氣逐漸消除。各地方之人，消費之程度，都與其生產程度相應，而天下遂無患貧之事。歷代禁奢之所以失敗，皆由其有等級性，按人身份之高低，以定享用的豐嗇。身份低的人，自然不服，而且這也是一種誘惑。如今大家一律，則自無此弊。其行之之法，當從禁售起。某地方爲布衣之年，則一律不許開設綢肆；某地方爲吃菜之年，則舊有的屠肆，一律關閉。新造的都市，商業都歸公營。其就舊都市改良的，商業也要逐漸收歸公營。但仍承認私人的資本，發給股票，聽其取息。這是初步的辦法。將來再徐圖取消。商業官營，是改良社會一個最好的方法。私人雖可生產，而不能互相交易，則祇能照其成本，收回相當的價格，而不能利用需要供給等關係，以牟大利。數千年來，活躍於社會的商業資本，生產消費者兩方面，都受其剝削的，就可以打倒了。如此，作奸犯科之事，自然一定是有的；而且一定是很盛的。然天下事不能一蹴而就幾於上理，總要行之以漸。我們認爲義所當然之事，雖明知其難行，總要設法逐漸推行的。譬如現在的毒品，誰敢保其一禁即絕？然而豈能因此而不禁呢？況且私售究與公開有別。現在一切奢侈品，倘亦和毒品一樣，不能公然製造販賣，而只能如毒品的私售，我們已經欣然於公理之大彰；而覺得社會的進步，同飛行絕迹一般了。

以上三端，都是我以爲歷史上的陳跡，仍足供今日談社會革命的人的參考的。自然，社會改革之法，不盡於此三端；此三端是否有參考的價值，自隨各人的意見而不同。我只是考古之餘,陳述個人的感想罷了。

講理學的人常說,我們要增進道德,和要增進知識不同。增進知識,要增益其所本無。增進道德,則只須將有生以來,所染着的垢污,洗滌浄盡就好了。我們試仔細推究,現在所有的罪惡,哪一件是與生俱來的呢?惟社會亦然。惡劣的風俗,哪一件不是惡劣的制度所造成;惡劣的制度,又哪一件不是人類在進化的途中,環境未臻於美善所致?哪一件有必然之理?佛說凡事皆因緣際會所成,並無自性。惟無自性,故能證明其爲人類業力所造成;亦惟其無自性,故必可以人類的努力消滅之;我們當有此信念。

我們希望將來的社會:人與人之利害,全然一致。人對物,亦因抗爭之力强了,只蒙其利而不受其害。因此,人與人,固然惟是互相親愛,即其對物,亦無復憎惡、畏怖之念。至於各種達不到目的的希望,則本是不健全的心理所致;而其所由然,又都是社會缺陷的反映。見第九章論宗教處。這時候,也自然消滅了。人就只有快樂,更無苦痛。而此等境界,又係人類覺悟之後,以自力所造成,並非靠偶然的幸運而遇到,所以能保其永不退轉。夫是之謂大同。

我們感謝孔子:在幾千年前,就指示我們以社會組織最高的模範。我們感謝《禮運》的記者,將這一段話記載、流傳下來,給我們以最深切的影響。懸此以爲目標,而勇猛審慎以赴之,不但能拯我國民,拯我民族於深淵,並可以出全世界的人類於沉淪的苦海。

我們才知道中國的文化:視人對物之關係爲次要,而視人對人的關係爲首要;不偏重於個人的修養,用什麼天國、浄土之説,來麻醉欺騙人,而以解決社會問題爲解決個人問題之前提及手段;確有甚大的價值。

當這目的未達、徬徨中途之時,我們自該有甚大的努力。我請誦兩大賢之言,以爲本書的終結。

曾子曰:"士不可以不弘毅,任重而道遠。仁以爲己任,不亦重乎?死而後已,不亦遠乎?"

張子曰:"爲天地立心,爲生民立命,爲往聖繼絕學,爲萬世開太平。"